KB109962

Sex Signs

여성을 위한
별자리
심리학

Sex Signs

여성을 위한
별자리
심리학

주디스 베넷 지음
신성림 옮김

if
BOOKS

Special note. since 1998

1980년 오헤어 공항 상공에서 비극적인 비행기 사고로 주디스 베넷이 사망했을 때, 그녀는 『여성을 위한 별자리 심리학Sex signs』(이하, 여성을 위한 별자리 심리학)을 마무리 짓고 있었다. 그녀는 이 책을 홍보하는 연설을 위해 미국 출판물 연맹American Booksellers Association을 방문하던 길이었다. 주디의 사후에 그녀의 절친한 친구들, 수년간 그녀와 함께 작업했던 동료들이 모여 그녀가 원했던 방식으로, 즉 헌신과 사랑으로 『여성을 위한 별자리 심리학』을 완성했다.

조안 보먼Joan Bowman은 주디의 별자리 심리학 강연회에서 처음 그녀를 만났다. 조안이 〈포럼Forum〉지의 중서부 지역 마케팅 국장이 됐을 때 두 사람은 우정을 확실히 다졌고, 직업적으로도 함께 성장했다. 조안이 '분노'와 '생활 방식'에 대한 부분에 도움을 줬다.

제리 본Gerry Born은 주디의 친한 친구이자 동료였다. 그는 성격과 인간관계, 성과 관련된 부분을 작업했고, 작업에 참여한 다른 사람들을 이끌어주었다.

켄 칼룬Kenn Calhoun은 영적인 예언에 대한 TV 프로그램을 제작하고 있었는데, 거기에 주디가 출연하면서 이 기획에 참여하게 되었다. 그는 이 책에 깊은 관심과 애정을 보여주었고, 생활 방식과 성 부분의 일부를 집필하는 데 도움을 주었다.

지넷 코수스Jeanette Kossuth는 주디의 원고가 세인트 마틴 출판사에서 출간되도록 추진한 그녀의 대리인이었다. 그녀는 주디의 초고를 중심으로 사수자리 부분을 완성했으며, 재판 작업에도 참여했다.

체릴 스톰Cheryl Storm은 주디가 이끄는 연구모임의 고문상담원으로 오랫동안 활동했고, 시카고에서 외래 환자 치료 모임을 이끌었다. 이 책이 만들어지는 데 크게 기여했으며, 조언을 아끼지 않았고 자료수집에 큰 도움을 주었다.

이 책은 주디스 베넷이 그녀의 친구들과 그녀와의 상담을 통해 치료받은 많은 여성에게 주는 마지막 선물이 되었다. 이제 한국에서 출간되는 『여성을 위한 별자리 심리학』은 1980년 미국에서 처음 출판되었고, 영국, 호주, 뉴질랜드에서도 발간되었다. 그 후 프랑스, 스페인, 네덜란드, 이탈리아, 일본, 라틴아메리카의 많은 나라에서 번역 출간되었다. 20여 년 동안 이 책은 미국에서 엄청난 판매량을 기록했고, 그 덕분에 1998년 이 책의 재판이 태어났다.

『여성을 위한 별자리 심리학』은 여성의 성의 자유를 널리 알리고 찬양하는 책이다. 하지만 1980년 이후 성과 연애의 부분에서 극적인 변화가 있었다. 따라서 1998년 재판에서는 처음 이 책이 출간되던 때에는 상상조차 하지 않았던 건강과 안전에 대한 주제들을 포함해서 오늘날의 여성들이 접하는 애정관계의 문제를 다루고자 했다. 물론 여성의 자유와 선택의 가능성을 지지하는 정신은 초판 그대로 유지하고 있다.

주디스 베넷의 명쾌한 통찰력과 지성은 『여성을 위한 별자리 심리학』 안에 실아 있다. 다시 태어난 『여성을 위한 별자리 심리학』이 새로운 세기에 접어들면서 독자들에게 자신의 힘과 선택의 자유를 더 분명히 인식하는 데 도움이 되기를 희망한다.

나는 심리 치료사로 활동하면서 지난 10년간 다양한 방법으로 여성들을 도왔다. 거기에 인생의 위기 상담 및 치료센터Life Crisis Counseling Clinic와 직업 문제 상담센터Flexible Careers Counseling Center를 설립하고 소장으로 활동하면서 인간관계와 성, 건강 문제와 관련된 일을 해왔다. 최근에는 성에 대해 연구하면서 인간의 성적 본능에 대해 박사학위를 받았고, 전 세계 사람들에게 사랑과 연애, 자부심, 자기주장, 자각, 성, 그리고 분노와 권력을 긍정적으로 활용하는 법에 대해 강의해왔다. 또한 나는 직업적인 점성가로 다양한 점성학에 대해 공부했다. 칼 융 식의 꿈 분석, 숫점(숫자로 점을 치는 것), 손금, 필체 분석, 타로카드 등을 연구했고, 이 모든 것은 나의 개인적인 호기심을 만족시키고 내담자를 돕기 위해서였다. 나는 〈포럼〉지의 수석 편집위원이기도 하다. 이런 활동을 하면서 나는 1년에 거의 5만 통이 넘는 독자 편지를 받았다. 그들은 개인적인 문제를 얘기하고 싶어 했다.

나는 1944년 4월 13일 헝가리에서 태어나, 미국과 외국에서 교육받았고, 시카고 대학을 졸업했고, 딸 하나, 아들 하나를 둔 엄마이다.

인생의 위기 상담 및 치료센터를 설립했을 즈음 나는 한 정신과 의사로부터 전화를 받았다. 그는 자살을 기도한 자기 환자에게 별자리 심리학에 바탕을 둔 상담을 해달라고 청했다. 나는 그 환자를 받아들였지만, 내심 커다란 불안감을 느꼈다. 그건 엄청난 책임을 감수하는 일이었고, 자칫 미치광이 한 명을 받아들이는 일이 될 수도 있었기 때문이다.

환자들과 대화를 나누는 면담 시간은 대체로 1시간에서 1시간 30분 정도

걸렸다. 별자리 심리학적 상담을 하는 사람들은 상담 내용이 모두 녹음된 테이프를 받았고, 언제든 다시 들어볼 수 있었다. 그때까지 나는 내 충고가 잘못됐다고 비난하는 전화를 한 통도 받아본 적이 없었고, 많은 사람이 무척 도움이 됐다고 말했다.

문제의 여성이 창백하고 지치고 의기소침한 모습으로 상담 시간에 나타났다. 그녀가 무척 조용했기 때문에 상담은 40분밖에 걸리지 않았다. 아마 그녀가 '별로 말을 하지 않았다'고 하는 것도 무척 억제된 표현일 것이다. 나는 정면으로 돌진해서 가능한 한 분명하고 긍정적으로 말했고, 그녀의 점성 차트를 분석한 뒤 도달한 결론, 즉 그녀가 혼란을 겪는 시기는 4개월이면 끝날 것이라는 사실에 확신을 주려고 노력했다. 그녀가 겪는 위기가 그녀의 힘과 인생에 대한 사랑을 시험하기 위한 것 같다고 말했고, 시련의 시간은 가장 많은 것을 배울 수 있는 시기이며 우리가 이것에 잘 대처했을 때 발전과 행복으로 향하는 도약의 발판이 된다는 내 신념을 들려주었다.

또한 그녀가 겪고 있는 혼란이 특히 그녀의 용기를 시험하고 있다는 느낌이 든다고 말했다. 의지할 남자나 가족 한 명 없이도 살아갈 수 있는 용기 말이다. 그녀도 머리로는 자신이 독립적이라고 믿고 있었다. 하지만 감정이 이 믿음에 저항하고 있어서 미래에 대한 두려움과 자기연민밖에 느끼지 못하고 있었다.

나는 그녀에게 세상이 자기를 구원해주리라 기대하지 말라고 경고하면서, 4개월만 지나면 새로운 직장과 연애의 기회가 올 것이라고 말했다. 하지만 그녀가 방구석에 숨어 있는 한 그 어떤 일도 일어나지 않을 것이라 강조했다. 그녀의 운명대로 기회가 오더라도 그것을 거부하거나 받아들이는 것은 그녀의 자 유 의지에 달린 일이었다.

우리 인생의 책임은 바로 우리 자신에게 있다는 사실을 그녀가 받아들일 수 있도록 최선을 다했다. 만일 우리가 무의식의 존재와 그 중요성을 인정한다면, 꿈과 내면의 목소리가 들려주는 것에 귀를 기울인다면, 우리에게 일어나는 모든 사건 뒤에 숨겨진 목적을 발견할 수 있을 것이다. 내가 볼 때 우연이란 존재하지 않기 때문에, 그녀의 공포와 좌절감도 그녀에게 뭔가 중요한 것을 가르쳐 주기 위한 것이었다. 따라서 그녀가 그 과업을 달성하고 나면 그 감정들은 저절로 사라질 것이다.

그녀가 그때 정말로 내 말을 열심히 들었는지, 아니면 녹음된 것을 나중에 듣고 도움을 받았는지는 모르겠다. 어쨌든 나는 그런 식의 면담을 마치고 나면 기분이 몹시 고조되곤 했다. 나는 항상 면담자의 인생(그의 과거, 현재, 미래)에 새로운 빛을 비추고 새로운 인식을 가져다주려고 노력했다. 자기 인식을 확장할수록 점점 더 조화롭고 발전된 인간관계를 가지기 때문이다.

나는 '미래를 예언'하지 않는다. 내가 예언하는 것은 인간 행동의 가능한 유형들이다. 즉 최근 행성의 움직임이 어떤 사람의 인생에 미칠 수도 있는 영향을 예언하는 것이다. 물론 그럴 때도 자유로운 선택과 개개인의 책임을 강조한다. 나는 면담자들을 대화에 참가시키고, 그들에게 열려 있는 최상의 선택 가능성들을 보여준다.

이 책도 그렇지만 내가 상담에 임할 때면 면담자가 할 수 있는 최선의 선택이 무엇인지 알아내도록 도와주는 것을 목적으로 한다. 잎에서 언급한 환사의 경우, 그녀가 집에 머무는 것은 기회를 외면하는 행동이 될 수 있다. 그것은 비생산적이며, 나는 그저 그 사실을 지적해줄 뿐이다. 나는 항상 그렇듯 '어떻게 대처해야 할지' 분명하게 정리된 실용적인 조언으로 면담을 끝냈다. 대개의 면담자들이 이것을 기꺼이 받아들인다.

하지만 이 '특별한 면담자'가 떠났을 때, 나는 몹시 걱정이 되었다. 내가 알고 있는 모든 지식을 미루어볼 때 그녀가 바로 그날 자살을 기도할 수도 있기 때문이었다. 하지만 내 직관은 분명 다시 그녀의 소식을 듣게 되리라고 낙관적으로 말했다.

약 6개월 뒤에 나를 알고 찾아온 여성들이 앞다투어 별자리 심리학적 상담을 요청해왔다. 나중에 알게 된 사실인데, 우울증에 빠져 자살을 기도했던 그 여성 덕분이었다. 그녀가 살아 있었던 것이다. 거의 1년 뒤에 그녀가 내게 전화를 걸었다. 그때 나눈 대화를 지금도 생생히 기억한다.

"여보세요, 선생님, 저를 기억하시겠어요? 1년쯤 전에 선생님을 찾아갔었는데요. 그때 정말 끔찍할 정도로 우울증에 시달렸거든요."

나는 그녀를 잘 기억하고 있을 뿐만 아니라 종종 당신을 생각하곤 했다고, 새로운 직업과 연애로 당신이 다시 살아볼 의욕을 갖게 되기를 항상 바랐다고 대답했다. 그러자 그녀가 대답했다.

"그때 선생님이 말씀하신 게 모두 이루어졌지 뭐예요. 난 억지로 밖으로 나가 사람들을 만날 수 있는 곳을 찾아가곤 했어요. 그러면서도 선생님 말이 그

대로 이루어질지에 대해서는 아주 회의적이었어요. 그런데 느닷없이 새로운 직
징 제의가 들어왔어요. 그래서 다른 모든 것도 잘 해낼 수 있다고, 연애 쪽두
노력해보자고 생각했지요. 믿지 않으실지도 모르지만, 그때 한 남자를 만났고
지금도 함께 살고 있어요. 우린 아주 잘 지낸답니다. 직장도 마음에 들고, 난 완
전히 다른 사람이 되었어요. 선생님께 정말 감사드려요. 그때 우리가 나눈 얘기
를 녹음한 테이프를 소중하게 간직하고 있다는 걸 말씀드리고 싶었어요. 다른
사람들한테도 선생님 얘기를 많이 했답니다."

　나는 알려줘서 고맙다고 그녀에게 말했고, 전화를 끊고 나서 뒤로 기대고 앉
아 눈을 감았다. 이 일은 내 방식이 그르지 않았음을 확증해주는 사례였다. 심
리 상담과 성에 대한 나의 지식을 결합한 별자리 심리학적 상담은 그녀처럼 가
장 힘든 상황에 처한 이들에게도 도움이 되었다. 더구나 단 한 번의 상담 아니
었던가. 이후에도 그 방법이 사람들의 인생에 더 큰 의미와 희망을 가져다주었
다는 증거가 수백 가지로 늘어났다. 간결하게 내 입장을 정리하면 이렇다.

**"별들이 운명을 지배하는 것이 아니다. 사람들이 자기 운명을 지배한다. 그들
이 우주의 리듬을 파악한다면 더 강력하게 자기 운명을 지배하게 될 것이다."**

　수년의 경험을 통해 나는 별자리 심리학을 자기계발을 위한 도구로 만들 수
있었다. 그 타당성은 시간이 흐를수록 더 분명하게 증명되었다. 내가 이끌어가
는 모임에 참가한 여성들 중에서도 비슷한 시기에 태어난 여성들은 비슷한 문

제를 겪었는데 다른 여성들이 그것을 극복했다는 얘기를 듣고는 곧 긴장을 풀고 편안한 마음을 갖게 되었다. 또한 자기들이 중요한 선택을 했다는 사실을 깨닫게 되었다. 사물의 질서에 대해서도 더 강한 신념을 갖게 되었다. 그들은 자신의 임무, 행동과 반응, 그리고 그들에게 닥칠지도 모르는 사태에 많은 준비를 한 후 떠나갔다. 그중 많은 수가 오래 묵은 고민과 편협한 자아에서 벗어나 초연할 수 있는 신념 체계를 개발하기 시작했다.

상담 모임을 통해 우리는 인생이 결코 무의미하지 않다는 결론을 얻을 수 있었다. 비록 혼란스럽거나 화가 나거나 좌절할 때면 몹시 곤란에 빠질 수도 있지만 말이다. 분노와 좌절은 맞설 수 있는 것이며, 게다가 그런 경험에서 얻은 지식을 기반으로 더 발전할 수 있는 길이 항상 열려 있다. 인생은 끝없는 도전이자 축복이고, 어쩌면 윤회의 한 과정일 수도 있다. 윤회의 각 단계가 제각각의 목적을 가지고 있으며, 사랑과 인간관계에 대한 교훈을 하나씩 간직하게 된다. 물론 그 하나하나가 고통스러울 정도의 악전고투이기는 하다. 알버트 아인슈타인은 "신은 도박을 하지 않는다"고 했다. 아마 그는 우주의 규칙성과 목적, 질서에 대해, 그리고 그 안에서 살아가는 우리의 삶에 대해서도 같은 생각을 했을 것이나.

나와의 상담으로 내담자가 얻을 수 있는 가장 중요한 것은 변화의 가치를 인식하는 데 있다. 나를 찾아오는 많은 사람이 어떤 사건의 여파나 확실하지 않은 미래에 대한 충격으로 고통받고 있었다. 그 사건이란 잘못된 연애에서부터, 병, 실패, 사람을 사귀고 직업을 얻고 아이를 갖고 다른 도시로 이사하고 결혼하고 이혼하는 등에 대한 두려움까지 무척 다양하다. 변화는 항상 도깨비 같은 것이고, 적어도 지금까지는 그렇게 받아들였다.

변화에 대한 두려움 뒤에는 다가올 상황에 대한 무지와 스스로에 대한 신뢰 부족이 자리잡고 있다. 이것을 깨달은 나는 내담자들에게 내가 느꼈던 두려움을 들려주었고, 그것을 어떻게 극복했는지 설명해주었다. 또한 자신이 과거에 경험했던 '위험 목록'을 만들어보라고 제안했다. 그들이 이미 수없이 많은 위험을 감수했으며, 그럼에도 훌륭하게 살아남았음을 확인시켜주기 위해서였다. 이 위험 목록은 가장 인기 있는 훈련 중 하나가 되었다.

변화는 자연스러운 것이고 장기적으로 볼 때 도움이 된다. 이런 변화에 어떻게 대처하는지에 따라 인생의 질도 달라진다. 나는 내담자들에게 가장 두려운 것이 무엇인지 물어보곤 한다. 그런데 그 두려움의 대부분은 그들이 살아가는 데 별 영향을 미치지 않는 것들이었다.

또 다른 장애물은 자부심 부족이었다. 나는 '성장을 위한 연구모임'에서 참가자들에게 추천 도서 목록을 주고 여러 가지 조언을 해주었다. 그들이 더 나은 자기 이미지를 갖고 보디랭귀지를 개발할 방법도 제안했다. 성적인 소통을 포함해서 의사소통 기술을 익히기 위한 자료를 주고, 실제적인 훈련을 시켰다. 그들의 운명에 온갖 풍부하고 훌륭한 가능성들이 숨어 있음을 알려주면서, 그들이 이미 체득한 지혜를 떠올리게 해서 자신감을 북돋아주었다. 적어도 그들이 가장 두려워하는 것에서 벗어날 수 있는 길을 찾도록 도와줄 수 있었다.

이 모든 일이 별자리 심리학의 도움으로 가능했다. 내가 10년 간 심리 치료를 하면서 내담자들에게 알려준 모든 것, 그리고 내가 그들에게 배운 모든 것이 이 책『여성을 위한 별자리 심리학』안에 있다. 이 책은 여성의 잠재 능력과 건강, 행복을 위한 심리학적 안내서이다. 따라서 일반적인 점성술 책의 영역을 넘어선다. 이 책은 특히 여성들을 대상으로 하며, 여성 심리와 성, 분노, 공포, 죄의식, 권력 다툼, 변화하는 욕망 등의 숨겨진 세계를 파고든다. 이 책의 독자들은 어떻게 사랑을 찾을 수 있는지 배우게 될 것이다.

『여성을 위한 별자리 심리학』은 태양의 위치에 따라 운명이 결정된다고 보는 전통적인 점성술에 지나치게 집착하는 것을 배격하며, 예정된 운명의 존재를 거부한다. 난관을 뚫고 나가는 새로운 책『여성을 위한 별자리 심리학』은 점성술과 심리학, 여자의 성이 극적으로 결합된 산물이다. 이 책은 현대 여성이 관심을 보이는 문제를 바로 파고든다. 그것은 어떤 방식으로 자신에 대해 알아갈 수 있을지, 그녀에게 영향을 미치는 별들의 우주적인 운동에 어떻게 공명할 수 있을지, 어떻게 사랑과 힘을 얻을 수 있을지 등이다.

『여성을 위한 별자리 심리학』에 담지 못한 내용은 개개인의 운명을 예측하는 부분뿐이다. 모든 사람이 고유의 점성 차트를 가지고 있기 때문에, 이 책 한 권으로 모든 사람에 대한 개인적인 분석까지 다룰 수는 없다.

대신 나는 이런 종류의 개인적인 정보를 혼합하고 압축해서 '**여성에 대한 별자리 심리학적 초상화**'들을 만들어냈다. 이 책에는 13가지 유형의 여성이 등장하며, 그중 12가지는 점성학의 별자리에 해당하고 나머지 하나는 그 모든 것을 포괄하는 우주적 여성이다. 이 책의 독자는 우선 자신의 별자리에 해당하는 장을 읽으면 된다. 혹은 각 장의 앞머리에 있는 35개 항목으로 된 성격 특성들을 모두 훑어보고, 자신의 별자리와 상관없이 그중 가장 자신에게 근접한 것을 택해서 읽으면 된다.

내가 태양 중심의(혹은 달 중심의, 혹은 다른 특정한 별의 영향을 중심으로 하는) 별자리가 아니라 점성학적 요인을 혼합한 초상화에 기반해서 『여성을 위한 별자리 심리학』을 구성한 주된 이유는 태양 중심의 별자리가 자신의 성격과 기질을 완전히 규정한다는 생각으로부터 여성들이 해방돼야 한다고 느꼈기 때문이다.

별자리 심리학이란 정확히 무엇인가?

점성술은 변화의 유형과 주기를 연구하는 고대의 방법이다. 그것은 형이상학적인 방대한 영역을 포괄한다. 별자리 심리학은 점성술이라는 고대의 지혜와 심리학이라는 현대의 전문 지식을 혼합한 것으로, 나는 그것이 인간을 연구하고 이해하는 역동적이고 생산적인 방법이라고 믿는다. 그것은 호기심 많은 정신에 자양분을 공급하고, 스스로를 알아가도록 도우며, 다른 사람과 관계 맺는 법을 가르쳐준다. 또한 순환 주기에 대한 훌륭한 안내자이고, 우리를 둘러싸고 끊임없이 영향을 미치는 에너지들의 연결망에 숨어 있는 소중한 지혜를 이해하고 적절히 대처하도록 도와준다.

별자리 심리학은 사람들이 서로 공명하고 소통할 수 있는 창조적인 수단이다. 그것은 직관을 발휘하고, 관찰하고 경험하고 배우고 느낀 것들을 정리하고 통합하도록 도와준다. 또한 고전적인 점성학의 내용을 현대의 언어로 옮길 수 있도록 해준다. 나 자신도 별자리 심리학을 매개로 인문학적이고 학구적인 심리학에서 새로운 형태의 점성학, 새로운 영적 분야로 들어설 수 있었다. 그 덕분에 나는 나의 논리적인 정신뿐 아니라 내 직관도 활용하고 검증하고 신뢰하게 되었다.

이 책에서 별자리 심리학은 여성이 성장해나가는 지표로 활용된다. 여성이 자신이나 다른 사람과의 관계에서 자기실현에 대한 책임을 인식하게 되는 것도 별자리 심리학의 도움을 받음으로써 가능해진다. 내가 심리 치료사로서 혹은 살아가면서 사용했던 훈련법들, 축적된 경험들이 독자에게 제대로 전해지고 도움이 되기를 바란다.

별자리 심리학은 누구를 위한 것인가?

『여성을 위한 별자리 심리학』은 자신의 심리적, 사회적, 성적 자아를 알고자 하는 여성, 자신을 억압하는 것을 알아내고 그것을 최소화하거나 없애기를 바라는 여성, 사랑과 기쁨을 주고받기를 원하는 여성을 위한 책이다. 그녀는 이 책 속에서 자기 성격에 대한 매우 소중한 통찰력을 얻게 될 것이다. 또한 정신적 성장에 필요한 충고와 영감, 정보, 안내, 용기, 지지, 그리고 그 촉진제를 얻게 될 것이다.

인생의 열쇠가 사랑이라면, 연애와 결혼의 열쇠는 성적 소통이다. 인간의 성은 낭만적 사랑의 핵심적인 구성 요소이다. 우리는 우리의 성적 본능을 부모나 동료, 사회로부터 배운 방식대로 표현한다. 예를 들면 우리는 성을 성기의 상호 작용으로만 생각한다.

히지만 시 실상 기의 모든 시회적 상호 작용이 성저인 반응을 포함한다.

성 에너지는 원래 자연스럽고 건강한 힘이다. 그것은 살아 있음에 대한 환희이고, 타인과 결합하려는 충동이고, 감정을 나누고 의미 있게 살아가려는 욕망이다. 인간은 누구나 쾌락을 경험할 수 있으며, 변화에 적응하고 다른 사람들과 친해지면서 편안함을 느끼게 된다. 우리가 자유롭게 솟아나는 성 에너지와 완전한 조화를 이룬다면 자존심과 사랑, 자유, 창의력을 모두 갖추고 살아갈 수 있다. 또한 변화에 따르는 위험을 감수할 수 있고, 세계적 성공이나 깊고 친밀한 관계에 뒤따르는 책임들도 고맙게 받아들인다.

하지만 만일 다음과 같은 일에서 어려움을 겪는다면, 만족스러운 생활 방식을 만들어내는 데 이 책이 유용할 것이다.

· 자기 욕망을 확인하는 일
· 사랑을 주고받는 일
· 잠재된 성적 능력을 개발하는 일
· 인간관계를 제대로 이끌어가는 일
· 분노를 건설적으로 활용하는 일
· 목표를 달성하는 일

13번째 별자리, 우주적 여성

이 책은 별자리 심리학을 바탕으로 모든 여성을 13가지 유형으로 나눈다. 양자리 여성에서 시작해서 우주적 여성으로 끝나는 이 서로 다른 유형들을 제각기 구체적으로 설명한다.

고전적인 점성술에서는 별자리를 12가지로 나눈다. 나는 그 상징을 이용했다. 거기에 우주적 여성을 덧붙인 것은 명왕성 뒤에 숨어 있던 또 다른 행성이 발견될 거라고 생각해서가 아니다. 물론 그런 일도 일어날 수 있겠지만, 진짜 이유는 오늘날의 여성들이 역할 모델을 찾고 있다고 믿기 때문이다. 이 책의 13번째 장이 설명하는 궁극적인 여성은 그 영혼과 성, 정신, 감정이 모두 지극히 독립적이어서 완벽하고도 안정적으로 상호 의존적일 수 있다. 이 말을 모순이라고 생각하거든 13번째 장을 읽어 보기를 권한다.

모든 여성은 각자 다른 영향을 받으며, 다른 유전자, 다른 환경, 다른 부모와 선생들, 친구들, 연인들, 자녀들, 그리고 넓은 의미의 사회의 영향을 받은 존재이다. 거기에 대중 매체도 덧붙여진다. 게다가 제대로 인정되지 못하는 부분인데, 그녀가 스스로에 대해 가지고 있는 생각도 있다. 바로 여기서도 13번째 장이 도움이 될 것이다.

우주적 여성은 별자리의 모든 교훈을 거치고 우주적 존재로 거듭난, 완벽한 진화를 경험한 존재이다. 그녀가 너무 완벽해서 현실적인 느낌이 들지 않더라도 절망할 필요는 없다. 그녀는 실재한다. 그저 마음을 열고 끊임없이 당신에게 다가오는 변화에 순응하는 법을 배우라. 당신이 별들에 공명하게 되는 순간, 스스로도 놀랄 정도로 빠르게 발전할 것이다.

개인의 점성 차트에는 집성술시기 주의 깊게 살펴보아야 할 요소가 적어도 15개 이상 존재한다. 가령 태양의 위치, 달의 위치, 그 시기 기운이 강한 별, 천공에 떠 있는 별, 지수화풍의 4가지 성분, 자질, 행성의 위치, 숫자 등 그 일부만 열거해도 많다. 하지만 이 책의 목적이 점성 기술을 교육하는 데 있지 않기 때문에, 각각의 별자리에 영향을 미치는 주요 별을 제외한 다른 별에 대해서는 언급하지 않을 것이다. 중요한 것은 결과이다. 왜 그런 결론에 도달했는지에 대한 설명은 다음으로 미루기로 하자. 나는 이 책을 읽는 여성들이 그 안에서 자신의 가장 내밀한 자아와 정확하게 일치하는 설명을 발견할 수 있으리라고 확신한다.

『여성을 위한 별자리 심리학』을 읽을 때 점성술에 대해 아무 지식이 없어도 상관없다. 자신의 점성 차트를 알아야 할 필요도 없다.

이 책을 읽는 법

13개의 장마다 맨 앞에 성격 특성 체크 리스트가 있다. 이 목록은 그 별자리에 해당하는 여성의 성격을 35개의 항목으로 설명한다. 대부분의 여성들이 자신의 별자리를 알고 있기 때문에, 자기 별자리에 해당하는 장을 펼쳐서 목록을 훑어보기 바란다. 만일 그중 30개 이상이 자신의 성격과 일치한다면 그 장이 정확히 그녀의 별자리를 다루고 있다고 보면 된다. 우선 그것을 읽어야 한다.

만일 앞에 제시된 목록이 자신과 일치하지 않으면 다른 장의 특성들을 살펴

박아 한다. 자신과 일치하는 목록을 발견하면, 원래 자기의 별자리가 무엇이든 상관없이 거기서 출발해야 한다.

자신의 성격이 여러 장으로 나뉘어 있다고 놀랄 필요는 없다. 여러 유형의 여성들이 공통된 문제들, 공통된 고리를 공유하기 때문이다. 자매애가 생기는 것도 그 덕분이다. 자신의 성격이 2~3장에 나뉘어있다면, 내가 혼자가 아니라는 느낌을 더 강하게 느낄 수 있을 것이다. 게다가 서로 다른 장의 조언들을 모두 참고한다면 그녀는 더 강해질 수 있다. 유명한 점성술사 알란 레오는 이렇게 말했다.

"부분들은 제각기 그 안에서 전체를 반영한다. 따라서 12별자리 하나하나가 제각기 별자리 전체를 반영하고 있다."

시기

어떤 여성은 과거에 자신과 일치하는 설명을 제공한 별자리가 현재의 모습을 설명하는 별자리와 다르다는 사실을 발견할 수도 있다. 그것은 지극히 정상적인 일이다. 이 책은 여성이 살아가면서 성장하는 다양한 과정을 풍부하게 보여주기 위한 것이기 때문이다. 따라서 그녀가 방금 전까지 어디 있었는지 확인하게 해주고, 어디를 향하는지도 알려준다.

어떤 여성의 경우, 20대에는 전갈자리 유형이었다가 지금은 양자리와 일치할 수도 있다. 그러나 혼란스러워할 필요 없다. 그것은 그녀가 전갈자리가 아니라 양자리라는 의미이거나, 일시적으로 양자리 시기를 거치고 있다는 뜻이기 때문이다. 이 시기가 금방 다른 시기로 바뀌는 경우도 많다. 어떻든 이 책을 읽으면서 현재 자신에 대해, 그리고 앞으로 나아갈 방향에 대해 소중한 지식을 얻게 될 것이다.

여성이 변화하는 다른 예를 들어보자. 40대의 염소자리 여성이 있다. 실제로 염소자리 여성을 다룬 장이 그녀와 정확하게 일치한다. 그런데 그녀가 자기 삶에 만족하지 못하고 변화를 바라고 있다면, 이 책에서 자신에 대한 분석뿐 아니라 자신이 닮고 싶은 여성에 대한 분석 역시 얻을 수 있을 것이다. 가령 그녀가 격한 성격의 사자자리처럼 되기를 바랄 수도 있다. 자기 바람대로 추구해도 좋을지, 그러면 어떻게 될지 보기 위해 '사자자리 여성'을 읽으면 된다. 어떤 독자는 지난 인생을 돌이켜보면서 자신이 많은 시기를 거쳤다고, 이제는 현재의 생활에 만족한다고 생각할지도 모른다. 그럴 때는 『여성을 위한 별자리 심리학』이 그녀의 등을 두드려주며 격려하는 역할을 한다.

현대 여성은 복잡한 시대를 살아가는 복잡한 존재이다. 그녀는 종종 자기 욕망을 확인하지 못해 혼란스러워한다. 타고난 대로 독립적인 인간이 돼야 한다는 중압감에 시달리지만, 어릴 때부터 주입된 교육과 남자에 대한 의존에서 벗어나기란 쉽지가 않다. 그녀의 생각이나 사회적 지위도 유동적이다. 피임약은 만들어졌지만 아직 평등하지 않은 세계를 살아가는 그녀가 미래를 대비하고 적응하며 살아가는데 이 사회는 아무 도움이 되지 못한다.

나는 시기별로 나누어 접근하는 방식이 무척 중요하다고 믿는다. 구태의연한 틀로는 현대 여성들을 설명할 수 없기 때문이다. 그녀는 아내고, 어머니고,

동료고, 딸이고, 연인이고, 친구이고, 전문가다. 성녀이고, 천사고, 악마고, 뮤즈고, 아마존의 전사다. 잊지 말아야 할 것은 여성들이 (그리고 남성들도) 끝없는 변화의 과정을 거치고 있다는 사실이다. 현대 여성은 전에 없이 많은 선택의 자유를 누리고 있다. 그녀 자신도 급격히 변하고 있고, 더 많은 중압감을 경험하고 있다. 이 책은 그런 문제를 고려하고 있다.

왜 태양의 위치를 중시하지 않는가

태양의 위치를 중심으로 하는 별자리 해석이 자신과 맞지 않는다고 느끼는 여성은 자신이 다른 별자리 유형에 속한다고 생각할 선택의 자유를 가져야 한다. 또한 유해한 정형이나 틀을 자유롭게 깨부수고 나올 수 있어야 한다. 앞에서 언급했듯이 태양의 위치가 자신의 성격과 운명을 결정한다는 생각에서 해방돼야 한다.

『여성을 위한 별자리 심리학』을 태양의 위치에 따른 별자리에 기반해서 저술하지 않은 까닭은 또 있다. 태양의 위치에 따른 설명은 점성술에 접근하는 초보자에게는 유용한 방법이겠지만, 지나치게 단순화하는 경향이 있다. 사람들 대부분이 태양의 위치에 따른 별자리를 알고 있기 때문에 편리한 점은 분명 있겠지만, 태양의 위치는 점성 차트를 구성하는 다양한 요소 중 하나에 불과하다. 별자리를 종합적으로 다루는 점성술사는 점성 차트를 적어도 다음 상징들에 기반해서 해석한다. 즉 10개의 행성(우리는 그것을 별이라 부르지만), 기운이 상승하는 별과 천구에서 축을 이루는 별, 달의 교점들. 게다가 특정 시기에 어떤 사람이 처하는 운명을 완벽하게 이해하려면, 그 사람이 태어날 즈음의 점성 차트에 그동인 깨괴되면서 변회한 점성 차트가 추가되어야 한다.

태양의 위치를 중시하는 점성술에는 기술적인 문제도 있다. 우선 첫째로, '접점'이라 부르는 시기, 즉 한 별자리에서 다른 별자리로 넘어가는 날 태어난 사람들은 자기가 정확히 어느 별자리에 속하는지 확인할 수가 없다. 예를 들어 물병자리와 물고기자리의 정확한 접점에 태어난 여성이 물병자리인지 물고기자리인지 확인하려면, 태어난 정확한 시간을 알아야 하며 그 시간의 점성 차트가 있어야 한다. 게다가 태양의 위치도 해마다 달라져서 겹쳐지는 날도 심지어 하루 정도는 유동적이다.

만일 태어난 시간을 정확히 모른다면 점성술사는 그 시간을 알아내기 위해 '추정법'이라 부르는 복잡한 방법을 이용해야 한다. 추정법이란 그 사람의 정확한 탄생 시간에 도달하기 위해 그에게 중요한 일이 있었던 몇몇 날짜들을 이용해서 시간을 뒤로 돌리는 기술이다. 불행하게도 다양한 추정법이 존재하기 때문에 서로 다른 방식을 사용하는 점성술사들은 다른 탄생 시간을 계산해낸다. 그런 경우 한 사람이 서로 다른 점성 차트를 갖는다.

역사적인 문제도 있다. 점성술사들 중에 황성주의자라 불리는 그룹이 있다. 그들은 별의 위치에 입각해서 점성술을 연구한다. 그런데 우리가 양자리, 황소자리 등으로 부르는 별자리들이 옛날에 있던 자리에 그대로 머물지 않는다. 황성주의 점성술은 대부분의 점성술 교본에서 사용하는 회귀선 중심의 점성술과 다르다. 회귀선 중심의 별자리는 지구의 계절에 기본을 둔다.

회귀선 중심의 별자리는 춘분(봄에 낮과 밤의 길이가 같을 때)에 태양이 위치할 때를 첫번째 별자리인 양자리의 기점으로 삼는다. 별자리들은 각각 30°씩 할당되어 12별자리를 모두 합하면 360°가 되어 완벽한 황도(천구에서 태양의 궤도)를 형성한다. 각 별자리를 30°로 나누는 것이 임의적으로 보일 수도 있다. 하지만 그것이 대체로 설득력이 있는 편이어서 대부분의 서양 점성술사들은 회귀선 중심의 별자리를 이용한다. 황도를 12로 나눌 때도 어떤 점성술사들은 각 별자리가 정확히 30°씩 갖도록 공평하게 12개로 나누는가 하면, 어떤 사람들은 각각이 서로 다른 비중을 갖는 방식으로 나눈다. 따라서 어떤 별자리는 50°를, 다른 별자리는 25°를 차지할 수도 있다.

별자리 심리학은 어느 정도 고전적인 점성술과 그 해석에 의존한다. 하지만 한사람에 대한 전체적인 이해는 전체 점성 차트와 직관, 심리학과 성에 대한 지식, 성장 주기 등 모든 것에 기반을 두어야 한다고 보는 현대 점성술의 견해를 지지한다. 특히 부정적인 성격이 외적인 힘에 있지 않고 바로 인간의 마음에 존재한다고 주장하는 점에서 고전적인 점성술과 큰 차이를 보인다.

어떤 사건이 발생할 때 결과를 규정하는 것은 우주의 감독관 같은 존재가 아니라 그 사건에 대한 그 사람의 '반응'과 '해석'과 '인식'이다.

요약하자면, 나는 태양의 위치를 중시하는 점성술에 반대한다. 그것은 지나치게 틀에 박혀서 구속하는 성격이 강해 많은 여성에게 부정적인 영향을 미친다. 나는 어떤 여성에게도 자신에 대한 부정적인 시각을 심어주고 싶지 않다. 이미 너무 많은 여성이 자부심 부족으로 고통받고 있고, 권위적인 외부 조건들로 인해 너무 많은 제약과 구속을 받아서 스스로의 가치를 제한하고 있지 않은 가. 나는 별자리 심리학이 이런 일을 막아주고, 구속하는 영향력이 아니라 자유롭게 해방하는 영향력을 발휘하리라 믿는다.

나는 왜 『여성을 위한 별자리 심리학』을 썼는가

어떤 여성도 이 책에서 도움을 얻기 위해 나의 개인적인 철학에 동의할 필요는 없다. 하지만 적어도 내게는 나 자신의 믿음을 전달하는 일이 몹시 중요한 문제였다. 이 책에서 나는 직업 상담가로, 별자리 심리학자로, 선생으로, 그리고 인간의 본성과 그 사회적, 성적 행동을 연구하는 사람으로 내가 교육받은 모든 내용을 활용했다. 또한 엄마, 아내, 딸, 연인, 절친한 친구, 일하는 직장 여성으로의 내 경험에서 많은 것을 끌어냈다. 내가 받은 교육에서부터 내가 관찰하고 경험한 모든 것, 그리고 내 성격과 직관까지 이 책에 녹아 있다.

우리는 아직도 인간 심리라는 거대한 빙산의 한 조각도 채 깨닫지 못한 상황이다. 무의식에 대한 지식과 유전자에 각인된 기억들, 윤회에 대한 지식 등 무한한 영역이 우리 앞에 남아있다.

나는 인간이 기본적으로 두 가지 차원으로 활동하고 있다고 믿는다(더 고양된 자아의 단계는 우리의 지침이고, 더 낮은 단계의 자아는 우리의 성격이다). 고양된 자아는 지혜롭고 덜 집착한다. 반대로 성격(인간적인 측면)은 현실에 얽매이고, 모든 사람이 직면하는 공통된 문제들에 부닥친다. 고양된 자아는 윤회를 거듭하면서 경험하게 되는 무수한 삶과 그 삶의 특성들을 기억하고 종합하는 자아이므로 각각의 인생을 비춰주고 이끌어주는 빛이 된다. 그것은 아직 우리가 파악하지 못한 우주법칙에 공명하며, 이 세상에 태어날 때 필요한 경험이 무엇인지 결정해준다. 고양된 자아의 목적은 항상 더 긍정적이고 애정이 넘치고 완벽한 존재로 진화하는 것이지만, 일차원적이고 인간적인 자아, 성격은 항상 모순과 갈등 속에서 방황한다.

나는 낙관주의자이다. 우리 모두가 진화의 과정에 있다고 믿으며, 우리가 이 진화를 긍정적으로 이끌어가고자 한다고 믿는다. 물론 우리는 항상 성공하지 못한다. 어쩌면 미끄러지고 뒤로 후퇴하는 경우가 더 많을지도 모른다. 그럼에도 불구하고 인생의 주요 목적은 현재의 과업을 달성하고 우주적 여성으로 진화하기 위해 다양한 선택의 가능성 앞에서 지혜롭게 선택하고 계획해 올바른 경험을 하는 데 있다.

우리에게 필요한 것은 아무리 힘들지라도 우리의 길을 계속 걸어가도록 이끌어주는 경험이다. 어떤 때는 넘어지겠지만, 또 어떤 때는 날아오른다. 개인적으로 나는 우리가 날아오르지 못하는 까닭이 죄의식과 공포, 억눌린 분노의 부정적인 에너지에 있다고 생각한다. 그래서 그런 부정적인 감정을 인식하고 그것을 제거하는 법을 배우는 것이 중요하다.

사람은 다양한 요소가 결합된 존재이고, 끝없이 변화하면서 움직인다. 많은 자연과학자들처럼 나도 우리가 분자의 구조를 이해하기만 하면 우주의 비밀을 이해하는 열쇠를 갖게 되리라 믿는다. 또한 우리가 자신과 타인을 이해하고 사랑하게 된다면 인생의 목적을 알 수 있는 열쇠를 쥐게 되리라 믿는다.

사랑이야말로 우리의 힘과 창조력의 근원이다. 사랑은 『여성을 위한 별자리 심리학』의 기초 원칙이다.

각 장에 대해서

13개의 장은 각각 심리적 특성에 대한 분석과 인간 욕망의 변화 주기, 자부심, 성적 특성과 욕망, 분노를 극복하는 능력, 연애나 결혼 상대 선택(어떨 때는 그 둘이 완전히 다르다), 개인적 성장에 대한 욕망과 능력, 대안적인 생활 방식 등을 다루는 부분으로 구성된다. 심리 분석 부분에서는 장점과 단점을 파악하고 단점을 보완하는 방법이 제시된다. 또 양자리 여성이 어떻게 하면 상처받기 쉬운 내면을 드러낼 수 있을까? 쌍둥이자리 여성이 어떻게 하면 다양성과 자극을 갈망하는 자신의 특성을 유리하게 활용할 수 있을까? 전갈자리 여성은 어떻게 자신의 강한 권력욕을 최상의 방향으로 전환할 수 있을까? 염소자리 여성은 어떻게 직업적 목표와 행복한 가정생활 사이에서 균형을 유지할 수 있을까? 등의 질문에 대한 대답도 있다.

각 유형은 가치관, 안정에 대한 욕구, 의존과 자율성에 대한 요구가 제각기 다르다. 나는 여성들이 인생의 다양한 시기를 통과하면서 이런 요소들과 관련해서 점진적으로 진보하면서 변화하는 모습을 그리고자 했다. 예를 들어 양자리 여성은 감정적으로 느리게 성숙하는 자신의 특성을 깨달아야 하고, 염소자리 여성은 살아가면서 점점 더 행복해진다는 사실을 알아야 한다. 물고기자리 여성은 나중에 정처 없이 두리번거리는 눈을 가지게 되리라는 사실을 예견해야 한다. 그것은 여성들로 하여금 자신이 다른 사람들과 같은 문제를 겪고 있으며 비슷한 성격을 가지고 있음을 깨닫도록 할 것이다.

자부심에 대해서도 각 장에서 언급하고 있다. 자부심이야말로 개인적 성장과 친밀감, 사랑의 기본이다. 자신을 사랑하지 않는 사람은 다른 사람도 사랑할 수 없다. 이 책은 어떻게 자부심을 측정하고 키울지 조언한다.

모든 여성이 서로 다른 성격을 가지듯, 성적인 특성도 제각기 다르다. 자신의 성적 본성을 잘 아는 여성은 자신이나 연애 상대에게 더 편안한 태도를 보일 수 있다. 섹스는 소통하는 행위이며, 우리가 가장 커다란 즐거움을 느끼는 행위 중 하나이다. 하지만 대부분의 사람에게 성 경험은 그다지 즐겁지 못한 것으로 남아 있다. 우리 문화가 쾌락을 나누는 일을 꺼리게끔 교육하기 때문이다. 우리는 섹스를 연애의 쓰레기하치장쯤으로 간주하도록 배운다. 자신에 대한 지식과 친밀감을 형성하는 새로운 기술만이 그런 경향에서 벗어나게 도와줄 수 있다.

분노와 섹스는 밀접한 연관이 있다. 긍정적으로 통제할 수 없는 분노는 건강한 섹스를 방해한다. 나는 분노를 다룰 때, 각 여성 유형의 성 행동이나 성적 소통 방식과 결부시켜서 다루었다. 각각의 유형이 분노를 건설적으로 다룰 수 있는 방법도 제시하고자 했다. 방치된 분노는 동반자와 권력 다툼을 하거나, 경쟁적인 태도와 적대감을 보이거나, 오르가슴을 얻지 못하거나, 성욕을 느끼지 못하거나, 다른 성적인 문제를 갖게 되거나 등 다양한 형태로 드러난다. 유형에 따라 분노를 어떻게 표현하고 거기서 벗어날 수 있는지 조언했다.

13번째 장에서는 분노가 자신에게 좋은 영향을 미치도록 만들고 연애와 결혼생활에 도움이 되도록 유도하는 방법을 설명한다.

각 유형의 여성들마다 결혼 상대, 자기 아이의 아버지, 그리고 원한다면 부양자로 가장 적합한 상대가 따로 있다. 혼전이나 이혼 후, 혹은 혼외정사의 상대로 적합한 사람도 따로 있다. 예를 들어 양자리 여성은 흥분에 대한 욕구와 안정에 대한 욕구를 동시에 충족시킬 수 있는 법을 알아야 하고, 사수자리는 방랑벽을 극복할 방법을 찾아야 하고, 물병자리는 친밀한 인간관계가 가능해져야 하며, 물고기자리는 의존성을 극복할 수 있어야 한다.

평범한 연애와 결혼, 이혼을 넘어서는 가능성에 자기 생각을 열어놓을 필요도 있다. 그래서 나는 각 장의 마지막에, 아마도 점성술 역사상 최초로, 일부일처제가 아닌 대안적 생활 양식을 다루었다. 거기서는 개인적 성장과 친밀감에 대한 사람들 각각의 욕구를 다룬다. 또한 변화하는 성적 요구를 분석하고 각각의 생활 방식이 시도해볼 만한 것인지 진단한다.

예를 들어, 평생 한 사람과 성적, 정서적으로 독점적인 관계를 유지하는 여성들이 있다. 하지만 이런 여성들의 욕구조차 전통적인 일부일처제를 통해서는 온전히 충족되지 않음을 밝히고 싶었다. 어떤 사람들은 연애와 결혼에서 전혀 다른 상대를 필요로 한다. 어떤 사람들은 지나친 죄의식에서 벗어나 많은 연애를 하는 모험이 필요하다.

『여성을 위한 별자리 심리학』은 여성들에게 자기인식, 자부심, 자신의 성적·사회적 가능성을 개발할 수 있는 소중한 실마리를 제공한다. 한편 남성들에게는 이 책이 여성들에 대한 통찰력을 제공할 뿐 아니라, 그들 자신의 여성성에 대해서도 많은 것을 알려준다. 사랑과 성적 쾌락, 건강, 행복과 관련된 자신의 가능성을 확장하고 싶은 모든 사람이 이 책에서 많은 것을 얻을 수 있기를 희망하며, 분명 그럴 수 있으리라 믿는다. – 주디스 베넷★

CONTENTS

004   special note. since 1998
작가의 말. since 1980

032   '새빨간 불'의 양자리 여성
(3.20/21~4.20)

066   '불변하는 흙'의 황소자리 여성
(4.21~5.21)

110   '변덕스런 공기'의 쌍둥이자리 여성
(5.22~6.21/22)

166   '새빨간 물'의 게자리 여성
(6.22/23~7.22/23)

214   '고정된 불'의 사자자리 여성
(7.23/24~8.23/24)

256   '변화하는 흙'의 처녀자리 여성
(8.24/25~9.23)

300   '새빨간 공기'의 천칭자리 여성
(9.24~10.23/24)

334   '고여있는 물'의 전갈자리 여성
(10.24/25~11.22/23)

378   '변화하는 불'의 사수자리 여성
(11.23/24~12.21/22)

420   '새빨간 흙'의 염소자리 여성
(12.22/23~1.20/21)

466   '응축된 공기'의 물병자리 여성
(1.21/22~2.18/19)

518   '변덕스런 물'의 물고기자리 여성
(2.19/20~3.19/20)

552   '모든 별자리를 거쳐 완결된' 우주적 여성

각 별자리에는 아래 순서로 상세한 내용이 들어있습니다.
성격 | 인간관계 | 성 | 분노 | 생활 방식 | 개괄적 특징

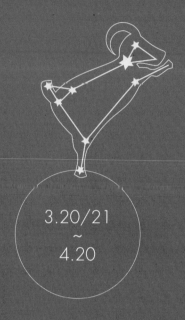

'새빨간 불'의 양자리 여성

Aries

통명스러운
쉽게 싫증나는
활기 있는
거리낌없이 있는
죽에 역할을 하는
사냥꾼
이상주의자

열의에 넘치는

초연한
이기적인
오만한

통솔력 있는 개척자

개성이 강한
운이 좋은

성욕이 강한　적극적이고 낙천적인
세세한 일을 싫어하는
승리자
거만한
반항적인
둔감한

위험을 무릅쓰는

도전이 필요한

양성적인
외향적인
쉽게 화내는
자존심 강한
유머 감각이 있는

남자 같은 혹은 아주 독특한

성급한
충동적인
경쟁적인
지배적인
책임감 강한
목표지향의

위에 나열된 특성들은 단지 한 시기를 묘사하고 있으니,
당신과 맞지 않는다고 생각되면 지금 당신이 어느 시기에 있는지
다른 별자리에서 찾아보세요.

양자리의 성격

일반적인 특성과 배경

양자리 여성은 인간관계나 사랑, 일, 모두에 도전이 필요하다. 그녀는 능동적이고 활기가 넘치며 항상 자신이 먼저 자극을 주고 변화를 만들어내야 한다고 느낀다. 가사든 사업이든 우두머리가 되어 영향력을 행사하려 들고, 외향적이며, 삶에 대한 열정으로 가득하다. 그들은 대체로 경쟁적이고, 최고가 되기를 바라며, 매사에 최상의 결과를 바란다. 또 어떤 상황에도 직면할 수 있는 용기가 있고, 사람들이 실패로 생각하는 일도 성장을 위한 비판적 교훈으로 받아들일 줄 안다.

양자리는 12개의 별자리 중 첫번째 자리로 새빨간 불을 상징하며 화성(마르스)의 지배를 받는다. 봄에 태어난 양자리 여성은 꽁꽁 언 땅을 뚫고 나와 꽃을 피우는 씨앗처럼 강한 의지를 가졌다. 똑같이 불과 연관이 있는 사자자리와 사수자리처럼 양자리도 낙천적이고 발랄하며 과격하고 통솔력이 있고 용감하다. 불같은 성격에 요구하는 것도 많고 쉽게 싫증을 내며 변덕스럽고 때로는 어리석고 비합리적이기도 하다. 대개는 매력적이고 지칠 줄 모르는 열정의 소유자이다. 화성(마르스)은 신화에서 전쟁의 신이다. 그래서 양자리 여성은 전투, 경쟁, 논쟁, 새로운 개척에 익숙하다. 그녀의 태도나 외모, 사고방식은 흔히들 남성적이라 불리는 성격을 갖는다.

스칼렛 오하라가 양자리 여성의 전형이다. 낙천적이고 열정적이며 함께 지내기 힘든 구석도 있는 여성. 어리석을 정도로 충동적이고 극단적으로 자만심이 강하며 도전을 좋아하던 여성. 하지만 스칼렛은 강하게 살아남았다. 그녀는 열정을 불태우고, 맹렬하게 분노를 터트리고, 사람들을 매혹하면서도 강하게 밀어낸다. 누구든 그녀를 싫어하거나 끌려들어갈 수는 있지만 그녀를 무시할 수는 없다. 그녀에게 최악의 적은 그녀 자신이지만, 마지막 순간까지 그녀는 패배하지 않았다. 오히려 자신의 삶을 통해, 비극도 삶의 한 방식일 뿐이며 승리도 전적으로 주관적인 경험에 불과하다는 확신을 사람들에게 심어준다. 양자리 여성에게는 승리 자체가 가장 중요하다.

'양자리의 일반적인 특성들' 중 30개 이상이 자신과 일치한다고 생각하는 여성은 양자리 유형이라 봐야 한다. 양자리 유형은 꼭 양자리에 태어난 여성만 지시하지 않는다. 양자리 시기를 거치는 여성들은 대체로 다음과 같은 모습을 보인다.

- 성급하고 충동적으로 결정한다.
- 완전히 새로운 시작을 하고 있거나, 살면서 여러 번 새 출발(자기 사업체나 직장을 포함해서)을 하게 된다.
- 완강하고 반항적인 태도를 보인다. 특히 초기에는 협조적인 태도를 취하다가 그렇게 변하는 경우가 많다.
- 전통적으로 여성적이라고 일컫는 방식으로 열정적이고 단호하게 독립성을 추구한다. 예를 들어, 중년에 법학을 공부하기 위해 학교로 돌아가거나, 다른 사람에게 폐를 끼치면서까지 직장을 바꾼다.
- 개인 생활이나 직장 생활에서 의도적으로 새로운 도전을 부추긴다.
- 다른 사람의 충고에는 전혀 개의치 않으면서 포기하기를 거부하는 태도 때문에 벽에 자기 머리를 부딪치고 있다는 느낌을 준다. 완강하고 단호하며 반항적이고 자주적으로 사고한다.
- 계속해서 머리에 상처를 입거나 의학적인 문제가 생긴다. (이런 일은 양자리의 영향을 뜻하지만, 그 자체로 양자리 시기임을 의미하지는 않는다.)

양자리 여성은 대개 영원한 낙천가여서, 소모적일 수도 있는 출발과 중지를 온 힘을 다 바쳐 되풀이한다. 〈바람과 함께 사라지다〉의 스칼렛처럼 그녀에게 내일은 정말이지 또 다른 날이다.

열의에 넘치는, 통솔력 있는 개척자, 도전이 필요한

양자리 여성은 동시에 다섯 가지 이상의 일을 할 수 있으며, 강한 승부욕과 최고의 지위에 도달하려는 조급한 욕망을 갖고 태어난다. 자신의 유능함과 상황 통제력을 과시하고 싶어하며, 그 덕에 빨리 관리직에 도달한다. 토성의 지배를 받으며 강한 야심가인 염소자리만이 함께 지도자의 자리에 오르지만, 아마도 그 속도에 있어서는 양자리를 따르지 못할 것이다.

양자리 여성이 최상의 능력을 발휘하려면 정신적인 도전이 필요하다. 그녀의 육체도 건강하고 매력적이지만, 가장 강한 부분은 바로 정신이다.

양자리는 결코 게으름을 피우지 않으며, 항상 강박적으로 무언가를 추진하고 완성하고 만들어내야 한다고 느낀다. 가만히 앉아 있으면 비생산적이라는 느낌으로 좌절하거나 수심에 잠기게 되는 것이다. 그녀는 항상 자기 정신을 훈련시켜야 하며, 한 사회 안에서 자신이 선택할 수 있는 것을 끊임없이 확인할 필요가 있다. 리더십과 일을 하려는 충동을 구체화해야 하며, 그렇게 할 때 조만간 자신의 야망과 진취성을 실현할 역동적인 출구를 발견하게 된다.

개성이 강한

양자리의 보편적인 특징은 광대 같은 옷차림과 자신감 넘치는 걸음, 위압적인 몸짓, 크고 우렁찬 목소리 등으로 눈에 띈다는 점에 있다. 어떤 이유에서든 그녀는 자연스럽게 사람들의 시선을 끈다. 설령 그녀가 양자리로는 보기 드물게 수줍음을 타는 사람이라 해도, 오히려 그 기묘함 때문에라도 주목을 받게 되는 식이다.

그녀는 개인적 매력과 활기 넘치는 에너지, 불굴의 정신으로 용기 있게 변화에 대처하고 극복한다. 사람들도 그녀의 이런 성격을 감지하고 안내자나 지도자 역할을 맡게 되며, 그녀는 기꺼이 그 역할을 수락한다.

운이 좋은

양자리 여성은 불행뿐 아니라 행운까지도 만들어낸다. 스스로 돕는 자를 돕는다는 우주의 보호 메커니즘이 그녀를 위해 존재하는 것처럼 보일 정도이다. 그녀의 경우, 행운이 다가오지 않을 때에도 착실한 준비와 적절한 기회 포착으로 그 메커니즘이 효력을 발휘하도록 만든다.

적극적이고 낙천적인, 승리자

양자리 여성의 힘과 행운은 어느 정도는 타고난 낙천주의에서 비롯된다. 그들은 인생의 다양한 경기에서 승리자가 된다. 스스로를 장애물 경주 코스에 밀어 넣고 내심 무슨 일이든 이겨낼 수 있다고 믿으며, 실제로도 잘 이겨낸다. 사람들은 자기만의 태양을 만들어내고 재앙에도 빛을 비추는 그녀의 능력에서 용기를 얻는다. 또한 아이처럼 낙천적으로 인생을 받아들이는 그녀의 태도 앞에서는 구제불능의 비관론자조차도 미소 짓는다.

반항적인, 둔감한, 위험을 무릅쓰는

양자리 여성은 대체로 동정심이나 감수성이 부족하며, 자기 일은 자신이 알아서 해야 한다고 말한다. 다른 사람이 처한 곤경에 감정을 이입하고 동정하기보다는, 뒤로 물러나 손을 내저으며 그들을 쫓아버리는 식이다. 그녀는 다른 사람의 감정을 존중하고 자기 내부의 불협화음을 조율하면서 다른 이의 음악을 들어볼 필요가 있다.

지나치게 자극을 추구하다 안전을 등한시하는 경우도 많다. 너무 쉽게 모험에 뛰어들고, 다른 사람들이 염려한다는 사실에 대해서도 무심하고 둔감하다. 오히려 그녀는 그런 생각을 강요로 받아들이는 편이다. 천성적으로 제약받기를 싫어하는 그녀는 부모와 사회가 '착한 소녀'가 되기 위해 필요하다고 말하는 규범에 저항한다. 흔히들 여성적이라고 말하는, 사람들을 돌보는 법을 배울 마음이 전혀 없고, 집에 머물면서 쿠키를 굽거나 가사 일을 하면서 조용히 배우자를 내조하는 일에 불쾌감을 느낀다. 자잘한 일을 돌보거나 자기희생적인 뒷받침 같은 것은 그녀의 스타일이 아니다.

성급한, 충동적인

양자리 여성은 자기 속도를 찾는다든지 지도자가 되기 위해서는 누군가의 제자가 되어 준비해야 한다는 사실을 받아들이려 하지 않는다. 특히 젊은 시절에는 한 단계 한 단계 밟아 올라가려고 하지 않고 단숨에 뛰어오르려 한다. 예를 들자면 공항의 집수대나 관공서에서도 참을성 없는 그녀는 줄을 서서 기다리고 있는 다른 사람들은 전혀 고려하지 않는다.

'나 먼저'라는 이런 태도는 원하는 것을 재빨리 얻는 데는 도움이 된다. 제일 먼저 티켓을 사거나 볼일을 마칠 수 있을 것이다. 하지만 장기적인 안목으로 보면 티켓보다 훨씬 더 소중한 '사람'들을 잃게 된다. 그래도 속도와 권력을 중시하는 그녀는 종종 다른 사람에 대한 배려 없이 이기적이고 즉각적으로 요구한다. 양자리 여성은 눈앞의 목적에 급급해서 충동적으로 행동하고, 타협을 거부하여 스스로를 가둘 수도 있다.

성급한 성격의 가장 심각한 문제는 인생 초기에 너무 빨리 경험을 지나쳐버릴 수 있다는 점이다. 양자리 여성은 겉만 핥으면서 깊이 있게 경험하지 못하는 편이다. 그들은 더 충분하게 자기의 감정과 경험에 몰입할 필요가 있다.

경쟁적인, 지배적인, 책임감 강한

인간관계에 능숙한 양자리 여성은 사람들에게 강한 영향력을 행사하며 깊은 인상을 남긴다. 뛰어난 지성과 강한 의지력도 갖추고 있다. 관심 영역도 너무 방대하다 못해 산만해 보일 지경이다. 양자리 여성은 여성에 대한 사회적 제약에 저항하며, 자유롭게 살고자 한다. 그들 대부분은 남성과 평등한 관계를 유지하면서 같은 수준으로 성공할 수 있기를 희망한다. 낙천적인 세계관을 바탕으로 다양한 일들을 유능하게 해내는 그들은 경쟁을 좋아하며, 전략상 후퇴하는 법 없이 바로 승리하기 원한다. 둘러 가는 방법도 있음을 몰라서가 아니라, 시간 낭비에 불과하다고 생각하기 때문이다. 만일 경기에 규칙이 필요하다면 그것도 직접 만들려 들 것이다.

양자리 여성은 자신의 가정과 직장, 그리고 인생 전체에 대한 책임을 온전히 지려 든다. 하지만 자기 생활만 중요시하고 주변 사람들을 고려하지 않는다면 대인관계에 문제가 생길 수도 있다. 물론 바로 그런 경향 덕분에 사업이나 세계 경제를 다루는 데 쉽게 접근한다.

목표 지향적인

양자리 여성은 타고난 개척자이다. 그들은 남성중심의 사회에서 이런 타고난 성질을 어떻게 활용하고 행복을 추구할지 결정해야 하다

사람은 자신이 타고난 긍정적인 성격 뿐 아니라 부정적인 성격도 받아들일 필요가 있다. 양자리 여성의 경우 성급함과 이기심, 스스로를 무모하게 몰아붙이다가 또 급하게 떠나버리는 성향을 자신의 일부로 인정하고 받아들이는 것이 중요하다. 그래야 그런 성격들을 긍정적인 방향으로 바꿀 수 있기 때문이다. 기업가나 개척자로서 그녀는 전통적인 여성상과 충돌하겠지만, 그 성과나 개인적 성취도는 무척 높다.

'남자 같은' 혹은 아주 독특한, 양성적인

양자리 여성은 자신이 일반적인 여성과 다르다는 사실을 무의식적으로 느끼고 있다. 어떨 때는 그런 인식을 편안하게 받아들이고 자신의 장점으로 이용하기도 하지만, 대개는 그것을 감정적인 도피처로 경험한다. 그녀는 여성의 몸에 남성적인 의식이라 부르는 것을 가지고 태어났다.

양자리 여성은 힘든 과업을 위해 태어났다. 원한다면 양성적 행동의 21세기 모델이 될 수도 있다. 누구에게나 어느 정도는 양성적인 면이 있지만, 양자리 여성의 경우 유난히 남성적인 면이 잘 발달되어 있다. 게다가 어릴 때부터 한 몸, 한 인격체 속에 남성과 여성의 주요 특징들을 결합하고 종합하는 능력을 발휘하는 편이다.

스위스 심리학자 칼 융은 모든 사람에게 자신과 반대되는 성이 내재한다고 믿었다. 그의 이론은 인간심리에 대한 이해를 크게 도왔다.

융은 모든 남성의 내부에 여성이 존재한다며 그 여성을 아니마(남성 내부의

억압된 여성적 특성), 혹은 '내부의 여성'이라 불렀다. 이 존재는 남성을 이끌어가는 영혼의 역할을 하며, 그가 자기 마음 깊은 곳에 가지고 있는 여성적 본능과 접촉하게 해준다. 아니마가 억압되면 남성은 자신의 여성성을 감정적으로 가장 가까운 여성에게 투사한다. 그의 정서적(여성적) 욕망이나 콤플렉스를 모두 그 여성에게 무의식직으로 투사하는 것이다.

마찬가지로 모든 여성의 내부에는 남성적 특질에 해당하는 아니무스가 존재한다. 이것은 행동이나 성취욕, 논리 같은 '남성적' 욕구를 대변한다. 아니무스가 억눌리면 그녀는 주변의 남성에게 이것을 투사한다. 가장 특별한 남성, 즉 아버지나 연인 혹은 배우자기 억눌린 아니무스의 욕망이 투영되는 스크린이 된다.

결국 여성들이 제대로 성장해서 자신을 알게 될 때까지는 남성이 여성의 억압된 욕망, 즉 행동과 성취욕, 권력, 공격성 혹은 독립에 대한 욕구를 대신 채워주기를 기대한다는 말이 된다. 양자리 여성의 경우 다른 어떤 여성보다 자신의 아니무스에 훨씬 가깝게 근접한다. 실제로 그녀는 적극적으로 행동하며, 능력 있고, 성취욕이 높다. 하지만 감수성이나 수용하는 태도, 정서적인 부분은 둔감하다. 모든 사람이 두 측면의 조화를 통해 완전함을 추구해야 하듯, 양자리 여성도 더 '여성적'이 될 수 있도록 노력할 필요가 있다.

외향적인, 쉽게 화내는

분노, 죄의식, 공포를 무의식적으로 억누르면 병이 될 수 있다. 이 세상 누구도 부정적인 감정을 승화시키지 않고는 인생을 진실로 향유할 수 없으며 사랑도 창조적인 성취감도 얻을 수 없을 것이다.

여성들마다 정서적 스트레스나 압박감에 대처하는 방식이 다르다. 물고기자리 여성은 망상에 빠지거나 술과 마약에 탐닉하는 경향이 있다. 사수자리의 경우 여행을 떠난다. 처녀자리는 일을 지나치게 할 것이고, 황소자리는 물건을 수집하고, 게자리는 탐식에 빠진다.

양자리는 저항(공격을 저지하거나 감정을 억제)하는 쪽으로 반응한다. 그녀는 쉽게 좌절감에 빠지고, 분노하고, 종종 격하게 울분을 터트린다.

양자리 여성은 천성적으로 외향적이고 화도 잘 내는 편인데, 이것이 부정적인 감정을 발산하는 데 도움이 된다. 자부심이 강하고 독선적인 면이 강한 그들은 상처받기보다는 화를 내버리는 쪽이 더 쉽다고 느낀다. 다른 사람을 상처 입혔다는 죄책감도 쉽게 무시해버리며 좌절감에서도 쉽게 벗어난다. 의욕만 앞섰다거나 경험이 부족했다는 핑계로 쉽게 용서받으려는 아이와 비슷한 면이 있다.

자긍심 강한, 유머 감각이 있는, 초연한

양자리 여성은 자긍심이 강하고 자기가 원하는 것을 용감하게 추구한다. 사람은 누구나 근심에 빠지고 불확실한 것을 두려워하는 법이다. 그녀라고 예외는 아니다. 하지만 그녀의 공포는 자신을 입증하려는 충동에 불을 붙이지 그것을 가로막지 않는다. '(어떤 대가를 치르든 어떤 결과를 얻든) 상관없어'가 그녀의 좌우명이다.

그녀는 행동하고 통솔력을 발휘할 때 자긍심이 더 강해진다. 그녀가 가정에 머물지 않고 직장생활을 선택할 때도, 자부심을 충분히 만끽하고 싶어서인 경우가 많다.

그녀는 예리한 유머 감각을 가지고 있으며, 웃기를 좋아하고, 인생의 부조리한 면을 잘 파악한다. 실존적 고뇌는 그녀의 스타일이 아니며, 아무 일도 하지 않고 고도를 기다리기만 하는 인내심 많은 인물들(『고도를 기다리며』의 등장인물들을 빗댄 이야기)에게 아무런 공감도 못한다.

양자리 여성에게는 삶에 뛰어드는 것이 가장 중요하고, 웃음이 있어야 한다고 생각한다. 그녀가 스스로를 웃음거리로 만들지 못하는 것은 자존심 때문이다. 그녀는 유머 감각 때문에 세세한 문제들이나 다른 사람의 곤경에 대해 무관심해진다. 양자리 여성은 오만한 우월감에 휩싸여서 자신의 유머 감각을 복잡한 세상사에 대한 방패로 이용할 때가 많다.

이기적인, 오만한

양자리 여성은 불의 지배를 받는 다른 자리들과 마찬가지로 무척 이기적이다. 둔감하고 성급한 성격은 그녀가 성숙하면서 약화된다. 직관적이고 예리한 감각을 가진 데다 자부심이 강한 그녀는 자기 재능을 과대평가하는 편이다. 그녀는 인간의 과실, 특히 자신의 과실은 손쉽게 잊어버리는 기억력과 함께 슈퍼우먼 콤플렉스를 가지고 삶 속으로 돌진한다.

그녀의 외향적인 표현 방식 배후에는 자부심이 숨겨져 있는데, 이것이 그녀의 성장을 저해하는 중요한 요인이다. 긍정적으로 보면 자부심은 실패와 패배를 극복하게 도와준다. 하지만 자신이 한 번도 실패한 적이 없었다는 듯 자기감정을 기만하거나 다른 사람들을 기만하는 부정적인 결과를 부를 수도 있다. 자부심에도 양면이 있음을 기억하고, 긍정적으로 활용하도록 노력해야 한다.

성욕이 강한, 세세한 일을 싫어하는

전형적인 양자리 여성은 젊은 시절 격렬한 감정적 관계를 버틸 수도 없고, 그럴 마음도 없다고 생각한다. 책임을 지고 싶지 않고, 제약이나 강압에서 벗어나고 싶은 것이다. 그들은 자신을 고통에 노출시키느니 차라리 돌진하고 좌절하고 안달하는 편이다.

양자리 여성은 거의 대부분 자기 내면 깊은 곳의 자아와 사투를 벌인다. 또한 갈등과 고통을 통해서만 성장하는 관계들은 피해버린다. 이런 경향은 인내심이 강해지는 30대가 되면 변한다.

그녀는 최상의, 가장 빠른, 가장 독특한 사랑과 성 경험을 찾아다니지만, 상대에게 두번 기회를 줄 만큼 오래 머물지는 않는다. 그만큼 빨리 살피고 빨리 판단을 내리기에 결정적인 실수를 범할 수 있다. 한번 마음을 정하고 정착하면 충직한 편이지만, 거기서 강한 에너지를 얻지 못하면 새로운 모험을 찾아 방황한다.

그녀는 삶에 대한 열정과 욕망을 가지고 있다. 그녀의 인생 목표는 살아남는 것이 아니라 산을 올라 그 꼭대기에 서 보는 것이다.

'새빨간 불'의 양자리 여성

거만한, 퉁명스러운, 쉽게 싫증내는

양자리 여성은 자신이 다른 사람보다 더 많이, 더 잘 알고 있어야 하며 최고가 돼야 하고, 두말할 필요 없이 최상이라고 인정받아야 한다고 느낀다. 그래서 끝없이 다른 사람과 경쟁하고 완벽성을 추구하면서 스스로를 압박한다. 그녀는 자신에게 아주 엄격할 뿐 아니라 다른 사람들에게도 많은 것을 요구한다.

대답을 듣고 싶지 않은 질문이 있다면 양자리 여성에게는 던지지 않는 편이 낫다. 즉석에서 솔직하고, 퉁명스럽게 말하며, 돌려서 말하는 것을 싫어해서 가장 당혹스런 질문에 당혹스런 대답을 하는 편이며, 심지어 묻지 않았을 때도 그런 경우가 있다. 부주의한 실수는 양자리 여성의 취미라 할 수 있고, 대화의 신중함도 부족하다. 비밀을 싫어하는 양자리 여성이 솔직하지 않은 전갈자리를 만나면 자극하고 정신없게 만들면서 대화를 몰고 간다. 자신이 모른다고 생각하면 가차 없는 질문이나 빈정대는 태도로 밉살맞게 굴면서 원하는 정보를 얻어내려 든다.

양자리 여성은 무시를 당하면 참지 못하며, 지루함도 견디지 못한다. 다른 사람들에게는 쾌적할 수도 있는 고요한 분위기를 몹시 답답하게 여기고 극단적인 행동을 해서라도 정적을 뒤흔들어놓는 식이다. 그녀는 모든 종류의 구속에 체계적으로 대항하며, 권태야말로 자신의 에너지를 가장 소모시킨다고 생각한다.

활기 있는, 카리스마가 있는, 촉매 역할을 하는

어떤 사람들은 양자리 여성을 함께 지내기 힘든 타입으로 보겠지만, 사실 그녀는 가장 재미있고 좋은 친구가 될 수도 있다. 나서기 좋아하는 성격도 좋게 말하면 '활기 넘친다'고 할 수 있다. 어떤 경우든 양자리 여성은 카리스마를 가진다. 원기 왕성하고 생기 넘치는 그녀는 권태에 빠졌거나 의기소침한 사람들, 일상에 매몰된 사람들에게 몹시 매력적으로 비치며 그들에게 다시 삶의 활력을 느끼게 해준다. 그녀는 자신도 모르게 촉매 역할을 한다. 학생들이 신선한 사고를 할 수 있도록 영감을 불어넣어주는 선생이 되며, 아이를 독립적이고 창의성

있는 아이로 키우는 엄마가 된다. 그녀는 규범에 어긋나는 생활 방식을 택할 수도 있다. 사회의 관습에 도전함으로써 의심할 줄 모르는 순한 양이 되기보다는 거친 숫양이 되는 게 낫다는 것을 몸소 보여준다.

사냥꾼, 이상주의자

양자리 여성은 정복 자체보다는 추격 행위를 더 좋아한다. 소유에는 관심이 없고, 자유로운 영혼으로 앞장설 수 있는 개척자의 길을 좋아한다. 이상주의자인 그녀는 새로운 시대가 시작되고 있으며, 뒤로 물러나기보다 앞을 내다봐야 한다고 믿는다. 현실이 아무리 가혹할지라도 침체 상태에서 벗어나 '아무 소용 없다'는 통념에 저항하고, 목적을 쟁취하기 위해 투쟁의 장으로 되돌아간다. 그들은 대체로 긍정적인 길을 추구하며 다른 사람들에게 기쁨을 가져다준다.

인간관계

양자리의 여성들은 복잡하고, 요구가 많으며, 열정적인 상대를 만나 그와 섬세하게 조율하고, 균형을 맞추며, 재미있고 색다른 관계를 만들어갈 잠재력을 가지고 있다. 그들은 돈키호테처럼 끝없이 이상을 추구한다.

연애를 할 때면 베푸는 일의 가치를 잘 알고 있으며 동시에 불가능한 것을 요구하기도 한다. 또한 지나치게 간섭하기도 한다. 그런 것이 베푸는 일이라 생각한 탓이다. 그녀는 과장되게 자신의 독립성을 요구하고 자기 정체성을 고집하는 경향이 있는데, 이 과장 역시 친밀한 관계로부터 도피하는 한 방식이 될 수 있다.

그녀는 어느 한쪽이 강하거나 약하지 않고 제각각 우두머리가 될 수 있는 관계를 무의식적으로 갈망한다. '모두 대장이고 부하는 없다'는 식의 생각이 그녀의 마음을 끌며, 상대방이 통솔력이 있는지 확인하기 위해 가혹할 정도로 시험하는 편이다.

양자리 여성에게 사랑은 전쟁터이다. 사실 그녀가 논쟁을 벌이는 정도에 따라 그녀의 마음이 얼마나 기울었는지 가늠해볼 수도 있다. 만일 그녀가 어떤 계획이나 사소한 일들, 철학, 사랑, 인생, 일 등에 대해 연인의 의견에 동의하지 않는다면, 그는 안심해도 좋다. 그녀의 마음이 끌리고 있다는 전조이기 때문이다. 그녀는 연인과 다투거나 의지력 싸움을 벌이면서 에너지를 얻는다. 하지만 그녀가 흥미를 보이지 않거나 멍하니 있으면 주의해야 한다. 떠나려 한다는 신호이기 때문이다.

양자리 여성은 초기 성관계를 주도한다. 젊을 때는 단호하고 남성적인 경향이 강하고 감수성이나 여린 구석, 다정한 면은 찾아볼 수가 없다. 그래서 상대의 사랑을 확인하고 싶으면서도 그것을 요구하거나 주지 못한다. 아마도 그녀가 아직 내면 깊숙한 감정의 단계에서 스스로와 다른 사람에게 자양분을 공급하는 법을 배우지 못했기 때문일 것이다.

양자리 여성은 불의 지배를 받는 다른 별자리와 마찬가지로 대체로 충직하고 관대하다. 또한 상대도 자기만큼 성격이 단호하고 감수성이 뛰어나며 존중받아야 하고 동등한 권리를 요구할 줄 알아야 한다. 그녀가 육체적으로 흥분하려면 정신적으로 강한 자극을 받아야 한다. 변화하고 실험하고 새로운 도전에 맞서 싸울 자유와 넓은 공간이 필요하다. 그녀는 그 관계가 흥미진진하고 서로 존중하며 아직도 탐색하고 정복할 여지가 남아있다고 느끼는 한 상대에게 충실하게 남는다.

양자리 여성은 사랑과 우정, 결혼에서 성적으로든 감정적으로든 이상적으로 완벽한 결합을 원한다. 하지만 그 방법을 알아내는 데 많은 시간이 걸린다. 대개는 30대나 그 이후가 되어서야 자신이 사랑이나 인간관계에서 진정으로 원하는 것과 필요로 하는 것이 무엇인지 깨닫는다. 자신이 기꺼이 내주고자 하는 것이 무엇인지를 알아내는 데에도 그만큼의 시간이 필요하다. 특히 자기중심적인 양자리 여성이 적절한 상호관계를 유지하려면 살을 깎는 노력이 필요하다.

어린 시절

성장하면서 남성 역할 모델과 동일시하고 어머니보다 아버지와 친하게 지내는 편인 양자리 여성 중에는 선머슴 같은 스타일이 많다. 그들은 여자로 태어난 것을 분하게 여기며, 여자아이들과 수다 떨기보다는 남자아이들과 나무에 오르거나 혼자서 책 읽는 쪽을 더 좋아한다. 그녀는 일생동안 여성보다 남성을 더 신뢰하며, 남성을 더 잘 이해한다고 느낀다. 유방이 생기고 여성적인 모습이 두드러지면서 몸에 대한 콤플렉스를 가질 수도 있다. 이전보다 더 공부에 매달려서 '똑똑한' 아이가 될 수도 있다. 양자리 소녀 중에는 내심 섹스 심벌이 되고 싶다는 비밀스런 욕망을 가지고 있으면서도, 성적으로 매력적이기보다는 반에서 똑똑한 학생이 되는 쪽을 더 좋아하는 경우가 많다.

양자리 소녀는 사춘기 시절 쉽게 화내고 좌절한다. 자신이 여성으로 성장한다는 사실의 사회 문화적 함의를 받아들이기 힘든 것이다. 그녀는 데이트 비용을 분담하려 들거나, 역으로 성적 매력을 과시하면서 남자들을 이용하려 들 것이다. 이런 적대감은 사람들을 지배하려는 태도를 통해, 더 건강하게는 학교에서 지도적인 위치에 오르는 식으로 표출된다.

M의 경우가 그 문제를 잘 보여주는 사례이다. 무남독녀였던 M은 아버지의 귀여움을 독차지하며 자랐다. 아버지는 그녀를 아들처럼 대했다. M이 나를 만나러 왔을 때 그녀는 스물네 살이었고, 결혼해서 두 아이의 엄마가 되었으며, 지역사회 자원 활동가 연합의 회장을 맡고 있었다. 갈색머리에 키가 크고 쾌활한 그녀는 매력적인 웃음, 솔직하고 호기심으로 반짝이는 눈, 그리고 상담하는 내내 티슈를 뽑아 꼬아대는 신경질적인 습관을 가지고 있었다. 나는 그녀가 울고 싶어한다고 생각했지만 휴지 뭉치가 곰 인형의 역할을 톡톡히 했던 것 같다. 그녀는 에너지가 소진되고 목표도 불확실하며 겉보기보다 훨씬 더 큰 적대감에 시달린다는 느낌이 들어서 상담을 받기로 결정했다고 말했다.

"어릴 때 아버지는 나를 사내아이 같은 별명으로 불렀어요. 그가 나를 사랑한 건 분명하지만 그 사랑이 조건부였다는 느낌이 들더군요. 아버지는 내가 스포츠도 학업도 뛰어나기를 바랐고, 난 여자로 태어났다는 점이 어떤 식으로든 약점이 된다는 무언의 메시지를 받았어요. 어머니도 큰 도움이 되지 못했어요. 당신의 삶을 꾸려가기도 바빴고, 내가 내 생활을 잘 꾸려간다고 생각했지요.

정말로, 내 생활이 있긴 했어요. 잘 정돈되고, 너무 잘 통제된 것이었지요. 사실 내 삶은 지나치게 통제됐다는 생각도 드네요. 지금에 와서도 모든 것이 너무도 순조롭게 진행되는 것 같아서 의심스러워요. 그저 지켜워진 건지, 내가 순진한 건지, 아니면 내가 가진 커다란 행운을 깨닫지 못하고 있는 건지 모르겠어요.

내겐 예쁜 아이가 둘이나 있고, 좋은 배우자와 안정된 결혼생활을 하고 있어요. 가족이나 이웃들도 나를 존중해주고, 나 자신도 스스로가 좋은 아내이고 좋은 엄마라고 생각해요. 하지만 좋은 딸이었다는 생각은 들지 않는군요. 난 내가 '최고'가 아니어서, 직업을 갖고 목표를 향해 매진하는 여성이 아니어서 아버지를 실망시켰다는 느낌을 받아요. 어머니도 실망시켰죠. 우린 한 번도 친밀한 모녀지간이 아니었거든요. 어머니는 노력했을지도 모르지요. 하지만 내가 성장할 때 정성을 더 쏟아주지 않은 것에 대해 항상 엄마에게 화내고 있었다는 생각이 들어요."

나는 정말로 M을 괴롭히는 문제가 무엇인지 파악할 수 없었기에 사춘기 때 일을 더 자세히 들려달라고 했다.

"나는 열두 살이 될 때까지는 모범적인 아이였어요. 그런데 모든 게 변해버렸지요. 아버지는 전보다 더 내 능력을 입증하도록 몰아 부쳤어요. 나는 계속해서 최고의 성적을 받았지만, 점점 더 화를 내게 되었고요. 내가 나 자신만으로는 존중받지 못한다고, 아버지의 사랑을 얻기 위해서는 끊임없이 노력해야 한다고 느끼기 시작했어요. 난 아주 도발적으로 꾸미면서 반항했지요. 담배를 피우기 시작했고, 밤늦게까지 돌아다녔고, 내 모든 걸 과시했어요. 부모님이 불행해질수록 나도 더 불편했지만 그걸 인정하기가 싫었어요. 내 안의 뭔가가 반항하도록 몰아간 것 같아요. 그게 뭔지는 아직도 모르겠어요."

별자리 심리학 치료를 받는 동안 M은 여성이라는 사실의 의미를 생각하는 데 집중했다. 그녀는 그 사실에 대해 몹시 복잡한 감정을 느끼고 있었고, 자신에게 요구되는 역할을 수행하면서도 속으로는 좌절하고 분노했다. 게다가 양자리 특유의 유쾌한 무관심으로 이런 상황을 무시하는 척하면서도, 내심 그런 사실에 죄책감까지 느끼고 있었다.

내 생각에 M은 한번도 자기 성이나 여성성에 대한 스스로의 감정을 분석해 본 적이 없는 것 같았다. 영리한 학생이자 아버지의 '아들'이었던 그녀와 도발적이고 섹시한 여고생이었던 그녀가 조화를 이루지 못한 것은 당연하다. 그녀는 다른 사람의 사랑을 '얻어내야' 하며, 똑똑해야 한다고 느꼈다. 전통적인 여성의 길을 택했으면서도, 어떤 점에서는 자신이 여성이란 사실을 받아들이지 못하고 있었나. 아버지는 그녀에게 여성이런 얼등한 존재라고 기르쳤다. 그래서 놀기 좋아하고 섹시하고 관능적인 여성이 되는 식으로 반항했지만, 그것은 현실적으로 큰 도움이 되지 못했다.

M은 자신의 성적 정체성(에 대해 느끼는 감정)에 대해 배우자와 진지하게 이야기를 나누었다. 불행하게도 배우자는 '성실한' 아내가 갑자기 자기 생활 방식에 의문을 제기한다는 사실을 받아들일 수 없었다. 결국 그들은 이혼했고, 한동안 M은 여성들만 사귀었다. 후에 말하기를 그때 처음으로 여성이라는 사실이 주는 그 모든 미묘하고 다양한 질곡을 경험했다고 한다. 동성애자들과 함께 살아가는 그녀의 삶은 처음 만났을 때의 모습과 완벽하게 대조를 이루었다. 그 후 그녀는 재혼했고, 자기 사업체를 운영하고 있다.

연인이나 다른 사람들과 관계 맺는 방식

양자리 여성들은 여자들보다 남자들과 잘 지내는 편이다. 우정으로 출발해서 연인이 되기도 한다. 그녀가 같은 남자를 상대로 한 번 이상 육체적 흥분을 경험하려면, 정신적인 자극이 필요하다.

양자리 여성은 남성들의 자의식이나 남성성을 보호하려는 심리 장치들을 무장 해제시키는 능력이 있다. 여성의 몸을 가지고 있지만 남성적인 방식으로 사고한다는 사실이 남자의 세계로 들어갈 틈을 열어주는 것 같다. 최악의 경우에는 남자를 지배하고 통제하기 위해 자신의 모든 지식을 이용할 테고, 최상의 경우라면 남자들과 몹시 소중한 동지애를 나누게 될 것이다.

그녀에게는 자신의 힘을 과시할 수 있는 넓은 무대가 필요하며, 실패를 감수하고서라도 도전을 감행하는 형이다. 그녀는 항상 능동적으로 상대에게 열중하려고 하며, 그렇지 못하면 상대를 존중하는데 어려움을 겪는다. 또한 단순히 침실에서 보여주는 능력 이상의 것들을 요구하면서 상대를 시험한다.

양자리 여성은 사랑하는 사람들과도 아주 경쟁적이고, 패자를 경멸한다. 이런 성격이 그녀와 관계하는 사람들 뿐 아니라 자신에게도 이중의 구속이 된다. 그녀가 이기면 친구나 연인에 대한 존경심을 잃게 되고 관계가 끝나지만, 그녀가 져도 반대 이유로 같은 결과에 이른다.

그녀는 응석이 심한 아이처럼 자기 방식만 고집하며, 그것도 당장 그렇게 되기를 원한다. 또한 오만하고 솔직하고 호기심이 많다. 자신이 선택한 남자에게 자신이 최고이고 첫번째라는 확신을 느끼고 싶어하며, 자신이 제대로 인정받지 못하거나 상대를 통제할 수 없다고 느끼면 멀리한다.

그녀는 복종하는 쪽보다 힘을 행사하는 쪽을, 조심스러운 쪽보다 퉁명스러운 쪽을 존경한다. 그녀는 요구하는 것이 많고, 조금 주면서 항상 이기려고만 든다. 진정한 사랑을 찾을 때까지는 사냥감을 찾아다니고 통제하는 데서 커다란 쾌감을 느끼며, 옮겨 다니면서 사냥감을 쫓는 일 자체를 즐긴다. 그럴 때면 오직 한 사람을 쫓아다니는 것만 생각하면서 심지어 사랑을 나누는 행위조차 재미있는 자극 정도로만 받아들이게 된다. 어쩌면 이런 행동 대부분이 허세이거나 자신에 대한 도전, 문제를 극복하고 이겨나가도록 자기를 수련하는 과정에 불과할 수도 있다.

양자리 여성의 가장 큰 문제점은 관계를 주도하려 들다가 상대방의 분노를 산다는 데 있다. 그녀는 자신의 취약점을 뚫어보는 사람들 앞에서 당황하고 두려워한다. 속으로는 그녀도 자신의 숨겨진 자아를 발견하고 들여다보고 사랑해줄 연인을 원하며, 그런 연인 앞에서는 항복하게 된다. 하지만 그녀가 그런 연인을 발견하면 항상 그를 점령하려 들고, 머리싸움을 벌이려 하고, 끝까지 싸운다!

사랑에 빠진 양자리 여성

막 연애를 시작한 양자리 여성은 모든 이들의 관심을 끌 만하다. 흔치 않은 매력에 뛰어난 통찰력, 호소력이 느껴지는 정직함, 강한 의지, 그리고 아주 특이한 분위기를 갖고 있기 때문이다.

그녀는 감각이 예민하고 정직하며 위선을 경멸한다. 문제가 있으면 바로 언급하고, 위선적 태도나 불평등을 초래하는 성 역할 고정관념, 관계를 시들하게 만드는 권태로운 습관들에 대해 상대와 맞선다.

양자리 여성은 쉽게 사랑에 빠지는 편인데, 대개 그 대상은 변화와 흥분에 대한 기대감이다. 이런 경우엔 상대방을 성적 모험의 일시적인 상대료, 혹은 순간적인 필요로 선택할 수도 있다.

그녀는 오래 지속되는 사랑과 일시적인 끌림을 잘 구분하지 못할 뿐 아니라 더 깊은 자기 인식을 거부하는 경향까지 있어서 자기 오해의 희생양이 된다. 내가 만나본 40대의 양자리 여성들은 여전히 자기 행동의 동기를 잘 알지 못한 채로 충동적으로 선택하고 있다고 인정했다. 양자리 여성이 운 좋게 꽤 오래 함께 할 수 있는 연인을 만난다면 모르지만, 그렇지 못할 때는 애정 생활에서 많은 혼란을 겪을 수밖에 없다. 물론 그런 혼란을 겪었다고 그녀의 비현실적인 모험이 중단되지는 않는다.

양자리 여성이 영원한 사랑에 빠지면 희귀한 꽃처럼 피어나서 생명력과 자부심의 빛을 발한다. 에너지는 몇 배로 늘어나고, 그녀의 행복감이 주위로 전달된다. 그럴 때면 아마도 생애 처음으로, 받아들이는 일의 기쁨을 알게 될 것이다.

사랑에 빠진 양자리 여성은 자기의 전부를 쏟아붓고, 자신의 가치에 대해서도 근본적으로 새로 평가하게 되며, 감각과 감정을 더 활짝 연다. 더 인내심을 갖게 되고, 감각이 예민해지고, 자신에게 관대해진다. 그리고 생애 처음으로 다른 사람들에게도 더 관대해진다. 시간에 대한 개념도 달라진다. 왜 그토록 많은 사람이 매 순간을 즐기는지, 사랑을 나누는 일이 어떻게 사람의 속도를 늦추고 모든 것을 감싸주는지 이해하기 때문이다. 이처럼 시간표대로 움직이지 않는 생활을 통해 사랑에는 마감이 없다는 사실을 즐기게 될 것이다.

'새빨간 불'의 양자리 여성

사랑에 빠진 양자리 여성은 받는 법 뿐 아니라 주는 법도 배우게 된다. 사랑을 하면서, 다른 사람의 요구와 감정을 자신의 것만큼 소중하게 배려하는 법을 배우는 것이다. 함께 나누는 생활 속에서 자신의 개성을 꽃피우는 법도 배운다. 전에는 협력을 믿지 않았고, 그것이 자기 발전에 장애가 될까 두려워했다. 물론 사랑에 빠졌다고 양자리 여성이 자신의 욕망을 간과하는 경우는 거의 없다.

양자리 여성이 원하는 사랑

자신이 강하다는 확신이 없는 이들은 양자리 여성과 사귈 수 없다. 어떤 문제나 감정에 맞설 준비가 되지 않은 이들도 그녀를 피하는 것이 좋다. 하지만 자기 성격을 잘 알고 있으며 다른 무엇보다 성장의 발판이 될 도전을 원한다면 양자리 여성과 만나도 좋다. 그녀를 정서적으로 뒷받침하고, 그녀가 자신의 약점을 인정할 수 있도록 도와주며, 한 여성의 미래까지 포함해서 그 전체를 독립된 존재로 인정하고 진심으로 원하는 사람, 이런 사람이야말로 양자리 여성의 사랑을 받을 수 있으며, 연인으로든 친구로든 영원히 그녀와 함께할 수 있다.

사람은 누구나 억눌린 감정을 표현하도록 도와줄 연인과 친구를 원한다. 양자리 여성은 정신적 싸움에 관대한 상대, 분노와 자기주장의 에너지를 사랑의 에너지만큼이나 쉽게 수용하는 상대가 필요하다. 그녀의 거친 가면 뒤에 숨겨진 부드러운 본성을 볼 수 있는 연인, 강하기 때문에 약해질 줄도 알고, 의존하고 싶은 마음이나 그녀가 투사하는 욕구들에 겁먹지 않는 연인을 원한다.

양자리 여성을 사랑하려면, 항상 최고이기를 고집하는 그녀와 일이나 다른 친구들의 요구 사이에서 끊임없이 균형을 잡아나가야 한다. 그 대신 그녀는 연인의 영혼을 하늘 끝까지 고양시킬 수 있다. 첫번째 관문을 통과한 행운의 상대는 자신이 지상에서 가장 특별한 존재라고 느낄 것이다. 그가 사랑하는 양자리 여성의 가슴속에서 그는 분명 그런 존재이기 때문이다.

양자리 여성이 갖는 성관계 유형

양자리 여성은 성관계에 있어서 다음 유형을 보인다. (이것은 정신적인 관계에도 해당될 수 있다.)

어릴 때는 장난삼아 성 경험을 하는 경우가 많다. 그녀는 생각도 옷 입는 방식도 선머슴 같거나 '남성적'인 경우가 많지만, 항상 생기가 넘치고 사람의 마음을 끄는 면이 있다. 성에 탐닉하게 되면 그것이 남성 뿐 아니라 여성의 특권이기도 하다고 받아들인다.

충동적이고 열정적인 양자리 여성은 일찍 결혼하는 편인데 잘못된 남성을 택하는 경우도 왕왕 있다. 하지만 그녀는 그 결혼에 최선을 다하려고 노력한다. 어떨 때는 책임감 때문에 끝까지 참고 인내심 훈련을 한다는 느낌으로 견디는데, 내 생각에 이것은 최선의 방법이 아닌 것 같다.

그녀는 종종 사랑과 성이 일치하지는 않음을 깨닫는다. 그녀가 배우자와 행복하게 지낸다면 일부일처제를 고집하겠지만, 그렇지 않다면 이리저리 바람을 피운다. 하지만 다른 여성들처럼 죄책감을 느끼지는 않는 편이다.

양자리 여성은 일생에 적어도 한 번은 진정한 사랑을 경험하며, 결혼 전이나 결혼 후에 그런 경우도 많다. 배우자는 낭만적인 이상형보다 윤택한 생활을 보장해줄 수 있는 쪽으로 택하는 편이다.

그녀는 생활 속에서 발생하는 모든 문제의 해결책을 스스로 찾아낸다. 능력을 발휘할 수 있는 직업을 가짐으로써 애정 문제의 배출구로 삼을 수도 있다. 또한 결혼생활이나 연애를 원만하게 이끌기 위해 능동적으로 자신을 변화시킨다.

그녀가 이혼하면 꽤 오랜 시간이 지난 후에야 새 출발을 하는 편이다. 자유를 즐기고 독립적인 생활을 좋아하기 때문이다.

양자리 여성이 배워야 할 점

양자리 여성은 약점을 숨기고 다른 이들에게 책임을 전가하려는 면이 자기에게 있음을 알아야 하며, 연애가 실패하거나 방향을 잃어버리는 책임의 절반은 자신에게 있음을 인정해야 한다. 또한 사랑하는 사람을 강하지 않다고 비난하는 일을 자제해야 한다. 세심하게 이야기를 들어주고 인내심을 보여야 하며,

무엇보다 자기 말만 많이 하면서 상대를 지배하려 드는 성향이 있음을 인정하고 극복해야 한다.

인간관계를 제대로 이끌어가려면 공존할 줄 알아야 한다. 다른 사람의 리듬과 속도, 그리고 그 선율을 존중하고 받아들이는 법을 배워야 한다는 말이다. 결국 그녀는 수치심을 느끼지 않으면서 상대를 수용할 줄 알아야 하며, 비굴하지 않게 친절할 수도 있어야 하고, 아무런 요구도 하지 않으면서 상대를 놔두는 법을 배워야 한다.

그녀가 자신을 내맡기고 흘러가는 법을 배울 때, 가끔은 관계도 흘러가는 대로 내버려두는 것이 좋다는 점을 깨달을 때, 인간관계를 훌륭하게 유지할 수 있게 될 것이다. 양자리 여성이 진정한 자율성을 얻으려면 본성 속에 숨겨진 채 억눌린 여성적 측면을 인지하고 개발해야 한다. 진정으로 강한 사람은 자신이 쉽게 상처받는다는 사실을 알고 받아들인다. 천천히 자기 내면을 들여다보며, 매사 서두르고 무엇인가 자꾸 요구하는 심리 뒤에 다른 사람을 받아들이는 것에 대한 두려움과 자신이 감정적인 상태가 되는 것에 대한 공포가 공존하고 있음을 깨달아야 한다. 그녀가 어떤 관계 안에서 안정을 느끼면, 기꺼이 자신도 변화하려 들 것이다. 그러면 누군가 자신을 돌봐주고 어루만져주고 새로운 형태의 사랑과 환상을 선물해주기 바라는 마음 역시 인정하게 될 것이다.

양자리 여성은 필요할 때 사랑과 도움을 청하는 법을 배워야 한다. 실질적인 도움을 청하는 일도 자존심 상한다고 생각하지만 그래도 그쪽은 쉬운 편이다. 정서적인 도움을 청하는 일은 기본적으로 잘못이라고 여긴다. 불의 지배를 받는 별자리들은 고도의 에너지를 가지고 끊임없이 뛰고 베풀고 지배하지만, 결코 받지 않기 때문에 너무 빨리 소진하게 된다.

양자리 여성이 내면 깊숙한 곳에 자리잡은 두려움에 맞서고 아무 거리낌 없이 나누게 되면 스스로도 행복한 변화에 놀랄 것이고, 그때까지 사랑과 우정이라 불렸던 것이 사실은 흉내에 지나지 않았음을 알 것이다.

양자리의 성

양자리 여성은 성에 대해서도 열성적이고 충동적으로, 그리고 전력을 다해 접근한다. 가진 모든 것을 내주고 얻을 수 있는 모든 것을 거둬들인다는 식이다. 그녀는 모든 것에 열려 있으며 (하지만 미래에 대해서는 묻지 마라) 성에 대해 독점욕을 보이지도 않는다. 그녀를 흥분시키는 것은 도전적인 사냥이기 때문이다.

양자리 여성들은 하나같이 열정적이고, 관능적 쾌락에 탐닉하며, 성적 호기심이 강하다. 낭만적이고 에로틱하며 허영심이 강한 그녀는 성관계 상대에게서 강한 확신을 얻고 싶어한다. 그렇지 못할 때 심하게 질투하고 소유욕을 보일 수도 있다. 확신을 얻었다고 양자리 특유의 예측을 불허하는 난폭함이 사라지는 것은 아니지만, 황소자리, 전갈자리, 사자자리, 물병자리 등 안정된 별자리의 여성들만큼이나 충직한 모습을 보인다.

양자리 여성은 섹스를 주도하는 쪽을 즐긴다. 하지만 마음속으로는 지배에서 복종으로 급격하게 옮겨가면서 성적으로 더 활활 타오르기를 바라고, 정신적으로도 불꽃이 튈 것 같은 자극을 강하게 바란다. 그녀는 이런 은밀한 바람을 상대가 잘 파악하고 함께 느껴주기를 바란다.

성의 에너지는 긍정적일 수도 부정적일 수도 있다. 양자리 여성은 정력과 활기와 힘이 넘치지만, 이것을 억누르면 경직되고 심술을 부리며 조바심 치고 화를 내다 결국은 병에 걸려버린다. 사실 억압된 분노, 두려움, 죄의식은 쾌락을 느끼는 여성의 능력 자체를 마비시킨다.

양자리 여성은 성욕이 강한 편이다. 그녀는 모든 것을 시도해보고 싶어하며, 개방적인 사람을 높이 평가한다. 다양한 성적 기교를 좋아하며, 깃털이나 모피, 벨벳과 양초, 환상과 음악, 바이브레이터와 가죽옷 등도 즐겨 이용한다. 공공장소에서의 섹스 역시 은밀히 즐기는 공상 중 하나로, 언젠가 실현해보기를 꿈꾼다. 이런 공상을 실제로 이룰 수 있도록 도와주는 연인이 그녀의 사랑을 차지한다. 그녀는 성적 환상을 나누고 가끔 성역할도 바꿀 수 있을 정도로 신뢰할 수 있는 연인을 찾고 있다.

또한 천천히 사랑 받기를 원하기 때문에, 만나자마자 섹스를 시작하거나 재빨리 끝내려고 서두르는 상대는 좋아하지 않는다. 양자리 여성은 무지개를 좇으면서 세상이 제대로 돌아가도록 매일매일 바삐 움직이는 사람이다. 그런 그녀가 편하게 쉬면서 느리게 시간을 보내는 유일한 곳이 바로 침실이다.

양자리 여성은 완벽한 만족을 원한다. 그녀가 지나간 길 뒤로 그녀의 요구를 충족시키지 못한 사람들의 육체가 어지럽게 널려 있는 것이 그것을 증명해준다. 비밀스럽고 모험적인 장소, 이국적인 장소, 위험스런 영역, 이 모든 것이 양자리 여성을 유혹한다.

섹스를 순수한 힘으로 받아들이는 전갈자리 여성처럼, 경험이 많은 양자리 여성은 확고한 목적을 가지고 성적인 행위를 안무하고 연기한다. 그녀는 상대방을 시험할 목적으로 먼저 나서서 성관계를 주도하고 이끌어나가기도 한다. 그가 기꺼이 그녀를 따라 모험을 하고 역할을 바꿀 수 있는 사람일지 아니면 뒤로 물러나며 수동적으로 내맡기는 사람일지 보는 것이다.

양자리 여성은 내면의 갈등도 많이 경험한다. 자신이 원하는 완전한 쾌락을 얻으려면 강하게 결속된 감정적 유대가 우선해야 하지 않을까 생각하기도 한다. 하지만 다른 한편으로 섹스에 대한 선택의 폭이 넓게 열려 있기를 바란다. 정신적인 호기심, 추구하는 것 자체를 좋아하는 마음, 낡은 관습과 행동을 새로운 분야에서 시험해보고 싶은 욕망은 결코 죽지 않는다. 두 토끼를 어떻게 잡을 것인지가 양자리 여성이 심각하게 고민하는 문제이다.

일반적으로 여성은 사랑과 성, 유대감을 오직 하나의 관계에서 찾도록 교육받는다. 양자리 여성은 사랑과 성을 나누는 경향이 있다. 그녀의 경우 성관계는 다양한 상대와 가질 수 있지만, 정서적으로 깊은 유대감을 느끼는 상대는 그보다 훨씬 적다. 그녀에게는 마음을 주는 것보다 섹스를 나누고 머리로만 관계하는 쪽이 훨씬 쉽다. 또한 함께하면서 서로의 나약한 점을 드러내기보다 지배하고 떠나버리는 것이 더 편하다고 느낀다. 그녀에게는 깊이 사랑할 수 있는 능력이 있지만, 한편에서는 깊은 사랑을 거부한다. 양자리 여성은 한 사람에게 감정적으로 끌리면 끌릴수록 그 관계에 신중을 기한다.

양자리 여성은 천천히 신중하게 상대를 고른다. 성관계가 생각보다 더 많은 문제를 부를 수 있음을 알기 때문이다. 그녀는 많은 상대를 거칠 수 있지만, 한 번에 오직 한 사람만 진심으로 사랑한다.

그녀는 섹스를 포함한 모든 일이 틀에 박힌 일상이 되지 않기를 바란다. 만일 상대가 미리 예상된, 혹은 기계적인, 혹은 자의식이 강한 성적 기교를 발휘하면 그녀의 흥분은 가라앉고 이에 흥미를 잃는다. 다른 여성들도 이런 상황에서 마찬가지겠지만, 양자리 여성은 더 빨리 실망하고 떠나버린다. 어떤 양자리 여성은 배우자와의 성관계에 대해 이렇게 말했다.

"배우자가 오르가슴을 얻기 위해 의식처럼 거치는 일들로 정신없을 때 난 거기 누워서 배우자의 행위를 참아내요. 그러면서 머릿속으로는 지금 배우자가 결혼 매뉴얼의 몇번째 페이지에서 고군분투하는지 점검하곤 했지요. 16페이지쯤 가면 절정에 도달하는 중이라는 식으로요."

이 여성은 다른 남성들, 상상력이 더 풍부하고 더 오랫동안 성관계를 유지할 수 있는 연인들을 사귀면서 문제를 해소했다.

양자리 여성이 성적인 자유를 얻는 두 가지 가능성이 있다. 하나는 난교 파티나 하룻밤만의 정사 같은 익명의 상황이다. 다른 방법은 그녀가 진정한 사랑의 결합을 이룰 때이다. 이 두 가지 극단만이 그녀를 진실로 흥분시킨다. 전자의 경우 그녀는 아무런 투자 없이 멋지게 성관계를 갖기만 하면 된다. 후자의 경우에는 독립된 정체성을 유지하면서도 다른 사람에게 완전히 자신을 드러내고 내면 깊숙한 곳까지 그와 함께 해야 한다.

양자리 여성이 진실로 흥분하면 호랑이처럼 변한다. 그녀에게는 성적 교감과 희열을 방해하는 두려움이나 죄의식이 자리할 여지가 없다. 소리 지르고 몸 부림치고 흐느끼고 할퀴면서 온 힘을 다해 무아경에 이른다. 그럴 때 섹스는 궁극적인 여행이자 우주적인 경험이 된다.

사랑을 나누는 일에 완전히 빠져들기 위해서는 모든 감각을 사용해야 한다. 양자리 여성은 성행위 중에 거리낌 없이 소리친다. 소리가 관계를 더 풍요롭게 하면서 몸 전체로 성적 쾌감을 전해준다는 사실을 아는 것 같다. 하지만 그녀가 촉각을 완벽하게 활용하려면 의식적인 노력이 필요하다. 양자리 여성도 쾌락을 얻으려면 육체적 접촉이 가장 필요하지만, 정작 이 부분이 잘 개발되지 못한 것 같다. 그녀는 너무 서두르는 통에 애무하기를 잊거나 자기 몸 여기저기의 감촉을 느끼지 못한다. 그녀는 속도를 늦추고, 이미 눈으로 충분히 감상했던 꽃들도 손으로 쓰다듬고, 볼에 벨벳을 문지르고, 상대방의 머리카락을 손으로 쓸어줄 필요가 있다. 또한 눈을 감고서 새틴 같은 침대 시트의 감촉과 양모 융단의 까칠한 감촉, 레이스의 섬세한 부드러움을 느껴볼 필요가 있다.

이처럼 양자리 여성은 애무를 하는데 서툴지만, 정작 자신이 애무 받는 것은 무척 좋아한다. 가벼운 애무, 긴장을 풀고 성관계를 시작하도록 도와주는 아주 부드러운 애무를 좋아한다. 하지만 일단 흥분하면 더 강한 자극을 좋아하는 편이다. 그런데도 상대가 계속해서 부드럽게 가슴만 쓰다듬고 있으면 맥이 빠져버린다고 했다. 이럴 때는 정직하게 표현하는 것만이 도움이 된다.

양자리 여성의 성의 곡선은 양자리가 12별자리 중 첫번째라는 것과 관련이 있는 것 같다. 그들은 이른 아침에 가장 쉽게 흥분하며 감수성이 풍부해진다. 최근의 연구를 보면 남성의 성호르몬 역시 그때 최고점에 도달한다고 한다. 양자리 여성에게는 그때가 성관계를 가질 수 있는 가장 자연스런 시간이다.

양자리 여성은 공격적인 상상도 좋아하며, 노출증과 박력도 거기 포함된다. 검은 가죽 옷에 부츠를 신고 채찍을 휘두르는 자신의 모습이나, 흥분한 관중을 성적으로 지배하는 영화 속의 자신을 상상하곤 한다. 또 남자만이 아니라 여자도 끌어들여 성의 새로운 영역을 탐색하는 상상도 즐긴다. 그룹 섹스나 동성과의 섹스 역시 즐겨 빠지는 공상 중 하나이다.

자신의 성욕을 편하게 받아들이는 여성은 자위를 통해 쾌감을 얻을 수 있다. 양자리 여성은 자신의 육체를 편하게 느끼기 때문에 자위를 즐기는 편이다. 새로운 기구를 써보는 것도 좋아한다. 딜도, 깃털, 인조 남근, 마사지 기계, 가죽

의상이나 노예 같은 옷차림 등 모든 것이 양자리 여성의 성관계를 도와주는 부속물로 사용될 수 있다.

양자리의 분노

분노는 진징한 성의 표현을 막는 주범이다. 분노한 상태에서 성관계는 쾌락을 줄 수 없으며, 두 사람이 함께 성장하고 상호 존경을 확립하는 기반이 될 수도 없다. 억눌리거나 부적절하게 표현된 분노는 자긍심과 원만한 관계를 손상시킨다. 하지만 제대로 전달되거나 방향을 잡은 분노는 강하게 동기를 부여하는 힘, 변화의 원동력, 개인적인 자산이 될 수 있다.

양자리 여성은 오랜 시간 반복된 메커니즘으로 눈물을 흘리기보다 분노를 터트린다. 수세에 몰릴 때, 내면의 의심이나 두려움을 숨기기 위해, 자기 방식을 교묘하게 조작하기 위해, 그녀는 분노를 공격 수단으로 삼으며 이로써 친밀한 관계를 잃는다.

억눌린 성욕은 분노를 부른다. 억눌린 분노는 부적절한 성행위를 부른다. 비명을 지르고 싶은데 미소 짓는 여성, 결코 동의할 수 없으면서 동의하는 여성, 상대가 성에 대한 화제를 꺼내면 두통을 앓는 여성은 불감증을 겪게 될 것이다. 만족을 얻기 위해 상대를 바꿔보기도 하겠지만 소용없는 일이다. 그녀는 결코 절정에 도달하지 못해서 남성을 심리적으로 거세하고 있으며, 원하는 것을 결코 얻을 수 없는 상황 속으로 반복해서 자신을 밀어 넣음으로써 스스로를 억압한다. 사랑은 자기 부정이 아니라 자신을 긍정하는 데서 출발한다. 분노한 사람이 긍정적일 수는 없으며, 화가 난 여성은 성적으로 주저하게 된다. 사실 성적으로 부적절하거나 서툰 자극은 불감증을 유발할 뿐이다.

분명한 대답은 분노를 극복해야 한다는 사실이다. 하지만 빈도나 정도가 심

'새빨간 불'의 양자리 여성

해지는 거친 싸움은 파괴적일 뿐이므로 권하고 싶지 않다. 『친밀한 적』에서 조지 바흐George Bach 박사가 설명한 '절제된 싸움'이 건설적이다. 이런 싸움은 자신이 느끼는 분노와 욕구를 솔직하고도 분별력 있게 표현하면서 시작되고, 변화나 화해를 위한 협상으로 끝낸다. 매트리스나 다른 물건을 후려치면서 화를 발산시키는 것도 그것이 상대를 벌주거나 비난하려는 의도가 아니라면 권할 만하다.

양자리 여성은 자신이 화났다는 사실을 잘 인식하는데, 이것은 다른 여성들에게서 보기 드문 장점이다. 대부분의 사람들은 자신의 분노를 우울증이나 마조히즘, 좌절감이라고 잘못 생각한다. 화가 났을 때 그 사실을 알아차리고 받아들이는 것, 그리고 그것을 건설적으로 다른 사람들에게 표현하는 법을 배우는 것이 가장 중요하다.

20대의 양자리 여성은 분노를 직설적으로 표현한다. 논쟁을 벌이다 아무 망설임 없이 자리를 박차고 일어나 문을 쾅 닫고 가버린다. 특히 자신이 지고 있다고 생각할 때 그렇게 한다. 결국 그녀는 화를 벌컥 내면서, 자신을 화나게 만든 사람들에게 누가 진짜 두목인지 보여주기 위해 가버리는 것이다. 그녀는 자신이 화를 내기로 선택했고 분노를 통해 다른 사람과 관계 맺기로 선택했음을 깨닫지 못하고 있다. 이 단계에서는 분노가 권력을 위한 수단이 된다. 그러나 그런 식으로 행동할 경우 섹스 상대에게 만족을 주기 힘들 것이다.

30대가 되면 조금 차분해져서 자기 내면에서 벌어지는 일을 상대에게 드러내기 시작한다. 자신을 화나게 만든 것이 무엇인지 얘기할 테고, 이것이 어린 시절의 경험과 어떤 관계를 갖고 있는지 확인할 테고, 분노의 배후에 숨겨진 두려움과 불안을 인정하게 될 것이다. 이제 그녀는 화가 나면 바로 접시를 던지고 싸움을 시작한다. 분노를 통해 일을 더 쉽게 풀어가고, 정신적 벽을 불도저로 무너뜨려서 더 친밀해질 수 있는 계기로 삼는다. 이런 시기에는 그녀의 말을 잘 들어주는 남자, 주기적으로 폭발하고 대화를 나누고 열정적인 섹스를 나누는 리듬에 맞출 수 있는 남자가 필요하다.

40대가 되어 완전히 원숙해진 양자리 여성은 균형을 유지하면서 자신과 대립되는 천칭자리의 성격, 즉 '나'와 '우리'를 조화시키고 협력하며 나누는 모습을 보인다. 이제 그녀는 분노를 인생의 기정사실로 받아들이고 촉진제로 활용하는 법을 터득하게 되었다. 중년의 양자리 여성은 다른 자리 여성들보다 훨씬 더 고독을 두려워하며 안정적인 결합을 갈구한다. 과거에는 자극적인 관계와 엄격한 거리 누기를 원했시만 이제는 자신을 완성시켜줄 천칭자리의 성격을 얻기 위해 변화해야 한다는 것을 깨닫는다. 더는 문제나 논쟁거리 앞에서 문을 닫아버리려 들지도 않는다. 특히 그 문 뒤에서 기다려주는 사람이 아무도 없을 때는 더 그렇다.

50내가 되면 어느 정도 분노를 그 절히면서 성장의 도구로 활용한다. 의견 대립을 자신에 대한 모욕이라 느끼지 않고 능숙하게 대처할 줄도 안다.

양자리 여성은 기본적으로 자신의 분노가 정당하다고 느끼며, 자신을 화나게 만든 사람보다 자신이 우월하다고 생각한다. 분노를 터트리는 순간에도 상대의 사과를 기다리는 식이다. 이런 태도는 그녀의 자부심에서 비롯되었고, 자신을 불리하게 만들 행동은 하지 않는다.

그녀의 분노를 무장 해제시키려면, 그녀가 화내는 이유를 이해할 필요가 있다. 구태의연한 것을 바꿀 힘을 얻기 위해, 솔직해지는 용기를 얻기 위해, 자신을 항상 무시하는 사람으로 하여금 귀 기울이도록 하기 위해 등. 화를 내는 것도 유용한 방법이긴 하다. 화내길 결정했다는 사실만으로 자존심을 세울 수 있는 경우도 있다. 하지만 분노를 무기로 삼는 한 지속적이고 성적으로 친밀한 관계를 기대할 수 없음을 알아야 한다. 그런 관계를 가지려면 헌신적인 태도를 보여줄 수 있어야 하는데, 이 헌신성은 분노와는 아주 거리가 멀다.

다음은 분노를 생산적으로 이용하면서 상대와 생기는 문제를 해결하는 다섯 단계의 방법이다.

· 두 사람 중 한쪽만 잘못하지 않았음을 인정하라. 일방적으로 상대를 비난하거나 죄책감을 강요해서는 안 된다.
· 당신이 상대에게 느끼는 분노를 알려라. 분노가 하루 이상 지속되지 않도록 하라.

하지만 둘 중 한쪽이 바쁜 일에 매였거나 스트레스를 받고 있을 때는 중요한 문제에 대해 논쟁하는 일을 피하라.

· 당신도, 당신의 상대도 화를 낼 권리가 있음을 무조건적으로 받아들여라.

· 상대에게 고통을 주는 방식으로 분노를 터트릴 권리는 누구에게도 없다. "당신한테 화났지만 당신을 공격하진 않을 거야"라고 말하도록 노력하라. 비난이나 공격 없이도 상처받은 감정을 전달할 수 있다. 분명한 태도와 한결같은 어조를 취하고, 지엽적인 사건으로 관계 전체를 망쳐서는 안 된다. 평온한 태도를 유지하기 힘들 때는 다른 방에서 깨지지 않는 물건을 이용해서 먼저 화를 터트려라.

· 분노를 다룰 때 상대의 도움을 청하라. 누구도 남을 화나게 하거나 분노의 대상이 되기를 원하지 않는다. 함께 노력하면 좋은 결과를 얻을 수 있다. 당신은 적이 될 수도 있는 사람을 친구로 만드는 중이다.

이 과정을 거칠 때 특히 양자리 여성은 인간관계가 경쟁을 바탕으로 이루어진다는 생각을 버리고 협력하는 마음을 가져야 한다. 잘못 행동하는 사람을 공격하거나 처벌하기 위해 분노를 사용해서는 안 된다. 결국 자신의 권리만이 아니라 상대의 권리도 존중할 수 있어야 내면의 평화를 얻고 다른 사람과 조화를 유지할 수 있다. 양자리 여성이 분노를 건강하게 활용할 때, 자유롭게 흘러넘치는 성 에너지와 완전한 쾌락을 느끼고 상대에게 나눠줄 수 있다.

양자리의 생활 방식

일부일처제에 대한 태도

일부일처제는 성적, 감정적 배타성을 특징으로 한다. 결혼을 했든 하지 않았든 현대인들이 일부일처제를 기피하는 까닭도 여기에 있을 것이다. 오늘날 감정적으로 일부일처제를 유지할 수 있는 사람이 얼마나 되겠는가. 하지만 내가 여기서 일부일처제라고 할 때는 좀 느슨한 의미로 성적인 배타성만을 의미한다.

여성들이 연인에게 바라는 것과 배우자에게 바라는 것이 서로 다를 수 있다. 양자리 여성은 특히 자기 아이의 양육자이자 아버지를 고를 때 신중을 기한다. 그래서 그녀는 사람들이 존경할 만한 배우자, 예의와 성실성(양자리에게서는 보기 드문 성질이지만)을 갖춘 사람을 고른다.

양자리 여성은 열렬하고 성실하고 감성적이면서도 현실적인 배우자가 된다. 자신이 배우자를 잘 선택했다고 생각할 때면 배우자에게 성욕을 느낀다. 하지만 동시에 다른 이들과 정신적인 우정을 나눌 가능성도 많다. 다양한 인간관계를 통해 사람들, 자극, 도전을 필요로 하는 성격과 복합적인 자아를 만족시킨다.

다음은 양자리 여성이 일부일처제에서 벗어나게 되는 전형적인 상황들이다.

- 모험이 필요할 때: 그녀는 여행하다 만난 사람에게 빠져들기도 한다. 충동적으로 행동하고 모험에 뛰어드는 경향이 있지만, 결혼생활에 영향을 미치지 않는다고 생각하기 때문에 죄의식으로 괴로워하지 않는다.
- 배우자가 지겨워질 때: 결혼이 서로를 성장시키지 못하거나 열정이 사라지면서 느끼는 빈자리를 정신적인 우정만으로 채울 수 없음을 깨닫는다. 이따금 멜로드라마에서나 볼 만한 아슬아슬한 불륜에 빠지기도 하지만, 그녀는 자멸하기보다는 더 생기를 회복하는 편이다.
- 자존심이 상하거나 분노를 억누를 때: 자신을 증명하기 위해 남자를 사냥하러 간다. 나중에는 서로 솔직해지자는 명목으로 자신의 부정을 드러내기도 하는데, 대개 진짜 목적은 그에게 앙갚음하려는 것이다. 이것은 성과 분노 둘 다 잘못 이용되는 유치한 방법이지만, 잘 되면 부부가 서로의 감정을 확인하고 필요한 조치를 취하는 계기가 될 수도 있다.
- 상대에 대한 존경심이 없을 때: 양자리 여성은 존경할 수 없는 사람은 사랑할 수 없다. 이런 상황은 치명적이어서 대개 어떤 형태로든 관계가 끝났음을 의미한다. 형식상 결혼을 유지하더라도 더는 섹스가 중요한 역할을 하지 않는다. 양자리 여성은

　　　　　　　　　　　　　　　　'새빨간 불'의 양자리 여성

배우자가 마치 어머니에게 하듯 자신에게 감정적으로 의지한다는 사실을 깨달으면 질식할 것 같은 느낌으로 몸서리친다. 그녀는 수차례 바람을 피우게 될 것이고 자신과 더 잘 맞는 사람을 찾아 나선다. 그녀는 감정적으로도 법적으로도 주저 없이 기존의 관계에서 탈출한다.

- 상대의 지나친 질투심: 이런 일이 생기면 양자리 여성은 구속이 덜한 관계를 추구한다. 행동의 제약을 받거나 자유가 침해되면 참지 못한다.

대안적인 생활 양식

사회 변화의 선두에 서는 양자리 여성은 새로운 생활 양식에 흥미를 보인다.

- 독신생활: 독립심이 강하고 자기 일은 스스로 결정하는 양자리 여성은 독신생활을 선택하는 경우가 많다. 물론 한 사람과 성관계를 포함한 우정을 성실하게 나눌 것이다.
- 개방결혼: 양자리 여성은 솔직하기 때문에 다른 생활 방식보다 개방결혼에 더 적합하다. 그녀가 일단 이런 생활 방식을 선택하면 관계를 성공적으로 유지할 수 있지만, 도덕적으로 더 복잡한 문제에 얽힐 가능성도 배제할 수 없다. 그녀는 배우자에게 솔직하기를 바라며 영혼까지 완전히 내보이는 관계를 꿈꾸지만, 실제로 그런 관계를 유지하기 위해서는 많은 노력이 필요하다.
- 삼자결혼: 이것은 부부가 성생활을 다른 한 사람과 나누는 것으로, 양자리 여성에게 일시적으로는 훌륭한 선택이 될 수 있다. 양자리 여성은 대개 제3의 파트너가 남성이기를 바란다. 서로 질투심에 휩싸이지 않을 수 있다면, 그리고 자기 영역을 주장하기보다 열정을 더 중요시할 수 있다면, 시도해볼 만하다.
- 공동생활: 이것은 양자리 여성에게 좋은 선택이 아니다. 다른 여성과의 경쟁을 부추길 가능성이 너무 많다. 게다가 양자리 여성이 잘하지 못하는 일상적인 집안일도 해야 한다. 양자리 여성은 모든 것에 대해 개방적이지만, 모든 사람이 동등한 위치에서서 함께 결정하면서 집단을 이끌어나가는 일에는 익숙하지 못하다.
- 동성애나 양성애: 양자리 여성 중에는 자신이 동성애자임을 공공연히 밝히는 사람

이 유난히 많다. 그중 많은 수가 전통적인 결혼 생활을 거친 후 동성애자가 되었다. 이런 생활 양식은 그들의 진보적 신념과 양성애적인 성욕, 성차별에 대한 분노를 공개적으로 드러낼 수 있도록 해준다. 하지만 극단적인 경향이 있기 때문에 강한 신념을 가지고 이성애자로 되돌아갈 수도 있다.

양자리의 개괄적 특징

일반적으로 양자리 여성들은 모든 것을 원한다! 그들의 가장 건강하고 기본적인 충동은 자기 인생에 대한 책임을 온전히 지려는 태도이다.

양자리 여성은 용기가 있고 위험을 감수하는 뛰어난 능력이 있다. 그녀의 성격이 대안적인 생활 양식에서도 우두머리가 되도록 만든다. 그녀는 질투심 많고 소유욕이 강하지만, 모험이나 사회변화에 전념할 수 있다.

다양한 시기를 거치면서 그녀가 까다롭고 심술궂은 모습을 보일 수도 있다. 상대에게 지나치게 많은 요구를 할 수도 있고, 자신의 좌절감을 다른 사람의 책임으로 돌릴 수도 있다. 커다란 실패나 인정하고 싶지 않은 약점도 남의 탓으로 돌릴 수 있다.

흥미롭게도 양자리 여성이 성장하고 만족감을 얻기 위해서는 자신과 대립되는 천칭자리의 성격을 가지려 노력해야 한다. 양자리 여성들은 협력하는 태도를 기르고, 다른 사람을 더 존중하고, 인내심을 기르고, 육체적인 방종을 줄이고, 자신의 환경에 더 감사할 줄 알아야 한다. 다른 사람의 욕구가 자신의 충동이나 욕망보다 우선적인 경우도 있고, 끊임없이 '나 먼저, 내가 최고'라고 외치지 않는 것이 장기적으로는 더 득이 되는 때도 있음을 알아야 한다.

존 던은 '인간은 섬이 아니다'라고 했다. 어떤 여성도 혼자 힘으로 모든 것을 이루려 노력할 필요는 없다. 양자리 여성은 속도를 늦추고, 인생의 각 단계를 음미하고, 자신의 기쁨을 나눌 줄 알아야 한다. 살아가면서 늘 목적지에 곧바로 도달할 수만은 없다. 경험 하나하나를 배운다는 생각으로 음미하고 받아들여야 한다. 이것은 특히 양자리 여성에게 힘든 일이다. 자기 일만 하거나 남을 이끌고 앞장서는 것만 좋아하기 때문이다.

양자리 여성은 남성지배적인 이 사회에서 여성이 세계적인 성공을 거두기 힘들다는 사실에 분개한다. 여성을 보호하는 전통적인 태도도 마음에 들지 않는다. 한편으로는 자신이 남성성이라는 덫에 걸린 느낌을 받고, 다른 한편으로는 그 남성성이 자신을 행복하게 해줄 수 있다는 생각에 감사하기도 한다. 그녀는 끊임없이 자신의 야망과 모험심을 어떻게 다뤄야 할지, 어떻게 사랑을 찾아야 할지 방황한다.

양자리 여성은 자신의 부정적인 성격을 긍정적으로 활용하는 법을 배워야 한다. 극단으로 치우치는 자신의 성향을 점검하고, 서두를 경우 잃는 것은 무엇인지, 전통적인 여성 역할 중 무엇을 받아들이고 무엇을 거부할지, 자신을 기쁘게 하는 것과 화나게 만드는 것은 무엇인지, 전통적인 남성 역할 중 어떤 것을 수용할지 등. 매일 어떻게 살 것인지 다시 생각해야 한다. 또한 아이를 기르는 일과 직업적 욕망 사이에서 균형을 잡고, 일과 휴식을 조절해야 한다. 양자리 여성은 성적인 사랑과 경쟁, 협력과 지배, 의존과 독립성, 공격성과 부드러움을 조화시킬 방법을 찾아야 한다. 자기계발은 사회활동과 성공에서만이 아니라 두려움을 직시하고 고독을 나누는 데서도 온다.★

4.21
~
5.21

'불변하는 흙'의
황소자리 여성

Taurus

조심성 많은
완고한
고집스럽고 완강한
질투심 많은
보수적인
돈을 모으는
탐욕스러운

자의식 강한

낭만적인
감상적인
예술적인

조직적이고 관리를 잘하는

온화한
차분한

사치와 안락을 좋아하는
감사할 줄 아는
치밀한

호사를 좋아하고
게으른
숫기 없는
독단적인

소유욕이 강한

애정을 갈구하는
독선적인
정직한
의지할 수 있는
실용적인

검소하게 생활하는

친절한
생산적인
끈기 있는
습관에 집착하는
관대한
겸손한, 자기 비하의
자연을 사랑하는

감각이 예민한

위에 나열된 특성들은 단지 한 시기를 묘사하고 있으니,
당신과 맞지 않는다고 생각되면 지금 당신이 어느 시기에 있는지
다른 별자리에서 찾아보세요.

황소자리의 성격

일반적인 특성과 배경

황소자리 여성은 감각적이고 매혹적이다. 겉으로 볼 때는 냉정하고 차분하고 지적이어서 거리감을 느끼게 하지만, 그 배후에는 좋아하는 사람을 끌어들이고 붙잡아들 수 있는 수단으로 기득한 무기 창고가 숨어 있다. 그녀의 유전인자 속에 불변하는 여성적 본성이 들어 있어서, 그것이 그녀의 침실이나 부엌의 온갖 물건들에도 일일이 새겨져 있는 느낌을 준다. 황소자리 여성을 대지의 여신이라 부르곤 하는데, 전혀 놀랍지 않은 일이다.

그녀가 어떤 장소에 들어가면 모든 사람이 그녀의 존재를 알아차리게 된다. 아름답고, 눈부시게 반짝이고, 자석처럼 사람을 끌어당기기 때문이다. 그녀는 세련된 옷과 보석, 향수를 적절히 이용하면서 아주 침착하게 자신을 드러내 보인다.

황소자리 여성들은 신체적 매력 뿐 아니라 풍부하고 울림이 깊은 목소리를 갖고 있어서, 마치 로렐라이가 노래하는 것처럼 사람들을 유혹한다. 또한 바라보면 최면에 걸릴 것 같은 눈으로 이루 헤아릴 수 없는 지상의 환희를 약속하는 듯한 무언의 메시지를 전달하여 사람을 사로잡는다.

그녀는 무용수처럼 우아하게 움직이며, 자신의 몸을 사랑하고 소중하게 돌본다. 자신을 통제할 줄 아는 그녀는 환상의 대가이고, 종종 사랑하는 사람들의 환상을 실현시키는 데 필요한 분위기도 만들어낸다.

두번째 별자리에 해당하는 황소자리는 불변하는 흙을 상징한다. 불변성은 그녀에게 완고함, 끈기, 고집, 의지할 수 있는 사람이라는 느낌을 주며, 어떨 때는 다소 점잔 빼거나 독선적이라는 느낌을 주기도 한다. 흙은 견실하고, 보수적이고, 물질을 중시하는 성격을 부여한다.

'불변하는 흙'의 황소자리 여성

각 별자리는 특정별의 지배를 받는데, 황소자리를 지배하는 별은 사랑과 미의 여신 비너스의 이름을 딴 금성이다. 따라서 비너스(금성)와 결부된 모든 속성들이 황소자리 여성의 삶에 영향을 미친다. 아무 거리낌 없이 사치를 추구하는 것이 비너스의 본성을 만족시킨다. 황소자리 유형의 여성은 태양이나 다른 중요한 별이 황소자리에 있을 때 태어난 여성, 황소자리의 기운이 상승할 때나 금성의 기운이 강할 때 태어난 여성들이다. 또한 황소자리 유형에는 일시적으로 황소자리 시기를 거치고 있는 사람들도 포함된다. 그런 경우 태어날 때 황소자리에 특정별이 위치할 필요는 없다. 황소자리 유형은 앞에서 열거한 목록이 보여주는 성격을 가지고 있으며, 황소자리 시기는 다음 특성을 보인다.

· 안정과 여유를 얻기 위해 인생의 물질적 기반을 확보하고 싶어한다.
· 사람이든 물건이든 소유하고 지배하려 한다.
· 물질에 대한 관심을 표명할 즈음에 급격한 변화를 보이며, 새로운 가치관을 갖는다.
· 객관적 사실에 기반을 둔 합리성보다는 이기적 욕망에 기반을 둔 독단적 태도를 보인다.
· 물질적인 자연만이 아니라 살아있는 모든 것과 조화를 이루게 해주는 자연에 깊은 사랑을 보인다.

황소자리 시기의 특징으로 '이중성'도 있다. 황소자리 여성들은 물질을 추구하는 성향과 영혼의 아름다움을 추구하는 성향으로 양분되어 있어서 마음의 갈등을 겪는다. 황소자리 여성의 육체와 영혼도 끊임없이 전투를 벌인다. 섹스의 쾌락과 차분한 생활이 불균형을 이루기 때문이다. 이 두 힘 사이에 균형과 조화가 이루어져야 행복할 수 있다.

황소자리 여성은 단순하면서도 복잡한 삶을 살아간다. 하지만 다양한 수준의 비밀을 간직하고 살아가는 전갈자리와 달리, 황소자리 여성은 자기 생활이나 자신이 즐기는 것들, 만나는 사람들에 대해 아주 솔직하다. 그녀의 마음을 끄는 것은 일차적인 쾌락이다. 즐거운 섹스, 좋은 음식, 좋은 동료들 순이다.

황소자리는 돈과 관련이 많은 자리이고, 금성은 사랑을 지배하는 별이다. 그런데 돈과 사랑이 생각보다는 서로 연관이 많다. 사랑이란 우리가 가장 가까운 곳에 두고 싶은 사람들이나 물건에 느끼는 감정이다. 돈은 황소자리 여성이 많은 것을 소유하고 많은 곳을 여행할 수 있게 해준다. 하지만 사랑은 무상으로 주어지지 않으며, 이것이 황소자리 여성이 깨달아야 할 힘겨운 교훈이 된다.

황소자리 여성의 삶을 특징짓는 것은 그녀의 '소유욕'이다. 그녀는 아무리 사소한 것이라도 리스트에 기록해두고 오래 기억한다. 그녀가 소중하게 모아둔 종잇조각이나 옛날 편지, 잡지 과월호 같은 것을 물어보지도 않고 버린 사람이 무슨 일을 당하게 될지 불을 보듯 뻔하다. 그것이 아주 작은 소유물일지라도 성난 황소처럼 뿔을 들이대며 공격할 것이기 때문이다.

황소자리 여성을 잘 설명해주는 단어가 '재력'이다. 그녀는 이 세상의 자원을 개인적 용도로 교묘하게 사용하는 재주가 있다. 그녀는 자신의 외모와 재능, 그리고 그녀가 이미 소유한 것들을 자원으로 삼아 원하는 것을 얻는다. 황소자리 여성에게 가장 힘든 일은 스스로 자기가 가진 것을 내놓고 떠나는 일이다. 사치와 안락을 좋아하는 성격은 이기심이 되어서 다른 사람의 필요와 욕망을 무시하게 만든다.

낭만적인, 감상적인

황소자리 여성이 현실적이고 물질을 중시한다는 사실은 많이들 알고 있다. 하지만 그녀의 혈관에 흐르는 낭만적인 성향을 파악하고 있는 사람은 별로 없다. 그녀에게 장미꽃 한 송이를 보내라. (그녀는 장미꽃을 몹시 좋아한다.) 아마 그녀는 평생 당신을 사랑할 것이다. 그녀의 풍부한 상상력은 한 송이 장미만으로도 완벽한 꽃꽂이를 완성할 수 있다. 그러니 그녀의 낭만적인 기질을 얕잡아봐서는 안 된다. 그녀는 아서왕의 성에서 편안함을 느낄 것이고, 백마를 탄 기사가 손짓하면 친구도 가족도 일도 다 팽개치고 어디든 따라가려 할 만큼 정열적이다.

결혼식장에 모인 손님들 속에서 숨죽여 흐느끼는 소리가 들리면 그 사람이

'불변하는 흙'의 황소자리 여성

황소자리라 생각해도 좋다. 황소자리 여성들은 감상적이어서 추억이 떠오르거나 너무 아름다운 것을 보면 눈물을 흘린다. 그녀의 다락방에는 지난 시절을 추억하는 물건들로 가득하다. 내가 아는 황소자리 여성 중에는 자기가 받은 편지를 모두 깨끗하게 묶어 트렁크에 보관하는 사람도 있다. 황소자리 여성에게 하고 싶은 충고는 이런 감상적인 추억에 지나치게 집착하지 말라는 것이다. 추억을 흘려보내고 온전히 현재에 충실하게 살도록 노력해야 한다.

예술적인

황소자리 여성은 생활 속에서 아름다움을 가꿀 때 가장 행복을 느낀다. 그녀의 집은 전통과 새로움이 조화롭게 뒤섞여 있고, 사랑의 보금자리를 적절한 분위기로 가꾸기 위해 사소한 것 하나하나에 세심한 주의를 기울인다.

그녀는 음악을 사랑하고 직접 악기를 연주하기도 한다. 풍부하고 감각적인 목소리는 그녀의 가장 멋진 자질 중 하나이고, 스스로도 그런 목소리를 가진 것을 기쁘게 생각한다. 또한 그림에도 재주를 보인다. 예리하게 비례를 포착하는 능력, 세심한 관찰력, 색에 대한 섬세한 감각 덕분에 훌륭한 화가가 될 수 있다. 사물을 만지고 느끼면서 즐거움을 얻는 능력 덕분에 뛰어난 조각가가 될 수도 있다. 혹은 도예가가 될지도 모른다. 점토를 빚어 뭔가를 만드는 데서 자신의 힘을 느끼기도 한다. 도자기는 그녀가 태어났고 다시 돌아가게 될 흙으로 만들었기 때문이다.

하지만 그녀의 예술적 성취 중 가장 눈에 띄는 것은 일상을 세련되게 가꾸는 능력에 있다. 일상 속의 행동도 하나하나 세심하게 숙고한 후에 선택하며, 소유물도 하나하나 세심하게 배치한다.

자의식이 강한

황소자리 여성들이 젊을 때는 고통스러울 정도로 자의식이 강할 수 있다. 그럴 때면 자기 육체도 꼴사납고 어색하다고 느끼며, 부분으로 나눠진 채 서로 조화를 이루지 못한다고 느낀다. 나는 항상 신데렐라가 황소자리였을 거라고 생각해왔다. 이복언니들의 조롱을 예민하게 받아들이고 자신의 뛰어난 잠재능력을 깨닫지 못했던 불쌍한 그녀는 자신이 곧 변신하게 되리라는 사실을 알지 못했다.

시간이 흐르면서 그녀의 자아의식이 더 강해지면, 그때부터는 그 자의식을 자신에게 가장 유리하게 활용할 수 있다. 물론 타인과의 관계에서 항상 좋은 느낌을 갖지는 않지만 이 우주에서 자신이 차지하는 자리에 대해서는 의심하지 않는다. 황소자리 여성은 지나치게 이상적인 미에 집착하는 편이므로 있는 그대로의 자신을 받아들이도록 노력해야 한다. 그럴 때만 자기 길을 찾고 진정한 지기 모습과 자신의 아름다움을 알 수 있다.

습관에 집착하는

황소자리 여성은 습관의 동물이다. 아침식사 메뉴, 아침마다 하는 일들, 심지어 직장으로 가는 길조차 달라지는 법이 없다. 자신이 이미 택한 방식이 가장 효과적이고 능률적이라고 생각하기 때문이다.

흙의 지배를 받는 황소자리는 인생의 주기에 친숙하다. 해와 달, 별들이 질서정연하게 움직이는 것도 하늘을 보고 관찰한 패턴을 통해 깨달으며, 그 질서를 자신의 생활에도 적용하려 한다. 주기는 변화를 측정하는 단위가 된다. 인생도 변화 없이는 진보할 수 없고, 변화는 필연적으로 어느 정도의 혼란을 수반한다. 희랍 사람들은 '위기Crisis'라는 말을 재앙이나 파멸의 의미 없이, '결정할 시간'이라는 의미로 사용했다.

황소자리 여성도 변화의 필요성은 잘 알고 있다. 그러면서도 그것을 인정하지 않으려고 완강하게 고집을 부리곤 한다. 스스로 결정할 시간을 놓치고 익숙한 방식이나 습관에 변화가 필요할 때까지 미루고 기다리는 것이다. 황소자리 여성이 자발적으로 결단 내리는 법을 배우지 못하면 주기적으로 찾아오는 변화에 휘둘릴지도 모른다.

생활에 변화를 주는 훈련으로 황소자리 여성들은 일상적인 습관들에서 벗어나 다른 것을 시도해볼 필요가 있다. 다른 길로 귀가한다든지, 다른 가게에서 시장을 본다든지, 늦게 잠들었다가 침대에서 아침식사를 하는 식으로 말이다. 일상에 변화를 줌으로써 구태의연한 습관에서 벗어날 수 있다.

독선적이고 독단적인

황소자리 여성은 자신이 옳다는 사실을 안다. 마치 그녀 안에 벨이 있어서 자신이 옳으면 울리는 것 같다. 일의 자연스러운 진행이나 질서를 잘 파악해서 이것을 재빨리 일상생활에 도입할 수 있다. 아마 어떤 일에 대한 질문을 받더라도 잘 대답할 것이다. 하지만 그 출처를 물어서는 안 된다. 그녀도 자신이 어디서 정보를 얻었는지 모르는 경우가 많고, 그런 것을 따지는 일도 결코 없기 때문이다.

황소자리 여성들은 수줍음이 많고 자신을 비하하는 편이다. 하지만 자존심만은 정말 대단해서 현실이 어떻든 자신의 가치를 주장한다. 자신의 가치를 높게 평가하는 것과 독선 사이에는 미묘하지만 분명한 차이가 존재한다. 그런데 황소자리 여성이 성공을 거두고 안정을 누릴 때면 이 차이가 불분명해진다. 지금의 밝고 안정된 생활을 얻기 위해 자신이 얼마나 힘들게 싸웠는지 잊어버리는 것이다. 그래서 자기처럼 승리하지 못한 사람들을 쉽게 비난하곤 한다. 그런데 그녀가 다소 젠체하면서 독선적인 충고를 하는 면이 있음에도 불구하고, 많은 친구들이 그녀의 조언을 듣기 위해 몰려든다.

그녀는 자기 의견을 마치 진리인 양 내세운다. 심지어 그게 더는 통하지 않음을 잘 알고 있을 때도 단순히 자기 의견을 꺾을 수 없다는 이유만으로 낡은 신념을 유지하기도 한다.

그녀의 감정은 믿음과 밀접한 연관을 가져서, 특히 자기가 아주 사랑하는 친구나 친척들에게 더 독단적인 모습을 보인다. 어떤 때는 자신이 그들을 아주 많이 사랑하고 그들이 잘 되기를 바라고 있기 때문에 그들에게 최선이 무엇인지 잘 안다고 생각하기도 한다. 그녀에게 가장 힘든 일 중 하나가 다른 사람들의 문제를 자신이 대신 해결해줄 수 없다는 사실을 인정하는 일이다. 사람은 누구나 자기 일에 직접 책임을 져야 한다.

조직적이고 관리를 잘 하는

황소자리 여성의 찬장, 서랍, 옷장은 다른 어느 여성의 것보다 잘 정리되어 있다. 물론 황소자리처럼 흙의 지배를 받는 처녀자리 여성들의 서랍만큼 깔끔하고 산뜻하고 먼지 하나 없는 그런 상태는 아닐 수도 있다. 하지만 자기 소유물들이 어디 있는지는 잘 알고 있다. 심지어 영수증, 편지, 조리법 등을 따로 칠해서 모아두는 캐비닛을 갖고 있을지도 모른다.

황소자리 여성들은 세계를 질서 정연하게 정리하려는 이 끝없는 욕망 때문에 학술연구나 사서, 도시 계획, 문서 정리 등의 일에 종사할 가능성이 많다. 그들은 다양하고 많은 정보의 단편들을 모아서 제대로 활용할 수 있도록 조직적으로 정리하는 일이면 무엇이든 성심성의껏 몰두한다.

마치 머리 안에 인생의 주기를 측정하고 어떤 일에 얼마만큼의 시간을 할당해야 할지 계산하는 시계가 들어 있는 것처럼, 시간의 흐름도 정확하게 인지한다. 그녀가 몇 시에 어디로 가겠다고 약속하면, 그때 그곳에 꼭 나타난다. 또한 그녀가 언제까지 일을 마치겠다고 말하면 믿고 기다려도 좋다.

철저한 시간관념과 세부사항들을 조직적으로 정리하기 좋아하기 때문에 사람들을 관리하는 능력도 뛰어나다. 하지만 인간적인 면이 개입되면 이야기가 좀 달라진다. 사람들마다 너무 다양한 변수가 있어서 책이나 주문서, 조리법과 똑같이 처리할 수 없기 때문이다. 이럴 때는 뛰어난 정치력과 사람들에 대한 지식이 필요하다.

온화한, 차분한, 숫기 없는

황소자리 여성은 부드러운 애무, 부드러운 말, 부드러운 행동에 약하다. 그 별자리가 지시하는 동물인 황소와 마찬가지로, 화가 나거나 성욕에 사로잡혔을 때만 격한 모습을 보일 뿐 평소에는 아주 차분하다.

황소머리에 난 두 개의 뿔은 딜레마의 뿔(어느 쪽을 택해도 불리한 양도논법의 뿔)이다. 그래서 그녀는 세상과 완벽하게 화해하고 평화롭게 지내거나, 혹은 화가 나서 안에서부터 솟아오르는 거친 분노를 표현하거나 둘 중 하나이다. 그

중간은 아예 없거나 거의 없다고 보면 된다. 황소자리의 많은 여성이 분노를 억누르는 쪽을 택한다. 자신이 계속 흥분할 경우 건강을 해친다는 것을 일찍이 깨달았기 때문이다. 특히 목과 어깨가 예민해서 오래된 스트레스나 분노는 그 부위를 약하게 만든다.

황소자리 여성들이 동요하고 당황하는 일은 별로 없다. 배우자가 갑자기 전화를 걸어 직장상사를 저녁식사에 초대해도, 그저 시장을 한 번 더 다녀와서 준비할 뿐이다. 이런 난처한 일을 침착하고 냉철하게 받아들이는 그녀의 모습은 믿기 어려울 정도이다. 그녀는 흥분한다고 상황이 달라지지 않음을 잘 알고 있다. 더구나 그런 비상사태에 대비해서 미리 만반의 준비를 해놓고 일이 닥치기만 기다리고 있었는지도 모른다.

그녀는 평생 낯선 사람에게 숫기 없는 태도를 보인다. 아마 어린 시절부터 자신을 낮게 평가해왔고, 소꿉친구들에게 괴롭힘을 당한 적도 많아서 그런 것 같다. 새로운 환경이나 낯선 사람들은 그녀를 불편하게 만든다. 앞으로 부딪쳐야 할 미지의 것이기 때문이다.

정치적인 대립도 좋아하지 않는 황소자리 여성들은 마치 그것이 전염병이라도 되는 양 피한다. 자칫 불쾌해질 수 있는 모든 상황이 그녀의 신경을 건드린다. 그래서 궁지에 몰리거나 억지로 떠밀릴 때만 제대로 자세를 취하고 자기 권리를 위해 싸운다. 만일 황소자리 여성들이 문제가 생길 때마다 그에 적극적으로 대처하는 법을 배운다면, 많은 불행을 피할 수 있을 것이다.

호사를 좋아하고 게으른

황소자리 여성에게는 안락함과 만족감이 무척 중요하다. 고급 향료를 섞은 물에 목욕하고, 부드럽고 보슬보슬한 담요로 몸을 감싸고, 초콜릿 시럽을 듬뿍 얹은 아이스크림을 먹고, 사랑과 관심의 대상이 되고…. 이런 것을 가능하게 해주는 사람이 있으면 그녀는 평생 그 곁을 떠나지 않을 것이다. 만일 자기 옆에 있는 사람이 그렇게 해주지 못한다면 직접 찾아 나설 것이다. 그녀는 자신이 최상의 것을 누릴 자격이 있다고 굳게 믿는다.

황소자리 여성들은 호사스런 생활을 좋아하지만, 대체로 어느 정도 도를 지키는 편이다. 문제는 음식이다. 음식에 대한 그녀의 집착은 말 그대로 산도 옮겨놓고 바다도 갈라지게 할 정도이다. 그래서 황소자리 여성 대부분이 평생 비만 문제로 고민한다. 그나마 그녀의 살은 좀 살집이 있어도 관대한 편인 엉덩이에 집중되는 편이다.

황소자리 여성에게 음식은 '안전'을 의미한다. 여기에 엄청난 식욕과 먹는 것을 즐기는 열정이 결합해서 문제가 가중된다. 황소자리 여성은 상대의 마음을 잡으려면 그의 위를 사로잡아야 한다고 진심으로 믿는다. 그녀는 부엌을 지배하는 예술가이고, 음식 버리는 것을 아주 싫어한다. 그녀가 차린 식탁에 앉는 사람들은 먹는 일을 중단하지 못하는 자신의 약한 의지력 외에는 아무런 실망도 느끼지 않을 것이다.

황소자리 여성은 천성적으로 매사에 느린 편이다. 주변에서 아무리 서두르라고 재촉해도 그녀 스스로 원하지 않는 이상 조금도 움직이지 않는다. 그녀에게 나름의 우선순위가 있기 때문에, 매사를 그 순서대로 진행하려니 시간이 걸릴 수밖에 없다. 게다가 여가를 중요시해서, 그것을 원하는 대로 사용하는 것이 당연하다고 여긴다. 여가 시간을 허비하든 빡빡하게 많은 일을 하든, 선택은 그녀의 몫이다. 그녀는 그런 종류의 선택에서 기쁨을 느낀다. 아마 그녀는 자신이 꿈꾸는 안락과 호사에 접근할수록 점점 더 게을러질 것이다. 이것을 극복하려면 계속해서 새로운 도전거리를 찾아야 한다.

소유욕이 강한

황소자리 여성은 단순히 물건을 사용하는 데 그치지 않고 강한 소유욕을 보인다. 그리고 일단 자기 손에 들어온 것은 쉽게 놓지 않는다.

가족과 연인들에게도 소유욕을 보인다. 자신이 그들을 선택한 이상, 옷이나 보석, 모피와 마찬가지로 자기 재산이라 여기는 것이다. 이런 성향이 극에 치우치면 간섭이 지나친 아내나 엄마가 되어 사랑하는 사람들이 성장할 여지를 거의 주지 않는다. 엄마가 지나치게 자신을 구속한다고 생각하는 자녀들은 아주 일찍부터 반항할 것이다. 하지만 긍정적으로 보자면, 그녀가 다른 소유물에 바치는 만큼 커다란 애정과 관심을 그들에게 쏟고 있다고 볼 수 있다.

누구도 그녀의 배우자나 연인을 훔치려 들어서는 안 된다. 그녀는 불처럼 화낼 것이다. 성난 황소가 무슨 짓을 할지 아무도 알 수 없다. 그녀는 무작정 공격을 퍼부을 것이다. 그리고 있는 힘을 다 끌어모아 상대방을 압박할 것이다. 그럴 때면 아주 험악한 여자가 될 수도 있다.

사치와 안락을 좋아하는

방탕한 비너스의 지배를 받는 황소자리 여성들은 사치를 좋아해서 기차나 비행기를 탈 때면 돈이 좀 더 들더라도 일등석을 이용한다. 지갑은 좀 헐렁해지겠지만 훨씬 더 만족을 주기 때문이다. 그들은 가치나 질을 판단하는 감각을 선천적으로 타고난 것 같다. 깔개를 고를 때도 실용적인 카펫보다 동양의 융단을 택하는 식이다. 물건의 가치를 알아보는 안목도 뛰어나서, 어떤 사람들한테는 터무니없이 비싸 보이는 것도 황소자리 여성에게는 적당한 물건이 될 수 있다. 그녀가 모은 골동품과 가구만으로도 가격이 엄청나서, 경제적으로 힘들 때면 그것을 내다 팔 수 있을 것이고, 오랫동안 수집한 보석도 새로 사업을 열 때 자본이 될 것이다.

감사할 줄 아는

황소자리 여성은 기대치가 높지 않다. 세상이 돌아가는 방식과 사람들의 결점을 너무 잘 알고 있어서, 자신이 볼 수 있고 직접 손으로 붙잡을 수 있는 것 이상을 기대하지 않는다. 물고기자리 여성들처럼 신비주의적인 꿈에 잠기는 일도 없고, 물병자리 여성들처럼 겉만 번드르르한 사상누각을 세우지도 않는다. 대신 회반죽과 벽돌로 자신의 현실을 구축한다. 하지만 자신이 기대하지 않았던 멋진 일이 생기거나 누가 약속을 훌륭하게 지키면, 그녀는 누구보다 진심으로 감사하는 사람이다.

그럴 때면 아이처럼 순진한 모습을 보인다. 누가 선물을 주면 내내 소중히 간직하며, 힘들 때 다정하게 대해주면 죽을 때까지 기억한다. 마치 자신이 선물을 받는 입장이 됐다는 사실 자체에 너무 놀라는 것 같다. 어쩌면 자신에 대한 이미지가 너무 부정적이어서 자신에게 잘해주는 사람들의 진심을 믿지 못하는 탓인지도 모른다.

흙과 비너스의 딸 황소자리는 육체에 대해서도 예민한 판단력을 보인다. 남자를 잘 파악하고, 잘 빠진 몸매를 가진 근육질의 남성에게 반응을 보인다. 감수성이 풍부한 그녀는 가능한 한 많은 것을 경험하며, 자신이 보고 듣고 느끼고 맛보고 만진 모든 것을 잊지 않는다. 또한 자신의 감각을 자극하는 모든 것을 즐길 줄 안다. 감상하고 진가를 인정할 줄 아는 능력은 자신이 접한 세상과 사람들, 경험들, 감정들을 차곡차곡 저장해두는 그녀의 엄청난 기억력 덕분에 더 발전한다.

문제는 황소자리 여성이 즐기고 감상하는 일과 실천력 사이의 균형을 잡지 못한다는 데 있다. 나는 그들에게 새롭게 기획하고 과감하고도 구체적으로 행동하라고 충고하고 싶다. 무엇이든 보존하고 유지하려고만 하는 본성을 견제하려면 모험이 필요하다.

감각이 예민한

황소자리 여성은 정교하게 조율된 파이프오르간 같다. 그녀의 감각 하나하나가 파이프오르간 건반이 되어 음악을 연주한다. 연주되는 음들은 제각각 나름의 특색을 보이며, 그 모든 음률들이 연주될 때 그녀는 조화롭고 완성된 느낌을 갖는다.

그녀의 감각은 매우 예민하다. 루벤스의 누드화처럼 건강하고 관능적이고 풍만하며 생의 의욕으로 넘치는 그녀는 피부에 스치는 바람과 태양의 따뜻함을 즐길 줄 안다. 또한 성대하게 준비된 디저트를 앞에 두면 예외 없이 관능적인 기쁨에 휩싸인다. 자신의 성격 중에서 많은 부분을 숨기는 황소자리 여성들은 자신의 관능도 숨기려 든다. 자기 육체를 즐기는 일이 사회적으로 금기시되었음을 어린 시절에 깨달았기 때문이다. 하지만 그녀가 이 위선을 그대로 받아들이기만 하는 것은 아니며, 자신이 안전하다고 느끼는 선 안에서 최대한 모험을 시도한다. 그녀가 모든 망설임을 물리치고 타고난 관능을 그대로 드러내는 것은 상대를 진실로 신뢰할 때이다. 그녀의 신뢰를 받는 사람은 행운아이다.

조심성 많은, 완고한

황소자리 여성은 너무 많은 두려움 속에서 고통을 당한다. 가장 커다란 두려움은 실수에 대한 것이다. 일을 제대로 올바르게 하고 싶다는 마음이 너무 강해서, 어떨 때는 무슨 일을 하는 것 자체를 망설일 정도이다. 내가 아는 황소자리 여성 한 명은 비서로 일하는데 자기가 타자 친 편지를 적어도 네 번씩 읽어본다고 했다. 그러다 보니 편지는 완벽하게 작성되었지만 제시간에 목적지에 도착하지 못하는 경우가 종종 있다고 했다.

그들은 불확실하거나 변수가 많은 일에는 좀처럼 뛰어들지 않는다. 일이 진행되는 자연스러운 흐름을 잘 알다보니 그 결과도 예측할 수 있기 때문이다. 도박도 좋아하지 않는다. 실현될지 알 수 없는 횡재보다는 오랫동안 조금씩, 하지만 확실하게 이윤을 남기는 안정된 저축을 선호한다.

황소자리 여성은 손해를 보거나 고통받을까봐 변화에도 조심스러운 태도를 보인다. 힘들게 일해서 모으고 이룬 것을 모두 잃을지도 모르는 변화의 상황 앞에서는 평소보다 더 완강해지고 더 강한 소유욕을 보인다. 하지만 그런 태도를 유지하는 이상, 자유롭게 비상하기는 어렵다. 모든 상황을 통제하고 예측할 수는 없다. 비록 황소자리 여성이 세상에서 가장 뛰어난 안정제 역할을 하는 면도 있지만, 변화에 적극적으로 대처하지 않으면 정체되고 고착되고 퇴보한다. 시대에 보조를 맞추기 위해서라도 자발적으로 모험에 뛰어들도록 노력해야 한다.

황소자리 여성은 시간이 자기편이라고 생각하며, 매사에 자기 방식대로 하기를 좋아해서 지연술을 쓴다. 가장 관심을 끄는 일이 아니면 그 일 자체를 거부하기도 한다. 또한 어떤 일이 자신의 체면이나 정직성, 재산을 해친다고 생각할 때도 몹시 완강해져서 꿈쩍도 하지 않는다. 이런 성격은 장점도 되고 단점도 된다. 그녀는 더 유연해지도록 계속 노력해야 하며, 자기 생각이 아니라 현실적 상황에 따라 반응하는 법을 익혀야 한다.

고집스럽고 완강한

선구적인 여성들은 황소자리 여성의 고집과 끈기를 보여준다. 황소자리 여성은 일단 시작한 일은 몇 년이 걸리더라도 끝장을 본다. 사업이든 계획이든 인간관계든 결코 지칠 줄 모르고 제대로 될 때까지 노력한다. 그녀는 열심히 노력하면서 포기하지 않고 기다리면 결국 원하는 것을 이루게 된다고 믿는다.

그녀는 마찬가지 열정으로 어떤 신념이나 생각에 집착한다. 치우침 없이 공정하기를 바라기 때문에 결심하는데 시간이 걸리는 편이지만, 한번 옳다고 생각하면 평생 그 생각을 고수한다. 나중에 그것이 잘못이라 판명되더라도, 마음 한구석으로 자신이 어떤 점에서는 옳았다고 믿는다.

직장에서도 비슷한 고집 때문에, 맡은 일을 해내기 위해서라면 불평 없이 잔업을 한다. 그녀는 시간을 잘 지키고 자기 시간을 내주는데도 관대하다. 신입사원을 훈련시키고, 커피를 타고, 예산을 세우고, 심지어 축구나 야구시합도 주선할 것이다. 그녀는 자잘한 일들이 전체적인 구상만큼이나 중요할 때가 많음을 알고 있다. 그녀는 친구를 사귀고 시집 식구들을 자기편으로 만들고 직장 동료들과 동료의식을 키우기 위해 열심히 노력한다.

하지만 모든 것은 변하기 마련이고, 우정도 그렇다. 세상 모든 것이 다 유지할 가치가 있는 것은 아니다. 아무리 괴롭더라도 포기할 것은 포기해야 우리의 삶도 더 개선된다.

질투심 많은

황소자리 여성은 다른 사람들의 애정에도 소유욕을 보여서, 어느 누구도 친구나 가족을 포함해서 자신이 사랑하는 것에 너무 접근하지 못하게 한다. 자기 것을 훔치거나 해를 끼칠까봐 두려운 것이다.

비너스와 비슷한 성격을 가진 그녀는 사랑하는 사람들을 크리스털 상자에

'불변하는 흙'의 황소자리 여성

집어넣고 보호하려 든다. 황소자리 여성을 이해하려면 사랑의 다중성을 이해해야 한다. 그녀는 지키고, 움켜쥐고, 애정과 보살핌을 아낌없이 준다. 어떤 때는 그렇게 할 수 있는 사람이 자기밖에 없다고 생각하는 것 같다. 그녀가 사랑하는 영역에 끼어드는 사람은 누구든 큰 봉변을 당할 것이다.

황소자리 여성이 제대로 성장하지 못했을 때는 다른 사람의 소유물에 강한 질투심을 보이면서 턱없이 탐내기도 한다. 친구들의 부와 성공, 아름다움을 시기할 수도 있다. 하지만 성숙해가면서 차츰 그런 것이 부정적인 감정이며 자기 자존심에 아무 보탬이 되지 않음을 깨닫게 된다.

보수적인, 돈을 모으는, 탐욕스러운

황소자리 여성은 어릴 때부터 무엇이든 모아둔다. 지구 자원의 소중함을 알기에 그것을 현명하게 사용하고 싶어한다. 나중에 혹시 필요할지도 모른다는 생각이 드는 물건은 결코 내버리지 않는다.

그녀는 재활용운동단체를 조직해서 활동하거나, 야생동식물 보호운동이나 산업화를 막고 공기정화운동을 펼치는 단체에 가입할지도 모른다. 자기 집 정원에 있는 것도 무엇 하나 버리지 않는다. 낙엽이나 풀들도 나무의 성장을 돕기 위해 뿌리덮개로 활용할 테고, 해바라기씨도 조심스럽게 받아서 다음 해에 심는다. 옷이나 장신구를 선택할 때도 보수적인 경향을 보인다. 번지르르하고 화려하기만 한 것은 무척 싫어하며, 품질을 알아보는 예리한 안목이 있다.

그녀는 실제로는 지기 싫어하는 면이 강하지만, 그런 마음을 공공연히 드러내지는 않는다. 그래서 어느 누구도 그녀가 지나치게 파격적이고 전위적이라고 생각하지 않는다. 그녀는 주변 사람들의 존경과 인정을 무척 중요하게 여기기 때문에 자기 위치를 위태롭게 하는 일은 결코 하지 않는다.

황소자리 여성의 또 다른 특징이 돈을 아끼는 것이다. 항상 비상시를 대비해서 약간의 돈을 비축해두는 편이다. 그녀가 돈을 벌기 위해 하는 일은 채광업, 제조업, 곡식이나 꽃을 기르는 것, 부동산 매매 등으로 자원에 대한 자신의 지식을 활용해서 유용한 것을 얻을 수 있는 모든 영역을 포괄한다.

돈을 벌어들이는 그녀의 능력은 무한하다. 결과적으로 이익이 되는 일은 어떤 것도 비천하거나 열등하다고 생각하지 않으며, 주변 사람들이 절망적으로 받아들이는 상황 속에서도 가능성을 본다. 처음에는 집에서 잼이나 젤리를 만들어 파는 소규모 사업이나 구멍가게로 출발하더라도, 그녀가 일단 작심하고 돈을 빌기 시작하면 거대한 식품산입의 라이벌로 떠오를 것이다.

충동적인 황소자리 여성이 아무런 제약도 받지 않고 안정과 자긍심만을 추구하면 탐욕스런 모습을 보일 수도 있다. 그녀에게 성공은 물질적 부와 직결되며, 정신적 영적 성장은 포함하지 않는다. 그래서 자기 욕망을 제어할 수 없게 되고 동진 하니에도 인언해히며 옮기취려 한다. 그럴 때면 사람들을 보살피는 본성도 뒤로 물러나고 인생을 즐기는 태도도 적어진다.

그녀는 돈만이 인생을 지배할 수 있는 온전한 힘을 준다고 생각한다. 돈이 있어야 의무감에서 자유로워지고 기동성을 가질 수 있다는 것이다. 그녀가 무척 관대하게 재산의 일부를 나눠줄 때도 있다. 이것은 사람들의 사랑과 관심, 충성을 확보하기 위해서이다. 그녀가 아무 조건 없이 주는 일은 결코 없다. 베푸는 일이 자연스럽게 느껴질 때까지, 그래서 진실한 사랑을 보여줄 수 있을 때까지, 황소자리 여성들은 베푼다는 행위의 참된 의미를 배워가야 한다.

애정을 갈구하는

황소자리 여성은 다른 사람이 자신을 애무하고 사랑해주기를 바라는 욕망이 무척 강하다. 자신도 다른 사람들에게 감정을 전할 때 촉감을 이용한다. 상대가 그녀의 애정을 거부하면 그녀는 오랫동안 물을 주지 않은 식물처럼 변한다. 어릴 때는 부모의 애정을 독차지하려 들면서, 형제자매가 분에 넘치는 애정을 받고 있다고 느끼곤 한다. 그녀는 섹스 없이도 아주 오랫동안 잘 지낼 수 있지만, 애정을 받지 못하면 타고난 매력도 시들어버린다.

정직한, 의지할 수 있는

돈이나 비밀, 심지어 생명조차 황소자리 여성에게는 믿고 맡겨도 좋다. 아마 당신의 연인조차도 그녀에게라면 안심하고 맡겨도 좋다. 그녀는 정직이야말로 최상의 방책이라고 깊이 믿는 사람이기 때문이다. 스스로에 대해서도 지극히 솔직한 편이어서, 잘못을 누구보다 빨리 시인한다. 그렇다고 그런 잘못을 물고 늘어지며 훈계하면 안 된다.

그녀는 계약서나 서면 합의서 같은 것을 싫어한다. 하지만 약속을 꼭 지키기 때문에 그녀가 하는 말이면 믿어도 좋다. 아무리 사소한 약속이라도 다 기억하고 있을 것이다.

응급사태나 비극적인 일, 압박감을 많이 받는 상황에서 황소자리 여성들은 마치 신이 내린 선물처럼 훌륭하게 대처한다. 그녀는 인생의 주기와 생로병사의 자연스런 흐름을 감지하는 능력과 냉철한 판단력을 갖추고 있어서 사태를 파악하지 못하는 사람들에게 더할 수 없이 소중한 도움을 준다. 어떤 상황에서든 그녀는 커다란 도움을 줄 것이다. 더 희망적인 일은 그녀도 그 사실을 알고 있다는 데 있다.

실용적인, 치밀한, 견고하게 쌓아올리는

'이게 효과가 있을까?' 하는 질문은 황소자리 여성이 가장 자주 던져보는 질문이다. 그녀는 신중하게 심사숙고하기 때문에 자기 판단에 확신을 가진다. 그리고 한번 계획을 세우면 극단적일 정도로 조직적으로 실행한다. 마치 뛰어난 벽돌공처럼 기반을 충실히 다진 후 벽돌 하나하나를 세워 집을 짓는다. 하지만 자기 방법에 지나치게 매몰되지 않도록 조심해야 한다. 잘못하면 목적지에 도달하는 시간이 지나치게 지연될 것이다.

황소자리 여성들은 개념화하고, 본을 뜨고, 조심스럽게 재료를 선택하고, 천천히 만들어가기를 좋아한다. 건축, 개조, 복원, 장식, 디자인, 발명 등이 그녀의 마음을 끌며, 결실을 맺을 수 있는 직업이 된다.

친절한, 겸손한

황소자리 여성은 정말이지 겸손하며, 친절한 마음에서 다른 사람을 위한다.

그녀가 화려한 조명을 원하지는 않지만, 사례를 받으면 친절하게 받아들인다. 쉽게 칭찬을 받아들이지 못하므로 좀 더 능숙하고 긍정적인 태도로 칭찬을 받아들이도록 노력해야 한다. 자신과 싸움을 벌여가면서 최선을 다해놓고는, 정작 그 성과를 통해 자긍심을 키우는 일은 잊어버릴 때가 너무 많다. 그녀가 사업을 성공시키는 것도, 다른 사람들과 공개적으로 경쟁해서가 아니라 지구력과 성실함 덕분인 경우가 많다.

다른 사람의 감정을 짓밟지 않으려고 터무니없이 뒤로 물러설 때도 있고, 길 잃은 동물들이나 방황하는 사람들을 보면 저절로 양팔을 벌리기도 한다. 이런 면을 잘 개발하면, 기히 진설직으로 배풀게 될 것이다.

생산적인, 끈기 있는, 관대한

청교도들의 엄격한 윤리를 만들어낸 사람은 황소자리였을 것이다. 그들은 가치 있는 것을 이루거나 만들 때까지는 완전히 휴식하지 않는다. 또한 다양한 기획을 동시에 추진하면서 그 하나하나를 똑같이 헌신적으로 배려할 수 있을 정도로 원기 왕성하다. 하지만 에너지가 지나칠 정도로 많아서, 이미 시작한 일을 완성하는데 써야 할 힘을 또 다른 기획에 써버리기도 한다.

그녀는 믿기 어려울 정도로 인내심이 강해서, 인내의 한계를 느낄 만한 일은 별로 없다. 어떤 일의 진행 과정이나 그 원리를 되풀이해서 설명할 수 있는 엄청난 에너지가 있어서, 도덕적으로 융통성이 없는 면을 극복할 수 있다면 좋은 선생이 될 수 있다.

황소자리 여성은 다른 사람의 결점에는 관대하지만, 자신의 결점에 대해서는 그렇지 못하다. 나는 황소자리 여성들이 알코올이나 마약에 중독된 배우자를 비난하지 않고 참아내는 것을 많이 보았다. 이런 고도의 인내심을 인생관에 똑같이 반영하기 때문에, 많은 사람이 받아들일 수 없어 하는 생활양식이나 이념, 정치적 견해도 그녀에게는 별문제가 되지 않는다.

그녀는 마음이 열려 있고, 다른 사람의 말에 가장 열심히 귀 기울일 줄 아는 사람이다. 하지만 이처럼 이해하는 태도를 보인다고 그녀가 기꺼이 동참할 것이라 오해하면 안 된다. 그녀 안에 보수적인 기질도 뿌리 깊게 박혀 있기 때문이다.

자연을 사랑하는

황소자리 여성은 자연친화적이고 자연을 사랑한다. 이것은 개념적인 차원에서도 그렇고 구체적인 경험에서도 그렇다. 그녀는 식물이나 동물의 이름을 다 알려고 하며, 정원에서 꺾은 꽃을 담기 위해 자연 소재로 만든 바구니를 찾아 온갖 곳을 다 뒤진다. 그리고 그녀의 성격답게 그것을 소중하게 간직한다.

원예는 대부분의 황소자리 여성들이 어떤 식으로든 추구하는 직업 내지는 취미이다. 그녀가 공원이 내려다보이는 좁은 발코니가 있는 고층 건물에 산다면, 거기에 체리토마토와 허브를 키우는 정원을 만들려고 노력할 것이다. 만일 그녀가 비옥하고 넓은 밭을 마음대로 사용할 수 있다면 친구들, 친척들에게 가장 신선하고 탐스러운 야채를 나눠줄 것이다. 그녀 안에 자연의 순환을 감지하는 예리한 감각이 있어서 식물을 심고 재배하고 수확하는데 뛰어난 능력을 보인다.

인간관계

황소자리의 성격은 아주 뚜렷하고 근원이 깊어서, 이 장을 시작할 때 제시한 거의 모든 성격들이 그녀의 인간관계에서도 그대로 드러나며, 한번 마음을 정한 관계는 항상 제대로 유지하기 위해 최선을 다한다. 그녀는 일대일의 인간관계에 아주 능숙하다. 사실 그녀는 호기심 많고 복잡한 본성을 가졌기 때문에 일대일의 만남을 필요로 한다. 그녀는 완벽주의자여서 가족이나 친구, 연인들이 엄격한 기준에 따라 살아갈 것을 요구하며, 자기 기준에 부합하지 않으면 너무 쉽게 비판적으로 변한다.

의도적이 아닌 경우도 많지만 황소자리 여성들은 부를 얻기 위해 성과 인맥을 이용하며, 이렇게 얻은 부를 안정과 사치와 미모를 가꾸는데 사용한다. 그녀는 부의 진가를 잘 알기 때문에 부유한 사람들에게 끌리며, 세련된 취향을 타고난 덕에 고급스런 생활을 즐기는 사람들과 잘 어울린다. 비록 빈대극으로 끌리는 자석의 법칙 때문에 자기보다 신분이 낮은 사람과 결혼할 수도 있고 그럴 경우 물질적 부를 누리지 못해서 고통스러워하겠지만, 그럴 때도 여전히 부유한 사람들과 교제를 유지할 것이다.

한번 맺은 관계를 영속적으로 이끌어가려는 그녀의 태도는 아주 건강한 것이다. 그녀는 충직하고, 흔들림 없이 가정적이고, 안락을 즐기며, 인생의 아름다움을 친구들, 사랑하는 사람들과 나누고 싶어한다. 배신당하기 전에는 성실한 아내, 친구로 남지만 누군가 자신을 속였거나, 그녀의 지성이 모욕당하거나, 혹은 누군가 자신을 이용했다는 증거를 발견하면, 격분할 것이다. 황소자리는 12별자리 중 인내심이 가장 강한 자리에 속하지만, 한계에 달하면 번개처럼 빨리 반응한다. 그녀가 회복되려면 몇 달, 몇 년이 걸릴지도 모르고, 어쩌면 회복이 영영 불가능할지도 모른다. 사랑 문제에서도 그녀는 모든 것이 아니면 아무것도 아니라고 생각하며, 상대도 자신과 같은 성실함을 보여주기를 바란다. 우정을 쌓을 때도 그녀는 받는 만큼 주면서 그 비율이 50:50이어야 한다고 고집한다.

어느 누구도 그녀가 자기의지에 거슬리는 일을 하도록 강요할 수 없다. (애정을 미끼로 삼는다면 넘어갈 가능성이 아예 없는 것은 아니지만) 그녀의 친구나 친지들이 이 사실을 일찍부터 깨닫지 못하는 한, 예기치 못한 곳에서 그녀의 강한 의지와 충돌하게 될 것이다.

그런데 애정을 갈구하지만, 정작 자신은 다른 사람들에게 깊은 애정을 보이지 않는 경우도 많다. 배우자는 그녀가 자기세계에 틀어박혀 한마디도 하지 않아서 당황할 수도 있다. 대지가 생명을 창조하고 성장시키는 과정에서 휴식을 취하듯이 그녀도 주기적으로 자기 영혼을 쉬게 할 필요가 있는지도 모른다.

'불변하는 흙'의 황소자리 여성

황소자리 여성이 성장하고 성숙하면서, 과거에 두려움을 숨기기 위해 사용하던 가면을 일부나마 벗어던진다. 성적 본능도 차츰 더 드러내기 시작한다. 한때는 자신이 어머니의 길을 가야 한다고 생각했을지라도, 차츰 새로운 자유를 추구한다. 새로운 자유를 누리는 일은 (그녀가 당연하게 받아들이는 유일한 임무인) 출산과 육아에 너무 집착할 때는 불가능하다. 어떤 상황에서도 그녀가 아이들에 대한 사랑을 잃는 일은 없지만, 혼자서 애들을 길러야 한다는 구속감은 차츰 약해진다.

그럴 때면 돈을 잘 다루고 경제적인 일을 훌륭하게 수행할 수 있는 자신의 능력을 사람들에게 보여주기 시작한다. 그녀는 부동산과 은행 업무에 초인적인 능력을 보이며, 타고난 강한 의지력과 물질을 중시하는 성향 덕분에 웬만한 남자보다 훨씬 효율적으로 이윤을 창출한다. 그녀는 돈이나 다른 실질적인 문제에 대한 자신의 상식을 고집스럽게 존중하는 편이다. 이따금씩은 은밀하고 자극적이며 관능적으로 전율하는 섹스가 있는 연애에 뛰어들 때가 있다. 자기 인생이 너무 질서정연하고 따분하다는 생각에 모험을 감행하는 것 같다. 그렇기에 황소자리 여성이 만난 지 얼마 되지 않은 남자와 결혼하는 일도 그다지 드물지 않다.

황소자리 여성들은 연애할 때도 강한 소유욕을 보이고 습관에 집착하고 독선적이다. 질식시킬 것 같은 사랑과 여지를 주지 않는 태도가 고집스러움과 맞물려서 연애를 재미없고 따분하게 만들 수 있다. 그래서 모험의 빛이 바래고 나면 선택을 후회하곤 한다. 물론 그럴 때도 그녀는 여전히 고집스럽게 매달리는 모습을 보인다. 자신의 실수를 인정하는 일이 황소자리 여성에게는 너무 힘겨운 것이다.

애정 문제에서 황소자리 여성에게 가장 힘든 것은 소유욕을 극복하는 일이다. 그녀는 항상 보호하고 질투심 많은 심술쟁이 여자 역을 맡게 되는 것 같다. 하지만 사람은 소유물이 될 수 없다. 사랑하는 사람도 성장할 수 있는 자기만의 공간이 필요하다. 그녀는 버림으로써만 얻을 수 있을 것이다.

어린 시절

황소자리 여성은 어릴 때부터 몇 시간이고 혼자 놀기를 좋아한다. 부모들은 그녀가 너무 혼자 지낸다고 근심할 것이다. 그녀는 지나치게 강요받지 않는 이상 반항하는 일 없이 항상 공손하고 문제를 일으키지 않는다. 이처럼 자기통제를 잘하지만 비합리적이리 생각되는 규율에는 강하게 지항한다. 하지만 애정이 놀라운 힘을 발휘한다. 강하게 저항하다가도 꼭 껴안아주면 만사가 순조롭게 해결되는 것이다. 황소자리 여성들은 어린 시절 양 극단 중 한쪽의 모습을 보일 확률이 크다. 너무 과중한 책임을 떠맡아서 결코 '평범한' 어린 시절을 보낼 수 없거나, 혹은 온갖 것을 다 누리는 응석받이로 기피 책임감이 피고 권혀 없는 아이가 되거나이다. 하지만 은수저든 흙수저든 그녀는 항상 돋보인다.

황소자리 소녀들은 친구나 주변 사람들과 잘 지내는 편이다. 숫기 없고 내성적이지만 필요할 때는 수완 좋은 어른처럼 행동한다.

황소자리 소녀들은 부모 양쪽과 다 좋은 관계를 유지하지만 대개는 아버지를 더 좋아한다. 아버지도 그녀를 눈에 넣어도 아프지 않을 귀한 딸로 대하고 큰 사랑을 준다. 그녀는 부모에게 아주 의존하는 편이어서 문제가 생기면 스스로 해결하기보다 그들에게 달려가는 편이다.

연인이나 다른 사람들과 관계 맺는 방식

황소자리 여성은 특히 친한 사람들에게 많이 베푸는 형이다. 이런 관대함은 그녀의 육체만이 아니라 정신과 영혼에까지 확대된다. 그녀가 결혼하면 배우자에게 자신을 온전히 다 바친다. 그녀는 12별자리 중 일부일처제에 가장 집착하는 쪽이며, 합당한 이유 없이 눈을 돌리는 일은 결코 없다. 처음 만날 때부터 아주 자극적이고 사람을 끌어당기는 매력을 발휘하는 그녀는 연애 초기에 특히 적극적이다.

황소자리 여성이 혼외정사를 할 경우는 배우자가 깊이가 없어서 그녀의 존재 전체를 충족시키지 못하기 때문이다. 지적으로 자신과 동등하지 못한 사람과 결혼한 경우에는 더 젊은 남자를 만나 부족한 부분을 메우려 들 것이다. 하

'불변하는 흙'의 황소자리 여성

지만 결혼이 무엇보다 중요한 경제적인 안정을 제공하지 못할 때면, 지체 없이 그 상황을 바꾸려 들 것이다.

경제적 정서적으로 안정된 생활을 바라는 마음이 너무 강하면, 삶의 기쁨을 누리지 못하고 눈부시게 뛰어난 통찰력도 흐려진다. 그러면서 차츰 연애의 흥분도 사라진다. 자기 의심 때문에 친밀한 관계 앞에서 몸을 사리는 경우도 많다. 천성적으로 돌보는 기질이 강한 그녀는 자신도 그렇게 보호하려 한다. 특히 거절당하거나 상처 입는 것을 두려워할 때면, 오래전에 잊었던 기억들을 새삼 떠올리면서 자기 보호 기제를 강화한다.

황소자리 여성들은 관계를 발전시키고 개선하는 과정에서 모험을 선택할 줄 알아야 한다. 다음은 훌륭하게 모험을 시도하게 해주는 방법이다.

- 당신이 가장 두려워하는 것을 글로 써라. 세세한 부분까지 모두 기록하고, 당신을 그 공포에 바로 노출시켜라.
- 가장 친한 친구에게 그 관계에서 오랫동안 당신을 괴롭힌 문제를 털어놓아라.
- 당신이 머릿속으로 생각해왔지만 행동으로 옮기기 꺼려했던 재미난 일을 실제로 행하라. (연인과 함께 할 수 있다면 더 좋다.)
- 연인에게 고백하기 꺼렸던 성적 공상을 털어놓아라. 섹스할 때도 그런 공상을 하곤 했다고 과감히 고백하는 것도 좋다.
- 빈 의자를 갖다놓고 그 맞은편에 앉아라. 당신이 가장 질투를 느끼고 부러워하는 사람이 그 의자에 앉아 있다고 상상하라. 그 사람에게 왜 당신이 그렇게 느끼는지 말하라.
- 당신이 질투를 느끼고 부러워하는 그 사람의 특징을 스스로 갖추기 위해 가장 필요한 첫번째 조치를 취하라.
- 당신이 불편하게 생각하는 습관이 무엇인지 생각해보고, 그것을 없앨 수 있는 계획을 세우라. (주변 사람들보다는 당신 자신에게 영향을 미치는 습관을 택하는 것이 좋다.)
- 별다른 이유 없이 친구에게 선물을 주고, 그 대가는 바라지 마라. 당신의 소유물 중 친구가 유난히 탐내던 물건이라면 훨씬 좋다.
- 직장 상사와 마주 앉아 당신에게 불편했던 일에 대해 이야기하라.

- 어린 시절부터 당신이 해온 공상을 최대한 기억해서 목록을 만들고 그중 하나를 이루기 위해 노력하라.
- 당신이 오랫동안 간직해온 것 중 두 개를 골라 버리고 다시는 사용하지 마라.
- 오랫동안 계속 해왔지만 결코 소득이 없을 기획에서 손을 떼라.
- 딩신이 틀렸음을 일면서도 집요하게 주정을 펼치며 논쟁했던 사람에게 사과해라.
- 혼자 나가서 새로운 사람을 만나라. 그와 적어도 30분간 이야기를 나누어라.
- 친구에게 당신 어머니 역을 맡아달라고 부탁하고, 그녀에게 옛날부터 하고 싶었던 이야기를 하라. 반드시 싫었던 것을 이야기해야 하는 건 아니다. 예전에 어머니가 만들어준 파란 원피스가 얼마나 맘에 들었던가 하는 이야기도 좋다.

황소자리 여성이 자발적으로 모험에 뛰어들고 그 결과를 지켜볼 수 있다면, 온갖 변화가 일어나는 것을 발견할 수 있다. 처음 몇 주 동안 모험에 뒤따르는 흥분을 경험하고 나면, 두려움 없이 모험할 수 있다는 사실도 알게 될 것이다. 우리 인생에서 변함없는 모습을 보여주는 것은 변화 그 자체밖에 없다. 황소자리 여성은 더 유연하게 변화의 과정을 받아들여야 한다.

황소자리 여성은 소유하거나 지배하려 하거나 두려워하는 마음을 극복할 때만 이기적이고 계산적인 인간관계에서 벗어나게 된다. 자신의 진짜 감정과는 무관하게 물물교환에 집착하고 확실한 것만 추구하면 주변 사람들도 그녀와의 게임에 지쳐 나가떨어지게 된다.

모험에 대한 두려움은 성장을 가로막는 최대의 적이다. 황소자리 여성이 생명의 에너지로 충만하려면 적극적으로 두려움을 없애야 한다. 살아가면서 그녀가 간직할 유일한 욕심은 자기 개발에 대한 욕심밖에 없다.

그녀가 원하는 배우자

황소자리 여성에게는 내면의 안정과 지성, 그리고 생산적인 삶을 꾸려갈 에너지가 있다. 그녀에게 부족한 것은 이런 장점을 겉으로 드러낼 열정과 자기애이다.

'불변하는 흙'의 황소자리 여성

그녀에게는 자신의 힘과 정서적 안정을 비쳐 보여줄 상대가 필요하다. 그녀가 원하는 배우자는 부드러움과 감수성, 상상력을 갖추고 그녀의 미래에 관심을 기울이는 사람, 일반적인 상식도 갖춘 사람이다. 그녀는 재치 있고, 매혹적이고, 민감한 사람에게 마음이 끌린다. 또한 그가 대지에 대한 자신의 사랑을 공유하기를 바란다.

그녀의 연애는 대체로 그녀의 완고한 성격의 영향을 받는다. 그녀와 사귀는 사람이 세심하고 그녀에게 홀딱 반해 있다면, 그녀도 약하고 부드러운 모습을 보인다. 그 사람은 그녀에게 맞추면서도 그녀가 지나치게 신중하게 따지는 성격을 극복하도록 도와야 하고, 어느 정도 추진력도 있어야 한다.

황소자리 여성과 사귀는 사람은 그녀가 집착하는 집과 소유물들에서 그녀를 끌어내기 위해 세심하게 자극해야 한다. 만일 상대가 그녀의 타고난 조심성을 잘 극복할 수 있으면, 그녀도 가끔씩 자기 세계 밖으로 발을 내디딜 것이다.

황소자리 여성과 함께 할 연인에게 주는 조언

- 신속하게, 하지만 절대적이고도 영원히 사랑에 빠져야 한다.
- 그녀를 소중하게 대하고 존중하면서 다정한 태도를 보여야 한다. 하지만 그런 일로 오만하게 생색을 내서는 안 된다. 그녀는 속임수를 알아채는 예민한 감각을 갖추고 있다.
- 그녀를 격려하고 도전하고 자극하되 극히 세심해야 한다.
- 그녀의 생일이나 두 사람의 기념일, 그녀에게 중요한 날들을 챙겨야 한다.
- 그녀에게 선물을 하라. 아름답고 세련된 것이라면 무엇이든 좋다.
- 자주 그녀를 칭찬하라. 그녀는 칭찬과 남의 인정을 잘 받아들이지 못해 기피하는 편인데, 그것을 받아들일 수 있도록 도와야 한다.
- 그녀의 성실에 보답하라. 그녀를 행복하게 하는 일이라면 무엇이든 할 수 있다는 사실을 분명히 보여줘야 한다. 그녀가 변할 수 있으며, 그녀의 발전적인 변화를 받아들이고 사랑할 수 있음을 그녀가 확신할 수 있게 해주라.
- 그녀가 당신의 생활을 조직하도록 허용하라. 하지만 그 내용을 정할 권리는 당신에

게 있음을 분명히 하라.

- 그녀가 질투를 느낄 말은 삼가라. 신중해야 하며, 무엇보다 그녀의 질투심을 의식해야 한다. 그녀의 질투심을 이해하려 노력해야 그녀가 그런 마음을 극복할 수 있다.

만일 그녀가 당신을 평생 함께할 사람으로 신뢰했다면, 당신은 행운아라고 생각해도 좋다. 비너스와 대지의 결합과도 같은 그녀는 누구도 경험한 적 없는 가장 흥미진진한 성적 탐험을 나설 것이고, 사랑하는 사람들을 돌보고자 하는 그녀의 마음은 한 번도 느껴보지 못한 안정감을 당신에게 선사할 것이다. 당신이 그녀의 성장을 돕는다면 기다린 즐거움을 얻을 것이다.

황소자리의 성

대지의 여신인 황소자리 여성들은 성욕이 아주 강하다. 겉으로는 아주 침착하고 차분해 보일 수 있지만, 그 이면에서는 대지의 리듬이 강하게 율동하고 있다. 그녀의 관능은 침실에서 발휘된다.

그녀는 사랑을 나누는 일을 예술로 만들어놓는다. 세헤라자데는 분명 황소자리였을 것이다. 레퍼토리를 다 내놓을 시간이 부족할 때는 황소자리 여성과 사랑을 나누려 해서는 안 된다. 그녀와 키스하는 것만으로도 오르가슴에 도달하는 남성들도 있을 것이다. 온화하고 다정다감한 그녀의 애무는 자극적이고도 다정하다. 그녀가 허울과 억제를 벗어던지면 큰 소리로 신음할 것이고, 몇 시간이고 흥분이 지속될 것이다. 어쩌면 하루 종일 그 흥분이 유지될 수도 있다. 그녀가 그런 상태에 빠지면 만족을 모른다. 그녀는 함께 표현하기를 바라기 때문에 그저 거기 누워 있는 것으로는 만족하지 않을 것이다.

성은 황소자리 여성의 인생에서 떼어낼 수 없는 부분이다. 그녀는 사람들 앞

'불변하는 흙'의 황소자리 여성

에서 체면을 차리고 싶어하지만, 자신이 강한 성욕의 소유자라는 사실을 잘 알고 있고 그것을 전혀 수치스럽게 생각하지 않는다. 감정에 너무 얽매이는 편인 그녀에게 사랑 없는 섹스는 쉽지 않다.

황소자리 여성은 보디랭귀지를 적절하게 잘 사용한다. 풍만한 엉덩이를 흔들고, 긴 다리를 꼬고 앉으며, 눈으로 침실을 흘깃 가리키면서 넌지시 자신의 여성성을 과시한다. 그녀는 자신이 깜짝 놀랄 만큼 아름답고 훌륭한 선물이 되도록 스스로를 잘 포장하며 멋지게 처신한다.

황소자리 여성들은 침대에서는 힘겨루기를 하지 않는다. 그녀의 성적 본능은 대체로 솔직한 편이고 복잡하지 않기 때문이다. 왕성한 동물적 욕망에 따르는 그녀에게 섹스는 몹시 기분 좋고 지극히 자연스런 일이다.

내심 자기 가치를 의심하고 불안해하는 그녀이지만, 자기 성에 대해서는 어떤 의심도 두지 않는다. 황소자리와 대립되는 전갈자리는 권력이나 돈을 얻기 위해 섹스를 이용하기도 한다. 황소자리 여성들은 권력이나 돈을 일차적인 목적이 아니라 보너스 정도로 여긴다.

황소자리 여성의 성을 이해하도록 도와주는 세 단어는 '열정', '관능', '출산'이다. '열정'부터 살펴보자. 짝을 짓는 행위는 황소자리 여성에게 강렬하고 저항할 수 없는 감정을 분출하게 해준다. 그녀는 배우자에게 열렬한 애착과 사랑을 느끼며, 이것이 단순히 육체적인 수준에 머무르지 않는다. 그녀의 마음도, 희망이나 공상들도 모두 사랑하는 사람에게로 향한다. 격정이 극에 달하면 가장 소중한 것들까지 모두 바칠 것이다. 황소자리 여성에게 성은 일면적인 것에 머물지 않는다. 섹스의 강렬함 속에서 치료하고 진정시키고 위로해주는 무언가를 감지하는 그녀는 아주 격렬한 섹스 후에 최상의 기분을 느끼고, 더 생동감 넘치고 활기찬 모습을 보인다.

황소자리 여성들은 엄청난 '관능'의 소유자로, 자신의 감각 모두가 동시에 자극될 때 가장 행복을 느낀다. 상상컨대 그녀는 사탕을 먹고, 라흐마니노프의 피아노 협주곡을 들으면서, 발 마사지를 하면서, 은방울꽃 향기를 맡으면서 섹스를 할 수 있다. 황소자리 여성에게는 육체의 접촉이 중요하며, 애무 받는 것을 좋아한다. 애정을 드러내는 행동들, 즉 키스하거나 엉덩이를 가볍게 움켜쥐거나, 손끝으로 가슴을 쓸어내리거나, 혹은 목을 살짝 깨무는 행동은 그녀를 강하게 흥분시킨다. 그럴 때면 그녀의 상상력도 같이 자극받고, 아마 다른 것에는 전혀 마음을 쓰지 못할 것이다.

황소자리 여성의 성욕은 '출산'과 강한 연관을 갖는다. 아이를 갖고 싶다는 충동과 욕망이 강하기 때문이다. 모성에 대해서는 그녀가 다소 애매한 태도를 보이지만, 어린 아기의 엉덩이만 봐도 호르몬 분비가 촉진될 정도이다. 대지의 힘을 간직하고 있는 그녀는 선천적으로 출산의 목적을 알고 있으며, 돌보고 안아주고 기르릴 아이를 세상에 내놓지 않는 한 인간으로서의 완전한 충만감을 느끼지 못한다. 사정상 자기 아이를 갖지 못할 때는 주저 없이 입양할 것이다. 그녀는 훌륭한 양부모가 될 것이며, 친구들도 자기 아이를 맡기고 싶을 때면 항상 그녀를 찾을 것이다. 만일 그녀에게 아이가 없다면, 친구나 친척의 아이들이 그녀를 제2의 엄마로 생각하게 될 수도 있다.

황소자리 여성이 일단 흥분하고 나면, 집요할 정도로 만족을 요구한다. 그녀는 팝콘에 소다를 마시고 달콤한 간식을 즐기면서 나른하게 시간을 오래 들이는 섹스에서 가장 편안함을 느낀다. 그러고 나서 잠자리에 드는 것이다. 또한 자기 침대라든지, 그녀가 편안하게 느끼는 환경에서 섹스할 때 가장 큰 행복을 느낀다. 그녀는 침실을 호화롭고 세련되고 고급스러우면서도, 미묘하게 절제된 느낌이 들도록 꾸밀 것이다. 편안하고 아늑한 느낌을 위해 분홍빛 천과 레이스를 많이 사용하고, 신비롭고 예술적인 분위기를 만들어낼 것이다. 그 스타일이 어떻든 간에, 그녀의 침실은 그녀와 그녀의 동반자가 열렬하게 사랑을 나눌 훌륭한 무대가 된다.

그녀는 머리 위로 별이 가득한 하늘이 펼쳐지거나, 풀밭이나 나뭇잎들을 모은 침대에 누우면 만족스러워할 것이다. 그녀는 바로 자기 몸 아래 있는 대지로 섹스의 열기를 내뿜으면서 새로운 쾌감으로 날아오를 것이고, 그녀의 상대도 분명 그 여행에 동참하게 될 것이다.

'불변하는 흙'의 황소자리 여성

초기 성 경험

황소자리 소녀들은 성문제에 대해 아주 보수적이거나 극히 조숙한 양극단을 보인다.

보수적인 태도를 보이는 경우는 어머니의 부재나 무능력 때문인 경우가 많다. 그럴 때면 그녀가 지나치게 큰 책임을 진다. 그녀가 형제자매를 돌봐야 할 경우, 너무 빨리 어른스런 태도를 강요받아서 또래아이들과 뛰어놀 시간이 없거나 성적으로 모험을 해볼 기회를 별로 갖지 못한다. 그래서 너무 빨리 자라고 너무 보수적인 모습을 보이는 것이다. 그녀는 (처녀자리와 염소자리 다음으로) 자기 반에서 가장 늦게까지 첫 섹스를 미룰 가능성이 높다.

반대로 경제적 안정과 안락한 생활을 누린 황소자리 소녀들은 아주 일찍부터 모험적인 태도를 보인다. 자위할 때 과감하게 자위를 도와주는 색다른 수단이나 도구를 시도하기도 한다. 선머슴 같은 기질 때문에 자기보다 나이 많은 소년들과 어울려 다니고, 그들이 더 경험이 많음을 알기 때문에 '병원 놀이'를 할 때도 기꺼이 환자가 된다. 그녀는 두근두근하게 만드는 스릴을 좋아하고, '실제 경험'이 있는 소년들과 다 한번씩 경험해볼 때까지 남몰래 실험을 계속할 것이다. 또한 음란한 얘기들도 좋아해서 일찍부터 친구와 구석에 가서 그런 얘기를 속삭이곤 한다.

어린 나이에도 자신이 환영받지 못할까 두려워서 신중한 모습을 보이는 황소자리 소녀들은 자신의 경험을 들려줄 수 있는 믿을 만한 사람들을 선택하는 뛰어난 능력을 얻게 된다. 누가 그녀의 행동에 대해 실수로 소문을 내거나 뒤에서 험담을 해도, 그녀는 사태를 유리하게 바꿀 수 있다. 하지만 그 사람은 다시는 그녀의 신뢰를 얻지 못할 것이다.

황소자리 소녀들은 풍만하고 매력적이다. 그들은 매사에 자기 스타일대로 하기를 원하고, 애정이 담긴 선물을 좋아한다. 또한 자신의 몸과 성에 호기심이 많고, 쉽게 유혹된다. 그들이 섹스를 기분 좋은 것으로 받아들이면, 자제심을 잃고 성욕이 이끄는 대로 따르게 된다.

사춘기 때는 대체로 바른 몸가짐을 보이려고 하며, 생활도 꽤 통제하는 편이다. 자존심을 높여주는 자기애와 자신을 보호하려는 성질 때문이다. 그녀가 자신의 몸과 쾌락을 소중히 여기게 되는 것은 여성으로 성숙한 이후이다.

그녀는 아주 여성적인 외모에, 걸어 다닐 때도 공주 같은 태도를 취한다. 가슴이 커지고 같은 반 남자애들이 그 사실을 놀려대도 다른 소녀들처럼 지나치게 당황하는 일은 없다. 성에 대한 타고난 지식 덕분에 반 친구들의 사랑을 받으며, 고등학생이 되면 자신이 원하는 것을 분명히 안다. 그녀는 기본적으로 출산에 대한 욕구가 있지만, 다른 10대들이 모성에 대해 갖는 전형적인 환상 따위는 결코 가지지 않는다. 그녀가 모성을 기꺼이 받아들이는 것은, 모성이 그녀에게 안정감을 주고 사회 인에 확고한 지위를 부여하며 그녀의 성적 '전성기'를 맞았을 때이다.

황소자리 여성들은 고등학교를 졸업할 무렵에 인생관의 대부분을 형성한다. 그녀의 태도는 확고하고, 사람들을 있는 그대로 받아들일 수 있으며, 대체로 기묘하리만치 잡다한 친구들을 사귄다. 지극히 현실적인 성격도 이때 굳어지며, 그녀가 자신의 힘을 깨닫는 때도 이 시기이다.

사랑과 성

천성적으로 양면적인 기질을 갖고 태어나는 황소자리 여성은 끊임없이 두 부분을 하나로 결합하려고 노력한다. 성과 사랑도 예외가 아니다. 그녀도 성과 사랑 사이에 밀접한 연관이 있음을 알지만, 종종 혼란에 빠진다. 머리가 '어떤 남자가 그녀를 사랑한다면, 그녀와 섹스하고 싶다'는 논리를 펴기 때문이다. 설령 이것이 참이라 할지라도, '어떤 남자가 그녀와 섹스하고 싶다면, 그는 그녀를 사랑한다'는 논리도 자동적으로 참이 되지는 않는다. 그녀는 섹스를 갈망하는 만큼이나 강하게 사랑과 애정을 갈구한다. 그녀에게서 사랑을 제거한다면 생명이 빠져나간 빈껍데기처럼 되어버릴지도 모른다.

그녀는 성관계를 주도하기보다는 상대가 이끄는 대로 따르는 쪽을 선호한다. 그녀는 격렬한 섹스를 좋아하지만, 사실 그녀가 진정으로 바라는 것은 섹스가 끝난 후의 다정함과 애정이다.

황소자리 여성들은 매사에 극단으로 치우칠 수 있다. 또한 섹스에 대한 욕망과 안정에 대한 갈망 사이에서 끊임없이 갈등한다. 성욕이 너무 강해서 섹스 중독이 되기도 있다. 하지만 대체로 사회적 통념 안에 머물면서 가정생활에 충실하고 아이도 갖고 싶어한다.

그녀가 양성애나 동성애를 할 때는 적극적이거나 소극적인 양쪽의 역할을 다 맡을 수 있다. 사실 그녀는 동성애자가 되면 온몸과 열정을 다 바치는 쪽이다. 물론 여전히 '전형적인 여성'의 모습을 간직하면서 외부세계가 알아 챌 수 없도록 가면을 쓴다. 그녀는 주로 나이 어린 상대를 택하며, 그런 경험 하나하나를 인생의 중요한 부분으로 받아들인다.

다음은 황소자리 여성들이 성적인 관계에서 보이는 전형적인 반응이다.

· 욕망을 느끼는 대상에 완전히 빠져들고, 상대를 침대로 데려갈 치밀한 계획을 세운다.
· 낭만적인 분위기 속에서 천천히 유혹하며, 서서히 달아오르면서 내면의 억압을 한 겹 한 겹 벗어던진다.
· 감정과 마음에 완전히 열중해서 완만하고 자연스럽게 오르가슴이나 절정에 도달한다.
· 오르가슴에 도달하면 온몸이 떨리면서 오랫동안 주기적인 경련을 반복하게 된다. 이럴 때는 연인의 애무만으로도 완벽한 황홀경에 빠진다.
· 몸 전체가 나른하고 몽롱해지면서 완벽한 해방감을 맛본다. 그녀의 가장 내밀한 욕망과 감정들이 일부 표출되는 것도 이럴 때이다. 세심한 연인이라면 이럴 때 귀를 기울이고 대화를 나눌 것이다. 그런 의사소통이 다음번에는 한층 고양된 결합으로 이끈다.

이상형

황소자리 여성은 비너스처럼 빛을 발하며 반짝인다. 그녀는 열심히 끌어모으는 물건들뿐 아니라 남자들을 택할 때도 미를 중요하게 여기기 때문에, 그녀의 마음을 끌려면 남자도 아름다워야 한다. 젊은 남자들이 그녀의 마음을 사로잡는 까닭도 그들이 아직 젊음의 아름다움을 간직하고 있기 때문이다. 훌륭한 외모에 멋진 근육을 가지고 있다면 더 좋다.

그녀의 마음을 끄는 유형은 몹시 광범위하다. 우선 균형 잡힌 몸매를 가져야 하며, 잘생기고, 근육질이어야 한다. 물론 그가 그녀에게 사랑과 존성을 흠뻑 바친다면, 다른 매력이 좀 부족해도 만족할 것이다.

그녀는 아주 남성적인 남자에게 지배되기를 바란다. 자신이 지극히 여성적이기 때문에 남성은 지극히 남성적이기를 바라는 것이다. 그녀의 공상에도 특정 유형이 등장하는 경우가 많다. 말보로 담배 광고에 등장하는 전형적인 카우보이, 거친 외모에 턱수염이 더부룩한 그런 남성들이 그녀의 희망에 부합한다. 서핑을 즐기거나 바다 깊이 잠수하기를 즐기는 등 자연과 가까운 사람들이나 이국적인 곳에서 온 사람들을 좋아한다.

그녀를 붙잡고 함께 장난치고 좋은 분위기 속에서 시간을 보내는 남자, 그녀를 소유하고 그녀를 전부라고 여기는 남자, 그런 남자야말로 그녀를 깨물고 애무할 자격이 있고 사랑을 외칠 자격이 있다. 그런 남자만이 멋진 섹스를 기대하는 그녀의 이상에 걸맞기 때문이다. 또한 사랑의 여신은 단 한 번의 섹스에 결코 만족하지 않을 테니, 여러 번 섹스 할 수 있는 정력을 갖춘다면 더 좋다.

성에 있어 모험을 즐기는 황소자리 여성이지만 성 보조기구로 흥분하는 일은 거의 없다. 아질산아밀(혈관확장제)의 냄새도 싫어하고, 따끔거리는 자극을 주는 콘돔은 페니스의 자연스런 느낌을 즐길 수 없기 때문에 꺼린다. 그녀의 풍부한 애액을 보충할 필요가 있을 때도, 그저 조금 더 미끄럽게 만들어진 얇고 투명한 콘돔을 원할 것이다. 상대가 원하면 특이한 향이 나는 윤활제나 딜도도 사용하도록 허락할지 모른다. 물론 절정에 치달을 때는 딜도가 실물로 교체되기를 바랄 것이다.

그녀가 끝없이 자기 의심을 키우면서 자신을 비난한다면, 혹은 어린 시절 육체적 정서적으로 학대받은 경험이 있다면, 마조히스트가 될 가능성도 있다. 그럴 때는 매질이나 목을 조르는 행위도 하게 된다. 또한 섹스 상대가 도둑질하

'불변하는 흙'의 황소자리 여성

러 들어온 복면강도이고 그가 온갖 성행위를 강요하고 있다고 상상하는 식으로, 환상이 섹스에서 가장 중요한 자리를 차지하게 된다. 특이한 것은 이런 종류의 섹스 후에도 평범한 섹스를 할 때만큼이나 강렬하게 다정함이나 대화, 충만의 느낌을 갖는다는 데 있다.

그녀가 집에서 멀리 떠나면 섹스와 사랑이 결합되어야 한다는 지극히 현실적인 생각을 일시적으로 잊을 수도 있다. 황소자리 여성들은 여행할 때 자기가 즐겨 사용하는 콘돔을 은밀히 챙긴다.

항상 신중한 그녀는 무엇을 어떻게 요구해야 할지 잘 알고 있다. 만일 자기 행동이 알려지지 않으리라 확신할 수 있으면, 런던의 택시운전사나 홍콩의 호텔보이, 애틀랜타행 비행기 옆 좌석에 앉은 사람과 섹스를 나눌 수도 있다.

일반적으로 받아들여지지 않을 일도 황소자리 여성들에게 아주 평범한 일이 되어버린다. 성에 대한 공포가 만연한 오늘날에도 그녀는 과도한 공포증과 단순한 경고를 구별할 능력이 있다. 그녀는 자기 이미지를 내면의 현실과 융화시키면서 대지의 여신을 구현해나간다.

그녀가 배워야 할 점

주변 사람들이나 환경, 아름다운 소유물들을 일방적으로 지배한다면 진정한 사랑을 발견할 수 없다. 그녀가 진정 스스로를 사랑한다면, 원하는 것을 얻게 된다. 또한 진심으로 다른 사람을 신뢰하면, 자신이 바라마지 않던 사랑과 애정을 이미 받고 있음을 깨닫게 될 것이다.

그럴 가치가 없는 사람들에게 자기의 감정을 바쳐서는 안 된다. 황소자리 여성들은 영원한 낙천가여서 자신이 사람들을 충분히 사랑하면 그들도 그 사랑에 보답하리라 믿는다. 충분한 보답을 받지 못하는 경우에도 실패를 자기 탓으로 돌리고 스스로를 비난하는 쪽이다. 이럴 때도 그녀의 고집스러움이 여실히 드러난다.

침묵해야 할 때가 있고, 말해야 할 때가 있다. 황소자리 여성은 배우자에게 자신이 원하는 것을 알려야 한다. 그렇지 않으면 좌절감과 억눌린 분노에 사로잡히게 된다. 남을 돌보기 좋아하는 성격은 종종 다른 또 하나의 원칙, 즉 준 만큼 받는다는 공평한 교환 원칙을 잊어버리게 한다. 침대에서는 그녀도 자기 몫을 챙기는 편이다. 하지만 앞으로는 생활 속에서도 그럴 수 있어야 한다.

성과 사랑이 항상 함께 하는 것은 아니라는 사실도 황소자리 여성들이 깨달 아야 할 점이나. 일시적인 연애도 그녀를 만족시킬 수 있으며, 무엇보나 시나치 게 낭만적인 에너지를 어느 정도 방출하기 때문에 결코 단순한 소모는 아니다. 따라서 언제 모험에 뛰어들어도 될 지 아는 것이 더 중요하다. 사랑과 성이 제 발로 찾아와 문을 두드리지는 않을 것이니, 충동을 느끼면 직접 찾아 나서고 다양한 방식으로 시도해야 한다.

황소자리 여성들은 육체가 균형을 잃었다고 느낄 때면 자신을 사로잡고 있 는 에너지의 근원을 찾아 힘을 모아야 한다. 어쩌면 성욕을 절제해야 할지도 모른다. 혹은 시기나 질투심에 뿌리를 둔 문제일지도 모른다. 억눌린 분노나 잘 못된 분노의 표출이 영향을 줄 수도 있다. 아니면 지나친 의무감 때문에 무의 식적으로 쾌락을 거부하고 있는지도 모른다.

황소자리의 분노

분노를 느끼면 공격할 힘을 모으기 위해 몸 뒤쪽을 따라 근육 조직이 자극을 받는다. 주된 공격 기관은 몸의 상체와 정면에 있다…. 따라서 분노는 몸 뒤에서부터 위쪽으로 밀려오는 느낌이며, 머리와 팔로 퍼져 간다. 이처럼 밀려오는 느낌이 드는 까닭은 그 부 위의 피가 강하게 흐르기 때문이다…. 이 흐름을 막기 위해 억제하거나 긴장하면, 병에 걸린다. - 알렉산더 로웬의 『쾌락』에서

황소자리 여성들은 분노가 사랑이나 좌절감, 환희, 행복과 마찬가지로 누구

나 느끼는 일상적인 감정임을 깨닫지 못하고 있다. 황소자리 여성이 진짜 화를 내는 모습을 본 사람은 몇 없을 것이다. 하지만 차분하고 몹시 인내하는 겉모습 뒤에는 인내심이 적고 자의식이 강한 여성들이라면 결코 숨기지 않을 멍울과 모멸감, 상처가 숨어 있다. 그러다 결국은 애초의 고통을 유발한 사건이 있은 지 몇 달, 몇 년 후에 무턱대고 울분을 터트린다. 그녀를 폭발시킨 계기는 너무 사소해서 그녀의 분노와 별 연관이 없을 수도 있다.

여성들은 감정을 표현할 때 힘겨운 줄타기를 해야 한다. 부정적이 감정을 억제하도록 교육받았기 때문이다. 황소자리 여성은 자기 처지를 받아들이고 상대의 권위를 존중하는 마음이 강하다. 이런 태도 때문에 스스로의 심오하고 예민한 본성을 더 부정한다. 누가 언제 자신을 이용했는지 깨닫지 못하거나, 분노를 건전하게 표현할 권리가 자신에게 있음을 모를 때도 많다. 실제 대부분의 여성들이 좌절감과 분노를 분출할 적절한 순간을 놓친다.

황소자리 여성이 본심을 숨기고 분노를 억누른 사례는 이렇다.

황소자리 여성이 30대가 되면, 불쾌한 일에 신중하고 억제된 태도로 대처하는 모습을 보인다. 아마 조금만 화가 나도 냉담한 말투로 끝없이 잔소리를 늘어놓을 것이다. 이런 방어기제 때문에 그녀는 자기감정과 항상 안전한 거리를 유지한다. 다른 사람을 화가 치밀게 만들고는 자신은 멀쩡한 모습을 유지하고 입가에 미소까지 지으면서 흥겹게 춤추기도 한다. 다른 사람이 화를 내면 자신의 불쾌감이 덜어진다고 생각하는 것 같다. 자신이 상황을 지배하고 있다고 느끼고 싶을 때도 이런 방법을 사용한다. 자신의 불행이나 분노에 직접 대면하기보다 이런 종류의 게임을 즐기는데 더 몰두할 때도 많다.

황소자리 여성은 인생에 대한 의무감으로 가득하며, 다른 사람들에게도 자기 생각을 강요한다. 가끔 그녀는 타인에 대해 너무 가혹하고 가차 없는 판단을 내리는데, 이것은 억눌린 분노나 불행한 감정을 타인에게 투영함으로써 자신에 대한 증오를 외면하고 싶어서이다.

또 분노를 외면하기 위해 지나치게 일을 많이 할 때도 있다. 특히 가정불화를 피하고 싶을 때 그렇게 한다. 과중한 책임을 떠맡아 처리하다보면 너무 지쳐서 배우자와 진심으로 대화를 나눌 여력이 없는 것이다. 결국 문제의 근본원인을 파고들지 않는다면 화를 낼 필요도 없어진다는 전술을 쓰는 셈인데, 그 결과로 성생활에 치명적인 문제가 생기곤 한다. 아마도 마지못해 형식적으로 "수요일 밤, 애들이 다 자러간 후, 너무 늦기 전에" 하는 식으로만 유지될 것이다.

황소자리 여성들은 천성적으로 자연의 힘에 무력하게 굴복하게 될까봐 공포를 느낀다. 이 공포심은 내면의 균형을 추구하는 계기가 될 수도 있고, 거기서 멀어지게 만들 수도 있다. 그녀는 주변 사태에 복잡하게 반응하는 편이 아니어서, 자신이 안정된 중심에서 밀려났다고 느낄 때만 다시 균형을 찾기 위해 움직일 것이다.

감정을 드러내는 것을 자기통제력의 상실로 받아들이기 때문에 황소자리 여성들은 감정 표현 자체를 불편하게 여긴다. 눈물도 나약함의 증거일 뿐이다. 다른 사람들이 자신을 부적격자로 생각할까봐 항상 두려워하기 때문에, 자신의 욕망과 공포, 분노에 대해 집요할 정도로 비밀을 유지한다. 어쩌면 황소자리 여성들의 불행을 극복하는 힘과 지구력이 바로 여기서 생겨나는지도 모른다. 하지만 바로 그 이유 때문에 상처와 공포, 좌절감, 분노를 건설적이고도 유익한 방식으로 표현하지 못한다.

황소자리 여성의 분노는 주로 열등감과 불안감에 뿌리를 둔다. 그녀는 자기분석에 골몰하는 스타일도 아니고, 아주 친한 몇몇을 제외하고는 조언을 구하지도 않는 편이다. 사랑과 욕망에 휩쓸려 통제력을 잃고 쉽게 상처받을까 두려워하는 탓에 친한 사람도 별로 없다. 자신에게 도움이 될 솔직한 의견이나 평가도 잘 받아들이지 않는다.

그녀도 종종 자신의 분노가 옳지 않다고 느낀다. 문제는 숨겨두었던 분노가 우울증이나 자기혐오, 절망으로 변한다는데 있다. 그녀는 다시 한 번 딜레마의 뿔 앞에 서게 된다. 그녀는 어머니를 우상화하면서 자신이 항상 착한 소녀가 되도록 교육받았다고 기억한다. 처녀자리 여성들처럼 올바른 행동에 집착하기도 한다. 어릴 때부터 여성들에게 주입되는 환상, 즉 착한 여자애는 말대답을 하지 않는다는 생각부터 극복해야 한다.

'불변하는 흙'의 황소자리 여성

황소자리 여성의 몸은 자기감정을 너무나 잘 알고 있어서, 억눌린 분노로 육체가 치러야 하는 대가는 정말 엄청나다. 체중이 늘고, 목과 어깨에 심각한 통증을 느끼고, 편두통에 시달리고, 심지어 불쾌감을 느낄 때마다 목 근육이 긴장하는 탓에 계속해서 인후염에 걸린다. 어찌나 교묘하게 자기감정을 차단하는지 심장이 심각한 부담을 받아 발작을 일으킬 수도 있다.

민감한 게자리나 예민하고 연약한 물고기자리 여성들과 달리, 황소자리 여성들은 강한 육체를 가지고 태어난다. 그래서 이런 종류의 자기학대가 몇 년이나 지속되기도 한다. 한발 물러난 듯한 태도로 한동안은 평온함을 느낄 수도 있다. 하지만 언젠가는 억눌린 분노가 표면에 드러날 수밖에 없다.

변화의 유형

변화하기 위해서는 자기인식이 필요하다. 황소자리 여성은 자신이나 자기 태도에 직면하기 싫어하는 편이지만, 고치고 싶다면 꼭 직면해야 한다. 격하게 울분을 터트리는 행동은 단순히 분노를 표현하는데 머물지 않고 어찌할 바를 모르고 답을 찾는 자아의 상태를 보여준다.

다음은 황소자리 여성이 분노에 대처하기 위해 받아들여야 하는 것들이다.

- 충돌은 불가피하다.
- 분노를 처음 느꼈을 때 바로 표현하는 것이 훨씬 쉽다.
- 다른 사람의 조언에서 항상 배울 점이 있다.
- 모임에 참가해서 다른 사람들과 공평하게 주고받는 일의 가치를 배울 수 있다.
- 누구나 실수할 권리가 있다.
- 자유롭게, 하지만 포기하시 않으면서 다른 사람의 성장을 허용하라.
- 다른 사람들의 사적인 공간과 능력을 존중하라.
- 스스로의 요구와 그 한계를 정하라.
- 나의 요구와 욕망이 시작되는 바로 그곳이 다른 사람의 목적지일 수도 있다.
- 분노를 표현한다고 자동적으로 다른 사람의 행동이 변하는 것은 아니다.

- 결코 다른 사람을 소유할 수 없을 것이다.

  (대화를 나누는 기술은 천칭자리의 분노를, 분노를 확인하는 법은 전갈자리의 분노를 참조하라. 자기인식을 확장하는 훈련은 염소자리의 인간관계를 참조하라.)

황소자리 여성이 성숙하면, 자신의 감정을 모두 표현하는 것이 지극히 자연스러운 일임을 깨닫는다. 그녀의 본성을 지배하는 대지가 그렇게 하듯이, 그녀도 언젠가는 자신의 모든 성격을 드러내야 한다.

황소자리의 생활 방식

일부일처제에 대한 태도

황소자리 여성은 일부일처제 결혼을 즐기며 심지어 필요로 한다. 배우자와 자녀를 안락하게 해주기 위해 열심히 노력하며, 필요하다면 경제적 안정을 확보하기 위해 소중히 여기는 가정을 떠나(비록 가정을 돌보는 일은 떠나지 않겠지만) 직업을 얻을 수도 있다.

한계 상황에 처하지 않는 이상 그녀가 가족의 일상생활을 완전히 뒤집어놓는 경우는 결코 없다. 만일 그녀가 가정을 포기하거나 혹은, 그런 일이 없어야겠지만, 버림받으면 그 즉시 자기 생활을 안정시켜줄 누군가를 찾기 시작한다. '옛날에 했으니 다시 할 수 있어'라는 생각으로 몸매를 회복하고, 멋진 새 옷을 갖추고, 말 그대로 배우자감을 물색하기 위해 달려갈 것이다.

그녀가 외도를 하는 전형적인 상황은 다음과 같다.

- 배우자를 전적으로 존경할 수 없을 때: 황소자리 여성은 존경하지 않는 남자와는 정착하지 못한다. 그녀가 결혼생활의 필수적인 전제 조건으로 여기는 존경심이 결핍

되면 다른 곳에서라도 그것을 찾을 것이다.

- 몇 년 동안이나 그녀의 요구가 무시되고 소홀히 취급될 때: 황소자리 여성들은 자기 실현이 불가능한 관계도 강하게 집착하면서 상대가 처음 보여준 애정을 회복하기 위해 계속 노력하는 편이다. 오랜 시간을 거쳐 실패가 반복되면, 이제 다른 사람을 찾아 나설 때라고 판단하게 된다.

- 배우자가 더는 연인이 되지 못할 때: 그녀는 사랑의 화신이다. 친밀한 관계가 필요하고, 만지고 쓰다듬어주는 섹스가 필요하다. 그렇지 않으면 그녀는 사처라 사마에 옮겨 심은 난초처럼 시들어버린다. 다른 결핍은 더 오래 참아낼 수 있는 그녀이지만, 주고받는 섹스의 결핍은 오래 참지 못한다.

- 경제적 불안정: 그녀가 안정을 느끼지 못할 상황을 피하라! 그녀에게 그보다 더 중요한 것은 별로 없다. 경제적 안정을 위해서라면 커다란 희생을 할 수도 있다.

- 계속되는 외로움: 그녀가 행동에 뛰어들게 되는 것은 친밀한 관계에 대한 욕망, 그리고 다른 사람에게 필요한 존재가 되고 존중받는 존재가 되고자 하는 욕망 때문이다. 그녀는 혼자 있는 것과 외로운 것의 차이를 알고 있다. 전자일 때는 기쁨을 느끼겠지만 후자는 결코 견디지 못한다.

황소자리 여성들이 어떤 생활 방식을 택하든 꼭 필요로 하는 것이 아이들이다. 그녀는 인생이 우리에게 모든 것을 가르쳐준다고 믿으며, 대지를 사랑한다. 그 위에서 살아가기 위해 분투하는 일을 소중하게 생각하며, 미래의 아이들에게 그것을 물려주는 일을 중요하게 여긴다.

가능하다면 그녀는 아마 시골에서 살아가는 쪽을 택할 것이다. 거기서 조용히 소유물을 늘리고 안락한 가정을 꾸리고 주변 사람들에게 최대한의 영향력을 행사할 수 있는 것이다. 만일 도시에서 살아간다면, 자신이 신뢰할 수 있고 돌볼 수 있으며 무엇보다 그 안에서 안전을 느낄 수 있는 소규모 공동체를 만들 확률이 크다.

대안적인 생활 양식

- 독신생활: 황소자리 여성은 은근과 끈기, 고집이 있어서 독신생활에 잘 적용한다. 그녀는 교제와 성적 만족에서 기쁨을 얻지만, 자신이 찾는 이상형을 발견할 때까지는 독신으로 남을 것이다. 매사에 최고를 고집하는 그녀는 선택에 있어서 아주 까다로운 편이다. 하지만 일단 '이상형'을 발견하면, 그와의 관계를 견고하게 다지고 몇 달 내로 깊은 관계로 발전하게 된다. 그녀가 실수로 잘못된 선택을 했더라도(드문 일이긴 하지만), 그 사실을 늦게 깨닫는 편이며 끝까지 인정하지 않으려 든다.

  황소자리 여성들은 친구를 사귈 때도 여자보다 남자를 선호한다. 타고난 소유욕 때문에 사람들과 스스럼없이 사귀고, 여성을 벗내는 세 동생이는 느낌이 들 때두 인내를 보이면서 관대하게 문제를 극복하려 한다. 그녀는 사람들의 사랑을 얻어내는 재주가 있다.

- 개방결혼: 이 방식은 황소자리 여성에게 결코 어울리지 않는다! 타고난 소유욕과 질투심이 이런 방식의 생활을 고려하지도 못하게 만든다. 다른 여성이 자기 연인과 즐긴다는 생각만으로도 가까스로 숨겨두었던 자기의심이 고개를 들고, 몇 날 며칠을 괴로움에 시달릴 것이다.

  황소자리 여성은 이해심이 깊고, 사람들이 각자의 방식으로 행복과 만족을 추구할 권리가 있음을 인정한다. 친한 친구가 개방결혼을 택함으로써 얻은 기쁨과 깨달음, 만족감 등을 늘어놓으면 잘 들어줄 것이다. 하지만 관심 있게 들어주는 일과 직접 실천하는 것은 아주 다르다. 황소자리 여성은 이런 문제에서는 상대적으로 확고부동하다.

- 삼자결혼: 삼자결혼도 질투심과 소유욕이 강한 황소자리 여성에게는 적합하지 않다. 물론 먼 곳에 사는 동창을 만나러 여행을 떠나 시도해볼 가능성도 있다. 하지만 사귀는 사람들을 깊이 신뢰할 때, 그리고 비밀이 유지된다는 확신이 있을 때만 가능한 일이다.

  그런 이상적인 상황이 되면 황소자리 여성은 더 안정된 내면세계를 갖게 되고, 배우자를 1순위의 소유물로 생각하는 집착도 뿌리째 뽑힐 것이다. 그녀의 자긍심도 더 강화된다. 가능성은 끝이 없다. 배우자는 그녀에게 성적으로 더 큰 만족을 줌으로써 그에게 그녀가 얼마나 소중한 존재인지 확신시켜줄 것이다. 떠들썩하고 격정적인 밤이 지나면 그녀는 여전히 그의 품 안에서 깨어 있다가 살그머니 일어나 아침 식사를 준비하러 갈 것이다. 그럴 때면 배우자를 소유물로 여기던 것이 얼마나 어리석었는지 깨달을 것이다. 하지만 황소자리 여성이 아주 비약적으로 성숙하지 않는 한 일상에 대한 집착은 여전할 것이고, 그 일상 속에 배우자를 다른 사람과 나눠 갖는 일 같은 것은 결코 고려하지 않을 것이다.

- 공동생활: 황소자리 여성은 독신일 경우 특히 공동생활에 훌륭하게 적응한다. 사람들을 돌보고 그들이 훌륭한 선택을 하도록 돕기를 좋아하기 때문이다. (종종 어떤 것이 좋은 선택이고 어떤 것은 그렇지 않은지 너무 정확하게 결정해주려 드는 것이 탈이지만) 또한 흙을 만지거나 부엌에서 일하는 것을 가장 좋아하기 때문에 그 공동체의 정원과 식료품실은 그 지역 최고 수준을 자랑할 것이다. 실용적이고 생산적인 그녀의 기질은 다른 사람들에게도 영향을 미치고 다양한 입장의 구성원들을 하나로 결속시켜준다. 가르치는 것을 좋아하고 돈을 잘 관리하는 능력도 그녀가 중요한 역할을 맡는 데 일조한다.

문제는 소유욕과 질투심이 발동될 때이다. 그녀는 구성원 한명 한 명에 대해 '소유권'을 주장할 것이고, 누군가 그녀처럼 그 공동체에 공헌하려 노력할 때 충돌이 발생한다. 그 공동체는 아마도 그녀의 개인 소유물처럼 될 것이고, 비록 그녀가 모든 사람들에게 관대하게 대한다 하더라도 애초의 이념은 결국 상실하게 될 것이다.

- 동성애 혹은 양성애: 황소자리 여성이 편안하게 다른 여성에게 마음을 열 수 있다면, 자신이 온화한 관계를 선호한다는 사실을 깨달을 것이다. 세세한 일에 신경 쓰고 준만큼 받는 그녀의 태도도 다른 여성에게 공명할 것이다. 황소자리 여성에게 강하게 내재된 남성적인 면은 여성적인 여성들에게 매력으로 작용할 수 있다. 만일 이 대지의 여신이 내면 깊숙이 자리잡은 보수 성향을 극복할 수만 있다면 다른 여성과 사랑을 나누는 일을 차츰 받아들이게 될 것이다.

양성애의 경우, 삼자결혼처럼 자기 배우자를 다른 여성과 함께 나누는 일은 그녀가 거부할 확률이 높다. 어쩌다가 자신이 남자들과 여자들에게 똑같이 매력을 느낀다는 사실을 깨달으면, 정말로 딜레마에 빠질 것이다. 이런 경우 어느 쪽에게서도 자신이 원하는 것을 다 얻을 수 없다고 생각한 그녀는 일생동안 한 사람과 정착하는 쪽을 택할 것이다. 이 역시 그녀가 성장할 수 있는 이상적인 상황이다. 자기 소유물을 나누는 법을 배움으로써 적응력을 키우게 되기 때문이다.

황소자리의 개괄적 특징

황소자리 여성은 에너지 대부분을 통제력을 얻는 데 쓴다. 그녀는 물질적 부가 안정과 행복을 준다고 생각한다. 다른 어느 별자리보다 황소자리 여성들이 물질만능주의에 빠질 가능성이 높다. 또한 지나치게 주변 사람들을 쥐고 흔들려고 한다. 물론 그녀는 이것이 권력을 휘두르기 위해서가 아니라 사람들에게 최고의 도움을 주기 위해서라고 할 것이다. 하지만 사람은 누구나 남의 도움 없이 최고로 성장할 수 있는 법을 배워야 한다.

그녀는 너무 엄격하게 자기를 통제하는 탓에 상당히 자기비하적인 존재가 된다. 그래서 내심 자격이 부족하다는 생각에 시달리고, 주변 사람의 인정을 받고자 한다. 그런데 주변의 인정을 받는데 성공해도 그것을 받아들이고 즐기는 능력은 부족한 편이다. 성숙한 황소자리 여성이라면 베풀고 받는 일의 균형을 추구할 것이다.

황소자리 여성은 생활의 기반을 확보하는 일에 치중하며, 안락한 가정과 가족이 직업만큼이나 중요하다고 믿는다. 하지만 이 두 가지가 적절하게 결합되어야 그녀가 원하는 대로 더 안정될 수 있다. 지나치게 물질을 중시하고 탐욕스러워지면, 많은 장점과 긍정적인 모습들이 위축된다. 과도한 소유욕은 그녀가 그토록 헌신한 사람들에게조차 반감을 살 수 있다. 베풀 줄 아는 능력은 칭송받아 마땅하다. 그녀는 그것에 대해 자부심을 가져야 한다.

황소자리 여성들은 실수를 범하지 않으려고 지나치게 조심하다가 되레 실패를 부르곤 한다. 그러면 자신을 의심하는 마음과 두려움이 더 강해진다. 그녀는 다른 사람에게는 관대하면서 스스로에 대해서는 너무 엄격하다. 지나친 자기 의심에서 벗어나 자기 가치를 새로이 확립할 필요가 있다. 자연에 대한 깊은 사랑과 우주에 대한 지식이 그녀를 도울 것이다. 그녀가 성숙하면서 인생과 사물의 질서를 포용하는 마음을 갖으면, 소유보다 살아가는 자체에 더 큰 가치가 있음을 깨달을 것이다.

황소자리 여성이 지나치게 많은 소유물들과 거기서 비롯되는 책임감에서 자유로워질 때, 인생의 다양한 변화를 접한다. 그럴 때는 내면 깊숙한 곳에서 관대한 본성이 솟아올라 다음 세대를 돕게 되고, 대지의 여신으로 영원히 거듭날 것이다.★

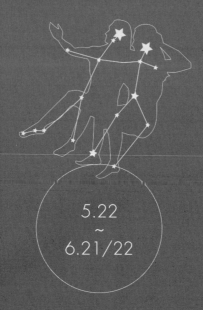

5.22
~
6.21/22

'변덕스런 공기'의
쌍둥이자리 여성

Gemini

쾌활한 민첩한 산만한 변덕스러운 예측할 수 없는 재미있는

자극을 주는

독창적인
마음이 열린
지적인

통솔력 있는 개척자

호기심 강한
극적인
다재다능한
속박을 싫어하는
외향적인, 모험을 좋아하는
비현실적인
자유를 추구하는
젊음을 간직한

예측할 수 없는

다양한 면모를 지닌 게임을 즐기는

영리한
재치 있는
유한
매력적인
일관성 없는
예민하고 집착하지 못한
수다스런, 말하기 좋아하는
두 가지 생각이 공존하는

관념적인 성 충동
집중 시간이 짧은
마음이 잘 변하는
확답을 피하는
기회를 잘 잡는
헌신적인
손재주가 좋은
돈을 헤프게 쓰는

위에 나열된 특성들은 단지 한 시기를 묘사하고 있으니,
당신과 맞지 않는다고 생각되면 지금 당신이 어느 시기에 있는지
다른 별자리에서 찾아보세요.

쌍둥이자리의 성격

일반적인 특성과 배경

쌍둥이자리 여성은 새로울 것이라곤 하나도 없는 이 따분한 세상을 유쾌하게 만들어준다. 환상적인 상상력과 재치, 상쾌한 매력이 그녀의 생활과 말, 태도, 글 모두에 속속들이 배어 있다. 그녀는 영원한 젊음을 소유하고 있어 사람들에게 아주 참신한 느낌을 준다.

쌍둥이자리 여성들은 사람들을 즐겁게 하고 자극하는 자신의 능력에 자부심을 갖고 있으며, 연인을 애태우기로도 명성이 자자하다. 물론 자신이 자극한 모두와 성관계를 가질 마음은 없다.

쌍둥이자리는 세번째 별자리로 변덕스러운 공기를 상징한다. 이 변덕스러운 부분이 바로 그녀의 주요 특징이다. 항상 다른 무언가로 변화하고 있는 쌍둥이자리의 성격을 집어내기는 쉽지 않다. 그녀는 끊임없이 분위기와 역할, 심지어 사람들까지 바꾼다. 누구도 쌍둥이자리 여성을 잘 알고 있다고 말할 수 없을 것이다. 굳이 따지자면 그녀의 다양한 면모 중 어떤 것을 지금 드러내고 있는지 물어야 한다.

공기는 제약을 싫어하고 도망치려 한다. 힘들여 일정한 틀 안에 가두는 데 성공해도, 곧 자유롭게 튀어 나가려 한다. 공기는 소리를 전달해주는 역할도 한다. 언어적 메시지를 앞뒤로 전하면서 사람들, 생각들, 장소들을 연결하는 것이다. 쌍둥이자리 여성 역시 정보 전달자인데, 주로 지적 메시지를 다룬다.

각각의 별자리는 그것을 지배하는 별의 영향을 받는다. 쌍둥이자리는 신의 메시지를 전달하는 머큐리, 즉 수성의 지배를 받는다. 발이 빠른 머큐리는 모든 종류의 소통을 원활하게 해준다. 교육, 문서작성, 리포트, 뉴스 방송, 여행, 수다, 학습, 이 모든 것이 머큐리의 보호를 받는다.

쌍둥이자리 유형의 여성은 쌍둥이자리에 태양이나 다른 중요한 별들이 있을 때, 혹은 쌍둥이자리의 영향력이 강할 때 태어난 사람이다. 쌍둥이자리 유형은 일시적으로 쌍둥이자리 시기를 거치는 사람도 포함한다. 쌍둥이자리 유형은 앞에서 나열한 특성을 가지며, 다음 특징을 보인다.

- 정신 활동이 활발하고, 정신적인 휴식이 불가능하다.
- 성관계에서 그다지 즐거움을 얻지 못한다. 그저 정신을 집중시키거나 자극하기 위해, 혹은 긴장을 풀기 위해 이용할 뿐이다.
- 사람들이나 어떤 기획, 경험 등에 완전히 몰두하다가 돌연 권태와 무관심을 느낀다.
- 보고 듣고 느낀 모든 것을 전달하려는 충동을 느낀다.
- 다양한 인격들이 하나로 통합되려는 듯한 자기 분열 감정을 느낀다.
- 세상이나 인간관계가 요구하는 책임감에서 회피하고 싶다.

쌍둥이자리 여성은 내면 가장 깊숙한 곳에 숨겨진 좌절감을 결코 폭력적인 방식으로 표현하지 않는다. 차라리 과민해진 신경을 달랠 수 있는 환상의 세계로 도망치는 편이다. 멜로드라마, 영화 잡지, 연애소설과 영화 등이 그녀에게 완벽한 배출구가 된다. 그녀가 섹스에 대한 생각에 골몰하더라도 적극적으로 육체적, 성적 결합을 추구하지는 않는다. 그보다는 스크린을 통해 대리 경험하고, 정갈한 집으로 돌아가면 다 잊어버리는 쪽이다.

쌍둥이자리 여성은 제우스의 쌍둥이 아들 캐스터와 펄룩스로 상징되는 이중성을 갖고 있다. 그들은 수수께끼와 같아서 항상 다른 한쪽을 의식하고 기쁘게 해주려고 노력하고 사랑하지만, 동시에 자신을 거울에 비춰 보여주는 듯한 상대로부터 도망치려 한다. 복잡한 인간관계, 복잡한 애정 생활, 복잡한 성격이 쌍둥이자리의 특징이다.

쌍둥이자리 여성은 대개 키가 크고 호리호리하며 행동에 자신감이 넘친다. 그녀는 항상 문제가 일어나는 곳, 행동이 있는 곳으로 달려간다. 또한 일광욕을 자주 하는 편이다. 태양의 빛과 에너지를 즐기기 때문이다.

그녀에게 최대의 적은 정신이다. 그녀의 정신은 지나치게 활동적이고 힘이 넘쳐서, 주변이 너무 조용하면 고의로 문제를 만들기도 한다. 단조로움에서 벗어나기 위해 주변 사람들을 부추겨 싸움을 일으키는 것이다. 그 사실이 밝혀지면 아마 친구도 얼마 남지 않게 될 것이다.

그녀의 성격을 잘 보여주는 단어는 '뛰어든다'는 말이다. 쌍둥이자리 여성은 모든 것에 호기심을 가지며, 모든 것을 시도해본다. 어떤 대담한 도전도 그냥 지나치는 법이 없으며, 별것 아닌 일을 해보기 위해 온갖 힘든 일을 감수하기도 한다. 그녀는 양쪽 양초 모두에 불을 붙이지 않으면 행복할 수 없는 사람이다. 아무 일도 일어나지 않고 대회도 없고 활동도 없을 때면 자기 인생이 실패작이라 느낄 것이다.

쾌활한, 민첩한, 산만한

쌍둥이자리 여성은 수성머큐리을 상징하는 금속, 수은처럼 반짝이면서 민감하게 동요한다. 떨어뜨리면 수천 개의 작은 파편들로 나뉘는 점도 서로 비슷하다.

쌍둥이자리 여성은 민첩하고 부드럽게 움직인다. 그녀의 정신도 마찬가지여서 번개처럼 재빨리 한 주제에서 다른 주제로 넘어갈 수 있다. 쌍둥이자리는 12별자리 중 가장 총명하고 재치 있고 활력이 넘치는 정신의 소유자이다. 그녀의 관심을 끌지 못하는 것은 이 세상에 아무것도 없다. 하지만 이성과 판단력이 부족한 편이어서 지성인이 되지는 못한다. 그녀가 지식을 추구할 때면 분명한 사실을 간과하곤 하며, 자신이 알아낸 것을 실용적으로 사용할 수 있게 해주는 상식도 부족하다. 그녀는 타의 추종을 불허할 정도로 광범위한 분야를 재빨리 이해하고, 정신적 비약을 통해 파악한다. 이런 자질이 능숙한 재치와 결합해서 기민하게 응수하지 못하는 반대편을 제압한다. 그녀는 얕잡아볼 수 없는 토론상대로 논쟁에서 결코 패배하지 않는다.

수은이 바닥에 떨어지면 여러 조각으로 나뉘듯이 쌍둥이자리 여성도 자신의 에너지를 분산시키는 경향이 있다. 너무 많은 관심들, 너무 많은 연애 사건, 너무 다양하게 분산된 지적 연구, 이런 것이 그녀를 고갈시키고 조각조각 나눠놓

'변덕스런 공기'의 쌍둥이자리 여성

는다. 그녀에게 가장 필요한 것은 작게 나뉘는 것을 막는 일이다. 그녀가 오랫동안 한 부분에 에너지를 쏟으면서 원하는 바를 성취할 수 있으려면, 황소자리의 의지력과 물고기자리의 집중력이 필요하다.

또한 조금 속도를 늦추고 삶을 좀 더 즐길 필요가 있다. 그녀는 항상 서두른다. 매사에 가장 빠른 길을 찾는 것이다. 그녀는 '대충 해치우면 중요한 일을 할 시간이 늘어난다'고 생각하기 때문에, 대충 널어도 잘 마르는 옷, 전자레인지, 패스트푸드를 좋아한다. 그녀는 시간을 절약해주는 손쉬운 방법을 찾느라 많은 것을 희생한다. 하지만 이처럼 이뤄지지 않는 목적들을 위해 시간을 낭비한다면 자기 노동의 결실을 즐길 여유가 없을 것이다.

변덕스러운

쌍둥이자리 여성은 상황만 허용한다면 항상 변덕을 부린다. 갑작스럽고 상식을 벗어난 변화는 주변 사람을 혼란스럽게 하지만, 본인은 자신이 하는 바를 잘 알고 있는 것 같다. 그녀와 함께 하면 적어도 인생이 지루하지는 않을 것이다. 쌍둥이자리 여성은 '이상한 나라의 앨리스'에서 튀어나온 인물처럼 별난 구석이 있다. 하지만 그녀 자신은 내면 깊은 곳에서 울려 퍼지는 강압적인 목소리에 따라 행동하는 것이다. 그녀는 항상 내면의 메시지와 명령을 새겨듣지 않았다고 후회한다. 쌍둥이자리 여성은 이 기획에서 저 기획으로, 한 직업에서 다른 직업으로, 하나의 관계에서 다른 관계로 뛰어든다는 점에서 염소자리 여성과 닮았다. 하지만 염소자리 여성은 자신이 왜 이 산꼭대기에서 다른 산꼭대기로 건너뛰는지를 알고 있으며, 그 결과도 정확하게 계산하고 있다. 반대로 쌍둥이자리 여성은 그 결과에 상관없이, 그저 그렇게 해야 한다는 맹목적인 신념으로 도약을 시도한다.

틀에 박힌 일상은 쌍둥이자리 여성을 미치게 만든다. 예측할 수 있거나 공식처럼 반복될 수 있는 일은 그녀에게 저주와도 같다. 그녀는 포목점에서 일하느니 서커스단에서 일하는 쪽을 택한다. 그녀는 자신의 길에서 벗어나 새로운 도전을 맞아들이는 길을 향한다. 그리고 수성의 움직임만큼이나 엉뚱하다. 그녀가 왜 그 행동을 했는지 알려고 하지 마라. 그저 그것을 받아들이고 그녀와 함께 회전목마에 올라타면 즐거울 것이다.

쌍둥이자리 여성은 뛰어난 유머 감각을 가졌다. 그녀의 재치와 매력은 가히 전설적이다. 그녀에게는 무엇이든 해볼 용기가 있으며, 충동적으로 달려들수록 더 좋은 결과를 거두는 편이다. 그녀의 목소리는 음악 같은 울림을 가지고 있으며, 웃는 것도 좋아해서(적절하지 못한 순간에 웃음을 터트릴 수도 있지만) 몇 시간이고 계속해서 농담을 할 때도 있다.

누구도 쌍둥이자리 여성의 기분을 예측할 수 없다. 그들은 주마등처럼 순간순간 변하기 때문이다. 귀에 거슬리는 말 한미디에 기분이 완전히 달라질 수도 있는데, 그 기분 역시 사막의 따뜻한 아침 기운처럼 순식간에 변한다.

예민하고 침착성이 없는

쌍둥이자리 여성은 경주마처럼 예민하고 침착성이 없다. 항상 다음 사건을 준비하고 있는 그녀는 전투에 임할 준비가 된 전사의 분위기를 풍긴다. 그녀는 언제 물러나야 할지 모른 채 끊임없이 싸울 준비를 한다. 항상 준비하고 기다리기 때문에 아주 사소한 것도 놓치지 않는다. 긍정적으로 보면 이런 긴장감은 그녀에게 낙천성을 심어주며, 새로운 모험에 뛰어들려는 사람에게 꼭 필요한 '앞서간다'는 느낌을 준다. 이런 기분에 잠겨있을 때는 어떤 부정적인 생각도 그녀를 굽히지 못한다.

어떤 결정을 내릴 때는 관련된 모든 것을 조사해보려고 한다. 비난 받기 싫어하기 때문이다. 그녀는 누군가 호통을 치면 자신이 산산조각 난다고 느끼고, 거친 비난을 받으면 마룻바닥으로 쓰러져버릴 것이다.

폐와 신경계통이 그녀의 취약 부위이다. 또한 머리와 손에 부상을 입기 쉽다. 발을 헛디디거나 넘어지는 일도 많은데, 이것은 자기 발이 디딜 곳을 살피지도 않고 앞으로 달리기 때문이다. 그녀는 자제심과 침착성을 기르고 자신의 길을 잘 파악할 필요가 있다.

무엇보다 그녀는 과도하게 흥분하기 쉬운 에너지를 자신이 행복해질 수 있는 부분에 쏟도록 노력해야 한다. 그렇지 않으면 행복이 그녀를 피해 달아나는 느낌이 들 것이다. 그녀는 종종 환경의 희생양이 되기도 하는데, 이것을 피하려면 자기 에너지의 방향을 잘 잡고 균형을 유지하면서 자기 경험을 스스로 통제할 수 있어야 한다.

재미있는, 자극을 주는

쌍둥이자리 여성은 다른 사람을 즐겁게 하기를 좋아한다. 사람들을 초대하면 음식을 많이 내놓는 황소자리나 게자리와 달리, 쌍둥이자리 여성들은 자기 자신을 내놓는다. 파티에서 십분 재능을 발휘해서, 사람을 매혹시키고 재치 있는 농담을 던지면서 언어 능력을 발휘한다. 또한 사람들을 놀리고 주의를 환기시키면서 파티의 중심이 된다. 어떤 때는 완전히 들떠서 아무런 죄책감도 없이 다른 사람들에 대한 이야기를 늘어놓기도 한다.

그녀 안에는 흥미로운 이야기들을 저장하는 창고가 있어서 할 말이 없어 침묵하는 일은 결코 없다. 그녀는 1850년에 유행한 콜레라나 곤충들의 성생활, 코네티컷에 있는 필립 존슨의 유리 집이 갖는 사회적 의미 등 오래전에 잊힌 이야기를 끄집어내고는, 그에 대해 아주 흥미로운 대화를 유도한다.

직접 노래를 부르거나 피아노를 연주하기도 한다. 그녀의 목소리는 시적인 울림을 가졌고 풍부한 감정이 담겨 있다. 말 한마디에 모든 것을 담고 감정까지 깃들게 할 수 있는 능력은 쌍둥이자리의 커다란 장점이다. 그녀의 음악적 취향은 몹시 광범위하지만, 그 모든 음악이 기본적으로 극적이고 감동적이며 개성이 넘친다.

쌍둥이자리 여성은 어떤 방법을 동원해서든 주변 사람들의 생각을 자극한다. 그녀는 정신을 확장하는 데서 기쁨을 느낀다. 기대하게 만드는 분위기와 순식간에 주제를 바꾸면서 다양한 측면을 번갈아 보여주는 모습 때문에, 주변 사람들은 그녀와 함께 롤러코스터를 타는 느낌을 갖는다. 바로 이 능력이 그녀를 훌륭한 교사로 만든다.

그녀는 안일한 정신도, 게으른 육체도 견디지 못하는 편이어서 항상 행동에 뛰어든다. 과제를 설정하고 세부 계획을 짜거나, 혹은 오직 몸을 움직이기 위해서 분주하게 활동한다. 실천하면 저절로 좋은 결과가 나올 수밖에 없다고 믿기 때문에 결과에 대해서는 그리 근심하지 않는다. 내게는 쌍둥이자리 친구가 한 명 있는데, 그녀는 끊임없이 천칭자리 배우자가 행동하도록 몰아대고, 자극하고, 들볶는다. 그 대부분이 배우자의 의지와는 상반되었지만, 그도 일단 말려든 후에는 대체로 기쁘게 생각하는 것 같다.

수다스런, 말하기 좋아하는

천부저인 정보전달가인 쌍둥이자리 여성은 영화, 텔레비전, 오디오, 컴퓨터, 서점 등 계속해서 정보를 교환하도록 도와주는 모든 것을 좋아한다. 색다른 사건이라도 생기면 그녀는 가능한 한 가까이 가고 싶어한다. 그녀가 진상을 파악할 시간만 있으면 그 사건을 훌륭하게 보고할 것이다.

전화는 쌍둥이자리 여성의 확장된 자아와 같다. 그녀는 양손잡이여서 친구와 이야기를 나누면서도 부엌일을 훌륭하게 해낸다. 민첩하고 예리한 정신의 소유자인 데다 그다음으로 넘어가고 싶어 해서 종종 대화 상대의 얘기에 끼어든다.

쌍둥이자리 여성은 자유연상을 하고 자유시를 쓴다. 자유롭게 흘러가는 그녀의 대화스타일은 황소자리, 천칭자리, 염소자리 사람들을 미치게 만든다. 그녀는 미처 한 문장을 끝맺기도 전에 다른 생각으로 넘어가곤 한다. 주제에서 벗어나 다른 이야기 속을 헤매다가, 대체 이 이야기가 어디서 시작됐는지, 혹은 무슨 이야기를 하고 있었는지 자신도 기억 못할 때가 많다. 하지만 그 이야기 자체가 재미있었음은 부정할 수 없을 것이다. 그녀는 결코 뒤돌아보는 법 없이 앞만 바라본다. 롯의 아내가 쌍둥이자리였다면 결코 소금 기둥으로 변하지 않았을 것이다.

그녀는 훌륭한 청취자이기도 하지만, 속아 넘어가지는 않는다. 신중하게 들은 다음에 대화에 끼어들어 자기 의견을 두 배로 분명하게 밝힐 수 있다. 그녀는 충동적으로 말하는 편이고 모든 것에 대해 자기 견해를 가지고 있다. 어떤 사실을 흥미롭게 전달하기 위해서는 약간 공을 들여야 할지도 모른다는 생각에 매일같이 '블라니 돌'(아일랜드의 블라니 성에 있는 돌. 여기에 키스하면 아첨을 잘하게 된다고 한다)을 문질러 닦는다.

쌍둥이자리 여성은 정보를 누설할 때 신중하게 선택한다. 컴퓨터 같은 머리에서 모든 자료를 분석하고 걸러낸 후, 자신이 원하는 관점에 맞추어 내놓을 수 있는 이야기만 노출시킨다. 그녀는 뛰어난 정치 선동가가 될 자질이 있다. 그녀가 얘기하는 모든 것이 부분적으로는 진실이다. 단지 그 진실이 아주 교묘하게 왜곡되었거나 중요한 부분을 빠뜨렸을 뿐이다. 이런 일에 어찌나 빼어난 능력을 보이는지 그녀는 농간을 잘 부린다는 평판을 얻기도 한다. 하지만 솔직하게 핵심에 대해 질문을 던지면 그녀도 진실을 대답할 것이다. 쌍둥이자리 여성과 얘기할 때는 단도직입적일 필요가 있다.

영리한, 재치 있는, 매력적인

쌍둥이자리 여성은 자신의 재치로 먹고산다. 불가능해 보이는 상황에서도 슬기롭고 유용한 해결책을 찾아내며, 끊임없이 지적 능력을 연마하면서 아무리 비틀린 운명도 자기에게 유리하게 돌려놓는다.

그녀는 재치 있는 임기응변으로 지루한 모임 분위기를 살려놓는다. 그녀에게는 예리하게 핵심을 파악하는 통찰력이 있고, 말재주가 뛰어나며, 사람들이 그냥 지나치는 부분에서도 유머의 소재를 발견한다. 그녀의 재치 있는 이야기는 항상 환영받는다. 왕자든 술주정뱅이든 그녀의 재치에 대결하려드는 사람이 불쌍할 뿐이다. 그녀는 결코 지는 법이 없기 때문이다.

그녀가 가끔 신랄한 말을 할 때도 있지만 다른 사람의 감정을 해치는 말은 결코 하지 않는다. 그녀의 비밀은 진실을 있는 그대로 전달하면서도 교묘한 화법으로 포장하는 능력에 있다. 나는 예전에 쌍둥이자리 여성이 어떤 남자한테 당신은 완전히 돼지라고 말하는 걸 들었다. 남자는 웃음을 터트리더니 아마 그럴지도 모르겠다고 수긍했다. 그녀가 어찌나 솔직하고 설득력이 있으면서도 달콤하게 말하는지 그 말을 받아들이지 않을 수가 없었을 것이다.

그녀는 뛰어난 외교술이 필요한 상황에서 항상 이런 능력을 발휘한다. 알고 있는 모든 것을 드러내려는 타고난 충동과 즉각적으로 반응을 보이는 기질을 조절할 수만 있다면, 외교기관에서도 유능하게 일할 수 있다. 특히 생각하기도 전에 말하는 습성을 버리고, 말하기 전에 한 번 더 생각하기만 한다면 훨씬 더 뛰어난 능력을 발휘할 것이다.

일관성 없고 예측할 수 없는

쌍둥이자리 여성은 완전히 예측 불가능하다. 그녀는 자신을 포함한 모든 사람보다 한발 앞서간다. 그녀에게 기대할 수 있는 일관성이란 예측할 수 없다는 점 하나밖에 없다. 사실 그녀 자신도 다음에 무엇을 할지 알지 못하며, 알고 싶어하지도 않는다. 인생은 미래를 모르기에 더 흥미진진한 것이다. 그 자체로 살아 있는 변수인 쌍둥이자리 여성에게 안정된 모습을 기대해서는 안 된다.

그녀는 수년간 효과적인 방법으로 사용된 서류 정리 체계를 개선한다고 바꿔놓아서 상관을 화나게 만든다. 그녀는 새롭게 일을 처리하는 방식을 발견하는데서 기쁨을 얻으며, 기꺼이 전통적인 방식을 자신의 방식으로 바꿔버린다. 물론 자신이 발견한 새로운 방식조차도 오래가지는 않는다. 다른 사람의 방식만이 아니라 자신의 방식도 쉽게 바꾸기 때문이다.

다재다능한

쌍둥이자리 여성은 무슨 일이든 시도할 수 있으며, 결국 그 일을 훌륭하게 해낸다. 그녀의 존재 깊숙한 어딘가에 이 세상에서 가능한 온갖 모험을 위한 지도가 들어있어서 혼자 그 지식을 끌어낼 수 있는 능력을 갖춘 것 같다. 다재다능한 그녀는 매사를 신속하게 배우고 단시간에 필요한 기술을 익힌다.

쌍둥이자리 여성은 뭔가 놓치게 될까 두려워서 동시에 두 장소에 있기를 바라기도 한다. 동시에 두 가지 일을 해낼 수도 있다. 일을 날림으로 해치울 때도 있지만, 무난히 받아들여질 정도의 결과는 확실히 보증한다. 하지만 너무 많은 일에 손을 대서 자신이 벌인 일 전부를 온전히 처리할 수 없는 경우가 많다.

'변덕스런 공기'의 쌍둥이자리 여성

그녀는 동시에 두 가지 이상의 일을 하고 있을 때만 행복을 느낀다. 또한 근무 시간 외에 일해달라는 요청을 받을 때만 자신이 중요하고 필요한 사람이라 느낀다.

"무엇이든 다 할 수 있는 사람은 뛰어난 재주가 없다"는 말은 쌍둥이자리 여성을 정확하게 설명해준다. 다양한 관심들, 그중 많은 것을 동시에 시도할 수 있는 능력, 이런 것이 그녀가 새로운 기술들을 아주 능숙하게 배우게 해준다. 비록 그녀가 이 기술들 중 어느 것에서도 대가가 되지는 못하겠지만 말이다. 그녀는 끈기 있게 노력하고 매사에 끝까지 최선을 다하는 법을 배울 필요가 있다. 원리를 파악하는 것만으로는 충분하지 않다. 그 원리를 적용해서 일을 해야 한다.

외향적인, 모험을 좋아하는

쌍둥이자리 여성은 변화무쌍한 공기처럼 여기저기 뛰어 돌아다니기를 좋아한다. 어릴 때는 달리기나 자전거 타기, 탐험을 좋아한다. 성인이 되면 노련한 여행가가 되어 외국 항구에서도 잘 정돈된 자기 집에서처럼 편안함을 느낀다. 그녀는 대체로 시골보다 도시에서 더 행복해한다. 자동차 소음, 부산스런 상점, 박물관과 미술관, 이 모든 것이 고요한 시골에서는 얻을 수 없는 자극이 된다.

천성이 의욕적인 그녀는 모험을 간절히 바란다. 그녀가 새로운 것, 다른 것을 찾아 허둥지둥 달려가는 모습을 쉽게 볼 수 있다. 새롭고 이국적이고 흥미로운 것이 있는 곳이면 어디서든 그녀의 모습을 발견할 수 있다. 그녀는 자신이 어디로 가는지 확실히 알고 있으며, 어떻게 거기에 도달할 수 있는지도 항상 알고 있다.

쌍둥이자리 여성은 운동에도 뛰어나서 모든 종목을 시도해볼 것이다. 인도에 가서 함께 코끼리를 탈 친구가 필요한가? 유콘강에서 사금을 거를 선광 냄비가 필요한가? 평야에서 영양 사냥을 하고 싶은가? 쌍둥이자리 여성이 함께 코끼리 등에 올라 더 빨리 가자고 박차를 가할 것이다.

그녀는 사적인 인간관계에서도 외향적이다. 새로운 사람들을 만나기 좋아하며 그들에게서 가능한 많은 것을 배우고자 한다. 친구에게서든 적에게서든 지혜를 얻어내는 능력이 있으며, 양쪽 모두에게서 손쉽게 배운다. 그녀는 인생 자체가 학교이며, 책에서만이 아니라 경험에서도 배움을 얻을 수 있음을 가장 잘 안다.

자유를 추구하는

쌍둥이자리 여성의 가장 중요한 재산은 자유이며 다른 무엇보다 독립을 중시한다. 누군가 그녀의 시간이나 육체를 소유하려 들면 그녀는 즉시 물러나버린다. 시간과 육체 둘 다 그녀가 원하는 대로 사용해야 할 중요한 자원이기 때문이다. 설령 시간이나 육체를 쓸데없는 일에 낭비할지라도, 선택하는 것은 자신이어야 한다. 공기는 한계선을 모른다. 쌍둥이자리 여성도 마찬가지여서 바람처럼 자유롭게 활동할 수 있기를 바란다.

인간관계에서도 마찬가지다. 그녀는 책임감이나 의무감으로 구속되기를 원치 않는다. 설사 그녀가 커다란 책임이나 의무를 받아들일지라도, 마찬가지로 그 선택을 내리는 사람은 자신이어야 한다. 그녀는 자신에게 의무나 책임이 있다고 느끼는 걸 싫어한다.

쌍둥이자리 여성은 완전한 현실도피의 길을 택할 때가 많다. 술, 마약, 담배, 영화, 연애소설, 멜로드라마, 강박적인 작업 습관 등은 그녀의 과도한 에너지가 휴식을 취하도록 도와준다. 하지만 그녀가 인간적인 한계 안에서 움직이는 법을 배우기 전에는 그 어떤 방법도 별 효과가 없다.

독창적인

쌍둥이자리 여성은 새로운 장치나 도구를 개발하기 좋아해서, 그녀의 부엌에 가보면 다음 세기로 들어간 느낌을 받는다. 그녀는 노력을 절약해줄 방법이나 장치를 만들어내기 위해 많은 시간을 들인다. 그만큼 창의성이 풍부하다.

새로운 도전이야말로 그녀가 원하는 일이다. 직장에서의 어려운 업무, 집에서의 사소하고 귀찮은 일들, 전문가들도 난처해할 복잡한 문제들, 이 모든 것이 그녀를 자극해서 가장 창조적인 상태로 만들어놓는다. 그녀는 모든 수수께끼에는 대답이 있으며 어떤 퍼즐도 풀 수 있음을 알고 있다. 그녀는 끊임없이 복잡한 것을 단순화시킬 묘책을 고안한다.

마음이 열린

모든 사건이 양면성을 가지고 있다. 적어도 쌍둥이자리 여성은 그렇게 믿기 때문에 마음을 정하기 전에 양쪽 이야기를 다 들어보는 편이다. 그녀의 무심함 덕분에 매우 공정한 판단을 내리는 경우도 많다. 그녀는 문제를 개인적으로 받아들이거나 자신의 해석을 섞지 않고, 사태의 각 단계를 그대로 바라본다.

그녀 자신이 미리 정해진 방식을 따르지 않기 때문에 다른 사람의 파격적인 생각이나 몽상을 비난하지 않는다. 이전에 누구도 시도해보지 않았다는 사실이 쌍둥이자리 여성에게는 그것을 시도할 충분한 이유가 된다. 누가 알겠는가. 그것이 의외로 좋은 결과를 낳고 이전의 방식보다 훨씬 재미있을 수도 있다.

지적인, 두 가지 생각이 공존하는, 호기심 강한

쌍둥이자리 여성은 몸보다 마음이 앞선다. 그녀는 펜으로 자기 생각을 기록하기를 몹시 어려워하는데, 사실 마음이 한번 움직이기 시작하면 진정시키기 어렵긴 하다. 바퀴가 구르기 시작하면 그녀도 멈출 수가 없다. 불면증, 혼란 상태, 실수 남발, 신경쇠약 등은 정신을 통제하지 못해서 생긴다.

그녀의 호기심 많은 정신이 '왜?'라고 묻기 시작하면 만족스런 대답을 얻을 때까지 면밀히 조사하고 검토하고 분석한다. 이따금씩 너무 많은 질문이 생길 때면, 자신이 아무 것도 모른다고 느끼기도 한다.

그녀의 쉴 없는 정신 상태는 종종 불안정을 부르며, 대체 확실한 것이 존재하긴 하는지 의심하게 된다. 너무 많은 변수와 가능성이 있기 때문이다. 자신을 발전시키려는 노력을 멈추지 않는 쌍둥이자리 여성은 계속해서 야간 강의에 등록하고, 자격증을 따서 일을 시작하거나, 학습용 테이프를 사들인다. 그녀는 자신을 발전시켜주고 지식을 쌓거나 더 많은 돈을 벌게 해줄 모든 것에 대해 열려 있다. 그녀는 지적인 존재이고 퍼즐이나 어휘놀이를 좋아한다. 그녀가 정신 활동을 멈추고 가만히 앉아 있어야 한다면 답답증에 걸릴 것이다.

그녀의 성격은 놀라움 그 자체이다. 그녀의 이중적인 본성이 생각은 이렇게 하고 행동은 저렇게 하도록 만든다. 그렇다고 문제가 되지는 않는다. 단지 그녀의 배우자나 친구들이 미리를 긁적이면서 그녀의 말을 제대로 이해한 건지 궁금해할 뿐이다. 이런 이중성은 사소한 일에서도 나타난다. 그녀는 어딘가 가려고 나섰다가 완전히 반대 장소로 가기도 한다. 누군가와 점심을 들면서 상대를 다른 사람 이름으로 부르는 실수를 반복할 수도 있다. 어떤 때는 몸은 방에 있는데 정신은 다른 데 있다는 느낌도 든다.

두 개의 마음을 가진 그녀는 결코 자기 앞에 놓인 현실을 그대로 받아들이지 않는다. 항상 행간을 읽으려 들고, 실제로 그런 일을 잘 한다. 그녀는 분명하게 드러나지 않은 것도 쉽게 눈치채는데, 그럴 때 최악의 실수를 범한다. 그녀에게는 중간이 없다. 모든 것이 아니면 아무 것도 아니라는 식이다. 그녀의 정신 중 한쪽은 있는 그대로의 사물에 마음이 끌린다. 그 정신은 마치 백과사전처럼 다른 사람들이 놓치는 자세한 것들을 알아차린다. 또한 일이 왜 그렇게 되었는지 이해하는데도 초인적인 능력을 발휘한다. 하지만 또 하나의 다른 정신은 보이지 않는 것들에 끌린다. 그쪽은 유령 이야기, 강령회, 타로카드 같은 것에 관심을 보이면서 흥분한다.

그녀는 질 좋은 물건들을 즐겁게 사용하지만, 영원히 간직할 수 있는 것은 별로 없음을 안다. 그래서 비축하기보다는 사용하는 편이고, 낡으면 새로 사들인다. 그녀는 "내일이면 죽을 테니 먹고, 마시고, 흥겹게 놀아라"는 철학에 동의한다. 하지만 여기서도 그녀는 두 개의 마음을 가지고 있어서, 한쪽은 안전을 염려하고 다른 쪽은 존재의 덧없음을 더 분명히 인지한다. 하지만 대체로 전자의 마음이 쌍둥이자리 여성을 더 강하게 지배하는 편이다.

그녀는 종교재판관 같은 면이 있어서 그 앞에서는 아무것도 숨길 수 없다. 자기 시간을 다 바치는 한이 있어도 사실을 알아내고야 마는 것이다. 그녀가 한번 마음을 정하면 갖은 수단을 다 동원해서 알아낸다. 이처럼 강한 호기심

'변덕스런 공기'의 쌍둥이자리 여성

덕분에 그녀는 훌륭한 학생이나 연구원이 된다. 그녀는 필요한 정보를 어디서 구해야 할지 직감적으로 아는 것 같다.

속박을 싫어하는, 비현실적인

쌍둥이자리 여성은 자신에게 채워진 족쇄를 깨부수는 데 많은 시간을 들인다. 사랑이나 결혼에 따르는 조건이나 단서들도 그녀에게는 견딜 수 없는 것들이다. 그녀는 사랑하고 있을 때 행복하지만, 그 사랑으로 자신을 일상의 틀과 제약에 영구히 묶어둘 마음은 없다. 사람을 쉽게 사귀지만, 그만큼 쉽게 그 관계를 끝내버린다.

그녀는 영원한 소유도 싫어해서 사용하지도 않은 물건들을 남에게 주거나 내버린다. 3개월 동안 사용한 적이 없으면 결코 쓸 일이 없을 거라 생각하는 것이다. 바로 이사할 수 있도록 항상 준비되어 있기를 바라는 그녀로서는 소유물이 적을수록 편할 것이다. 그녀는 에너지를 비축하는 일도 잘 못하는 편인데(그녀는 너무 경솔하게 에너지를 써버린다), 성가신 일들에 마음을 쓰고 싶지 않아서 더 그렇게 한다.

쌍둥이자리 여성은 친구들에게 비현실적으로 비칠 때가 많다. 생활의 안정을 추구하면서도 조바심이 나면 안정을 내팽개친다. 사랑 받기를 원하지만 연인에게 어떤 책임도 지지 않으려 한다. 배우고 싶어하면서도 사람들이 자신을 가르치려 들면 거부감을 보인다.

그녀는 거대한 꿈을 가졌지만 그것을 현실로 만들 능력은 부족한 편이다. 계획을 차근차근 끝까지 추구할 인내심이 부족하며, 쉽게 지루해하는 성질 때문에 어떤 일을 끝까지 단호하게 추진하지 못한다. 또한 꿈을 이룰 수 있는 기반을 닦지 않는다. 매사를 이상적인 상태로 바라보는 그녀에게는 우선 자기 꿈의 실현가능성을 따져보는 것이 급선무이다. 가혹한 현실에 비추어 잘 살펴보고, 현실을 개선해서 원하는 상태로 변화시키도록 노력해야 한다.

그녀의 꿈은 활기 넘치는 생활의 기반이 된다. 하지만 그녀의 현실은 너무 빈약해서 스스로의 요구만으로도 삐걱거리고 부서질 것처럼 보인다. 꿈과 현실

사이에는 미묘한 균형만이 존재한다. 쌍둥이자리 여성은 인생이 던져주는 것들과 자신의 현실을 결합시키면서 이상을 유지할 수 있도록 노력해야 한다.

젊음을 간직한

쌍둥이자리 여성은 나이 들어도 아이 같은 순진함을 간직한다. 어쩌면 아무 제약 없이 사랑할 수 있는 성격이 젊음의 비밀인지도 모른다. 사실 그녀가 살아가면서 사랑에 빠져 있지 않은 순간은 얼마 되지 않는다.

쌍둥이자리 여성은 젊음을 유지하려고 노력한다. 자신의 날씬한 몸매를 좋아하며, 먹는 것도 신경 쓴다. 그녀는 피부도 아주 고운 편이고 관리도 열심히 한다. 옷도 나이보다 젊게 입으며, 무엇보다 젊은 태도를 유지한다. 뭔가를 발견하고 배우는 것에서 기쁨을 얻는 천성과 주변 사물들에 열중하는 모습이 그녀를 기대에 부푼 모습으로 만든다. 그녀는 저기 탐험할 세계가 있다는 생각을 할 때면 거의 아이 같은 모습을 보인다.

극적인, 다양한 면모를 지닌

쌍둥이자리 여성은 인생에서 극적인 드라마를 추구한다. 이를 위해서는 액션과 대사, 갈등이 있어야 한다. 그녀는 삶이 언제쯤 인생의 고비를 만들어 넘게 하는지, 언제 분명한 줄거리와 구성이 필요한지, 누구보다 빨리 배우는 것 같다. 그녀가 자기를 표현할 때, 특히 그런 류의 글을 쓸 때도 극적이다. 그녀의 편지를 읽다보면 마치 그녀와 함께 그곳에 있는 것 같은 느낌이 들 정도이다. 실내장식을 할 때도 극적인 취향을 보여서 대담한 색(그녀는 짙은 색이라면 모두 좋아하며, 특별히 좋아하는 색은 없다)을 사용하며 오래된 중국 의자나 병풍을 적절히 활용한다. 어떤 방법으로든 그녀는 보기 드물게 충격적인 시나리오를 얻어낸다.

쌍둥이자리 여성을 정말로 잘 안다고 말할 수 있는 사람은 아무도 없다. 그녀가 당신의 시나리오 속에 들어왔다고 생각하는 바로 그때 예상치 못한 모습을 드러낸다. 알래스카에서 교사가 되었다든지 호주에서 스쿠버다이빙을 했다

'변덕스런 공기'의 쌍둥이자리 여성

는 식의 이야기를 아무렇지도 않게 하면서 당신이 흥미를 가질 줄 몰랐다고 말하는 식이다. 그녀는 이런 '비밀'을 공개할 적절한 시기가 올 때까지 조심스럽게 간직한다. 어떻게 해야 최대의 효과를 거둘 수 있는지를 아는 것이다.

당면한 과제가 무엇이든 그녀의 다양한 자아 중 하나가 임기응변의 조처를 취한다. 응급처치를 한 번도 해본 적이 없을지라도 사고가 생기면 지혈대를 사용할 것이고, 어떤 위기 상황에서도 능숙하게 대처한다. 회계 감사가 들이닥치기 전에 장부를 정리하고 잔고를 맞춰야 할 때면 늦게까지 남아서라도 일을 마무리한다.

관념적인 성 충동, 게임을 즐기는

쌍둥이자리 여성도 다른 여성들만큼은 성에 관심을 보인다. 단지 쉽게 흥미를 잃을 뿐이다. 그녀는 머리로는 성에 관심을 보이지만, 실제 육체관계에는 흥미가 덜한 편이다. 물론 그녀도 성이 인생에서 중요한 비중을 차지한다는 것을 잘 알고 있다. 하지만 참여하기보다는 바라보는 쪽을 선호한다.

쌍둥이자리 여성은 단순히 자아를 확인하기 위해 성을 이용하기도 한다. 연인의 관심을 끌고 유혹하면서 자신이 젊고 낭만적이라고 느끼는 것이다. 특히 쫓아다니는 사람이 있을 때 자신이 여전히 매력적이라는 자부심을 느낀다. 하지만 일단 흥분이 가라앉으면 금세 관심을 잃고 냉정해진다.

성에 대한 지식은 많지만 성 자체가 관심의 대상이 되지는 않는다. 그보다는 연인이 자신에게 줄 수 있는 것에 훨씬 더 관심을 갖는다. 정원사나 배달부에게 반해서 욕망을 느끼곤 하는 황소자리 여성과 달리, 그녀는 권력과 지위가 있는 상대를 찾는다. 성은 어떤 목적을 위한 수단일 뿐 그녀를 지배하는 충동이 될 수 없다. 그리고 그 목적이란 그녀 자신의 안전과 사회적 지위이다.

폭발적인 섹스는 그녀가 벌이는 게임들 중 하나이다. 그녀는 온갖 나방이 날아드는 불이 된다. 그리고는 자신의 영리함을 입증하려는 듯 불을 껐다 켰다 하면서 상대를 되돌아가기 힘든 길로 이끄는 것이다. 그러면서도 그의 접근은 교묘하게 피한다. 그녀를 즐겁게 해주고 싶다면 그녀를 쫓아다녀라. 하지만 결코 그녀를 붙잡아서는 안 된다.

지루함을 견디지 못하는 쌍둥이자리 여성들은 다툼과 반목을 유도해서 가족들을 불화에 빠뜨린다. 이 역시 그녀가 즐기는 게임이다. 형제자매 간에 서로 싸우거나 부부싸움을 벌이는 것을 보면서 즐거워한다. 하지만 그들이 그녀에게 책임을 물을 여지는 결코 남기지 않는다.

그녀는 스스로와 게임을 벌이는 것도 무척 좋아한다. 하지만 지나치게 자기 재능을 자만한 탓에, 자신에게 부과한 임무를 완수하지 못하는 경우도 많다. 그녀는 자신이 거의 타의 추종을 불허하는 능력을 가지고 있다고 확신하기 때문에, 그렇지 않다는 사실을 발견하면 몹시 당황한다. 그녀는 스스로도 믿어버릴 교묘한 거짓말을 자주 하는 편으로, 진실이 드러나도 그것을 인정하지 않으려 든다. 아마 이것이 그녀가 벌이는 게임 중 가장 위험한 것인지도 모른다. 조심하지 않으면 커다란 함정에 빠질 수도 있다.

집중 시간이 짧은, 마음이 잘 변하는, 확답을 피하는

쌍둥이자리 여성과 일주일 전에 약속을 했으면 꼭 당일 아침에 확인 전화를 해야 한다. 그녀가 깜빡 잊을 수 있기 때문이다. 그녀도 분명 수첩에 약속을 기록했을 테지만, 아침에 수첩 들여다보는 걸 잊을 확률이 높다.

그녀가 해야 할 모든 일들이 책상 위에 산더미처럼 쌓여 있다. 눈에 띄지 않는 곳에 두면 잊어버릴 것 같다고 생각하는 탓이다. 그녀는 편지나 책, 신문을 자기가 읽던 바로 그 자리에 그대로 두기 때문에, 다시 들여다볼 마음이 들었을 때 쉽게 다시 찾을 수 있다. 나는 말을 하다가 중간에 자신이 무슨 말을 하고 있었는지 잊어버렸다고 하는 쌍둥이자리 여성들을 제법 많이 만났다.

아마 그녀는 즐겨 신는 구두를 바꾸듯 자주 직장을 바꿀 것이다. 매사를 빨리 배우기 때문에 완전히 다른 직업으로 쉽게 뛰어든다. 나는 비서에서 출발해서 4년 만에 패션모델과 보석 판매원을 거쳐 희귀한 골동품을 취급하는 자기 상점을 연 쌍둥이자리 여성을 알고 있다. 그런데 그녀는 정말 유능한 외판원이었다. 어찌나 설득력 있게 말을 잘하는지 사람들이 별로, 어쩌면 전혀 사용하지도 않을 물건들을 사게 만들 정도였다.

쌍둥이자리 여성에게 확실한 약속을 받아내려면 아주 빈틈없이 굴어야 한다. 그녀는 쉽게 낯선 영역으로 뛰어들지만 오래 머물지 않기 때문이다. 미래가 예측불허이기 때문에 자신을 얽어맬 수도 있는 약속 같은 것은 하고 싶어하지 않는다. 그래서 그녀는 결코 확실한 대답을 하지 않는다. 만일 그녀가 애매한 태도를 취하면서 변명의 여지를 남기거나, 대답을 회피하면서 '글쎄, 어쩌면…' 하고 말끝을 흐릴 수 있는 상황이라면 그 약속은 지켜지지 않을 것이다. 쌍둥이자리 여성들은 약속 장소에 나타나지 않기로도 유명하다. 어떨 때는 잊어버려서, 또 어떨 때는 피하고 싶어서 약속을 어긴다.

기회를 잘 잡는

쌍둥이자리 여성들은 순간에 충실하다. 변화와 그 고비를 잘 감지하는 그들은 기회가 오는 순간에 잘 붙잡는다. 그녀는 적어도 두 가지 이상의 가능성을 두고 적절하게 선택할 때 기쁨을 느낀다. 이때 가장 그녀의 마음을 끄는 것은 선택을 하는 행위 그 자체이다.

그녀는 고정된 원칙에 따르기보다는 상황에 맞춰서 일을 하며, 일관성이나 결과에 대해서는 별로 신경 쓰지 않는다. 그녀는 특정 상황이 어떤 영향을 미치는지, 그것을 어떻게 유리하게 이용할 수 있을지에 관심을 집중한다. 그녀는 아주 상대적인 세계관을 가지고 있으며, 그 중심에 자신이 선다. 그녀는 자기에게 이득이 되지 않으면 너무 심각하게 어떤 사건의 도덕성을 따지지 않는다.

필요하다고 생각하면 목적을 위해 정직하지 못한 태도를 보이기도 한다. 그녀에게는 악의 없는 거짓말이나 사소한 법률 위반 정도는 가혹하고 융통성 없는 세상을 살아가기 위해 어쩔 수 없는 일이다. 온갖 사소한 실수들을 합리화할 설명도 미리 준비하고 있다. 그리고 필요하다면 주변 사람들뿐 아니라 자기 자신도 속인다. 그녀가 자기 생각만큼 영리하지 못할 때, 그녀의 게임을 환히 꿰뚫는 사람들을 만날 때, 낭패를 당할 것이다.

긍정적으로 보자면 그녀에게는 대중들이 따르는 유행을 예언하고 자신이 파악한 기회를 포착하는 놀라운 능력이 있다. 일반 소비자가 원하는 것을 간파하는 날카로운 안목이 있으며 그것을 어떻게 포장해야 하는지도 알고 있다. 기회가 다가오면 그녀는 행동으로 대답해야 한다고 느낀다.

헌신적인

이례적으로 쌍둥이자리 여성들은 어떤 사람이나 이념, 혹은 기획에 전적으로 헌신적일 때가 있다. 이것이 쌍둥이자리 여성의 최고 장점일 것이다. 그녀는 한번 이상적인 목표를 세우면 죽을 때까지 그것을 간직한다. 연애를 할 때도 '대책 없이 헌신적'인 태도를 보여서, 옛 애인을 완벽한 우상으로 만들어놓고 이후에 만나는 애인들 하나하나를 그와 비교한다. 머리로는 그런 태도가 이치에 맞지 않음을 알지만, 자신도 어쩔 수 없는 심원한 감정이 그렇게 만든다.

손재주가 좋은

쌍둥이자리 여성은 양손을 다 능숙하게 사용한다. 그 외에도 쌍둥이자리 여성은 아주 손재주 좋아서 기계를 분해했다가도 손쉽게 다시 조립한다.

돈을 헤프게 쓰는

쌍둥이자리 여성은 쉽게 지식을 얻고 그 즉시 유용하게 사용한다. 돈도 마찬가지여서, 쉽게 벌어들이고 마음껏 써버린다. 당연히 은행 계좌는 항상 텅텅 비어 있다. 돈도, 소유물도 흐르는 물처럼 그녀의 손가락 사이로 빠져나간다. 그녀는 마지막 남은 한 푼도 단순히 돈을 쓰는 즐거움을 위해 낭비한다. 그리고 빈털터리가 되면 새로운 일을 시작할 의욕에 불타오른다.

그녀의 좌우명은 '쉽게 온 것은 쉽게 가버린다'는 말이다. 그녀는 항상 더 많은 돈을 벌 가능성이 있다고 느끼며, 놀라운 기억력이 그녀의 의지처가 된다. 그녀는 자신이 원하는 것을 가질 수 있다고 믿으며, 그것을 가지기 위해 마지막 남은 돈을 써버린다. 쌍둥이자리 여성은 타고난 도박꾼이다. 그녀가 바라는 것은 '뜻밖의 횡재로 한몫 잡기'이기에, 황소자리처럼 장기적인 계획을 세우거나 임대료를 받으러 돌아다닐 만큼 인내심을 보이지도 않는다. 그녀는 어제 일한 대가를 지금 받아내려 들며, 최소한의 노력으로 가장 빠른 결과를 얻고자 한다. 경마나 카지노 도박, 석유 매점 등에 흥미가 있고, 복권이나 추첨에도 관심을 보인다. 그녀는 잃을 때도 별로 안타까워하지 않고 다시 시도한다. 계속하다 보면 대박을 터트릴 수 있다고 생각하는 것이다. 곧잘 그렇게 되기도 한다. 그렇지 못할 때면 항상 다시 시도한다.

쌍둥이자리 여성의 마음을 가장 사로잡는 일은 '새 출발'이다. 쌍둥이자리인 내 친구는 즐겁다는 이유만으로 세번도 넘게 집 안의 가구를 몽땅 갈아치웠다. 그녀는 옷을 갈아입듯 손쉽게 최신 스타일의 가구에서 프랑스 시골풍의 가구, 지중해 연안풍의 가구로 옮겨갔다. 새로운 직업, 새로운 연인, 새로운 차, 이 모든 것이 그녀를 행복하게 만든다.

쌍둥이자리 여성이 어떻게 소비해야 할지 모르는 게 있다면 그것은 자신의 감정이다. 그녀는 연민이나 공감을 잘 느끼지 못한다. 아프다고 그녀가 죽을 끓여주기를 기대하지 마라. 다정한 말도 별로 듣지 못할 것이다. 쌍둥이자리 여성은 자신과 친하게 지내는 사람들에 대해서도 마음으로부터 공감하지 못하는 경우가 많다. 마찬가지로 자기 삶과 직접적인 연관이 없는 사회제도나 계급 문제에도 별로 관심이 없다.

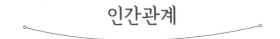

인간관계

오, 달님에게 맹세하지 말아요. 믿을 수 없는 저 달님.

계속 모습을 바꾸면서 옮겨다니는 저 달처럼

당신의 사랑도 부질없이 식어버리면 안될 테니까.

– 윌리엄 셰익스피어, 『로미오와 줄리엣』에서

쌍둥이자리 여성과 사귀려면 달릴 준비를 해야 한다. 그것도 하루에 1마일씩 뛰는 달리기가 아니라 진짜 마라톤이다. 쌍둥이자리는 사고 회전이 아주 빠른 별자리에 속한다. 그들의 신조가 '오늘은 여기 있지만 내일이면 떠나고 없다'이다 보니, 그녀와 만남을 유지할 수 없다면 사귀는 것도 불가능한 것이다.

그녀는 쉽게 친구를 사귀며 항상 새로운 사람을 만난다. 재치와 달변, 영리함과 외향적인 성격 때문에 주변에 항상 사람들이 몰려든다. 그녀의 개방적인 성품이 겉으로 잘 드러나기 때문에 거의 모든 사람이 그녀와 함께 하기를 좋아한다. 그녀는 언제 어디서 누구를 만나든 갖가지 주제로 얘기를 나눌 수 있다. 발레 공연장에서든 빨래방에서든 기꺼이 새 친구를 사귄다. 특이하고 독창적인 사람일수록 그녀의 친구가 될 확률이 높다. 그녀는 개성과 개방성, 그리고 성적 매력을 높게 평가한다.

그녀는 친구들의 인생이나 가정에서 언제 위기 상황이 닥칠 지 알아내는 육감을 가진 것 같다. 그럴 때 그녀는 가장 먼저 달려간다. 하지만 도와주기 위해 서라기보다는 새로운 사건을 보기 위해서, 혹은 자신의 다양한 지식과 지혜를 과시하기 위해서, 혹은 재빨리 판단하고 행동에 옮기는 능력으로 사람들을 감동시키려고 달려간다.

당신이 활기찬 파티를 열고 싶다면 쌍둥이자리 여성을 초대하라. 그녀는 널리 보증된 사교성을 발휘해서 어떤 사람과도 잘 어울릴 것이다. 다재다능한 그녀에게 파티는 즐거운 게임을 펼칠 완벽한 무대이다.

그녀가 잠시 신세를 질 만한 친구나 친지들은 무척 많지만, 그녀의 집에 그들이 묵는 일은 결코 없다. 그녀가 하도 자주 이사를 다녀서 연락처를 모르기 때문이다. 그녀는 어머니와 휴가를 보내고 돌아와 오래 사귄 남자 친구와 다른 곳으로 휴가를 떠나기 전 주말을 틈타 젊은 대학생과 시간을 보내기도 한다. 하지만 어떤 사실을 확인하고 싶거나 친구에게 생긴 일을 상세하게 알려줄 필요가 있을 때, 혹은 새로 사귄 애인을 자랑하고 싶을 때를 대비해서 머릿속에 확실한 주소록을 저장해놓았다.

첫눈에 사람을 좋아하거나 싫어하는데 이 순간적인 판단이 틀리는 일은 거

'변덕스런 공기'의 쌍둥이자리 여성

의 없다. 다른 사람의 동기를 의심하고 미심쩍게 생각하기 때문에 속아 넘어가는 일도 별로 없다. 그녀는 아주 분명하게 사람을 파악하며, 자신의 직관을 전적으로 신뢰한다.

쌍둥이자리 여성이 인간관계에서 가장 중요하게 생각하는 것은 편안함이어서 불편한 느낌을 주는 사람에게는 시간과 에너지를 낭비하지 않는다. 그녀가 상대방에 대해 확신하지 못할 때면 상대를 매혹시킬 수 없고, 자유롭게 흘러넘치는 그녀의 재치도 고장 난 오디오에서 튀어나오는 소리처럼 들릴 뿐이다.

그녀는 사람들에 대해 많은 것을 알아내는 재주가 있지만, 자신은 결코 쉽게 드러내지 않는다. 그녀에 대해 알고 싶다면 그녀의 말을 주의 깊게 들어야 한다. 쌍둥이자리 여성은 영혼의 동반자, 자신의 나머지 한쪽을 찾아 무수히 여행을 떠나고 그 과정에서 아주 특이한 경험을 한다.

어떤 때는 뜬소문이 그녀의 장사 밑천이 되어, 열심히 듣지 않은 이야기도 윤색해서 다시 들려주곤 한다. 그런 그녀에게 전화기는 거의 몸의 일부와 같아서, 깜빡 잊고 전화요금을 제때 내지 못해 전화가 끊어지면 거의 죽는 시늉을 한다.

쌍둥이자리 여성은 자신의 감정을 잘 파악하지 못하고 숨기려는 경향이 있다. 드문 경우지만 친한 친구에게 자신의 불안정한 감정을 드러내며 진심을 내보일 때도 있다. 하지만 다음 날 아침에 그 이야기를 계속하려 해서는 안 된다. 그녀는 벌써 그 일을 다 잊었기 때문이다.

쌍둥이자리가 상징하고 있는 공기처럼, 그녀는 매사가 가볍고 쉽게 변하기를 바란다. 너무 가라앉아 분위기가 고요해지면 당황해서 허둥댈 것이다. 그녀가 사귄 사람들이 그녀에게 편안함을 느끼면, 그들을 감탄시키고 혼란스럽게 만들 지식과 재치를 더 많이 모으기 위해 잠시 거리를 둘지도 모른다. 마음으로는 친밀한 관계를 간절히 바라면서도 다른 한편으로 그런 관계를 떠올리는 것만으로도 숨 막혀서 질식할 것 같다는 느낌을 받는다. 친밀한 관계를 시도해 볼 수는 있겠지만, 그녀에게 '무거움'을 기대해서는 안 된다.

그녀는 몇 년 동안이나 친한 친구들 모임에 모습을 나타내지 않다가도 엉그

제 헤어진 사람처럼 아무렇지도 않게 다시 나타날 수 있다. 그녀는 오래된 우정을 새롭게 되살리는 것을 좋아한다. 한번 더 상대를 매혹시킬 수 있는 기회이기 때문이다. 옛 애인들에 대해서도 마찬가지다. 그녀가 옛 연인에게 돌아갔다면 그 연인은 새로운 섹스 기교를 익히게 되거나 다른 방식으로 성관계를 가지게 되리라 확신해도 좋다. 그는 원래 알던 사람이 아니라 전혀 다른 사람을 상대한다는 느낌을 받게 될 것이다.

그녀는 고등학교 동창회에 갈 때도 다들 나이만 더 들었을 뿐 여전할 것이라 생각한다. 그녀는 나이를 더디게 먹고 젊음을 유지한다. 게다가 그 어떤 여성도 보여줄 수 없는 매력적인 세속성을 보인다. 훌륭하게 자기 관리를 하고 있음을 과시하는 데서도 은밀한 기쁨을 느낀다. 그리고 이제는 살이 찌고 머리가 벗겨지기 시작했을지라도 고등학교 때 미남으로 인기 있던 남자들과 시시덕거린다.

그녀는 서로 다른 사람들과 아주 다양한 관계를 동시에 이끌어가는 재주가 있다. 그 사람들은 서로를 모르고 인종이나 문화적 배경이 다른 경우도 많다. 그녀는 다양성을 갈망하며, 다양한 친구들을 하나로 융합시킬 필요성도 그다지 느끼지 않는다.

연애를 할 때도 마찬가지다. 다른 사람에게 '예스'라고 하기 위해 누군가에게 '노'라고 해야 하는 딜레마에 빠진다. 그녀는 계속해서 자신에게 맞는 연인을 찾아 헤매는데, 그 집착이 아주 현실적이고 강해서 자격이 없다고 생각되는 사람을 버릴 때도 죄의식 같은 것은 전혀 느끼지 않는다.

새로운 관계를 시작할 때는 질보다 양을 중시하는 경향이 있다. 사람들은 지루한 생활에 활력을 불어넣는 그녀의 능력 때문에 간절히 그녀를 알고 싶어한다. 그런데 그 많은 것을 배우는 능력은 조금씩만 이해하기 때문에 가능한지도 모른다.

어린 시절

쌍둥이자리 여성들은 대부분 어린 시절에도 무척 영리하고 빨리 배운다. 그리고 마술을 부리듯 여기저기서 모습을 드러내는 그들은 탐험가이기도 하다. 쌍둥이자리 여성 한 명이 어머니가 어린 시절 자기 때문에 얼마나 고생했는지 들려준 적이 있다. 그녀는 감옥 같은 아기놀이터에서 엄마가 자신을 꺼내줄 때까지 화를 내면서 고래고래 소리를 질렀다고 한다. 그녀가 집 주변을 정처 없이 돌아다닐 수 있게 되자 물을 만난 물고기 같았다고 한다. 그토록 어린 나이에도 지루함을 견디지 못해 인생의 온갖 도전을 모두 받아들이는 것이다.

소녀가 되면, 탐험하고 찾아다닐 수 있는 기동성을 다른 사람보다 일찍 키운다. 어머니가 그런 모험을 허락하지 않을 때는 격하게 싸운다. 어머니들은 대체로 아이들이 미지의 것을 두려워한다고 생각한다. 그래서 쌍둥이자리 소녀들이 무슨 일이든 부닥치려는 용기를 보이면 당황한다.

많은 친구가 쌍둥이자리 소녀에게 접근했다 멀어진다. 그중 남자 친구와 여자 친구의 수는 반반이다. 쌍둥이자리 여성들도 다른 소녀들과 비슷한 시기에 연애를 시작하지만, 그 깊이나 강도는 다른 소녀들보다 깊고 강하다. 소녀들끼리 몰려다니는 일은 쌍둥이자리 소녀에게 시간 낭비로 비친다. 그녀는 일찍부터 연인을 어떻게 유혹하고 함께 즐거운 시간을 보낼 수 있을지 익히는데, 마치 '진짜'를 대비해서 연습하는 것처럼 보이기도 한다.

쌍둥이자리 소녀에게 최상의 부모는 그녀를 신뢰하고 자유롭게 모험할 수 있도록 해주는 사람들이다. '자유'는 그녀의 가슴에 가장 절실하게 와 닿는 말이어서, 자유가 보상으로 주어질 때면 모범적으로 행동한다. 그녀는 너무 폐쇄적인 부모에게서는 도망치려 하며, 성장하고 난 후에도 그런 연인이나 친구로부터 물러선다.

쌍둥이자리 소녀들은 '아빠의 귀여움을 독차지하는 딸'이 되기를 꺼리면서도 이상화하거나 우상화하는 경향이 강하고, 이것이 훗날까지 영향을 준다. 그녀는 어머니보다 아버지와 더 가까운 편이다. 특히 아버지의 직업은 멋지고 흥미로운데 어머니는 가정주부일 경우 더 그렇다.

'커서 뭐가 되고 싶냐면…'으로 시작하는 그녀의 공상 속에는 의사, 변호사, 과학자, 발레리나, 대단한 연줄을 가진 사교계 명사, 정치가 등이 포함된다. 그녀는 친구들과 소꿉장난하는 것도 배우자가 외교관이고 지중해 연안 어딘가의 섬에서 산다고 설정할 때만 좋아한다.

쌍둥이자리 여성들의 결점도 어린 시절부터 나타난다. 그들에게 방을 치우라는 말은 중국의 만리장성을 때려 부수라는 말과 같다. 꾸물대는 성격과 길게 집중하지 못하는 특성은 타고난 것이다. 방에 들어가서 청소를 시작하긴 하겠지만, 그다음은 그녀의 기분이 어떻게 바뀌느냐에 달렸다. 어질러진 것들 중에 흥미를 끌거나 공상을 불러일으키는 것이 발견되면 더는 청소를 기대하지 않는 게 좋다.

그녀는 아빠지가 즐겨 사용하는 담배 파이프를 시기세척기에 넣어 돌리기도 한다. 그녀가 아직 어려서 할 수 없는 일을 해보는 것이 신나기 때문이다. 쌍둥이자리 소녀들은 품위가 있는데 양손잡이라서 특히 그렇게 느껴진다. 무용이나 운동도 잘해서 다른 아이들이 따라 하기 어려운 동작이나 묘기도 쉽게 익힌다.

쌍둥이자리 딸을 둔 부모들은 그녀의 타고난 매력과 능력을 잘 알고 있어야 한다. 그녀는 거짓말도 곧잘 하는데 그것이 놀라울 만큼 그럴 듯하게 들린다. 주변 상황이나 사태를 미화하거나 자신의 매력을 더 돋보이게 만드는 솜씨도 평생 지속된다.

그녀는 성장하면서 많은 연인을 사귀고 그중 한 명(혹은 두세 명)과 매주 데이트도 한다. 성 경험은 두 극단으로 나뉘어서, 연인들 모두에게 성관계를 허락하거나 결혼 전까지는 누구에게도 결코 허락하지 않는다. 만일 어떤 이에게서 자신의 반쪽, 영혼의 동반자라는 느낌을 받으면 순식간에 그에게 깊이 빠져든다. 하지만 그가 '바로 그 사람'이 아니라고 깨닫는 순간, 마찬가지 속도로 그를 차버린다.

쌍둥이자리 소녀가 성인이 되어 더 안정된 생활을 할 수 있으려면 부모들은 상황에 따라 진실을 다르게 파악하는 그녀의 감각을 조금씩 키워주도록 노력해야 한다. 그녀가 찾는 다른 한쪽은 오직 그녀 안에서만 나올 수 있음을 깨달아야 하며, 사람들이 그녀 생각만큼 지루하기만 한 것은 아님을 알아야 한다. 사람들이 생각보다 훨씬 더 복잡한 존재임을 알기 위해서는 멈춰 서서 그들의 말

'변덕스런 공기'의 쌍둥이자리 여성

을 경청하면 된다. 누구도 그녀를 구속하거나 가두거나 붙잡아둘 수는 없다. 하지만 그녀가 흥미진진한 모험을 떠나 원기를 회복하고 돌아오면, 그들이 그녀의 안식처가 되어줄 수는 있다. 제대로 된 안식처는 자기확신, 자존심, 자긍심의 원천이 된다.

연인이나 다른 사람들과 관계 맺는 방식

쌍둥이자리 여성이 인간관계에서 보이는 다소 비현실적인 태도는 ㄱ 사람들을 우롱하려는 것이 아니라 자신을 보호하려는 심적 기제 때문이다. 그녀는 친밀한 관계와 현실을 두려워해서 자기 에너지의 대부분을 비약과 환상에 써버린다.

그녀 주변에는 항상 사람이 많이 모인다. 내면에 자리한 깊은 고독감을 사람들 뿐 아니라 그녀 자신에게도 숨길 수 있도록 만드는 것이다. 그녀는 닥친 문제에 집중하면 완전히 그 순간에 자신을 내던진다. 개수대에는 설거지가 쌓이고 침실 바닥에 빨랫감이 산을 이룰 수도 있다. 새롭고 흥미진진한 일이 있으면 다른 것은 신경 쓰지도 않는다.

사람을 이상화하고 실제보다 훨씬 부풀리는 경향도 있다. 그러고는 그들이 자신의 환상을 만족시키지 못한다고 실망한다. 이런 점에서 인간관계에서 더 현실적이 될 필요가 있다.

그녀는 사람들이 자기 덕분에 얼마나 즐거웠는지 모른다는 말을 입에 달고 산다. 이를 위해 과거 경험이나 여행에 대해 온갖 유머를 곁들여 몇 시간이고 떠들어댈 수도 있다. 그녀에게는 그런 대화가 꼭 필요하며, 자기 스타일을 가꾸는데도 많은 시간을 들인다.

친구 집 거실에 페인트를 칠하고 새 카펫 까는 것을 도와주러 갈 수도 있다. 물론 그녀는 곧 지루해할 테니 거실이 아주 작아야 한다. 그렇지 않으면 천장과 벽 두 개를 칠해놓고는 파티에 갈 채비를 하러 뛰어가버릴지도 모른다.

주체할 수 없을 정도로 할 말이 많아서 한 문장을 마무리할 시간도 없는 그녀는 자기 말이 중단돼도 알아서 속으로 그 문장을 완성시키는 상대를 좋아한다.

게다가 어떤 소문을 들려주고 나서 그 의미를 세세히 설명할 인내심도 없다.

현실을 부정하는 태도는 인간관계에도 이어진다. 어느 날 한 친구에게 몹시 화를 내고, 다음 날이면 둘 사이에 아무 일도 없었던 것처럼 행동한다. 그녀는 불쾌한 기억을 떠올리기 싫어하며, 종종 자신이 보이는 고약한 행동을 일일이 지적하는 사람을 최대한 피해 다닌다.

쌍둥이자리 여성에게는 이혼보다 중혼이 더 받아들이기 쉽다. 동시에 다양한 방향에서 오는 자극이 필요해서 연인과 깊이 없는 연애를 하는 경우도 많다. 이때 상대가 육체적으로 자극적이지 않아도 상관없지만, 정신적인 자극을 주지 못한다면 그 관계는 가망이 없다. 그녀는 자신이 사랑 받고 있으며 상대가 자신을 원한다는 느낌을 확인하기 위해 그의 질투심을 자극한다.

그녀의 가볍고 장난스럽고 쉽게 변하는 기분은 흙을 상징하는 별자리의 사람들을 미치게 만든다. 연인이 자신의 뒤를 쫓기 바라지만 그가 너무 가까이 머물면 몹시 불쾌하게 여긴다. 그녀는 자유를 사랑하기 때문에 상대가 조금이라도 그것을 제약하려 들면 개인적인 도전으로 받아들인다. 이처럼 모순투성이인 그녀는 신선함과 가벼움, 변화를 좋아하는 이들에게 매력적으로 비친다. 하지만 자기 여자를 지나치게 보호하고 천성적으로 질투가 많으며 그 자신이 주목받기를 원하는 사람에게는 악몽 같을 것이다. 쌍둥이자리 여성들은 연인이 좋아하는 것을 잘 알고 있어서 시간의 절반은 그 사람을 기쁘게 하기 위해 보내지만 나머지 절반의 시간은 못살게 구는데 사용한다.

쌍둥이자리 여성들은 아이들을 좋아해서 주변에 아이들이 있기를 바란다. 그래서 자신이 임신했다는 사실을 알게 되어도 다른 여성들처럼 당황하는 일이 전혀 없다. 결국 임신 역시 어떤 식으로든 그녀의 삶을 풍부하게 해줄 또 다른 모험, 또 다른 경험임이 분명하기 때문이다. 하지만 계속되는 임신은 그녀에게 짜릿한 경험이 아닐 듯싶다. 생명을 잉태하는 것은 머무르면서 뿌리내릴 것을 요구하기 때문이다.

그녀는 황소자리나 게자리 여성처럼 자녀를 과잉보호하지 않는다. 대체로 그들이 원하는 대로 자유를 허용하며, 끊임없이 활동하는 그녀의 모습이 아이

'변덕스런 공기'의 쌍둥이자리 여성

들을 자극해서 모험과 성장을 추구하도록 만든다. 그녀는 아이가 걸음마를 떼자마자 뭔가에 재능을 보이기를 기대한다. 30~40대에는 자신에게 더 솔직해하고, 선량하고 오래가는 친구들을 만들기 시작한다. 또한 자제심을 길러주고, 노력하면 달성할 수 있는 목표를 제시해주는 직업을 가질 것이다. 마음을 먹으면 직업상 성공을 거둘 확률이 크다.

사랑에 빠진 쌍둥이자리 여성

"나는 자유로운 연인이다. 내겐 원하는 사람을 원하는 만큼 사랑하고, 원할 때면 매일 그 사랑을 바꿀 권리가 있다."

빅토리아 워덜의 이 말은 사랑에 빠진 쌍둥이자리 여성을 잘 표현해준다. 쌍둥이자리는 끈기 있는 이해가 필요하다. 그녀는 정말로 사랑을 필요로 하고 원하지만 그에 따르는 책임에는 흥미가 없다.

그녀가 연인의 마음 한가운데를 차지하는 동안에는 그를 위해 산도 옮겨놓으려 든다. 그가 하루 휴가를 얻으면 그를 기쁘게 하기 위해 자기도 아프다고 결근한다. 그리고 그를 위해 특별한 요리를 준비할 것이다. 그녀는 부엌을 좋아하지 않기 때문에 요리하는 자체가 엄청나게 놀라운 일이다. 그녀는 상대의 요구를 미리 알아채는 능력이 있어서 그가 특별한 도움이 필요할 때 마치 그의 마음을 읽은 듯 반응한다.

하지만 무시되거나 이용당했다는 느낌을 받으면, 발끈 화를 내고는 난처해하는 그를 두고 떠나버릴 것이다. 만일 그녀가 떠나지 않고 머문다면 도대체 왜 이렇게 인생이 지겨운지 영문을 모르겠다고 생각하면서 힘든 시간을 보내게 된다. 그녀가 현실도피를 작정했다면 그 무엇으로도 막을 수 없다.

만일 연인이 그녀의 기분이나 변덕을 알아채고 적절하고 다정하게 원하는 것을 말해보라고 채근하면 좋은 결과를 얻을 수 있다. 그는 그녀의 이중성을 파악하는 지혜가 필요하다. 어느 날은 그를 열렬히 사랑하는 것처럼 행동하다가, 다음 날이면 그와 함께 사는 것이 지독히 성가신 듯 행동할 수 있다.

그녀가 사랑에 빠지면 행복의 절정에 도달한 것처럼 보인다. 그녀는 전보다 더 빠르게 움직이는데, 이것은 부분적으로는 자유를 잃게 될까 두려워서이다. 그녀는 매일 애인에게 훌륭한 시를 써보낼 것이다. 침실에서 그에게 사랑의 노래를 들려줄 때면 마음속으로는 영원히 그를 붙잡아둘 방법을 모색한다. 그녀가 진정한 사랑을 느끼면 무척 상처받기 쉬워져서, 그녀의 확신이 어느 정도냐에 따라 그 사랑이 축복이 되기도 하고 저주가 되기도 한다.

쌍둥이자리 여성이 갖는 성관계 유형

다른 사람들을 배제하는 '둘만의 특별한 관계'라는 개념은 쌍둥이자리 여성을 위해 만들어졌다. 사실 그녀의 특성 중에는 이중적인 성격과 연애 시나리오를 계속 고치고 싶은 욕망, 얽매이는 것에 대한 두려움 같은 것들이 있어서 한 사람과 지속적인 관계를 맺으려 하는 자신의 성격을 인정하고 싶어하지 않는다. 하지만 그녀는 진심으로 두 사람만의 특별한 관계를 믿는다. 그녀가 다른 남자들과 사귀는 것은 그저 변화를 주기 위해서일 뿐이다.

그녀는 아내가 있는 유부남에게는 별로 관심을 보이지 않는다. 스포트라이트를 나눠 받는 것을 싫어하기 때문이다. 조명은 그녀 하나만을 위해서도 모자랄 지경이니 다른 사람이 끼어들 자리가 없다. 삼각관계도 좋아하지 않는다. 물론 두 사람이 그녀를 좋아하는 경우라면 다르지만 말이다. 그녀는 혼자 남겨지는 것을 두려워한다. 저절로 고독감을 느끼게 되기 때문이다.

그녀가 어떤 관계를 정리하고 나면 자신이 떠난 사람을 이상적으로 꾸미곤 한다. 그에 대한 정교한 환상을 만들어내고, 다음에 만나는 사람이 그 환상에 걸맞게 행동하기를 바란다. 쌍둥이자리 여성은 연애할 때 특히 상처받기 쉬운 면이 있다. 누군가 그녀를 뒤쫓을 때의 흥분이 그 후에 따라오는 행복감보다 훨씬 더 생생해서, 남자를 희롱하면서도 붙잡히기 전에 도망쳐버린다. 이런 일은 심각한 스트레스의 원인이 되며 그녀의 신경을 몹시 고통스럽게 만든다.

쌍둥이자리 여성들은 한번 이상 결혼하는 경우가 많다. 사랑에 빠지는 초기에는 너무 불안정하고 쉽게 지루함을 느껴서 관계를 유지하는 것이 어렵기 때문이다. 중년이 되면 방황이 줄어들고, 일반적인 생활 방식에 뒤따르는 책임을 더 편하게 받아들인다. 이때도 여전히 권태감을 잘 느끼는 편이지만 자신이 정한 틀 안에서 자극을 얻으려고 노력한다.

쌍둥이자리 여성이 원하는 연인 유형

쌍둥이자리 여성들은 연인에 대한 요구 조건 리스트를 은밀하게 가지고 있다. 그들이 원하는 것을 보자.

· 하나 값을 주고 둘을 얻으려는 사람.
· 수다 떨면서 밤을 새울 수 있는 사람.
· 그녀보다 더 빨리 노래 가사를 기억할 수 있는 사람.
· 그녀가 주역을 맡은 뮤지컬 공연의 의상 리허설을 보기 위해 일찍 퇴근하는 사람.
· 동시 상영하는 옛날 영화 상영관에 그녀를 데려가는 사람.
· 함께 퍼즐을 푸느라 꼬박 밤을 새우고 나서 그녀에게 섹시하다고 칭찬해주는 사람.
· 일주일간 점심 값을 아껴서 값비싼 초콜릿 한 박스를 선물하는 사람. 이런 이라면 그녀도 영원히 함께 할 것이다!
· 외모가 멋지지만 자기를 꾸미는데 시간을 많이 허비하지 않는 사람.
· 그녀만큼은 아니지만 다양한 면모를 지닌 사람.
· 재빨리 성관계를 해치우는 미국 스타일 안에서 최선을 다하는 사람.
· 자신은 상대적으로 안정을 유지하면서 그녀의 다양한 변화를 모두 사랑하며 잘 지낼 수 있는 사람.

쌍둥이자리 여성이 배워야 할 인간관계

쌍둥이자리 여성 대부분이 실패하는 궁극적인 원인은 '권태'에 있다. 다음은 권태를 건설적으로 활용하는 열 가지 방법이다.

· 지루해지거든 거울 앞에 서서 큰 소리로 자신에게 털어놓으라. 오늘 언제 지루해지기 시작했는지, 그 이유는 무엇인지, 권태는 어디서 비롯된 것인지, 이 권태는 무엇

인지, 누가 자신을 지루하게 만들었는지 자문하라.

- 다음번에 당신을 지루하게 만드는 사람이 있거든 그에게 당신이 왜 지루함을 느끼는지 그의 생각을 물어보라. 그리고 상대는 그런 식으로 지루한 적이 없었는지 물어보라.

- 하품이 날 만큼 따분했던 일을 다시 접하지 않도록 피하라.

- 직장에서 당신이 하는 일의 어떤 점이 권태로운지 상사와 이야기를 나누라. 그 일을 그만두고 더 높은 수준의 생산성이 높은 일을 맡을 수는 없을지 살펴보라.

- 배우자와 성관계를 갖거나 준비하는 동안 지루한 생각이 들거든 혼자 은밀히 즐기던 공상을 상대에게 들려주라. 그에게 당신의 공상을 함께 즐기자고 말하라.

- 연인과의 관계에서 따분한 점이 무엇인지 관심 있게 살펴보고, 그도 같은 장소, 같은 시간에 따분해하는지 살펴보라. 그런 상황이나 장소를 피하고, 당신의 느낌을 그에게 표현하라.

- 두 사람의 생활 중 양쪽 다 따분하다고 생각하는 여섯 개를 찾아보라. 우선순위를 정하고 순서대로 그것들을 제거하라.

- 따분한 일감이 당신에게 부과될 것 같거든, 그것들이 정말로 흥미진진한 일에 뒤따라온 것이며 이 일을 끝내고 나서도 그렇게 흥미진진한 일들이 뒤따를 것이라 믿도록 노력하라.

- 친구에게 혹시 꼭 해야 하는 따분한 일이 있는지 묻고 그 일을 끝내도록 도와라. 그 일을 하는 시간과 권태도 반으로 줄어들 것이다. 이것은 당신의 자제심을 길러주는 훈련이 될 것이고, 다소 사적인 친밀감을 형성함으로써 당신이 지루한 일을 할 때 도움을 청할 수 있게 해준다.

- 거울을 보고 당신의 권태에 감사하라. 그것이 없었다면 당신도 활기 넘치고 장난을 좋아하는 창조적인 사람이 될 수 없었을 것이다.

쌍둥이자리 여성은 자신이 원하는 자리에 있지 않다고 느낄 때가 많다. 지금 자신이 어디 있는지, 다음번에 어디 있고 싶은지 정확하게 따져보고 비교해볼 필요가 있다. 그 과정에서 자신이 원하는 대로 현실을 이끌어가기 위해 할 일이 무엇인지 더 쉽게 파악할 것이다.

쌍둥이자리 여성들은 공감하고 동정하는 마음을 더 길러야 한다. 우선 자신에 대한 공감을 기르도록 노력하면 다른 사람의 삶에 공감하는 능력도 자연스럽게 흘러나오게 된다. 쌍둥이자리 여성은 지나치게 '나'를 내세우는 편인데, 다음 훈련이 그것을 고치는데 도움이 된다.

- 당신이 둔감하다는 느낌이 들거나 스스로에게 화가 나거든, 마룻바닥에 앉아 당신이 즐기는 공상 속의 자아를 소환하라. 그 자아에게 말을 걸고, 당신의 긍정적인 성격들을 그에게 부여하라.
- 어떤 친구에게 무관심해질 때면, 그에게 그 이유를 말하라. 그리고 가까워지는 법을 알고 싶다고 말하라. 당신을 기다려달라고 말하고 최선을 다해 그에게 다가가라. 당신의 접근법이 효과적인지 물어보고, 방법을 보완하면서 완전한 것으로 만들 수 있도록 도움을 청하라.
- 당신이 정말로 쉽게 상처받는다고 느껴지거든, 친한 친구나 연인에게 솔직히 털어놓아라. 그 이유를 설명하고 그도 그런 식으로 느낄 때가 있는지 물어보라.
- 당신이 사람을 사귀는 방식 중 어떤 점 때문에 쉽게 상처받는지 연인에게 물어보라. 또 그는 어떨 때 자신이 상처받았다고 느끼는지 물어보라. 이 약점들을 함께 극복하도록 노력하라.
- 어떤 상황에서 상처받았다는 느낌이 들거든 친구에게 특별한 도움을 청하라. 등을 쓸어준다든지, 안아준다든지, 공원을 함께 산책하는 등 친밀하고 개인적인 도움이 좋다.
- 당신 자신을 사랑하라. 남에게 도움이 되고, 영리하고, 마음이 열려 있고, 재치 있고, 섹시한 성격들이 당신을 아주 특별한 사람으로 만들어준다. 당신은 다른 사람들의 인생을 밝게 비춰주는 사람이다. 있는 그대로의 당신을 받아들여라. 당신이 연극을 하는 것도 가면을 쓴 것도 아니다. 다른 사람들이 당신과 함께 하는 것을 즐겁게 여기듯, 당신도 스스로를 즐겁게 생각하라.

자기 본성을 받아들일 때, 그리고 자기만큼 영리하지도 못하고 재치도 없는 사람들에게 관대해질 때, 원하는 것 대부분을 줄 수 있는 사람과의 사랑으로 안정을 얻었을 때, 쌍둥이자리 여성들은 마침내 긴장을 풀 수 있다. 자신의 집을 짓느라 시행착오를 거치면서 소비한 에너지들은, 그녀가 그 안에 들어가 사는 법을 배워내면 낭비되었다 볼 수 없다.

쌍둥이자리의 성

쌍둥이자리 여성의 성을 이해하려면 먼저 그녀의 마음이 어떻게 움직이는지 알아야 한다. 그런데 이 마음이란 것이 컴퓨터 회로처럼 복잡한 미로여서, 그것을 이해하는 일이 결코 만만하지 않다. 게다가 쌍둥이자리 여성의 마음은 복잡한 내면세계뿐 아니라 인생 전체의 짜임새와 불가분의 관계에 있다. 쌍둥이자리 여성들은 정말이지 성에 관심이 아주 많고, 그 방식도 독특하고 신비롭다.

복잡하기 그지없는 그들을 이해하는 수준은 다양하다. 또한 쌍둥이자리 자체의 징후들도 무한정으로 존재하기 때문에, 같은 쌍둥이자리 여성들 사이에서도 다양한 차이점을 발견할 수 있다.

쌍둥이자리 여성은 자신과 쌍둥이를 이루는 다른 한쪽을 찾아 나선다. 친밀한 관계들을 스쳐 지나가면서 자신의 반쪽, '완벽한 동반자'를 찾아다닌다. 그 사람은 분열을 극복하고 통합된 정체성을 확립하려는 그녀의 갈망을 만족시켜 줄 수 있는 존재이다.

정신적 만족을 동반할 때만 성적인 만족이 가능하다. 쌍둥이자리 여성은 생식기보다는 지능지수에 더 관심을 갖는다. 상대의 지성을 존경할 수 없을 때는 어떤 만족도 불가능하다.

어쩌면 무수한 연애를 거치면서도 진실한 사랑을 찾지 못할 수도 있다. 그녀의 몸이 험한 일을 겪고 감수성이 짓밟히고 유린된다고 해도 그녀는 어떤 일도 당한 적 없는 듯한 모습을 간직한다. 그녀가 절망에 빠지는 것은 기다리는 대상을 얻을 가망이 없다고 느낄 때인데, 그럴 때는 가장 부적절한 장소에서 자신의 막연한 생각에 들어맞을 이를 찾으려 한다. 그녀가 아주 문란해질 수 있는 시기도 이때이다.

쌍둥이자리 여성은 신경과민에 불안정하고 아주 흥분된 어조를 띠는 경향이 있다. 그녀의 성적 관심은 지성과 밀접하게 결합되어 있으며 그녀가 느끼는 성충동도 관념적인 성격이 강하다. 연인을 찾을 때도 지적인 동료로서의 잃어버린 반쪽을 찾는다. 많은 남성이 쌍둥이자리 여성을 이해하지 못하는 것도 그리 놀라운 일은 아니다. 그녀 자신도 스스로를 오해하는 경우가 많기 때문이다.

끊임없는 수다, 그녀가 주변에 끌어들인 무수한 사람들, 역시 수없이 벌이는 비극적인 연애 사건들, 이 모든 것들에도 불구하고 그녀는 평생 외로움을 강하게 느낀다. 그래서 이 고독감에서 자신을 구해줄 지적 정서적 쌍둥이를 찾는 것이다. 그녀는 단순히 성적 자극을 원하는 것이 아니라 자기 존재 전체가 정서적으로 자유롭기를 바란다.

그녀는 동반자를 찾으려는 노력 덕분에 친한 친구나 아는 사람이 많은 편이다. 또한 여행을 통해 방대한 지식을 얻기도 한다. 그녀는 동반자를 찾아다니는 일이 정말 헛되다는 생각이 들면, 긴장을 풀고 즐겁게 새로운 장소를 구경하고 새로운 사람을 만나고 새로운 모험을 시도한다.

그녀는 극히 소수의 친구들만 출입이 허용되는 아주 사적인 공간에 틀어박히곤 한다. 거기서 운명적인 연인과 이별할 수밖에 없었던 자신의 박탈감을 곰곰이 되씹는다. 그런 몽상에 잠길 때면 자신이 완전히 혼자이고 사랑 받지 못한다는 느낌에 휩싸인다. 그녀의 인생 대부분이 잃어버린 것을 찾는 과정이다. 기다림과 탐색은 처음부터 예정되어 있었다. 그녀가 어쩔 수 없이 기다림을 포기하면, 그 대체물을 찾거나 망각을 택한다. 그럴 때면 예민한 감성이나 영혼을 채우려는 갈망들을 포기하려 하거나 심지어 자신을 파괴하려 들 수도 있다. 영원한 연인이 기다리고 있는 우주로 되돌아가기를 간절히 바라기 때문이다.

쌍둥이자리 여성은 다양성을 갈구하며, 의외의 놀라운 경험을 하고 싶어한다. 결혼 피로연에서 그녀와 모의해 보트하우스로 가보라. 그녀는 즐거워할 것이다. 또한 길에서, 비행기에서, 차 뒷자리에서, 사랑의 어두운 터널 안에서 몸을 숨기고 기다리다 모습을 드러내면 환호성을 지르며 좋아할 것이다. 발견하는데서 기쁨을 느끼기 때문이다.

쌍둥이자리 여성들은 관능적이고 감각적이다. 그녀는 사랑을 나누는 과정을 거울로 비쳐 보기를 좋아한다. 교성을 듣는 것도 좋아하지만 내심 다소 얌전한 척하는 편이어서 너무 노골적으로 표현하지는 않는다. 또한 아무것도 놓치고 싶지 않아서 불을 켜두기를 좋아한다. 황소자리 여성의 침실만큼이나 호화로운 그녀의 침실은 에로틱하기 그지없다. 부드러운 불빛, 낭만적인 음악, 값비싼 술, 이 모든 것이 그녀의 격렬한 잠자리를 위한 무대장치이다.

쌍둥이자리 여성들은 천성적으로 대립되는 것들이 뒤섞여 있다. 연애 생활에 대해 개방적이고, 자기 몸과 마음의 가장 내밀한 부분에 대해서도 친구들에게 시시콜콜 털어놓아 그들을 당황시킨다. 이것은 충격을 주기 좋아하는 성격 탓이다. 그러면서도 동시에 체면을 차리려는 모습도 보인다. 그녀의 영혼 깊숙한 곳에는 우상을 때려 부수고 신성을 파괴하는 데서 즐거움을 얻는 우상 파괴적인 면모가 숨어 있다.

그녀는 자유를 사랑하는 영혼의 소유자지만 성적인 부분에서는 억제하는 경향이 있다. 특히 어떤 형태의 섹스가 혐오스럽다고 생각하면 시도 자체를 꺼린다. 섹스에 대해 머릿속에서 만든 개념을 가지고 있고, 연인을 유혹하다 곧 싫증을 내며 따분해한다. 그녀는 섹스를 자주 하거나 아이를 갖는 일에는 그다지 열의를 보이지 않는다.

쌍둥이자리 여성의 성적 관심 중 가장 커다란 비중을 차지하는 것은 성에 대한 환상이다. 그녀가 상상하는 시나리오 속에는 처음 만나는 장면부터 서로 뒤쫓으면서 유혹하고 섹스 중에 나누는 음란한 대화까지 눈으로 보듯 세세하게 들어 있다. 이런 게임에서는 그녀를 따를 자가 없으며, 사실 그녀에게는 이것이 실제 육체관계만큼이나 중요하다.

'변덕스런 공기'의 쌍둥이자리 여성

육체적 접촉 자체보다는 섹스에 대한 생각이 더 그녀를 자극한다. 그래서 그녀는 만나는 남자 모두를 뒤쫓는 것처럼 보일 수도 있다. 하지만 이것은 지나치게 섹스에 집착해서가 아니라, 그저 완벽한 상대를 찾으려면 가능한 한 많이 경험해야 한다고 느끼기 때문이다.

쌍둥이자리 여성의 삶은 젊은 시절 중심이다. 주요 연애 사건 대부분도 아직 어릴 때 경험하는 편으로, 초기의 이런 경험 이후 그녀가 성과 사랑에 대해 보이는 태도를 결정짓는다. 그녀에게는 성숙과 미숙함이 공존한다. 쌍둥이자리 여성들은 평생 눈부신 젊음을 유지하는데, 이것은 나이가 들면 이러저러해야 한다는 일반적인 통념을 그녀가 거부하기 때문으로 보인다. 그녀에게서는 항상 방황하는 소녀의 분위기가 느껴진다. 이 분위기가 그녀를 더 매력적으로 만든다. 어떤 남자가 인생이라는 숲에서 길을 잃은 소녀를 구하고 싶지 않겠는가?

그녀는 원하지 않는 경쟁에 말려들 가능성을 원천 봉쇄하기 위해 방대한 지식을 활용해서 경쟁자를 압박한다. 그러면서 자신은 아주 건전하게 한발 앞서는 태도를 유지한다. 상대방은 한 방 얻어맞은 듯한 충격을 받겠지만 왜 그런 느낌을 받았는지 모를 것이다. 그녀는 무심결에 무자비한 공격을 가하기도 한다. 영혼의 동반자를 찾을 수 없거나 다른 이유들로 권태감을 느끼면, 그녀는 윤리나 도덕 따위는 아예 없는 사람처럼 행동한다. 성에 대해서도 이기적이고 냉담하고 계산적인 태도를 보인다.

그녀와의 섹스는 폭발적일 것이다. 하지만 그녀는 섹스도 매혹적이고 효과적으로 포장되기를 바란다. 만일 섹스가 그녀의 관념적 요구에 부합하지 못하면 겨울날의 따뜻한 입김처럼 순식간에 공중에서 증발할 것이다.

쌍둥이자리 여성의 성적 본능을 요약해주는 두 개의 단어 중 하나가 '자극'이다. 항상 방랑하면서 움직이는 그녀의 정신은 흥분과 자극을 요구한다. 정신적인 따분함은 육체에도 영향을 미친다. 성을 종교처럼 떠받드는 입장도 그녀에게는 하품 나게 따분할 뿐이다. 그녀는 끊임없이 새롭고 색다른 것을 원한다.

또 하나의 단어는 '통합'이다. 쌍둥이자리 여성의 성욕은 다른 욕구들과 강하게 결부되어 있다. 특히 정서적으로 충족되지 않으면 성적으로도 만족을 얻지 못한다. 함께 하는 남성이 적어도 자기감정적 요구의 일부를 충족해주리라는 확신이 있어야 그와의 섹스가 좋은 것, 더 나아가 아주 신나는 일이 된다.

쌍둥이자리 여성들은 상대의 성적 관심이 다른 관심, 즉 더 깊고 더 지속적인 감정과 섞여 있다고 느끼지 않으면 그와 섹스하지 않는다. 다른 사람들의 생각과 달리 그녀는 섹스 자체를 위해 섹스에 뛰어들지 않는다. 황소자리 여성에게는 순전히 육체적인 희열이 중요하지만, 쌍둥이자리 여성에게는 그렇지 않다. 더 많은 것을 원하기 때문이다. 그녀가 그의 호주머니에 손을 집어넣는다면, 그것은 단순히 그의 성기를 건드리고 싶어서가 아니라 그 이상의 것, 즉 관심과 안정, 동료의식을 원해서이다.

내가 알고 지내는 쌍둥이자리 여성 한 명은 그 동네에서 가장 남성적이고 매력적인 배우자를 가졌다. 그런데 친구들이 배우자의 훌륭한 외모와 매력적인 분위기를 언급하면, 그녀는 순순히 그가 매력적임을 인정하면서도 그에게 잘생긴 외모 이상의 것이 있음을 항상 이야기한다. 그러고는 왜 다른 사람들이 그의 잘 빠진 몸이나 잘생긴 얼굴밖에 보지 못하는지 크게 놀라는 것이다.

초기 성 경험

호기심은 쌍둥이자리 여성의 어린 시절과 청년기의 특징이다. 그녀는 부모가 문을 닫고 침실에서 무엇을 하는지 알고 싶어서 살짝 들여다볼지도 모른다. 친구들의 몸이 어떻게 생겼는지 궁금해서 놀이를 하면서 살펴보기도 한다.

쌍둥이자리 여성들은 조숙해서 일찍 성 경험을 갖는다. 사랑도 일찍 시작한다. 상대에게 홀딱 반해서 적어도 그녀 쪽에서 볼 때는 완전한 연애 사건으로 발전하기도 한다. 그녀의 정서적 삶의 대부분이 이 첫번째 관계와 결부되어 그 흔적은 평생 계속된다.

이럴 때 맹목적으로 빠져든다는 이유로 부모나 언니, 오빠에게 지나치게 야단맞거나 혼나면 평생 문제가 될 수도 있다. 어린 나이에 자기 영혼의 동반자를 찾아다니다 주변의 비난을 사는 경우, 성인이 되어서도 그 기억이 지워지지 않아 자신에게 맞는 상대를 찾아다니는데 죄책감을 느끼게 되는 것이다.

쌍둥이자리 여성은 어린 시절부터 아주 감정적이고, 다른 사람보다 빨리 다양한 감정을 경험한다. 그녀는 하나의 감정에만 집중하는데 어려움을 겪는다. 초기의 성장 과정에서 가장 중요한 역할을 하는 것은 '공상'이다. 그녀는 상상의 친구를 만들어내서 다소 거칠고 파격적인 성행위를 함께 하는 공상을 한다. 자기 방에 혼자 틀어박혀 완벽한 사랑을 주제로 길고 복잡한 이야기를 꾸며내기도 한다. 하지만 이런 공상을 현실화하는 것은 두려워하며, 그 두려움이 실제로 성관계를 가질 때까지 남아 있는 경우도 많다.

대체로 스무 살이 되면 쌍둥이자리 여성은 성적으로 완전히 성숙해서 자기 취향을 갖게 되며, 그것을 고집한다. 하지만 다른 부분이나 성격도 그렇듯 성에 대한 취향도 변화가 클 것이다.

그녀가 성에 대해 어떤 생각을 가졌든, 결코 붙잡을 수 없는 잃어버린 한쪽을 찾는 그녀의 모험은 계속된다. 그녀는 거울처럼 자기 모습을 그대로 보여주는 상대를 원한다. 만일 복제인간을 만들어 자신의 행동을 더 가까이에서 정확하게 관찰할 수 있다면, 그녀는 무척 행복해할 것이다.

사랑과 성

청년기에는 머리부터 발끝까지 완전히 사랑에 빠지곤 하던 쌍둥이자리 여성들도 나이가 들면 열정을 조절하고 사랑을 이용하는 법을 배우기 시작한다. 그러면 침대를 함께 쓰는 사람보다 이상이나 이념에 더 마음을 쏟게 된다. 어떨 때는 사랑이 그녀의 예민한 마음에 너무 고통스런 상처를 남기기 때문에 거부하는 것 같기도 하다. 어쨌든 그녀는 사랑을 이용하는 쪽을 더 좋아하게 되고, 섹스도 긴장된 신경을 누그러뜨려 주는 이상의 의미를 갖지 않는다.

성과 사랑은 쌍둥이자리 여성에게 거의 같은 말이다. 둘 다 어떤 목적을 위한 수단이 된다. 사랑할 때도 냉정하고 계산적인 태도로 감정 소모를 최소화하는 법을 배운 그녀는 몸은 주지만 마음은 주지 않는다.

성과 사랑을 분리하려면 어떤 사람과 사귀는 동기를 더욱 신중하게 분석해 볼 필요가 있다. 공상을 실현하려고 성관계를 갖는 것이 본질적으로 잘못은 아니라고 인정하게 되면, 공상을 실현하기 위한 섹스와 사랑을 바탕으로 한 섹스의 차이를 분간하는 법도 안다.

쌍둥이자리 여성의 가장 예민한 성감대는 정신이다. 그녀는 대화를 통해 성적으로 흥분할 수 있으며, 아무 말 없는 섹스는 완벽하게 흥미를 잃게 만든다. 에리카 종의 소설 『날아다니는 것이 무서워Fear of Flying』에서 끊임없이 떠들어대며 갖는 성관계는 마치 쌍둥이자리 여성을 위해 고안된 것 같다. 에로틱한 대화 외에도 손바닥에 단어를 쓰고 알아맞히는 놀이나, 흉곽에 입을 맞추거나, 골반 쪽을 쓰다듬거나, 가슴을 부드럽게 애무하는 등의 행위를 통해 그녀의 성욕이 고조될 수 있다.

그녀는 쉴 줄 모르는 정신과 끝없는 호기심으로 섹스에서도 항상 더한 만족을 추구한다. 새로운 시도에 대해 개방적이고 특이한 섹스 기구에도 흥미를 보여 바이브레이터나 자극적인 도구들을 활용한다. 다양성이 인생의 양념이 된다는 태도는 성에 있어서도 마찬가지다.

섹스할 때 그녀가 반응하는 방식은 다음과 같다.

- 약 올리고 자극하면서 분위기를 고조시킨다. 섹스에 대한 기대감을 키우기 위해 시간을 끌며 대화를 나누고 담배를 피운다.
- 적절한 순간이 왔을 때 재빠르고 완벽하게 관계를 맺는다. 어떤 제약도 없다.
- 말 그대로 폭발적으로 오르가슴에 도달한다.
- 재빨리 열기가 식으면서 감정을 별로 드러내지 않는다. 밤늦게까지 대화를 나누면서 낄낄거리고, 부엌으로 뛰어가 마실 것을 찾아오고, 감정 표현을 원한다.

쌍둥이자리 여성이 원하는 연인 유형

쌍둥이자리 여성은 자신에게 모든 관심을 집중할 수 있는 사람, 새벽 1~2시까지 온갖 것들에 대해 이야기를 나눌 수 있는 사람, 자신에 대해 털어놓을 수 있으며 재빨리 성관계를 갖고 나서 그것을 잊어버리는 사람을 원한다. 물론 그는 똑똑하고, 아는 것이 많고, 지적이고, 재미있고, 함께 있으면 즐겁고, 진정한 친구여야 하며, 경제적으로도 부족함이 없어야 한다.

쌍둥이자리 여성은 섹스에서도 다양한 변화를 추구한다. 한 사람에게서 다양한 면을 발견하지 못하면 가능한 온갖 방법을 동원해 그것을 모색한다. 따라서 그녀가 오직 자신과만 성관계하기를 바라는 사람은 다재다능함을 보여야 한다. 그녀가 그의 젖가슴을 조금씩 물어뜯거나 가슴을 마사지하고 싶어하면 허락하는 게 좋다. 아마도 그녀는 그가 한 번도 만나보지 못했던 빼어난 능력의 소유자여서 손쉽게 그를 흥분시킬 것이다.

그녀는 편하게 긴장을 풀 수 있는 사람이 필요하다. 그녀만큼이나 들떠 있고 과민한 이들은 그녀와 제대로 된 섹스를 나눌 가능성이 전혀 없다. 두 사람다 현실을 직시하기보다 뜬구름 잡는 성향이기 때문이다. 쌍둥이자리와 사귀는 연인은 언제 전희를 그치고 분명한 자극을 할 지 알아야 한다. 그녀는 섹스 중에도 계속되는 자극을 즐긴다. 상대가 문어발 같은 면을 지니고 극도로 민첩한 쪽이 좋다.

쌍둥이자리 여성과 사귀는 연인은 질투심을 일으키려는 그녀에게 인내심을 보여야 한다. 그녀는 단지 연인을 시험하기 위해 다른 이들과 플라토닉한 우정을 나누며, 그가 심하게 질투할수록 사랑이 더 깊다고 생각한다. 그는 다른 방법을 동원해서 적절하게 사랑의 증거를 제시하면서 그녀가 더는 이런 수단을 쓰지 않도록 유도해야 할 것이다. 하지만 갑작스런 파국을 피하려면 이따금씩이라도 질투심을 보여줄 필요가 있다. 그가 완전히 무시하고 반응을 보이지 않으면 그녀는 재미없다고 생각하고 떠나버리기 때문이다. 그녀와 사귄다면 파티중에 그녀를 한쪽으로 데려가 '네가 다른 남자들과 시시덕대니까 화가 나서 대화에 집중할 수가 없어' 하고 속삭여보라. 그녀는 섹스에 대한 기대감으로 들떠서 문을 나서기 시작할 것이다.

쌍둥이자리 여성과 사귀는 이가 따라야 할 모범이나 전형은 정말이지 존재하지 않는다. 그녀는 마초 스타일부터 아주 유약한 스타일까지 어떤 사람이든 약 올리고 구슬리고 흥분시켜 최고의 성관계를 유도한다. 이것은 그녀의 장기여서 가장 둔감한 이들도 예외 없이 흥분하게 된다. 그녀는 상대의 몸과 마음을 지배하면서 즐거워할 때도 많은데, 이것은 그녀의 가학적인 성향이 만족되기 때문인 것 같다.

그녀가 연인에게 내세우는 유일한 조건이 그녀와 동등한 지적 능력을 갖추어야 한다는 것이다. 그녀는 끊임없이 그의 지성을 시험한다. 내심 그녀는 누구도 정말 자기와 같은 수준이라 믿지 않는다. 그녀는 수준 높은 경쟁을 좋아하고, 그것이 진짜 도전이라 생각될 때 섹스에도 더 큰 관심을 보인다. 그녀는 자신의 지식을 확신하고 있으며, 거실에서 벌인 논쟁에 패배했다면 침실에서라도 승리를 거두려 든다. 그녀의 괴벽을 조금이라도 통제하려면 상대방이 예리함과 이해력을 갖추어야 한다

쌍둥이자리 여성의 감정이 일단 식어버리면, 상대가 나약한 모습을 보여도 연민을 보이기는커녕 우월감을 내비친다. 타고난 무심함과 지적 우월감 때문에 그녀는 쉽게 SM의 여왕 역할을 맡을 수 있다. 지배당하고 감정이 짓밟히기를 바라는 사람이 있다면, 쌍둥이자리 여성이 그 요구를 만족시켜줄 것이다.

쌍둥이자리 여성이 즐겨 빠져드는 공상 중 하나가 많은 관중 앞에서 연기하는 스타가 되는 것이다. 뛰어난 화술과 연기력, 인생이라는 공연을 이끌어가는 재능 덕분에 모두 그녀의 마법에 걸려든다. 그녀는 그들을 손바닥 위에 올려놓고 섹스 상대로 삼을 사람을 골라낸다. 옷을 벗겨 당장 섹스를 하기에 가장 좋은 상대를 선택한다. 이제 훌륭한 공연이 펼쳐질 것이고, 그 뒤에는 당연히 우레 같은 박수가 그칠 줄 모르고 울려 퍼진다.

그녀에게는 이런 공상을 현실로 실현시키도록 도와줄 사람이 필요하다. 값비싼 향수나 옷, 이국적인 꽃다발 같은 것은 필요 없다. 사실 그녀는 레몬과 솔잎이 남기는 단순하면서도 지속적인 향을 더 좋아한다. 하지만 서로를 알아가면서 기쁨을 얻으려면, 그녀의 마음이 끊임없이 만들어내는 새롭고 색다른 이미지들을 존중해야 한다.

쌍둥이자리 여성에게 가장 필요한 연인은 그녀가 이따금씩 사로잡히는 서글픈 외로움을 지워줄 수 있는 사람이다. 20대 중반이 되면 다른 사람들이 평생 가지는 이상의 경험을 거쳐서, "이것밖에 없단 말이야?"하고 말하게 된다.

아무리 다양한 섹스를 경험하고, 온갖 지적 유희를 하고, 여행을 다니고, 상상력조차 지칠 정도로 갖가지 방황을 해도, 쌍둥이자리 여성의 마음에는 결코 채워지지 않는 공허감이 자리잡고 있다. 이 빈 곳을 채워주려면, 상대는 우선 자기 자신부터 잘 알고 있어야 하며 자신의 본성과 생활 방식에 확신이 있어야 한다. 그리고 그녀가 잃어버린 부분을 되찾도록 돕는데 필요한 시간을 기꺼이 내주어야 한다.

쌍둥이자리 여성이 평생 찾아 헤매는 영혼의 동반자는 사실 그녀 안에서 자신을 알아봐주기를 끈기 있게 기다리고 있다. 사람들이 간절하게 평생을 바쳐 찾아다니던 것이 사실은 본인 안에 있는 경우가 많다. 쌍둥이자리 여성과 사귀는 연인은 그녀가 내면으로 시선을 돌려 그토록 원하던 것을 발견하도록 도와야 한다. 또한 그녀의 친구이자 섹스 상대가 되어 온갖 역할을 맡아야 한다.

그녀가 배워야 할 점

쌍둥이자리 여성이 바라는 완벽한 배우자는 극히 드물다. 그들은 불가능한 것을 찾고 있음을 알아야 한다. 그렇지 못하면 자기 꿈의 희생양이 될 수도 있으며, 이 남자 저 남자(그녀 생각으로는 '이놈에서 저놈으로'가 더 적합하겠지만) 옮겨다니다 결국은 외롭고 냉정한 사람으로 남게 될 것이다. 그녀는 상대방을 자신이 원하는 모습으로가 아니라 있는 그대로 받아들이도록 노력해야 한다.

그렇다고 이상적인 연인을 찾으려는 노력을 포기하라는 말은 아니다. 단지 자신이 진정으로 바라는 상대를 빨리 알아볼 줄 알아야 한다는 말이다. 또한 노력하면서 기다리는 끈기가 있어야 한다. 사람들이 자신을 길들이거나 경멸하도록 놔두어서도 안 된다. 특히 전통적인 여성상에 해당하는 게자리 여성의 틀에 자신을 집어넣으려는 사람에게 뻔뻔하게 대처할 수 있어야 한다.

쌍둥이자리 여성으로 살아가려면 아주 강해야 한다. 많은 모험심과 다양한 충동을 따르느라 엄청난 에너지를 소비하기 때문이다. 그것은 위험부담이 큰 도박이지만, 무지개 너머에 금이 가득 든 항아리가 상금으로 기다리고 있다. 모험을 무릅쓸만한 충분한 가치가 있지 않은가.

쌍둥이자리 여성은 너무 빨리 자신을 내주는 편이다. 속도를 늦추고 지금 마음에 둔 대상이 진정으로 감정을 내줄 가치가 있는지 따져봐야 한다. 완전히 사랑에 빠지기 전에는 자제할 필요가 있다. 그녀는 너무 빨리 판단을 내리는 경우가 많은데, 상대가 속마음을 드러낼 때까지는 결정을 미루는 게 낫다. 그녀는 직관적으로 자신이 찾고 있는 것을 알아본다. 그녀의 마음을 사로잡은 상대도 어쩌면 현대인들이 좋아하는 사자자리의 강한 이미지 뒤에 숨어서 완벽한 배우자를 찾는 중인지도 모른다.

그녀는 다른 사람의 지성을 좀 더 존중해야 한다. 자신은 언제 누구에게 신밀힌 능딤을 던졌는지 쉽게 잊어버리겠지만, 상대는 오랫동안 그 일을 기억할 수도 있다. 사람마다 마음이 다르게 움직이는 법이다. 수성의 지배를 받는 쌍둥이자리의 마음은 수은처럼 가볍고 신속하게 움직이지만, 반대로 황소자리의 마음은 지진을 일으킬 듯 깊고 강하게 움직인다. 양쪽 모두 나름의 장점을 가지며, 누구든 지성을 연마하면 위대한 사고를 할 수 있다. 그녀가 다른 사람의 지성을 존중할 때 얻게 될 급격한 발전에 그녀 자신도 놀랄 것이다.

쌍둥이자리 여성은 연애할 때 패자를 고르는 경향이 있다. 그녀는 우선 냉정하게 상대방이 나에게 무엇을 줄 수 있는지 그리고 나는 그에게 무엇을 줄 수 있는지 물어볼 필요가 있다. 모든 인간관계는 서로를 필요로 하고 서로에게 도움이 될 때만 제대로 이루어진다. 쌍둥이자리 여성은 당장 눈앞에 있는 쪽을 택하고는, 거기서 자신이 원하는 것을 짜내고 압박하고 조르고 암시하고 사정하고 훔치고 강요하려 든다. 이것은 특히 섹스나 연애 문제에서 더 그렇다. 그러면서도 자신은 잘 내주지 않는다. 이럴 경우, 그녀는 성장하기 어려워지고 일과 사랑 모두에서 불행해질 수 있다.

쌍둥이자리 여성들은 관념적인 성 에너지를 변화시켜서 집 실내장식을 바꿔본다든지 변화무쌍한 성격에 맞는 사업을 한다든지 하는 식으로 창조적으로 활용하려 노력해야 한다. 그녀의 방식을 고집하면 좌절감과 분노가 개입할 여지가 너무 많다. 마음을 편하게 가지고 이런 감정들을 건강하게 표현하는 법을 배워야 한다. 그녀는 언어능력이 무척 뛰어나므로, 분노와 좌절감의 근원을 파

'변덕스런 공기'의 쌍둥이자리 여성

악하고 다른 사람들, 특히 그녀와 가까운 별자리에 속하는 사람들이 문제를 어떻게 극복하는지 볼 수 있는 모임에 참가하는 것도 좋다.

무엇보다 중요한 것은 자신을 통제하는 능력이다. 그녀가 본성의 고삐를 풀어놓으면 불행을 부르게 될 것이다. 또한 거리를 두고 자신을 바라볼 수 있어야 한다. 그래야 자신의 실제 삶이 어떤지, 어떻게 그것을 바꿔나갈 수 있을지 깨달을 수 있다. 마음도 멈출 수 있어야 한다. 그렇지 않으면 정처 없이 방황하면서 이런저런 자극들을 접할 때마다 흔들릴 테고, 그 어느 것에도 안정하지 못할 것이다. 반대로, 이 거친 야생마를 길들이고 나면 더 나은 자리에서 자신의 진정한 본질을 깨닫고 무언가 할 수 있다. 그녀가 자신의 내적 자아를 어떻게 다루는가에 따라 성과 인간관계에 대한 태도도 달라진다.

쌍둥이자리의 분노

표면적으로 보면 쌍둥이자리 여성은 자신의 분노를 아주 잘 이해하는 것 같다. 분노를 분명하게 언어로 표현하는 편이기 때문이다. 대체로 불쾌함을 느끼면 표현하기 때문에 프로 불편러로 비칠 수도 있다. 어떤 때는 그녀가 분노를 표현하는데 자부심을 느끼는 듯 보이기도 한다. 또 가장 친한 친구나 든든하게 자신을 도와주는 사람들도 기대에 못 미친다고 생각되면 조롱하고 비난한다. 그녀에게는 사실상 다른 별자리들에서 볼 수 없을 정도로 잔인한 면이 있고, 그것을 거리낌 없이 표현한다. 그녀의 분노가 어디서 비롯되었는지, 정당한지, 그리고 그것이 자신이나 사람들에게 어떤 영향을 미치는지에 대해서는 전적으로 무지하다.

쌍둥이자리 여성에게는 남의 인생을 연민이나 공감으로 이해하는 일이 가장 힘들다. 다른 사람의 곤경에 감정을 이입할 줄 모르는 그녀는 가장 지적이고,

가장 창조적이며, 가장 냉혹한 여인이라 할 수 있다.

이것이 그녀에게 어떤 영향을 미칠까? 그녀는 자신의 감정적 반응 전부 합리적이고 논리적으로 설명할 것이다. 자신의 감정은 전혀 건드리지 않으면서 습관적으로 불평불만을 토로할 수도 있다. 배우자는 전혀 배려할 줄 모르는 인간이고, 사무실의 장비는 항상 고장 나며, 말은 자기 말을 듣는 법이 없다는 식이다. 그녀는 자기 인생에 만족하는 법이 없고, 모든 사람에게 불만을 토로한다.

분노를 말로 표현하면 그것을 잘 이해하고 있다고 흔히들 생각한다. 하지만 언어 표현은 아주 중요한 감정에 대한 지적 반응일 뿐이다. 스스로를 직시하고 싶지 않아서 다인에게 강광설을 늘어놓는 경우도 많다. 자신이 분노하게 된 근본적인 원인을 회피하고 싶은 것이다. 사람들은 변화를 두려워하며, 자기 행동에 대한 남들의 평가에 상처받을까 겁먹는다. 그러다보면 습관적으로 싫은 소리를 반복하고 싸우게 되고, 항상 격앙된 모습을 드러낸다. 이런 반복되는 격분은 사실 자기혐오이다. 그런 상황이 오래 지속되면 더는 아무런 감정도 느낄 수 없게 될 것이고, 그런데도 계속해서 격렬한 말을 쏟아내는 것은 자신의 감성을 파괴시킬 뿐이다. 이것은 인생의 도전을 건강하지 않게 비생산적으로 받아들이는 것이다. 상대의 의견이나 반응이 자신을 화나게 할지라도 그대로 받아들이려 노력하는 일이 쌍둥이자리 여성에게 가장 힘든 도전이다.

쌍둥이자리 여성들은 질투심이 강해서, 친구들이 멋진 연애를 하고 좋은 집을 사고 저축을 많이 하면 미치도록 화를 낸다. 그녀는 어쩌면 끓어오르는 질투심을 좌절감 뒤에 숨기고 달콤한 말로 포장하면서 그 존재 자체를 부정할지도 모른다. 아마 다른 사람과 대화를 할 때도 자신의 이런 면이 결코 드러나지 않도록 조심할 것이다.

그런데 아무리 질투심을 숨겨도 분노는 무럭무럭 자라 더는 부정할 수 없는 상태가 된다. 대체로 이쯤 되면 그녀도 더는 버티지 못하고 속마음을 드러낸다. 하지만 그녀는 흥분해서 떠들어댄 내용을 바로 새까맣게 잊어버린다. 사실은 자신이 그런 부정적인 감정들을 가졌다는 사실을 인정하고 싶지 않은지도 모른다.

'변덕스런 공기'의 쌍둥이자리 여성

그녀는 남을 지배하고 조종하려는 마음을 버려야 한다. 자신이나 동료가 일을 아주 잘 처리했을 때도 그녀는 억지로 불평거리를 만들어낸다. 나이가 들수록 이런 성격이 강해져 그녀를 만족시키는 일이 점점 더 힘들어진다. 그녀는 자신이 가는 길에 방해가 되는 모든 사람에게 원한을 품을 것이다. 물론 가볍고 신랄한 농담으로 속마음을 감추기 때문에 갑작스럽게 감정이 폭발할 때만 본심이 드러난다. 그녀는 사소한 무례함에 분노를 터트리거나, 그저 바라보았을 뿐인데 펄펄 뛰며 화를 내기도 한다. 하지만 정말 화가 나는 위기 상황에서는 대체로 냉정을 유지한다. 위기의 순간이 지나고 나서야 관련된 모든 사람을 거세게 비난하는 식이다. 그녀가 무슨 일로 분노를 폭발하게 될지는 결코 예측할 수 없다.

쌍둥이자리 여성이 스스로에게 화를 내는 일은 별로 없다. 무슨 수를 써서라도 그런 상황을 피하기 때문이다. 자신에게 화를 내면서 감정적인 상태가 되면 남에게 휘둘릴까 두려워하기 때문에 항상 자신을 통제하려 노력한다. 누군가 그녀에게 화를 내면 그녀는 논리도, 사실도, 두 눈으로 똑똑히 목격한 사람들도 다 무시하면서 펄펄 뛴다. 무조건 자신이 옳기 때문에 절대 그런 심한 대접을 받을 이유가 없다고 생각하는 것이다.

그녀의 분노는 다양한 형태를 취한다. 누군가와 잘 싸우는데서 즐거움을 느끼는 양자리 여성과 달리 쌍둥이자리 여성은 싸움 전체를 혼자 이끌어가려 든다. 상대는 가만히 앉아서 그녀의 훈계를 들어야 하며, 감히 말대답을 해서도 안 된다. 상대가 3년 전에 저지른 심각한 잘못을 들어 공격 수단으로 삼을지도 모른다. 그녀가 직접적으로 화를 내든 은근히 표현하든 간에, 기본적으로 냉담하고 잔인하고 독선적인 독백이 그 골자를 이룬다. 다른 사람의 말은 들으려 하지 않고 무조건 그들이 잘못했다는 식이다.

쌍둥이자리 여성은 남의 감정이나 동기를 잘 살피지 못한다. 어떨 때는 상대방이나 당면한 문제와 별 상관이 없는 이야기를 하면서 상대를 몰아붙이기도 한다. 상대의 자존심을 상처 입히는 노골적인 말을 쏟아놓고는 다른 사람이 사태를 수습하게 두고 가버리기도 한다. 나중에 '그때 너무했다'고 지적해도, 이미 그 일을 다 잊어버린 그녀는 그런 일이 있었다는 사실조차 부정하면서 상대가 착각을 했거나 너무 과장한다고 할 것이다. 의도적이든 아니든 쌍둥이자리 여성에게는 놀라울 정도로 기만적인 면이 있다.

사실 그녀는 과거 자신이 했던 행동 하나하나를 다 기억한다. 그저 자기 행동에 대한 책임을 거부하고 있을 뿐이다. 그래서 다음번에 같은 상대와 마주쳐 똑같은 일을 반복할 때까지는 모든 것을 망각 속에 묻어둔다.

내가 아는 쌍둥이자리 중 배우자와 함께 사업을 하는 사람이 있다. 그들 부부가 서로 의견이 다를 때면 대체로 심각한 전쟁으로 발전했고, 그녀는 이렇게 말하곤 했다. "좋아, 당신 맘대로 해봐. 내가 아는 건 예전에 내 방식대로 했을 때 잘 됐다는 것뿐이야. 당신이 꼭 바보짓을 하고 싶다면, 그래 좋아, 해보라고."

이해하기 힘든 논리지만 그녀는 논쟁을 벌일 때마다 이 방식을 사용했다. 그녀는 화가 나면 믿을 수 없을 정도로 냉혹해져서, 함께 사업을 하면서 배우자가 보였던 온갖 결점을 모두 열거하고, 그의 태만함을 지적하면서 비웃었다. 하지만 조금만 시간이 지나면 태도가 확 달라져서 싸움이나 논쟁이 있었다고 상상할 수도 없다. 순식간에 상냥하고 부드럽고 사려 깊은 여성으로 돌아온 그녀는 고객들에게 재치 있고 유쾌한 농담을 던지는 것이다.

쌍둥이자리 여성은 감정 때문에 인생이 쓸데없이 성가시게 복잡해진다고 생각한다. 이것은 정말 역설적으로 들린다. 그녀는 감정을 훌륭하게 통제한다고 자부하겠지만, 바로 몇 시간 뒤에는 자신을 억제하지 못하는 상황에 처할 수 있다는 사실을 모르는 것이다. 그녀는 자신을 잘 모르고 있으며, 스스로에 대해 가지고 있는 이미지도 상당히 모호하고 흐릿하다. 그녀의 행동을 비판하거나 통제하려 드는 사람들은 최악의 실수를 범한 것이다. 모든 것을 이끌어갈 수 있을 만큼 자신이 지적이라고 느끼기 때문에 상대가 아무리 영리해도 자신과 비교도 안 된다고 믿는다.

사실 그녀가 겉으로 표현하는 것만큼 자기 확신이 강하지는 않다. 단지 자부심을 과장할 뿐이다. 그녀는 나약함이 성격상의 결함이거나 약점이라 생각하기 때문에 감추려 든다. 그녀도 쉽게 울음을 터트리는 편이지만 상황이 허락할

'변덕스런 공기'의 쌍둥이자리 여성

때만 그렇게 한다. 신경이 너무 예민해져서 더는 버틸 수 없을 때, 자신이 정말 소중하게 여기는 것, 가령 직업을 잃었을 때, 그녀는 울음을 터트린다. 관계를 끝내는 쪽도 항상 자신이기를 바란다. 스스로에게 부여한 이 특권이 침해당하면, 잘못된 상대의 판단을 고쳐주기 위해 전쟁도 불사한다.

쌍둥이자리 여성들이 지나치게 냉정하고 무심한 태도를 보일 때가 있다. 상대를 싫어하거나 존경심이 들지 않으면 전혀 협력하지 않는다. 사업을 하거나 자영업에 종사한다면 이런 성격은 해롭다. 그녀를 가장 화나게 만드는 것은 무능력이다. 매사에 참을성이 없는 그녀는 자기 몫을 다하지 못하는 사람을 보면 불같이 화를 낸다. 부하직원을 시험하기 위해 일을 과중하게 맡겨놓고는, 그들이 일을 하지 않으려 들거나 불평을 토로하면 바로 그들의 능력을 불신한다.

쌍둥이자리 여성은 자신의 분노를 이용해서 사람들을 지배하거나 조종하며 사실을 은폐한다. 12별자리 중 자신의 분노를 가장 잘 파악하고 거기에 신경을 쓰는 것이 쌍둥이자리이다. 그녀는 곧잘 이성을 잃고 흥분하며, 매일같이 심각한 부부싸움을 벌일 수도 있다. 물리적 폭력을 몹시 경멸하지만, 궁지에 몰리면 폭력도 불사한다. 그러다 배우자의 분노가 위협적으로 느껴지면, 물러나면서 '방황하는 어린 소녀'의 모습을 보인다. 물론 10분만 지나면 다시 다른 방향에서 공격을 시도한다.

쌍둥이자리 여성은 의식적으로 뒤로 물러나 자기 행동을 관찰할 필요가 있으며, '다른 사람이 당신에게 해주기를 바라는 대로 그들에게 행동하라'는 불문율이 몸에 배도록 노력해야 한다.

분노에도 긍정적인 면이 있음을 잊지 말고 다음을 명심하라.

· 분노는 정체된 상황에 변화를 준다.
· 분노는 다른 사람에게 생각해볼 기회를 준다.
· 분노는 감정의 표현이며, 그 깊이를 보여준다.
· 분노는 다른 사람에게 당신의 불쾌함을 알리는 아주 솔직하고 직접적인 방법일 수 있다.

- 분노는 사람들 사이의 의혹을 제거해줄 수 있다.
- 분노는 더 노력하고 대화할 필요가 있음을 알려주는 징조이다.

　분노는 현실적인 에너지이며, 이것을 발산한 후에는 문제에 대해 합리적으로 대화를 나누어야 한다. 분노가 몸 안에 남아있으면 질병에 걸리거나, 장기적으로는 죽음에 이를 수도 있다. 특히 쉽게 스트레스를 받고 신경계통에 문제를 일으킬 수 있는 쌍둥이자리 여성들은 결코 감정을 담아두지 말아야 한다. 그들은 감정과 육체가 조화를 이루도록 노력해야 하며, 감정을 표현하되 건강하게, 애정을 가지고 해야 한다. 다음은 분노를 긍정적으로 표현하고 사랑의 몸짓으로 전환하는 방법이다.

- 분노를 표현함으로써 다른 사람이 변하기를 기대하지 마라.
- 다른 사람을 비난하거나 그들에게 변화의 책임을 돌리지 마라.
- 좌절감과 분노를 표현해야 할 책임이 있다는 것을 타인과 공유하라.
- 다른 사람을 상처 입히거나 처벌하기 위해 분노를 이용하지 마라.
- 분노는 자발적이며, 분노를 표현하여 긍정적인 변화를 이룰 수 있음을 알아야 한다.

　분노를 부드럽게 표현하기 위한 열쇠는 '연민'에 있다. 자신과 주변 사람 모두에 대한 연민만이 도움을 줄 수 있다.
　쌍둥이자리 여성들은 선택을 하려면 자유가 필요하다는 사실을 누구보다 잘 안다. 상황을 조작하고 통제하려는 마음을 극복하기만 하면 그녀는 다른 사람의 모범이 될 것이다.
　다음은 쌍둥이자리 여성이 분노를 진정한 감정으로 받아들이도록 도와주는 간단한 요령이다.

- 당신 자신과 다른 사람에게 연민을 가져라.
- 웃어라. 유머는 거리를 만들고, 긴장을 풀어준다.

　　　　　　　'변덕스런 공기'의 쌍둥이자리 여성

- 필요하다면 울어도 좋다. 강물이 범람하듯 눈물이 흘러넘칠 때까지 기다려서는 안 된다.
- 스스로의 감정과 동기를 더 잘 이해할 수 있도록 초연한 마음을 길러야 한다.
- 문제를 논할 때 구체적인 것들에 집중하라. 관련되지 않은 일들로 문제를 확대시키지 마라.
- 상대가 당신을 위협하면서 분노를 표현하도록 허용하지 마라.
- 너무 쉽게 남에게 책임을 전가하지 마라.
- 긴장을 풀고 분노를 줄일 수 있는 건강한 육체 활동을 시도하라.
- 당신 자신의 분노를 인정하고, 상대를 비난하지 않으면서 표현하라.
- 편견 없이 상대의 말을 듣는 능력을 길러라.
- 대결하려 들지 마라.
- 당신이 보통 어떤 식으로 반응하는지 주변 사람들이 알게 해줘야 한다. 그들이 모른다면, 당신의 부정적인 반응을 피할 방법도 알 수 없다.
- 분노를 계기로 해서 다른 사람들과 접촉하라. 침몰할 때까지 뒤로 물러나서 기다리지 말고, 당신에게 분노를 느끼게 한 사람들과 대화를 나눠라. 분노를 적극적으로 표현한 후 당신이 느끼는 좋은 점을 이야기하라.
- 합리적인 태도를 유지하고 다른 사람의 개성을 존중하라.
- 당신의 분노를 지적으로 설명하려 들지 말고 당신의 느낌을 들려주도록 하라. 아름다운 황혼을 보고 느끼는 기쁨을 표현할 수 있다면, 배려할 줄 모르는 상관이나 배우자, 아이들, 부모, 시집 식구들, 친구들에게 느끼는 분노도 표현할 수 있을 것이다.

쌍둥이자리의 생활 방식

쌍둥이자리 여성들의 생활 방식은 그녀의 자유로운 영혼과 이중적인 성격처럼 다양할 수 있다. 그녀는 전형적으로 잔소리 심한 아내가 될 수도 있고, 어떤 조직의 부회장, 성실한 아내이자 엄마, 호사스런 멋쟁이가 될 수도 있다. 어쩌면 그녀는 앞에서 열거한 그 모든 것이 되거나, 적어도 그렇게 되려고 노력할지도 모른다.

현대사회는 다양하게 변하고 있으며, 쌍둥이자리 여성이 원하는 것도 그것이다. 그녀는 해방운동의 선두에 서는 경우도 많다. 특정한 입장이나 신념을 호소하는 탁월한 언어능력은 다양한 하위 조직을 만들어내는데 도움이 된다. 그녀의 입을 거치면 모든 것이 매력적으로 변하기 때문에 사람들은 즐거운 마음으로 지체 없이 끼어든다.

그녀는 마음 깊은 곳에 자리한 고독감 때문에 다양한 사람들, 다양한 경험들을 찾아 이리저리 옮겨 다닌다. 다른 한쪽 쌍둥이를 찾기 위해 다양한 사람들을 사귀어보지만, 자신이 원하는 사람을 어디서 찾을 수 있을지는 점점 더 모르게 될 것이다.

영리하고 재치 있는 그녀는 사람들을 주위로 끌어들이며, 어떤 집단에서는 '비공식적으로 숭배되는' 일종의 우두머리 역할을 할 때도 많다. 하지만 아무리 흥미진진한 인간관계를 많이 맺더라도 친밀감이 부족하기 때문에 대체로 오래가지 못한다.

사람들이 그녀의 생각과 관심사를 따르는 경우도 많다. 그녀의 외향적인 성격이나 겉으로 드러나는 자신감, 방대한 지식과 세속적인 기질에 매료되어서, 그녀가 택한 특정 생활 방식을 받아들이려 하는 것이다. 쌍둥이자리 여성들은 새롭고 색다른 방식을 시도하도록 친구들을 자극하기도 한다. 예를 들어 아주 따분한 성생활을 하는 친구가 있다면 특이한 섹스 기구를 사용해보라고 권하는 식이다. 또 따분하고 달라질 게 없는 결혼생활을 하고 있는 여자 친구들에게 혼외정사를 부추길 수도 있다.

그녀의 태도에는 다소 무모한 점도 있어서, 자기 아들딸이 10대의 첫 경험에 대해 조언을 구하러 오면 신중하기보다는 흥분된 관심을 보일 것이다. 그녀는 가장 최근에 나온 피임법에 대해서도 환히 꿰고 있어서 아이들 방에 안내

책자를 갖다 놓을 수도 있다. 그녀는 아이들이 자신의 행복을 찾기 위해 전통 사회에 반항하면 자랑스럽게 생각한다.

쌍둥이자리 여성들이 너무 다양한 생활 방식이나 습관을 받아들이려다가 오히려 그 어느 것도 제대로 하지 못하는 수가 있다. 그들은 자신이 처한 환경에 더 시간을 들이도록 노력해야 한다. 그래야 함께 하는 사람들의 생활의 질을 높일 수 있다.

대안적인 생활 양식

- 독신생활: 쌍둥이자리 여성들은 상대방을 이상적으로 미화시키면서 그와 결혼하게 된다. 그녀가 지루해하지 않을 정도로 뛰어난 능력을 갖춘 남성은 드물기 때문에, 그들은 대체로 한 번 이상 결혼한다. 독신생활은 일상에서 벗어난 자유를 허용하며 누구에게도 맞출 필요가 없다는 점에서 표면상으로는 그녀의 관심을 끌 수 있다. 하지만 독신일 때는 고독감이 깊어진다. 그녀는 일상생활에서 자극을 얻고, 연인이나 배우자와 함께 즐거움을 키워나가는 법을 배워야 한다.

- 개방결혼: 이런 방식이 자극과 변화를 갈망하는 그녀에게 최고의 해결책이 될 수 있다. 물론 거기서 파생되는 질투심을 조절해야 한다는 문제는 있지만, 누구도 끼어들 수 없는 특별한 사랑에 대한 그녀의 믿음이야말로 개방결혼의 철학에 잘 부합한다. 서로 터놓는 솔직한 결혼생활에서 신뢰는 절대적인 전제 조건이다. 그녀가 배우자를 신뢰한다면, 이런 생활 방식이 제공하는 자유를 망설임 없이 그에게 허용할 것이다. 또한 이런 생활 속에서 만나게 되는 연인들이 모두 이상적인 배우자일 수는 없음을 받아들인다면, 개방결혼에 쉽게 적응할 것이다. 어쩌면 누군가를 알아가면서 평소 그녀를 괴롭히던 권태감에서 벗어날지도 모른다.

- 삼자결혼: 쌍둥이자리 여성은 항상 중심이 되어서 명령하고 요구하며, 떠받들어지기를 바란다. 따라서 삼자결혼을 택할 때도 다른 두 사람이 모두 그녀를 중심으로 존재해야 한다. 그녀는 아주 매혹적이고 자극적이어서 별 어려움 없이 두 사람을 동시에 사로잡을 수 있다. 하지만 이런 생활 방식의 기본전제는 세 사람이 서로를 공유하며 공동의 성관계를 가진다는 생각이다. 하지만 다른 사람을 배려할 줄 모르는

쌍둥이자리 여성은 그런 방식을 이해하지 못할 것이다.

- 공동생활: 공동생활은 쌍둥이자리 여성에게 몹시 커다란 자극과 만족을 줄 수 있다. 하지만 아주 큰 집단이어야 한다는 조건이 붙는다. 바람처럼 어떤 집단을 휘저어놓는 그녀는 사람들을 자극하고 흥분시키면서 진취적인 정신을 불어넣어준다. 그녀에게는 다른 사람의 재치와 재능을 끌어내고 더 열심히 노력하게 만드는 재주가 있다. 그녀가 성공적인 공동생활을 하려면, 긴장을 풀고 행동에 일관성을 보이도록 노력해야 한다. 쌍둥이자리 여성들은 권태로 인해, 혹은 조금 더 흥미진진하고 마음이 끌리는 일을 위해, 주기적으로 손을 털고 떠나버리는 경향이 있다. 단체생활에서 가장 중요한 것은 서로에 대한 신뢰감과 자기 몫을 다하는 책임감이다. 쌍둥이자리 여성은 교묘하게 조종하는 성격도 억제해야 한다. 친구들 간에 불화를 초래할 뿐이기 때문이다.

- 동성애나 양성애: 이 생활 방식이 쌍둥이자리 여성의 흥미를 끄는 이유는 아주 다양하다. 우선은 그것이 모든 대안적인 생활 방식 중 가장 사회적으로 물의를 빚는 유형이라는 점만으로도 쌍둥이자리 여성의 흥미를 자극하기에 충분하다. 종종 비밀스럽게 이루어지는 이런 생활 방식은 그 세력을 모으고 확산하기 위해 은밀한 의사소통을 필요로 한다. 쌍둥이자리 여성은 낯선 사람들과 이야기 나누기를 좋아하며, 동성애 집단의 단단한 결합력은 그녀에게 다시없는 공연장을 제공한다. 문제는 그녀가 다른 여성들과 잘 사귀지 못한다는 점인데, 진정한 자존감과 타인에 대한 연민만이 이 문제를 해결해줄 수 있다.

쌍둥이자리의 개괄적 특징

쌍둥이자리 여성은 세상에서 가장 흥미진진한 여성이다. 그녀에게는 긍정적인 부분이 아주 많지만, 불안정한 성격과 영혼의 동반자를 끝없이 찾아 헤매는 탓에 그 빛이 바래는 경우가 많다. 그녀는 행복하고 진취적인 여성이 될 모든 조건을 갖추고 있지만, 그런 장점들이 마치 바람에 흩날리는 미루나무 씨앗처럼 여기저기 분산되어 흩어져버린다.

쌍둥이자리 여성들은 천성적으로 '협동', '자기 개발', '노력해서 이룬다'는 등의 생각을 거부한다. 지루하고 따분하게 들리기 때문이다. 그녀는 평범한 일상에서 기쁨을 찾고, 성장에 필요한 일관성을 위해 어떤 일을 반복할 수 있도록 노력해야 한다.

쌍둥이자리 여성이 환상에서 벗어나고 어두운 공상의 세계에서 벗어날 때, 그녀는 아주 찬란하게 다시 태어날 것이다. ★

6.22/23
~
7.22/23

'새빨간 물'의
게자리 여성

Cancer

상상력이 풍부한

성 충동이 강한
감각이 예민한
과거를 그리워하는
불명하는
감상적인
자력을 발휘하는
집요한

주관적인
직관적인
내성적인

여성적이고 신비로운 분위기

물질중심의
미묘한

감정적인　교묘한　속임수를 쓰는
환상에 빠지는　　　과민한
인내심 많은　　마음이 좁은
　　　　복수심이 강한

위험을 무릅쓰는

겁 많은
과잉보호하는
노심초사하는
안전을 추구하는
가정적인

환상에 빠지는

침울한
불안정한 자아
자부심이 약한
소유욕이 강한
자기중심적인
이기적인
뛰어난 유머 감각
극적인

위에 나열된 특성들은 단지 한 시기를 묘사하고 있으니,
당신과 맞지 않는다고 생각되면 지금 당신이 어느 시기에 있는지
다른 별자리에서 찾아보세요.

게자리의 성격

미치광이들, 연인들, 시인들 모두 상상력이 풍부하지요.

– 윌리엄 셰익스피어, 『한 여름밤의 꿈』에서

일반적인 특성과 배경

게자리 여성은 매혹적이고 변화무쌍하며 신중하고, 요정이자 뮤즈, 어머니, 시인이다. 그녀에게는 실천가 기질과 몽상가 기질이 공존하는데, 그 두 측면이 서로 마주치는 지점이 없다.

게자리는 특히 달과 관련이 많다. 게자리 유형의 사람들을 '달의 아이moon child'라 부르는 까닭도 여기 있다. '아이'라는 꼬리표도 감상적인 게자리 여성에게 잘 어울린다. 게자리 유형의 사람들은 대체로 얼굴도 둥그스름해서 육체적으로도 보름달을 닮았다.

성경에서는 달을 생명의 나무에 비유한다. 게자리 여성은 바로 이 생명의 나무처럼 물질적인 면에서 다른 사람을 품고 키워주는 존재이다. 그녀는 식량, 집, 출산 같은 기본적인 것과 관련이 많다. 또한 감정이 육체나 정신, 논리적인 면보다 강한 편이다. 흔히 에로스를 여성적인 것으로, 로고스를 남성적인 것으로 해석한다. 게자리 여성은 분명 에로스는 풍부하지만 로고스는 과소평가하는 면이 있다.

바닷물이 달의 영향을 받아 밀물과 썰물을 반복하듯이, 게자리 여성의 성격도 끝없이 변화한다. 그런데 그녀 안에는 변화에 대한 저항감도 깊이 뿌리내리고 있다. 그녀는 평생 이 두 가지 모순된 성격의 균형을 유지하기 위해 노력해야 한다. 인생을 통제하기보다는 살아가는 법을 배워야 하며, 인생이 예측 불가능하고 역동적인 과정임을 받아들여야 한다. 그리고 감싸기만 하는 엄마 역할

'새빨간 물'의 게자리 여성

을 넘어서서 전체적으로 성숙한 인간이 되어야 한다.

12별자리 중 네번째에 해당하는 게자리는 새빨간 물을 상징한다. 물과 관련된 별자리로는 전갈자리와 물고기자리가 있다. 그러나 게자리의 새빨간 속성은 그녀를 그 두 별자리와 다르게 행동하고 자기표현을 하게 몰아댄다. 또한 게자리 여성의 모순된 성격 때문에 과거 속에서 살고 싶어하지만 현재에 닻을 내리게 한다. 새빨간색은 가정을 넘어서서 자기 세계를 확장하려는 욕망을 심어준다. 하지만 그녀에게는 물의 요소도 있어서 그것을 꺼린다. 그녀는 감정적이고 감수성이 강하며 수용력이 있고 상상력이 풍부하고 영적이며 주관적이고 극적이고 관대하고 자신에 대해서도 관대하다.

게자리 여성들은 영적인 감명에서부터 패스트푸드에 이르기까지 모든 종류의 에너지를 쉽게 흡수하고 간직한다. 하지만 그것을 방출하는 데는 어려움을 겪는다. 궂은날을 대비해서 비축하는 형이며, 불필요한 감정들과 피하지방까지도 축적할 운명이다. 게자리 여성들은 전형적인 비만 체질로 평생 덩치가 큰 편이다.

게자리 여성의 집은 수집품들로 가득하며, 마찬가지로 자기 집에 초대한 사람들에게 끝없이 음식물을 내놓아 그들의 배를 그득 채운다. 아마 그녀의 아이들은 동네에서 가장 건장하고 영양 상태가 좋을 것이다. 또한 훌륭한 정원사에 가사에도 뛰어나고 배우자에게는 관능적인 뮤즈이고 아이들에게는 최고의 엄마가 된다.

절대 게자리 여성들을 과소평가하거나 볼품없는 여성으로 간주해서는 안 된다. 대부분 공적으로 중요한 책임을 맡으며, 널리 알려진 인물이 되는 경우도 많다. 뛰어난 연설가, 이야기를 잘하는 사람, 유머가 뛰어난 인물이기도 하다.

게자리 유형의 여성은 게자리에 태양이나 다른 주요 별이 있을 때, 혹은 게자리의 기운이 상승하거나 달의 기운이 강할 때 태어난 여성이다. 게자리 유형은 앞에서 나열한 목록과 같다.

또한 게자리 유형은 일시적으로 게자리 시기를 거치는 사람들도 포함한다. 게자리 시기는 다음 특징을 보인다.

- 생명을 잉태하고 기르는 생물학적 혹은 상징적 모성을 보인다. 게자리 시기를 거치는 여성은 전업주부가 되어 아이를 돌보거나, 직장이나 동네에서 만나는 모든 사람들을 어머니처럼 돌본다.
- 둥지를 틀고, 바깥세상의 위험으로부터 보호하고 돌보며, 오아시스 같은 환경을 마련한다. 게자리 여성들은 원예에 재능이 있어서 마당에 정원을 가꾸거나 수목원에서 키운 듯 싱싱한 화초들로 집 안을 채운다.
- 갑자기 요리학원을 다니려 들거나, 수집벽이 생기거나, 실내장식, 화초 재배, 혹은 재택치료 사업을 시작하려 한다.
- 엄매나 신령 모임 같은 신령 현상에 진지하게 몰두한다. 이 시기에 환영이나 투시, 텔레파시, 각성을 얻는 경우가 많다.
- 음식에 탐닉하고 자잘한 근심에 빠져든다. 이것은 게자리 여성들이 맹목적으로 빠져드는 대상이다. 자기에게 소중한 사람이나 집, 가정 문제에 대해 근심하는 것이 게자리 시기를 거치는 확실한 징후가 된다.
- 침울한 모습을 자주 보이거나 생존과 직결된 기본적인 문제에 몹시 신경을 쓴다. 어머니나 그에 필적하는 사람들과의 관계에 문제가 생긴다.
- 출생지로 돌아가고 싶은 욕구를 강하게 경험한다.
- 위장, 소화기관, 유방이나 가슴부위, 자궁, 점막, 팔꿈치에 이상이 생긴다.

게자리 시기를 거치는 여성이 최상의 의식 상태에 이르면 전반적으로 보호받는 존재가 되며, 소유욕에 불타거나 에너지를 낭비하는 일 없이 우주적 모성애를 느끼고 즐긴다.

게자리가 흔히 택하는 직업은 농업, 동물 사육, 제빵, 생화학, 선박 등의 일이다. 암을 다루는 일을 하기도 하며, 관리나 음식 조달, 수집, 무역이나 은행업, 요리, 가사일(일반 가정의 일을 돌보거나 정치적으로 국내 일을 다루는), 사이코드라마, 물 치료법, 감정과 관련된 일들 즉 상담, 이런 경우 꼭 대화에만 의존하는 것이 아니라 다른 방식들을 차용한 상담 치료, 심령 현상을 다루는 초심리학, 어업, 화초 재배, 음식 준비나 식품 저장, 원예, 유리 세공, 가사일, 호텔 업무, 주방 관련업이나 주방용품, 땅과 관련된 일(뭔가 기르거나 부동산 매매 등), 판매 촉진, 기상학, 유제품 관련업, 육아, 영양학, 조산원, 관리직, 판매와 구입, 인접 지역이나 수상가옥 건축, 배관공사, 자치도시 행정, 부동산, 식당, 은을 다루는 일, 수영장, 선술집, 사회복지사업, 가게 운영, 여성들과 관련된 직업을 갖는다.

주관적인, 직관적인

게자리 여성들은 자신이 우주의 중심이라도 된 듯 행동하는 경향이 있다. 그녀에게는 자신이 느끼고 파악한 모든 것을 평가하는 자기만의 궁극적인 기준이 있다. 논리적인 사람들은 자기 밖에서 객관적인 기준을 찾지만, 주관적인 게자리 여성은 항상 육감을 따른다. 그녀는 겉표지를 보고 책을 판단하기보다는 그 '분위기'로 판단한다. 또한 자신의 직관을 가장 확신하며, 자신이 받는 느낌을 끊임없이 영적인 여과장치로 걸러낸다. 자신의 느낌을 객관적인 사실로 간주하기 때문에 과학적으로 확인할 필요도 별로 느끼지 않는다.

게자리 여성에게 감정은 꽤 분명한 사실이다. 그녀가 논리를 사용하기를 싫어하는 것은 아니다. 단지 논리가 필요하다고 여기는 경우가 드물 뿐이다. 동네 사람들이 모두 3월에 구근을 심을지라도, 그녀는 5월 보름이 오기 전에 씨를 뿌리거나 뭔가 심는 것이 어리석은 일임을 알고 있다. 그리고 그녀의 정원이 항상 그녀의 신념을 뒷받침해준다.

게자리 여성은 주관적이다. 그녀는 매사를 특별하고 개인적인 관점에서 바라보는데, 이것은 그녀의 정서적 배경과 깊이 결부되어 있다. 브리지 게임을 할 때도, 예산을 세울 때도, 내년에 있을 선거나 딸의 성적을 예측할 때도, 옷장을 고르거나 장미나무를 심거나 배우자의 마음을 살필 때도 직관을 사용한다.

그녀는 뛰어난 심리 치료사가 될 수 있다. 사람들의 마음을 꿰뚫어보고 종종 그들이 미처 의식하지 못한 것들까지 파악하기 때문이다. 특히 가족 문제를 예민하게 파악하며, 사람들이 자기 집안이나 어머니로부터 어떤 영향을 받았는지에 대해 뛰어난 직관력을 보인다.

내성적인, 침울한

게자리 여성은 무슨 수를 써서라도 충돌을 피하려 한다. 그래서 열정적인 행동을 피한다. 큰소리치는 일은 사자자리에게 맡기고, 사람들에게 자기 의견을 주입하는 일은 양자리에게 맡긴다. 게자리는 옆에 지키고 섰다가 눈에 띄지 않게 슬쩍 미끄러져 들어갈 기회를 엿본다. 그녀는 결코 평지풍파를 일으키지 않는다. 차라리 조용히 노를 젓는 스타일이다. 물론 그 배는 반드시 목적지에 도달한다.

그녀는 감상적이고 내성적이며, 깊이를 헤아릴 수 없는 자기 본성 깊숙이 잠수해서 커다란 즐거움과 다양한 정보를 얻는다. 비위에 거슬리는 일이 있으면 그저 등을 돌리고 비틀거리며 떠나버릴 뿐이다. 그것이 후퇴하는 일이 되어도 전혀 개의치 않는다. 충분히 기다리면 자신이 원하는 대로 될 것을 알기 때문이다.

그녀는 달의 지배를 받아서 달의 주기에 따라 한 달에 네 번씩 기분이 달라지곤 한다. 이런 변덕스런 기질을 통제할 수 있어야 한다. 게자리는 태양이 지배하는 시기와 달이 지배하는 시기에 각각 영향을 받으며, 날씨의 변화에도 민감하다. 많은 게자리 여성이 보름달이 뜨면 감정이 고조되고, 2주일 뒤 초승달이 뜨면 신경질적이 된다.

게자리 여성은 가장 생산적이고 유쾌한 방향으로 자신의 영적 감수성을 활용하도록 노력해야 한다. 최악의 상황은 그 감수성 뒤에 숨은 예지력이나 수시로 변하는 자신의 기분에 두려움을 품는 것이다. 자신의 감수성을 축복으로 받아들이고, 주변 사람들이나 자신에게 보탬이 되도록 활용해야 한다.

감정적인

게자리 여성은 일반적으로 거대한 불안 속에서 살아간다. 사람들이나 분위기에 몹시 민감하고, 어제 신문 1면에서부터 은행 근무시간 변경에 이르기까지 매사에 감정적으로 과민반응을 보인다. 하지만 감정을 숨기는 경우가 많기 때문에, 잘 모르는 사람들은 그녀가 잔잔한 물결 위에 떠 있는 배처럼 평온하다

'새빨간 물'의 게자리 여성

고 생각한다. 사실은 예측할 수 없는 바다를 더 닮았는데 말이다.

헛된 공상에 잠기거나 지나치듯 던지는 말 한마디가 그녀를 격분 상태로 몰아넣을 수 있는데, 이처럼 흥분하면 위장이 조여드는 느낌을 받는다. 그녀는 근심 걱정이 직업인 양 세상 걱정을 혼자 도맡아 하는 사람이다. 음악을 좋아해서 노래나 소나타를 들으면 낭만적인 꿈에 잠기곤 한다. 꽃, 향, 그림들도 오래된 추억을 되살리고 강렬한 감정에 사로잡히게 한다. 그럴 때도 게자리 여성은 격렬한 반응을 보이기보다는 반쯤 잠든 듯한 모습을 보인다

상상력이 풍부한, 환상에 잠기는

게자리 여성은 머릿속에 이야기책을 가지고 태어나는 것 같다. 또한 루벤스 같은 화가가 옮겨 그리고 싶어 할 내면 풍경화를 갖춘 것 같다. 그녀가 먼 곳을 바라보거나 상대의 눈을 만족스럽게 응시할 때면, 양치기들이 뛰어다니는 목가적인 전원풍경이나 펠리니의 영화같이 전희에 몰두하는 열정적인 연인의 모습을 상상하고 있을지도 모른다.

그녀는 포르노에 버금가는 관능적인 상상력이 있어서, 마초 스타일의 남성이나 우아한 SM 파티, 로마식 욕탕과 쾌락을 위한 방을 따로 갖춘 화려한 집 등에 대한 백일몽에 잠기곤 한다.

감수성이 풍부해서 위기 상황을 제외하고는 행동하기보다 몽상에 빠진다. 물론 필요할 때면 그녀도 당당하게 상황에 대처한다. 그녀는 평소에는 백성을 지배하는데 관심 없는 여왕처럼 행동한다. 하지만 아이들이나 가까운 사람에게 문제가 생기면 재빨리 대응한다. 아무래도 그녀는 외부 세계보다 자신의 백일몽과 내면세계를 더 좋아하는 것 같다. 물론 마음먹었을 때는 정말 훌륭하게 역할을 다한다.

인내심 많은, 무엇이든 간직하고 기억력도 좋은

게자리 여성의 인내심은 가히 전설적이다. 그녀는 약속 장소에 나오지 않는 상대를 아주 오랫동안 기다릴 수 있으며, 그런 식으로 신용과 애정, 권력을 얻

어내기도 한다. 조금씩 침식해 들어가 마침내 거대한 산에 물길을 내고야 마는, 물이 가진 끈질긴 힘이 바로 그녀의 인내에 버금간다.

그녀는 경쟁이 치열한 사회도, 항상 서두르는 사람들도 이해하지 못한다. 사소한 일로 궤양을 얻거나 심장 발작을 일으킬 마음도 전혀 없다. 불의 지배를 받는 별자리 여성들은 사람들을 팔꿈치로 밀어대며 마구잡이로 나가지만, 게자리 여성은 결코 그런 격앙된 모습을 보이지 않는다. 그저 천천히 그리고 세심하게 상황을 타진할 뿐이다. 그러면서 자신이 다가갈 필요 없이, 아니 그전에 세상이 자신에게 다가오기를 기다린다.

그녀는 매사에 지키고 소유하는 태도를 보인다. 정치적으로는 부수적인 편이고, 옛 가치관과 생활 방식에 집착한다. 경제적으로는 대체로 근검절약하며 모은 돈을 내놓지 않으려 든다. 사람들과 사귈 때도 오랫동안 우정을 지속하는 편이다. 크리스마스 의식이나 생일 축하 카드를 즐겨 챙기고, 몇 년이 지나도 관계를 유지한다. 사랑 문제에서는 아마도 배우자와 가정에 집착할 것이다. 육체적으로는 습한 편이고, 칼로리 과다로 쉽게 살이 찐다.

그녀의 기억력도 대단히 훌륭하다. 별 노력 없이 어린 시절 일들을 기억해내고, 초등학교에서 배운 것도 쉽게 떠올린다. 유행이 지난 패션을 좋아하는 편이고, 막연히 구식이라는 느낌이 들지만 나름대로 매력 있는 예쁘장하고 여성적인 스타일의 옷을 잘 입는다. 그녀는 옷깃에 수가 놓여 있거나 결코 유행을 타지 않는 전통적인 맞춤옷을 좋아한다.

겁 많은, 과잉보호하는, 안달하는

게자리 여성은 상상 속에서 엄청난 수의 용을 죽인다. 용은 게자리 여성이 물리쳐야 할 어려움이고 장애물이다. 어쩌면 이것은 게자리 여성들이 다른 누구보다 더 많은 용들과 살기 때문인지도 모른다. 아마 이런 점에서 게자리 여성에 버금가는 여성은 대체로 침울한 상태에 빠져 있는 물고기자리 정도일 것이다.

달의 여성은 잔걱정이 많다. 사랑하는 사람들을 보호하려고 지레 걱정을 하기 때문에, 불평하고 성가시게 잔소리를 하고 푸념하고 감언이설로 속이고 유혹한다. 그렇게 속을 끓이면서 조바심을 쳐야 비로소 자신이 다른 사람들의 생활에 동참한다는 느낌을 받는 것 같다.

그녀의 자신감을 좀먹는 것은 두려움이다. 그녀는 뱀이나 거미, 높은 곳에 공포심을 느낀다. 두려움은 그렇지 않아도 자발성이 부족한 그녀의 추진력을 가로막으며, 이것이 개인적, 직업적 성장을 막는다. 그녀는 두려움 때문에 안전한 길, 이미 알고 있는 길에 매달린다. 가히 전설적인 정도로 자녀를 과잉보호하는 것도, 사람들이 질식할 것 같다고 느낄 정도로 그들을 돌보려 하는 것도 그 때문이다. 진심으로 다른 사람들을 편안하게 해주고 싶다고 생각하기 때문에 그만큼 그들의 안전과 행복에 대해 염려하는 것이다.

10대 자녀 주위를 숨 가쁘게 배회하면서 잊지 말고 우유를 갖고 들어와라, 길모퉁이에서 경찰관에게 인사해라, 점심시간에 아빠한테 전화해라, 술 마시지 마라, 제시간에 집에 와라 등 훈계하는 엄마가 전형적인 게자리 여성이다. 추운 겨울이면 아랫목에 아이의 잠옷을 데우고, 손님을 초대하면서 디저트를 세 종류나 준비하고, 온갖 요정이나 동화 속 주인공이 되려는 듯 집을 장식한 여성을 보거든 바로 그녀가 게자리라고 생각해도 좋다.

안전을 추구하는, 가정적인, 물질중심의

경제적 안정과 생존에 필요한 물질을 염려하는 일에서 게자리 여성에 버금가는 여성은 황소자리밖에 없다. 게자리 여성들은 기본적인 것을 중시한다. 그들은 음식을 준비하고 집을 꾸미고 화려하지는 않더라도 편안한 생활을 확보하는 데 마음이 온통 쏠려 있다. 섹스도 불안한 아이들이 안심하기 위해 붙잡고 다니는 천 조각처럼 이용하는 편이다.

그녀의 입장에서는, 어릴 때부터 꿈꿔온 이상적인 가정을 갖지 못한 사람들은 모두 이 세상에 뿌리내리지 못한 불행한 이방인이다. 그리고 맛있는 식사와 다정한 가족이 모든 사람에게 꼭 필요하다고 믿는다.

게자리 여성은 미리 계획을 세우며, 그 계획의 중심에는 물질적 안정이 있다. 그녀는 절대로 충동구매를 하지 않고, 쉽게 달라지는 유행에는 관심이 없다. 착실하게 모으는데 더 관심이 있는 것이다. 돈은 더 많은 돈을 낳을 것이고, 집값도 올라갈 것이다. 옷, 보석, 가구도 영구적인 가치를 가진 것들만 의미를 갖는다.

그녀는 어떤 일이 있어도 신중함을 포기하지 않는다. 운명이 자신을 보호해 주리라 믿지 않기에 직접 자신을 보호하고자 하며, 항상 어려운 시기가 닥쳐오고 있다고 느낀다. 사실 그녀는 좀 비관적이거나 아주 현실적이고, 자기 생각에만 의지한다. 그녀에게 안정을 보증하는 진정한 징표는 현금이다. 아마 그녀는 적어도 두 곳 이상의 은행과 거래할 것이다.

존재의 불확실성에 지나치게 연연하는 게자리 여성들은 내일을 위해 재산을 모으느라 현재의 삶을 외면하는 구두쇠가 될지도 모른다. 하지만 물질에 집착할수록 더 불안해질 뿐이고 결국 몸무게는 늘어나고 인생을 즐기는 일은 줄어들 것이다.

미묘한, 교묘한 속임수를 쓰는

게자리 여성은 미묘하면서도 극적으로 거미줄을 친다. 아무리 평범한 일도 그녀의 상상력을 자극하기 때문에 그녀는 온갖 사람들에게 관심을 보인다. 그녀는 사람을 빤히 응시하기보다는 곁눈질로 평가하는 스타일이다.

그녀가 살림을 끌어가는 방식은 가히 예술적이어서 생활의 예술이라 할 만하다. 또한 무슨 일에든 직접 참여하는 쪽이고, 관찰자로 머무는 일은 극히 드물다. 물론 그녀가 항상 화려하게 주목받는 중심에 서는 것은 아니다. 하지만 무대 뒤에서 벌어지는 일을 알고 있는 유일한 인물이 되는 경우가 많다. 그녀는 미묘하게 감추어진 실마리를 직관의 눈으로 읽어내며 그것을 사람들에게 알려준다.

물의 지배를 받는 게자리 여성이 어떤 것에 대해 정면에서 단도직입적으로 얘기하는 경우는 거의 없다. 빙 둘러서 표현하는 쪽이 더 편하고, 재기를 발휘해서 사람들을 놀라게 하는 경솔함보다는 은근하게 암시하면서 사람들 마음에

'새빨간 물'의 게자리 여성

그럴지도 모른다는 생각을 심어주는 쪽을 더 좋아한다. 친한 사람에게 바라는 뭔가가 있을 때도 자신의 요구를 직설적으로 표현하기 힘들어한다. 그녀는 자신이 원하는 것을 요구하지 못할 때가 많고, 적절한 시기를 놓치는 경우도 있다. 그녀는 상대가 자신을 정말 사랑한다면 당연히 자신이 바라는 것을 알아야 한다고 생각한다.

그녀는 반대 의견이나 대립을 거북하게 생각하며, 실망했다거나 감정이 상했다는 표현도, 공격이나 위협도 잘 받아들이지 못한다. 비웃음을 살까 두려워하는 마음도 강해서, 그런 상황을 피하려고 게처럼 껍질 속으로 쏙 들어가버린다. 이처럼 방어 본능이 있는 까닭에 그녀가 어떻게 느끼는지 알기란 거의 불가능하다. 그 때문에 그녀를 사랑하는 사람들은 아무 잘못도 없이 도움이 되지 않는 무지한 방관자라는 느낌을 받는다.

그녀가 넌지시 던져주는 실마리는 포착하기 어려울 정도로 미묘하다. 워낙 신비감을 좋아하는 데다가 아마 그런 식으로 관계에서 우위를 차지하고 싶은 것인지도 모른다. 시끄러울 정도로 크게 떠들어대고 요란하게 행동하고 공공연하게 공격하는 것은 그녀 스타일이 아닐뿐더러, 자신의 천성대로 내성적으로 행동해야 항상 더 많은 것을 얻는다고 생각한다.

주변 사람들에게 미묘한 속임수를 쓰는 것이 성공할 때도 많다. 하지만 장기적으로 볼 때, 특히 연애 문제에서는 톡톡히 대가를 치를지도 모른다. 계속해서 그녀의 계략에 넘어가고 속다보면 연인도 화가 날 것이기 때문이다. 세상의 누구도 함께 초래한 상황에 대해 혼자 책임지거나 비난받는 것을 좋아하지 않는다. 그런데 게자리 여성이 연인을 몰아넣는 상황이 바로 그런 것이다.

과민한, 마음이 좁은, 복수심이 강한

게자리 여성은 비난이나 비판, 공격에 쉽게 상처를 받으며, 사회성이나 개인적 감수성이 부족한 사람들을 불편하게 여긴다. 아주 민감해서 고의가 아닌 무례에도 쉽게 상처받는다. 뛰어난 기억력도 상황을 악화시킨다. 그녀는 어쩌면 쌍둥이자리 여성이 별생각 없이 던진 말에 대해 한 마디 하려고 내내 기억하고 있을지도 모른다. 한 10년쯤 뒤에 그 쌍둥이자리 여성이 놀러 왔다가 게자리 여성이 냉담하고 고약하다는 느낌은 받겠지만 아마 그 이유는 결코 알지 못할 것이다.

게자리 여성은 그것이 실제이든 상상 속의 일이든 무례함을 견디지 못한다. 그녀는 아주 주관적이기 때문에 거의 모든 것을 개인적으로 받아들이는 성향이 있다. 그녀는 자신과 가족이 무시당한다고 느끼면 반드시 앙갚음하려 든다. 배우자가 부정을 저지르고 있다는 의심이 들 때도 극도로 앙심을 품는다. 천성적으로 잔인함을 타고난 그녀는 그가 톡톡히 대가를 치르게 만들 것이다. 계속 토라져서는 무정하게 대하고, 흥청빙청 떠들썩하게 놀면서 드잡을 일삼는 정도는 보통이다.

성 충동이 강하고 감각이 예민한

게자리 여성은 유쾌한 놀라움으로 가득하다. 그녀는 숫기가 없으면서도 성에 관심이 많고, 직관적이면서도 동시에 육체를 매우 중시한다. 이런 모습 때문에 남성들이 저항하기 힘든 매력을 느낀다. 그녀는 몹시 호감 가는 여성이고, 약속하지 않아도 많은 것을 주는 사람이라는 느낌은 어떻게든 전달한다. 그녀는 충실하게 가정을 지킬 수도 있고, 세계적인 성공으로 이어지는 사다리를 올라갈 수도 있다. 하지만 어떤 경우에도 깊고 원시적인 관능의 세계를 떠나는 일은 없다. 보라색과 남색이 그녀가 좋아하는 색인데, 그녀의 성적 본능도 뜨겁게 맥박 치는 보랏빛 욕망으로 전율한다.

게자리 여성들은 감각적이라 할 수 있다. 그들이 옷과 장신구가 가득 진열된 상점을 돌아보는 모습은 몹시 인상적이다. 지나치면서 거의 모든 것들을 하나하나 만져볼 것이기 때문이다. 그들은 실크, 스웨이드, 모피 같은 것을 단순히 손가락 끝으로가 아니라 손바닥 전체로 몇 번이고 쓸어본다.

또 보는 것만으로는 만족하지 못하고 직접 느껴보고 싶어한다. 다른 사람들처럼 말재주는 없지만, 육체에 닿는 느낌이 그녀에게 더 현실적이고 어떤 면에서는 더 중요하다. 살아가고 숨 쉬는 것처럼 섹스도 삶의 일부라고 생각하기에,

마치 걷고 냄새 맡고 요리하고 웃는 것처럼 자연스럽게 섹스를 받아들인다. 그녀는 몸 전체로 신비로운 분위기를 자아내고, 완벽하게 안주인 노릇을 하면서 직관적으로 대처하여 함께 하는 사람이 감탄하게 만든다. 그녀는 침실에서 누구에게든 즐거움을 줄 수 있다. 물론 그가 그녀의 마음을 사로잡은 연인이고, 섬세한 사람이어야 하며, 그녀가 그를 유능하다고 판단했을 때에 한해서이다.

과거를 그리워하는, 불평하는, 감상적인

게자리 여성의 영혼은 과거와 굳게 결합되어 있으며, 어머니나 할머니가 그 매개 역할을 하는 경우가 많다. 그녀는 현재의 도전을 무시하고 미래가 퇴폐적인 것이 될까 두려워하면서 과거의 영광을 아쉬워한다. 그러니 그녀가 때때로 불평을 늘어놓는 것도 그리 놀랍지 않다. 사실 그녀가 과거에 대한 환상에 잠기고 거기에 비추어 현실을 판단하는 이상, 현재는 결코 가치 있는 모습으로 비치지 않을 것이다.

과거를 돌아보지 말라고 하면서 21세기의 놀라운 모습을 그녀에게 보여주면 추억을 접을지도 모른다. 하지만 그것도 그 순간뿐이다. 영화 〈전쟁과 평화〉, 〈바람과 함께 사라지다〉, 〈안나 카레리나〉가 과거를 되돌려놓을 것이고, 그녀는 그 속에 빠져들어 눈물을 닦고 흐느끼면서 자신을 혼자 내버려두라고 할 것이다. 누군가 그녀를 몰아붙이거나 그녀의 태도가 잘못되었다고 지적해도, 그녀의 불평을 막을 수 없을 것이다.

자력을 발휘하는, 집요한

게자리 여성은 정물처럼 가만히 서 있는 모습으로 사람들을 끌어들이는 재주가 있다. 움츠러드는 모습 뒤에 적극성이 숨어 있는 이 기이한 결합을 이해할 수 있는 사람은 별로 없을 것이다.

그녀는 스스로를 잘 파악하고 말없이 자신을 드러내는 여배우와 같다. 그 무언의 메시지를 파악한 사람은 마치 텔레파시라도 통한 듯 그녀에게 끌려들어간다.

그녀는 엄청나게 집요하며, 끈덕지고, 인내심이 많고, 고집스럽다. 그녀가 뭔가를 원하면, 당장은 아닐지라도 적어도 다음 주에라도 그것을 얻을 것이다. 그리고 결코 그것을 내놓으려 들지 않을 것이다. 그녀가 붙잡고 있는 것이 그녀에게 필요한 것이기를, 그리고 그녀가 성숙하면서 부정적인 감정들과 그 영향에서 벗어날 수 있기를 바랄 뿐이다.

불안정한 자아, 자부심이 약한

고대 이집트에서는 게자리를 상징하는 도안에 바닷게가 아니라 갑충석이나 쇠똥구리를 이용했다. 갑충석과 쇠똥구리는 둘 다 딱딱한 껍질로 자기 몸을 보호한다. 게자리 여성도 약하고 부드럽고 상처받기 쉬운 면을 덮어줄 방어막이 필요한 것 같다. 갑충석이나 바닷게는 게걸스럽게 먹어 치우는 기간을 거친 후 새로운 모습으로 태어난다. 게자리 여성도 주변의 부정적인 감정들을 흡수해서 그것을 치유함으로써 영혼의 변태를 경험한다.

그녀는 솔직하지 않은 편이라서 대체로 믿을 수가 없고, 뒤로 물러서면서도 기회주의적인 모습을 보인다. 쉽게 사람들과 어울리고 사태를 예언하는 능력도 뛰어나기 때문에 커다란 성공을 거둘 수도 있다. 그녀는 타고난 정치가이고, 남의 소문에 관심이 많고, 사람들의 약점을 효과적으로 이용한다.

게자리 여성은 자기 의심에 빠지거나 심술을 부리는 경우가 종종 있다. 그녀가 가장 두려워하는 것은 거절을 당하고 창피당하는 일이다. 기분을 언짢게 하는 점원의 사소한 거절에서도 개인적인 악의를 느끼곤 한다. 가장 큰 문제는 그녀가 매사를 개인적인 문제로 받아들인다는 데 있다. 자신을 보호하지 못하면 결국 세상이 자신을 기만하고 희생양으로 만들 것이라고 느낀다.

그녀가 자부심을 기르는 최고의 방법은 가사일과 직장생활을 병행하는 것이다. 자선을 베풀든, 치료를 하든, 직업을 갖든 자원 활동을 하든, 혹은 정치가가 되든, 게자리 여성은 친한 사람들이 질식하지 않도록 숨통을 열어줄 방법, 둥지 밖에서 자신감을 키워갈 방법을 찾아야 한다.

게자리 여성의 친구들에게 충고해주고 싶다. 게자리 여성은 긍정적인 자아

'새빨간 물'의 게자리 여성

를 확립해야 한다. 그러므로 그녀를 밀어붙이거나 지나치게 요구하지 말고 부드럽고 다정하게 부탁해야 한다. 또 그녀가 자발적으로 행동할 수 있도록 이끌어주고, 위험을 감수할 수 있도록 도울 필요가 있다. 불평하기보다는 직접 행동으로 보여주는 것이 좋다. 그러려면 그녀의 친구들은 두려운 대상이 아니라 존경의 대상이 돼야 하며 실천가여야 할 것이다.

소유욕이 강한, 자기중심적인, 이기적인

연인에게 너무 많은 것을 쏟는 게자리 여성은 과도한 소유욕을 보일 가능성이 높다. 사랑하는 사람을 마치 자식처럼 돌보려고 한다. 그래서 그녀 자신은 어머니나 권위를 가진 인물이 되고 상대는 그녀에게 의존하는 식의 인간관계를 형성하게 된다. 이런 관계는 주도권을 그녀에게 주기 마련이다. 인정하기 싫겠지만 그녀가 원하는 것이 바로 그런 지배이다.

그녀는 너무 불안감이 커서 자기보다 뛰어나거나 배우자나 연인이 사랑하는 다른 사람들을 시기하고 질투한다. 어떤 때는 자식이 좋아하는 다른 여성들(어머니들)에게도 경쟁심을 느낀다. 그녀는 가족을 좌지우지하려 들고, 가족들에게 단 하나의 가장 소중한 인물이 돼야 한다고 생각한다.

게자리 여성은 매사가 자신이 바라는 대로 되기를 바라는 것 같다. 달콤한 목소리로 명령해서 사람들을 따르게 만들고, 심지어는 말하지 않은 것까지 하게 만드는 교묘한 재주가 있다. 그녀는 본능적으로 친구와 연인을 돌보지만, 그들이 자기 말을 따르게 하려고 그들 본연의 길에서 벗어나게 만들기도 한다. 또한 매사에 집요하게 자기 의견을 고수한다. (그녀의 부엌이나 사무실, 세탁실을 빌려 써보면 알게 될 것이다.)

게자리 여성은 아주 이기적이다. 좋은 것은 뭐든지 갖고 싶어하며, 원하는 것을 이루기 위해서라면 무슨 짓이든 한다. 자기 보물을 남과 나누지도 않는다. 그녀만의 것이기 때문이다.

이중잣대를 버리고, 사람들을 자유롭게 놔줄 줄 알아야 한다. 자신은 소유당하기 싫으면서 왜 다른 사람들을 소유하려 드는가? 게자리 여성의 집착이 잘못된 방향으로 나갈 경우 불화나 커다란 불행을 초래할지도 모른다.

유머 감각이 뛰어난, 극적인

식당에서 묵직한 웃음소리나 까르르 넘어가는 웃음소리를 들으면 게자리 여성이 웃고 있다고 생각해도 좋다. 게자리 여성들은 웃음보따리를 가지고 태어난 듯, 모든 곳에서 유머의 소재를 발견한다.

게자리 여성은 인생을 극적으로 받아들인다. 물론 아주 화려하고 격렬한 연극은 아니지만, 그녀가 눈물을 한두 방울 떨어뜨리거나 섹시하고 유쾌한 웃음을 터트릴 때면 아주 인상적인 느낌을 준다

여성적이고 신비로운 분위기

게자리 여성에게 주어진 특별한 임무는 생명을 잉태하고 낳아서 기르는 일이다. 우주적 모성을 갖춘 그녀는 타고난 선생이고, 자기 자녀만이 아니라 고통받는 전 인류를 돌볼 수 있는 사람이다.

달은 변화, 성장, 그리고 쇠퇴를 통해 끝없이 재생을 반복한다. 또한 생명체의 시간을 가늠하고 결정해서 여자들의 몸 안에 존재하는 시계뿐 아니라, 식물의 성장, 바다의 움직임, 바닷속 생명에까지 신비한 영향을 미친다. 하지만 게자리 여성을 지배하는 이 달은 본질적으로 수동적인 성격이 강하다. 그 빛을 태양에서 받기 때문이다. 달은 어두운 밤과 비슷한 느낌을 준다. 그래서 달은 모성적으로 감싸주고, 무의식을 지배하고, 보호해주는 동시에 위험하다는 이중성을 갖는다. 삼켜버릴 것 같은 여성, 융의 '무서운 어머니Terrible Mother'는 미켈란젤로의 대리석 조각 〈피에타〉에서 볼 수 있는 완벽한 성모마리아의 또 다른 일면이다.

게자리 여성은 낮이 가장 긴 한여름에 태어났다. 이것은 그녀에게 밤의 측면과 낮의 측면을 완벽하게 조화시킬 수 있는 잠재력을 부여하는 상징이다. 밤의 측면은 게자리를 지배하는 별, 달을 상징하는 것이고 낮의 측면은 태양을 상징한다. 따라서 게자리 여성은 남성적 힘을 지닌 활동적인 여성이 될 운명과 잠

'새빨간 물'의 게자리 여성

재력도 타고났다.

게자리 여성은 가장 보편적인 의미에서 모성적이고, 육체와 감정의 영역을 돌볼 운명을 타고난다. 칼 융은 어머니라는 존재가 집단 무의식, 인생의 밤의 측면과 관련된다고 보았고, 생명수의 근원이라고 보았다. 감정이입을 잘하고 다른 사람과 공명할 줄 아는 게자리 여성의 본성은 분명 모성적이다.

그녀는 항상 자신이 사랑하는 사람들을 중심에 두려는 간절한 바람과 현실적인 생각에서 힘을 얻는다. 또한 남자들 안에 감추어진 여성적 본성인 아니마를 구현하는 존재이고, 모든 남성들이 여성들에게 투영하는 여성 이미지의 원형이 된다. 그런 점에서 그녀는 '여성의 본질' 자체이다.

그녀는 다른 사람들이 자신을 돌보게 만들 때도 있다. 하지만 사실은 혼자서도 충분히 자신을 돌볼 능력을 갖추고 있다. 어떤 때는 그녀가 다른 사람의 생명력과 지혜를 빼앗는 것처럼 보일지도 모른다. 하지만 사실상 그녀는 그들에게 자기 영혼 깊숙한 곳에서 뽑아 올린 에너지와 끝없이 재생되는 이미지들을 주고 있다. 이런 점에서도 그녀는 지극히 여성적이다.

게자리 여성은 침울하고 불안정하고 매혹적이며 내성적이고 끊임없이 변하면서도 변화에 저항한다. 훌륭한 선생님이나 전도사가 될 자질이 있고, 과민하고, 가혹하고, 거만하고, 화를 잘 낸다.

보수적이고, 극적이고, 신중하지만, 예리한 지각을 갖추었다. 실용적이고, 방어적인 태도를 보이며, 영감이 뛰어나고, 사람들에게 영감을 불러일으킨다. 가정을 사랑하고, 야심적이고, 관능적이고, 히스테리 기질이 있어서 우울증에 빠지기도 한다.

소유욕이 강하고, 시기심이 강하며, 때때로 탐욕스럽다. 활력이 넘치지만, 대체로 은근하게 그 힘을 드러내는 편이다. 관대하고, 자기방어가 강하고, 버릇없이 굴 때도 많다. 복수심도 강하고, 배타적이고, 안달하는 편이며, 인색하고, 과거를 동경한다. 그녀는 강하지만 쉽게 상처받고, 섹시하면서도 모성적이다. 요약하자면 게자리 여성은 100퍼센트 신비로운 여성이다.

인간관계

게자리 여성들은 사랑하는 사람들을 소유하지 않으면서 사랑하는 법을 배워야 한다. 또한 언제 어떻게 부적절한 관계를 끝낼 지 잘 판단해야 한다. 관계를 끝내는 일은 누구에게나 힘들겠지만, 게자리 여성들에게는 거의 지옥 같은 일이다. 그녀는 결코 주변 사람들을 떠나보내려 하지 않으며, 아무 도움이 되지 않거나 자신을 괴롭히는 사람에게까지 집착을 보인다. 그러다 보니 여인에게 부당한 대접을 받는 경우도 왕왕 있다.

그녀도 인간관계에서 권력이 작용함을 잘 의식하지만, 불행하게도 그것을 이기고 지는 문제로 받아들이는 경우가 많다. 또한 너무 욕심을 부려서 자기에게 정말 필요하지 않은 것을 원할 때도 많다. 그래서 승리를 해도 엄밀하게 따지면 패배자에 불과한 경우가 많다. 속임수를 써서 조종하려는 성격과 내향적인 기질 때문에 자신에게 가장 필요한 사람들을 밀어내는 일도 많다. 대화의 부족, 폐쇄적인 감정, 자기연민, 침울한 성격 등이 게자리 여성들에게서 자주 볼 수 있는 문제이다.

게자리 여성들은 남에게 베풀고 돌봐주기를 좋아해서 친구가 많고, 연인이 될 수 있는 사람들을 주변으로 끌어들이는 편이다. 그녀는 엄마 같은 느낌을 주고, 아마추어 치료사나 정신적인 산파 역할을 한다.

그녀는 아픈 이의 등 뒤로 베개를 받쳐주고, 불면증이나 두통, 위장병에 신기하게 잘 듣는 약을 만들어내고, 지친 신경을 달래주기 위해 시를 읽어주고, 보호망을 만들어준다. 그런데 이 보호 그물이 심각한 제약이 되기도 한다. 사람들이 그녀에게 몹시 의존하고, 그녀의 강력한 마법의 희생자로 전락하게 되는 것이다. 그녀가 타인을 치료하고 돕는데 자신의 힘을 쓰는 동안은 아무런 문제가 없다. 하지만 부정적인 어머니가 고삐를 풀고 나와 멋대로 힘을 휘두르지 않도록 조심해야 한다.

'새빨간 물'의 게자리 여성

게자리 여성이 좌절감을 느끼면 일상의 전투에서 물러서는 경향이 있다. 친구들도 혼자 틀어박혀 부루퉁해 있는 그녀를 보고 갑자기 마음을 닫아버렸다고 느낄 것이다. 그녀의 적대감을 억눌러서 다른 이들의 에너지를 약화시키고 자신의 정신마저 고갈시킬 것이다. 그녀를 사랑하는 사람들은 버림받았다고 느끼거나 두려움과 죄책감에 사로잡힐지도 모른다. 그녀가 솔직하게 설명해주지 않기 때문에 그들은 그냥 버려진 채 근심하고 혼자 화낼 수밖에 없다. 이런 일이 주기적으로 반복되면, 아무리 풍부한 인간관계도 황폐하게 될 것이다.

어린 시절

게자리 여성들은 대체로 극단적일 정도로 어머니와의 강한 유대감 속에서 성장한다. 이것이 성장에 도움을 줄 수도 있고, 상처를 남기거나 파괴적일 수도 있다. 하지만 대부분은 몹시 위협적인 영향을 미친다. 그래서 많은 게자리 여성이 자기 정체성을 확립하기 위해 어머니에게 등을 돌릴 필요가 있다고 느낀다. 오랜 세월이 흐른 뒤에 자신이 엄마를 모방하고 있음을 깨달을 수도 있다. 그런 결과를 피하려면 어머니와의 관계에서 파괴적인 측면을 없애야 한다.

게자리 소녀들은 대체로 지나치게 위압적인 어머니 밑에서 자란다. 그 어머니는 파괴적이고 전능한 여신 칼리(Kali, 힌두교의 여신으로 시바 신의 아내이다. 광포하고 잔인한 모습으로 그려진다)의 모습과 성모마리아의 모습을 절묘하게 겸비했다. 그녀는 다른 사람들이 자기 비위를 맞추고 복종하게 만들기 위해 자신의 여성성을 교묘하게 이용하는 아주 강한 여성이다. 그래서 그녀의 딸은 여성성이 갖는 힘에 대해 이중적이고 모순된 태도를 갖고, 진정한 모성이 무엇인지 확신하지 못한다. 결국 게자리 소녀들은 스스로에 대해 제대로 알지 못한 채 성장한다.

게자리 소녀의 성장기를 지배하는 또 다른 전형적인 패턴은 과보호이다. 소녀 시절 병에 걸렸거나, 타고난 약골이었거나, 온 가족이 너무 오랫동안 오냐오냐하며 소중하게 기른 아이일 수도 있다. 어쨌든 밖으로 나가 경험을 쌓아야 할 때를 훨씬 지나서까지 집안에 고이 모셔져서, 엄마의 치마끈을 붙잡고 집에서 구운 쿠키를 먹으며 행복해했을 것이다. 그러다 나중에는 연극 〈유리 동물원The Glass Menagerie〉의 여주인공 로라처럼 독립적인 존재가 되는 것을 두려워하고, 항상 외톨이에, 자신의 재능도 확신할 수 없게 되는 것이다. 로라는 부족한 인간관계를 물건을 수집하는 것으로 대신했다. 그런데 게자리 사람들의 취미도 수집이다.

많은 게자리 여성이 어머니가 죽은 후에도 그녀의 꿈을 자주 꾸며, 특히 인생의 전환기에 그런 꿈을 꾼다. 흥미롭게도 네 명의 게자리 여성이 내게 거의 똑같은 얘기를 들려준 적이 있다. 그들 모두 어머니의 장례식을 치른 날 밤에 어머니의 영혼이 나타나 어깨를 두드리더니 이제 자신은 편안하다고 말해주는 꿈을 꾼 것이다.

그녀가 진정으로 베풀고 받아들일 수 있을 때 인간관계도 더 행복하게 발전한다. 불행하게도 그녀는 조건부로 주는 편이고, 상대를 믿어도 좋은지 확신할 수 있을 때까지 신중하게 억제하는 편이다. 그렇지만 그런 확신은 평생 얻을 수 없을지도 모른다. 이런 문제는 바로 그녀의 어머니 때문에 생겨났다.

게자리 소녀들은 일찍부터 돈의 소중함을 깨닫는 편이고, 이후에도 돈이 관심의 중요 대상으로 남는다. 항상 돈이 부족한 가정에서 자랐거나 가족들이 너무 그녀의 응석을 받아준 탓에, 지나칠 정도로 돈을 중시하고 그것이 줄 수 있는 사치스런 생활과 사회적 지위를 갈망한다.

게자리 소녀는 외부의 영향을 받기 쉬우며 쉽게 설득 당한다. 반면에 그녀 자신도 쉽게 사람들을 속인다. 하지만 남을 속이다보면 자신까지 속이게 되기 마련이다. 어린 시절 중요하다고 배운 것이 나중에 보면 진정한 행복을 주지 못하는 경우도 많다. 물질을 중시하는 태도가 바로 그 전형적인 예이다.

연인이나 다른 사람들과 관계 맺는 방식

게자리 여성은 사람들을 돌봐주는 것으로 매력을 발휘하고 그들을 끌어들인다. 그녀에게는 모성적이면서도 유혹하는 측면이 있고, 고집스러운 면도 있다. 또한, 나를 충분히 사랑해주지 않으면 열심히 모아둔 장난감을 나눠주지 않겠다고 고집부리는 버릇없는 아이 같은 면이 있다.

게자리 여성은 여자 친구를 많이 사귀는 편이지만, 진짜 친한 친구는 별로 없다. 하지만 자신이 좋아하는 사람들과 직관적인 유대감으로 결합되기 때문에, 편지도 자주 쓰고 온갖 기념일마다 카드를 보내면서 평생 우정을 이어간다.

그런데 연애는 우정과 달리 좀 복잡한 양상을 띤다. 게자리 여성은 쉽게 연인을 만들지만, 자신에게 어울리지 않는 사람과 헤어지는 것을 몹시 힘들어한다. 몇 년을 어머니처럼 돌봐주는 관계로 지내다가 성적인 관계로 발전하기 어려운 경우도 있다.

게자리 여성들은 일찍 결혼할 확률이 가장 높다. 둥지에서 좀 떨어지면 즉시 영원한 보금자리를 찾아 나서기 때문이다. 만일 그녀가 정서적으로 미성숙한 상태에서 성 경험 없이 결혼한다면, 커다란 문제에 봉착하게 될 것이다. 그녀와 배우자가 몇 년 동안 다른 속도, 다른 방향으로 성장하게 되기 때문이다. 게자리 여성들은 잘못된 남자와 너무 일찍 결혼하고, 그 사실을 너무 늦게 깨닫는다. 그러고는 다른 경우와 마찬가지로, 자신의 패배를 인정하지 않고 비켜갈 요행을 기다린다. 더 심각할 때는 남의 시선 때문에 자신의 실수에 집요하게 매달리기도 한다.

게자리 여성은 자존심이 강하고, 완고하며, 감정적으로 자기방어가 심하다. 역설적이게도 그토록 잘 베푸는 만큼 강하게 억제하는 모습을 보인다. 그녀 안에 깊이 숨겨진 공포와 의심, 질투심이 표면에 드러나는 일은 거의 없지만, 이 감정들이 그녀의 인간관계에 영향을 미친다. 그녀는 버림받고 상처받았다고 느끼기가 쉽고, 친한 사람들의 진심을 확인하기 위해 그들을 시험한다. 자기방어 본능은 어떨 때는 접근이나 표현 자체를 봉쇄하는 방패가 된다.

게자리 여성들은 다음 질문에 최대한 정직하게 대답해보는 것이 좋다.

- (당신이 연애를 통해 진정으로 바라는 것에 대해) 당신에게 필요한 것과 당신이 원하는 것이 일치하는가? 당신의 생활이 만족스러운가?
- (자신감과 안심의 정도와 소유욕에 대해) 당신은 연애할 때 얼마나 솔직한가?

행복해지려면 자신의 아킬레스건을 파악해야 한다. 소유욕과 은근한 지배욕은 대부분 불안, 공포, 불신의 감정에서 비롯된다. 한마디로 말해서 당신의 문제는 근본적으로 불안정에서 비롯된다.

게자리 여성의 불안정

일반적으로 게자리 여성의 불안정은 어린 시절 형성된 자기거부에서 비롯된다고들 한다. 하지만 자기거부의 가장 강력하고 보편적인 이유는 다른 사람들이 자신을 거부할지도 모른다는 걱정에 있다. 게자리 여성은 내심 자기가 나르시스가 아니라 못생긴 개구리임이 들통날까 두려워한다. 바로 이런 생각 때문에 평생 자기 방어적인 태도를 유지한다.

게자리 여성에게 자신의 장점을 모두 기록한 목록을 만들어보라고 충고하고 싶다. 특히 그동안 무시했거나 당연하다고 여긴 것들에 집중하라. 당신이 스스로의 장점을 잘 모른다면, 그것을 최대한 활용할 수도, 개발할 수도 없다.

당신이 경험했던 모험을 가장 사소한 것부터 가장 커다란 것까지 모두 목록으로 나열하라. 그리고 그 각각의 결과를 기록하라. 실패보다는 성공한 경우가 더 많다는 것을 깨닫게 될 것이다. '모험 목록'을 간직해두고 다음번에 어떤 결정을 내려야 하거나 걱정스럽고 불안해질 때마다 그것을 참고하라. 또 다른 훈련은 당신이 모험에 뛰어들어서 초래할 수 있는 최악의 상황들을 상상해보는 것이다. 이 최악의 상황이란 것도 당신이 이미 예전에 경험하고 극복했다는 사실을 알게 될 것이다.

게자리 여성들은 불안 때문에 지나치게 조심한다. 마치 신혼부부가 첫 집들이를 준비할 때처럼 극도로 긴장한 모습을 보이는 것이다. 이제 막 걸음마를 배운 망아지는 자연히 긴장해서 방심하지 않는 모습을 보인다. 그 망아지는 약간 뒤뚱거리면서 한 발 한 발 내디딜 것이다. 하지만 금방 익숙해지면서 멋지고 균형 잡힌 태도와 자신을 보호할 수 있는 방법을 터득한다. 강박적으로 신중을 기하는 사람은 이런 발전을 이루지 못할 것이고, 언제까지나 뻣뻣하고 느리고 부자연스럽고 어색하게 움직일 것이다. 게자리 여성의 끝없는 조심성은

'새빨간 물'의 게자리 여성

결국 자신을 좌절시킬 뿐이다. 게다가 더는 새로울 것도 없는 상황, 더는 그녀의 생존을 위협하는 절박한 상황도 아니니 효과적인 대응 방법도 아니다.

게자리 여성의 비밀주의와 타인을 교묘하게 조종하려는 태도도 불안감의 징후이다. 게자리 여성은 생각이나 소망을 드러내지 않으며, 원하는 것을 우회적으로 얻으려 한다. 교묘하게 다른 사람을 조종해서 공개적인 의사소통 없이, 즉 위험부담 없이 목적을 달성하려는 것이다.

풍부한 감성과 뛰어난 직관을 갖춘 게자리 여성은 그만큼 쉽게 상처받는다. 불쾌한 기색, 말 한 마디, 미묘한 어조, 침묵, 사소한 몸짓이나 말투만으로도 그녀는 상처받을 수 있다. 그러니 고통받지 않기 위해 자신을 보호하려 드는 것도 정상이다. 그런데 자신을 보호하려는 마음이 너무 지나칠 때가 있다. 그럴 때면 뚫고 들어갈 수 없는 갑옷으로 자신을 감싸거나, 방향을 완전히 바꿔서 강하게 소유욕을 보이고 남을 이용하려 든다. 적절히 조심하는 것과 지나친 자기 보호 사이의 중도를 택할 줄 알아야 한다.

적당한 시기가 왔을 때 조심성을 벗어던지는 일은 몹시 유쾌한 기분을 느끼게 한다. 게자리 여성들에게 억지로라도 한번 시도해보라고 권하고 싶다. 사람을 사귀는 새로운 방식, 모험, 색다른 경험에도 대처할 수 있어야 한다. 살다보면 필연적으로 맞닥뜨리는 일이기 때문이다.

불안정을 극복하는 법, 사랑에 빠진 게자리 여성

게자리 여성은 사랑할 때도 다른 때와 같은 모습을 보여서 느리고 조심스럽게 사랑에 빠진다. 충동적인 행동을 몹시 불편하게 여기는 그녀에게는 사랑에 빠지는 일도 지극히 심각한 사건이 된다.

게자리 여성이 남성에게 바라는 첫번째 조건은 물질적 안정이고, 두번째는 그녀만 생각하고 다른 관계에 배타적일 것, 세번째는 사회적 지위이다. 이 중에 적어도 두 가지 조건을 들어줄 수 없는 남자와는 사랑에 빠질 가능성이 거의 없다. 그녀가 무분별하게 뛰어드는 경우는 집을 떠나고 싶다는 마음이 너무 강할 때밖에 없다.

일단 사랑에 빠지기로 마음먹으면 아무 쪽이나 택하고는 그 관계에 온 힘을 다 바치면서 공통의 꿈을 이루기 위해 노력할 것이다. 만일 어떤 사람이 어린 애처럼 응석을 부리면서 마음대로 하기를 원한다면, 상대가 자기 비위를 맞추면서 돌봐주기를 바란다면, 그리고 천천히 유혹해주기를 바란다면, 그에게 최고의 상대는 사랑에 빠진 게자리 여성이다. 또한 안정과 튼튼한 뿌리, 전통적인 가정, 열정적인 관능(적극적으로 만들어내기보다 소극적으로 반응하는 방식으로)을 원한다면, 그녀에게서 구할 수 있을 것이다.

게자리 여성은 낭만적인 체스 게임의 대가이다. 원하는 남성이 자신에게 열렬히 빠져들게 만드는 법을 정확히 알고 있는 것 같다. 그녀는 상상력이 풍부하고, 예민한 감각을 갖추었고, 고집스러운 면도 있어서 그의 마음 속에서 최고의 자리를 차지한다. 한번도 의식적으로 규칙을 배운 일은 없지만 남녀 간의 정신적 싸움의 전략을 이해하고 있다. 또한 자신에게 유리하게 선을 긋는 법도 안다.

그녀가 사랑에 빠지면 고분고분 순응하는 태도를 보이며, 싹싹하고 온순해진다. 그녀는 바깥일과 집안일을 훌륭하게 병행할 수 있으며, 어떤 상황에서도 완벽하게 가정적인 분위기를 만들어낸다. 보기 드물게 훌륭한 요리 솜씨에 세련된 안주인 노릇을 할 수 있으며 항상 연인의 취향과 욕망에 맞춰줄 것이다.

사랑에 빠진 게자리 여성은 유난히 강한 자력을 발휘해서, 마치 여왕벌 주위로 일벌이 모여들듯 구애하는 이들이 주변으로 모여든다. 가련한 모습으로 그들이 자신을 돌보게 만들기도 한다. 하지만 그녀는 섬세하고 독립심도 있어서 그를 돌보는데 많은 노력을 기울일 것이고, 눈을 빛내면서 현명하게 순종하는 모습을 보일 것이다.

그녀가 사랑에 빠지면 극단적인 조심성과 물질을 중시하는 성향에도 불구하고 별처럼 눈을 반짝이면서 맹목적으로 변한다. 사랑에 빠진 게자리 여성은 장미처럼 관능적이고, 은방울꽃처럼 섬세하며, 온실 속의 난초처럼 이국적으로 피어난다. 하지만 그녀는 겉보기보다 훨씬 억세다.

사랑에 빠진 게자리 여성은 어느 누구보다, 그리고 그 무엇보다 연인을 가장

     '새빨간 물'의 게자리 여성

소중하게 여긴다. 그녀는 세상을 다 가진 듯 여길 것이고, 지진이 일어나거나 남자가 계속 배신하지 않는 이상 마음을 바꾸지 않을 것이다. 그녀는 아나이스 닌(프랑스에서 태어나 미국에서 활동한 여성소설가. 에로틱한 소재와 레즈비언 얘기를 많이 다뤘다)의 에로틱한 상상력과 '릴리 마를렌(독일 가수 마를렌 디트리히의 노래 제목)'의 세속적인 성욕을 겸비하고 있다. 사랑은 지나치게 조심하는 그녀의 성향을 어느 정도 극복하게 해주며, 방어막을 무너뜨리고 자기를 표현하도록 도와준다. 그럴 때 그녀에게 상처를 주는 남성은 아마 다시는 그녀의 신뢰를 얻지 못할 것이다.

사랑에 빠진 게자리 여성은 바야흐로 중대한 결정을 내려야 할 지점에 선다. 그녀에게 사랑은 항상 결혼을 의미하기 때문이다. 그런데 사랑이 그녀를 결혼식장으로 이끌더라도, 성적인 성장을 멈추지 않도록 노력할 필요가 있다. 게자리 여성들은 결혼과 동시에 가사 노동의 전문가가 되고, 아줌마 같은 모습이 되어서 살이 찌고 성적 매력을 잃는 경우가 다반사이다.

게자리 여성의 성관계 유형

게자리 여성들은 성관계에서 다음 유형을 보인다. 이것은 정신적인 관계에도 적용될 수 있다.

• 호르몬 분비가 일찍부터 시작된다. 하지만 심리적으로 적응하지 못해 행동은 느린 편이다. 자신의 성적 자아와 비밀스럽게 연애를 한다. 기복이 심한 감정적인 사랑보다 육체관계에 더 개방적이다. 자위를 자주 하는 편이다.

• 어려운 가정 형편 때문에, 혹은 사회적 지위를 보장해줄 경제적 안정을 위해 일찍 결혼하는 편이다.

• 가정을 이루고 싶어서 아이를 많이 갖는다. 자신이 원하는 대로 집을 꾸려갈 수 있다면 집안일에서 커다란 기쁨을 얻는다. 가계도 그녀가 운영할 수 있어야 한다. 돈을 관리하는 것이 안정감을 주기 때문이다. 그녀에게는 소속감이 필요하다.

• 대체로 신중하게 관계를 형성하며 자녀들과의 관계도 마찬가지다. 자신을 다 내던

지고 사랑을 주는 일은 별로 없고, 마치 숟가락으로 양을 재듯 조심스레 애정을 나누어준다. 성관계는 천천히 시작해서 강하게 절정에 치달았다가 다양한 단계의 친밀감을 오랫동안 유지한다.

- 그녀는 자신이 어떤 집단의 중심이라는 느낌을 원하고, 결혼생활이나 연애할 때도 관계를 주도하고 싶어한다. 그런 욕망을 공개적으로 인정하지 않을 수도 있다.

- 결혼생활에서 자주 문제가 발생한다. 변화나 위기를 좋아하지는 않지만, 닥치면 잘 대처한다. 자신이 원하는 대로 평온하게 살아가는 게자리 여성은 드문 편으로, 이별하거나 이혼하는 경우도 많다.

- 살아가는 일을 몹시 어렵게 생각하며 다른 사람이 자연스럽게 살아가게 하는 것도 어렵다고 생각한다. 그리고 사랑하는 사람을 놓아주는 일은 거의 불가능하다고 느낀다. 이성적으로 볼 때 분명 헤어져야 할 끔찍한 관계에도 오랫동안 매달린다.

- 이혼을 몹시 힘들게 받아들이고, 죄의식과 좌절감에 사로잡힌다. 하지만 시간이 흐르면서 차츰 치유된다. 게자리 여성들은 문제가 있다고 이혼하기보다는 결혼 안에서 이리저리 생활 방식을 바꿔보려 한다.

- 그녀는 선량함의 화신이고 좋은 엄마이지만, 은밀하게 혼외정사를 시도할 수도 있다. 사람들에게 자신에 대한 환상을 심어주는 데도 소질이 있다. 동네에서 '착한어머니상'을 받은 게자리 여성이 자기 배우자와 완전히 반대되는 연인과 열정적인 오후를 즐길 수도 있다.

- 크게 배신감을 느끼지 않는 한 좋은 친구이자 아내로 남는다. 친구들이나 연인은 그녀에게 상처를 주거나 그녀가 모욕감을 느끼지 않도록 극도로 조심해야 한다. 따돌림 당한다거나 버림받았다고 느끼게 해서도 안 된다. 이런 경우 그녀는 반드시 철저하게 복수하려 든다.

연인과 배우자

게자리 여성은 설명을 요구하지 않으면서 그녀의 유별난 변덕을 받아줄 수 있는 사람이 필요하다. 사실 그녀가 설명한들 제대로 할 수도 없을 것이다. 그럴 때는 있는 그대로의 그녀를 받아들이고, 꼭 껴안아주는 것이 더 낫다.

그녀는 자신을 누에고치로 감싸주는 이를 원한다. 그 고치는 차츰 자라서 온 가족을 다 감싸야 할 것이다. 그녀는 추하고 궁핍한 세상으로부터 보호받는다는 느낌을 원하고, 가난을 두려워한다. 따라서 그녀의 배우자는 돈을 충분히 벌어들이고, 재산을 지킬 경제적 안목을 갖추어야 한다.

게자리 여성들은 배우자가 사회에서 존경받는 사람이기를 바라기도 한다. 그의 지위 덕분에 사람들이 그녀도 호의적으로 바라보기를 바란다. 그녀는 몹시 감각적인 사람을 원하며, 사치를 바라는 그녀의 욕망을 충족시켜줄 뿐 아니라 그 자신도 사치를 좋아하기를 바란다.

그녀에게는 그녀의 고집에 맞설 수 있을 정도로 완강한 사람, 그녀에게 굴복하지 않는 연인이 필요하다. 분명 그녀는 집안을 돌보면서 교묘하게 혹은 극적으로 그를 소유하려고 노력할 것이다. 그녀와 사귀는 연인은 안정된 사람이어서 그런 그녀의 모습을 일일이 따지고 다투려 들지 않아야 한다. 하지만 동시에 그가 한계선을 긋고 자기 영역을 지키지 않는다면, 그녀는 존경심을 잃을 것이다. (새빨간색이 지배하는 별자리들은 모두 그런 특성을 보인다.)

그녀는 강요를 싫어한다. 아마 자녀양육이나 재정 문제, 집을 짓거나 정원을 가꾸고 장식하는 일, 사회참여 문제 등과 관련해서 연인을 시험하고 자극할 것이다. 그녀는 나름대로 몰두하는 관심 분야가 있는 사람, 그녀와 다른 관심을 추구하며, 은퇴한 후에 몰두할 수 있는 영역과 재력을 가진 연인을 원한다.

게자리 여성의 배우자는 그녀의 극히 여성적이고, 수용적이며, 잘 돌보는 면을 높이 평가해야 한다. 하지만 그녀의 야망과 불안정도 잘 파악하고 있어야 한다. 그녀가 꿈과 실천, 적극적인 행동과 소극적인 반응 사이에서 균형을 유지하게 도와야 하며, 소극적으로 공격하는 그녀의 방식을 솔직하게 대처하는 방식으로 바꾸도록 유도해야 한다.

게자리 여성의 연인은 미로 같은 그녀의 잠재의식 속에서 영원히 길을 잃어서는 안 되며, 그녀가 자기도 모르게 어머니의 부정적인 영향을 좇을 때 경고하고 그 사실을 깨닫게 해주어야 한다. 또한 그는 그녀가 집과 사무실 양쪽 모두에서 훌륭하게 일을 해낼 수 있음을 알아야 하며, 그녀의 에너지를 쏟을 직업이 필요하다는 것을 인정해야 한다.

그녀가 지나치게 주관적이고 감정적이므로, 마치 친구처럼 그녀를 평가해줄 객관성을 유지해야 한다.

다음은 게자리 여성과 사귀는 연인 혹은 배우자에게 주는 충고이다.

- 그녀를 불안하게 만들지 마라. 최악의 상황을 초래할지도 모른다. 그녀에게 정서적, 경제적 안정감을 주는 것이 무엇인지 알아내고, 함께 의논하라.
- 자신의 불안감을 깨닫지 못하는 경우가 많다. 특히 스물일곱 살 이전에는 더 그렇다. 어떤 때는 자기 어머니와 일종의 힘겨루기를 하기도 한다. 이 힘겨루기가 만족스럽게 해결되지 않으면, 그녀가 당신에게 완전히 시간을 내주기는 힘들 것이다.
- 최선을 다해 그녀의 변덕스런 기분을 받아들여라. 그녀는 놀랄 정도로 예민하고 직관적이며 끝없이 어떤 파장을 감지하고 반응을 보인다.
- 그녀가 자신의 뛰어난 직관과 영적인 능력을 긍정적으로 받아들이고 개발하도록 도와야 한다.
- 그녀가 자신의 공포와 거기서 비롯되는 망설임을 극복할 수 있도록 함께 노력하라. 공포에서 벗어나려고 과식하는 일만은 결단코 막아야 한다.
- 그녀가 돈, 함께 하는 시간, 훌륭한 의사소통을 위한 계획을 세우도록 자극하라. 당신이 현실적으로 접근할수록 그녀도 당신을 더 잘 이해하고 뒷받침할 것이다.
- 꽃이나 보석 같은 멋진 선물을 주라. 능력이 된다면 그녀가 마음대로 꾸밀 수 있는 공간을 선사하는 것도 좋다. 무엇보다 그녀의 생일을 잊어서는 안 된다!
- 그녀가 다른 여자들과 갖는 우정에 간섭하지 마라. 그녀는 여자 친구들과 아주 친하게 지내며, 이따금씩 당신에게보다 그들에게 더 많은 말을 할 것이다. 질투가 나거든, 더 자신감을 갖고 더 솔직하게 이야기를 나누도록 노력하라.
- 그녀를 소유하려 들지 말고, 그녀의 소유물이 되지도 마라. 아마 소유욕이 심각한 문제가 될 것이다. 함께 그 문제를 해결하도록 노력하라.

'새빨간 물'의 게자리 여성

게자리의 성

성과 관련해서 게자리 여성의 가장 흥미로운 비밀은 그녀가 보기보다 훨씬 더 주도하기를 좋아한다는 데 있다. 조심스런 겉모습 뒤에 호랑이 같은 모습을 숨기고 있다. 그녀는 서둘러 흥분하기보다는, 상대방이 먼저 몸이 달아오르도록 애태우고, 자극하고, 포옹하고, 끈질기게 간청하는 것을 좋아한다. 하지만 그녀가 지배하기 시작하면 상대는 복종해야 한다.

게자리 여성은 성욕이 강하다는 사실을 비밀로 하는 편이다. 자기 욕망을 과시하기보다는 미묘하게 드러내는 것이다. 예리한 관찰자는 점잔 빼면서 몸을 흔들고 걷는 모습이나 짓궂게 웃는 눈을 보고 그녀가 성적으로 흥분했다는 사실을 알아챌 것이다.

우리 문화가 금기시하는 기본적인 것 세 가지가 섹스, 돈, 죽음이다. 게자리 여성은 사랑을 전제로 한 섹스의 전문가이며, 사랑의 건물을 세우는 토대가 견실한 재산(돈)이라고 생각한다. 하지만 생사에 대한 형이상학적 성찰은 다른 사람들, 특히 전갈자리와 물고기자리에게 미루고, 자신은 현재 생활의 질을 향상시키고 내일의 보장을 얻기 위해 가진 대부분을 투자한다.

그녀는 남성의 난폭함을 싫어하는 수줍고 예민한 처녀로 정평이 났다. 사실 그녀는 좀 짓궂고, 모성애가 강하고, 보수적이며, 아주 일찍 섹스를 시도했다가 실망하는 경우가 많다. 건초 더미 위를 뒹굴거나 하룻밤의 정사를 시도하는 것은 그녀 스타일이 아니다. 게자리 여성의 강렬한 관능은 다정함을 느낄 때 눈뜨며, 양분을 흡수하면서 충분히 성숙할 때만 열정의 꽃을 피운다. 그녀가 섹스에 눈뜨려면 많은 연인이 필요하며, 그들은 이 소심하고 까다로운 처녀가 성에 눈뜨는 과정이 아주 점진적이어야 함을 알아야 한다.

게자리 여성들은 연인에게 사랑받는 것을 좋아하고, 공격하는 것을 싫어하는 것처럼 보인다. 어린 시절에는 그게 사실일 수도 있다. 하지만 약간 구식에

다 감상적인 그녀의 여성성은 막강한 힘을 가진 키르케(『오디세이』에서 남자들을 돼지로 둔갑시키는 마녀)를 숨기고 있다. 성장하면서 숨어 있는 키르케가 눈을 뜨는 것도 시간문제이다. 그녀의 지배욕을 이해하고 받아들여서 이따금씩 그녀와 역할을 바꿀 수 있는 연인을 만나면 그녀는 황홀하게 도취될 것이다.

사실 게자리 여성들은 자유연애를 즐길 가능성이 아주 많다. 그녀의 상상력이 자유연애의 모든 측면을 다 포괄할 수 있기 때문이다. 게다가 그녀의 평소 생활이 너무 많은 의무와 강제에 사로잡혀 있어서, 자유분방한 섹스를 통해서만 휴식할 수 있다. 시간이 흐르면 유독 섹스만 좋아하게 될지도 모른다.

게자리 여성의 성적 본능을 이해할 수 있는 핵심 단어는 '갈등'이다. 그녀는 어린 시절 받은 교육과 사회적 분위기 때문에 안정을 추구하는 그녀의 가정적인 기질을 강화시켰을 것이다. 하지만 그녀에게는 자유분방하고 선정적이고 육감적인 관능과 성욕도 존재한다. 그녀는 이처럼 대립되는 두 본성 사이에서 갈등한다. 물론 그녀가 사회적인 역할 규범(예를 들어 우리가 생각하는 어머니의 이미지 속에 성적인 느낌은 전혀 없다)을 받아들이는 동안에는 그렇게 하지 못한다. 어쩌면 이것은 게자리 여성만이 아니라 현대 여성 전체의 딜레마인지도 모른다. 게자리 여성들은 남성들에게 성적 매력을 상당히 강력하게 발휘한다. 그녀도 남자들에게 이끌리며, 결혼과 가족을 꿈꾼다. 하지만 그녀의 흡인력이 공포와 분노로 채색되는 경우도 많다.

게자리 여성이 자신을 사랑하고 자기 몸과 여성성을 사랑할 때 성을 온전히 받아들일 수 있고, 자신뿐 아니라 함께 하는 연인도 황홀경을 맛보게 된다. 이런 종류의 성적 순응에는 폭력적인 것이 끼어들 여지가 전혀 없다. 그녀가 마음을 열고 자신의 모든 것을 함께 나눌 때, 그리고 상대 역시 마음을 열 수 있게 도울 때, 비로소 성은 서로에게 큰 선물이 된다.

초기 성 경험

일반적으로 몹시 처녀답고 정숙해 보이는 게자리 여성들은 결혼식장에 설 때까지 성에 대한 지식이나 성 경험이 전혀 없을 것 같다는 인상을 준다. 하지만 겉모습과 사실은 다른 경우가 많다. 물론 신혼 첫날밤에 첫 섹스를 하는 사람들도 일부 있겠지만, 대부분의 게자리 소녀는 일찍 성숙하며 일찍부터 성적으로 피어난다.

게자리 여성의 성에 대한 지식은 어머니나 그와 비슷한 인물에게서 받는 성교육이 거의 전부이다. 그래서 성교육은 전혀 받지 못한 채 성이 비밀스러운 영역으로 남을 수도 있다. 그녀가 너무 무지해서 처음 생리를 시작할 때도 토마토 위에 앉았거나 빨간 페인트칠한 곳에 앉았다고 생각할지도 모른다. 사실 게자리 소녀들이 워낙 구식에다 정숙하고 숫기 없고 조심스러워 보여서 제대로 교육받을 기회를 놓치기도 한다.

그녀는 주로 어른들의 대화에서 우연히 듣거나, 언니를 통해서, 이웃집이나 라디오에서 흘러나온 말 등으로 성교육을 받았다. 그녀는 감상적인 데다가 외부 영향을 잘 받는 편이어서, 영화나 TV 드라마에서 암전이 되고 난 후에 벌어지는 일에 대해 묘한 상상을 할 수도 있다. 이런 상상력이 금기를 과대포장해서, 그 금기들이 정말인지 직접 확인할 마음으로 은밀하게 섹스를 시도할지도 모른다.

게자리 소녀는 현실적이며, 무시당하거나 바보 취급을 당하는 것을 싫어한다. 또한 누군가 자기를 만져주고 사랑하기를 바라는 욕망이 아주 강하다. 이런 욕구를 충족시키는 데는 고등학생들의 섹스가 최상의 방법이다. 그녀는 댄스파티에서 자기 매력을 과시하거나 먼저 전화해서 데이트 신청을 하는 스타일이 아니어서, 자기를 따라다니는 사람이 없으면 더 적극적인 소녀들 뒤로 물러나 참을성 있게 기다린다. 하지만 차츰 교묘하게 유혹의 메시지를 보내는 법을 익힐 테고, 조만간 많은 청년들의 열렬한 구애를 받게 된다. 그녀는 처음부터 자기보다 나이 많은 남자들을 끌어들이는 화학 작용을 일으키는 것 같다.

게자리 여성은 극히 보수적이고 자기보호본능이 강해서 자신의 성 경험에 대해 이야기를 흘리고 다니지 않는다. 아마 단골 미용사나 가장 친한 친구도 그녀의 성 경험에 대해 확실히 알지는 못할 것이다.

10대의 게자리 소녀 열 명 이상이 아주 신중하게 고민한 끝에 첫 섹스를 치렀다고 얘기했다. 그들 모두 첫번째 상대를 조심스럽게 선택했고, 확실하고 서두르지 않아도 될 장소를 물색했다고 한다. 사회의 평판도 몹시 신경 쓰고, 에리카 종의 소설에 나오는 끝없이 떠들어대며 섹스하는 방식(zipless fuck)에도 흥미가 없다. 과잉보호를 받으며 자란 게자리 소녀들은 결혼할 때까지 섹스를 하지 않을 수도 있지만, 그런 경우 일찍 결혼한다.

게자리 여성들이 아버지나 나이 많은 남성에게 홀딱 반하는 경우가 가끔 있는데, 이것은 어머니의 영향력과 비례한다. 그녀는 선생님의 인정을 받고 싶어하며, 뛰어난 기억력 덕분에 모범생이 된다. 그녀 주변에 섹시한 여성이 있다면, 그런 여성을 모방할 가능성도 있다.

게자리 소녀는 일찍부터 다른 여자들에게 성욕을 느낀다. 그녀 자신은 인정하지 않을 테지만, 가장 그녀의 마음을 끄는 것이 양성애이다. 그녀에게 섹스는 아주 다정하고 감성적이어야 한다. 그녀가 살아가면서 만나는 남성 대부분과는 그럴 수 없겠지만 여성들과는 그런 섹스를 즐길 수 있을 것이다.

사랑과 성

게자리 여성들에게 사랑과 성은 서로를 위해 맞춘 듯 잘 어울리는 한 쌍이다. 게자리 여성에게 가장 아름다운 것은 오르가슴으로 신음하는 연인이 다정하게 자신을 바라보며 눈을 빛내는 모습이다.

그녀는 안정과 존경, 신체접촉이 많은 사랑을 좋아하며, 욕망의 바다에서 밀려왔다 밀려가는 다정함을 좋아한다. 상상력이 풍부한 그녀는 자신을 흥분시키는 정교한 시나리오를 만들기도 한다. 섹스할 때도 상상이 가능한 편안한 분위기 속에서만 해방감을 맛본다.

게자리 여성들은 침대에서보다 공상 속에서 더 적극적이다. 섹스를 시작할 때는 항상 마지못해 하는 느낌을 주며, 오르가슴에 막 도달하려는 순간이면 뒤로 물러나는 이해할 수 없는 태도를 보인다. 그녀가 쉽게 혹은 재빨리 주도권을 잡지 않는 것도 그녀 안에 내재한 불안 때문인 것 같다. 오르가슴은 자기통제력의 상실을 의미하기 때문에 꺼린다.

'새빨간 물'의 게자리 여성

게자리 여성은 환상에 불과할지라도 사랑에 빠져야만 성적으로 자신을 개방한다. 마치 사랑이 그녀의 억압 대부분을 제거해주는 듯, 사랑이 동반된 섹스를 통해서만 그녀의 욕망이 가장 잘 드러난다.

그녀가 특별히 모험을 좋아하지는 않지만, 영향은 쉽게 받는 편이다. 아주 섬세한 연인이라면 그녀에게 온갖 종류의 색다른 사랑의 유희를 가르칠 수 있을 것이고, 그녀는 유연하면서도 잘 따르는 학생의 태도를 보일 것이다. 시간이 흘러 그녀가 더 많은 경험을 거치고 나면, 그녀도 쉽게 섹스를 이끌어가고 가르치는 역할을 맡을 것이고, 더 적극적인 태도를 취하게 된다.

그녀의 공상은 물속에서 사랑을 나누거나 보름달 아래의 해변을 걷는 등 아주 낭만적이다. 공단 시트가 깔린 커다란 침대, 촛불, 부드러운 음악 등 관능적인 분위기 속에서 그녀가 벽을 뛰어넘어 성적 결합의 가장 격렬한 환희, 금지된 환희에 빠질 수 있도록 매력적인 연인이 계속해서 도와준다는 식이다. 하지만 그녀의 가장 은밀한 상상은 그녀를 완전히 정복했다고 믿는 연인을 결국에는 그녀가 지배하는 것이다.

다음은 게자리 여성들이 섹스에 대해 보이는 반응이다.

- 마치 벽을 타고 넘어가 반대쪽을 미리 살펴봐야 한다는 듯 처음에는 꺼리는 태도를 보인다.
- 천천히 흥분한다. 대체로 많은 애무와 자극이 필요하다. 발이나 허벅지를 마사지하거나, 머리에서 어깨, 가슴으로 이어지게 오랫동안 쓰다듬으면 몹시 흥분한다. 빨리 삽입하는 것을 싫어하며, 천천히 전희를 즐기고 싶어한다.
- 솔직한 접근이 필요하다. 게자리 여성들은 섹스할 때 특별한 기교를 요구하지 않는다. 자신이 좋아하는 체위에 집착하는 편이고, 실제 섹스에서 부족한 다양한 모험은 상상을 통해 보충한다. 게자리 여성의 연인들은 그녀가 머릿속으로 다른 사람과 열정적으로 섹스하는 장면을 상상하고 있음을 알아도 놀라서는 안 된다. (아마 그도 그녀만큼 자주 같은 상상을 했을 것이다.)
- 그녀는 뒤쪽에서 삽입하거나 여성이 위로 올라가는 체위를 선호한다. 매끄러운 감

측을 좋아해서 윤활제가 발라진 콘돔을 쓰면서도 추가로 윤활제를 더 사용하기도 한다. 땀을 흘리는 것도 신경 쓰지 않으며, 사실 땀을 흘리면 더 자극받는 편이다.

• 강렬한 오르가슴. 그녀는 특히 격렬한 전희와 상상을 한 후에 강한 오르가슴을 느낀다. 대체로 몸이 굉장할 정도로 긴장하며, 그런 긴장을 바라기도 한다. 가슴에 뾰루지가 나고 등, 허벅지, 배에는 땀을 흘리며 얼굴은 흥분으로 달아오른다. 이런 여성도 몸이 긴장하지 않고는, 특히 허리 아래가 긴장하지 않으면 오르가슴을 얻을 수 없다. 게자리 여성들은 본능적으로 이 사실을 알고 있는 것 같다.

성에 대해 부정적인 교육을 받은 탓에 완전히 빠져들지 못하는 게자리 여성은 자기 몸이나 신체 이미지를 다루는 활동을 할 필요가 있다. 한번도 오르가슴에 도달한 적이 없는 여성에게는 론니 바바크Lonnie Barbach가 쓴 『For Yourself』를 권하고 싶다. 오르가슴을 느끼지만 뭔가 불만스럽다면, 상담원이나 치료사에게 자신감을 기르고 기교를 얻는 훈련을 받아보라고 권하고 싶다.

게자리 여성에게 필요한 연인의 유형

그녀를 위해 기꺼이 속도를 늦추고 그녀에게 다정한 애정의 말을 속삭이는 사람만이 게자리 여성과 한 단계 진전된 관계를 가질 수 있다. 그녀는 다른 사람들에게 배타적인 둘만의 관계를 원하고 필요로 한다. 그녀에게 잘 어울리는 사람이라면 그 역시 그런 관계를 원할 것이다.

그녀에게는 물질뿐 아니라 정서를 포함해 전반적인 안정을 제공할 수 있는 연인이 필요하다. 이런 필요를 충족시킬 수 없는 사람, 가령 언제 퇴근할지 자기도 모르는 사람, 여행갈 때 연락처를 알려주지 않는 사람, 결코 질투나 소유욕을 보이지 않는 사람, 주말에 집을 비울 때 그녀가 할 일을 배려하지 않는 사람, 이런 사람과는 연인이 될 수 없다. 그녀가 입으로는 소유욕 강한 연인을 싫어한다고 할지도 모른다. 하지만 사실은 항상 그녀가 행복한지 확인하기 위해 그녀를 쫓아다니고, 돌봐주고, 그녀 옆에 있는 사람은 자기밖에 없음을 확인하려는 연인을 좋아한다.

그녀는 착실하고 신뢰할 수 있는 연인을 좋아하지만, 높이 비상할 수 있는 상상력을 갖추고 있어서 기꺼이 그와 함께 상상의 나래를 펼칠 것이다. 영리한 남자라면 그녀가 이런 공상 속에서 항상 주인공을 차지한다는 것을 잘 알 것이다. 그녀도 이따금씩 성적 모험에 뛰어들겠지만 자기 연인이나 배우자가 그럴 수 있다는 사실은 상상 속에서도 인정하고 싶지 않다.

그녀의 연인이나 배우자는 다정하면서 억압된 면이 없어서 그녀가 제약에서 벗어나는 것을 도울 수 있어야 한다. 그녀가 성적 해방감을 맛보두록 촉진제 역할을 하는 사람이 평생 그녀와 함께 할 수 있는 사람이다. 또한 직관이 뛰어나서 그녀의 감정이 변덕스럽게 변하는 것을 알아차리고 따지지 않고 그 기분을 받아들일 수 있어야 한다.

그녀는 오럴섹스를 좋아하는 편이고, 항문 성교도 좋아할 것이다. 그녀의 연인도 이런 성적 모험에 개방적이어야 하며, 필요한 안전대책도 마련할 수 있어야 한다. 또한 성 충동이 강하면서도 적절히 통제할 줄 알아야 한다. 그녀는 천천히 타오르는 스타일이어서 너무 빨리 사정해버리는 남성은 그녀를 매우 실망시킬 것이다. 하지만 연인이 주기적으로 성불능 상태에 빠진다해도, 그가 다른 방법으로 그녀의 성적 만족을 위해 노력한다면 지극히 인내심을 보이며 다정하게 대할 것이다.

그녀는 자신의 만족만 중시하는 이기적인 연인이 될 수도 있다. 그런데 성적 자신감이 넘치는 남성이라면 그녀의 이기심 덕분에 오히려 부담감을 덜 수도 있다. 그녀가 스스로 만족감을 추구할 의지와 능력이 있다면, 여성에게 오르가슴을 느끼게 해야 한다는 남성 특유의 집착에서 벗어날 수 있는 것이다.

힌트 하나 더. 그녀는 샤워하면서 섹스하는 것도 몹시 좋아할 것이다. 해변이나 목욕탕, 사우나, 수영장 등에서 섹스와 물이 결합될 때 게자리 여성은 가장 강렬한 성적, 관능적 쾌락을 얻는다.

게자리 여성은 미리 계획을 세우는 연인을 좋아한다. 현명한 연인이라면 음악, 차게 보관해둔 샴페인, 실크드레스, 다양한 향을 풍기는 비누와 오일이 갖추어진 멋진 욕실을 준비해둘 것이다. 게자리 여성과 결혼하는 배우자는 그녀가 결혼 후에 육체적 쾌락에 대한 관심을 잃지 않도록 주의를 기울여야 한다. 그렇지 않으면 아예 뒤로 물러나 버릴지도 모른다. 이럴 때 모험적인 섹스, 휴양지로 떠나는 감각적인 주말여행, 그리고 다른 특별한 노력들이 중요한 의미를 갖는다.

게자리 여성에게는 그녀 안에 있는 어린 소녀와 열정적인 암호랑이를 동시에 끌어내 줄 연인이 필요하다. 그녀가 항상 똑같은 역만 맡게 내버려두지 말고, 억지로 틀에 집어넣으려 해서도 안 된다. 게자리 여성은 성적으로도 미리 규정된 역할 속에 자신을 집어넣으려 들 수가 있다. 그럴 때면 아내나 어머니의 역할에 메몰되어 자신의 성적 생명력을 잃어버린다. 그녀가 항상 활기를 유지하게 도와주고, 다른 모든 여성들처럼 40대라는 여자의 성적 전성기에 도달했을 때 더욱 피어나도록 도와주어야 한다. 자위도 도움이 된다. 게자리 여성의 많은 수가 자위를 섹스 대용이 아니라 섹스를 보완해주는 것으로 즐긴다고 말했다. 서로 자위를 도와주는 것도 게자리 여성에게는 그 자체로 훌륭한 섹스가 된다.

새틴, 고무, 가죽, 스웨이드, 섬세한 스위스면, 벨벳, 새로운 촉감의 직물 등이 그녀를 거칠게 흥분시킬지도 모른다. 잡지에서 본 1억짜리 친칠라 모피 침대덮개를 꿈꾸면서 그와 비슷한 촉감의 천위에서 사랑을 나눌지도 모른다. 그녀가 흥분하려면 먼저 피부가 자극을 받아야 한다. 깃털이나 솔, 실크잠옷, 머리카락 등으로 몸을 쓰다듬는 것도 그녀를 흥분시킬 것이다. 만일 상대가 머리를 빗겨주면 오랫동안 마사지를 해주는 효과를 거둘 것이고, 그 후 함께 외식하면 그녀가 완전히 자신을 내맡기고 빠져들 적절한 분위기가 조성된다.

향이 강한 크림이나 윤활제, 꽃향기, 과일이나 꽃의 향을 내는 마사지 오일, 사향냄새 같은 것이 게자리 여인을 도취시킨다. 그녀는 여성용으로 예쁘장하게 만들어진 가벼운 알코올음료를 좋아하고, 강하고 짙은 향을 좋아한다. 또한 주변 분위기에 예민하게 반응하기 때문에 방을 장식하는 색도 신중하게 택해야 한다.

아마 게자리 여성은 자신이 원하는 연인에게도 비밀을 밝히지 않을 가능성

'새빨간 물'의 게자리 여성

이 있다. 그녀는 몹시 복잡해서 만족시키기가 쉽지 않다. 상대가 먼저 서로 솔직하게 대화를 나누자고 청해야 할지도 모른다. 그녀가 먼저 청할 가능성은 없기 때문이다.

그녀가 이따금씩 뒤로 물러나는 기색을 보일 때 그 내막을 파악할 수 있을 만큼 직관력이 있어야 한다. 혼자 비밀을 간직하기 위해 뒤로 물러나는지, 화가 나거나 비참한 기분에 사로잡혀서 뒤로 물러나는지 구분할 수 있어야 한다. 연애나 결혼 초기에 성공적으로 시간을 보내면, 그들의 성관계도 강한 유대감으로 결속될 것이고, 큰 충돌을 거치더라도 극복할 수 있다.

섹스를 받아들이고 좋아하는 게자리 여성은 자신과 상대에게 항상 도움이 되는 풍부한 오아시스로 영원히 섹스를 간직할 것이다.

그녀가 배워야 할 점

게자리 여성은 스스로에게 처음부터 끝까지 완벽하게 솔직해질 필요가 있다. 세상의 어느 누구도 오랫동안 그녀를 속일 수 없겠지만, 그녀가 자신을 속일 수는 있다. 그녀는 몹시 감각적이지만 초기에는 억제하는 경향이 있다. 또한 항상 사랑하는 연인과의 섹스를 바라겠지만, 살다보면 자기도 알 수 없는 이유로 새로운 지평을 찾고, 완전히 순수한 섹스, 오직 섹스 자체를 위한 섹스를 시도하고 싶다는 강한 열망을 느낄 때가 있을 것이다. 이럴 때를 위해 미리 준비해야 한다.

그녀는 완전히 자신을 내맡기는 법을 배울 필요가 있다. 비록 그녀가 지극히 여성적이고 무엇이든 기꺼이 받아들이는 편이지만, 움켜쥐고 지배하고 싶은 욕구도 그녀 안에 숨어있어서 완전히 자기를 열어놓는 것이 어려워진다. 그녀가 이 사실을 깨닫기만 하면 서로 소통하는 진실한 성관계가 가능할 것이다.

게자리 여성은 단도직입적으로, 그리고 공개적으로 자기주장을 펼칠 줄 알아야 한다. 이것은 연인관계든 그냥 인간관계에서든 마찬가지다. 그녀는 비밀을 좋아하는 타고난 기질을 극복해야 하며, 소통의 소중함을 깨달아야 한다. 상대에게 무엇을 언제 어떻게 해주기를 바라는지 말해야 하고, 그의 성적 요구

역시 귀 기울여 들을 줄 알아야 한다.

그녀는 자신에게 불안정과 공포, 의심이 내재하고 있으며, 그 때문에 이 세상에 존재하지도 않는 보호막을 바라고 있음을 깨달아야 한다. 내일은 오늘과 다르다는 신념을 가져야 한다. 그녀는 내일 비가 내리고 결코 해가 비치치 않으리라 생각하고는 자신을 보호하기 위해 과도하게 에너지를 소진한다.

게자리 여성은 더 편안하게 변화를 받아들이고 성장해야 한다. 성 에너지는 생명의 에너지이다. 성욕의 표현도 개인적인 차이가 있으며, 그 역시 시시각각 변할 수 있다. 사랑도 섹스도 가만히 멈춰 서서 얻을 수 있는 것이 아니다. 다른 사람을 조종하고 소유하고 붙잡기 위해 어지로 힘을 행사해서도 안 된다. 인생은 역동적이고, 섹스도 거침없이 흘러가는 진행과정이다.

게자리 여성은 배우고, 성장하고, 나누고, 앞으로 나아가고, 거침없이 흘러가도록 노력해야 한다. 게자리를 지배하는 것은 물이다. 물은 결코 정지한 상태로 머물지 않는다.

게자리 여성들이 남성들에게 부당한 대접을 받는 일이 왕왕 있다는 사실은 그녀가 더 현실적이 돼야 할 필요가 있음을 보여준다. 그녀는 현실적이지만, 연애 초반부터 너무 쉽게 동요하고 영향을 받으며 지배되기도 한다. 그러다 제정신을 차리고는 자신이 잘못된 남자와 사귀고 있음을 깨닫는 것이다.

섹스와 연애 문제에서 게자리 여성이 가장 명심해야 할 것은 일이 흘러가는 대로 내버려두는 법을 배우는 것이다. 그러기 위해서는 속도를 조절하고 행동하는 것이 필요하며, 이 두 가지를 최대한 자신에게 유리하게 활용해야 한다.

게자리 여성들은 자신이 원하는 것을 정확하게 알아야 한다. 그럴 때만 그것을 가질 수 있다. 그녀의 성생활에서 (그리고 어쩌면 그녀의 인생 전체에서) 가장 큰 문제는 모두 잘못된 결정에서 비롯된다. 게자리 여성이 행복한 삶을 살아가려면 올바른 자기 인식과 성에 대한 인식이 필요하다.

게자리의 분노

게자리 여성들은 종종 괴팍하다는 말을 듣는데, 전혀 근거 없는 말이 아니다. 그녀는 당장이라도 터질 것 같은 노여움에 사로잡히는데, 이것이 몹시 극적으로 폭발하곤 한다. 크게 울음을 터트리는 경우도 많은데, 그녀가 얼마나 자주 기쁨에 겨워서나 분노에 차서 하염없이 울어대는지 이루 셀 수 없을 정도이다. 하지만 평소에는 원망을 품으면서도 논쟁이나 대립을 피하려 든다.

게자리 여성들과 면담을 한 적이 있는데, 다음은 그들이 전해주는 전형적인 반응들이다.

- 난 큰 소리로 울음을 터트리는 게 좋아요!
- 화가 나면 뭔가 해야 해요. 그럴 때면 주먹질을 하거나, 뭘 집어던지거나, 발을 구르며 방에서 뛰쳐나가요. 그런 식으로 언짢은 기분을 분출하고 나면 기분이 좀 좋아지는 걸 느껴요. 하지만 그런 방식이 배우자와의 관계에 문제를 만들곤 해요.
- 그리 자주 화가 나진 않지만, 내가 화내는 건 거의 언제나 배우자 쪽에서 잘못했기 때문이에요. 그가 그런 식으로 날 대하지만 않았어도 화낼 이유가 없었겠죠.
- 일이 잘못돼서 화가 나면, 몸이 아파요. 편두통이나 위경련이 와서 침대에 누워있게 돼요.
- 화가 나면 멋들어진 복수극을 상상하곤 해요. 내가 아주 강한 힘을 가지고 도덕심 따위는 내팽개친 인간이 돼서 잔인하게 앙갚음하는 그런 상상을 해요. 내가 격분해서 발광하는 장면을 반복해서 재연하면서 실제 상황에서는 결코 하지 못할 말이나 행동을 하는 거죠.

첫번째 여성은 자신이 언제 화가 나는지 알 수도 있고 모를 수도 있다. 하지만 분노하면 즉각 그것을 배출한다. 그녀 말대로 '수도꼭지를 틀어놓는' 식으로 말이다. 그녀는 크게 울음을 터트리는 것이 긴장을 풀어준다고 했다. 이 여성에게 울음을 터트리는 것은 분노에 대처하는 훌륭한 방법이다. 그것이 그녀의 자신감을 무너뜨리지도, 타인과의 관계를 파괴하지도 않기 때문이다. 물론 직장에서 이 방법에 의지한다면 몹시 불행한 결과를 부를 수도 있다. 화가 나서 울음을 터트리는 모습은 무력하고 비합리적이라는 사회적 통념이 있기 때문이다.

두번째 여성은 자신의 분노를 극적으로 표현한다. 적극적으로 분노를 표현하면서 성취감을 얻을 수도 있다. 사실 분노를 온몸으로 표출하는 것은 게자리 여성에게 필요하다. 탁자를 거칠게 쳐대거나, 연필을 부수거나, 종이를 찢거나, 부엌 ~~구서오료~~ 휴지통은 집어던지거나, 베개에 주먹질을 해대는 식으로 말이다. 내가 아는 게자리 여성 한 명은 배우자와 몇 번 싸우고 나서 매트리스를 두 조각으로 갈라놓았다고 말한 적도 있다. 그러려면 엄청난 에너지와 기술이 필요하다. 그런데 매트리스를 갈라놓자 오랫동안 그녀가 바라던 대로 침실도 둘로 나뉘었다.

세번째 여성은 상대에게 책임을 돌리고 비난하는 것처럼 들린다. 자신의 분노의 책임을 다른 사람에게, 이 여성의 경우는 배우자에게 돌렸다. 나는 그녀에게 그녀의 사랑의 책임을 다른 사람에게 돌린 적은 없는지 물어보았다. 그녀는 눈에 띄게 혼란스러워하면서 고개를 흔들었다. 나는 감정의 책임이 자신에게 있다고, 우리의 감정들은 우리 자신이 결정한 사실들이라고 설명했다. 그랬더니 그녀는 분노를 비난으로 표현함으로써 배우자와 거리를 둘 수 있게 된다고, 자신이 원한 것이 바로 그것이었다고 솔직하게 털어놓았다. 그녀는 자신의 분노를 교묘하게 이용하고 있는지도 모른다.

네번째 여성은 감정에 아주 예민하게 반응하는 몸을 가졌다. 뇌가 분노의 신호를 보내면 몸이 그것을 그대로 받아들이고, 그래서 아프다. 이것은 전형적인 게자리의 전략으로, 분노를 구실 삼아 뒤로 물러난다. 그녀는 화가 날 때마다 스스로를 고립시킨다. 침실 커튼을 닫고, 전화기도 꺼버리고, 가족들에게 말도 걸지 않고, 자기 껍질 속으로 들어간다. 나는 그녀에게 그게 그만한 고통을 치를 가치가 있는지 물어보았다. 그녀는 항상 그랬기 때문에 별로 신경 쓰지 않는다고 했다. 게자리 여성들은 새로운 모험을 택하기보다 오래된 습관에 집착한다. 습관보다는 모험 쪽이 훨씬 더 도움이 되는데도 말이다.

다섯번째 여성은 백일몽 속에서 분노의 적절한 배출구를 발견한 것 같다. 사람은 누구나 공상에 잠긴다. 그것이 완전한 현실도피가 될 수도 있지만 분노에 대한 현명한 대책이 될 수도 있다. 나는 그녀에게 화가 났을 때 잠기곤 하는 백일몽이 성적으로 어떤 영향을 미치는지 물어보았다. 그녀는 공상에 잠기면 어마어마한 분노가 누그러지면서 그녀의 성생활을 더욱 붉타오르게 한다고 답했다. 그녀는 미혼이지만 연인이 있고, 그도 그녀의 상상 속 모험에 대해 잘 알고 있었다. 그녀는 종종 그에게 전화해서 근래 자신이 빠져드는 공상을 들으러 오라고 청한다고 했다. 그 연인은 인내심이 몹시 강해서 그 얘기를 잘 들어주는 것 같았다. 그녀는 성생활에 전혀 문제가 없다고 장담했다.

게자리 여성들은 대체로 분노를 누적했다가 극적으로 표현하는데 길들여진다. 아무 생각 없이 그렇게 할 수도 있고 계획적으로 그렇게 할 수도 있다. 어떤 때는 화가 나면 그저 울음을 터트린다. 어떤 때는 자기 목적을 달성하기 위해 분노를 이용한다. (결국 침실을 나눠놓는데 성공한 여성처럼.)

게자리 여성은 분노를 온몸으로 느끼고 신경도 몹시 예민해서, 화가 나면 몸이 아픈 경우가 많다. 그녀의 몸은 부정적인 감정들에 쉽게 영향을 받아서, 분노를 억누르면 습관적인 두통에서 궤양에 이르기까지 다양한 병을 얻을 수 있다.

게자리 여성의 집요한 성격은 분노에 대한 집착이라는 불행한 결과를 낳는다. 이런 부정적인 상태가 오래 지속될수록 그녀는 더 많이 아프다. 특히 그녀의 위는 스트레스에 아주 예민하게 반응한다. 게자리 여성들은 분노를 긍정적으로 표현하고 그것을 그대로 흘려보내는 법을 배워야 한다.

분노를 극복하는 법

게자리 여성이 잊어서는 안 될 중요한 원칙이 있다. '분노는 어떤 것에 대한 반응이다. 우리가 분노를 느끼는 것은 개인적인 가치관이나 그 이면에 숨겨진 뭔가가 도전을 받았기 때문이다. 그 뭔가가 우리에게 화를 내는 식으로 반응해야 한다고 지시한다. 하지만 사랑과 마찬가지로 분노도 선택이다. 잠재의식 속에서 중요하게 생각하는 가치와 태도를 바탕으로 우리 자신이 선택하는 것이다. 그러니 분노를 느끼도록 만들었던 가치관을 변화시킴으로써 감정 자체에 변화를 주도록 선택하는 일도 가능하다.'

게자리 여성은 자신이 무시당할 때 가장 화를 낸다. 그녀가 쉽게 변덕을 부리거나 남과 어울리기를 꺼리는 것처럼 보일 수도 있지만, 결국 그녀가 원하는 것은 사람들의 인정을 받는 것이다. 그리고 그게 불가능해 보일 때 화를 낸다. 게자리 여성은 필요한 것을 요구하는 법을 배워야 한다. 이것이야말로 바라는 것을 얻을 수 있는 가장 확실한 방법이며, 그녀를 화나게 만드는 상황을 피할 훌륭한 방법이다.

그녀를 화나게 만드는 또 다른 것은 그녀가 사랑을 바치고 보호하고 숨 막힐 정도로 돌봐주던 사람이 그녀에게서 독립하려고 할 때이다. 이것은 종종 게자리 여성의 마음에 끔찍한 두려움을 심어놓는다. 게자리 여성은 단순히 필요한 존재가 아니라 결코 없어서는 안 될 존재가 되고자 한다. 그러려면 관계를 그녀가 완전히 지배해야 한다. 그녀가 매사를 붙잡으려고 욕심을 부리는 것은 내면의 불안정 때문이다. 이 불안을 극복하고 보낼 줄 알아야 한다. (불안을 극복하기 위해서는 '게자리의 인간관계'를 참조하고, 풀어주고 보내주는 법을 알기 위해서는 '염소자리의 인간관계' 중 '색채 명상법'을 참조하라.)

게자리 여성은 어린이에 대한 부당한 행위를 보면 몹시 화를 낸다. 기본적으로 인정이 많은 그녀는 어떤 형태든 잔인함을 싫어한다. 그녀가 이 분노를 활용한다면, 아이들에게 폭력을 행사하는 사람들을 변화시키려 노력하게 될 것이다. 사회적인 차원에서는 어린이를 보호하기 위한 법률(가령 아동학대방지법)을 제정하려 노력하거나 궁핍한 환경의 아이들을 위한 시설이나 쉼터를 만들기 위해 노력할 수 있다. 또한 훌륭한 교육자가 되어 가르치고 이끌어가는 일에 자부심을 느낄 수도 있다.

그녀는 강요받거나 착취당하거나 그녀의 노력을 당연시할 때 분노한다. 하

'새빨간 물'의 게자리 여성

지만 바로 그것을 표현하거나 말하는 일은 없다. 그녀는 분노에 더 솔직해져야 한다. 그녀가 분노를 느끼는 경우의 대부분이, 공개적으로 대화를 나누기만 했더라도 상황이 달라졌을 것들이다.

다음은 분노에 긍정적으로 대처하기 위한 실용적인 조언이다.

- 당신의 분노를 확인하라. 관찰할 수 있는 증상은 많다. 당신의 감정상태와 연관된 신체의 반응, 스트레스, 언어적 표현, 언짢은 기분, 여러 다른 실마리 등. 현재 당신의 생활에 대한 일반적인 평가, 즉 다른 사람의 반응을 관찰하는 것도 당신이 어떤 느낌을 가지고 있는지 파악하는 데 도움을 준다. 당신이 암묵적으로 표현하는 미묘한 단서들을 반영하기 때문이다.

- 분노의 유형을 확인하라. 분노는 다양한 원인이 있을 수 있다. 직장이나 가정의 구체적인 상황과 관련될 수도 있고, 현재와 아무 상관없는 과거의 상처에서 비롯될 수도 있다. 또 막연하게 혹은 비합리적으로 생겨서 원인을 알기 힘든 경우도 있다. 이런 경우에는 전문 상담원과 의논하는 것이 좋다.

- 분노를 극복하기 위해 할 수 있는 일들을 생각하라. 당신은 무력하지 않으며, 당신과 다른 사람을 궁지로 몰지 않는 대화법을 익힐 수 있다. 구체적인 통로로 분노를 표출하려 노력할 수 있고, 치료사와 상담할 수도 있다. 에너지를 다시 조정할 수 있는 다른 방법이나 신비주의적인 방법을 시도해볼 수도 있다.

- 분노를 가라앉히기 위해 적극적인 태도를 취하라. 어떤 상황을 판단하는 당신의 가치관에 대해 잘 알아야 하며, 만일 그것이 불필요한 분노를 초래했다면 기꺼이 바꿀 수 있어야 한다. 유머 감각을 기르고 초연한 태도를 취하도록 노력하라. 긍정적으로 바라보고 당신에게 필요한 것을 요구하라. 울음을 터트리든지 긴장을 풀고 쉬는 식으로 자신을 파괴하지 않고 할 수 있는 일을 하라. 생활 속에서 당신의 신경을 건드리거나 화나게 하는 것을 최대한 제거할 방법을 모색하라.

어떤 사람들은 분노에 끝까지 매달리려 할 수도 있다. 이 사실을 알아야 마음을 변화시킬 수 있다. 우선 그것을 인정하되, 나중에 변화시킬 가능성을 열어두어야 한다. (구체적인 대화법은 '전갈자리의 분노'와 '천칭자리의 분노'를 참조하라. 가치 체계와 관련된 도움은 '처녀자리 여성'을 참조하라.)

게자리의 생활 방식

일부일처제에 대한 태도

게자리 여성은 지극히 가족 중심적이며, 살아가는 동안 항상 가족애를 필요로 한다. 섹스를 오직 쾌락을 위한 도구로 이용할 수도 있으며, 대안적인 생활이나 은밀한 생활을 즐길 가능성도 보기보다 훨씬 많다. 그녀에게는 쾌락주의적인 기질이 약간 있는데, 바로 이런 부분이 현모양처 이미지와 상충하곤 한다. 그럼에도 불구하고 천성적으로 자녀에게 가장 충실함을 보인다.

그녀는 평생 일부일처제를 유지하고자 한다. 그녀의 가치관에 부합하기 때문이다. 그녀는 보수적인 교육을 받으며 자라서 일부일처제에 입각한 결혼만을 유일한 생활 방식으로 간주할 수도 있다. 하지만 성숙한 게자리 여성은 자신이 한 번도 상상해보지 않았던 성욕을 느끼게 되고, 풍부한 관능과 자극을 갈망하게 된다. 그녀는 평생 안정을 추구하겠지만 자극을 바라는 마음 역시 공존할 것이다. 배우자가 아닌 사람을 대상으로 성적인 공상에 빠지는 것에 대해 죄책감을 느끼지만, 머릿속으로든 실제로든 비밀 생활을 즐기는 일이 많다.

다음은 게자리 여성이 일부일처제에서 벗어나게 되는 전형적인 상황들이다.

- 관능적, 성적, 감정적으로 소진했을 때. 그녀의 감수성과 타인을 배려하는 마음, 성적 본능을 정기적으로 재충전할 필요가 있다.
- 경험이 부족하거나 너무 일찍 결혼했거나 주류에서 밀려났다는 막연한 느낌에 휩싸여 자극과 다양성을 갈망할 때.

'새빨간 물'의 게자리 여성

- 침울해지거나 변덕을 부릴 때.
- 복수. (그에게 복수하고 말거야 하는 식으로)
- 연인으로서든 아버지 또는 가장으로서든 배우자에게 실망했을 때. 그녀는 아이들에게 새 아버지를 구해주려 들 것이다.
- 다른 사람과 사랑에 빠졌을 때.
- 자기 환상의 주문에 묶이거나 바람피우는 것을 당연하게 여기는 집단의 영향을 받을 때. 그녀는 쉽게 영향 받는 편이다.
- 이별이나 이혼 직전의 우울증에 빠졌을 때.

대안적인 생활 양식

- 독신생활: 게자리 여성이 평생 독신생활을 하는 경우는 극히 드물다. 사랑하는 사람들에 둘러싸이기를 바라며 어딘가에 소속되기를 원하기 때문이다.
- 개방결혼: 게자리 여성은 이런 생활 방식을 우스꽝스럽게 여긴다. 개방결혼을 좋아하는 사람들을 비난하지는 않더라도 자신이 그것을 시도할 마음은 없다.
- 삼자결혼: 게자리 여성에게 이것은 매력적으로 느껴질 수 있다. 성적인 자극의 기회가 될 수 있고, 양성애나 즐겨 빠져드는 공상을 현실로 만들 수 있기 때문이다.
- 공동생활: 그녀는 공동생활에 쉽게 적응할 것이다. 실제로 게자리 여성 중에 공동생활을 하는 사람들을 많이 보았다. 그들은 공동취사장에서 많은 일을 하고, 어머니처럼 구성원을 돌보고, 거의 모든 부분에서 중요한 역할을 한다. 그녀는 실용적이고 현명해서, 자신이 소중하게 대접받는다고 느끼면 그 생활을 유지할 것이다.
- 동성애나 양성애: 게자리 여성은 타고난 이성애자가 아니다. 나는 게자리 동성연애자들을 많이 만났고, 양성애자는 더 많이 만났다. 물론 게자리 여성 대부분이 엄격한 이성애자로 살아가지만, 적어도 머릿속으로는 이런 생활 방식에 관대함을 보인다. 게자리의 동성애 기질은 그녀가 여성적인 문제들을 환히 알고 있고, 여성들에게 강하게 끌리고, 극히 예민한 감수성을 가진 데서 비롯된다.

게자리의 개괄적 특징

게자리 여성은 모든 면에서 훌륭한 생활을 원한다. 그린 생활을 보장해주는 기본조건을 최상으로 갖출 수 있는 특별한 재능도 있다.

하지만 인생의 물질적인 측면에 관심이 너무 강하다 못해 위험할 정도이다. 그녀는 훌륭하게 보살펴주는 여성이고, 섬세하고 인정 많은 생활의 예술가이나. 완벽하게 식탁을 차릴 수 있고, 멋진 분위기를 조성하고 사랑하는 사람들을 편안하게 돌볼 것이다. 이런 장점을 조건 없이 베풀 수 있는 영적이고 감정적인 사랑을 키우도록 노력해야 한다.

게자리 여성은 훌륭한 교사의 자질이 있다. 하지만 자녀나 학생들을 가르칠 때 신중을 기해야 하며, 장기적으로 건강한 사회를 만들어갈 수 있도록 개인적 가치들을 교육하려 노력해야 한다. 자동차와 TV를 아이들보다 더 중요하게 여기는 사회는 본질적으로 병든 사회이다. 내 생각에 게자리 여성에게 가장 중요한 임무는 자신의 물질중심적인 성향을 이해하고 그 한계를 설정하는 것, 그리고 다른 사람들도 자기들의 가치관을 재평가하고 올바르게 균형을 유지하게 도와주는 일이다.

뮤리엘 루케이저Muriel Rukeyser의 시 '여자들'에서 인용한 다음 구절이 게자리 여성들의 중요한 단면을 지적해준다.

> '고단한 삶을 살아가는 여자들은 알고 있다
> 자신들이 네 부류 중 하나임을….
> 매춘부, 예술가, 성녀, 그리고 아내.'

게자리 여성은 가사노동과 자녀양육으로 점철되는 일상을 꺼리지 않는다. 정말로 그런 일들에서 삶의 보람을 얻을 수도 있다. 그녀는 많이 베푸는 사람이고, 다양한 역할을 해낼 수 있으며, 정보를 빨리 흡수하고 그것을 훌륭하게 소화해낸다. 무슨 역할이든 극적으로 해내기도 한다. 그녀는 강한 식물과 같다. 그 식물이 푸름을 유지하고 잎이 시들어 바닥에 떨어지는 것을 막으려면 정기적으로 물을 줘야 한다.

그녀가 자신을 사랑하기 전까지 사랑은 항상 문제만 일으킬 것이다. 주고받는 것을 계산한다면 사랑하기 어렵다. 하지만 사랑은 그녀의 모든 딜레마에 대한 해답이기도 하다. 성장하고 성숙하면서 그녀는 점점 더 진가를 인정받고 보상받고 동경의 대상이 될 것이다. 그리고 사랑이 그녀의 인생에 진정한 가치를 부여해줄 것이다.★

7.23/24
~
8.23/24

'고정된 불'의
사자자리 여성

Leo

자존심이 강한, 야심이 있는
독창적인, 유능한
요구가 많은
아량이 넓은
충고하기 좋아하는
적대하는
판단능력이 있는

자신을 알리는

뻔뻔한
거만한
잘 속는

어린아이처럼 천진한

낭만적인
따뜻한

요염한, 격렬한
사교적인, 수다스러운
맵시 있는, 왕처럼 당당한
정치적인
의심하지 않는
돈을 잘 쓰는
권위 있는
고집이 센

자기만족에 빠지는

자의식이 강한

방종한
해이한
격식을 차리는
재미있는
허영심이 강한
걱정 많은

세계의 관심을 싫어하는

강인한
미성숙한
둔감한
극적으로 과장하는, 과시하는
팬클럽이나 추종자를 원하는

위에 나열된 특성들은 단지 한 시기를 묘사하고 있으니,
당신과 맞지 않는다고 생각되면 지금 당신이 어느 시기에 있는지
다른 별자리에서 찾아보세요.

사자자리의 성격

일반적인 특성과 배경

이브와 아담에 대한 새로운 해석에 따르면, 이브가 선악과를 따먹은 까닭이 신처럼 되고 싶어서였다고 한다. 또한 이브와 아담이 에덴동산에서 추방된 것도 이브의 관능적인 매력과 신처럼 되겠다는 공공연한 야망을 천사들이 질투한 때문이라고 한다.

'영원한 여성' 이브가 가졌던 욕망은 사자자리 시기를 거치는 여성들이 주로 갖는다. 이브가 창조적이고 원초적인 이기심 앞에 무릎을 꿇고 대담하게(이 담대함이야말로 사자자리 특유의 기질인데) 금지된 과일을 한입 베어 먹는 순간, 전형적인 사자자리 여성이 되었다고 볼 수 있다. 사자자리 여성들은 어떤 상황에서도 세상이 자신을 보호해주리라 믿으며, 목숨이 아홉 개나 된다는 고양이처럼 최대한 오래, 또 행복하게 살 수 있으리라 기대한다.

사자자리들이 주로 갖는 직업은 다음과 같다. 연극이나 예능, 극장관련업, 대출이나 돈을 중개하고 투자하는 일, 만화가, 유머 감각과 창의성이 필요한 일, 클럽이나 놀이동산, 공원 등의 관리나 운영, 도박, 오락게임, 스포츠 관련업, 음악가, 장식품이나 금을 다루는 세공사, 보석 디자이너, 공무원이나 관리직 등. 또 서커스를 보러 다니거나 카드게임을 즐기는 취미가 있을 수 있는데 이것이 장차 직업과 연결될 가능성도 있다.

다섯번째 별자리인 사자자리는 사랑의 자리이고, 고정된 불을 상징한다. 사자자리를 지배하는 별은 태양인데, 태양이 우리 태양계의 심장이기 때문에 사자자리도 심장과 관련이 많다. 사자자리는 우리 몸의 심장과 순환계, 허리를 다스리기 때문에 사랑의 에너지를 억누르거나 오용할 경우 이런 부위에 우선적으로 영향을 미친다.

사자자리의 성격은 이 장을 시작할 때 제시한 목록이 설명하는 대로이며, 사자자리 시기를 거치는 사람들은 다음과 같은 특징을 보인다.

- 선천적으로 자의식이 강해서, 10대들이 곧잘 보이는 자기중심적인 태도를 가진다.
- 몹시 낭만적이고, 정신적 육체적 모험을 갈망한다.
- 어떤 형식으로든 타인의 삶을 지배하려 든다.
- 이상적인 상대를 찾겠다는 의도 아래 과도한 성행위를 한다. 그래서 에너지를 분산시키기도 한다.
- 아주 강한 창조 욕구를 느껴 뭔가를 만들어내고자 한다. 어쩌면 정신적인 자식뿐만 아니라 육체적인 자식도 낳아야 할지도 모른다. 어떤 여성이든 아기를 갖는 일에는 공포를 느끼기 마련이지만 말이다.
- 농담을 즐기고 뛰어난 유머 감각을 보인다.
- 연극이나 예능 분야에 큰 관심을 보이며 열중한다.

가장 긍정적으로 사자자리 시기를 거치는 여성들은 인류 전체를 향해 마음을 열고 자기 존재를 온전히 사랑할 수 있다.

사자자리 여성은 낭만적이고, 자신을 사랑으로 가꾸고 자기발전을 추구한다. 또한 늘 최신 유행에 민감한 멋쟁이다. 그녀는 항상 최고의 것을 원하지만, 그것을 공짜로 얻을 수 있다고 여기지는 않는다. 원하는 것을 얻기 위해서라면 육감과 카리스마와 열정을 다 동원하는 그녀이며, 필요하다면 깨끗하게 포기할 줄도 안다.

사자자리 여성은 미학적 효과에 대한 정확한 안목을 가졌으며 그것을 최대한 활용할 줄 안다. 자신이 무시당한다는 느낌을 받는다면 침실에서든 법정에서든 일상생활에서든 서슴없이 극적인 행동을 일삼으며, 마치 어린 소녀로 되돌아간 듯 입을 삐죽거리고 토라지기도 한다.

자신의 품위를 지키기 위해서라면 시간을 거슬러 올라가 토라진 어린 소녀가 될 수도 있다. 그녀는 아주 유쾌한 여성이지만 종종 자기 자신에게 불행을 불러오기도 한다. 연애가 실망스럽게 끝나는 경우가 많은 그녀에게 결혼은 모래 위에 지은 집과도 같다.

그녀는 결혼이 화려한 결말이자 완성이라고 믿는다. 그래서 두 사람의 춤으로 시작된 자신의 결혼이 혼자 추는 춤으로 끝날 수도 있다는 것을 깨달을 때 몹시 놀란다. 사자자리 여성들에게는 낭만과 사랑의 여사제가 되어 여성성의 극치를 보여줄 가능성이 잠재되어 있다. 그녀가 강한 자아와 허영심의 사슬을 끊기만 한다면, 세상에서 가장 아름다운 생명체, 고대의 바다에서 새롭게 솟아오르는 현대판 아프로디테가 될 수 있다.

요염한, 격렬한

사자자리 여성은 12별자리 중에서 가장 강렬한 성적 매력의 소유자이다. 많은 여배우의 점성 차트가 사자자리의 영향을 강하게 보여준다. 그 덕분에 그들은 활발하고 외향적이고 압도하는 분위기를 가지며, 매혹적인 생명력이 분위기를 뒷받침해준다.

불의 지배를 받는 별자리들은 모두 감정적 측면에서 강해 보이고, 특히 사자자리는 사랑의 본능을 강하게 느낀다. 사자자리 여성들은 사랑의 힘을 깨닫고 사랑을 느끼는 자신의 능력을 이해하기 위해 최선을 다해야 한다. 사랑의 기쁨과 슬픔이 씨실과 날실이 되어 그녀의 인생을 하나의 직물로 만들기 때문이다. 따라서 사자자리 여성들은 저절로 사랑의 본능과 의미를 이해하며, 아주 일찍부터 사랑과 성이 창조의 원동력임을 깨닫는다.

사자자리 여성의 성 충동은 화로와 같아서 쉽게 꺼지지 않는 대신 계속해서 조심스레 불을 때주어야 한다. 그녀는 자기 욕망에 대해 낙천적이면서도 고집스러운 면을 보인다. 그녀가 한 상대와 일대일로 사귀지 않을 때는 대체로 여러 명의 섹스 상대를 가진다. 아주 원기왕성한 그녀는 하찮은 일에도 금박을 입히고 진부한 연애도 별처럼 빛나게 만든다. 이런 활력이 빛을 발해 그녀를 잊을 수 없는 존재로 만든다. 그녀의 에너지는 일정 부분 마법의 액체와도 같은 성적 본능으로부터 샘솟는다.

그녀는 인간의 사랑이 갖는 다양한 측면을 모두 보여준다. 애정 어린 태도나 요염한 모습, 열정적으로 불타오르는 사랑이나 다정다감한 사랑, 독재적이고 화내고 요구하고 폭발적이고 사납고 격렬하고 충동적인 사랑에 이르기까지 그 모든 것을 보여주는 것이다. 동물적인 열정을 보이는 거친 연인이 될 수도 있다. 그녀는 뛰어난 섹스 상대지만 섹스가 사랑의 행위라는 사실을 진심으로 인정할 때만 그렇다.

낭만적인

사자자리 여성은 철저한 낭만주의자이다. 누군가를 만날 때마다 로맨스를 만들고 자신만의 환상을 펼친다. 죄의식이나 자기연민, 마조히즘은 그녀의 취향이 아니다. 그녀는 감정을 조절하면서 충만한 삶을 살고 싶어한다. 하지만 자신의 자아가 이끄는 대로만 뒤쫓다가는 허식과 겉치레에 몰두해서 다정함을 놓치기 십상이다. 그럴 때면 육체적인 흥분보다는 공상의 나래를 펼치는 데 급급해한다.

사자자리 여성이 감춰진 여성성을 드러내려면 음악과 옛날식 연애가 필요하다. 그녀의 여성스러움과 섬세한 감수성을 되살리려면 연애 상대의 불타는 정열이나 밀어붙이는 적극성이 필요하기 때문이다. 낭만적인 생각이나 평온한 마음도 그녀의 과도한 지배욕을 약화시키는 데 도움이 된다.

맵시 있는, 왕처럼 당당한

사자자리 여성은 평생 가정주부로 머물 경우에도 사람들의 주목을 끄는 특별한 '그 무엇'을 가지고 있다. 그녀는 아주 매력적인 여성이다. 실제 키와는 상관없이 높은 곳에 서서 오만에 가까운 여유만만함으로 자신이 지배하는 영토를 내려다본다. 그러고는 실제로든 상상으로든 손가락 하나만 까딱해서 다른 사람의 주의를 끌거나 최고의 서비스를 받아낼 줄 안다.

사자자리 여성들은 항상 자신감이 넘치고 극적으로 자신의 위엄을 과시한다. 그들은 대체로 빨간색이나 주황색을 좋아하지만 황토색이나 갈색, 베이지색이 들어간 옷을 입는 쪽이 좋다. 파란색은 마치 전류가 흐르는 것처럼 그녀를 빛내줄 것이다.

사자자리 여성은 고급스러운 진품을 좋아해서, 좋은 옷을 자연스럽게 입을 때도 커다란 보석으로 장식하기를 좋아한다. 자신의 옷과 장신구를 디자인하기도 하고 가끔씩 고물상에 들러 숨겨진 보석들을 찾아내기도 한다. 사자자리 여성은 자신의 취향을 신뢰하며, 실제로 그녀가 쓰던 물건을 되팔면 큰 돈을 마련할 수 있을 정도로 고급스럽고 섬세한 취향을 가졌다.

격식을 차리는, 따뜻한

사자자리 여성은 사교계의 여왕이거나 전혀 알려지지 않는 존재로 남는다. 하지만 어떤 경우든 여왕처럼 절제된 몸가짐을 보인다. 낯가림이 심해서 사람을 처음 만날 때도 격식을 차리며, 시간을 두고 관찰한 후에 사람을 사귀는 편이다.

첫인사를 나눈 후 차츰 친근감을 보이고, 절제된 태도에서 벗어나 자연스럽게 친해진다. 사자자리 여성은 인간관계에 적극적인 사람들과 함께 있을 때 가장 편안함을 느낀다. 자신이 모임을 주관할 때는 아주 요령 있게 사람들을 편하게 만들어준다. 칵테일파티를 열 때도 결코 진부한 세부장식에 골몰하지 않으면서, 강렬한 분위기를 창조해낸다.

사교적인, 수다스러운, 정치적인

아주 사교적인 사자자리 여성은 사람들의 행동에서 드러나는 미묘한 차이들을 날카롭게 알아차리고, 사람들 사이의 역학관계를 직관적으로 알아낸다. 그녀는 내성적인 경향과 외향적인 경향이 나뉘는 지점에서 아주 조금 더 외향적인 쪽으로 기운 사람으로, 사람들의 말을 정확하게 판단하고 그 상황에 솔직하다.

사자자리 여성은 소문을 좋아한다. 그녀의 귀는 크고 열려있으며, 그녀의 눈은 거의 모든 것을 본다. 동네에 떠도는 온갖 소문을 두루 꿰고 있으며, 사람들

'고정된 불'의 사자자리 여성

에 대한 시시콜콜한 정보까지 알고 있다. 다른 사람들에게 말려들어 자신이 알아낸 것을 털어놓다가 곤경에 빠지는 경우도 있지만, 정확하고 유용한 정보를 알아내는 경우도 많다.

자존심이 강한, 약점이 있는

무슨 일이든 잘 해낼 수 있다고 자부하는 사자자리 여성들은 실제로도 능숙한 관리자나 책임감 있는 보스가 된다. 다른 사람에게 충고를 해 주거나 상담하는 일도 좋아한다.

사자자리 여성은 개인적인 영역보다 자신의 직업에 더 강한 자부심을 갖는다. 특히 젊은 여성들이 그렇다. 자신이 많은 장점을 가지고 있는데도 불구하고, 주변에 뛰어난 미모나 성적 매력을 과시하는 여성들이 있으면 자신이 너무 평범하다고 불안해하기도 한다.

젊은 시절에는 자신이 사랑 받고 있다거나 아름답다고, 혹은 필요한 사람이라고 느낄 때 몹시 편안한 모습을 보인다. 하지만 더는 다른 사람들의 주목을 받지 못하거나 실연하면 자신감을 잃고 만다. 이런 상태는, 진정한 자존이란 내면의 아름다움에서 나온다는 사실을 깨달을 때까지 지속된다. 그녀가 성숙하면서 진정한 자존심을 갖게 되면 배우고, 살아가고, 사랑하는 기본적인 능력과 안정감을 갖는다.

사자자리 여성은 매사를 자신이 관리하기를 바란다. 자신의 길을 가로막는 어떤 장애물이라도 속이거나 유혹하거나 없애버릴 수 있다는 사실을 잘 알고 있다. 사자자리 여성들이 잊으면 안 되는 것은, 자신을 잘 알고 스스로를 사랑하는 여성은 자신의 정체성을 외부에서 (설령 연인이나 배우자가 있더라도) 빌려올 필요가 없다는 사실이다.

독창적인, 유능한, 자기 자신을 알리는

사자자리 여성은 광고나 세일즈 업무에 재능이 있고 흥미를 느낀다. 세일즈나 홍보, 광고 업무에 열의를 바치는 사자자리 여성만큼 믿음직스럽고도 눈에 띄게 일을 잘하는 사람은 없다.

사자자리 여성에게는 자신이 가장 큰 자산이다. 그녀는 자신이 관여하는 모든 일을 아주 독창적으로 해낸다. 만약 사자자리 여성이 새로운 헤어스타일을 디자인한다면, 그것은 이제까지 보지 못한 상당히 대담한 스타일일 것이다. 그녀가 화가라면 눈에 띄는 컬러 배합을 시도할 것이고, 요리사라면 자신의 요리를 창의적인 감각으로 장식하지 않고는 못 배길 것이다. 비서가 된다면 아마 컬러 용지를 사용해서 사무실을 매혹적으로 장식하고 종이컵 하나도 예쁜 것으로 갖출 것이다.

사자자리 여성의 독창성은 어디에서나 나타난다. 이들은 요리나 성생활, 직장생활을 독창적으로 해낸다. 재치 있는 감각으로 친구들을 사귀고, 다른 사람을 가르치고, 무대장치를 고안한다. 여행에 대해 조언하고 일정을 짜는 데도 탁월하다. 사자자리 여성의 개성은 말과 외모, 그녀의 물건들, 그녀가 손을 대는 모든 것에 투영된다. 사자자리 여성이 평범한 이웃들과 어울리기 위해 자기 스타일을 포기하는 것을 볼 때면 몹시 안타까운 느낌이 든다.

사자자리 여성들이여, 당신의 창조적인 재능이 들어 있는 판도라의 상자를 두려워하지 마라. 관습에 얽매여 그것을 발휘하는 일을 제한해서도 안 된다. 당신의 역할은 영감과 개성이 가득한 당신만의 특성을 간직하면서 앞으로 꾸준히 나아가는 데 있다.

요구가 많은, 아량이 넓은

사자자리 여성들을 가장 이해하기 힘든 부류라고 할 수는 없다. 하지만 자기만의 특이한 성향을 가지고 있음은 분명하다. 예를 들어 이들은 다른 사람들에게 너무 많은 것을 요구하는 동시에 또 지나칠 정도로 아량을 보인다. 그녀는 큰 대가가 돌아오리라고 기대하는 경우가 아니라면 좀처럼 다른 사람에게 베풀지 않는다. 게다가 그 방식도 자신이 정해놓은 조건대로여야 한다. 사자자리 여성은 의식하든 못하든 다른 사람들이 자기방식대로 호의와 친밀감을 표현해주기를 바란다.

'고정된 불'의 사자자리 여성

그녀는 스스로에게도 매우 높은 목표를 정해놓는 경향이 있다. 자기 생각에 최고가 아닌 것은 보기도 싫어한다. 그래서 웬만해선 격이 낮은 사람들이나 물건들을 곁에 두지 않는다. 인간관계에서도 흔들리지 않는 결속을 원한다. 친구들이 어디에 있는지, 그들의 감정이 어떠한지 예의 주시하면서, 친구가 있는 곳이라면 아프리카라도 망설임 없이 전화를 건다.

연인에게는 매우 관대하다. 다만 그녀가 원하는 대로 해주어야 한다는 것을 그가 기억하고 있는 경우에만 그렇다. 사자자리 여성은 거의 언제나 특별대접을 받고 싶어하고, 별로 좋지 않은 상황에 처했을 때 더 그런 모습을 보인다. 다른 사람들이 자신보다 우선일 수도 있다는 사실을 좀처럼 받아들이지 못하는 그녀는 인정 많은 독재자 스타일이라 할 수 있다.

사자자리 여성의 이런 지나친 요구에 대응하는 가장 좋은 방식은 감정을 정확하게 표현하면서 관대하게 넘어가주는 것이다. 그녀도 자신을 위해 다른 사람들의 욕구를 무시하려는 의도는 아니다. 단지 자신이 아주 중요한 존재라는 느낌을 원할 뿐이다. 이런 욕구가 제대로 출구를 찾지 못한다면, 사자자리 여성은 인정 없고 난폭한 독재자로 변해버릴지도 모른다.

충고하기 좋아하는

사자자리 여성은 정치적으로 대처해야 하는 경우를 제외하고는 자신이 원하는 바를 정확하게 표현한다. 돌려 말하거나, 겉과 속이 다르게 행동하는 것은 싫어한다. 주위에 아첨꾼들을 많이 두기를 원하지만, 그들을 존중하지는 않는다. 그녀는 다른 사람을 상담하거나 충고하는 것을 아주 좋아한다. 그런 일을 통해서 자신이 아주 중요하고 권위 있는 사람이라는 느낌을 갖기 때문이다. 그녀의 조언은 대체로 선량한 의도를 담고 있으며 큰 도움이 될 때도 많다.

사자자리 여성들이 자의식을 약간만 죽이고, 상대가 요구할 때만 조언하려 노력한다면 지금보다 훨씬 더 인정받을 것이다. 대부분의 사람이 살아가는 방식에 대해 남이 충고해주는 것을 달가워하지 않기 때문이다.

격려하는

사자자리 여성은 항상 리더가 되려 한다. 물론 양자리나 사수자리 여성들에 비하면 은근하게 표현하는 편이다. 그녀가 리더가 되면 아랫사람들을 잘 통솔해서 높은 업무 실적을 올린다.

사자자리 여성들의 주된 관심사는 사신의 관리능력과 지배욕을, 연애를 포함한 사적인 영역과 조화시키는 것이다. 일에 있어 효율적인 방식이 연애할 때도 마찬가지 효과를 내는 것은 아니다. 상황을 세심하게 따져본 후 적합한 수단을 찾아야 한다.

관리능력이 있는, 세세한 일과 일상적인 관례를 싫어하는, 돈을 잘 쓰는

사자자리 여성은 아랫사람을 부리고 업무를 관리하는 것을 좋아하고, 또 그런 일에 능숙하다. 하지만 자잘한 일들까지 신경 쓰는 것은 좋아하지 않아서, 그런 일을 맡길 사람들을 찾아낸다. 그녀가 업무를 훌륭하게 해내려면 세세한 일을 잘 해내는 부하직원이 필요하다.

이런 성격이 사적인 부분에서는 문제가 될 수 있다. 아직도 여성들은 여전히 단조롭고 고된 집안일을 책임지고 해내야 하기 때문이다. 사자자리 여성도 특별한 저녁식사를 준비하고 가족들의 옷을 사고, 가사를 꾸리는 것을 전적으로 싫어하지는 않는다. 하지만 얼마 안 되는 돈으로 예산을 짜고 절약해야 할 때는 곧잘 화를 낸다. 그리고 멋진 벽난로를 꾸며놓고는 정작 장작을 주문하는 일은 종종 잊어버린다. 이들은 화수분이라도 가진 것처럼 돈을 쉽게 쓴다. 어떤 사람들은 돈이 나무에서 열리는 줄 안다면서 사자자리 여성의 이런 태도를 비난한다. 사자자리 여성은 돈을 많이 벌어서 가정부를 고용하거나, 집안일을 자진해서 나눌 만한 연인과 동거하거나 결혼하는 것이 상책이다.

사자자리 여성은 차라리 아이를 갖지 않을지언정, 구두쇠와 결혼해서는 안 된다. 세세한 일들을 잘 해내는 사람, 은행 잔고를 맞추거나 책장의 먼지 터는 일을 싫어하지 않고 호화로운 식단에 위경련을 일으키지 않는 사람과 함께 사는 쪽이 그녀에게 훨씬 이롭다.

권위 있는, 고집 센, 뻔뻔한, 거만한

공적이든 사적이든 사자자리 여성이 직면하는 문제들 대부분은 그녀의 태도에서 비롯된다. 그중에서도 가장 큰 골칫거리는 도움을 청할 때마다 그녀가 보이는 태도이다. 부탁하는 입장인데도 시비조로 대들 듯 말하고, 최선의 방법을 알고 있는 척한다. 자기는 남의 말을 전혀 들으려 하지 않으면서, 뻔뻔할 정도로 자신의 의견을 내세운다. 고집도 세서 마음을 쉽게 바꾸지 않는다. 하지만 가장 큰 문제는 다른 사람들에게 어떤 일을 '부탁'해야 할 때도 '명령'한다는 데 있다. 이런 태도는 그녀에게 도움이 간절히 필요할 때 더 심해진다.

사자자리 여성에게서 겸손한 모습을 찾아보기란 거의 불가능하다. 시시한 직장에 다니느니 가게를 운영하려 할 것이고, 직장에 다닐 때면 사장에게 회사를 어떻게 경영해야 할지 훈계를 늘어놓는다. 손해를 입으면서까지 다른 사람들의 일에 쓸데없이 참견한다. 그녀는 다른 사람의 기분을 상하게 하지 않으면서 뭔가 요청하거나 설명하는 법을 배울 필요가 있다. 군이 적을 만들지 않으면서도 자신의 권위를 세우고 빛날 방법이 있을 것이다. 또한 자존심이 자신감과 유능함의 기반이 될 수 있다. 그 방법을 깨닫게 될 때 사자자리 여성들은 인생의 승리자가 될 수 있다.

자기만족에 빠지는, 방종한, 해이한

고양이과 동물들은 잠에서 깨면 기지개를 켜고 얼굴을 닦는다. 사자자리 여성들도 마찬가지 방식으로 자신을 보살핀다. 그러다 보니 지나치게 게을러지거나 자기만족에 빠질 위험도 크다. 생체 리듬의 특성상 주기적으로 휴식 기간을 가져야 하는 사자자리 여성들은 이 휴식이 지나치지 않도록 신경 써야 한다.

사자자리 여성은 자기만족에 빠져서 자신은 가만히 있으면서 세상이 다가오기만 기대할 수 있다. 자신에게 너무 실망하거나 자존심에 상처를 입었을 때도, 과식과 폭음을 일삼으며 평소보다 더 나태한 모습을 보인다. 이럴 때는 그 자리에서 벌떡 일어나 자기훈련프로그램이 있는 강좌에 등록하는 것도 좋은 방법이다.

어린아이처럼 천진한, 재미있는

사자자리 여성이 인기가 많은 이유 중 하나는, 그녀 안에 살고 있는 어린아이가 완전히 자라지 않는다는 데 있다. 마치 상상 속의 놀이 친구를 만나 뛰어노는 것 같다. 상징의 세계가 매혹적이라는 것을 알기 때문에 사자자리 여성은 돈에 그다지 신경 쓰지 않는다. 그녀에게 돈은 환상을 추구하는 상징에 불과하다.

어린아이 같은 사자자리 여성은 에너지가 넘치고, 충동적으로 관대함을 보이고, 순진하게 잘 믿는다. 이런 점이 바로 그녀의 매력이다. 그녀는 영혼의 존재와 우주를 다스리는 신을 믿는다. 놀이와 재미의 중요성도 안다. 그렇기에 여전히 어린아이로 남을 수 있는지도 모른다. 그녀는 아이들과 땅바닥을 뒹굴고 놀면서도 속이 편한 이상한 어른이다. 딱딱한 의례 따위는 어디서든 깨끗이 잊을 수 있기에 파티 도중에 서슴없이 신발을 벗어 던지고 맨발로 마당을 걸어 다니기도 한다. 이런 본성 때문에 감수해야 할 위험이 많아지기도 한다. 하지만 아이의 영혼을 간직할 수 있는 이러한 능력이야말로 사자자리 여성의 가장 건강하고 빼어난 자질이다.

잘 속는, 의심하지 않는

어린아이 같은 본성 때문에, 사자자리 여성은 쉽게 믿고 잘 속는다. 이들은 "낯선 사람이 주는 사탕을 받으면 안 돼"라거나 "네가 가진 재산을 자랑하지 말아라" 같은 경고에 귀 기울이지 않는다. 어떤 일의 절차를 확인하거나 다른 사람을 만나 재확인하는 걸 귀찮아한다. 사자자리 여성들은 천진함과 게으름 때문에 난처한 상황에 빠지거나 손해를 입기도 한다.

허영심이 강한, 걱정 많은

사자자리 여성의 허영심은 악명 높다. 사자자리 여성과 함께 있을 때 비위를 맞추는 쪽은 일반적으로 상대방이다. 이런 사실을 알아챈 사람들이 역으로 그녀를 이용하기도 한다.

사자자리 여성은 끝없이 불안에 시달린다. 자신의 역할과 권위에 대해서 숭고한 목표들을 만들어내고, 그 목표에 따라 살아야 한다고 남몰래 초조해한다. 항상 무언가 증명하려 애쓰다 보니 배가 아프거나 등이 쑤시거나 가슴이 두근 거리는 경우도 많고, 간이 상하는 일도 있다.

강인한

불의 지배를 받는 사자자리의 인생은 도박의 연속이다. 어떤 때는 배가 뒤집 어질 위험까지도 감수한다. 물론 그녀가 상상의 비행을 현실로 혼동하는 일은 좀처럼 없다. 하지만 원한다면 상상의 세계를 현실로 바꿔놓을 수 있다. 그러면 서도 몹시 안정감을 보일 때가 많은데 이것은 모든 가치가 빠르게 변화하는 시 대에 특별히 돋보이는 자질이다.

극적으로 과장하는, 과시하는 여배우

사자자리 여성은 매사를 극적으로 과장한다. 그녀는 모든 행동과 사건에 잠 재된 극적인 성격을 쉽게 파악하고는, 그것을 너무 크게 확대한다. 연인과 다투 고 나면, 일시적으로나마 이 세상이 끝난 것처럼 느끼는 식이다. 그런데 바로 그 싸움에 대해 친구에게 얘기할 때는 마치 자기가 완전히 이긴 것처럼 왜곡해 서 들려주곤 한다.

사자자리 여성은 과시하기를 좋아한다. 발목에 은발찌라도 두른 날이면, 남들 눈에 띄도록 발을 절 것이다. 기침이라도 한 번 하면 폐렴이 아닌가 의심하고. 자신이 보잘것없는 역할을 맡게 되어도, 다른 사람들에게는 그것이 엄청난 기회 라고 말한다. 이 세상에 그녀가 과장할 수 없는 것은 없다. 이따금씩 진실을 왜 곡할 때가 있는데, 그녀의 핏속에 '연예인의 끼'가 들어있기 때문인 것 같다.

자의식이 강한

훌륭한 배우의 자질을 갖춘 사자자리 여성들은 자신의 동작이나 표정, 몸짓 을 많이 의식한다. 원하는 효과를 얻기 위해 거울 앞에서 표정 연습을 하기도 한다. 그녀는 어릿광대이자 마법사이고, 시인이고, 지성인이다. 아마 자신을 돋

보이게 하는 역할이라면 무엇이든 맡을 것이다.

사자자리 여성은 의식적으로 현실이나 영화 속에서 자신이 모방할 수 있는 역할 모델을 찾는다. 그녀는 몹시 예리하게 관찰하는데 일을 할 때도 이 능력을 잘 활용한다. 자신에 대한 다른 사람들의 반응도 굉장히 빨리 알아차리는 편이다.

미성숙한, 둔감한

사자자리 여성들은 아이들이 세상을 바라보는 시선을 그대로 가지고 있다. 이런 면이 그녀의 매력인 동시에 성격에 걸림돌이 되기도 한다.

이들은 유령이나 그렘린의 존재를 여전히 믿고 있으며, 투표할 수 있는 나이가 된 후에도 오랫동안 요술을 부려 소망을 이루고자 한다. 자기도 어른이 되어야 하고, 아이였을 때보다 더 현실적이고 부지런해져야 한다는 생각은 하지 못한다. 동료들이 부여하는 책임감 같은 것도 거부한다.

사자자리 여성은 욕망이 너무 강한 나머지 자신의 욕망을 다른 사람들에게 투영한다. 자부심이 너무 강한 까닭에 사람들마다 서로 다른 취향이나 요구가 있다는 점을 깨닫지 못한다. 그리고 일단 마음을 정하고 나면, 자진해서 그것을 바꾸는 일은 거의 없다고 봐야 한다. 훌륭한 배우인 사자자리 여성은 자신의 관점이 항상 옳다고 확신한다.

팬클럽이나 추종자를 원하는

사자자리 여성은 어떤 연극에서든 주연을 맡을 수 있지만, 무슨 역할을 맡든 자신을 좋아하고, 숭배하고, 추종하는 사람들을 필요로 한다. 그녀는 자신이 빛나야 하고, 사람들의 주목을 받아야 하며, 찬양 받아야 한다고 생각한다.

사자자리 여성의 본능에는 햇빛과 닮은 점이 있다. 그녀가 행복할 때면, 사람들을 끌어당기는 따뜻함과 빛을 발산한다. 그러나 반대의 경우도 가능하다. 나쁜 경우에는, 속 좁게 행동하거나 지나치게 요구함으로써 다른 사람들을 자신으로부터 멀리 떼어놓는다.

'고정된 불'의 사자자리 여성

인간관계

'나는 낭만적인 사랑이야말로 살아가면서 누릴 수 있는 가장 강렬한 기쁨의 원천이라고 믿는다.' – 버트런드 러셀, 「결혼과 도덕」에서

사자자리 여성의 사랑은 항상 세 가지 일관된 맥락을 갖는다. 낭만적인 구애의 현장에서 배우나 관객이 되려는 성향, 과도한 기대, 이기적인 낭만주의가 그것이다. 사자자리 여성은 본능적으로 이 세 가지 특성을 보이며, 우리 사회가 여자들에게 이런 특성을 강화하도록 만들기도 한다.

사자자리 여성은 인간관계를 맺을 때, 무엇보다 이기심을 극복하고 그 관계에 순수하게 몰두하도록 노력해야 한다. 그녀는 처음에는 사랑을 일종의 게임이나 관리 능력에 대한 시험 정도로 받아들인다. 그렇지 않을 때에는 사랑을 미켈란젤로의 '다비드 상' 같은 고정된 것으로 파악한다. 열정을 가지고 오랜 시간을 들여 창조한 견고한 물건, 영원히 스포트라이트를 받으며 서 있는 어떤 것, 최고의 자리에 군림하며 고독하게 남아 있는 어떤 것으로 받아들이는 것이다. 사자자리 여성에게 사랑은 도전할 수도 없고, 변하지도 않으며, 자신의 욕구를 채우기 위해 만든 실체이다.

사자자리 여성은 자신이 진정으로 원하는 것만 추구하면서, 그것을 얻기 위해 무수한 고통을 겪는다. 때로는 자신만의 이상에 심하게 집착한다. 그러다 보니 변화가 필요할 때에도 변하려 하지 않는다. 의지가 강하고 자존심도 강하며 노골적이고 독재적이고 통속적이다. 그녀가 거칠게 행동하거나 겸손을 가장할 때도 있는데, 특히 외로움을 느끼는 동안에는 내내 그럴 것이다. 사자자리 여성은 훌륭한 배우이며 대장 행세를 하여 자신의 나약한 면을 감추려 든다. 그럴 때는 타고난 연기력이 그녀를 상처 입히는 계기가 될 수도 있다.

인생을 마음대로 조종하고 싶어하는 사자자리 여성들은 겉치레로 자신을 돌

보이게 하려고 한다. 얼마간은 이런 시도가 잘 통한다. 그녀는 한밤중의 하늘에 태양 빛을 쏘아 올려서라도 다른 사람들이 낮이라고 믿게 만드는 능력을 가졌다. 하지만 그녀 자신은? 그녀 스스로도 그걸 믿을 수 있을까?

종종 낭만적인 환상에 빠지는 사자자리 여성은 머지않아 완벽한 관계를 찾을 수 있다는 희망을 품는다. 하지만 관계를 유지하기 위한 노력에 대해서는 아무 생각도 하지 않고, 그저 완벽한 관계가 모든 문제를 자동적으로 해결해 주기만을 기대한다. 하지만 어느 누구도 타인과의 관계에서 아무 노력 없이 바로 사랑으로 가득 찬 삶을 얻어낼 수는 없다. 먼저 자신에게 잠재된 사랑의 능력을 개발하고, 그것을 활용해야만 한다.

사자자리 여성은 원래 왕자였을지도 모르는 개구리를 변신시키려고 애쓰면서 일생의 반을 보낸다. 그리고 나머지 반은 삶과 사랑, 결혼, 자신과 상대에 대한 엄청난 꿈을 현실과 화해시키면서 보낸다.

어린 시절

사자자리 여성은 표면적으로는 아주 평범한 어린 시절을 보낸다. 착한 소녀이고, 뛰어난 재능과 상상력으로 부모님의 인정을 받는다. 아버지보다는 어머니와 가까운 편이다.

타고난 낭만주의자인 데다 연기와 공상에 뛰어난 재주가 있는 사자자리 소녀는 자기만의 세계를 만들어놓고 피난처로 삼는다. 성장하면서는 머릿속에 가공의 어린 시절을 만들어두고, 친구들과의 놀이나 초등학교 연극에서 이것을 연기해 보인다. 그녀는 대장 노릇을 하고, 아이들을 웃기고, 모임을 만들어낸다. 오락과 자유로운 생활, 규모가 크고 흥미진진한 삶을 좋아한다. 하지만 연극은 차츰 실제로 변하고, 겉으로는 평범해 보이는 그녀의 삶이 내면의 '음향과 분노'(포크너의 소설 『음향과 분노』를 빗댄 것)로 가득 찬다.

사자자리 소녀는 유명인사를 동경해서 그들의 걸음걸이나 옷 입는 스타일, 말투를 모방하고 자기도 유명해지겠다고 마음속으로 맹세한다. 예전에는 이런 꿈을 이루기 위해 남자의 도움이 필요하다고 생각했을지도 모른다. 하지만 오늘날의 여자아이들은 보다 독립적으로 꿈의 날개를 펼친다. 그들이 명성이나 성공을 꿈꿀 때는 혼자 힘으로 한다는 점까지 포함된다.

사자자리 소녀는 과민할 정도로 자존심이 강해서 비판을 잘 받아들이지 못한다. 비판을 받으면 일시적으로 후퇴하지만, 바로 자기가 '더 낫다'고 증명할 계획에 몰두한다. 그녀는 다른 사람들이 자기를 '평범'하다고 말하는 것조차 모욕으로 받아들일 정도로 특별한 존재가 되고 싶어한다.

사자자리의 소녀들은 자신이 탁월하다는 증거로 곧잘 아름다움을 내세우며, 아름다움을 과시하는 요령도 잘 안다. 이성문제에서도 결코 뒤쳐지는 법이 없다. 아주 내성적인 아이라도 커다란 눈이나 쾌활한 걸음걸이, 윤기 나는 머리카락 등 자신의 특별함을 찾아내고, 그것을 완벽하게 다듬기 위해 최선을 다한다.

사자자리 소녀는 모든 면에서 다루기 힘든 존재이지만, 부모에게는 커다란 자부심을 준다. 그녀는 자아가 너무 강해서, 이를 만족시키고 표현할 수 있는 건설적인 방법을 찾아야만 한다. 이 부분에서 다른 이의 도움을 받지 못한다면, 거칠고 반항적인 아이가 될 것이다. 그런 경우 자신의 여성성을 개발하거나 여성으로 살아가는 일에 적응하기가 어려워질 것이다.

연인이나 다른 사람들과 관계 맺는 방식

사자자리 여성은 자기중심적인 지배자의 성향을 가졌다. 멋진 외모에 타인의 주목을 끌고 싶어하는 그녀는 연인도 지배하려 한다. 이런 지배욕을 강하게 제어하면서 안전하고 긍정적으로 사용하는 법을 배워야 한다.

사자자리 여성은 길을 가던 모든 남자들이 돌아보게 만드는 매혹적인 여성, 팜므 파탈이다. 그녀는 카리스마가 강하며, 자신의 잠재능력을 직관적으로 알아차린다. 대부분의 사람들은 그녀가 발산하는 성적 매력에 유혹되어 저항하지 못하고, 그중 일부는 그녀의 성적 매력을 두려워한다.

사자자리 여성은 지칠 줄 모르는 열망과 리더십을 가졌다. 그녀는 남성들이나 인간관계를 자만심을 충족시키는 데 무의식적으로 이용한다. 이런 무의식적인 성향을 극복하기 전까지는 아주 강경하고 군국주의자 같은 면모를 보이기 쉽다. 어릴 때에는 이런 점이 문제가 된다는 것을 깨닫지도 못한다. 자신의 여성성을 신뢰하고 즐기는 법을 아직 배우지 못했기 때문에 그녀는 부드럽지도, 유순하거나 유연하지도 않다.

그럼에도 불구하고 사자자리 여성은 좋은 친구이고, 받기보다는 주는 쪽이다. 자신이 가진 것을 거리낌 없이 나누어 주며, 인색하게 굴거나 물건을 독점하는 법도 없다. 근심거리가 있더라도 그 때문에 힘들어하지는 않는다. 사자자리 여성에게는 남자 친구도 많고 여자 친구도 많지만, 그들 대부분이 피상적인 친구들이다. 그녀는 관대한 편이지만, 싸움에서 이길 수 있는 최상의 전략은 결코 다른 사람에게 알려주지 않는다.

사자자리 여성은 다른 사람들을 편안하게 대하고 돈도 잘 쓴다. 그 덕분에 그녀를 무시할 만한 사람들까지도 그녀를 좋아한다. 그녀는 자기 주변으로 모여드는 사람들 틈에서 믿을 만한 친구를 가려낼 수 있어야 한다. 그중에는 교활한 친구들도 있고, 또 어떤 사람들은 그녀를 시기한다. 나머지 진실한 친구들은 스포트라이트를 받고 싶어하는 그녀의 욕구에 화내지 않고, 애정과 즐거움을 베푸는 그녀의 능력을 인정해 준다.

그녀는 무수히 많은 낭만적 모험을 거칠 것이다. 거기에는 행복한 나라만 있는 것이 아니어서 여기저기 그림자가 짙게 깔린 지역도 많을 것이다. 그녀는 상대를 바꿔가며 정처 없이 방랑할 것이고, 그때그때 내키는 대로 즐거운 환경을 찾아다닐 것이다. 오두막에서 나와 궁전으로 갈 때도 있고, 어쩔 수 없이 소박한 환경에서 살아갈 때도 있다. 그녀는 대체로 일을 쉽게 해결하면서도, 불만스러울 때에는 다른 사람들을 들볶거나 우는 소리를 하는 경향이 있다. 연인의 경우 이미 완성된 사람, 행동할 준비가 되어 있는 사람이기를 바란다. 그를 발전시키기 위해 힘든 노력을 하고 싶지 않은 것이다.

사자자리 여성은 영원한 낙천주의자이고, 이것이 그녀의 매력이다. 결혼생활 중에 위기가 닥쳐도 어떻게든 헤쳐 나간다. 아기를 갖거나, 여행을 떠나거나, 새로운 사업을 시작하는 등 생활의 기쁨이나 출구를 찾아내는 것이다. 이것은 몹시 건강한 태도이지만, 나중에 심각한 문제를 부를 수도 있다. 사자자리

'고정된 불'의 사자자리 여성

같이 고정된 성격을 상징하는 별자리의 사람들은 원치 않는 상황에 처하더라도 대개 훌륭한 출구를 마련해서 잘 도망친다. 하지만 근본적인 문제해결을 싫어하기 때문에 몇 년쯤 후에 자신이 도망쳐 나온 것과 똑같은 문제에 다시 맞닥뜨리기도 한다.

B는 스물일곱 살의 사자자리 여성이다. 사자자리의 특성대로 그녀는 눈에 띄게 자신감에 찬 매력적인 여성이었다. 타고난 유머 감각에 다정함, 자기중심적 태도를 보였다. 2년 동안 몇 번이나 연애에 실패하자 그녀는 몹시 우울해하면서 왜 같은 일이 계속 반복되는지 궁금해했다. 상담 과정에서 그녀가 욕구를 채우는 데 연인을 이용하려 해왔으며 그럼에도 그들을 거의 존중하지 않았다는 사실이 드러났다. 그녀는 높은 언덕 위에 서서 우월감을 가지고 내려다보기만 했기 때문에 연인을 이해하지 못하는 것 같았다.

B는 상대방이 자신을 완전한 인격체로 보고 사랑할 수 있다고 믿지 못했다. 스스로를 연인의 성적 대상으로만 한정했고, 꽤 많은 이들을 유혹하는 데 성공했다. 한동안은 그들을 붙들어둘 수도 있었지만, 공허감과 불안감에 빠졌다. 자신감이 강해 보이지만 사실 그녀는 스스로를 그다지 좋아하지 않았다. 내면 깊은 곳에 있는 자아에 대해 거의 알지 못했기 때문에, 자기가 만들어낸 이미지에 사로잡혀 있었고 상대방에게 책임을 덮어씌우곤 했다.

그녀는 인간관계나 연애에 대해 비현실적인 시각을 가지고 있었다. 새로 연인을 사귈 때마다 어떠한 요구나 설명 없이도 상대방이 자신의 욕구를 채워주리라 기대했다. 그녀는 낭만적인 관계를 기대하면서도, 그 관계를 유지하기 위한 노력은 아예 필요 없거나 최소화하기를 바랐다. 지나친 기대감과 미화된 자화상은 만족감을 얻는데 아무 도움도 되지 않았다.

사자자리 여성은 독립에 대한 욕구가 그다지 강하지 않다. 그렇다고 연인에게 의지하는 것을 즐기지도 않는다. 단지 연인이 그녀의 자존심과 허영심, 애정을 가볍게 여기지만 않는다면, 그런 것이 별문제가 되지 않는다고 생각할 뿐이다. 그녀는 눈에 띄게 균형 잡힌 사람이다.

사자자리 여성은 자신을 강하게 만들 수 있는 다양한 방법을 모색해야 한다.

집안일을 도맡아 해보는 것도 그중 하나이다. 하지만 가정일이 남다르지도 도전적이도 않다면 아마 곧 흥미를 잃을 것이다. 여유가 있다면 자신의 야구팀을 사는 편이 더 낫다. 내가 아는 사자자리 여성 여섯 명 중에, 한 명은 성 상담 클리닉을 운영하고, 또 한 명은 화랑을 소유하고 있으며, 다른 한 명은 레이스 공장을 경영한다. 나머지 세 명의 여성은 집에서 파티 음식을 장만해서 제공하는 사업을 한다. 이 여섯 명 모두가 행복한 부부생활을 하고 있다.

높은 기대치

사자자리 여성의 주된 문제는 사랑과 성관계에 대한 비현실적인 기대에서 비롯된다. 사자자리 여성의 머릿속에는 비밀스러운 조건들이 들어 있다. 진지하게 어떤 이를 자신의 배우자 후보로 점찍게 되면, 그가 진짜 관심을 가질 만한 사람인지 알아보기 위해 그를 시험한다. 그가 자신을 사랑한다면, 다음의 조건들 전부 혹은 대부분을 만족시킬 거라는 게 그녀의 기대이다.

- 그는 그녀가 어떤 행동을 하든 사랑해야 한다.
- 그는 자기가 이제껏 만난 사람들 중에서 그녀가 가장 착하고, 친절하고, 눈부시도록 아름다운 여성이라고 말해야 한다. 물론 그녀가 그런 이야기를 듣고 싶어하는 것을 알고서 말하는 것은 아니어야 한다.
- 그는 그녀를 영원히 사랑하겠다고 말해야 한다.
- 그는 그녀가 자신이 오랫동안 갈망하고 기다려온 사람이라고 말해야 한다.
- 그는 그녀가 매우 영리하다고 말해야 한다.
- 무엇보다도 중요한 것인데, 그는 그녀가 듣고 싶은 말이라면 무엇이든지 미리 알려주지 않아도 언제든 그녀에게 들려줘야 한다.

하지만 산타클로스도 받고 싶은 크리스마스 선물이 무엇인지 자세히 적힌 편지를 받아야 제대로 준비할 수 있을 텐데, 인간에 불과한 그가 말하지도 않은 요구들에 어떻게 응할 수 있단 말인가?

'고정된 불'의 사자자리 여성

프랑스 작가 앙드레 모루아는, 행복한 결혼이란 매일 다시 지어야 하는 건축물과 같다고 했다. 사자자리 여성은 그 건축물의 외관이라면 기꺼이 재건한다. 하지만 자기 것이든 상대의 것이든 그 기초를 튼튼히 할 생각은 하지 않는다.

연애할 때 흔히들 상대방의 마음을 모두 안다고 생각하는 탓에 갈등을 겪곤 한다. 또한 상대방도 자신의 느낌과 생각, 바람을 알고 있다고 생각한다. 그러다 보니 자주 실망하고, 결국에는 화를 낸다.

사자자리 여성들은 자신이 연애를 통해 정확히 무엇을 원하는지 파악할 필요가 있다. 자신의 바람을 종이에 적는 것도 좋은 방법이다. 써내려가다보면 더 정확히 이해하게 되고, 자신에게 어떤 변화가 꼭 필요한지도 알게 된다. 자신의 기대가 어디서 출발했는지 거슬러 올라가 보는 것도 좋은 방법이다. 비현실적이고 과도한 요구들은 대개 동화책이나 매스컴에서 떠들어댄 환상에서 출발한다. 혹은 부모가 어린 딸에게 거는 기대였는지도 모른다. 그런데 부모의 기대란 것도 사실 자신은 이뤄본 적 없는 비현실적인 소망인 경우가 많다.

사자자리 여성들은 자신의 감정에 대해 연인이나 친구들과 정기적으로 이야기를 나누고, 의사소통의 통로를 항상 열어두어야 한다. 마음속에 간직한 꿈들을 그림으로 그려 보는 것도 괜찮다. 그림을 보면서 통찰력을 얻을 수 있을 것이다. 그러고 나서 이상과 현실의 간극을 좁히려 노력해야 한다. 무엇보다 다른 사람들이 완벽하다고 생각하거나 자신이 원하는 것을 저절로 알 수 있을 만큼 상대가 완벽할 거라고 속단해서는 안 된다.

사랑에 빠진 사자자리 여성

사랑에 빠진 사자자리 여성은 상대에게 가장 화려한 왕관을 씌워준다. 그는 왕이 된 듯이 느끼면서, 살아서 자신의 여왕을 만났으니 세상에서 가장 운 좋은 사람이라고 확신하게 될 것이다.

사랑은 사자자리 여성을 가장 사려 깊은 존재로 만들어주고, 강한 동기를 부여한다. 그에게 아침을 차려주기 위해 추운 아침에도 침대에서 벌떡 일어나고, 그가 낯선 도시로 발령을 받으면 군소리 없이 직장을 그만두고 그를 따라 이사한다. 그의 빨랫감도 흠잡을 데 없이 완벽하게 세탁해놓는다. 그녀가 할 수 있는 한 가장 전통적인 여성상에 가까워진다.

이러한 측면들이 그녀가 살아가는 방식과 모순되지는 않는다. 그녀가 자신의 기본적인 성향을 포기하는 건 아니라는 뜻이다. 여전히 직접 만든 초콜릿을 좋아하고, 혼자서 책을 읽고, 자질구레한 집안일에서 해방되고 싶어한다. 침대에서 아침식사 시중을 받는 것도 몹시 좋아한다. 하지만 사랑에 빠지면 사자자리 여성은 다른 사람을 위해 기꺼이 자신의 취향을 포기하려고 노력한다. 정말이지 얼마동안은 그렇게 한다. 그녀가 연인과 사랑에 빠졌다는 증거는 그녀가 굉장히 세심하게 군다는 데서 드러난다. 그녀는 연기를 할 때도 그것이 정말이라고 믿어버린다. 하지만 그녀가 가족을 좌지우지하는 가장이 될 계획이 없다고 너무 확신해서는 안 된다.

과도한 기대감과 요구에서 생겨나는 문제들만 없애면, 사자자리 여성은 환상적으로 멋진 연인이 된다. 그녀는 연인을 자신감으로 충만하게 만들 수 있고, 너무 흥분해서 괴롭게 만들 수도 있다. 그녀가 그에게 한없이 기대하고 요구함으로써 그의 목에 가죽끈을 채우는 셈인데, 대체로 상대방도 지배당하는 것을 좋아한다. 하지만 반대의 상황은 상상만 해도 황당하다. 다이아몬드로 만든 목줄을 매고 날뛰는 암사자를 상상해보라.

〈오즈의 마법사〉에 나오는 겁쟁이 사자처럼, 사자자리 여성은 감상적이고 연약하다. 그리고 격렬하게 뛰는 심장을 가졌다. 사랑에 빠지면 마치 신에게 하듯 헌금을 쏟아부으며 그를 돌보고, 찬양하고 경배하고 섬기고 도와준다. 그의 성전이 퇴색하지 않도록 금박을 입히는 일도 잊지 않는다. 사랑에 빠진 그녀는 부드러워지고 콧노래를 부르고, 희망으로 빛난다. 단테의 지옥이 눈앞에서 펼쳐지거나 핵폭탄이 터진다 해도, 이 세상은 아름답다고 확신한다. 이쯤 되면 세상의 어떤 것도 그녀를 위협할 수 없다.

사자자리 여성과 함께 하는 연인에게 주는 충고는, 그녀를 화나게 하지 않도록 조심하라는 것이다. 그녀의 욕망을 알아차리고 거기에 맞추려 노력해야 한다. 그리고 그녀가 스스로를 사랑할 수 있도록 도와야 한다.

'고정된 불'의 사자자리 여성

연인과 배우자

사자자리 여성에게 필요한 연인은 무엇보다 무대의 중심에 서겠다는 그녀의 욕망을 막지 않고, 창조적 에너지의 표현을 방해하지 않는 사람이다. 그녀가 연기하는 또 다른 그녀를 인정하고, 그 진가를 알아주는 사람이다. 하지만 그녀가 연기와 실제를 구분하도록 도울 수 있어야 한다. 때때로 그녀는 자기가 연기하는 인물 자체가 되어버리기 때문이다.

사자자리 여성에게 필요한 연인은, 그녀가 연애나 인간관계에 갖는 기대감을 이해해 주고, 그녀가 자신을 제대로 인식하도록 도와주는 사람이다. 그는 통찰력이 있어야 하지만, 외향적일 필요는 없다. 어차피 그녀가 그렇게 만들어줄 것이다. 너무 사교적일 필요도 없다. 그녀가 주도권을 잡고 싶어하기 때문이다. 하지만 그가 지나치게 비사교적인 사람이라면, 그녀도 자진해서 사교적인 욕구를 억제하다가 나중에 그가 자신을 그렇게 만들었다며 원망할지도 모른다.

사자자리 여성은 정신적으로 나태한 편이어서, 날카로운 지성과 지식을 갖춘 상대를 높게 평가한다. 그가 플라톤이나 세계 경제에 대해 일장연설을 늘어놓으면, 그녀는 자신의 발언권을 양보하면서 귀를 기울일 것이다. 주위에 모여든 청중들이 그의 지혜로운 말을 경청하는 모습을 볼 때면, 그녀의 마음은 완전히 그에게로 쏠린다. 또한 사자자리 여성은 육체적으로 자기보다 더 절제할 줄 아는 사람이 필요하다.

그녀가 젊을 때는 자기를 절제하는 훈련이 얼마나 중요한지 잘 이해하지 못하는 편인데, 나중에 후회할 수도 있다. 대체로 많은 경험을 겪은 후에야 자기 훈련의 중요성을 깨닫는다.

사자자리 여성은 밤하늘의 별처럼 자신을 떠받들어주는 연인이 필요하다고 생각한다. 맞는 말이다. 하지만 그는 자기 자리를 지킬 줄도 알아야 한다. 그녀가 연애하려면 음양의 대립에서 나오는 긴장감을 유지할 필요가 있다.

사자자리 여성은 자기보다 더 세심한 사람에게 끌린다. 그녀는 꽤 둔감한 편이고, 더 신중하게 행동하는 법을 배워야 한다. 불행히도 그녀는 훌륭한 학생이 아니어서, 사소한 감정이나 몸짓에는 거의 주의를 기울이지 않는다. 인간관계를 맺을 때 세심한 태도가 얼마나 중요한지 상대방이 인내심을 가지고 가르쳐 주어야 한다.

사자자리 여성의 성관계 유형

사자자리 여성이 맺는 성관계 유형은 다음과 같다. 이것은 플라토닉한 관계에도 어느 정도 적용될 수 있다.

그녀는 아주 어릴 때부터 영화배우들이나 금발의 미인, 성적 매력을 발산하는 아름다움에 매혹되곤 한다. 성적으로 빨리 성숙하며 실제 나이보다 어른스럽게 행동한다. 열세 살이 되면 얼여섯 살처럼 보이려 노력하고, 선배의 연인을 가로채기도 한다. 물론 이 모두가 그녀에게는 연극에 불과하다. 그녀는 아직 새로운 상상의 세계를 연기하는 어린 소녀일 뿐이다.

사자자리 여성은 도덕적으로 행동하기를 원해서, 자기가 충분히 오래 기다렸다는 생각이 들어야 첫 섹스를 하기로 결정한다. 하지만 막상 섹스를 경험하고 나서 1년 동안은 정서적으로 깊이 만족하지 못한다.

데이트하면서 애무하는 정도는 재미있어하지만, 그 만남이 섹스로 발전하면 더는 데이트를 원하지 않거나 즐기지 않는다. 적어도 20대가 되어 익숙해질 때까지는 그렇다. 그렇다고 그녀가 섹스에서 얻는 쾌감을 숨기거나, 성적으로 적극성이 없지는 않다. 연인들을 위한 힌트, 사자자리 여성은 전희를 아주 좋아한다. 어떤 때는 메인 코스보다도 훨씬 더.

사자자리 여성은 결혼 전에 깊은 관계를 많이 갖는 것을 좋아하지 않는다. 마음을 빨리 내주지 않으며, 결혼할 때까지도 미숙한 편이다. 정서적으로 미숙하기 때문에 성적으로도 완전하지 못하다.

혼자 남겨진다는 느낌 때문에 유별나게 오래 기다리질 못하는 편이고 매우 사교적이어서 결혼도 일종의 게임처럼 여기고 뛰어들 수 있다.

사자자리 여성은 결혼할 때 자신의 결혼이 천국에서 만들어졌으며 땅에서 살아남으리라 굳게 믿는다. 낭만적인 그녀는 결혼생활이 평생 유지되리라 기대한다.

'고정된 불'의 사자자리 여성

만약 이런 꿈이 상상보다 훨씬 빨리 무너진다면, 자신의 기대와 성숙한 어른이 되려는 자신의 의지를 되돌아볼 필요가 있다. 과연 충분히 베풀었는가? 성숙한 어른의 태도를 보였던가? 결혼이나 연애를 장난처럼 여김으로써 자신을 제대로 파악하지 못하고 타인과 진정으로 함께하지 못한 것은 아닌가?

사자자리는 12별자리 중에서 결혼생활을 지속시킬 가능성이 가장 많다. 물론 두 사람 중에서 자기가 더 중요한 존재라고 여기는 충동적인 성향을 자제할 수 있을 때의 얘기이다. 그녀는 거의 언제나 원하는 이를 끌어당길 수 있다. 심지어 얼마간은 그를 지배할 수도 있고, 어쩌면 영원히 그럴지도 모른다. 사자자리 여성이 가족의 가장이 되면, 영원히 그 역할에 충실할 것이다.

그녀는 상처 입은 결혼생활도 회복시키려 노력할 것이고, 실제로 그렇게 하는데 성공한다. 그녀의 아킬레스건은 환상적인 꿈을 갖고 빛나는 삶을 살겠다는 엄청난 욕구에 있다. 하지만 그녀가 자신이 처한 상황을 제대로 인식한다면, 결혼생활은 별문제 없이 잘 굴러간다.

사자자리 여성이 실연하거나 이혼하면, 매우 어려운 시기를 거친다. 이런 시기야말로 성장의 기회가 되기 때문에, 자신에게 이러한 과정이 필요했음을 이해해야 한다. 사자자리 여성의 이혼은 십중팔구 그녀의 기대가 깨진 경우거나 자기 자신의 욕망을 제대로 파악하지 못하고 행동한 결과이다. 실연이나 이혼은 또 다른 행복한 만남을 위해서 그녀가 알아야 할 대부분의 것들을 가르쳐 준다.

이 사람 저 사람 만나며 즐기는 것은 사자자리의 성격에 맞지 않다. 그녀는 한 남자와 완전히 결합하는 일부일처제를 선호한다. 그녀가 혼외정사를 한다면 그것은 부부관계가 위태로우며 그녀도 그 사실을 잘 알고 있다는 확실한 증거이다. 혹은 그녀가 지나치게 미성숙하거나, 자의식이 너무 지나쳐서 다른 사람의 감언이설에 넘어간 경우일 수도 있다.

사자자리 여성이 배워야 할 인간관계

사자자리 여성은 사랑하는 법을 배워야 한다. 그녀의 수호성은 우리 태양계의 심장, 즉 불타는 태양이다. 사자자리가 자신의 마음을 열어야 하는 까닭도 바로 태양의 지배를 받기 때문이다.

사자자리 여성이 다음 조언들을 제대로 수행한다면, 더 행복한 아내, 더 행복한 친구가 될 수 있다.

- 이기심이나, 이기심에서 비롯된 타인에 대한 무관심을 없애야 한다.
- 내면의 자아에 대해 더 많이 알아야 한다.
- 기대감을 낮춰야 한다.
- 습관이든 원칙이든 감정적인 틀에 갇히기 않아야 한다.
- 비범한 창의성을 발휘할 확실한 통로를 찾아야 한다.

사자자리의 성

사자자리 여성은 이상적인 삶과 성적 매력에 대한 환상을 가지고 있다. 존 던John Donne은 사자자리 여성의 성적 본능에 대해 이렇게 썼다.

> "와서 나와 함께 살면서 내 연인이 되어 주세요.
> 우리 새로운 쾌락을 시험해봐요.
> 금빛으로 빛나는 모래밭과 크리스털처럼 반짝이는 시냇물의 쾌락을,
> 비단실과 은빛 갈고리를 가지고."

어린 나이에 벌써 매혹적인 여성의 모습을 보이는 사자자리 여성들은 스스로 제어하기 어려운 성적 매력을 가진 롤리타를 연상시킨다. 아마 죄책감이나 혼란 없이 성에 반응할 나이가 되기도 전에 구애자들에 둘러싸일 것이다.

'고정된 불'의 사자자리 여성

사실 그녀의 성적 본능은 20대가 될 때까지 제대로 피어나지 못하는 경우가 많다. 물론 성관계를 가질 때면 역할을 다 하겠지만 진정한 쾌감은 느끼지 못할 것이다. 열정적인 연애에 빠지는 것도 좋아하지만, 그보다는 다른 사람의 사랑과 욕망, 애원의 대상이 되는 쪽을 훨씬 더 좋아한다.

사자자리 여성은 친절하지만 이기적이고, 강한 인상을 남기지만 나태하다. 그녀는 모순된 존재이다. 저속한 것을 싫어하면서도, 자신이 정해놓은 한계선을 벗어나게 만드는 사람에게 끌린다.

매사에 미를 추구하는 그녀에게는 자기만의 독특한 의식이 있다. 잠자리에서도 장신구를 하고, 침대 시트에는 향수를 뿌리고 처음 섹스할 때는 보조등을 켜고 잠옷을 입어야 한다고 고집을 부리면서 정숙하게 행동한다. 하지만 내심 이런 격식 따위는 벗어던지고 싶은 마음이 간절해서, 상대가 자신을 이끌어주고 책임져주기를 바란다. 그녀는 건강한 성욕을 느끼면서도, 굳이 유혹하는 입장이 되기를 원하지 않는다. 새로운 왕자님을 기다리면서 호사스러운 침대에 오만하게 누워 있어야 만족하는 것이다. 그녀는 섹스를 편안하게 받아들이지만, 섹스가 재력과 결합되기를 바라기 때문에 오두막에서 사랑을 나누는 것은 특급호텔에서 하는 것만큼 즐겁지 않다고 여긴다.

사자자리 여성은 자주 사랑에 빠지지만, 사랑하는 일은 좀처럼 없다. 그녀는 영원한 보금자리를 꾸미자는 청혼보다는 드라마틱한 구애를 더 좋아한다. 만일 그녀가 사랑하기로 마음먹었다면, 자신의 의지와 이성으로 심사숙고한 결과일 것이다. 한번 마음을 결정한 다음에는 성실하고 확고한 태도를 보인다.

다음은 사자자리 여성과 함께하는 연인이 그녀의 성을 이해할 수 있는 세 가지 열쇠이다.

· 그녀에게만 전념하고, 그녀의 바람직한 면에 대해 이야기해줘야 한다. 그녀는 마릴린 먼로나 당신의 전 부인, 당신의 모든 연인들, 상상 속의 여자, 어린 시절 꿈꾸던 요정들까지 모두 능가해서 당신의 사랑을 독차지 할 수 있을 때 가장 만족한다.

· 당신이 받고 싶은 것보다 더 많이 줄 수 있어야 한다. 그녀는 세상이 자신에게 특별

한 대접을 해줄 의무가 있다고 여기지만, 자신은 그 대가를 줄 필요가 없다고 생각한다.

- 당신의 관심사나 당신의 마음에 대한 이야기는 뒤로 미뤄야 한다. 그녀는 자신의 관심사가 중심이 될 때 아주 미묘한 성적 신호도 포착하는 훌륭한 안테나를 갖는다. 그녀를 흥분시키는 것은 당신의 욕망이다. 사람들 앞에서는 여왕처럼 대접하고, 침실에서는 당신이 왕이 되어 그녀를 욕망한다면, 그녀는 일생동안 당신 곁에 머물 것이다.

초기 성 경험

사자자리 소녀는 섹스의 위력을 제대로 알고 있는 것 같다. 영화 팬인 그녀는 10대에 거울 앞에서 스타들처럼 걷고 행동하는 연습을 하느라 시간을 보내곤 한다. 내성적인 아이라도 주목받는 법을 익힐 것이고 어쩌면 그런 일에 더 민감할지도 모른다.

10대의 사자자리 소녀들은 겉으로 보기에는 자신감에 넘치지만 그 내면은 미숙한 편이다. 너무 자존심이 강해서 두려움이나 자격지심 같은 평범한 감정들도 쉽게 표현하지 못하고, 되레 허세를 부리며 이런 것들을 감추려 한다. 어른들에게는 자신이 남자아이로 보이길 바라면서 말괄량이로 행세한다.

영화배우들에게 홀딱 반한 그녀는 낯선 바깥세상에 대해 알려줄 나이 많은 사람들과 친하게 지낸다. 매우 사교적이어서 치어 리더나 동아리 회장을 맡고, 주위 아이들에게 '섹스 전문가'로 알려져 있으며, 친구들에게 남자와 여자 사이에 지켜야 할 에티켓을 조언해주기도 한다. 감수성이 예민해서 자신에게 가해지는 사회적 속박을 민감하게 느끼며, 마약을 포함한 시류에 쉽게 휩쓸린다. '싫다'고 거절하는 일이 힘들어서 미처 성욕을 느끼기 전에 성관계를 갖기도 한다.

그녀는 자기반성적인 스타일이 아니다. 따라서 자신에 대한 인식도 피상적이고, 타인들과 맺는 관계도 깊이가 부족하다. 하지만 의지력이 강해서 올바른 결정을 내리는 편이고, 잘못된 결정을 내렸더라도 다시 회복할 수 있다.

어머니가 집안일에 헌신적인 구식 여성이라면 사자자리 소녀는 어머니처럼 되기를 원하지 않을 것이다. 그녀에게 어머니가 살아가는 모습은 이미 끝난 것, 그녀로서는 펼쳐 보일 수 없는 작고 우중충한 무대로 여겨진다. 하지만 어머니는 여전히 그 딸들에게 중요한 역할 모델이다. 그래서 사자자리 소녀는 자신의 본능 속에 있는 여성성을 찾기 위해 어떻게 해야 할지 혼란을 겪는다.

만약 억압적인 환경이나 지나치게 개방적인 환경에서 자랐다면, 그녀는 성인이 되는 열여덟 살이나 중요한 행성 주기에 해당하는 스물여덟 살에 심한 정체성의 위기를 겪는다. 이 시기에 그녀는 어떻게 성숙한 여성이 되어야 하는지, 자신의 성적 욕구를 어떻게 만족시킬지 결정해야 한다. 상대방이 자신의 요구에 응하게 만드는 일이야말로 자신의 타고난 권리 혹은 짊어져야 할 십자가라고 인정하게 되는 것도 바로 이 즈음이다.

그녀가 자신의 잠재력에 어떻게 대처해서 자신의 힘을 어떻게 사용하는지가 인생의 다음 단계에서 일어나는 일의 상당수를 결정한다.

사랑과 성

삶을 즐기도록 태어난 사자자리 여성은 살아가면서 열렬한 숭배자들, 약혼자들, 많은 친구들, 한번 혹은 두번의 결혼 등을 경험한다. 종종 그녀는 사랑과 애정, 아첨, 우정, 재미 등 삶을 쉽게 만드는 최고의 것들이 효과적이고도 즐겁게 결합된 상태를 추구한다.

그녀가 경험한 것들이 어디까지가 실제이고 어디까지가 단지 말뿐인지 알기는 어렵다. 사자자리는 멋진 게임을 이야기하지만 늘 그것을 따르지는 않는다. 그녀의 진실이 꼭 다른 사람들의 시각을 반영하지도 않는다. 그녀는 충동적인데다 모든 것을 과장하는 경향이 있다. 어느 날 완벽하게 사랑에 빠질 것 같은 남자를 만났다고 흥분해놓고, 다음 날이면 그에게 매우 심술궂게 굴 수도 있다. 낭만적 기대가 깨지고 난 후 새로운 빛 아래서 그를 보았기 때문이다.

그녀는 이론적으로는 사랑과 성에 많은 관심을 보이지만, 그것을 위한 행동은 더딘 편이다. 그래서 촉진제 역할을 할 수 있는 상대를 원하는데, 그가 그녀를 기쁘게 하려면 그녀의 마음과 몸짓을 모두 읽을 수 있어야 한다.

그녀는 소유욕이 강하다. 하지만 그렇다고 자신이 도망칠 구멍을 열어놓는 은근한 이중잣대를 포기하지는 않는다. 그녀는 상대에게 완전한 충성을 요구하며, 자신이 만족하는 한 스스로도 충실한 태도를 보인다. 사자자리 여성들의 많은 수가 자신을 사랑의 위험에 노출시키지 않기 때문에 대체로 상대방이 더 쉽게 상처받는 입장이 된다. 아주 젊을 때는 그녀보다 더 계산적이고, 적절한 수단을 가지고 있으며 감정을 억누를 줄 아는 사람에게 이용당할 수도 있다.

사자자리 여성은 유혹보다는 성과 사랑을 더 좋아하지만, 그녀의 삶에서 성과 사랑이 항상 일치하지는 않는다. 그녀의 상상 속에서 사랑은 타지마할처럼 완벽하고 영원하다. 반면에 실제 삶에서의 사랑은 이상에 훨씬 못 미쳐서, 사랑을 마치 성관계를 가져도 되는 자격증쯤으로 여긴다. 하지만 그녀가 사랑에 빠지면 연인을 위로하고 그의 자아를 키워주고 완전히 일으켜 세워주는 강한 힘과 의지를 보인다. 그가 왕이 된 느낌을 갖게 해주려면 어떻게 해야 할지, 그가 꿈꾸던 여왕을 만났으니 세상에서 가장 행운아라고 생각하게 만들려면 어떻게 해야 할지를 알고 있는 것 같다.

사자자리 여성은 격렬한 전희를 좋아하는 편이다. '전희'라는 단어 자체를 무례하다고 여길 정도로 좋아한다. 그녀는 애를 태우고 애무하고 포옹하고 핥고 두 몸이 뒤얽히는 것을 좋아한다. 삽입보다 이런 '예비행위'로 더한 흥분을 느끼기도 한다.

일단 섹스의 첫번째 단계를 거치고 나면 그녀도 안정감을 느껴서 황홀할 정도로 열정적인 여성이 될 잠재력을 가진다. 그녀 스스로도 자신이 성적 표현에 이토록 적극적이라는 데 놀란다. 그때까지는 자신이 줄 수 있는 것보다 더 많은 것을 약속한 건 아닌지 의심했을 수도 있지만, 그녀가 진정으로 흥분하고 마침내 깊은 감정을 경험하고 나면 그렇지 않다는 사실을 깨닫는다. 또한 발로 차고, 깨물고, 할퀸다. 마치 새로운 문이 열리기라도 한 것처럼, 이전의 과시용 이미지나 단순한 요염함을 훨씬 넘어서는 본능을 드러낸다.

그녀는 성적으로 주도하는 쪽이 될 수도 있다. 여성상위의 체위를 좋아하고,

'고정된 불'의 사자자리 여성

서로의 욕망을 마지막 한 방울까지 짜낸다. 갑자기 성에 대한 고대 지식의 문을 두드리고 힌두교 경전에 나오는 체위와 호흡법을 발견한 것처럼 보인다. 섹스에 대한 열망이 그녀의 수동성을 버리게 한다. 그녀가 새로운 감각의 폭발 속에서 자신을 내버리고 흥분하면 그전까지 그녀를 지배하던 거리낌도 완전히 사라진다.

만약 그녀가 사도마조히즘을 시도한다면 아마 사디스트 역할을 더 좋아할 것이다. 자신이 침대에서 가터벨트를 착용하거나 아주 야한 속옷을 입기를 좋아한다는 사실을 발견하게 될지도 모르며, 대개 오럴섹스를 무척이나 좋아한다. 한번 경험하고 나면 엄청난 노출증환자가 될지도 모른다. 그녀는 섹스하는 자신의 모습을 보는 것을 좋아하고, 그룹 섹스에 참여할 수도 있다.

사자자리 여성들은 주로 평범하고 보수적인 본능 때문에 섹스에 대한 전통적인 한계선 안에 머문다. 그럴 때 그녀의 성적 환상은 굉장히 효과적인 힘을 발휘한다. 그녀의 환상에는 노출증이나 스스로 '비정상적'이라고 생각하는 변태 행위, 여러 가지 형태의 간통, 양성애, 유명인과의 정사, 그리고 과거를 배경으로 자극적인 의상을 차려입고 경험하는 정사 등을 포함한다.

사자자리 여성의 성적 취향은 대체로 다음 유형을 보인다.

· 상대방에게 영향을 미치는 자신의 힘을 항상 잘 안다. 그래서 긴장하는 경우도 있지만, 대체로 그 즐거운 측면을 예상하곤 한다.
· 가볍게 즐길 수 있는 상황, 상대가 다양한 방식으로 그녀의 자아를 만족시키고 흥분시킬 수 있는 상황을 만든다. 그녀는 성행위를 자신이 조절하는 편이어서, 무의식적으로라도 시선이나 엉덩이의 움직임까지 세밀하게 계산한다. 자신이 달아오르는 것보다 더 빨리 상대를 흥분시킬 수 있다.
· 천천히 달아오르고, 꾸준한 애무가 필요한 그녀는 여유 있는 섹스를 좋아한다. 그녀가 서두른다면, 상대방이 그녀에게 아무 의미도 없어서일 것이다.
· 성적 자부심도 강하고, 즐거운 섹스 상대가 된다. 관능적이고, 달콤하다.
· 그녀는 종종 자신이 하는 섹스의 관찰자가 되곤 하는데, 이것이 그녀를 정서적 일치

감과 강렬한 쾌감에서 떼어놓는다. 완전히 만족스러운 섹스를 위해서는 몸과 마음, 그리고 영혼까지 모두 그 순간에 몰두해야 한다.

• 사자자리 여성이 분위기나 상대방의 기교에 관심을 기울이다가 자신의 느낌에 집중하지 못할 때가 있다. 그럴 때도 오르가슴을 얻을 수는 있겠지만 정서적으로 깊은 충만감은 느끼지 못한다.

사자자리 여성이 과도한 자의식이나 무관심을 극복할 때 진정한 의미의 연인이 될 것이다.

사자자리 여성에게 필요한 연인

사자자리 여성에게 이상적인 연인은 마음이 넓고, 사치품을 사주고, 열렬한 팬이 되어 그녀를 칭찬해주는 사람이다. 그녀에게 필요한 것이 무엇인지는 지금까지 분명하게 살펴보았다. 이제 이야기해야 할 것은 그녀에게 최고의 연인이 되려는 이가 결코 해서는 안 되는 일이다. 사자자리 여성의 애정이 식어버리게 될 확실한 방법들은 다음과 같다.

가난하고 야망도 전망도 없을 것. 그녀에게 당신 자신에 대해서만 이야기할 것. 그녀를 싸구려 식당에 데려갈 것. 보석이나 미술, 실내장식을 싫어할 것. 그녀가 자신을 어떻게 꾸미는지, 자기 집을 어떻게 장식했는지 관심 갖지 말 것. 예의 없이 행동할 것. 그녀의 생일 등 중요한 날을 잊어버릴 것. 당신에게 소중한 다른 여성에 대해 이야기할 것. 그녀를 비난하거나 잔소리를 할 것. 솔직하게 그녀를 다른 사람과 비교할 것. 그녀의 비위를 맞추지 말 것. 당신 자신의 성적 만족에만 신경 쓰고 그녀는 무시할 것. 다른 사람들 앞에서 그녀를 비웃을 것. 인색하게 굴 것.

그녀가 배워야 할 점

사자자리 여성은 느끼는 법을 배워야 한다. 그녀는 자신의 외모나 삶이 남들에게 어떻게 보이는지에 너무 집착한 나머지 내면의 자아를 돌보지 않는다. 진정으로 자신을 알기 위해 노력해야만 한다. 사자자리 여성은 자기 자신의 모습은 돌아보지 않으면서 상대방의 부족함에 대해 잔소리한다.

전통적인 여성상에 맞는 여자가 되는 것을 싫어할 수도 있다. 남자의 요구를 들어주기보다는 상대방이 자신에게 비위를 맞추기를 원하기 때문이다. 인간관계에서도 일상적인 면에 신경 쓰는 것을 싫어한다. 여성이 되는 일이 자신에게 개인적으로 어떤 의미를 갖는지 알아야 하고, 연인에게 자신을 열 줄 알아야 한다. 그가 평등한 관계에 대해 중요한 많은 것을 가르쳐줄지도 모른다.

사자자리 여성은 실패를 인정하기 싫어하는 자존심을 넘어설 필요가 있다. 연기하는 것도 재미있고 좋은 일이지만, 그 때문에 자신의 진짜 감정을 계속 무시해서는 안 된다. 그녀는 자신의 이상주의적인 기대치를 다시 살펴보고, 그것을 줄여나가도록 노력해야 한다.

그녀는 새로운 방식으로 자신을 사랑할 줄 알아야 한다. 그녀가 자신의 외모나 창조적인 재능, 힘에 자부심을 가진 것은 사실이다. 하지만 그녀가 진정으로 만족하고 있는가? 타인과 자기 자신에 대한 사랑을 지배하는 미묘한 감정들을 느낄 수 있는가? 그녀가 스스로에 대해 잘 알고 있을 때에만 이 질문에 답할 수 있다.

사자자리의 분노

선천적으로 공격성이 강한 사자자리 여성들은 분노에 익숙한 편이다. 하지만 때에 따라 그 사실을 인정하기도 하고 인정하지 않기도 한다. 불같은 성질 때문에 가끔씩 감정적으로 폭발하고 마는 경우도 있는데, 그런 성격이 분노를 표현하는 데 도움이 된다. 위험한 것은 분노를 억누르는 일이다. 특히 신경질적이고 민감한 성격인 사자자리 여성들은 더 그렇다. 분노와 적대감을 자연스럽게 해소하지 못하는 사자자리 여성은 순환계나 심장 관련 질병에 잘 걸린다.

나는 분노라는 주제를 가지고 사자자리이거나 사자자리 시기를 거치는 여러 여성들과 면담을 가졌다. 다음은 그중 몇 사람의 이야기인데, 사자자리 여성들이 분노에 대응하는 전형적인 태도를 보여준다.

- "누군가 제가 싫어하는 방식으로 저를 대할 때 가장 화가 나요. 전 식당에 가면 바로 종업원이 달려와서 좋은 테이블로 안내해주기를 기대하죠. 서비스센터 같은 곳에 전화를 걸었을 때, 그곳 상담원이 나를 다른 멍청한 고객들과 똑같이 취급하면서 오래 기다리게 만들면 화가 나요."

- "저는 제가 강하다는 것을 보여주기 위해 화를 내는 경우가 있는 것 같아요. 제가 냉정하게 분노를 제어하면서 잘 활용한다는 걸 알고 있어요. 특히 일과 관련된 상황에서요. 제 분노를 그냥 터뜨려버리거나 격분하는 일은 별로 없어요. 다른 방식으로 분노를 충분히 발산하니까요. 이런 방법이 효과가 있는 것 같아요."

- "저는 사람들이 내 시간과 공간을 침범한다고 느낄 때 화가 나요. 예를 들어서, 사람들은 제가 언제든 사소한 일까지 신경 써줄 거라고 기대하죠. 우리 애들까지도 그러는데, 정말 화가 나요. 여자들에게는 언제든 일을 시켜도 괜찮다는 사회적 통념에 여자들이 희생당하고 있다는 생각이 들어요. 여자들의 일은 절대 끝나지 않잖아요. 게다가 남자들의 일에 비해 별로 중요하지 않다는 통념이 바탕에 깔려 있다고 생각해요. 배우자는 제가 겪는 귀찮은 일을 거의 겪지 않아요. 수리공들도 배우자 앞에서는 그를 방해하면 안 된다는 듯 살금살금 걷는다니까요. 정말로 화가 나는 건, 아이들에게도 그렇게 하라고 가르쳤다는 거죠. 배우자를 위해서요!"

- "저는 분노한다는 게 뭔지 잘 몰라요. 가끔 화가 날 때면 등이 아프거나 구역질이 나요. 하지만 그런 내 기분이 분노와 어떤 식으로든 연관되어 있다고 생각해본 적은 없어요."

첫번째 여성은 자존심이 상하면 분노하는, 사자자리 여성의 전형적인 태도를 보여준다. 그녀는 자신이 항상 최고의 대우를 받기를 기대한다. 그렇지 않거나 그녀의 자부심이 흔들릴 때면 분노한다.

분노는 자신이 귀하게 간직하고 있는 근본적 가치가 흔들린다고 느낄 때 곧잘 나타나는 직접적인 반응이다. 우리가 의식적, 무의식적으로 소중히 여기는 당위성을 누군가 짓밟을 때 분노가 생겨난다.

두번째 여성은 사자자리 여성들이 흔히 가지고 있는 또 다른 믿음을 드러낸다. 자신의 지배력을 드러내는 데 분노가 필요하다는 것이다. 그녀는 절제된 태도로 표현하고 쌓이지 않게 조절하기만 한다면, 분노가 자신에게 이익을 준다고 말했다. 겉으로 보기에는 그녀가 자신이 분노해야 하는 시점과 그것을 조절하는 법, 그리고 자신을 위해 분노를 사용하는 법을 완전히 터득하고 있는 것 같다. 하지만 그녀의 이야기는 강함의 의미를 혼란스럽게 만든다.

'강함'은 여성들과의 상담에서 자주 등장하는 주제이다. 많은 여성들이 강한 건 뭐고 약한 건 뭐냐고 묻는다. 우리는 '사나이다운 남자'라거나 '순종적인 여자' 등의 낡은 상투성을 극복해가는 중이다. 성 역할에 대해 우리가 보다 유연해질 때, 강함과 약함의 정의에 대해서도 보다 폭넓게 사고할 수 있다. 그럴 때 남성과 여성이 자신의 강함과 약함을, 혹은 다른 여러 감정들을 새로운 방식으로 보여주고 이해하게 될 것이다. 자신과 주변 사람들, 그리고 자신이 속한 사회가 허락하는 범위 안에서 각자에게 맞는 기준을 찾아야 한다.

세번째 여성은 흔히 당연하게 받아들여지는 것에 대한 자신의 분노를 털어놓으면서 모든 여성을 대변한다. 나머지 이야기는 이렇다. 그녀는 한 제지공장의 생산부장이다. 책임질 일도 많고 스트레스도 많은 직업이다. 그녀는 매일 하루 종일, 다양한 요구에 대응해야 하고, 노동조합과 경영진 간의 다리 역할을 해야 하고, 시끄럽고 오염된 환경에서 일해야 한다.

그 공장은 최근에 가벼운 안전규칙 위반으로 소환을 당했고, 어떻게 하다보니 수리공들과 처리해야 하는 일을 그녀가 맡게 되었다. 처음에 그녀는 두번 생각도 않고 이 일을 맡았다. 하지만 천 가지의 세부 사항이 얽혀있는 개조작업이 그녀의 시간과 인내심을 엄청나게 소모시킨다는 사실이 분명해졌을 때, 그녀는 자신이 생산 부서의 관리직 중 유일한 여성이기 때문에 이 '대청소'가 자신에게 돌아왔다는 사실을 깨달았다.

직원들이 왔다 갔다 하면서 그녀의 전화 통화를 방해하고 별것도 아닌 것들을 물어왔다. 문득 그녀는 아기를 키우는 젊은 엄마들이 느끼는 것과 똑같은 느낌을 받았다. 쉼 없이 일해야 하고 절대 '싫다'고는 말할 수 없는 상황에 처한 것이다. 사람들은 그녀가 '내 공간에 대한 강간'이라고 표현한 이런 상황을 다시 한번 견뎌내기를 기대하는 것 같았다. 그녀는 화를 내기로 결정했고, 사장에게 이 상황에 대해 냉정하게 이야기했다. 조치가 취해졌다. 직원들은 더는 사소한 일들로 그녀를 귀찮게 하지 않았고, 일을 진행하는 동안 그녀는 방음장치가 되어있는 귀빈실로 방을 옮겼다. 이런 경우는 분노가 변화를 가져오기 위해 신중하게 계산된 도구 역할을 했다.

네번째 여성은 절대 화를 내지 않는 성자 같은 사람일 수도 있다. 하지만 그녀가 자신의 분노에 대해 잘 모른다고 보는 편이 더 맞다. 사자자리 여성은 종종 자신의 내밀한 감정을 들여다볼 줄 모르고, 그렇게 하려 들지도 않는다. 그녀는 서두르면서 피상적으로 사는 경향이 있었고, 어둡고 깊은 내면에 대해서는 거의 알려고 하지 않았다. 그녀는 인식의 결핍이나 억압된 분노 때문에 고통받는지도 모른다.

이 네번째 여성은 스물일곱 살인데도 아직 오르가슴을 느껴보지 못한 것 같았다. 그녀는 오르가슴이 어떤 느낌인지, 자신이 성적으로 경험해온 것들이 그 정도로만 좋은 건지 어떤 건지 잘 모르겠다고 말했다. 그녀는 억눌린 감정이 어떻게 한 인간의 개성과 인격을 파괴시키는지 분명하게 보여주는 사례이다.

분노를 극복하려면

다음은 분노를 극복하는 네 가지 기본 단계이다.

- 자신이 분노를 느낀다는 사실을 알아야 한다.
- 그 사실을 인정해야 한다.
- 자신의 분노에 대해 다른 사람과 이야기를 나누고 싶은지 아닌지를 결정해야 한다. 그 분노가 인간관계와 결부되었는지, 만일 그렇다면 어떤 방식으로 영향을 주는지

'고정된 불'의 사자자리 여성

에 따라 결정이 달라질 수 있다.
- 분노를 자연스러운 감정으로 받아들이도록 노력해야 한다. 분노한다고 당신이 나쁜 사람이 되지는 않는다. 분노는 당신이 자각해야 할 어떤 것에 대한 실마리를 준다.

사자자리 여성들은 자신에 대해 가지고 있는 이미지를 신중하게 살펴볼 필요가 있다. 그것이 다른 사람과 소통하는 자연스러운 흐름에 어떤 식으로 영향을 주는가? 분노가 자기 자신에 대한 느낌에 어떤 영향을 주는가? 당신은 당신이 그렇게 '심각한 문제'를 고민할 필요가 없는 하찮은 사람이라고 여길지도 모른다. 혹은 당신이 너무나 고귀한 사람이어서 당신의 감정을 다른 사람에게 설명할 필요는 없다고 생각할 수도 있다. 하지만 당신 자신에게 설명하는 문제는 어떻게 생각하는가? (구체적인 의사소통의 기술에 대해서는 '천칭자리의 분노'를, 자신의 분노를 확인하는 법에 대해서는 '전갈자리의 분노'를 참고하라.)

당신의 가치관을 파악하는 것이 중요하다. 사람들의 태도는 대체로 그들이 가진 가치관에서 비롯되며, 이 가치관은 주로 어린 시절에 형성된다. 예를 들어 만약 지금 당신이 학대받고 있다는 느낌으로 고통스럽다면, 이런 느낌은 당신의 어린 시절의 어떤 특성에서 비롯되었을 수 있다. 공주처럼 어린 시절을 보냈거나 과장된 공상 속으로 도피해야 할 만큼 결핍된 어린 시절을 보냈기 때문일 수 있다. 사자자리 여성들은 분노와 관련해서 다음과 같은 노력이 필요하다.

- 충돌이나 대립은 피할 수 없으며 인간적이고 실재하는 것임을 받아들여야 한다.
- 여러 상황에서 지배하는 존재가 되고 싶은 당신의 욕구를 인정해야 한다. 당신이 그렇다고 표현하고, 이것을 약점이 아니라 장점으로 활용하라.
- 강함과 장점, 약함과 약점에 대해 새로 정의 내릴 필요가 있다. 당신은 남자들의 인생과 문제, 그들이 처한 상황에서 나온 부적절하고 진부한 개념에서 벗어날 필요가 있다.
- 분노는 당신의 특정한 믿음("그는 나에게 이걸 갚아야 해"라거나 "나를 이런 식으로 대할 수는 없어!")에서 발생함을 알아야 한다. 당신이 소중하게 여기는 가치가 무엇인지 알

아야 가치관을 바꾸는 일도 가능하다.

- 소외감이나 질투, 허무, 오만, 두려움, 불의, 나약함 등은 다른 사람들에게도 분노를 일으킨다. 당신만 그런 것이 아니다.

다음은 분노를 가장 긍정적이고 적절하고 효율적으로 활용하는 방식이다.

- 긴장을 풀고 두려움을 극복하는 수단으로, 뭔가 변화시키기 위한 싸움을 시작할 때.
- 힘을 얻고 자기주장을 내세우기 위해, 부모에게서 독립된 자아를 찾기 위해.
- 활력제, 흥분제, 권태의 치료제로서. 변화가 필요하다는 신호이거나 '의무감'을 없애는 방법으로.

사자자리의 생활 방식

일부일처제에 대한 태도

사자자리 여성은 일반적으로 낡은 틀에 얽매이지 않는다. 그녀의 욕망도 일생 단 한 명의 남자만 사랑하거나 단 한 번의 결혼으로 만족되지 않을 것이다. 사자자리 여성은 배우자 이외의 애인을 갖거나 두번 이상 결혼하기 쉽다. 설령 정숙한 아내로 남을지라도 영화배우나 유명인들과 섹스하는 상상을 즐긴다. 성적 공상은 무엇보다도 위험부담이 덜하고, 실제 행동으로 이어질 필요가 없다.

사자자리 여성은 아내로서의 자기역할이 더 흥미로워지기를 원하고, 그럼으로써 커나가는 고통을 순화할 수 있다. 또한 그녀는 실망감이나 분노, 깨진 기대감 등을 받아들일 수 있으며, 결혼생활을 꽤 견고하게, 어쩌면 영원히 유지할 수도 있다. 그녀는 어떤 일이라도 해낼 수 있는 강한 의지를 가졌다. 유일하게 보편적이고 돌이킬 수 없는 사실은 그녀가 인생에서 여러 번 변화한다는 것,

'고정된 불'의 사자자리 여성

그럼으로써 자신의 욕망을 충족시킨다는 데 있다.

다음은 사자자리 여성이 일부일처제를 거부하는 전형적인 상황들이다.

- 기대했던 것들에 실망할 때.
- 성적인 만족을 얻지 못할 때.
- 자존심을 만족시키지 못할 때.
- 걱정이나 스트레스가 증가할 때. 이런 경우 그녀는 사교적이고 성적으로 매력적인 여성이 되기 위해 필사적으로 노력한다.
- 소외감이 들 때. 그녀는 무시당하는 것을 아주 싫어한다.
- 성적으로 지배하려는 욕망을 느낄 때.
- 버림받을지 모른다는 공포를 느낄 때. 화려한 겉모습에도 불구하고 사자자리 여성은 상처받기 쉬운 자아를 가지고 있으며, 종종 버림받을지도 모른다는 공포를 느낀다. 그래서 차라리 자기가 먼저 떠나버리는 쪽이 되곤 한다.
- 상상을 행동으로 옮기고 싶은 욕구를 느낄 때.
- 결혼 생활에서 재미나 즐거움을 느끼지 못할 때. 배우자가 유머 감각도 없고 삶을 즐길 줄도 모르는 사람이라면, 그녀는 반드시 다른 곳에서 성적인 쾌락을 찾아 이를 보상하려고 할 것이다.

대안적인 생활 양식

- 독신생활: 때때로 독신생활을 즐긴다. 독신생활의 자유는 돈이나 시간을 얼마나 썼는지 따져보지 않아도 되는 등의 이점이 있다는 걸 알고 있다. 하지만 그녀는 아주 사교적인 사람이고, 사생활을 중요시하는 내성적인 스타일이 아니다. 사귄 지 얼마 안 되지만 절친한 몇몇 친구들과 함께일 때 아주 행복하다. 적어도 그녀가 질투심과 사소한 일에 속 좁게 구는 성향을 드러내지 않는 동안은 그렇다.
- 개방결혼: 사자자리 여성은 질투심이 강하고, 자존심에 쉽게 상처받기 때문에 개방결혼은 맞지 않다.
- 삼자결혼: 시도해볼 만하다. 특별한 재미와 즐거움, 감동, 그리고 어쩌면 자기과시

의 기회를 주기 때문에 삼자결혼에서 스릴을 맛볼지도 모르겠다. 잠깐 동안이라면.

- 공동생활: 사자자리 여성은 너무 자기중심적이어서 이런 생활 방식은 문제가 있다. 하지만 그녀가 제대로 인정받고 만족스런 분야와 지위를 누릴 수 있다면 공동생활을 즐길 수도 있다. 공동체의 관리자가 될 수도 있다.
- 동성애나 양성애: 남자 같은 성격이 강한 사자자리 여성은 자신의 여성성에 더 가까이 갈 필요가 있다. 이것은 이성애자이든 양성애자이든 동성애자이든 상관없이 모든 사자자리 여성에게 해당된다. 사자자리 여성 중 많은 수가 양성애를 꺼리지 않거나 동성애자이다. 사자자리 여성은 '사람들마다 자기 취향이 있다'라고 생각하기 때문에, 성적 취향을 가지고 남을 비난하는 법은 좀처럼 없다. 반대로, 꼭 자신이 관련되지 않더라도 폭넓은 시도를 좋게 생각한다.

사자자리의 개괄적 특징

사자자리 여성은 반짝이는 존재다. 삶의 기쁨으로 충만하고, 많은 사람에게 호감을 주는 결단력을 가졌다. 사람들에게 인정받기를 원하고, 그것을 얻기 위해 필사적으로 애쓴다. 나쁜 친구들이나 남의 주목을 끌려는 자신의 욕망 때문에 잘못된 길로 빠지기 쉽다. 그녀는 강하고, 고집 세고, 자의식이 강하다. 카리스마를 가진 훌륭한 배우이기도 하다. 피상적이고 이기적이며 허세를 부리고 매력적이다. 다양한 재능과 자질을 갖춘 사자자리 여성들은 사람에 따라 광범위하게 다른 분야에서 일하며, 일생의 관심사도 다양하다.

긍정적인 측면에서 사자자리 여성은 우리에게 자연스러운 쾌락을 가르쳐준다. 여가와 낭만적 연애를 추구하고, 자신의 감각과 사랑을 풍요롭게 가꾸고, 자신의 창조적인 기호에 탐닉하는 것, 이런 것들이 그녀의 장기이다. 윤리적으로 엄격한 전통 아래 감정적으로 메마른 사회일수록 이런 사자자리 여성들이 꼭 필요하다. 스트레스에 시달리는 사람들은 긴장을 푸는 법, 즐겁게 노는 법, 사랑을 '만드는'(사실, 사랑을 '하는'이 더 적당한 표현이다) 법을 배워야 한다. 1960년 대, 인간의 미래를 위한 사회운동들이 싹트고 차가운 샤워 대신 뜨거운 목욕을 할 수 있게 된 그때가 일종의 사자자리 시기였다고 볼 수 있다.

사자자리는 사랑의 별자리이다. 사자자리 여성은 쾌락을 추구하는 본능과 경험, 사랑의 기술에 몰두한다. 그녀의 시작은 교묘한 속임수, 강한 소유욕, 이기심이다. 하지만 그녀의 끝은 많은 사람들의 행복이다. 최상의 경우에 그녀는 '사랑하는 여성'으로 성숙해진다.★

8.24/25
~
9.23

'변화하는 흙'의
처녀자리 여성

Virgo

이타적인

생색을 내지 않는

관대한

한계주의자

독선적인

설득력이 있는

극단적인

에너지가 넘치는

걱정 많은
인간적인

치료능력이 있는

겸손한 책임감 있는
내성적인

신경과민의 자기를 내세우지 않는
건강에 신경 쓰는 억압된
조직적인 강박적인
단정한

위험을 무릅쓰는

요구가 지나친

예리한
박학다식한
정직한
현실적인
헌신적인

좋은 선생님의 자질을 갖춘

활동적인
비판적인
유능한
개성이 강한
일부일처제를 고수하는
변화하는 성 충동
호기심 많은

위에 나열된 특성들은 단지 한 시기를 묘사하고 있으니,
당신과 맞지 않는다고 생각되면 지금 당신이 어느 시기에 있는지
다른 별자리에서 찾아보세요.

처녀자리의 성격

일반적인 특성과 배경

처녀자리 여성은 대체로 부정적인 평가를 받아왔다. 사람들은 그녀의 날카로운 비판에 화를 내고, 그녀의 겸손함과 신중함을 비웃곤 한다. 그녀의 빼어난 기지에 두려움을 느끼고, 그녀의 엄격함을 상상력 부족으로 오해하기도 한다. 성적으로 한 사람에게 충실하려는 까닭에 고상한 척한다는 말을 듣거나 보수적인 사람이라는 낙인이 찍힌다. 우리 곁에 머무는 한 그녀는 원하는 대로 바른 일을 할 수 없을지도 모른다. 처녀자리 여성들은 우리 자신의 부정적인 면을 비추는 거울이고, 우리의 실수들을 지적하며, 남의 흠이나 잡는 우리의 편협한 모습을 반영해준다. 결국 역설적으로 그들은 우리 모두에게 엄청난 은혜를 베푸는 셈이다!

처녀자리 여성은 눈에 띄게 아름답고 사랑스러워서 쉽게 잊히지 않는다. 그녀의 박식함과 침착함, 강렬한 아름다움은 시들지 않으며, 현명하고, 실용적이고, 매사에 분명하고, 재치가 있다. 선행을 베풀고 독립적이며 신뢰할 만하다. 항상 호기심에 가득 차 있고 인지능력이 뛰어나며, 정직하고 예민하다. 그녀는 일벌레이고, 자존심이 약해서 손해를 입기도 한다. 가만히 있질 못하고 강박증이 있고 우울증에 걸리기 쉽고 초조해한다. 그리고 웬만해서는 그녀를 기쁘게 하기가 불가능하다.

처녀자리 여성은 이 세상에 존재하는 갖가지 일에 대한 책임감을 타고난 것 같다. 그녀는 볼테르의 소설 『깡디드』에 나오는 "우리는 그저 뜰을 경작할 뿐"이라는 교훈을 좇아 세심하게 정원을 가꾸며, 누군가는 그 이익을 수확하게 되리라 믿는다. 살아가는 내내 세상이 악의로 가득하다는 생각으로 불행을 느낄지도 모르지만, 그렇다고 자신의 목표를 상실하는 경우는 좀처럼 없다. 그 목표

'변화하는 흙'의 처녀자리 여성

중 하나가 '생산적인 봉사활동'이고, 다른 하나는 '절대적으로 완벽한 건강'이다.

'위생'을 의미하는 영어단어 Hygiene의 어원은 그리스어 '히게이아Hygeia'이다. 히게이아는 그리스 신화에서 건강의 여신을 이르는데, 종종 처녀신으로 묘사된다. 점성술에서 처녀자리는 팔에 옥수수를 한 다발 안고 있는 처녀신의 모습으로 그려진다. 그녀는 '동정녀The Virgin'라고도 불리는데, 이것은 그녀가 인간의 순수함, 완전함과 관련이 있음을 의미한다. 의학과 관련한 근대적인 상징은 머큐리(그리스 신화에서는 헤르메스)의 지팡이인 카두세우스이다. 이 머큐리(수성)가 처녀자리를 지배하는 별이며, 마음을 의미한다.

육체와 정신이 연결되어 있다는 사실은 고대인들에게도 잘 알려져 있었다. 이 관계를 자각하고 완전히 파악한 처녀자리는 다른 사람들이 이것을 이해하고 스스로의 삶에 적용하도록 돕는다. 처녀자리의 목표는 마음을 통제하고 긍정적으로 문제를 해결하는 법을 배우는데 있다. 처녀자리 여성은 대지의 마법사이며 몸과 마음을 정결히 하는 의식들을 지킨다.

여섯번째 별자리인 처녀자리는 변화하는 흙을 상징한다. 이 변화의 부분이 처녀자리 여성에게 불안과 초조, 예리함, 순응적인 기질을 준다. 그녀는 선행을 베풀고자 하며 실제로 그렇게 한다. 타고난 실용주의자이고 현실주의자인 처녀자리는 흙의 성질 때문에 삶의 물질적인 측면들과 연관이 있다. 황소자리와 염소자리를 포함해서 흙이 지배하는 별자리는 모두 형태와 관련이 있고, 따라서 점성학적으로 신체와 결부된다. 불의 지배를 받는 별자리들은 영적인 세계에, 공기의 지배를 받는 별자리는 정신적인 영역에, 물의 지배를 받는 별자리는 영혼과 결부된다.

처녀자리 시기를 거치는 사람들은 다음과 같은 특징을 보인다.

· 육체의 건강과 전반적인 건강을 유지하는데 지속적인 관심을 보인다. 우울증에 빠지거나 변덕스러운 면을 보인다. 강박적으로 청결과 완벽함에 집착한다.
· 도저히 받아들이기 힘든 의무를 강요하는 환경에 처한다. 생활이나 일과 관련해서 해결할 세세한 일들(특히 재산이나 부동산 계약, 법적 소송과 관련된 일)이 누적되어 있고,

때로는 해도 해도 끝나지 않는 자질구레한 일들에 둘러싸인다.

- 만성질환에 걸릴 가능성이 많고, 특히 복부, 장과 관련된 직업병에 시달린다.
- 자기관리, 식이요법, 유행하는 옷 등에 강한 관심을 보이며, 관련된 주제를 다른 사람들에게 가르치는 일을 한다.
- 비평(문학, 영화 등)과 관련된 직업이나 연구직, 편집, 작은 동물과 함께 하는 일, 공무원 등의 일에 종사한다. 처녀자리 여성 중 상당수가 보건 시설에서 근무한다.
- 가정적이고, 뛰어난 솜씨로 식물을 기르고, 요리하기를 즐기고, 집안일을 조직적으로 해낸다.
- 실용적이고 교육적이며 크고 작은 전문 활동을 무수히 많이 한다.
- 의무감으로 속박당하는 느낌이나 의기소침하고 무력한 느낌, 자신이 자격 미달에 쓸모없다는 느낌에 사로잡힌다. 억눌려 있다. (처녀자리 시기의 부정적인 면)

전형적인 처녀자리의 직업들은 이렇다. 회계나 관리 업무, 동물들 특히 작은 동물이나 애완동물과 관련된 일, 군인, 집안일, 모든 종류의 봉사활동, 건강 및 신체관리와 관련된 전문 직종, 화학, 공무원, 판매원, 기술자 특히 정밀한 작업이 요구되는 분야의 기술자, 비평, 치과, 정보처리, 식이요법과 영양학, 의사나 간호사, 편집, 효율성에 중점을 둔 경영 자문, 인사, 농업, 식품산업, 정원 일, 아이 돌보기, 약초 재배, 치료 일반, 위생 관련업, 전문적인 도판 제작, 통역, 도서관 업무, 수학, 도시 행정 및 정치, 신경 관련 질병의 치료, 육아, 도안 제작, 체육, 경찰 업무, 공중 보건, 빈민 구제, 식당이나 요양소 업무, 과학 관련 업무, 바느질, 자수, 점원, 통계, 속기, 재단, 교육, 방직업.

이타적인, 선택할 줄 아는

처녀자리 여성의 가장 큰 재능은 베푸는 능력이다. 그녀는 병든 노숙자들에게 따뜻한 죽을 나누어주고, 동물수용소에 갇혀있는 개들을 구출한다. 나이지리아의 가난한 아이들을 위해 싸우거나, 새로운 백신을 개발하려 애쓰거나, 지역 도서관 시스템을 재편성하는 일을 맡기도 한다.

그녀는 자기 에너지를 아무 조건 없이 나누어주면서도 빠르게 회복하고 정확한 판단력도 가졌다. 무엇이 가치 있는 일이고 무엇이 시간 낭비가 될 일인지를 알고 있는 것이다. 처녀자리인 소피아 로렌은 한 인터뷰에서, 자신은 평생 가정과 일을 맴돌며 살아갈 것이라고 말했다. 그 후 그녀는 사람들도 거의 만나지 않고 사교 생활도 그다지 내켜하지 않았다. 처녀자리는 "아니오"라고 말할 수 있으며, 그렇게 말할 때에는 진심이다.

자부심이 낮은, 근면한

아주 열심히 일하고 영리한 처녀자리 여성들은 자기 몸무게에 버금가는 금의 가치를 가진다. 과거의 과도한 노동 윤리에 대한 반작용으로 최근에는 힘겨운 노동의 가치에 의문을 제기하고 있다. 이런 시점에서 처녀자리는 믿음직스러운 산업역군으로 우뚝 선다.

그녀는 거의 쉴 새 없이 열심히 일한다. 그래서 어떤 시기에는 자신이 내버려졌으며 너무 일찍 늙어버렸다고 느끼기도 한다. 그럴 때면 자기 본성에 반발해서 이기적인 양자리나 사자자리 혹은 쾌활한 사수자리처럼 될지도 모른다. 사실 그녀에게는 불의 지배를 받는 별자리들이 보여주는 낙천적인 기질과 선천적인 자신감이 필요하다.

처녀자리 여성은 12별자리 중에서 가장 불안정한 상태에 있는 것 같다. 그녀는 항상 열심히 일하며, 어떤 때는 자신의 몫 이상으로 일하는데도 그만큼의 정당한 인정은 받지 못하는 편이다. 신중하게 재산을 관리하고, 남자에게 의존하는 여자들을 혐오하고, 어떤 대가를 치르더라도 늙어서 누군가에게 의지하는 일은 없기를 바란다. 그러다 보니 지나치게 대비하는 경향도 보인다. 그녀가 쾌락을 원하는 자신의 욕구를 인정하고 성취감을 맛보려면 매우 열심히 노력해야만 한다.

그녀는 자신이 경험하고자 하는 모든 것, 증명하기를 원하는(누구에게 증명하는 건지는 모르겠지만) 모든 것을 인생의 전반기에 완전히 끝마쳐야 한다는 듯 생활한다. 마치 시간이 바닥날까봐 두려워하는 것 같다. 사실 그녀는 그 누구도,

그 어떤 것도 시간의 흐름에 대비할 수는 없다고 믿는다. 하지만 그녀가 가장 믿지 못하는 것은 그녀 자신이다.

자부심이 약하다는 것을 보여주는 증상 중의 하나가 자기 부정이다. 처녀자리 여성은 스스로를 지나치게 자책하고 자기 몫조차 받아들이기를 거부한다. 주는 만큼 받으려는 일도 좀처럼 없다. 그녀는 활동적인 사람이지만, 기쁨은 받아들이지 못하고 의무감만 키운다.

처녀자리 여성은 아이들을 최고의 명문학교에 보내면서 자신의 외출복은 할인판매장에서 사는 어머니가 될 것이다. 어쩌면 삶이 자신을 실망시키리라 믿기에, 자신의 감정보다는 지성과 논리를 훨씬 더 신뢰하는지도 모른다. 그녀는 부정적인 생각들을 계속해서 키운 탓에 무지갯빛으로 화려하게 빛날 수도 있었을 자신의 삶을 회색으로 칠해버린다.

요구가 지나친, 완벽주의자, 독선적인, 설득력이 있는

처녀자리 여성은 자신의 모든 임무를 가장 훌륭하게 완수해야 한다고 생각한다. 마치 이 세상을 모든 사물과 사람이 각자의 역할과 목적을 갖고 있는 합리적인 공간이라고 생각하는 것 같다. 그녀는 자신만의 목표를 찾아내어 거기에 꼭 맞추려고 하며, 다른 사람들도 그래야 한다고 믿는다.

그녀는 규칙을 따르지 않는 사람들, 특히 자신이 지키는 규칙에 따르지 않는 사람들은 모두 제정신이 아니라고 생각한다. 이렇게 단순한 견해가 그녀에게 위안을 주지만, 그로 인해 계속해서 실망하기도 한다. 그래서 이 세상은 '만족할 때까지 노력해야 하는' 고달픈 장소라는 그녀의 가치관이 더욱 확고해진다. 종종 그녀는 자기처럼 확고한 자아와 원칙을 가지지 못한 사람에게는 견디기 어려울 만큼 혹독한 요구를 하지만, 자신은 이런 요구가 정당하다고 생각한다. 다른 사람에게는 보이지 않는 세밀하고 사소한 것들이 그녀에게는 보이는 것 같다.

그녀는 실용적인 원칙을 중시한다. 그녀가 세금 개혁이나 보건 문제, 정치적 부패, 노사관계 등에 대해 논리적인 주장을 펴면 도저히 반박하기 어렵다. 처녀자리 여성은 자신의 믿음과 행동이 너무나 당연하다고 믿기 때문에, 다른 사람들이 어떻게 여기에 동의하지 않을 수 있는지, 혹은 왜 동의하지 않는지 도저히 이해하지 못한다.

예리한, 박학다식한, 정직한, 현실적인

처녀자리 여성은 날카로운 통찰력과 강한 정신력을 가졌고, 그것들에 상당히 의존한다. 그녀는 거짓이나 부정행위를 싫어한다. 아무리 먼 곳에서도 사기꾼의 냄새를 맡을 수 있고, 절대 속임수에 넘어가지 않는다. 또한 사기행위나 비열한 행동을 없애는 데 온 힘을 기울인다. 그래서 아주 뛰어난 수사관이 된다. 처녀자리 여성은 전갈자리의 수수께끼를 풀거나, 물고기자리의 신비로운 무의식을 분명하게 밝히거나, 천칭자리의 뒤섞인 우선순위를 정리해줄 수 있다. 물론 이 모든 행동이 현실적이고 실용적인 목적을 위해서이다. 시체들이 어디에 묻혀있는지 알고 있는 그녀는 분명 위험한 적이다.

겸손한, 내성적인, 자기를 내세우지 않는, 억압된

겉모습부터도 평범한 처녀자리 여성들은 많은 사람이 자신에게 주목하기를 기대하지 않는다. 빛나는 북극성보다는 뒤쪽에 숨어서 맡은 일을 해내는 부지런한 일벌에 가깝다. 그녀가 유명해진다면 그것은 자신의 일을 철저하게 해냈기 때문이다.

부끄럼을 많이 타는 그녀는 사람들 앞에 나서는 일을 불편하게 여기고, 자신의 자질을 감추려 한다. 살아가면서도 개방성이나 자발성, 자신감, 표현의 자유를 계발하는 데 어려움을 겪는 편이다. 백설공주처럼 (난쟁이들에게) '발견'될 때까지 자신을 감추고 겸손한 자세로 할 일을 완수하는 것이 특징이다.

처녀자리 여성은 키스 대신 팔을 살짝 토닥거리는 식으로 배우자에게 애정을 표현하는 아내가 된다. 아들들이 일단 사춘기를 지나고 나면 더는 안아주지 않고 악수한다. 어쩌면 친한 사람들과 자연스럽게 신체 접촉을 하는 사람들을 부러워할지도 모른다.

처녀자리 여성들은 천성적으로 별로 흥분하지 않는다. 그들은 다른 사람을 칭찬하고 그들의 칭찬을 받아들일 줄도 알아야 한다. 그들은 대체로 감정표현을 절제하는데, 마치 긴장을 풀었다가는 악마에게 붙잡혀 지옥으로 끌려갈까봐 걱정하는 것 같다.

처녀자리 여성은 위기에 처했을 때에도 곧 기운을 차리는 편이다. 그녀는 파티보다 자연을 벗 삼은 고독한 산책길에서 더 편안함을 느낀다.

강박적인, 단정한, 헌신적인

처녀자리 여성은 완벽하게 헌신해야 한다고, 순수하고 자기희생적이고 성실한 사랑을 해야 한다고 생각한다. 매우 높은 기대치를 가지고 평생토록 완벽을 추구하겠다고 굳게 결심한다.

처녀자리 여성 대부분이 응급상황을 위해 온갖 치료제와 구급약품으로 가득 찬 약상자를 가지고 있다. 자신이 (그리고 다른 사람들이) 책임지고 있는 자잘한 일들을 잊어버리지 않기 위해, 집안 곳곳에 할 일을 적어둔 종이들을 눈에 띄게 붙여놓고, 핸드백 안에도 간직한다. 3주간 휴가를 떠났다 돌아오면, 그동안 쌓인 신문들을 버리기 전에 다 읽어야 한다는 기분에 사로잡히기도 한다.

그러나 반대로 그녀는 말도 안 되게 지저분할 수도 있다. 처녀자리 여성은 먼지 하나 없는 청결함과 넘쳐나는 재떨이, 죽어 가는 화분, 더러운 접시들 사이를 정기적으로 오간다. 그것도 매우 강박적으로 그렇게 한다.

처녀자리 여성은 쉽게 사랑을 주지 않는다. 바로 여기서 그녀의 날카로운 심미안이 발휘된다. 그녀는 연인을 매우 주의 깊게 살펴보고 그의 모든 면을 따져본다. 상처받지 않으려고 좀처럼 자기감정을 드러내지도 않는다. 하지만 일단 사랑하게 되면 완전하게 사랑한다. 처녀자리 여성은 다른 사람의 애정을 가지고 장난치지 않으며, 엄격한 일부일처제를 선호한다. 완벽한 선택을 기대하기 때문에, 특히 연인이 바람을 피우면 크게 상처받는다.

일부일처제를 고수하는, 변화하는 성 충동

처녀자리 여성이 상대에게 아무렇게나 자신을 내던지는 일은 거의 없다. 자신의 안식처를 방어해야 하는 상황으로 몰지 않는다. 그녀가 어떤 일을 시작한다면 성공할 가능성이 최대라고 생각했기 때문이다. 그녀가 자신의 권리를 한 번 주장하기 시작하면, 모호함이나 경쟁상대를 허용하지 않을 것이다.

그녀는 상대방과 완벽한 관계를 갖기 원한다. 다른 어떤 것도 그녀를 안심시키거나 그녀를 흥미롭게 하지 못한다. 그녀가 성에 눈을 뜨려면 뜻이 맞고 믿을 수 있는 동지, 열정적으로 사랑을 나누는 동안에도 편안하게 안아줄 수 있는 사람이 필요하다. 그녀는 자신에 대한 상대의 관심이 줄어드는 것을 재빨리 감지한다.

처녀자리 여성은 성적 욕구를 잘 표현하지 못하며 쉽게 완전한 만족에 도달하지 못한다. 자신의 감정을 억압하기 때문에 성적으로도 억압되어 있는 것이다. 자극을 받아들이고 자신의 열정을 해방시킬 수 있어야 한다.

그녀는 섹스에 흥미 없는 점잖은 부인 역할을 더 좋아한다. 나는 자신의 열정을 되살리기 위해서 아무나 만나는 처녀자리 여성들도 많이 만나 보았다. 하지만 그들도 결국은 독점적인 관계에 행복하게 정착했다.

기본적으로 처녀자리 여성에게는 성적인 기쁨을 완전히 누릴 수 있도록 인도해줄 상대가 필요하다. 그녀가 그런 사람을 발견하면 놀라울 정도로 빨리 새로운 존재로 변모하게 되고, 자신이 그토록 강한 성 충동을 가지고 있었으며 뛰어난 섹스 기교를 구사할 수 있다는 사실에 스스로도 놀란다.

호기심이 많은, 활동적인, 에너지가 넘치는, 신경과민의

처녀자리 여성은 채워지지 않는 호기심을 가져서, 세 권의 책을 연달아 읽는 일도 드물지 않다. 정신도, 육체도 쉼 없이 활동하는 그녀는 줄담배를 피우고, 노심초사하는 성격이다. 직접 살펴봐야 하고, 돌아다녀봐야 하고, 이야기를 들어야 한다. 그녀는 전체적인 시야로 사물을 판단하고 진실을 파헤치고 싶어 한다. 여행을 떠나고, 새로운 풍경을 감상하고, 비교하고, 분석하고, 비평하기를 좋아한다. 또한 모험을 계획하기를 좋아한다.

그녀는 엄청난 신경 에너지를 가졌는데, 이 에너지를 적절하게 사용하는 법을 배우는 데만 10년이 걸릴 수도 있다. 그녀는 그 에너지를 발산하고, 정기적으로 자신을 긴장시키고, 거의 미친 듯이 신경과민으로 몰아간다. 그녀의 거대한 에너지는 명상과 휴식, 신체 치료, 균형 잡힌 식이요법과 적당한 영양섭취 등을 통해 기적을 이룰 수 있다.

건강에 신경 쓰는, 조직적인, 치료능력이 있는, 걱정이 많은

처녀자리는 매우 조지저으료 일한다. 음시 죠리법에서 유아에 이르기까지 모든 자료를 모아놓은 파일을 가지고 있을 것이다. 또한 연인들에 대해 일기를 쓰고, 그들의 성적 능력을 측정하는 자기만의 저울을 가지고 정확하게 각각의 등급을 매긴다.

처녀자리 여성은 신경이 아주 예민하고 스스로를 믿지 못하는 탓에 상당히 조바심을 치는 경향이 있다. 그녀는 모든 걸 명료하게 조직함으로써 근심을 떨쳐버리려 한다.

그녀는 평생 자신과 주위 사람들의 정신적, 육체적 건강에 신경 쓰며, 정서적, 영적 측면에 대한 관심은 뒤로 미뤄둔다. 건강식품점에도 자주 들른다.(가장 싸고 좋은 물건도 잘 안다.) 그녀는 자녀를 과잉보호하는 어머니가 되며, 아픈 사람들을 보살필 줄 안다. 이런 재능은 타고 난다.

긍정적인 사고를 가진 처녀자리 여성은 건강과 자기치유로 향하는 길을 개척할 수 있다. 자신이 가진 정신과 영혼과 육체의 에너지를 적절하게 교류시키기만 한다면, 훌륭한 치유자가 될 수도 있다.

인간적인, 책임감 있는, 좋은 선생님의 자질을 갖춘

처녀자리 여성은 충실하고 믿을 만하다. 가정이나 병원, 자선단체 같은 곳에서 그녀는 신뢰할 수 있는 사람이며 지시에 정확하게 따른다. 따라서 환자를 돌보거나 고객에게 만족을 주는 등 타의 모범이 되는 직업을 가진다. 그녀는

'변화하는 흙'의 처녀자리 여성

환자들의 이마를 닦고 손을 잡아 주는 등 인간적인 측면도 잊지 않는다.

그녀는 법을 철저히 지키고 그 정신까지도 따르려 노력한다. 규칙을 잘 지키는 만큼 다른 사람들에게 그것을 가르치는 일도 잘 한다.

처녀자리 여성은 어떤 일이 생겼을 때 '어떻게 해야 하는지'를 누구에게든 알려줄 수 있다. 그녀는 훌륭한 토론자나 연설가, 교사가 되는 데 필요한 모든 재능을 갖추었다.

비판적인, 유능한, 개성이 강한

법을 가르치고 집행하는데 아주 성실한 처녀자리 여성들은 법을 지키지 않는 사람들을 참지 못한다. 그들은 항상 자신이 옳다고 믿으며, 예전에 자신이 했던 잘못된 비판은 잘 기억하지 못한다. 매우 도덕적인 사람이며, 완전한 순수함으로 돌아가라고 설교한다. 아마도 루소의 '자연으로 돌아가라'는 말이 그녀의 마음을 끌 것이다.

엄격한 교육을 받으며 자란 그녀는 낭비를 싫어해서 능률적으로 일하고 목표를 설정하며 매사에 업무 중심이다. 시간이 가장 중요하다고 믿고, 자신의 철학에 맞게 살려고 노력한다. 따라서 자유롭게 행동하고 산만하며 훈련되지 않은 사람들을 불편하게 여긴다. 하지만 이런 사람들이야말로 그녀에게 긴장을 풀고 비난을 자제하라는 교훈을 알려줄 존재라는 사실을 기억해야 한다.

그녀는 말을 명확하게 하고, 논쟁할 때는 예리하게 핵심을 찌른다. 일할 때는 외과수술을 하듯 정밀하게 하고, 실제로 외과의사인 경우도 많다.

처녀자리 여성은 자신을 사랑해야 함을 잊지 말아야 한다. 잊었다면 다시 배워야 한다. 할 일을 완수하고 착하게 사는 것만으로는 마음의 평화를 얻지 못할 수도 있다. 그녀는 고결하고 성실한 품성을 지녔다. 그녀는 세상에 순응하려는 마음이 강한 편인데, 이 때문에 인생을 사랑하고 자신을 사랑하는 멋진 여성으로 찬란하게 두각을 드러낼 기회를 스스로 놓쳐버리지 않도록 주의해야 한다.

인간관계

처녀자리 여성은 사회 소외계층이나 장애인 등 고통받는 사람들에게 정말로 끌리곤 한다. 그녀는 한 남자에게 없어서는 안 되는 구원자가 되거나 적어도 그의 풀타임 내조자가 되는 것을 삶의 보람으로 삼는다.

처녀자리 여성은 연애할 때 상대방이나 두 사람의 결합에 대해 지극히 헌신 적이고 솔직한 매력을 보인다. 자기가 한 약속을 존중하며, 연인과 가까운 친구 들의 삶을 부드럽고 편안하게 만들어주기 위해, 그들이 가장 효율적으로 자기 역할을 다하도록 돕기 위해, 할 수 있는 모든 일을 다한다.

그녀는 배우자에게 의존하지 않는다. 처녀자리 여성은 감정적인 힘과 경제 력 양쪽 모두 통제할 수 있다. 그 힘을 정리해서 모아놓고 실제로 사용하기 위 해 준비한다. 그렇지만 배우자가 관현악단의 솔리스트나 지휘자일 때 제2바이 올린을 연주하는 것을 꺼려하지는 않는다. 연인이나 배우자가 자신을 가장 필 요로 할 때가 그녀에게 가장 행복한 시간이다.

처녀자리 여성은 다른 사람들을 비판하기 좋아한다. 하지만 그녀의 비판은 사람들을 변화시키기 위해서가 아니라 지나친 염려와 조바심의 결과일 뿐이다. 그것은 다른 사람의 단점들을 정확하게 지적한다기보다 그녀의 부산함을 보여 준다.

역설적이게도, 이렇게 비판적인 처녀자리가 원래는 12별자리의 모든 여성 들을 인정하고 받아들일 수 있는 별자리이다. 그녀는 충성을 다할 뿐, 사람들을 개조하겠다는 생각은 하지 않는 편이다. 오히려 그녀는 그들의 장점을 인정하 고, 그들의 실수를 받아들이고, 언제라도 그들을 두둔한다.

사람들을 매혹하는 처녀자리 여성들은 흉내를 잘 내는 배우이기도 하다. 사 람들은 그녀가 흉내 내는 모습에 놀라서 입을 다물지 못한다. 그녀는 그저 눈 썹을 한번 치켜세우는 것만으로도 한 명의 공장장보다 더 많은 일을 해낼 수 있으며, 자원을 수집하고, 그 사용법을 이해하고, 그것들을 자신이 사랑하는 사람들의 복지를 위해 조직적으로 이용할 수 있다. 그녀에게는 친구들이 많다. 그러나 그녀에게서 이익을 얻으려 드는 사람들도 많다. 그녀는 선의의 목적으로 주변 환경을 이용하는 것과 자신이 이용당하는 것의 차이를 알아야 한다. 이것은 입에 쓴 교훈이다.

처녀자리 여성이 꿈꾸는 낭만적 연애의 이상은 10대 소녀만큼이나 몽상적이다. 겉으로 볼 때는 냉정한 수비자 같지만 그녀 인생의 본질이 바로 이런 낭만에 있다. 하지만 그녀는 자신의 감상적인 동경을 이성으로 덮어버리곤 한다.

불행히도 그녀는 성적으로 스스로를 자제하는 경향이 있다. 그녀가 감정적으로 무심해 보이는 것이 다른 사람들에게 불안감을 주는 경우도 많다. 처녀자리 여성은 내면 깊은 곳에서 자신이 사랑 받을 가치가 없다는 생각에, 그리고 어쩌면 그것이 그녀를 아주 힘들게 만들지도 모른다는 생각에 두려워한다.

어린 시절

우리 사회는 사람들에게 생기발랄하고 자신 있게 살라고 가르치지 않는다. 너무 많은 부모가 자신감이 부족하고 애정을 표현할 줄 모르는 탓에, 아이들은 자신이 이해 받거나 사랑 받는다고 느끼지 못한다. 이 아이들은 사랑과 자긍심, 삶의 기쁨에 대한 좋은 모델 없이 성장한다. 맥주를 마시고 골프를 치고 텔레비전을 보는 것은 결코 따뜻한 포옹이나 관심 어린 질문을 대신할 수 없다.

처녀자리 소녀들은 남이 '대신 계획해주는' 것을 지나칠 정도로 잘 받아들인다. 또한 가족들의 가치관과 요구에 대해 의식적으로든 무의식적으로든 엄청난 마음의 부담을 느끼곤 한다. 대체로 아주 착한 아이인 그녀는 집안의 큰딸이거나 하나뿐인 딸, 아니면 무남독녀이다. 어떤 경우든지 그녀의 어머니와 아버지는 그녀를 기르면서 부모 역할을 처음 익힌다. 그리고 그녀는 부모 노릇을 처음 하는 어른들이 저지르는 전형적인 실수들을 겪어내야 한다.

주로 어머니와 자신을 동일시하면서 자라는 처녀자리 소녀는 후에 이 속박에서 벗어나는데 곤란을 겪기도 한다. 독립하고 나서도 어머니가 가졌던 믿음들을 고수하고, 나중에는 심각한 정체성의 위기를 겪게 될지도 모른다.

S는 열심히 일해 힘들게 성공한 두 음악가의 외동딸로 자랐다. 그녀는 응석받이였고, 명문학교에 진학했으며, 주로 예술 분야에서 최고급의 과외를 받았다. 그녀는 어떤 분야에서든 어린 천재가 되어 부모님을 기쁘게 해야 한다는 부담감 속에서 잘 처신했다. 성적은 최고였고, 그럭저럭 나무랄 데 없이 단정한 숙녀처럼 보였다. 그녀는 자신의 재능과 운명을 완전하게 다룰 줄 아는 모범적인 아이가 되었다.

S가 나를 찾아왔을 때, 그녀는 마치 수영을 하고 나서 내 사무실로 오는 길에 급하게 옷을 갈아입은 것처럼 보였다. 완벽하게 치장된 천새의 모습은 신 곳이 없었다. 자기 집에 있을 때 이 스물세 살의 젊은 여성은 신경질적으로 되고, 자신감이 없어져서, 마치 자기 인생을 쓰레기나 공허한 농담처럼 느끼고 있었다. 그녀는 자기 상황을 이렇게 묘사했다.

"작년까지만 해도 나는 이상적인 딸이었어요. 부모님이 하라는 일이면 무엇이든 다 했죠. 나는 그들이 원하던 신동이었어요. 그런데 스물두 살 생일이 지나자마자 갑자기 담배를 피우고, 술을 마셨고, 몸에 꼭 맞는 스커트와 답답한 블라우스가 아닌 보헤미안 스타일의 옷을 입기 시작했어요. 아시죠, 프릴이 달리고 숄을 걸치는 옷차림이요. 내게도 작은 즐거움을 누리고 나 자신의 삶을 살 권리가 있지 않을까요. 이제 다른 사람들의 꿈에 맞추며 사는데 지쳤어요. 바로 나로 살게 하는 것이 진짜로 무엇인지 찾고 싶어요."

처녀자리 여성의 소녀 시절은 '의무'로 짓눌리는 경우가 많다. 그녀는 자라면서 청교도적인 가치관을 갖는다. 주어진 틀에 꼭 맞추도록, 힘든 일을 맡고 능력을 보이도록, 자신의 감정을 억누르도록, 그리고 섹스와 육체관계를 두려워하도록 교육받는다. 어린 나이에 받는 이러한 심리적인 억압이 후에 그녀의 자아를 파멸시키는 원인이 된다.

연인이나 다른 사람들과 관계 맺는 방식

처녀자리 여성은 사람들을 대하는 태도나 말투에 있어 흠잡을 데 없이 예의 바르게 행동한다. 그녀는 언제나 옳은 일을 하는 것처럼 보인다. 올바른 행동이 무엇인지 잘 알고 있으며 그것을 완벽하게 해내는 사람에게 반대 의견이나 적대심을 보이기란 어려운 법이다.

축구 경기에서 훌륭한 주장 선수가 그러하듯 처녀자리 여성은 작전을 짜고 여러 가지 일들을 정확하게 평가한다. 그녀는 자신의 의견을 훌륭하게 뒷받침하는, 설득력 있는 토론자이다. 연애할 때도 그 관계를 적절히 조종하지만, 영리하기 때문에 그런 티를 내지는 않는다. 하지만 그녀는 착한 여자 역할을 철저하게 연기하고 있을 뿐이다. 이런 식으로 대립을 줄여나갈 뿐만 아니라, 상대방이 죄책감마저 갖게 만든다.

반면에 그녀는 진정한 낭만주의자이기도 하다. 그녀는 베풀기 위해 최선을 다하며, 복잡하지 않고 순수한 정열과 사랑을 찾는다. 하지만 그 대신 그녀가 얻는 것이라고는 너무 바빠서 휴식을 취할 수도 없고 정열적인 오후를 보낼 시간도 거의 없는 생활이다. 밀회를 갈망하는 피와 살로 이루어진 평범한 여자라기보다는, 육체의 정욕을 꿈꾸지만 순결을 지켜야 하는 베스타 여신의 신녀와 같다.

처녀자리 여성이 사랑을 하면 완전한 사랑을 하지만, 쉽게 사랑하지는 않는다. 그녀의 열정은 달아오르는 데 시간이 걸리고, 식는 데는 영겁의 시간이 걸린다. 그녀는 유별나게 소유욕이 강하고, 징그러운 벌레처럼 떼버리고 싶지만 끈질기게 달라붙는 질투심을 가졌다. 그녀가 질투심에 사로잡히는 주된 이유는 그녀의 불안정함에 있는데, 그럴 때면 그녀답지 않게 야단법석을 떨거나 혹은 자신이 원하는 방식을 완전히 포기해버린다.

때로 경계심을 바람에 날려 보낸 채 특별하지도 않은 연애에 열렬히 빠지기도 한다. 하지만 대체로 까다롭고 꼼꼼하고 조직적인 모습을 유지한다. 그녀는 모든 관계의 장단점을 계산해본다. 어쩌면 잠자리에서까지 장단점 목록을 작성하는지도 모른다. 어떤 결정을 내릴 때는 감탄할 정도로 이성적이며, 까다로운 문제도 잘 풀어낸다.

처녀자리 여성은 자신이 원하는 연인을 사로잡을 방법을 안다. 그를 어떻게 추켜세우고 구워삶고 납득시킬지 아는 것이다. 또한 그가 자신을 필요로 하게 만들 수 있다. 그가 그녀를 만나자마자 '이 사람 없이는 살아갈 수 없다'고 느끼게 할 수 있다. 만나는 모든 사람들이 앞으로 자신은 그녀에게 중요한 사람이 될 것이라고 느끼게 만드는 재주가 있다.

처녀자리 여성은 한 번에 한 사람만 선택한다. 자신의 명예를 위해서 언제나 완벽하게 그에게 솔직하다. 처녀자리는 워낙에 게임을 하지 않는데, 사랑에 있어서는 특히 그렇다. 친해질 것 같은 사람이다 싶으면 자기 생각을 말해주는 편이고, 자신이 그를 원한다면 명료하게는 아닐지라도 그 사실을 그에게 알린다.

실용주의자인 그녀는 모든 면면을 분석한다. 그리고 스스로에게 묻는다. 내가 잘 하고 있는 건가? 이게 잘 될까? 그녀는 확신을 원하지만 쉽게 믿지 못한다. 머리로는 사랑이 불완전하다는 것을 알고 있지만 좀처럼 진심으로 받아들이지 못한다.

처녀자리 여성의 심리적 억압

처녀자리 여성은 옳고 그름에 대해 매우 분명한 생각을 가졌다. 그녀는 모든 분야에서 참을 수 없는 지식욕을 보이고, 판단을 내릴 때는 매우 단호하다. 그녀의 강한 정신력이 그녀의 믿음을 형성한다. 그녀가 자신에게 이롭다고 파악하는 일들은 실제로도 옳다.

처녀자리 여성은 자신의 감정이나 가치 판단을 자주 억압한다. 예를 들어 자기보다 빨리 승진한 친구를 질투하는 마음이 생기는데, 이런 질투심이 그녀가 용인할 수 없는 감정이라면 그녀는 이 무의식적인 질투심에 벌을 준다. 그래서 나중에 그 친구가 좌천되었다는 소식을 들으면 자신이 느끼는 승리감도 억압한다. 그녀는 친구를 돕기 위해 달려갈 것이고, 심지어는 친구를 시기했다는 죄책감 때문에 자신의 야망까지 억압한다.

처녀자리 여성의 심리적 억압은 자신이 받아들일 수 없다고 여기는 모든 것들을 억누르는 잠재의식의 작용이다. 자기 안의 어떤 감정을 억누를 것인가 하는 문제는 그녀의 가치관에 좌우된다. 그 가치관을 부모로부터 무의식적으로 배왔다면, 부정적인 감정과 느낌을 억누르는 것까지도 자연스럽게 배웠을 것이다.

이런 심리적 억압은 자동적으로 거부반응을 일으키고 이내 습관이 되어버린다. 이러한 심리 체계가 계속 확대되면 시기심뿐만 아니라 우월감을 느끼는 것까지 억누른다. 처녀자리 여성의 억압은 처음에는 특정한 곳만 마비시키는 국부 마취주사와 같다. 하지만 점차 그녀의 감정표현 전체에 영향을 끼치는 전신 마취제가 된다. 그녀는 자신이 사랑하는 것들로부터 스스로 격리하는데, 자신이 왜 그렇게 하는지는 그녀도 모른다.

나를 찾아왔을 때 Y는 마흔세 살의 주부였다. 그녀는 아이들을 건강하게 길러내고 아내가 가정을 지키기를 바라는 배우자에 부응하기 위해 직장에서 성공하고 싶다는 자신의 욕망을 포기했다. 그녀는 가족 이외에는 어떤 것에도 관심이 없었다. 그런 그녀가 이따금씩 아이들에게 심한 욕설을 퍼붓고 부엌 벽에 유리잔을 던지곤 했다. 그 순간에는 아이들이 끔찍한 공포를 겪는다는 사실을 알지만, 그리고 나서는 자신의 행동을 잊어버리곤 했다.

어느 날, 자신이 심하게 다투고 집을 나간 배우자를 경멸하고 있으며 이따금씩 아이들에게도 강렬한 증오를 느낀다는 사실을 깨닫고 그녀는 소스라치게 놀랐다. 이런 사실을 깨달을 때마다 그녀는 완벽한 어머니와 아내의 역할에 미친 듯이 몰입했다. 그러나 상황은 결코 달라지지 않았다.

나를 찾아왔을 때 그녀는 두 가지 문제를 가지고 있었다. 배우자와의 섹스가 더 이상 즐겁지 않았고, 혼자 있을 때면 술을 마시기 시작했다. Y는 아이들에 대한 증오와 배우자에 대한 경멸을 억누르고 있었다. 그녀는 도망치지 말고 자신의 감정을 인정해야만 했다. 그래야 자기감정에 책임질 수도 있고, 달라질 수도 있는 것이다.

처녀자리 여성의 감정적인 억압은 그녀의 삶 전체를 물들여 미래까지도 음울하게 만들어버린다. 시기심이나 두려움, 죄책감, 분노, 증오 등 받아들이기 힘든 감정들을 억누르다보면, 기쁨 같은 감정들까지 억누른다.

심리적 억압을 극복하는 법

처녀자리 여성은 자신의 (그리고 다른 사람들의) 단점을 잘 지적하는 만큼 자신의 가치관도 정확하게 알아야 한다. 예를 들어 그녀가 운동과 심리 치료는 이롭고 동성애나 냉동식품은 해롭다고 믿는 근거가 무엇인가? 스스로에 대해 충분히 알 때까지는 미숙한 사고에 기초해서 판단할 수밖에 없다.

Y는 왜 배우자의 결정을 받아들였을까? 술을 마시지 않고는 견딜 수 없을 정도로 괴로우면서 왜 그렇게 자신의 감정에 완강하게 저항했을까? 배우자를 무시하는 행동은 용납할 수 없다는 게 그녀의 믿음이었기 때문이다. 그런 환경에서 직장 여성이 된다면 나쁜 아내, 나쁜 엄마, 즉 지켜 미달의 여자가 된다고 믿었던 것이다. 그녀는 어릴 때부터 이 모든 가치관을 배웠다.

처녀자리 여성은 옳고 그름, 도덕과 부도덕에 대해 지금 자신이 가지고 있는 관념이 타당한지 판단할 줄 알아야 한다. 당신이 지금의 생각을 가진 이유를 밝히는데 도움이 될 만한 방법을 하나 제안하려 한다. 다음은 스스로를 평가하는 문항들이다. 솔직하게 대답하고, 시간이 지남에 따라 당신의 답도 달라지기를 기대하라!

- 인생에서 가장 중요하게 여기는 다섯 가지는 무엇인가? 그 이유는?
- 가장 중요한 무언가를 해본 적이 있는가? 만일 해본 적이 없다면, 왜 그 일을 하지 않았는가?
- 지금의 생활을 즐기는가? 좋아하는 것들은 무엇이고 싫어하는 것들은 무엇인가?
- 성생활을 즐기고 있는가? 즐기고 있다면, 어떤 방식으로 즐기는가? 만일 아니라면, 어째서 그런가? 성생활의 변화를 원하는가?
- 배우자가나 연인과의 관계에 대해서 진심으로 어떻게 느끼고 있는가? 이 관계는 당신에게 얼마나 중요한가? 그 관계에서 당신이 좋아하는 것은 무엇이고 좋아하지 않는 것은 무엇인가?
- 배우자가나 연인에게 보이는 당신의 행동이 당신 어머니가 아버지에게 하던 행동과 어떻게 비슷한가? 여기서 당신이 좋아하는 부분은 어떤 것이고 싫어하는 부분은

어떤 것인가? 어떻게 바꾸기를 원하는가? 주위의 협조를 기대할 수 있는가?

- 가장 친한 친구는 누구인가? 이 사람에게서 당신은 무엇을 보는가? 당신이 주는 것은 무엇이고 받는 것은 무엇인가? 이 우정에 대해 만족하고 있는가? 만일 만족하지 못한다면, 부족한 부분은 무엇일까?
- 당신은 얼마나 자주 쉬는가? 휴식이 충분한가? 당신의 생활 방식을 바꿀 필요가 있는가? 있다면 어떻게?

사랑에 빠진 처녀자리 여성

미궁과도 같은 처녀자리 여성은 역설적인 감정을 가지고 있다. 그녀는 낭만적인 사람이고, 자신의 방식으로 마술을 부린다. 그녀의 마음이 잡아내지 못하는 것들을 그녀의 몸이 알려주는 것이다. 그녀는 뜨거운 몸과 차가운 마음을 가진 모순된 존재인지도 모른다.

자신이 원하는 것이라면 무엇이든 쉽게 얻는 그녀는 연인에게도 그가 원하는 것을 쉽게 내준다. 그녀는 헌신적이고 진지한 연인이다. 여기에 왜라는 질문은 들어설 자리가 없다. 그녀가 관심을 가지는 것은 '어떻게'이다. 어떻게 그것이 그녀의 삶에 꼭 들어맞을까? 이 관계는 어떻게 될까? 그는 그녀의 장점을 얼마나 좋아할까? 어떻게 그는 배우자가자 아버지이자 친구가 되어주는 걸까? 이런 것들이 그녀가 스스로에게 항상 던지는 질문들이다.

영원한 젊음을 유지하는 처녀자리 여성은 쉽게 잊히지 않는 존재이다. 변덕을 부리고 잔소리를 해대서 관계를 망치지만 않는다면 말이다. 그녀는 사랑의 노예가 되고, 변덕스러운 연인의 비위를 기꺼이 맞춰주고자 한다. 데이트 장소에 미리 나가있고, 침실에서 듣기 위해 그가 가장 좋아하는 음반을 산다. 욕실을 청소하고 나면 잊지 않고 그가 가장 좋아하는 향수를 뿌린다.

그녀는 그를 기쁘게 하고 그에 대해 알기를 간절히 원한다. 그녀는 연인에 대한 순수한 호기심을 가지고 있다. 그가 가장 좋아했던 이유식에서부터 소년 시절 가장 좋아하던 야구스타에 이르기까지, 그에 관한 모든 것을 알고 싶어한다. 그가 요즘 좋아하는 음식에 대해 정확하게 알고 싶어하고, 그래서 그가 좋아하는 것만 요리할 줄 안다. 여자와 영화, 텔레비전에 대한 그의 취향, 좋아하는 맥주나 와인, 술, 담배에 대해서 그에게 묻는다. 그녀는 아마도 그가 잘 때 취하는 자세와 잠자는 시간까지 알고 싶어 할 것이다. 그리고 이 정보들을 영원히 기억하기 위해 하나하나 스크랩해놓을 것이다. 그녀의 이러한 호기심을 능가하는 것은 낭만적 연애에 대한 그녀의 욕망뿐이다.

처녀자리 여성은 연인의 응석을 받아주고 어머니처럼 그를 돌보게 돼 있다. 그녀는 어떤 식으로든 교육이나 치료를 받을 필요가 있는 남자를 좋아한다. 그녀는 교도소에 있는 죄수들과 편지를 주고받다가, 가석방된 죄수와 사랑에 빠질지도 모른다. 병원에서 약혼자를 만나고, 자신이 담당이사 앞에서 나이팅게일처럼 행동할 것이다.

눈치가 빠르고, 헌신적이며, 호기심이 강하고, 친절하기 때문에 관계를 계속 유지할 수 있으며, 그것이 그녀의 목표이기도 하다. 그녀는 일부일처제를 선호하고, 배우자가 바람피울 이유 자체를 아예 없애버리려 든다. 그녀는 보호본능을 타고났으며, 질병과 가난과 다른 이들로부터 신중하게 연인을 지킨다.

처녀자리 여성은 전 세계적으로 으뜸가는 완벽주의자이다. 최고만이 그녀가 사랑하는 이에게 어울리며, 그가 최고의 것들을 가졌는지 알아보기 위해 애쓴다. 그녀는 그에게서 자신이 바라는 것을 얻어내려 하고, 만약 원하는 대로 되지 않으면 그를 비난해서 둘 사이는 멀어진다. 결혼한 지 몇 년이나 지나서야 배우자를 깊이 사랑한다는 사실을 깨닫기도 하지만, 배우자 쪽에서는 이미 마음이 냉정해져서 그녀가 비난할 때만이 아니라 다정하게 굴 때도 방어막을 칠 것이다. 이렇게 알아차리지 못하는 사이에 둘에게는 감정적인 거리가 생긴다.

처녀자리 여성의 성관계 유형

처녀자리 여성의 성관계 유형은 다음과 같다. 이것은 플라토닉한 관계에도 적용될 수 있다.

- 성 충동을 아주 깊이 억누르고, 대신 공상에 빠지곤 한다. 성적으로 늦게 성장하는

'변화하는 흙'의 처녀자리 여성

편이다.

- '감정적'이 되거나 사랑에 빠지기를 망설이는 경향이 있다. 그럴 만한 가치가 없다고 생각해서 새로운 것을 폭넓게 시도하기를 싫어한다. 하지만 소수의 처녀자리들은 마치 틀을 넘어서려는 듯 정반대로 행동한다.

- 사랑에 빠질 때는 이상한 나라의 앨리스가 토끼 굴에서 그랬던 것처럼 온갖 새로운 차원을 경험하면서 매우 힘들게 빠져든다. 그녀는 한 번에 한 사람만 만나 격렬하게 연애하며, 새로운 연애를 할 때마다 '바로 이것'이라고 생각한다. 그녀는 스스로에게도 자신의 성행위를 정당화하려 하는데, 사랑에 빠지는 것이 그 유일한 설명 방법이다.

- 사람들을 돌보려는 욕망 때문에 전과자나 양아치, 부랑자, 환자들에게 끌리곤 하며, 간호사 역할을 좋아한다.

- 스스로도 놀랄 정도로 갑작스레 열정에 사로잡혀 대체로 일찍 결혼한다. 어린 시절의 단짝과 결혼하는 경우가 많고, 결혼생활이 영원하리라 믿는다. 그리고 실제로 그렇게 되는 경우도 있다! 물론 그 이유가 이혼에 대한 죄책감 때문이거나, 어떠한 대립과 갈등에도 결혼생활만은 그대로 유지하겠다는 의지 때문인 경우가 많다.

- 그녀의 연애는 아주 훌륭하고 깊이가 있지만 활기가 부족하다. 또한 몇 년 후에 적대감으로 변질되기도 한다. 그녀는 이런 일에 대처할 준비가 되어 있지 않아서 그냥 무시하거나 억제하고 마는데, 이것은 위험하다.

- 그녀는 이혼하면 유별나게 고통과 절망감을 경험하는 편이다. 어떤 처녀자리 여성들은 남은 생애를 혼자 살아가면서 차라리 독신생활을 즐긴다. 생애 처음으로 동시에 여러 남자와 연애를 하기도 한다.

- 처녀자리 여성에게 가장 좋은 형태의 연애는, 두 사람이 한 직장에서 일하다가 사랑하게 되고 상호 동의에 의해 함께 지내는 것이다. 그녀는 어떻게, 언제, 무슨 목적으로 하나가 되어야 하는지 규정하는 꼼꼼하게 작성된 계약서를 갖고 싶어한다.

연인과 배우자

처녀자리 여성에게는 완벽한 상대가 필요하다. 그렇지 못하다면, 적어도 매력적이고 감수성이 예민하고 매우 부지런하며 정직하고 유능해야 한다. 그녀는 거울에 비춘 듯 자기와 똑같은 남자를 좋아한다. 보다 재능이 있고 유머러스하고 자발적이어야 한다는 점만은 제외하고 말이다. 이러한 기질들은 그녀가 동경하지만 가지고 있지 못한 것들이다.

처녀자리 여성에게는 관대하고 편안한 상대가 필요하다. 게으름과는 거리가 먼 그녀는 아주 가끔가다 배터리를 갈아 끼울 때만 멈추는 발전기와도 같다. 그래서 그녀의 상대는 느긋하고 여유 만만하며 편안한 사람이어야 한다. 열린 태도를 지닌 생기 넘치는 사람, 그녀보다 덜 비판적인 사람, 겉모양으로 사람을 판단하지는 않으면서 인간 본성의 다양함을 즐길 줄 아는 사람이어야 한다.

처녀자리 여성은 착실하고 아주 정직한 상대를 선호한다. 모사가나 사기꾼, 건달, 모험가는 원하지 않으며, 바람둥이에게는 좀처럼 호감을 느끼지 않는다. 그녀는 자신이 믿을 수 있는 사람, 소박한 이와 함께일 때 편안함을 느낀다.

그녀는 아주 열심히 일할 의지를 가진 연인을 원하며, 그런 사람이라야 그녀를 이해할 수 있다. 그녀가 마음을 열도록 도와야 하기 때문에, 그는 감수성이 예민하고 감정을 잘 파악해야 하며 자신의 감정을 부끄러워하지 않아야 한다. 그녀가 신경질적인 긴장감을 버리고 안정적으로 스스로를 사랑함으로써 열정을 되살리도록 해줄 수 있는 사람이라야 한다.

자유가 무엇인지 알고, 그녀에게 그것을 줄 수 있는 사람이 좋다. 그녀는 자유롭고 자부심을 가질 수 있는 공간이 필요하지만, 다른 사람에게 필요한 사람이 되고자 하는 마음이 너무 강해서 그들에게 조종당할 수 있다. 그녀에게 가장 좋은 상대는 그녀의 이러한 특성을 절대 이용하지 않으며, 다른 사람에게 베풀려는 욕망과 스스로 자유로워지려는 욕망 사이에서 균형을 맞추도록 도와주는 사람이다.

그는 깔끔하고 옷을 잘 입고 세련되어야 한다. 화려하고 비싼 옷을 입을 필요는 없지만, 그녀는 아주 사소한 점들까지도 정확하게 알아본다. 독수리처럼 날카로운 눈으로 옷에 묻은 담뱃재나 얼룩, 주름 하나하나를 다 찾아낼 것이다. 규칙적으로 씻지 않거나, 사랑을 나누기 전에 면도하는 것을 잊어버리거나, 평소에 방이 지저분한 남자는 그녀를 포기하는 것이 좋다. 그녀는 냄새에 극도로 민감해서 그의 후각으로는 알아차리지 못하는 작은 차이들까지 찾아낸다.

처녀자리의 성

처녀자리 여성은 섹스에 대한 우리 사회의 훈계를 지나치게 잘 배운다. 그녀는 절제할 줄 알고 단호하고 고상하며, 심리적으로 억압된 경우가 많다. 그녀가 성욕에 대한 죄책감이나 성적으로 무력한 존재가 될지도 모른다는 두려움을 극복하기란 쉽지 않다.

우리 사회에서 섹스는 자연스러운 신체작용이 아니다. 성교육도 대체로 부정적인 내용으로 이루어지며, 이런 정보는 무의식적으로 습득된다. 유혹적이지만 현실적이지 않은 대중가요나 영화, 텔레비전 광고, 혹은 화장실이나 탈의실의 낙서들, 정확하지 않은 정보들과 동영상, 도색잡지. 여기에 성병에 대한 끔찍한 경고가 더해진다. 이런 것은 성적으로 전혀 건강하지 못하다. 우리는 어릴 때부터 철저하게 섹스는 위험하고 더러우며 벗어날 수 없고 악마적인 쾌락의 세계로 타락하는 것이라고 배운다. 나는 어떤 형태로든 섹스에 대한 죄책감이나 두려움을 갖지 않고 자란 사람을 본 적이 없다.

처녀자리 여성은 대체로 착한 소녀이고 완벽주의자이기 때문에, 어머니가 전해주는 교훈과 자신이 속한 시대가 전하는 교훈을 양쪽 모두 받아들인다. 그녀의 성적 정체성은 보수적인 방향으로 향한다. 최고의 목표는 가장 어울리는 남자와 안정된 결혼을 하는 것이다. 그녀는 침대에서 배우자의 정부가 된다는 환상을 실현하기보다는, 성과 무관한 부분에서의 동반자, 아내, 안주인, 주부로서의 역할과 그에 따르는 의무를 아마 더 잘 해낼 것이다.

때로 그녀가 자기를 억압하는 성향을 거부하고 집시의 삶을 선택하는 식으로 저항하기도 한다. 공동생활체에 들어가거나 여행을 떠나거나 미혼모가 되기도 한다. 아니면 자신의 기지로 그저 견뎌낸다. 그녀가 어떤 길을 택하든, 심리적 억압의 바탕에 깔려 있는 모순은 후에 다시 나타나기 쉽다. 처녀자리 소녀는 너무 신중하고 예민해서 고통스러운 타협이나 자기 방어적인 회피, 그 두 가지 방식으로만 억압에서 벗어나는 시도를 한다. 그런데 이러한 타협이나 회피가 그녀를 더욱 억압하거나 혼란스럽게 만들고 정신적인 고통을 준다.

그러나 처녀자리 여성이 일단 억압적인 금기로부터 자유로워지면, 남에게 베풀고, 관대하고, 매우 충실하며 흥미로운 여성, 감동적인 아름다움을 지닌 여성이 된다. 해방된 그녀는 양성한 성적 기운과 생기발랄한 매력, 신선함, 지치지 않는 육체를 갖는다. 그녀가 누군가를 유혹하겠다고 마음먹는다면, 아무도 거기에 저항할 수 없다. 그녀는 성적인 매력을 감추고 있는 정숙한 숙녀라는 느낌을 준다.

점성술에서 처녀자리의 맞은편에 물고기자리가 있다. 따라서 처녀자리 여성의 잠재적인 본능은 정서적이며 시적이고 낭만적이며 회의적인 물고기자리를 닮았다. 나는 오랜 관찰을 통해 처녀자리 여성들 중 일부는 훈련을 통해 물고기자리의 특성을 감추거나, 자기방어용인 차갑고 단단한 막으로 가려버린다는 사실을 깨달았다.

처녀자리 여성의 성을 이해하는 핵심 단어는 '세련된 기교'와 '감정적인 속박'이다. 그녀는 완벽한 기교를 원한다. 그녀는 성에 대한 지식을 마치 책을 찾거나 사과를 따듯이, 즉 실용적으로, 꾸준히, 설득력 있게 얻는다. 하지만 자신의 결점들을 인정하고 섹스를 자연스럽고 즐거운 것으로 받아들이지 못한다면, 어떤 성적 기교로도 행복을 얻을 수 없다.

초기 성 경험

처녀자리 여성의 많은 수가 도덕적으로 엄격하고 사랑이 없는 가정에서 자란다. 집 안에서 성에 대한 이야기를 하는 법도 없고, 부모와 딸이 바람직한 성적 태도에 대해 대화를 나누지도 않는다.

자신의 의무를 다하는 순종적인 딸로 자란 만큼이나 반항심도 강하게 느끼며, 그래서 일찍 결혼해 집을 떠난다. 성적인 모험과 경험에 대한 억눌린 욕구는 완전히 새로운 직업이나 생활 방식을 찾는 것으로 표현된다.

고등학교에 다닐 때는 친구들에게 인기가 많고, 동아리 회장이나 응원단장, 공부 잘하고 지적인 학생으로 강한 책임감을 보인다. 보통 이성과 동성 양쪽으로 친구들이 많지만, 늘 방어적이고 신중하다. 겉으로 보기에는 친근하지만 신체 접촉은 좀처럼 하지 않고, 말로 자신의 요점과 애정을 드러내는 편이다.

그녀는 자신에게 달콤하고 비밀스런 피난처가 되어주는 환상의 세계를 가지고 있다. 성적 매력과 자극을 동경하며 내심 자신을 둘러싸고 있는 성적으로 억압된 분위기를 싫어한다. 섹스 기구들에 대해서도 비밀스레 탐닉하며, 몰래 포르노 영화를 보고, 체위에 대해 친구들과 이야기를 나눈다. 그녀는 '알고' 싶어하며, 금기를 깨는 데서 쾌감을 느낀다.

사춘기에는 중성적이거나 매력적인 섹스심벌, 혹은 집시예술가이다. 그녀는 강박적으로 깔끔하거나, 정반대로 아주 지저분하다. 첫 섹스 후 강하게 충격을 받고 정신적으로 위험한 상태가 될 수도 있다.

처녀자리 여성은 동성 간의 연애도 경험한다. 다른 소녀들과 연애를 하거나 여전히 성적 환상을 간직하고 있는 성인 여자에게 홀딱 빠진다. 자신의 성정체성과 남자들에 대해 불안해하고, 평생 비밀을 털어놓을 수 있는 자신만의 여자친구를 원한다.

그녀는 아버지보다 어머니를 더 동경하지만, 또한 어머니를 증오하기도 한다. 어머니의 자기불신과 성적 죄의식을 내면화하며, 나중에는 이러한 감정들을 자기도 모르게 애정 관계에 투영한다. 처녀자리 여성은 보통 깐깐하고 의무감이 강해서 어머니의 장점과 단점을 무의식적으로 모방하는 경향이 강하다. 이에 대한 가장 좋은 치료법은 스스로를 제대로 아는 것이다.

그녀는 사랑을 이상화하고, 상대방보다는 사랑 그 자체와 사랑에 빠지는 경향이 있다. 화려하고 낭만적인 연애를 숭배하고, 선물을 들고 온 상상 속 구혼자에게 쉽게 반한다. 그러나 그녀의 완벽한 사랑의 이상을 이뤄줄 수 있는 사람은 거의 없다. 그녀는 좀 시간이 흐른 후에야 비로소 행복하게 사랑에 빠질 수 있다.

사랑과 성

처녀자리 여성은 사직, 공직으로 베풀고 봉사하기를 원한다. 요구하고 안달하고 의심하는 그녀의 특성은 사랑에 빠졌을 때 가장 약해진다.

사랑에 빠진 처녀자리 여성은 자제력이 있으나 감정적이기도 한 아름다운 존재이다. 그녀는 스스로를 지탱할 수 있는 믿음과 생존에 필요한 현실적 사고 방식을 가졌다. 그녀는 교형 갑힌 존재이다. 배푸는 쪽이지만 사랑에 빠졌을 때는 자신의 감수성을 충만하게 드러낸다. 놀라운 성적 충만감을 경험하며 이전에 느껴보지 못한 여성성을 자각한다.

과거에는 섹스에 대해서 죄책감을 느끼거나 두려워했지만 타고난 적응력과 왕성한 호기심이 그녀를 새로운 길로 인도한다. 그녀는 무지갯빛 이슬을 달고 피어난 한 송이 싱그러운 꽃을 닮았다. 그녀가 사람을 믿지 못했다면, 사랑에 빠지는 일이 일종의 축복이자 앞으로 풀어야 할 새롭고 특별한 과제가 된다. 그녀는 새로운 삶의 조각들로 자신만의 패턴을 만든다. 낡은 것은 잊어야 한다. 이미 쓸모를 다했기 때문이다.

그녀는 사탕가게에서 새로운 기쁨을 찾아내는 아이처럼, 지칠 줄 모르고 자신의 성적 반응에 흥미를 느낀다. 처음으로 자신에게 잠재되어 있던 육체적 쾌락을, 여성으로서의 몸의 곡선과 피부의 감촉, 그 만족스러운 느낌을 발견한다.

그녀가 성적 쾌락에 몰두하는 모습은 마치 위스키 봉봉, 스위스트러플, 프렌치 밀크초콜릿, 딸기나 호두, 아몬드, 오렌지가 든 독일식 다크 초콜릿 등 다양한 초콜릿에 열광하는 사람과 비슷하다. 갑작스럽게 가위모양 체위, 여성상위, 남성상위, 후배위, 69체위, 천장에 붙어 있는 거울, 계란 모양의 바이브레이터, 공작 깃털, 딜도, 구슬, 자극적인 콘돔 등에 관심을 보일 수 있다. 아마 그 모든 것이 그녀를 위한 섹스 만찬의 메뉴가 될 것이다.

그녀는 마치 잃어버린 시간을 보상받으려는 듯 자신에게 강렬하고 정확하게 와 닿는 모든 것들을 시도하고 그것을 연인과 나누고자 한다. 그녀의 성욕은 그녀가 얻는 즐거움에 비례하여 증가하며, 이전에 일과 의무에 몰두한 것처럼 쾌락에 자신을 맡긴다. 때때로 낡은 억압이 되살아나 그녀의 새로운 자유를 방해하기도 한다. 예를 들어 아기가 태어나면 갈등을 겪는다. 어머니 역할은 성적 쾌락과 거리가 멀다. 처녀자리 여성은 성적으로 자유로운 생활과 어머니 노릇을 함께 하기 힘들다는 것을 알게 된다. 옆방에 아기가 있는데 편하게 쉬거나 요람 주위에서 신음소리를 내기는 어렵다. 아이들 없이 배우자와 단둘이서 떠나는 주말여행, 묵상하거나 쇼핑하고 미장원에 갈 수 있는 개인적인 시간이 그녀에게 매우 중요하다.

그녀에게 필요한 연인

풍요롭고 흥미로운 성생활을 원하는 처녀자리 여성은 자유로운 몸과 마음을 가진 상대를 원한다. 좀처럼 주도권을 가지지 않으며 부끄러워 얼굴을 붉히면서도 그녀를 도울 수 있는 사람, 특히 드러내지 않으면서도 알 것은 다 아는 연인이 필요하다. 얼굴에 '마초'라고 쓰여 있는 남자의 접근은 그녀를 두렵게 한다. 그녀는 거만함과 천박함을 싫어한다. 성에 대한 정확한 지식을 가지고 있으면서도 순수한 매력을 간직한 연인을 원한다. 자신을 능가하지는 않지만 자신을 이끌어줄 수 있는 상대를 원한다.

그녀는 얌전해 보이지만 자신만의 환상이 있다. 상대방에게 자신의 환상을 잘 알려주지는 않지만, 그가 다가올수록 자신의 마음도 열어준다. 그녀는 연인이 고급스런 취향을 가지기를 원하며, 무엇보다도 그가 꼼꼼하고 깔끔하기를 바란다.

받아들일 수 있는 것과 없는 것 사이의 경계선은 여러 경험에 의해 흐려지지만, 그녀는 여전히 난잡한 섹스는 싫어한다. 다양한 방식의 오럴섹스는 좋아할 것이다. 그녀에게 이상적인 상대는 영화 〈피아노〉에서 여주인공을 유혹하는 연인이다. 처녀자리 여성은 상대방이 자신을 살살 달래어 마음을 열게 해주기를 바라고, 그럴 때면 그의 소유가 되고 싶어 할지도 모른다. 그녀가 가장 좋아하는 성적 환상은 자신의 의지에 반해 매혹 당하는 것이다. 그녀에게 전희는 다른 많은 여자와 마찬가지로 중요하며, 오르가슴에 도달하기 위해 꼭 필요하다.

처녀자리 여성이 원하는 상대는 자신의 섹스 기교에 자신감이 있고 그녀에게 새로운 기교를 가르치기 좋아하는 사람이다. 그가 민감한 선생이라면 처녀자리 여성이 매우 훌륭한 학생이라는 깃을 알게 될 것이다. 그녀는 그가 절정에 도달하는 데 필요한 시간, 좋아하는 체위, 가장 좋아하는 콘돔을 알고 싶어 할지도 모른다. 자신의 성적 취향에 대해 연인에게 시시콜콜 이야기하지는 않는데, 그것은 그녀가 자신의 성적 취향을 잘 모르기 때문이다.

그녀는 성적인 감정을 존중하는 연인을 원힌디. 지신의 감정들을 지극히고, 그런 감정을 편안하게 표현하도록 돕는 연인이 필요하다. 딱딱하고 말이 없고 조급한 남자는 그녀에게 맞지 않다. 더 나쁜 경우는 그녀가 자기의심에 빠지게 만드는 사람이다.

그녀는 따분한 일상을 벗어나는 방법의 하나로 이따금씩 낮에 하는 섹스를 즐긴다. 일상적이지 않은 사건들과 낯선 장소에서의 만남이 그녀를 흥분시킬 뿐 아니라, 자신이 보다 관능적이라고 느끼게 한다.

그녀의 육체는 건강, 자기 훈련, 청결함(극단적으로 지저분한 몇몇 처녀자리를 제외하면)의 관점에서는 매우 훌륭하다. 하지만 다른 면에서는 중간쯤이거나 그 아래다. 그녀가 스스로를 예쁘고 섹시하다고 여기는 일은 거의 없다. 자신의 성적 자부심을 높이기 위해 열심히 노력해야 하며, 그렇게 하도록 도와줄 수 있는 연인이 필요하다. 처녀자리 여성은 자위에 대해 죄책감을 느끼기 쉽지만, 자위는 그녀에게 큰 도움이 된다.

연인은 그녀가 넘고 싶어하지 않는 한계를 존중해야 한다. 그녀가 포르노 영화나 잡지, 바이브레이터를 좋아하지 않는다면 받아들여야 한다.

그녀는 소박함에서 가장 큰 기쁨을 찾을지도 모른다. 만약 정상체위를 가장 좋아한다면, 그 취향을 변화시킬 수는 없다. 반대로 처녀자리 여성이 성적 기교에 있어 전문가라면 그도 기꺼이 거기에 따라야 한다.

처녀자리 여성은 겉모습과 달리 변태적이고 극도로 강한 여장부의 일면을 가지고 있다. 이런 성격이 표출될 때, 그녀는 성적으로 완전히 다른 존재가 된다. 그룹 섹스에 참가하고 연인뿐만 아니라 모든 상황을 조직하고 장악하는 것을 즐긴다. 그럴 때면 다른 여성에게 흥분을 느끼고 유혹한다. 끝이 뾰족한 하이힐과 두터운 화장, 파티를 좋아하기도 한다. 노예처럼 하는 섹스와 세 명이 하는 섹스에 끌리고, 변태적인 섹스, 특이한 의상, 과격한 보조기구, 기묘한 시나리오 등이 그녀의 취향이 된다. 게이 바, 사디스트와 마조히스트들이 모이는 장소도 즐겨 찾는다. 처녀자리 여성이 스스로를 속박하던 것들을 모두 벗어던지면, 지극히 관능적인 섹스를 한다. 그녀의 연인은 여기에 대응할 수 있어야 한다.

그녀가 배워야 할 점

처녀자리 여성은 생식기 중심의 성행위보다는 소통에 기반한 성관계가 더 중요하다는 것을 알아야 하며 자신의 한계를 극복해야 한다. 처음에는 머리로, 그다음에는 몸으로.

그녀가 성관계에 대해 가진 가장 기본적인 편견은, 그것을 생식기 중심의 행위로 여긴다는 점이다. 사랑의 황홀경은 사랑의 느낌으로부터 전달된다. 꽃이나 푸른 하늘을 사랑하듯 사람을 사랑하는 느낌, 그래서 바보 같을 정도로 행복한 느낌에서 나온다. 처녀자리 여성은 사랑의 대상을 배우자나 가족으로만 한정하지 말아야 한다. 섹스에 대한 고정관념에서 해방될 때, 진정한 자유를 얻을 수 있다.

섹스를 시작하는 것이 어렵다고 생각하는 처녀자리 여성을 위해 몇 가지 감각적인 조언을 준비했다.

- 연인에게 시를 써 보내라.
- 그가 땀을 흘리면 이마를 닦아줘라. 이것이 포옹과 애무로 이어지더라도 놀라지 마라.
- 그를 칭찬하고, 목을 어루만져줘라. (물론, 한번 이상)

- 그에게 새로 나온 애프터 쉐이브 로션이나 향수를 선물하라. 당신이 좋아하는 제품이라면 더 좋다.
- 그에게 밤하늘 별빛 아래서 산책하자고 해보라.
- 당신의 에로틱한 환상에 대해 그에게 들려주라. 어쩌면 실제로 시도해볼 수 있을지도 모른다.
- 가능한 한 다양한 종류의 마사지 오일과 목욕 용품을 마련하라. 편안한 목욕이 끝나면 그에게 마사지를 해주라.
- 가끔은 바보 같은 행동을 하라. 예를 들면 의사 역할을 한다거나 당신이 가장 좋아하는 정장을 입는다거나 하는 식으로 말이다.
- 그와 함께 저녁식사를 하라…. 옷을 반쯤 벗은 채로.
- 그에게 당신이 가장 좋아하는 책을 읽어 주라. 칼릴 지브란의 『예언자』는 낭만적이며 사랑이 가득 담긴 책으로 에로틱한 부분도 있다.
- 그와 에로 영화를 수집하는 친구 집에 가서 함께 보라.
- 사우나나 목욕을 같이 하라.
- 방에 은은한 조명을 켜놓아라. 그러면 아무 말 없이도 로맨틱한 분위기를 연출할 수 있다.
- 서로의 몸에 손가락으로 그림을 그려라.
- 당신이 가장 좋아하는 음악을 같이 들어라.
- 독신자 클럽에 가서 서로를 유혹하는 연기를 해보라.
- 그의 머리를 감겨주고 빗어주라. 그가 허락한다면 머리카락을 잘라주는 것도 좋다.
- 그와 함께 블루스를 추러 가라.
- 아침, 점심, 저녁을 먹다가 섹스를 하라.

처녀자리인 당신은 몸 전체를 성적인 기관처럼 다루어야 한다. 당신의 태도는 아주 중요하다. 특히 뭐든 알려고 하는 호기심이 제일 좋다. 성욕은 당신의 존재 전체와 연결되어 있다. 대부분의 평범한 사람들은 상대의 몸을 만지고 성욕을 느끼면서 살아간다. 이런 일이 당신에게 일어나지 말아야 할 이유는 없다.

'변화하는 흙'의 처녀자리 여성

걱정하고 계산하는 머리로만 살려 해서는 안 된다. 그와 사랑을 나눌 때, 당신의 역할과 할 일만 하려고 하지 마라. 기적적인 치유력을 가진 섹스, 가장 감각적이고 생기 넘치는 부분으로 가는 유일한 통로로 섹스를 경험해야 한다.

처녀자리의 분노

처녀자리 여성의 가장 큰 문제는 분노를 잘 인정하지 않는다는 데 있다. 또다른 중요한 문제는 분노를 표현하기를 두려워한다는 점이다. 하지만 처녀자리 여성들만 그런 것은 아니다. 우리 모두가 분노를 억눌러야 한다고 배웠다. 이런 억압의 결과로 폭력이나 정서 장애가 나타난다. 강간 등의 성범죄는 억압되어 있던 격한 분노가 폭발하는 극단적인 경우이다. 강간은 섹스와 아무 관련이 없다. 그것은 분노가 표현되는 한 형태이다.

최근의 한 연구에서 보면, 미국처럼 전쟁을 통해 생겨난 가부장제 사회는 '교육과 복지'가 다양한 형태의 육체적 쾌락을 억압하는 경향이 있다. 감각적인 쾌락과 자극을 제한하면 분노와 정신이상, 심각한 우울증을 비롯한 여러 가지 정서적 장애를 일으킬 수 있음이 밝혀졌다. 오랜 기간 보살핌을 받지 못한 아기들을 대상으로 한 연구들을 살펴보면, 다정한 신체 접촉이 결핍되어 죽음에 이를 수도 있다.

분노와 섹스는 상호관계를 가진다. 억압된 성욕은 분노를 일으킨다. 억압된 분노는 감정을 마비시켜 성기능 장애를 가져온다. 자신의 분노를 억누르기만 하는 여성은 정서적으로 불행해지거나 성욕을 상실하고, 육체적 정신적으로 만성질환에 시달린다.

우리가 아무리 인정하지 않으려 해도, 분노는 인간이 본능적으로 타고난 감정이다. 감정은 거짓말하지 않는다. 우리는 누군가를 사랑하며, 슬픔과 질투,

욕심, 자부심, 행복을 느낀다. 마찬가지로 우리는 분노한다. 이게 진실이다. 억눌린 분노를 표출하는 한 형태로 만취할 정도로 술을 마시는 정도는 용납할 수 있다. 하지만 지나치게 억압된 분노는 우리를 위협한다.

우리는 분노를 우울증이라든지 스트레스, 염려, 근심, 원한, 적개심, 짜증 등의 다른 이름으로 부르기도 한다. 개인적인 분노가 특징 집단을 향하는 경우도 있다. 여성, 유대인, 남미인, 흑인, 노동조합, 파업, 외국인, 정부, 급진단체 등 희생양은 끝이 없다. 그런 결과가 두려워서 우리는 전쟁과 스포츠 등 정해진 통로로만 분노를 표출하도록 제한해왔다. 그런데 여성에게는 적대감을 표현할 사회적 통로가 없다. 전쟁이나 스포츠에서 분노의 표출은 자연스럽게 받아들여지고, 심지어 훈장이나 메달을 받기도 하는데 말이다. 표출되지 못한 분노가 내면으로 향할 때 우울증을 일으키는 가장 큰 요인이 된다는 것은 이미 잘 알려진 의학적 사실이다.

분노를 표현하는 여성들은 즉시 '나쁜 년'이라고 불린다. 여성들에게는 분노를 긍정적인 힘으로 바꾸는데 도움이 될 역할 모델이 없다. 게다가 분노는 의사소통을 방해한다. 자신감을 잃게 하고 육체적, 정신적 질병이나 감정폭발을 불러올 수도 있다. 이런 증상들 때문에 직업이나 친구들을 잃고, 이혼하면서 가족까지 잃을 수도 있다. 분노는 또한 건강한 성적 표현을 막는 거대한 장애물이기도 하다. 분노하는 여성은 성적으로 침체된다. 그녀는 자신의 이런 태도가 연인이나 모든 남자들에게 벌을 주는 것이라고 해석할지도 모른다. 하지만 그런 태도로 가장 크게 상처받는 것은 그녀 자신이다.

처녀자리 여성은 분노에 대처하는 기본적인 단계를 모르는 것 같다. 그 기본적인 단계란 분노를 인정하고 적절하게 표현하는 것이다. 처녀자리이거나 처녀자리의 특징을 갖는 여성들을 수차례 상담하면서 그들이 그렇다는 사실을 알았다. 다음은 처녀자리 여성들이 분노에 대해 보이는 전형적인 태도들이다.

- "분노라구요? 저는 그것에 대해 생각하지 않아요. 무슨 말이냐면, 내가 분노할 것 같다고 느끼면 다른 것을 생각하거든요. 화나게 하는 일 대신 다른 즐거운 일들을 생

　　　　　　　　'변화하는 흙'의 처녀자리 여성

각하죠."

- "저는 어렸을 때 엄마와 쇼핑하는 걸 싫어했어요. 따분하고 창피했거든요. 그렇다고 불평을 늘어놓은 적은 없지만, 정말로 화가 났죠. 엄마에게 이 사실을 이야기한 적도 없어요. 하지만 슈퍼마켓 봉투에 들어가지 않는 큰 물건을 사야 할 때마다, 아직도 기분이 안 좋아요."

- "학교에 다닐 때 새침데기라고 놀림을 많이 받았던 기억이 나요. 다른 아이들이 보기에는 내가 얌전한 척하는 아이였나 보죠. 실제로도 내성적인 편이었지만, 지금 생각해보면 그저 화가 나 있었던 것 같아요.

- "저는 단 한 번도 분노해 본 적이 없어요. 내 삶은 항상 순조로웠죠. 제가 바라는 것도 모두 가졌고요. 내가 이런 생활을 망칠 이유가 어디 있겠어요?"

- "어쩌면 제 분노를 알게 되면서 결혼 생활이 파괴되었는지도 모른다는 생각이 들어요. 그래서 저는 상반된 감정을 느껴요. 분노하고 있다는 걸 아는 건 좋은 일이지만, 그렇게까지 좋은 건 또 아닌 것 같아요. 여자들은 자신의 분노가 파헤칠 만한 가치가 있는지 각자 결정해야 해요. 자신을 위협하는 감정들이 엄청나게 많이 있다는 걸 발견할 수 있을 거예요. 일단 판도라의 상자를 열고 나면, 어떤 일이라도 일어날 수 있잖아요."

- "저는 최근에 선생님이 지도하는 '분노를 건설적으로 활용하기 위한 치료 모임'에 참가하면서, 사람들이 저를 차분하고 만족스러워하는 사람으로 본다는 걸 알았어요. 그들 말이, 제가 모호한 느낌을 받으면 미소 짓는다고 하더군요. 전 제가 정말 어떻게 느끼는지 이제 막 깨닫기 시작했어요. 그리고 사실은 제가 만족스럽지도 행복하지도 않다는 걸 알게 됐죠. 제게 일어나는 일들이나 삶 자체를 제가 감당하지 못한다는 사실에 화가 나요. 게다가 탓할 사람이 저 자신밖에 없잖아요. 사실 그게 가장 어려운 부분이죠."

첫번째 여성은 전형적으로 '각성' 이전의 처녀자리의 태도를 가졌다. ('각성'은 어떤 사람이 스스로를 자각하고 이전 상태로는 돌아가지 않을 수 있는 지점을 표시하기 위해 내가 사용하는 용어이다.) 각성 이후에는 앞으로 나아가는 것만 가능하다. 이 여성은 분노를 억누르고 있으며, 언제 자신이 분노하는지 확실히 모른다. 그녀가 사용한 단어들이 그녀가 분노에 대해 얼마나 모호한 느낌을 가지고 있는지 보여준다. 그녀는 차라리 "다른 것을 생각"한다고 했다. 하지만 분노는 생각하는 것이 아니다. 그것은 감정이다. 분노는 존재하지 않는 것처럼 위장할 수도, 무시할 수도 없다.

두번째 여성은 어려서부터 분노를 내보여서는 안 된다고 아주 철저하게 교육받았다. 아직까지도 그녀는 분노를 자신에게로 향하고 있고, 이것이 우울증을 일으킨다. 호들갑을 떨지 말아야 하고 꼼꼼하며 단정해야 하며 완벽한 아이기 되어야 한다고 배운 처녀자리 여성들은, 종종 짐짐을 익누르는 것으로 그 대가를 치른다. 분노는 그녀가 가장 파헤치기 어려운 대상이다. 분노를 느끼는 것은 나쁜 일이고 그것을 표현하는 건 더 나쁜 일이라고 배웠기 때문이다.

세번째 여성은 전형적인 처녀자리 소녀가 겪는 고통을 겪고 있다. 하지만 분노에 대한 자신의 표현이 어떤 것인지 알고 있고, 그것이 두려워 분노를 억눌러왔다는 사실도 어느 정도 알고 있다. 처녀자리 여성들은 반항적인 행동을 두려워하고, 부모의 말을 잘 듣는다는 이유로 동료들의 놀림을 받기도 한다.

나는 네번째 여성의 이야기를 긍정적으로 해석하고 싶지만, 사실은 그녀가 분노를 인정해선 안 된다고 배워왔고 스스로에게도 그렇게 강요해왔을 가능성이 크다. 그녀가 우선적으로 해야 할 일은 혼란스럽지 않은 삶을 사는 것이다. 나는 자신이 바라는 것을 모두 가졌다는 그녀의 말을 믿는다. 하지만 그녀가 바라지 않는 것, 즉 분노 역시 가지고 있다고 믿는다. 분노를 느끼지 않는 인간이란 존재하지 않는다. 그녀는 아마도 분노를 일으키는 생각이나 기억, 만남을 억압해왔을 것이다. 이후에 가진 면담에서 그녀는 성생활에서 기쁨을 얻은 적이 한 번도 없었다고 넌지시 말하면서, 하지만 그건 중요한 문제가 아니라고 덧붙였다. 그녀는 자신이 오르가슴에 도달한 적이 있는지도 확신하지 못하고 있었다.

나는 다섯번째 여성의 용기와 솔직함에 감탄했다. 처녀자리 여성이 적나라하게 스스로를 해부할 때 델포이의 신탁보다도 더한 통찰력을 발휘한다. 그녀는 공정하고 정확하게 자기연민 없이 스스로를 비판할 수 있다. 이 여성은 아주 중요한 지적을 했다. 모든 사람이 스스로에 대해 어디까지 알고 싶은지 결정해야 한다. 사람들은 약간의 사실과 감정들을 제외한 모든 것에 대해 눈감고 살기를 선택한다. 어떤 사람들은 자라면서 허락 받지 못했던 모든 것을 무시하는 지경에 이른다. 몇몇 사람들은 도망친다. 나머지 사람들은 적당히 행복하게, 그럭저럭 살아간다. 하지만 인생에는 선택의 자유가 있다. 누군가는 남들이 선택하지 않은 것을 선택할 수도 있다. 하지만 스스로에 대해 모르는 사람이 제대로 된 선택을 할 수는 없다.

여섯번째 여성은 자신의 감정을 웃음으로 감춘다. 그녀는 자신이 실제로 느끼는 것과 일치하는 행동을 하지 못한다. 또한 자신의 표현이 자신의 내면 상태와 아주 심하게 불균형을 이룬다는 사실을 잘 모른다. 자신의 삶을 책임지고, 원하는 대로 살고 싶은 여성은 자신이 남들에게 어떻게 보이는지 알고 있어야 한다. 이것은 일과 관련된 상황에서 더 중요하다. 그녀는 자신의 이미지와 조화를 이루는 법을 배워야 한다. 아름다우면서 똑똑하고, 순종적이지 않으면서 여성적이고, 다른 사람들이 두려워하지는 않지만 강한 사람이어야 한다. 분노를 표현하는 것은 자제심을 잘 조율하는 문제이기도 하다. 그녀는 적당히 화낼 줄 알아야 하고, 자주 화내지는 않더라도 상대를 변화시킬 정도는 되어야 한다. 물론 분노를 완전히 풀어놓아서 망신을 당하는 것도 피해야 한다.

분노를 극복하는 법

처녀자리 여성들은 젊은 시절에 아마 착하고 예쁘고 말 잘 듣고 사람들과 잘 어울린다는 칭찬을 많이 받았을 것이다. 어쩌면 수치심을 느끼거나 그래야 한다고 강요당했을지도 모른다. 그녀가 분노를 표현하면 무시되거나 저지당했다. 그리고 분노에 대해 죄책감을 느끼고 침묵하도록 조종당했다. 처녀자리 여성은 아마 어린 시절부터 감정을 표현하는 것보다는 착하게 행동하는 것이 더 중요하며, 특히 분노는 올바른 감정이 아니라고 배웠을 것이다.

스스로를 더 잘 알기 위해서 처녀자리 여성은 자신의 분노를 알아야 한다.

그래야 그것을 떨쳐버리겠다는 결정을 내릴 수 있다. 바라건대 신랄한 문학 비평이나 운동 경기, 통제된 시합, 혹은 필요한 경우 자신의 직원들을 재배치하거나 가구 배치를 바꾸는 등의 건강한 방식으로 분노를 해소하기 바란다.

내면의 분노가 자라고 있다는 가장 명확한 표시는 특정 부위의 근육이 굳어지는 것이다. 처녀자리 여성은 장과 아랫배가 가장 약하다. 소화 불량, 두근거림, 구토, 변비, 대장염, 위경련, 날카로워진 신경 등은 부정적인 감정들이 몸 안에 갇혀 있음을 알려주는 확실한 증거이다.

분노의 또 다른 표시는 얼굴에 나타난다. 자신에 대해 모르고 있다면, 경우에 따라 다음과 같은 증상들이 지기긴단을 도외준다. 얼굴의 주름은 그녀가 가장 자주 표현하는 감정들을 나타낸다. 분노와 걱정, 두려움은 이마의 주름을 깊게 한다. 입술을 내미는 행동을 계속하면 입술 주위에 작은 주름이 생긴다. 분노할 때마다 입을 꽉 다물거나 이를 가는 것 때문에 치과에 가야 할 수도 있다. 웃을 때마다 눈가에 생기는 주름은 화난 듯 보이는 얼굴을 감춰주고, 눈썹 사이에 세로로 팬 깊은 주름은 화난 사람처럼 보이게 한다. 일반적으로 딱딱하고 수척한 얼굴은 입 밖에 내지 못한 분노의 말들이 누적된 결과이고, 분노를 자꾸 덮어버리면 자신도 모르게 박해받은 듯한 외모가 된다.

분노를 표현하는 행동은 미묘하거나 폭력적이다. 미친 듯이 외치고 비명을 질러대는 사람이 화났다는 것을 모를 사람은 없다. 하지만 미묘하게 드러내는 분노의 표현은 구별하기 어렵다. 주먹을 움켜쥐는 행동은 종종 분노나 극단적인 좌절감을 나타낸다. 술을 많이 마시거나, 간헐적으로 느리게 혹은 얕게 숨을 내쉬는 것은 근심이나 억눌린 분노를 표현하는 신호들이다. 근심은 무의식적인 분노에서 나오거나, 분노로 의해 더 커진다.

분노를 표현하는 다양한 방식을 아는 것은 중요하다. 많은 사람이 화가 나면 기분 나쁜 침묵을 지킨다. 어떤 사람들은 비명을 지르기 시작한다. 또 어떤 사람들은 너무 흥분한 나머지 물건을 집어던지거나 책상 위의 종이들을 날려버린다. 거칠게 호출 벨을 울리거나, 다른 사람 앞에서 누군가에게 전화를 걸어 난리를 친다. 처녀자리 여성은 분노를 분명히 드러내는 행동은 하지 않는 편이다.

차라리 그 표시들을 내면화한다.

어떤 사람이 표현하는 '감정의 동요'가 무엇인지 다른 사람들의 반응에서 유추하기는 어렵지만, 아주 재미있는 퍼즐을 푸는 것과 같다. 오래된 철학적 원칙에 따르면, 우리가 방출하는 미묘한 에너지들은 우리에게 다시 돌아온다. 우리가 아름답고 긍정적인 태도를 보이면, 다른 사람들도 우리를 잘 대해준다. 우리가 적대적이고 두려움에 차 있다면, 다른 사람들도 우리를 잘 대해주지 않는다. 택시에 탔을 때 운전사가 화가 나 있다면, 그것은 이 세상에 대한 분노이거나 팁도 안 주고 내린 이전 손님에 대한 것이지 우리와는 아무 상관이 없다. 하지만 우리가 기분이 좋은 상태라면 그의 분노도 가라앉는 것을 볼 수 있다. 거꾸로 우리가 말로 표현하지는 않아도 그의 분노에 대응하면 그의 적대감은 증가한다. 분노는 이미 타오르는 분노에 기름을 붓고, 반대로 평화로운 생각은 분노를 줄여준다.

솔직하면서도 긍정적으로 표현된 분노는 처녀자리 여성이 인생에서 원하는 것들을 더 많이 이루도록 도와준다. 또한 스스로에 대한 감정을 순화시켜준다. 인간관계도 더 밝고 보다 믿을 수 있고 의미 있게 바뀐다. 정신적, 육체적 스트레스도 줄어든다. 분노가 그녀의 성욕을 자극하고, 흥분시키고, 그녀와 연인에게 열정을 줄 수도 있다. 하지만 억압된 분노는 불감증을 야기하거나 오르가슴을 막으며, 성욕과 쾌락을 방해한다.

내면에 있던 분노의 신호를 알아차리면, 자신이 언제 화가 나는지 알고 여기에 어떻게 대처할지 자유롭게 결정할 수 있다. 어떤 때에는 혼자 분노를 발산하거나 친구들 혹은 심리 치료사와 상담하는 것이 최선이다. 또 어떤 때는 연인이나 배우자에게 솔직히 털어놓고 오랫동안 대화를 나눌 수도 있다.

처녀자리 여성들은 분노에 대해 다음과 같은 태도가 필요하다.

· 분노를 포함해서 자신의 모든 감정을 분명하게 관찰하고, 인정할 줄 알아야 한다.
· 대립과 분노를 성장에 필요불가결한 것으로 받아들여야 한다.
· 내면의 긴장은 성장을 위해 어쩔 수 없음을 받아들여야 한다. 이 긴장감을 바르게

사용하면 매우 생산적이겠지만, 억압하거나 다른 사람들을 비판하고 나무라는 데
쓴다면 지극히 파괴적인 것이 된다.

• 자책하지 말고 자신의 감정에 대한 권리를 인정해야 한다.
• 분노는 특정 가치관을 고수하는 데서 생겨난다. 그 가치관이 무엇인지 알아야 한다.
• 선택 기능한 경우의 수가 무엇인지 파악하고, 자신에게 이롭고 삶을 풍요롭게 해주
  는 것들을 택해야 한다. (구체적인 의사소통 기술에 대해서는 '천칭자리의 분노'를, 분노를 확
  인하는 법에 대해서는 '전갈자리의 분노'를 참조하라.)

처녀자리 여성의 생활 방식

한 남자와의 결혼생활에 만족하고 다른 애인은 꿈도 꾸지 않는 여성들이 있
다. 불륜에 대한 환상이 있지만 그 환상을 실현하고 싶지 않은 여성들도 있다.
어떤 여성들은 사회적 관습에 너무나 철저히 길들여진 나머지, 배우자가 자신
의 육체적 감정을 독점하고 있으며 자신이 따분하고 좌절된, 만족스럽지 않은
삶을 살고 있다는 사실을 인정하지 않는다. 또 어떤 여성들은 배우자를 속이고
나서 죄책감을 느낀다. 나머지 여성들은 불륜을 저지르고 행복하게 산다. 많은
여성이 일부일처제 결혼을 몇 번씩 경험한다. 일부 여성은 죄책감이나 성병에
대한 두려움 없이, 몇 달 혹은 몇 년 동안 자유롭게, 성적으로 혹은 성과 무관
하게 친밀한 관계를 추구하는 개방결혼을 경험한다.

나는 자신의 생활 방식을 스스로 선택할 수 있다고 느끼는 것이 중요하다고
생각한다. 빅터 프랭클은 나치 강제 수용소에서의 생활을 묘사하면서, 그곳에
서 살아남은 사람들은 강한 의지와 창조적 재능으로 개성을 찾을 수 있는 나름
의 방법을 마련한 사람들이었다고 말했다. 인간은 자신의 개성을 알아야 하고
선택의 기쁨을 느껴야 한다. 자유로운 의지는 인생의 한 부분이고, 별자리 심리

학에서도 이러한 견해를 지지한다.

모든 살아 있는 것들은 다양성을 가진다. 마찬가지로 결혼에도 다양한 방식이 있다. 결혼은 행복하거나 불행하고, 아주 짧거나 영원하며, 메마르거나 풍성하며, 뜨겁거나 차갑고, 닫혀있거나 열려있다. 아마 수천 가지의 결혼이 존재할 것이다. 나는 여성들이 다양한 생활 방식을 탐색할 수 있어야 한다고 생각하며, 경제적인 의존과 임신의 두려움으로 자유를 제한당하지 않는 날을 기다린다. 또한 남자들도 다양한 생활 방식을 추구할 수 있기를 바란다. 우리의 삶은 항상 열린 마음을 유지하고자 노력하고 최후의 그날까지 온 힘을 다해 행복을 추구하는 노력의 연속이다.

일부일처제에 대한 태도

처녀자리 여성은 결혼생활에 충실하다. 하지만 처녀자리는 변화와도 관계가 있는 별자리여서 한 번 이상 결혼하는 경우도 많다(연속적인 일부일처제). 처녀자리 여성은 일부일처의 생활 방식에 만족할 수 있지만, 새로운 시대로 접어들면서 이 세상이 그녀에게 더 많은 선택권을 주고 자각을 요구한다. 이제 그녀는 자신의 생활 방식에 의문을 던지기 시작했다. 더구나 강박적일 정도로 강한 호기심을 타고난 그녀는 다양한 생활 방식에 대해 아주 철저하게 연구할 것이다.

일부일처제는 한 명의 상대와 독점적으로 성관계를 맺는 생활 방식이다. 보다 엄밀하게 정의하면, 성관계뿐 아니라 감정적으로도 배타적인 관계이다. 처녀자리 여성은 전적으로 일부일처제를 선호한다. 원칙적으로도 그렇고, 실제로도 그렇다. 일부일처제 이외의 생활 방식은 그녀에게 감정적으로 엄청난 긴장감을 준다. 이 긴장감은 그녀 스스로가 창조적으로 풀어가야 할 문제이다.

다음은 처녀자리 여성이 일부일처제를 거부하게 되는 전형적인 상황들이다.

- 완벽주의: 처녀자리 여성은 완벽한 사랑과 연애에 대한 환상을 가지고 결혼하는 경우가 많다. 따라서 배우자가 활력도 없고 야망도 없는 사람이라는 판단이 들거나 너무 바빠서 그녀가 원하는 성적 매력이나 안정감을 보여주지 못하면 불안감에 빠진

다. 그녀는 자신의 환상을 다른 곳에서 충족하려 들고, 많은 경험을 통해 성숙해간다. 그러다 나중에는 가정생활에 만족하며 원래의 배우자에게 정착하는 것이 보통이다.

- 절대적인 것을 추구하고 도덕적 잣대를 들이대는 태도: 처녀자리 여성은 절대적인 것을 매우 좋아하고, 실제로 그것에 의존한다. 진리라든지 아름다움, 사랑, 가정생활 등도 그녀가 가진 고정된 이미지와 기준을 만족시켜야 한다. 절대주의를 향한 집착은 완벽주의와도 결부된다. 이런 태도가 심해지면 더 감정적으로 변하고, 그녀의 가치관에 더욱 직접적인 제약이 된다. 그녀가 인생에서 절대적인 것을 찾지 못할 때 그 반작용으로 일부일처제를 거부할 수 있다. 사소한 복수심 때문에도 그럴 수 있다.

- 친밀함에 대한 두려움: 처녀자리 여성은 내면의 자아를 보호하고 싶어하며, 특히 자신의 두려움을 드러내지 않으려 한다. 그녀는 배우자보다 자신을 잘 파악하지 못하고, 자신을 제대로 알지 못하는 섹스 상대를 찾을지도 모른다.

- 배우자에 대한 분노: 처녀자리 여성은 고통을 아주 잘 견디는 편이지만 그녀에게도 한계는 있다. 배우자가 계속해서 상처를 주고 그녀를 실망시킨다면, 다른 곳에서 위안을 찾을 것이다. 이런 경우 그녀의 행동은 지극히 정당함에도 불구하고, 여전히 죄책감을 느끼기 쉽다.

- 실용주의: 배우자가 침대에서 그녀를 홀로 내버려두거나 그녀에게 영원한 패배자로 인식된다면, 그녀는 즉시 그를 떠날 것이다. 그러고는 신중하게 주변을 둘러보면서, 쾌락을 주거나 현실적인 면에서 장래가 촉망되는 구혼자나 친구들을 시험해본다. 원래도 냉정하고 이성적인 사람이지만, 중요한 문제를 결정할 때는 더욱 그런 모습을 보인다.

- 현대판 채털리 부인 증후군: 내성적인 처녀자리 여성의 많은 수가 땅이 뒤흔들리는 오르가슴이나 시적인 황홀경을 경험하지 못한 채 살아간다. 그녀가 일부일처제를 벗어나 이런 느낌을 경험할 수 있다면 그녀에게 다행스러운 일이다. 단 한 번의 행복한 경험 뒤에 다시는 연인을 만날 수 없더라도, 그녀는 완전한 몰아지경에 빠져버릴 것이다.

- 자신의 성적인 능력에 대한 의심: 이 경우에 독점적이지 않은 결혼방식이 도움이 된

다. 성적으로 불안정한 처녀자리 여성은 잠시 동안이라도 주위에서 다른 상대를 찾아보는 것이 좋다.

- 새로운 섹스 기교를 익혔거나 호기심을 느낄 때: 섹스 기교에 있어 처녀자리를 이길 사람은 없다. 그녀는 다양한 체위와 성행위, 호흡법, 그리고 유희에 대한 정보를 아주 잘 흡수한다. 배우자가 기본적인 섹스만 주장한다면, 그녀는 무제한의 성행위에서 기쁨을 찾는, 성적으로 좀 더 세련된 연인을 찾을 것이다.

대안적인 생활 양식

- 독신생활: 처녀자리 여성들 중에 평생 독신으로 살아가는 사람들도 있지만, 그다지 행복하지는 않다. 이들은 쾌락 대신에 일을 택하고, 직업적으로 엄청난 성공을 거둔다. 일시적인 경우를 포함해서 독신생활이 처녀자리 여성에게 그렇게 낯선 생활 방식은 아니다. 그녀는 자신만의 생활을 좋아하며 기본적으로 자기 스스로에게 만족한다. 남자들과의 우정과는 별도로 여자 친구들과의 우정도 지키려 노력한다.
- 개방결혼: 처녀자리 여성은 성적으로 개방된 결혼에 대해 너무나 전통적인 견해를 가졌다. 마지막 수단으로 개방결혼을 시도하는 처녀자리 여성을 몇 명 만난 적은 있지만, 끝까지 간 사람은 아무도 없었다. 그녀에게 적합한 생활 방식은 아니지만, 교훈적인 경험은 될 수 있다.
- 삼자결혼: 양성애자이거나 동성애 취향이 있다면, 부부관계에 다른 여성을 끌어들여 시도해볼 수 있다.
- 공동생활: 공동생활에는 어울리지 않는 것 같다. 혹시라도 그녀가 공동생활을 시도한다면, 아마도 공동체가 유지되는 장소가 청결한지, 운영은 잘 되고 있는지 보고 싶어서일 것이다.
- 동성애나 양성애: 나는 동성애나 양성애 경험이 있는 처녀자리 여성들을 꽤 많이 만나 보았다. 처녀자리 동성애자들은 한 명의 여성과 오랜 기간 정열적인 관계를 유지하는 경향이 있고, 주로 의학이나 치료와 관련된 직업을 가지고 있다.

처녀자리의 개괄적 특징

처녀자리 여성은 날카로운 통찰력과 솔직함으로 우리 자신에 대해 많은 것을 알려준다. 그녀는 충실함과 효율성, 분석능력, 조직능력에서 모범을 보인다. 어떤 조직 안에서 매우 가치 있는 존재이고, 자신이 선택한 일은 무엇이든 성공적으로 해낸다. 개인적으로도 그녀는 배울 점이 많은 여성이다.

그녀는 자신이 많은 일에 앞뒤를 가리지 않고 뛰어드는 편이어서, 강박관념에 사로잡혀 있다는 평가를 받는다. 상당히 자기 의존적이고 자족적이면서도 자신을 그다지 존중하지 않는 면도 있다. 필요하다면 자신의 역할을 충실히 해낸다. 자기를 잘 보살피며, 주변 모든 것에 대해서도 그렇게 한다. 문제는 그녀가 판에 박힌 일상에 얽매이곤 한다는 데 있다. 그녀는 세부적인 일들을 잘 해내고 거기에 너무 열중한 나머지 전체를 보지 못한다. 나무 한 그루 한 그루의 원산지와 모양은 정확히 알고 있지만, 숲의 싱그러움이나 특징, 가능성은 보지 못하는 것이다.

처녀자리 여성은 깊이 사랑할 줄 아는 사람이지만, 다정하게 애정을 표현할 줄은 모른다. 걱정이 많은데 그 근심을 덜어낼 줄은 모른다. 그저 열심히 일하거나 다른 사람들을 쪼아댄다. 깐깐하고, 사소한 일에 유난을 떨고, 사랑하는 사람에게 지나친 요구를 한다. 그녀는 비판하지 않고 사랑할 줄 알아야 한다. 이것은 상대방을 있는 그대로 받아들일 수 있어야 한다는 말이다. 또한 부정적으로 말할 때는 좀 더 신중을 기해야 한다. 그녀는 보기보다 훨씬 부드럽고 상냥하며, 쉽게 상처받고, 여성스럽고, 유연하다.

그녀는 자신이 정해놓은 일을 해내는 데 뛰어난 능력을 발휘한다. 그래서 장기적으로 볼 때 승리자가 된다. 감정적이지만 현실적이고, 마치 자석처럼 자신에게 필요한 것은 무엇이든 끌어당기는 정신력이 있다. 필요하다면 어떤 사람이라도 유혹할 수 있으며, 그가 스스로 이 세상에서 가장 중요한 사람이라고 느끼게 만들 수도 있다.

원할 때는 연기자가 되기도 한다. 많은 처녀자리 여성들이 마치 연기하듯 자신의 직업에 임한다. 평생 젊음을 유지하는 그녀는 이리저리 뛰어다니는 사슴처럼 아름답고 매력적이다.

그녀가 자기 자신을 자유롭게 놓아주고 자신이 다른 사람들의 보살핌을 받을 수 있다고 인정할 때, 그리고 다른 사람을 믿고 사랑하는 일이 자기 자신을 믿고 사랑하는 것과 마찬가지로 평온함을 준다는 사실을 깨닫게 될 때, 그녀는 현대판 성모 마리아가 될 것이다.★

9.24
~
10.23/24

'새빨간 공기'의
천칭자리 여성

Libra

자기 방어적인
섬세한
모순적인
약한
공격적인
협조적인
따지기 좋아하는

다양한 인간관계

유혹적인
관능적인
매혹적인

감정을 억제하는

교묘한
합리적인
초연한
침착한

늑장부리는
우유부단한
망설이는

협동작업에 뛰어난
미운 아기오리

쉽게 적응하는

예민한
고분고분한
자아도취에 빠진
인기 있는
제멋대로인

자기 의심에 빠지는

방종한
예술적인
세련된
사교적인
침울한

대의를 중시하는

위에 나열된 특성들은 단지 한 시기를 묘사하고 있으니,
당신과 맞지 않는다고 생각되면 지금 당신이 어느 시기에 있는지
다른 별자리에서 찾아보세요.

천칭자리의 성격

'그리하여 미운 아기오리는 아름다운 백조가 되었으니….'

일반적인 특성과 배경

천칭자리 여성들은 아주 매혹적이고, 천성적인 우아함과 카리스마를 갖췄다. 감상적이어서 종종 우수에 젖지만, 대체로 활기찬 정신의 소유자이다. 그녀는 꼭 사랑뿐만이 아니라 관심을 갖고 칭찬하는 데도 천부적인 소질이 있으며, 인간관계에서 많은 경험을 얻는 편이다.

천칭자리를 상징하는 천칭은 흔히 여성이 들고 있는 경우가 많은데, 이 여성은 균형, 인간적 정의, 협력, 질서정연한 법률을 상징한다. 천칭자리는 일곱 번째 별자리로 새빨간 공기를 상징하며, 일차적으로 협력, 결혼, 모든 공개적인 결합과 관련이 있다. (물고기자리의 경우는 비밀스런 결합과 관련된다.)

천칭자리 여성은 기품이 있으면서도 관능적인, 가장 사랑스러운 여성이다. 자신이 가진 것을 드러내놓고 자랑하지는 않지만, 특이하고 멋진 순금 팔찌를 차고 그 사실을 은근히 과시한다. 아마도 무수한 장신구(금으로 되었거나 반짝이거나 딸랑이는 소리를 내는)를 이용해서 말없이 자부심을 드러낼 것이다.

그녀의 맵시 있는 외모 뒤에는 사람들에게 강한 인상을 주려는 강렬한 욕망이 숨어 있다. 친구들, 동료들, 애인이나 미래의 배우자에게 어떻게 보일지 과도하게 신경 쓰며, 살아가면서 '나'와 '너' 사이에 균형을 유지하려고 끊임없이 노력한다. 아직 사람들과 조화로운 관계를 유지하는 법을 터득하지 못한 초기에는 특히 편향적으로 치우쳐서, 내적인 개발은 제쳐두고 자기 이미지에 지나치게 신경 쓰는 우를 범할 수도 있다.

천칭자리 여성의 성격은 처음에 나열한 특성들이 설명해주는 대로이다. 적어

'새빨간 공기'의 천칭자리 여성

도 지금 그 목록 중 30개 이상이 일치하는 사람은 천칭자리 유형이라 할 수 있다. 또한 다음의 특징을 보이는 여성은 천칭자리 시기를 거친다고 볼 수 있다.

- 인간관계의 모든 면에 대해 특히 정신적으로 몹시 열중한다. 예술, 인문학, 음악, 장식 등의 일과 관련이 있다. 사물의 이미지에 강한 관심을 보인다. 실내장식이나 리모델링, 개조 등의 일을 한다.
- 인간관계 중에서 무엇보다 사람들이 승인, 질서, 조화를 추구한다. 그렇지 않다면 천칭자리 시기는 최전선에서 힘겨운 싸움을 계속한다는 의미일 수 있다.
- 세대와 지리적 거리를 뛰어넘어 많은 사람들과 즐겁게 교류한다. 하지만 깊은 관계는 맺지 못하는 경우가 많다.
- 내적 평화를 얻고 차분하고 조화로운 감정 상태를 유지하는 것이 천칭자리의 궁극적인 목표이다.

천칭자리에 특히 어울리는 직업은 다음과 같다.

순수예술, 패션, 여성복, 화초 관련업, 미용업(미장원), 인간관계 관련업무, 보석세공(특히 구리, 산호, 홍옥, 오팔, 수정 등을 다루는 일), 법률, 소송, 법정, 실내장식, 의상, 가구나 모피 등의 디자인이나 판촉, 음악, 시, 출판업, 외교, 정치, 중재업무, 척추나 내분비선, 비뇨기과 전문 의사, 양복점, 전투.

천칭자리 여성이 감정적으로 성숙하기 전에는 균형을 잃고 극단에서 극단으로 왔다 갔다 하는 모습을 보인다. 완벽한 조화를 원하지만 사실은 완전히 대립되는 쪽에 서는 것이다.

유혹적인, 관능적인, 매혹적인

천칭자리 여성 중에는 감각적인 흑단이나 핑크빛 비취로 만든 조각처럼 빼어난 곡선미를 갖춘 미인이 많다. 그녀의 양손에 하나씩 들려 있는 저울은 한쪽으로 기울어진 채 움직이지 않으며, 중간에 보석이 박혀 있다. 그녀의 모습은 관심을 청하면서도 외면하는 느낌을 준다.

그녀는 아름답고 성적 매력이 넘친다. 40대가 되어도 여전히 섹시하고 젊어 보이던 브리지트 바르도가 천칭자리에 태양이 있을 때 태어났다. 그녀는 로제 바딤의 〈그리고 신은 여자를 창조했다〉에서 멋들어진 엉덩이가 부각되면서 유명세를 타게 되었다.

천칭자리 여성은 유혹하는 재주가 뛰어나며, 그 능력이 높게 평가되기를 바란다. 역시 천칭자리에 태양이 있을 때 태어난 리타 헤이워스는 자신의 외모와 섹시함을 이용해서 명성과 부를 거머쥐는 법을 알고 있었고, 백만장자 아가 칸과 결혼함으로써 훌륭하게 그 운명을 완성시켰다.

천칭자리는 민감하고, 게으르고, 야심적이다. 현명하면서도 순진하고, 젊으면서도 늙었다. 그녀는 영원히 나이들 줄 모르고, 인생과 사람들에게 주문을 걸어 마음대로 조종한다.

방종한

천칭자리 여성은 자신의 미와 관능, 고상한 분위기가 주는 힘을 즐기며, 자신이 최상의 것을 누릴 자격이 있다고 생각하는 편이다. 마치 자신이 세상에 베푼 만큼 세상도 빚을 갚아야 한다고 믿는 것 같다. 원하는 것은 무엇이든 사들이는 편이어서 목욕 용품, 새로 나온 화장품, 고급 와인을 대거 사들이며, 아무리 고급스럽고 비싼 것도 거리낌 없이 소유한다.

식도락가이기도 해서 살이 찌는 편이다. 그녀는 멋을 부리고, 유행에 따라 옷을 입으며, 이따금씩 지나치게 향수를 많이 뿌리기도 한다. 새로 나온 고가의 상품을 열정적으로 사들이고, 희귀한 진주에서부터 감성을 만족시키기 위한 여행까지 모든 것을 누린다.

천칭자리 여성들은 사치스런 환경을 좋아해서 그런 것을 제공해줄 수 있는 재력을 얻기 위해 노력하거나 부유한 남성들을 찾는다. 아첨과 선물에 쉽게 넘어가는 편이고, 윤택한 생활을 아주 좋아한다. 그녀는 순진하고 낙관적이며 상대의 관점에 의존한다. 또한 운명이 자신이 원하는 것을 가져다 줄 거라고 믿으며, 실제로 매사가 그녀에게 유리하게 돌아가는 편이다.

예술적인, 세련된

천칭자리 여성의 행운은 시기를 적절하게 잘 맞추는 능력에서 비롯된다. 그녀는 아무리 초라한 공간도 아늑한 사랑의 둥지로 바꿔놓으며, 시들한 분위기에 활기를 불어넣는다. 사람들을 저녁식사에 초대하면 음악이나 포도주, 음식도 적절하게 잘 준비해서 기억에 남을 만한 저녁으로 만들어놓는다. 그런 날이면 은촛대에 은은한 빛을 발하는 양초를 꽂아두고, 꽃병에는 길고 매혹적인 장미를, 식탁에는 수놓인 냅킨을 준비하고, 바닥에는 호화로운 융단을 깔아둔다.

그녀의 섬세한 취미는 자신 뿐 아니라 친구들의 생활 사소한 부분에까지 영향을 미친다. 그녀는 향기나 소리, 맛보다 겉모습을 더 중시하는 편이고, 유행하는 예술에도 민감하고, 아름다운 것과 자연을 사랑한다. 생활을 쾌적하게 가꾸는 재능은 사랑의 기술에도 지대하게 공헌한다.

사교적인

천칭자리 여성은 사람들과 쉽게 사귀며, 다정한 친구이자 탁월한 연인이 되어 자신의 풍요로운 자산을 기꺼이 나눠준다. 멋진 선물을 주거나 미혼 남녀를 서로 소개해주는 것도 좋아한다. 친구들의 생일도 기억하며, 처음 데이트 한 날, 성찬식 기념일, 처음 취직한 날 등 온갖 기념일을 꼬박꼬박 챙긴다. 이것은 그녀가 인생의 세세한 부분에 신경 쓰기 때문이 아니라, 그저 사람들을 좋아하고 그들을 위해 뭔가 해주고 싶어서이다.

파티를 좋아하고 외향적인 천칭자리 여성들은 사람들이나 예술, 사회이론, 법률, 화장품, 역사, 윤리학, 여러 가지 의미 있는 주장 등 자기가 관심을 가진 주제에 대해 끝없이 수다를 떠는 편이다. 자녀보다 부부관계에 더 신경 쓰고, 혼자 있기보다 함께하는 것을 좋아한다. 야망에 불타는 일은 거의 없지만, 자신을 격려하고 뒷받침해주는 사람이 필요하다.

침울하고 예민한

침울하고 병적으로 예민한 감수성은 천칭자리 여성의 숨겨진 본성 중 하나로, 그녀의 화려한 겉모습과 대조를 보인다. 가끔 소극적이고 우울하고 약간 편집증적인 성향을 보인다. 사람들이 겉으로만 자기를 좋아하는 척한다고 상상하거나, 누구도 '진짜' 자신을 모른다고 생각하기도 한다. 그럴 때는 인생이 속임수에 불과하고 덧없다는 느낌에 사로잡혀 깊이 낙담한다.

다행히도 이런 기분은 일시적으로 지나치는 편이어서, 선물이나 꽃다발, 사소한 애정 표현 하나에도 기분이 달라지고 기운을 낸다. 천칭자리에게 경고하고 싶은 것은, 이미지를 가꾸고 관계나 환경을 조성하는데 너무 많은 에너지를 소비하면 자신을 키워나갈 수 없다는 점이다. 자주 우울한 기분에 사로잡히면 전문가와 상담하는 것이 좋다. 겉모습은 진정한 자존심을 대신할 수 없다.

늑장 부리는

천칭자리의 가장 큰 문제는 일을 미루는 태도이다. 이것이 자신감과 효율성을 감소시킨다. 그녀는 수동적으로 결정을 내리면서 대체로 다른 사람이 자신을 위해 선택하도록 내버려둔다. 가장 쉬운 길을 택하고는 '무슨 일이 생길 때까지 기다리는' 경향도 있다. 어느 정도까지는 이런 방법도 통하겠지만, 심해지면 곤경에 빠질지도 모른다. 스스로 의사결정을 내리도록 도와주는 모임에 참가해보는 것도 좋은 방법이다.

우유부단한, 망설이는

천칭자리 여성은 사업상의 결정은 훌륭하게 내릴 수 있지만, 개인적인 문제에서 감정적인 위험이 따르는 결정을 할 때는 뒤로 물러서는 경향이 있다. 상처와 고통에 대한 책임을 지고 싶지 않아서이다. 그녀는 불리한 결과를 피하기 위해 신중하게 문제를 검토하는데, 너무 오래 양쪽을 재보다가 결국 결정을 포기하거나 다른 사람이 대신 결정하곤 한다.

그녀는 항상 최선의 의도로 행동한다. '모든 사람에게 공정하게'라는 신조대로 공정하게 모든 사람의 의견을 듣고자 한다. 하지만 현실적인 실행력이 부족해서 그녀의 원대한 이상도 활기를 잃는다.

'새빨간 공기'의 천칭자리 여성

천칭자리 여성이 효율적으로 결정을 내리려면 자신에게 정말 중요한 것이 무엇인지 알아야 한다. 우선 자신이 원하는 것을 분명히 한 후, 그 목적을 달성하도록 노력해야 한다. 실제로 목록을 만들고 각각의 장점과 단점을 적어 보는 것도 좋다. 그렇게 하면 어떤 결정이 자신의 최고 관심사를 추구하는데 도움이 되는지 아닌지 확인할 수 있다. 그다음에는 그 결정에 따라 일을 진행하고, 결정에 충실해야 한다. 우유부단함에 대처하는 길은 실천밖에 없다. 결정을 내리고 그 결정에 따라 행동하라.

고분고분한, 쉽게 적응하는, 자기 방어적인

천칭자리 여성은 내심 다른 사람을 기쁘게 하는 것을 가장 중시한다. 이것이 자기가 볼 영화를 직접 선택하는 일보다 훨씬 더 중요하다. 하지만 아이를 갖거나 직장을 바꾸는 중요한 문제를 결정할 때는 자기주장을 내세울 줄 알아야 한다. 중요한 것과 사소한 것을 구분하고 그에 따라 다르게 대처하는 것 역시 그녀가 꼭 배워야 할 일이다.

천칭자리 여성은 대체로 착한 소녀로 자란다. 우유부단함이나 일을 미루는 태도도 다른 사람의 감정을 상하지 않고 사회의 규칙을 지키려는 마음에서 비롯되었을지도 모른다. 그녀가 뭔가 거절하는 경우는 아주 드물다. 다른 사람에게 상처를 줄까 두려워서이다. 하지만 이런 태도의 배후에는 거절당하는 데 대한 두려움이 숨어 있다. 그녀가 솔직하게 자기주장을 내세울 수 있으려면 양자리의 성격을 좀 가질 필요가 있는 것 같다. 마찬가지로 양자리 여성이 외교적인 수완을 좀 더 발휘하려면 천칭자리의 성격을 어느 정도 받아들여야 할 것이다.

천칭자리 여성들이 우유부단한 자기 성격을 이용해서 책임을 회피하려 들 때가 있다. 그럴 때면, 평상시에는 사람들과 잘 어울리도록 해주는 유연함이 사람을 괴롭히거나 화나게 만드는 원인이 된다.

섬세한, 모순적인

감정을 드러내지 않고 부드러운 태도를 취하는 것이 천칭자리에게 접근하는 가장 효과적인 방법이다. 물론 그녀가 화나지 않았을 때의 이야기다. 그녀가 화를 터트릴 때면 깜짝 놀랄 정도로 공격적으로 변한다.

사람은 누구나 모순투성이고, 천칭자리도 예외는 아니다. 그녀는 한밤의 태양처럼 모순된 존재다. 피상적이면서도 내실을 기하고, 장식을 좋아하면서도 살림꾼이다. 섬세하지만 퉁명스러우며, 말을 잘 들으면서도 설득력 있다. 하지만 천칭자리 여성들은 대체로 남들에게 좋은 평을 받으며, 협력을 잘하고 미와 쾌락을 추구한다.

거친, 공격적인

다른 사람에게 맞춰주기를 좋아하는 천칭자리 여성들이 사실은 선천적인 공격성을 갖고 있다. 유명한 군인 중에 천칭자리 유형이 많다. 그들은 평소에는 이런 투쟁적인 기질을 억제하다가 특별한 경우에만 내보인다. 궁지에 몰린다고 느끼거나 상황이 불리하게 돌아간다고 느끼면 서글서글한 인상이 호랑이 같은 모습으로 변한다. 특히 상대의 잔인함과 부당함이 그녀를 가장 빨리 화나게 만든다.

그녀의 힘은 겉으로 보이지 않는다. 어떤 사람은 그녀가 카드게임을 하면서 사탕을 씹어 먹는 영원한 딜레탕트라고 생각할 수도 있다. 하지만 완전히 다른 모습으로 변해서 거대한 장애물을 밀어내고 자신이 신봉하는 주장을 밀고 나갈 수도 있다.

협조적이면서도 따지기 좋아하는

천칭자리 여성의 표정은 항상 명랑하고, 보조개가 생기는 통통한 뺨에는 애교 넘치는 미소가 사라지지 않는다. 원칙을 중시하기 때문에 다른 사람들과 잘 지내기를 바라면서도 이상을 위해 싸움을 벌이기도 한다.

그녀는 부정적인 감정들을 지나치게 억누르는 편이기 때문에 논쟁적인 기질이 더 강화된다. 평소에 정색하고 반대 의견을 표현하지 못한 탓에 그녀의 불만이 적대감의 형태를 띤다.

게다가 인생의 중요한 문제일수록 이중적인 마음을 갖는 편이다. 결단을 내리지 못하는 일이 누적될수록 그녀의 긴장과 적대감도 강해진다. 자기 느낌을 정확하게 표현하는 일이 결코 없다 보니(왜 자신이 그렇게 행동하는지 사람들이 놀랄 정도로 합리적으로 설명할 수 있음에도) 사소한 문제에 시비를 건다.

교묘한

이따금씩 그녀가 빈틈을 보이더라도 노골적인 접근이나 공격은 그녀를 불편하게 만든다. 그녀는 속마음을 감추고 긴장된 분위기를 풀려고 노력하는 편이다. 감정적인 사건이나 대립을 피하기 위해 타고난 유머 감각을 이용하기도 한다. 친구가 울분을 터트리기 전에 마치 농담처럼 결정적인 말을 던지는 데도 능숙하다. 냉정한 어투와 '네 문제로 날 귀찮게 하지 마'라는 듯한 태도로 성적인 관계에서도 우위를 차지하는 편이다.

페미니즘이 사람들의 인식을 많이 바꿔놓았지만, 그녀는 여전히 한 남자를 얻기 위해 다른 여성과 경쟁하는 것이 나쁘다고 생각하지 않는다.

그녀는 친절하고 쉽게 적응하며 독선적이고 게으르다. 할 일을 다 해내기 위해 사람들을 조종하면서, 자신은 도저히 피할 수 없는 일만 하는 경우도 많다.

합리적인, 초연한, 감정을 억제하는

천칭자리 여성은 자기감정을 마치 폭발 시간을 향해 째깍거리는 폭탄처럼 다룬다. 매사를 몇 번씩이나 논리적으로 따져보는 정신적 존재여서, 감정에 빠져들지 않고 모든 상황에 대해 자기 생각을 유지하려 한다.

논리와 추상적인 사유를 좋아하고, 비합리적이고 감정에 치우치는 태도를 극도로 싫어한다. 물론 그녀도 감정이 격해지면 예상 밖의 공격성을 보이지만, 대체로 감정을 억누르고 상황을 통제하기 위해 뒤로 물러서는 편이다.

사실 그녀가 감정적으로 초연한 태도를 보이는 까닭은 무시당하고 싶지 않아서이기도 하지만, 그것을 인정하기는 싫어한다. 그녀는 이야기를 길게 늘어놓으며 이유를 설명할 준비가 되어있으나, 그녀가 어떻게 느끼는지 알고 싶다면 직접 물어보아야 한다. 사실 그녀 자신도 잘 모를 수 있다.

침착한, 협동작업에 뛰어난

천칭자리 여성의 지극히 여성적인 외모 뒤에는 계산기 같은 두뇌가 숨어 있다. 역사의 흐름을 바꿔놓는 데 일조하기 위해 자신이 두뇌와 육체를 이용했던 나폴레옹의 연인에 버금간다고 할 수 있다. 그녀는 목적을 달성하기 위해 자신의 모든 것과 알고 있는 모든 것을 활용한다.

그녀는 일할 때 효율성을 중시하고, 고전적인 방식의 성공을 좋아하며, 훌륭한 협력자이다. 천칭자리에 대립되는 양자리처럼 개척하거나 혼자 앞서가는 스타일이 아니다. 모험을 할 때도 신중하게 택하고, 결정을 내릴 때도 꼭 동료와 미리 의논한다. 전략적으로도 우수하며, 권력의 위계질서를 받아들이고, 협동작업이 필요한 일을 잘해서 함께하는 사람들의 사랑을 받는다.

그녀가 싫어하는 것은 무질서와 비논리적인 태도이다. 꼼꼼하고 신중해 무엇이든 조직적으로 정리한다. 설령 너절한 아파트에서 살아가더라도, 자기 외모나 일은 아무렇게나 내버려두는 법이 없다. 곤경에 처해도 냉정을 유지할 수 있다. 다정하지만 항상 긴장된 미소를 띠고 자신을 관리하면서 영부인에 버금가는 스케줄로 살아가는 여성을 만나거든 그녀가 천칭자리라고 생각해도 좋다.

다양한 인간관계

천칭자리 여성들은 항상 이상적인 배우자를 찾고 있으며, 현재의 연인에 만족하지 않는다. 어떤 경우에도 너무 깊이 빠져들기를 싫어하고, 대신에 연인과 친구의 가능성에 대해 따져보기를 좋아한다. 마음을 열고나서 너무 가까워진 뒤에 상대에 대한 환상이 깨질까봐 내심 두려워하는 지도 모른다. 한 사람에게 너무 깊이 빠져들지 않으려고 동시에 세 사람과 연애를 할 수도 있으며, 그중에 여성이 포함되는 경우도 있다.

그녀는 고독을 두려워하기 때문에 혼자 있는 것을 너무도 싫어한다. 즐거움과 의욕을 갖기 위해 다른 사람에게 의지하며, 자진해서 도와주는 사람들을 쉽게 구하는 편이다. '무거운' 관계를 피하고 모든 것을 안정되게 유지하려 최선을 다하며, 관심을 다양한 방향으로 분산시키고 애매한 태도를 견지한다.

그녀는 열정적으로 빠져들었다가 고통받을까 두려워한다. 이처럼 믿지 못하면서도 싸움과 이별을 싫어한다. 그러나 일단 마음을 정하면 세상의 누구보다 성실하고 훌륭한 배우자가 된다.

미운 아기오리, 자아도취에 빠진, 사교적인, 대의를 중시하는

다른 많은 여성들처럼 천칭자리 여성도 내면의 변화를 겪는다. 그녀는 미운 아기오리로 태어나지만 백조로 성장하게 된다.

천칭자리 여성은 자아도취에 빠지는 편이고, 늦게 성숙하고, 강하지만 자기의심도 강하다. 인정이 많지만 개인적인 문제에는 둔감할 때도 많고, 고분고분하면서도 경우에 따라 공격적이다. 그녀에게는 순진한 어린 소녀, 순결한 처녀, 숭배의 대상이 되는 사랑의 여신, 팜므 파탈, 이 모든 것이 공존한다. 그녀는 전혀 평범하지 않으며, 그녀 스스로도 평범하게 행동하기를 원치 않는다.

엘리너 루스벨트가 천칭자리 유형이다. 그녀의 인생은 고통과 불안정 속에서 시작되어 끊임없이 용기 있는 삶과 성공을 추구했다. 엘리너는 천칭자리가 자기의심을 완전히 몰아낼 때, 남의 비위를 맞추고 소속되고 싶어하는 과장된 소망을 누를 때, 자신의 생명력과 충동, 인류를 위해 투쟁할 때, 어떤 결과를 얻게 되는지 잘 보여준다.

엘리너는 자라면서 미운 아기오리 같은 감정을 가졌던 것 같다. 예쁘지도 못하고(비로 그녀 나름의 아름다움을 가지고 있지만), 흔히 말하는 여성적 매력과 품위도 없었기에 자신을 하찮게 생각했을 것이다. 하지만 천칭자리답게도 그녀는 망설임 없이 한 남자와 강한 유대감을 형성하면서 결합했다. 이것은 '독립적이면서도 소속된 여성'이라는 특이한 스타일을 만들어냈다.

엘리너의 배우자 프랭클린은 특히 결혼 후에 그녀를 여자로 바라본 적이 없는 것 같다. 자녀들은 그보다 그녀를 훨씬 더 존경했다. 그녀는 소외된 사람들을 보호하는데 온몸을 바쳤다. 어쩌면 그들을 자신과 동일시했을지도 모른다.

어쨌든 그녀는 공정하고, 마음이 열려 있고, 독립적이며, 단호하고, 효율적이고, 헌신적이고, 봉사하는, 천칭자리 최고의 모습을 보여준다.

인기 있는, 예의 바른, 자기 의심에 빠지는

그녀는 늘 평온한 모습으로 적재적소에서 미소 짓는다. 항상 유쾌한 표정에 점잖은 태도를 보인다. 그러니 사람들이 그녀를 아주 좋아할 수밖에 없다. 그녀는 이상적인 안주인이고, 어떤 남자든 그녀와 함께 있는 것을 자랑스럽게 여긴다. 하지만 그녀는 자신의 아름다움을 뒤집어 입을 수 있는 옷처럼 이용한다. 사람들의 주목을 받고 인정받으려는 강한 소망이 있지만, 아무리 커다란 성공을 거두어도 근심에 시달리는 경우가 많다. 마치 사람들이 자신을 자세히 들여다보고 그 안에 숨어있는 미운 아기오리를 발견할까 두려워하는 것 같다.

천칭자리 여성은 만찬에 참석하기 위해 옷을 차려입고 멋들어지게 치장하고서도 속으로는 불안감에 떨곤 한다. 그래서 몇 번이고 다시 거울을 보며 자신을 점검한다. 모르는 사람은 너무 외모만 가꾼다고 할지도 모른다. 하지만 안심하기 위해 필사적으로 노력하고 있을 뿐이다. 그럴 때 파트너에게 자기 느낌을 들려주면 그는 그녀가 원하는 대로 안심시켜줄 테고, 두 사람은 팔짱을 끼고 만찬장에 가서 즐거운 시간을 보낼 수 있을 것이다.

어떨 때는 기분이 좋은 척하면서 두려움을 숨겨버린다. 하지만 천칭자리는 스트레스를 받으면 제일 먼저 등 아래쪽과 신장에 영향을 받아서, 긴장하면 저녁식사를 즐길 수도 없다.

섹시하고 매사에 능숙한 천칭자리에게 자기 가치를 더 높게 평가하라고 충고하는 것이 우습게 들릴 수도 있겠지만, 그래도 그럴 필요가 있다. 그녀는 특히 일 문제에서는 자신감도 있고 중압감에도 잘 버텨내는 편이지만, 자아는 더 가치 있게 생각하도록 노력해야 한다.

진정한 자존심은 자신을 살피고, 신뢰하고, 스스로에 대해 배워나가면서 생겨난다.

'새빨간 공기'의 천칭자리 여성

인간관계

천칭자리 여성은 평생 관념적으로 사랑에 빠지거나 환멸을 느끼곤 한다. 운명적인 만남과 그 결합의 힘을 믿는 그녀는 대체로 일찍 결혼하고 한 번 정도 이혼한다. 감정을 억제하는 처녀자리와 격정적인 전갈자리의 중간을 차지하는 천칭자리는 극도로 냉담하거나 무기력해 보일 수 있다.

그녀의 인간관계는 주기적인 변화를 보인다. 두드러지게 활발하다가 저조해지곤 하는 일은 그녀와 그녀의 상대에게는 익숙한 일이다. 그녀는 이상적인 결합을 바라며, 부유한 생활을 보장해줄 수 있는 영혼의 동반자와 결혼하고 싶어 한다.

어린 시절

천칭자리 여성들은 자기 안에 숨어 있는 관능과 예술적 재능을 깨닫지 못하고 자라는 경우가 많으며, 지극히 여성적인 분위기를 가졌다는 사실을 모른다. 사실 그녀의 미소는 모나리자처럼 신비롭고, 마를린 먼로처럼 유혹적이다.

그들은 아버지의 총애를 받으며 자라고, 그녀의 성적 매력에 위협을 느낀 남성들에게 괴로움을 당하는 일도 종종 있다. 그녀는 생리를 시작하고 육체가 성숙할 즈음에 아버지의 반응을 의식한다. 아버지들은 딸이 성징을 드러내면서 성장하면 물러서는 태도를 보이곤 한다. 그러면 사춘기를 겪는 천칭자리 소녀는 자신이 무언가 잘못했다고 느끼고, 그때 받은 상처를 평생 간직한다.

천칭자리 여성은 열두 살부터 열네 살 사이에 다른 별자리보다 훨씬 힘든 시기를 보낸다. 이즈음 이중의 거부를 경험하기 때문이다. 처음에는 아버지로부터, 다음은 어머니로부터. 천칭자리 여성들은 어머니의 원망을 사기 쉽다. 그녀는 어머니를 좋아하지만, 모녀 관계 이면에 어머니의 질투심이 깔려 있는 경우가 많다. 열두 살이 될 때까지는 자신이 '다르다'는 사실, 또래 소녀들보다 더 예쁘고 섹시하고 매력적이라는 사실을 깨닫지 못한다. 천칭자리 여성 모두가 같은 상황에 처하지는 않겠지만, 그들 모두 자신의 성적 매력에 대해 두려움과 불신감을 느낀다는 점에서는 동일하다. 그래서 천칭자리 여성들은 자신을 어머니처럼 돌봐주는 남자들에게 마음이 끌린다.

천칭자리 여성들은 어린 시절의 경험 때문에 주목받기를 바라면서도 감정적 친밀감은 불신하는 편이다. 공기를 상징하는 다른 별자리들(쌍둥이자리, 물병자리)과 마찬가지로 천칭자리도 감정보다 이성을 더 편안하게 생각한다. 그녀는 항상 머리냐 가슴이냐 하는 문제로 고민하며, 끊임없이 그 둘을 결합시키려 노력한다.

연인이나 다른 사람들과 관계 맺는 방식

천칭자리 여성은 무엇보다 특유의 기품이 있다. 걱정이 많거나 불안정하거나 불쾌함을 느낄 때도 항상 품위를 유지한다. 그녀는 인간관계에서 다음 세 가지 특징을 보인다.

• 외교술을 발휘한다: 가족 간의 불화에도 중재 역할을 한다. 그녀는 빙빙 둘러 표현하고, 순종하고, 승화시키고, 앞질러 예측하고, 핑계를 대고, 교묘하게 빠져나가는 식으로 뛰어난 생존능력을 보인다. 이기고 지는 데 연연하지 않고, 자기 자리를 지키면서 양쪽의 균형을 유지한다. 그녀는 노골적으로 참여하기보다 협상하고 중도를 택하는 편이다. 화가 나도 억제하면서 자기주장을 누그러뜨릴 줄 안다. 대립이 생기면 양쪽의 감정과 주장을 다 이해하고 양쪽 모두에 공감을 보내면서 옳고 그름을 판단한다. 그녀가 가장 원하는 것이 정의와 평화이다. 성인이 되면 능숙한 외교술을 발휘하고, 교묘하고 효과적인 전략을 구사한다. 그녀의 방식은 친구들에게 효력을 발휘하며, 그들은 그녀의 매력과 유머 감각을 높게 평가해서 이따금씩 드러나는 공격성을 용서한다. 하지만 연인과의 대화는 은근히 막힐 수도 있다. 어린 시절부터 익혀온 사교술이 그녀에게 유용한 역할을 하지만, 어떤 것은 두 사람 사이의 솔직함과 소통을 방해할 뿐이다. 사실 솔직함과 소통이야말로 진정한 결합을 위해

필수적이다.

- 쌀쌀맞은 여성: 천칭자리 여성은 사랑의 상대를 제대로 선택하는데 필요한 자기 지식이 부족한 경우가 많아서, 처음 얼마동안은 잘못된 상대를 고르곤 한다. 그녀는 부모처럼 돌봐주는 연인을 원하는 동시에 그가 자신을 존경해주기를 바란다. 또한 그가 자신을 돌봐주기를 바라면서도 자신을 구속하지 않기 바라며, 오직 자신이 원할 때만 가까이 다가오기를 바란다. 천칭자리 여성은 속으로는 어린 소녀처럼 쉽게 상처받는 나약함을 가지고 있지만, 겉으로는 스스로를 잘 통제하는 냉담한 숙녀이다. 그녀는 대체로 냉정하고 차분하고 침착한 모습을 보인다. 사람들은 그녀가 쌀쌀맞고, 다소 '시비조'라고 생각할 수도 있다. 그녀는 감정을 많이 드러내는 사람들을 거북하게 생각하며, 혼자만의 공간을 유지하면서 완충장치처럼 주변에 거리를 둔다. 신체 접촉도 자제하는 편이다. 그녀는 지나치게 지적인 태도를 보이면서 사람들과 거리를 둔다. 항상 저울의 균형을 유지하려고 노력하는 것이다. 그녀도 친밀한 관계를 원하지만, 그 관계가 자신이 원하는 조건에 맞아야 한다고 생각한다.
- 강한/약한 여성: 천칭자리가 사람을 사귀는 방식은 자주 바뀌기 때문에 한마디로 단정하기 힘들다. 그녀는 고독을 몹시 두려워해서 여러 관계를 옮겨 다니거나 동시에 여러 관계를 유지하기도 한다. 우정을 낭만적인 사랑으로 착각하는 경우도 왕왕 있다. 어떨 때는 그녀가 두 측면으로 분열되어서, 이 둘이 제대로 연결되지 않았다는 느낌을 받는다. 마치 한쪽이 다른 쪽을 무시하는 것 같다. 그녀의 약한 면은 의존적이고 상대를 기쁘게 하고 상대에게 헌신하고자 한다. 이런 면이 지배적일 때면 자동적으로 자신을 아래쪽에 둔다. 다른 면, 강한 부분은 이런 행동을 불쾌하게 생각한다. 이런 면이 주도적일 때면 교묘하게 조종하고 논쟁적이고 가끔 적대적인 태도를 보인다. 이 적대감이 지나친 친절로 감추어질 때도 있다.

천칭자리 여성은 '내가 누구지?', '우리는 누구지?'하고 궁금해하면서도 다른 사람이 설명해주기를 바란다. 그녀는 비판을 받아들이지 못하고 사랑의 고백도 믿지 못한다. 감정이 상하면 냉담한 숙녀의 모습으로 돌아가거나, 순종적이고 약한 모습을 보인다. 하지만 때때로 호랑이처럼 으르렁대기도 한다.

천성적으로 소유욕이 강하지만 그런 모습을 보이기 싫어한다. 누군가와 결합되는데 중독돼서 특정한 사람과 함께 하지 않으면 자신이 불완전한 존재라고 느끼곤 한다. 하지만 질투는 바람직하지 않은 감정이고 질투심을 내보이는 것은 더 나쁘다고 생각한다.

원칙적으로 그녀는 자유와 평등한 권리를 믿는다. 하지만 실제로 그것을 행사하면 그녀는 상처받았다고 생각할 것이다. 물론 겉으로는 무관심하다는 듯 행동한다.

활동적인 양자리나 민첩하게 돌아다니는 쌍둥이자리와 달리, 천칭자리 여성은 새로운 사람, 새로운 자극을 찾아다니지 않는다. 대신 자석처럼 사람이나 기회를 자기 쪽으로 끌어당긴다. 이런 '적극적인 기다림'이 천칭자리 특유의 역설적인 면이다.

천칭자리 여성의 성관계 유형

일반적으로 현대의 천칭자리 여성은 성관계에서 다음 유형을 보인다.

- 일찍 결혼한다. 여러 번 결혼하거나 여러 연인과 사는 경우가 많다.
- 함께 살면서 전통적인 성 역할을 받아들이려 노력한다. 하지만 차츰 불안에 시달리거나 감정을 억누르는 일이 증가하고, 결국 헤어지거나 이혼하거나 대안적인 생활 방식을 택한다.
- 이혼 등으로 이별한 후 재혼이나 다시 연애하기 전에, 혹은 개방결혼을 택하는 시기에, 그룹 섹스에서 동성애까지 모든 것을 다 시도해본다.
- 새로 연애하거나 새로운 생활 방식을 택한다.

관계를 정리하는 것은 천칭자리에게 힘겨운 일이지만, 이혼하고 나면 동성애나 양성애를 택하는 경우가 많다. 다른 연애를 시작하거나 다른 생활 방식을 시도할 수도 있다. 어느 쪽이든 혼자 오래 사는 쪽을 택하지는 않을 것이다.

하지만 그녀는 강하고 잘 견뎌내는 편이어서 급격한 변화 속에서도 적합한

'새빨간 공기'의 천칭자리 여성

배우자와 최고의 생활 방식을 찾는 일을 멈추지 않는다. 그녀는 마음속 깊이 자신의 성공을 확신한다.

연인과 배우자

천칭자리 여성은 세심하고 관대한 사람이 필요하기 때문에 나이가 훨씬 많은 사람과 연애하는 일이 많다. 그녀와 사귀는 연인은 그녀의 비위를 맞추면서 칭찬과 애정을 충분히 바쳐야 한다. 또한 그녀가 과도한 노출로 다른 이들의 관심을 자극할 때에도 질투하면 안 된다. 자기 연인이나 배우자의 사무실에서 여는 크리스마스 파티에 속이 환히 들여다보이는 블라우스를 입을 수 있는 여성이 천칭자리 여성 외에 누가 있겠는가?

그녀의 연인은 아량이 넓고 이해심이 깊어야 한다. 또한 그녀가 융통성 없이 엄격한 틀에서 벗어날 수 있도록 격려해야 한다. 그는 그녀가 왜 그 역할을 맡아야 하는지 알아야 하며 그녀가 그것을 깨달을 수 있도록 도와야 한다. 그가 그녀를 자발적이고 정직하고 확신이 있는 개방적인 여성이 되도록 격려할 때 두 사람의 사랑은 최상이 된다.

천칭자리 여성은 대화를 잘 이끄는 사람, 섬세하고 지적이고 심미안이 있는 이들에게 끌린다. 유익한 토론을 즐기는 편이어서, 연인과 로마제국의 흥망성쇠와 파스타, 패션, 사진, 실내장식, 관능적인 섹스, 종교전쟁, 법체계에 대한 분석 등 온갖 다양한 주제를 놓고 토론하면서, 언어를 이용한 열정적인 전희를 하게 될 것이다. 그는 경제적 안정도 제공해야 한다. 유쾌하고 안정된 생활을 누리려면 돈이 필요하다는 사실을 정확하게 알고 있는 천칭자리 여성들은 돈을 무척 중요하게 여긴다. 사실 그녀는 가난을 견디지 못한다.

천칭자리 여성에게는 처음 연애를 시작하는 2년이 가장 중요하다. 이 기간 인생에서 가장 큰 교훈을 얻으며, 잘못하면 연애에 대한 관심을 잃을 수도 있다.

천칭자리 여성은 남성과 여성, 어느 쪽이든 사랑하고 성관계를 가질 수 있다. 또한 한 사람을 사랑하면서 동시에 증오할 수도 있다. 그녀는 자기보다 더 독립적인 배우자를 원하지만, 막상 그런 사람을 만나면 바로 그 이유 때문에 그에게 화를 낸다. 상대가 자신에게 쾌락과 사랑을 듬뿍 안겨주기를 바라지만, 너무 가까이 다가오는 것은 원하지 않는다. 그녀의 신조가 '모든 것에서 균형을 유지한다'이다. 하지만 그녀 자신이 균형을 잡기 전에는 그녀 인생의 어느 것도 안정될 수 없다.

연애가 실패하면 죄책감을 느끼고, 스스로를 가혹하게 평가하면시 우울증에 빠진다. 거기서 벗어나려면 다정하고 따뜻한 보살핌과 향수, 꽃, 멋진 음악이 필요하다. 천칭자리 여성이 연애할 때 보이는 문제들은 대체로 다음과 같다.

· 싱대에 대힌 디끄니없이 높은 기대.
· 상대를 있는 그대로 받아들이지 못함.
· 필요한 것을 얻어내려는 단호함이 부족함.
· 교묘한 조종.
· 자기 부정.
· 자부심이 부족하고, 연애를 통해 그것을 얻으려는 마음.

자신에 대해, 그리고 자신의 연애 생활에 대해 책임을 지기로 결심했다면, 몇 가지 기본적인 사항들을 따라야 한다. 다음 문제를 생각해보라.

· 내 인생에서 가장 중요한 것은 무엇인가?
· 배우자에게 내가 바라는 것과 필요한 것이 무엇인가?
· 친한 친구에게 바라는 것은 무엇인가?
· 나는 무엇을 주려고 하는가?
· 앞으로 3개월간 이 관계를 통해 무엇을 성취하려 하는가?
· 앞으로 3개월간 내 인생에서 무엇을 바꾸고 싶은가?

이것은 대답하기 쉬운 질문이 아니다. 자신이 변하면 대답도 변할 것이기에 반복해보는 게 좋다. 그 과정에서 자신의 본심을 회피하려 해서는 안 된다. 또한 자신의 우선순위를 분명히 알려고 노력해야 한다. 그 장단점을 분명하게 써 보는 것도 자신의 목적을 확인하는데 도움이 된다.

천칭자리 여성은 일단 한 사람과 행복하게 정착하면 천사가 된다. 세상의 누구도 그 사람을 더 행복하게 해줄 수는 없을 것이다. 그녀는 가정적이면서도 바깥 사회를 잘 이해하고, 온화하고, 재치 있고, 생활을 꾸리고 사랑을 나누는 기술도 뛰어나다. 실속이 있을 뿐 아니라 나름의 스타일도 가지고 있다. 자기 정체성이 뚜렷하고 나눌 줄 아는 능력도 뛰어나다.

그녀의 인생은 하나의 관계를 중심으로 회전한다. 물론 무척 행복하게 그렇게 한다. 그렇지 않다면 똑같이 중요한 여러 관계들 사이에서 균형을 유지한다. 어느 쪽이든 그녀는 최상으로 유지하는 법을 알고 있다. 그녀는 젊음과 미모, 낭만적인 마음을 유지한다. 손잡고 걷기를 좋아하며, 파티를 열어 즐기고 겨우살이 밑에서 키스하기(크리스마스트리 겨우살이 밑에 있는 소녀에게 아무나 키스해도 좋다는 풍습)를 좋아한다. 옛날 영화를 보면서 눈물을 흘리고, 멋진 음악을 들으면 감동하고, 바싹 붙어서 춤추기를 좋아한다. 자신을 열심히 가꾸지만 눈 밑에 주름이 생긴다고 신경 쓰지는 않는다. 그녀는 쾌활하고 안정되어 있으며 분주하다. 또한 전에 없었던 침착성도 얻는다.

적절히 균형을 유지하는 사람들과 있을 때면 그녀의 정체성도 완전해진다. 이런 상태에 도달한 그녀와 함께하는 사람은 온전히 베풀고 받을 줄 아는 여성과 함께하는 축복을 누리는 것이다.

천칭자리의 성

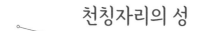

천칭자리 여성이 원하는 연인 유형

천칭자리 여성처럼 감각이 예민하고 여성적인 사람이 섹스를 즐기는 것은 너무나 당연하다. 성관계를 나눌 때의 소리와 냄새, 자잘한 의식들이 그녀에게 즐거움을 준다. 하지만 그녀를 흥분시키려면 관능적인 유희를 시작하기 전에 대화를 나누는 단계가 필요하다. 또한 낭만적인 영화나 촛불 아래에서의 식사, 벽난로 앞에서 음악을 듣거나 성애를 다룬 문학이나 춘화, 성적인 공상들도 그녀를 자극한다. 옆방에서 격렬하게 사랑을 나누는 신음소리도 그녀를 흥분시킨다.

그녀는 창조적으로 쾌락을 추구하며, 그것을 일종의 예술로 바꾸어놓는 능력이 있다. 그녀에게 쾌락은 광범위한 의미를 갖는다. 사실 섹스 자체는 그녀가 쾌락을 얻는데 아주 작은 역할밖에 하지 못한다. 천칭자리 여성이 성적으로 흥분하려면 일차적으로 대화가 우선해야 한다. 또한 사치스러운 환경을 만들거나, 그도 아니면 애무하고 끌어안을 수 있는 편안한 분위기가 조성되어야 한다. 적절한 분위기 속에서만 감정이 반응한다.

그녀는 섹스 상대가 섬세하고 적극적이고 민첩하고 강렬한 인상을 남기기를 바란다. 또한 상대가 주도권을 잡고 창조적으로 관계를 이끌어가기를 바란다. 바람직한 상대는 생생하고 관능적인 환상의 세계를 가지고 있어야 하며, 말재주가 뛰어나고 그녀의 기교에 맞먹는 훌륭한 기교를 갖추어야 한다.

천칭자리 여성은 조리 있고, 세련되고, 품위 있고, 산뜻하고, 옷을 잘 차려입는 남성에게 가장 커다란 흥분을 느낀다. 그녀에게 이상적인 연인은 잊지 않고 문을 열어주는 사람, 항상 최고의 장소로 그녀를 데려가는 사람이다. 싸구려 술집, 음식점보다 멋진 레스토랑에 데려가야 한다. 그의 손톱과 머리는 늘 깨끗하게 손질되어 있어야 하며, 좋은 향기를 풍기고, 항상 미소 짓고, 말을 잘하고, 섬세하게 사랑을 호소해야 한다.

천칭자리 여성은 상대가 자신을 쫓아다니기를 바라며, 정중한 구애를 받고 기니비어(Guinevere, 아서왕의 왕비)처럼 사랑 받기를 바란다. 그녀는 상대가 침대로 가자고 설득하는 쪽을 좋아한다. 또 한편으로는 요부 성향이 있어서 상대를 희롱하기를 좋아한다. 그녀는 사랑과 미의 여신이며 인간들의 숭배를 원했던 아프로디테의 현대판이라 할 수 있다.

'새빨간 공기'의 천칭자리 여성

그녀에게는 어린 소녀 같은 면도 있어서 예쁘장한 물건들을 좋아하고, 상대가 비위를 맞추기 위해 선물 공세를 퍼부으면 몹시 기뻐하면서 자기도 상대의 비위를 맞춘다. 그녀가 옛날에 태어났더라면, 그 시대의 낭만적인 의식 모두를 갖추고 싶어 했을 것이다. 어쩌면 폼페이 문명에서 편안함을 느꼈을지도 모른다. 폼페이는 에로틱한 문화여서 관능적인 것을 격하시키지 않고 숭배했다. 미를 숭상하고, 육체를 자연스럽게 받아들이고, 사회적 성적 교류의 의식이 확립되어 있었던 사회였기에 모든 것이 그녀의 마음에 들었을 것이다.

천칭자리 여성들은 섹스 자체를 즐기는 편이 아니기 때문에, 성관계를 갖기 전에 나누는 대화와 분위기에 따라 그녀가 섹스를 원할지 아닐지가 결정된다. 어쩌면 그녀는 섹스보다는 섹스 전이나 후에 침대에서 에로틱한 분위기를 조성하면서 간단히 요기하는 일을 더 좋아할지도 모른다. 그럴 때는 빵가루를 흘리고 묻히는 따위는 신경 쓰지도 않을 것이다.

천칭자리 여성에게는 훌륭한 외모가 아주 중요해서, 평생 비만이 되지 않도록 노력하면서 자신을 가꾼다. 정기적으로 미용실에 가고 피부 관리도 받는다.

그녀는 본능적으로 자신의 성적 매력을 유지하는 법을 터득한 것 같다. 몹시 매혹적이고 좋은 향기가 있으며 걸을 때도 특유의 우아함을 보이는 그녀는 상대를 자극하는 특이한 매력을 간직하고 있다. 그리고 비록 서툰 연인들에게 알려주기를 꺼리지만, 섹스 기교에 대해서도 아주 풍부한 지식을 갖고 있다.

그녀는 자기 인생에 중요한 사람의 비위를 맞출 줄 아는데 어디까지 그렇게 맞출 수 있을지는 자신도 확실히 모른다. 하지만 의존(종속)에 대한 두려움이 마음속에 항상 존재하기 때문에 자신을 온전히 내어주는 것은 몹시 꺼린다. 특히 젊은 시절에는 상대가 자신을 성적 매력이 넘치는 여성으로 떠받들고, 자신에게 구애하기를 바란다. 그녀는 원하는 대로 욕망을 채우면서도 우상처럼 숭배되기를 바라는 것이다. 어떤 때는 상황을 완벽하게 통제하려 들기도 한다. 그녀가 두려워하는 것은 이런 통제력을 잃고 자기열정에 휩쓸리게 되는 상황이다.

천칭자리 여성은 물고기자리 여성과 마찬가지로 상대에게 빠져드는데 깊은 불안을 느낀다. 물론 자신은 이런 공포를 깨닫지 못하는 경우가 태반이다. 성적으로 한 사람에게 완전히 자신을 열어준다는 것은 감정적으로 상처 받을 위험에 노출된다는 뜻이다. 그녀는 자신을 잃게 될까봐 두려운 것이다. 이런 태도는 남성들이 흔히 보여주는 초연한 냉정함을 연상시킨다. 사실 제임스 본드와 존 웨인도 자제력을 잃고 싶지 않았을 것이다.

그녀가 배워야 할 점

도발적인 여성일수록 성적으로 불안정한 경우가 많다. 천칭자리 여성의 많은 수가 스스로에 대해, 그리고 자신의 육체에 대해 부정적인 생각을 가지고 있으며 성에 대한 공포심이 깅하다.

여성이 섹스를 즐기려면 자기 몸을 잘 알고 편안하게 받아들여야 한다. 또한 성에 대한 상대의 반응 뿐 아니라 자신의 느낌에 대해서도 잘 알아야 한다. 무엇보다 스스로를 사랑해야 한다. 천칭자리 여성은 아름다움이나 성적 매력의 기준을 대중 매체나 〈코스모폴리탄〉, 〈보그〉 같은 대중 여성잡지에 지나치게 의존하는 편이고, 자신은 그런 기준에 미달된다고 느낀다. 외모에 대한 부족한 자신감은 자기에 대한 전체 이미지에도 강하게 영향을 미쳐서 스스로를 자격 미달이라고 느낀다.

침대에서도 그녀는 완벽한 외모와 성적 매력의 이미지에 몰두해서 자신의 느낌을 외면한다. 자신이 가장 멋있게 보일 것 같은 자세를 취하려고 노력하면서 자연스러운 반응과 상호 작용을 억제하는 것이다. 또한 오르가슴을 느낄 때 자신이 여자답게 보이지 않을까봐, 심지어 추하게 보일까봐 두려워한다. 그런 일을 받아들일 수 없기 때문에 자신의 성적 흥분을 억제하는 일도 있다. 그래서 그녀는 절정에 도달하려면 꼭 필요한, 자신을 온전히 해방시키는 경험을 못하는 수도 있다.

이 때문에 천칭자리 여성이 겉으로는 굉장히 즐거워 보여도 사실은 외로움을 느끼고 겁에 질려 있는 경우가 많다. 성에 대한 불안감을 얘기하기에는 너무 숫기가 없어서 조용히 고통 받는 것이다. 그리고는 실제 섹스가 흔히들 이야기하는 것과 다르다고 단정한다.

성과 관련해서 그녀의 큰 문제는 긴장감을 표현하지 않고 쌓아두는 데 있다. 차분한 모습을 유지하고 상대를 즐겁게 하는데 열중해서, 폭풍이 일고 있는데 평온한 척할지도 모른다. 그러니 에로틱한 열정이 자유롭게 일어날 수가 없다. 그녀가 자신의 열정을 억누르는 한 성적인 감응도 더 빈약해지고, 결국 더 큰 만족을 얻기 위해 새로운 상대를 찾는다. 그녀는 내면을 들여다보면서 자신의 느낌을 상대에게 표현하기 시작해야 한다. 그럴 때 상대도 그에 합당한 반응을 보이고 도움을 줄 수 있다.

그녀가 즐겨 빠져드는 성적 공상 중 하나가 붙잡혀간 공주가 되는 것이다. 또 하나는 하렘에서 가장 사랑 받는 여자가 되는 것이다. 최고의 상상은 마담이 되어 매춘부 같은 귀걸이를 하고서 사디스트처럼 모든 사람을 조종하는 역할을 하는 것이다. 이때 그녀 자신은 보이지 않고 전능한 두목, 성별을 알 수 없는 두목의 은밀한 정신적 지배를 받는다.

쾌락을 추구할 때는 자신의 취향을 확인하고 성욕을 돋우기 위해 그룹 섹스를 시도할 수도 있다. 많은 사람과 관계를 가지면 성적으로 더 확신을 가질 수 있으리라 생각하는 것이다. 그녀는 지속적으로 유지하는 관계를 꺼리는 경향이 있다. 그룹 섹스는 그런 관계에서 자유롭게 해준다. 그녀는 관음증적인 훔쳐보기도 즐기며, 그런 분위기만 주어지면 노출증을 보인다. 탁자 위에 올라가서 춤추기를 좋아하며, 친구 집 거실에서 스트립쇼를 하고, 숨바꼭질을 즐긴다.

그녀는 애정이 담뿍 담긴 달콤한 말을 들으면, 음란하고 야한 말을 들었을 때처럼 쉽게 흥분한다. 전희를 할 때 손끝이나 깃털로 살짝살짝 그녀의 허벅지를 쓰다듬으면서 부드럽고 섬세하게 오일 마사지를 해주면 더 멋진 섹스를 즐길 수 있다. 천장에 거울이 붙어있는 러브호텔에서 주말을 보내거나 격렬한 하룻밤을 보내기를 좋아한다. 집에 부드러운 융단, 향, 오디오, 특별한 조명, 비디오 장치까지 갖춰놓은 러브호텔 같은 방이 있을 수도 있다. 향수나 오일 같은 것도 많이 준비해둘 것이다.

남성처럼 옷을 입는 일 역시 그녀를 흥분시킨다. 그래서 이성의 옷을 즐겨 입는 사람들도 인정하고 받아들인다. 그녀가 즐겨 되풀이하는 공상 중에 남자가 되는 것도 있다. 이런 공상이 그녀를 자극해서 공격적인 섹스 상대가 되게 만든다. 이런 기분에 젖을 때면, 동물적인 모습을 보이면서 크게 소리치고 상대를 잔인하게 희롱하고 노예처럼 대하면서 쾌감을 얻는다.

천칭자리 여성은 기질적으로 양성애의 요소가 강하다. 그녀는 여성의 몸이 보여주는 부드러운 곡신과 신비로운 면에 강한 자극을 받으며, 다른 여성과 함께 있을 때 안정감을 느낀다. 역할을 바꾸면서 지배와 복종 사이를 오갈 때 더 흥분하며, 상대적으로 경직된 남성보다는 여성과 함께 이런 일을 즐기는 쪽을 더 편안하게 여긴다.

그녀는 섹스의 메니니 볼문요에 대해서도 분명한 생각을 가지고 있다. 그녀는 일찍 잠에서 깨는 편이 아니며, 그래서 대체로 아침에는 섹스를 할 기분이 아니다. 그녀가 최고로 흥분하는 시간대는, 낮잠을 즐기고 목욕하고 몸단장을 마친 오후 중반부터 자정까지이다. 너절하고 부스스한 사람을 싫어하는 그녀는 연인이 그런 모습을 보이면 떠나버린다.

그녀는 감정적으로 깊이 결속되기를 꺼리면서도 애인의 기호를 몹시 세세하게 기억하고, 그도 자신이 좋아하는 꽃과 향수를 기억해주기를 바란다. 그녀는 공평한 관계를 바라지만, 이것은 생각으로 그친다. 사실상 그녀는 귀부인 대접을 받으면서 고급스런 술과 음식으로 대접받기를 좋아한다.

요약하자면, 천칭자리 여성은 훌륭한 연인이고 몹시 매력적이다. 그녀의 외모와 감정, 걸음걸이가 상대에게 격렬한 쾌감을 준다. 하지만 연인의 성적 요구에 맞춰주느라 자신의 욕구를 외면하면서 스스로를 기만하게 될 가능성도 많다. 또 섹스의 강렬한 흥분과 쾌락을 자신은 거부하는 경우가 많다. 그녀는 생각과 감정, 베푸는 것과 받는 것 사이에서 균형을 유지할 줄 알아야 한다. 어떤 때는 너무 많이 받기만 하고, 충분히 주지 않는 경우도 있다.

그녀가 섹스에서 배워야 할 점은 성관계를 나누는 동안 자신의 느낌에 충실하면서 온전히 흥분하도록 자신을 놓아야 한다. 육체이미지 훈련, 대화법 교육, 태극권이나 요가, 심상 훈련 등 긴장을 풀어주는 다양한 방법을 통해 필요한 성적 개발을 얻을 수 있다.

천칭자리의 분노

분노는 인간의 자연스러운 감정이다. 우리는 사랑과 욕망, 포만감, 질투, 슬픔, 행복을 느끼듯, 분노도 느낀다.

천칭자리 여성은 유순한 비둘기 같으면서도 스트레스를 받으면 갑자기 독수리 같은 모습을 보인다. 이것은 대체로 관심을 가장한 형태를 띤다. 미처 의식하지도 못한 채 억눌러온 분노 때문에 커다란 문제에 봉착하는데, 그것은 그녀가 자신의 분노를 인정하지 못한다는 점이다. 그다음 문제는 그녀가 분노를 솔직하고 건설적으로 표현할 줄 모른다는 점이다. 물론 거의 대부분의 사람들이 이런 문제를 갖고 있으므로 지나치게 걱정하고 풀이 죽을 필요는 없다.

우리 중에 누구도 '완전함을 얻기 위한 투쟁'의 기본 규칙을 배우지 못했다. 우리가 아는 것은 '권력을 얻기 위한 투쟁'이다. 전자를 통해서는 갈등을 극복할 수 있지만, 후자의 경우 한쪽이 승리하고 다른 쪽은 모욕당하고 상처 입기 때문에 갈등을 키우게 된다.

우리 문화는 흔히 분노에 다른 이름을 붙인다. 기분이 나쁘다, 적대적이다, 뒤로 물러난다, 죄책감이 든다, 당황했다, 괴롭다, 이기적이다 등등…. 물론 실제로 그런 감정을 느낄 수도 있다. 하지만 이런 표현 배후에 분노가 감추어진 경우도 그만큼 많다. 분노가 안으로만 향하고 표현되지 못하면 우울증이 된다는 사실은 이제 상식이 되었다.

분노는 섹스와 마찬가지로 우리를 당황하게 만든다. 분노를 호리병에 갇혀 있는 요정처럼 생각하고서 한번 밖으로 튀어나오면 다시는 제어할 수 없을 것처럼 여기는 탓이다. 특히 천칭자리 여성이 분노를 표현하지 못하는 까닭은 화를 내면 '나쁜' 사람이 된다고 믿기 때문이다. 우리 사회가 이런 생각을 강화시켜 왔다. 그래서 분노를 사랑과 같은 자연스런 인간감정으로 받아들일 때 분노에 잘 대처하고 건설적으로 활용할 수 있다는 점을 아직 깨닫지 못한다.

천칭자리 여성의 상냥한 얼굴 어디에도 분노의 흔적은 없다. 속으로 자신과 전쟁을 치르고 있을 때도 겉으로는 평온을 유지한다. 그녀가 분노를 극복하는 주된 방식은 애정 어린 관심을 가장하면서 그것을 표현하는 것이다. 그녀는 배우자가 괴로워하고 있음을, 가장 친한 친구가 불행한 연애로 고통받고 있음을, 자녀가 잘못을 저질렀음을 '알고 있다'. 그녀는 그들을 위로하느라 자신의 분노에서 벗어나지 못한다. 대신 분노를 다른 사람들에게 투영하고, 근심이나 공포, 죄의식으로 왜곡한다. 불행하게도 천칭자리 여성은 자신이 교묘하게 속임수를 쓰고 있다는 사실조차 깨닫지 못한다. 그러고는 자신이 배우자를 상처 입히지 않기를 간절히 바란다고 생각한다. 하지만 그런 행동은 도움을 주기보다 더 심각한 해를 끼칠 수 있다. 자기 속마음을 속이고 거기서 도피하는 것은 그녀뿐 아니라 그녀가 맺는 인간관계도 위험에 빠트릴 수 있기 때문이다.

천칭자리는 통제하기를 원한다. 이를 위해 자신의 분노를 억누르고 조작하려 든다. 이것은 상대를 배려하는 행동처럼 보이지만, 사실상 그를 무시하는 것일 수도 있다.

분노와 성

천칭자리 여성은 결코 자기 분노에 대해 떠들어대지 않는다. 대신 파괴적인 행동을 일삼는다.

분노는 그녀의 성적인 느낌이나 성관계에 직접적인 영향을 미친다. 그녀의 적대감과 상대의 적대감이 증가할수록 두통과 요통으로 고통받게 된다. 그녀는 그에게 자기 건강이나 사소한 일들에 대해 불평을 늘어놓게 되고, 자신에게 관심을 보이지 않는다고 비난한다. 그녀의 성 전체가 억눌린 분노의 영향을 받아 건강하고 적극적인 성관계에 필요한 감정까지도 억누르게 된다.

천칭자리 여성이 분노하면 섹스에 관심을 잃게 될 수도 있지만, 어떨 때는 그것이 자극제가 되기도 한다. 후자의 예를 보여주는 것이 J와 B의 경우이다. 그들은 끝없이 싸우다 결혼에 종지부를 찍는 지점에 이르렀다. 그들은 항상 싸우다가 격렬한 섹스를 하곤 했다. 이혼하고 나서 J는 자신이 다른 여성들과는 섹스가 불가능함을 깨닫고 당황하게 되었다. 치료를 받으면서 그는 자신에게 섹스가 공격과 결부되어 있었음을 알게 되었다. 섹스를 B에 대한 공격으로 이용하면서 자신을 더 잘 통제한다는 느낌을 받았던 것이다. 그래서 섹스를 하려는 여성에게 화가 나지 않았을 때는 흥분이 되지 않았다. 그녀는 그의 공격을 받아야할 이유가 없었기 때문이다.

다음은 천칭자리 여성이 분노를 건설적으로 표현하도록 도와주는 기본 규칙들이다.

- 자신이 언제 분노하는지 파악하라. 분노를 인정하고, 억누르지 마라.
- 자신을 분노하게 만드는 것이 무엇인지 판단하라. 상대방이나 다른 누군가와 그것에 대해 이야기를 나눌 필요가 있는지 결정하라. 어떤 때는 친구나 치료사가 도움이될 때가 있다. 어떤 때는 옥상이나 폭포 앞에서 소리를 지르는 것이 놀랍게도 분노를 제거해준다.
- 연인과 이 문제에 대해 거리낌 없이 이야기를 나누기로 했다면 적절한 시간을 정하라. 양쪽 모두 적합한 시간에 싸울 수 있도록 약속을 정해야 한다.
- 토론에 대비하라. 논쟁을 벌이는 목적이 무엇인지 분명해야 한다. 의혹을 제거하고자 함인가? 특별한 문제가 있는가? 그것은 무엇인가? 싸움에서 이기기를 원하는가 (주도권 다툼은 의미가 없다), 아니면 관계를 개선하고 자신을 화나게 하는 문제를 해결하고 싶은 것인가?
- 이런 식으로 시작하는 것도 좋겠다.
  "마티, 오랫동안 마음에 걸렸던 문제가 있었는데, 그게 날 화나게 만들었단 걸 알게되었어. 내가 우리 관계가 소중하지 않았다면 그냥 잊어버렸든지 아무 상관없는 다른 문제로 당신에게 소리 질렀겠지. 하지만 내겐 우리 관계가 소중해. 그래서 문제를 솔직하게 털어놓고 우리가 그 문제를 해결할 수 있을지 얘기를 나눠봤으면 좋겠어."
- 자신의 감정과 인식에 끝까지 충실하라. 이 문제 때문에 다른 사람을 비난하지도 말고 두 사람 사이에서 잘 되어가고 있는 부분까지 악영향을 미치도록 만들지 마라.
- 당신의 입장을 설명하기 위해 역할을 바꿔 보라. 상대가 당신 입장에 서볼 수 있도

록 도와라. 이런 식으로 말이다.

"로즈, 매일같이 너를 기다려야 할 때 내가 어떤 기분이 드는지 모를 거야. 상상해 봐. 난 조심스럽고 까다로운 사람이라서 다른 사람을 기다리게 하는 걸 싫어해. 30분 동안이나 너를 기다리고 있자니 속에서 부글부글 끓어오르더라. 이런 식으로 어떻게 즐겁게 시간을 보내겠니. 난 항상 남을 배려할 줄 알아야 한다고 배웠어. 그래서 약속에 늦게 되면 형편없는 인간이 된 것 같은 느낌이 들어."

· 한 사람의 인격체와 그 사람이 한 행동을 구분해야 한다. 우리가 곧잘 아이들에게 하는 말을 기억할 필요가 있다. '넌 그 사람을 싫어하는 게 아니라 그 사람이 한 짓을 싫어하는 거야.'

· 상대방이 의도적으로 당신을 화나게 만들었다고 속단하지 마라.

· 긍정적으로 생각하라. 공통된 동기와 목적, 흥미를 찾아서 대화를 나누고 서로 상대에 대한 존경심을 유지할 수 있도록 노력하라.

· 당신은 당신이 느끼는 감정을 가질 권리가 있음을 기억하라.

· 두 사람이 대화를 통해 얻은 것을 확인하면서 토론을 끝내라. 당신이 두 사람의 관계를 소중하게 생각하고 있음을 한 번 더 확인하라.

· 분노를 억누르는 방식으로는 관계를 '보호'할 수 없음을 기억하라. 위선은 당신이 지키고자 하는 관계를 파괴할 뿐이다. 건강한 관계는 당신이 편안한 마음으로 분노를 포함한 모든 것을 표현할 수 있는 관계여야 한다.

천칭자리의 생활 방식

천칭자리 여성은 함께하는 생활을 선호하며 결혼의 가치를 믿는다. 그녀는 연인과 배우자에게 서로 다른 것을 원한다. 사랑하는 남성이 로사리오, 돈주앙, 돈키호테, 세일즈맨 윌리, 그 모든 인물이기를 바란다. 그녀는 이상주의자이고,

변덕스럽고 예민하고 요구가 많으면서도 싹싹하고 세련되고 낭만적인 배우자가 될 것이다. 그녀는 배우자를 행복하게 하려고 온힘을 다해 모든 노력을 기울일 것이다.

그녀는 결코 모성적인 대지는 되지 못한다. 공기처럼 가볍고, 고상한 원칙을 중시하는 편이고, 낭만적이면서도 동등한 권리를 요구하는 투사이다. 이상주의자이기 때문에, 배우자에게 순응하려던 마음이 원칙을 지키려는 싸움의 열기 속에서 사라지기도 한다.

일부일처제에 대한 태도

천칭자리 여성은 일부일처제를 원칙적으로 고집하거나, 전적으로 거부하는 쪽이다. 어느 쪽이든 그녀는 완강하고 독선적으로 자기 입장을 고수하면서 격렬한 토론도 불사할 것이다. 일부일처제를 반대하는 천칭자리 여성이 실제로는 한 남성과의 섹스만 경험했을 수도 있다. 실제 경험이 없이도 이상적인 입장을 취할 수 있는 것이다.

그녀는 정의와 평등을 소중하게 생각하며, 따라서 자유도 소중하게 여긴다. 꼭 실제 행동의 자유가 아니더라도, 적어도 사고의 자유라도 지키려 들 것이다.

다음은 천칭자리 여성이 일부일처제를 부정하게 되는 전형적인 상황들이다.

- 더 완벽한 상대를 찾을 때. 천칭자리 여성은 항상 지금보다 더 나은 상대나 배우자를 찾을 가능성이 있다고 믿는다. 그녀는 기꺼이 분홍빛 안경을 쓰고 꿈의 세계에 머물겠지만, 꿈이 바래면 새 연인을 구하러 시장에 갈 것이다. 그녀가 배우자에게 얼마나 상냥하게 대하느냐에 따라 이런 상태에 얼마나 근접해 있는지 판단할 수 있다. 주변을 두리번거리면서 자주 머리카락을 만지작거리고, 배우자와 있을 때 계속 안절부절하면서 조바심치면 위험이 바로 앞에 다가온 것이다. 하지만 가장 확실한 신호는 그녀가 옷장 속을 완전히 새 옷으로 채우기 위해, 혹은 적어도 새 수영복을 장만하기 위해 열심히 다이어트를 할 때이다. 천칭자리와 함께 하는 배우자에게 두 배로 주의하라고 충고하고 싶다. 그녀에게 지금 부족한 것이 무엇인지 물어보고, 새

로운 연애사건 없이도 그녀가 원하는 것을 얻을 수 있는 방향으로 일을 끌어가야 한다. 그녀는 상대의 제안을 받아들이는 편이고 응석부리기를 좋아해서 가능성이 없지는 않다.

- 채털리 부인이 될 때. 천칭자리 여성은 품위 있는 숙녀나 신녀 역할 속에 자신을 집어넣고, 동물적 열정에는 아무 자리를 남겨주지 않을 수도 있다. 하지만 그녀 안에 있는 본능은 누군가 와서 그녀 스스로 강요한 역할에서 벗어나게 해주기를 바란다. 그녀는 두 사람과 관계하면서 균형을 유지할 수 있으며, 이런 식으로 자신의 음란한 환상을 충족시킨다.

- 개인적 성장. 천칭자리 여성은 살아가면서 많은 변화를 겪는다. 천칭자리는 원래 인간관계 속에서 많은 것을 경험할 운명을 타고났다. 어릴 때는 좋은 연인 한 명에게서 자신이 원하는 모든 것을 얻는 것이 사랑이라 생각했을 수 있다. 하지만 그녀가 더 고양된 자아와 에로스를 조화시키게 되면 자신의 모든 것을 나눌 연인을 필요로 한다. 그녀가 인생여행을 계속하면서 관계가 반복되기도 하고 다양한 남자들을 만나기도 할 것이다. 그녀는 최선을 다해서 자신을 발전시키면서, 안정되고 베풀 줄 아는 완전한 여성이 되기 위해 열심히 앞으로 나아갈 것이다.

- 생에 대한 의욕이 넘칠 때. 천칭자리 여성은 삶의 기쁨으로 넘친다. 그녀는 발리섬에서 수영하고, 사하라에서 낙타를 타고, 알프스에서 스키를 타고, 몬테카를로에서 드라이브를 하고, 텔레그래프힐에서 사랑을 나누고 싶어한다. 만일 기회가 주어진다면 그것을 놓치지 않을 것이다. 그때 그녀가 연인과 같이 있지 않고 스키교사가 미남인데다 세심하다면 점심 때 잠깐 그와 섹스를 나눌 수도 있다. 그러고 나서도 죄책감 같은 것은 느끼지 않는다. 왜냐하면 그것이 결혼에 손상을 주리라고 생각하지 않기 때문이다. 게다가 그녀는 자신이 그럴 권리가 있다고 느낀다.

- 자긍심이 약할 때. 천칭자리 여성은 미모나 나이 먹는 것에 몹시 신경 쓰는 편이다. 그럴 때면 새 연인, 심지어 새 배우자를 얻어서 쇠락하는 자신의 사기를 높이려 들 수 있다.

- 연인의 둔감함. 천칭자리 여성은 다양한 면모와 기분을 가진 복잡한 여성이다. 함께하는 연인이 그녀에게 맞춰줄 수 없거나 그럴 의지가 없다면, 그녀도 조만간 환상에

서 깨어날테고 자신의 감정이나 퇴근 후 어디로 갈지 등에 대해 그에게 시시콜콜 얘기하지도 않을 것이다. 대신 새로 연애를 하거나 하룻밤의 정사로 일상에서 벗어나려 할 수 있다. 어쩌면 상대가 그녀가 애초에 원했던 방식으로 자신을 돌봐주지 않는 상황에 처할 수도 있다. 그럴 때면 공허함을 느껴서 그 허전함을 메우기 위해 섹스를 할 수도 있다.

- 다른 사람들도 그렇게 한다는 생각. 천칭자리 여성은 유행에 따르기를 좋아한다. 주변 사람들이 자유분방한 생활을 찬양하면 자신도 결혼을 개방해야 하다고 느낌지도 모른다.

대안적인 생활 양식

- 독신생활: 천칭자리 여성은 오래 혼자 살기를 원하지 않는다. 그녀가 한 관계를 끝내고 새로운 관계로 접어들기 전 과도기라면 그럴 수도 있다. 이런 경우 외로움을 덜 느낄 수 있도록 고양이를 기르거나 화초를 가꾸고 공간을 예술품으로 채우는 편이다. 그녀는 일이 너무 많아서든 단순히 관심이 없어서든 한동안 섹스 없이 지낼수도 있다. 하지만 그것도 일시적인 일이다. 그녀는 다양한 관계를 동시에 잘 이끌어가는 편이지만 한 번에 한 명의 상대와 가정적으로 생활하는 쪽을 선호한다.

- 개방결혼: 천칭자리 여성은 불안정하기 때문에 이런 생활 방식은 좋은 선택이 못된다. 그들은 매사를 시시콜콜 털어놓는 일에는 관심이 없다. 자기 방식대로 일을 처리하는 편이고, 완전하게 솔직하다는 것은 바람직하지도 가능하지도 않다고 믿는다. 개방결혼은 그녀에게 충분한 통제수단이 되지 못하며 안정감도 주지 못한다.

- 삼자결혼: 천칭자리 여성은 이 방식을 좋아할 수 있다. 하지만 두 명의 남성과 이런 관계에 들어가는 쪽을 좋아하는 양자리 여성과 달리, 천칭자리 여성은 다른 한 명이 여성인 쪽을 선호한다. 오래 공상하던 대로 다른 여성과 충분히 상호 작용할 기회를 제공하기 때문이다. 천칭자리 여성은 아주 영리하게 자기 영역을 지키는 편이지만, 주기적으로 삼자결혼 주변을 맴돌 가능성이 크다.

- 공동생활: 공동생활은 천칭자리에게 적절한 선택이다. 이스라엘이나 인도, 미국에서 공동생활을 하는 천칭자리 유형의 여성을 많이 만나 보았다. 집안일을 번갈아 하

고, 상대를 다양하게 바꿀 수 있고, 다양한 사회계층과 나이를 망라하는 사람들과 사귀고, 사회적 활동이 많고, 새로운 것을 배울 기회가 늘어나는 이런 방식은 천칭자리 여성에게 특히 훌륭한 가능성을 열어준다. 하지만 그녀의 질투심이 문제가 될 수 있다. 질투심이 너무 커지면 그녀의 내면을 잠식할 것이기 때문이다.

- 동성애나 양성애: 천칭자리 여성은 이중적인 본성을 가졌기 때문에 그녀의 성생활 안에 이미 자연스럽게 이런 요인이 잠재하고 있다. 천칭자리 여성의 많은 수가 양성애자이거나 동성애자이다. (천칭자리의 성을 참조하라.)

천칭자리의 개괄적 특징

미운 아기오리 혹은 아름다운 공주, 섹스의 여왕 혹은 아내인 천칭자리 여성은 아주 매혹적이고 여성적이다. 자신이 갖고 있는 인간관계에서 쾌락을 경험하지 못한다면 계속해서 그걸 얻을 방법을 모색한다. 그런 노력의 과정에서 다양한 상대를 만나고, 새로운 생활 방식을 경험하고, 성적으로 새로운 정체성을 획득할 수도 있다.

천칭자리의 미운 아기 오리는 자신을 믿을 때 백조로 성장한다. 그러면 자신의 경험담을 토대로 사랑은 적절히 균형을 유지하면서 베푸는 행위임을 가르칠 수 있다.

아기 오리는 우여곡절을 거치면서 최선을 다해 겨울을 지내고 살아남았다. 그리고 봄이 왔고, 날개에 새로운 힘이 생긴 것을 깨달았다. 어느 날 호수에서 자신과 똑같이 생긴 하얀 새 떼를 만나게 되었다.

"내가 못났다고 죽이려 들지도 모르지만 그래도 저 새들과 어울려야겠어."

그는 용감하게 말했다.

그런데 그렇게 말하면서 연못 가득한 수련 사이로 자신을 들여다보는 순간,

'새빨간 공기'의 천칭자리 여성

자신이 저 새들만큼이나 아름다운 모습인 것을 발견했다. 나이 든 백조들이 고개 숙여 인사하면서 환영해주었다. 그리고 미운 아기오리는 당당하게 젊은 백조가 되었다!

나이가 들면 천칭자리 미운 아기오리도 인간 집단의 훌륭한 일원이 된다.★

10.24/25
~
11.22/23

'고여있는 물'의
전갈자리 여성

Scorpio

복잡한
양심을 품는
집단에 치우치기 쉬운
감정을 누르는
가부장제에 사로잡힌
자신감 있는
유능한

영적 능력이 뛰어난
고집 센
충실한

지도자 자질이 있는
현실적인 호기심 많은
신비주의적인

정염에 휩싸이는
섹스에 전혀 흥미가 없는 성욕이 강하고 격렬한
소유욕이 강한
낮의 존재
밤의 존재

위험을 무릅쓰는
열정적인

거만한
외로운   평범하지 않은 운명
모험을 좋아하는
무심하고 초연한 **속임수를 쓰는**
비밀을 좋아하는 **순응하지 않는**
자기 방임의 **우상파괴주의자**
살면서 변화의 전환기, 정서적 죽음 **죄책감을 갖는**
자기 파괴적인
권력을 이용하는

위에 나열된 특성들은 단지 한 시기를 묘사하고 있으니,
당신과 맞지 않는다고 생각되면 지금 당신이 어느 시기에 있는지
다른 별자리에서 찾아보세요.

전갈자리의 성격

"그녀가 친절할 땐 정말 너무너무 친절하지만, 그녀가 심술부릴 땐 지독하게 고약해져요." - 동요 가사

일반적인 특성과 배경

마치 스핑크스처럼 삶과 죽음의 수수께끼를 아는 듯한 전갈자리 여성은 흥미롭기 그지없는 존재이다. 많은 이가 그녀에게 매혹되거나 두려워한다. 그녀는 매력적이고, 성욕이 강하며, 신비한 능력을 타고났다. 힐끔 쳐다보는 시선만으로도 사람의 마음을 황폐하게 만들고, 회복 에너지를 갖춘 눈과 손으로 생명을 소생시키기도 한다.

여덟번째 별자리인 전갈자리는 고여 있는 물을 상징한다. 고여 있다는 부분이 그녀에게 끈기와 결단력, 의지력을 부여한다. 한편 물의 속성은 재생 능력과 직관, 신비주의, 강박관념, 그리고 약간의 편집증과 연관된다. 각 별자리는 특정한 별의 지배를 받는데, 전갈자리는 명왕성(플루토. 지하 세계 하데스를 지배하는 신)의 지배를 받는다.

전갈자리 유형의 여성은 태양이나 다른 중요한 별이 전갈자리에 있을 때, 혹은 명왕성의 기운이 강할 때 태어난 여성이다. 여기에는 일시적으로 전갈자리 시기를 거치고 있는 여성들도 포함된다. 그런 경우 특정별이 전갈자리에 있을 때 태어나야 할 필요는 없다. 전갈자리 유형은 앞에 나열한 성격을 가지며, 전갈자리 시기를 거치는 여성들은 다음과 같은 특징을 보인다.

- 권력에 집착하며, 이를 위해 섹스를 이용하기도 한다.
- 자신이 심각한 병에 걸리거나, 자신의 생각과 생활 양식에 커다란 영향을 미친 절친

'고여있는 물'의 전갈자리 여성

한 친구가 심각한 병을 얻거나 죽는다.

- 영적 조화를 이루는 탁월한 능력이 있다.
- 상징적인 죽음과 부활을 거침으로써 새로운 자아를 얻거나 생활 양식의 변화를 경험한다.

전갈자리 시기는 광적인 성관계, 돈벌이, 교묘한 속임수를 써서 개인이나 집단을 파괴하는 행위와도 연관된다. 전갈자리는 좋지 않은 평을 듣는 경우가 많은데, 타인을 희생시키면서까지 권력을 장악하기 위해 강한 에너지를 사용하는 일이 잦아서이다.

열정적이고 의지력이 강하며 최면 능력도 있는 전갈자리 여성들의 삶은 다양한 측면으로 분리되며 그 대부분이 소수의 친구들이나 통찰력 있는 관찰자들에게만 드러난다.

전갈자리 여성은 매우 여성적이고 지극히 현실적이다. 어떤 연인도 그녀에게 더 많은 것을 요구할 수 없을 것이다. 사실 남성들 중에서 적은 것에 만족하고 더 편안함을 느낀다든지, 교묘하게 권력을 장악하고 행사하는 여성을 사랑하는 일이 쉽다고 생각하는 이들은 극히 적다.

권력이란 변화를 일으키거나 방지하는 힘이다. 전갈자리 여성이 원하는 것도 바로 이것이다. 그녀는 사람들 사이에서 중요한 변화를 일으킬 수도 있고, 변화를 일으키는 힘을 차단할 수도 있다. 여론 주도층이나 전문가의 의견에도 거의 영향을 받지 않는다.

전갈자리를 이해하려면, 사생활과 권력에 대한 그녀의 욕망을 알아야 한다. 어떤 때는 개인적으로 많은 희생을 치르더라도 세상에 영향력을 행사하기를 바라고, 다른 한편으로는 비밀주의를 원한다. 그래서 지도자가 되려면 사생활을 희생해야 한다는 것을 깨닫고 심각한 갈등을 겪는다.

전갈자리 여성을 이해하는데 중요한 단어는 '이용'이다. 목적을 달성하기 위해서라면 자신의 재능과 자원뿐만 아니라 사람들까지도 곧잘 이용한다. 그러면서도 내심 다른 사람들의 이해를 바라는데, 이것은 거의 불가능하다고 봐야 한다. 또한 정서적 평온을 간절히 원하지만 항상 과도한 긴장과 신경과민에 시달리며 살아간다.

복잡한

전갈자리를 상징하는 동물들은 진갈, 독수리, 그리고 불사조이다. 그래서 전갈자리 여성들도 이 동물들만큼이나 복잡하다. 그녀가 평생 반드시 추구해야 할 것이 자기통제이고, 이것은 자기 개혁을 통해서만 가능하다. 바닥을 기어 다니는 전갈의 생활에서 하늘 높이 비상하는 독수리의 세계로 자신을 끌어올릴 방법을 찾아야 한다. 그중 소수는 불사조기 상징하는 영적 초월성에 도달하게 될 것이다. 잔다르크가 화형 당할 때, 커다란 독수리가 그녀의 머리 위로 높이 날아올랐다고 하지 않는가.

현실적인 신비주의자

전갈자리 여성은 현실적인 동시에 신비주의자이다. 병든 사람들을 동정해서 눈물을 흘리기보다는 의사가 되어 그들의 병을 고쳐주겠다고 결심한다. 그러면서도 왜 그런 일이 존재하는지 포괄적으로 따지는 데서 신비주의적인 면모를 발견할 수 있다. 현실적이고 실천적인 그녀의 신념이나 신비주의를 이해하지 못하는 사람들에게는 그녀가 그저 냉혹하게 보일 것이다.

그녀는 모든 일에 결말이 예정되어 있기 때문에 그 어떤 조건이나 습관, 관계들로도 거기서 벗어날 수 없다고 믿는다. 여기서 그녀의 현실적인 기질은, 파괴야말로 부활의 필수적인 선행 단계라고 믿는데서 드러난다. 한편 그런 비극에 감추어진 거대한 목적을 찾는 데서 신비주의적인 면모를 발견할 수 있다.

성욕이 강하고 격렬한, 낮의 존재-밤의 존재

전갈자리 여성은 영화화된 필딩의 소설 『탐 존스』에 등장하는 몰리와 닮았다. 그녀는 섹스를 좋아하고, 그 희열에 완전히 자신을 내던지며, 극도로 예민하게 그 느낌 하나하나를 '느낀다'. 그녀도 몰리처럼 건초 더미에서 뒹구는 섹스를 즐길 것이다. 미각도 소중하게 여겨서, 식사하는 일을 마치 유혹의 의식처럼 만들어놓는다.

전갈자리 여성은 마치 굶주린 듯 연인의 몸과 애무를 갈구하며, 그의 몸과 살의 감촉, 그 힘에 희열감을 느낀다. 아마 그녀는 그의 냄새를 맡고, 그의 몸을 더듬고 어루만지며, 조금씩 갉아먹는 것처럼 핥을 것이다. 그녀가 사랑을 하면 지극히 충실하게 사랑한다. 마찬가지로 정염에 휩싸이면 그녀의 존재 깊숙한 곳에서부터 서로의 몸이 맞물리고 함께 뒹굴기를 갈망한다. 이런 면이 그녀를 낮의 존재로 만든다.

하지만 그녀에게는 밤을 닮은 모습도 있다. 밤의 존재 역시 낮의 존재만큼이나 강하고 굶주려 있다. 단지 숨어서 자신을 드러낼 계기를 기다리고 있을 뿐이다. 강박증, 자기억제, 거만함, 광적인 소유욕, 은밀한 사디스트 기질 등이 거기 해당한다. 밤의 존재를 대표적으로 보여주는 사례는 마타하리이다. 그녀는 오직 권력을 얻기 위해 섹스를 했다. 진짜 목적을 숨기고, 그것을 얻기 위해 섹스를 이용한 것이다. 이것은 전갈자리의 파괴적인 속성으로, 잘못되면 그녀 자신까지 파괴할 수 있다.

열정적인

전갈자리 여성들은 다들 열정으로 타오른다. 그 열정을 어디에 사용하느냐에 따라 축복이 될 수도 있고 재앙이 될 수도 있다. 만일 열정을 집중력에 연결시키면서 좋은 목적을 이루기 위해 최선을 다한다면, 이것은 축복이 된다. 그녀가 다음 날 경마시합의 우승마를 알아내려 집중한다면, 그 숫자를 떠올릴 수 있을지도 모른다. 원하는 남자를 시각화할 수 있는 능력도 있다. 그러고 나면 실제로 그런 남자가 나타난다.

전갈자리 특유의 열정이 긍정적으로 활용되면 그녀는 승리자, 즐거운 도전자가 된다. 하지만 부정적으로 악용될 때는 앙심을 품고 복수하는 수단으로 전락한다.

앙심을 품는

누군가 그녀를 방해하면 전갈자리 여성의 정열은 그대로 앙심으로 변한다. 한 번이라도 그녀의 가시 돋친 공격을 받은 적이 있는 사람이라면 결코 그 일을 잊지 못할 것이다.

그녀는 실제든 상상으로든 무시당한 일을 결코 잊지 못한다. 자신이 남의 방해를 받아 상처 입게 될 거라는 상상이 실제로 그런 일을 초래하는 것 같다. 사람은 자신이 생각한 것을 얻게 된다는 옛 속담이 있다.

전갈자리 여성이 가는 길 앞에 무수한 선과 악이 놓여 있다. 부정적인 면을 통제하지 않는다면 그녀는 정말로 끔찍한 마녀가 될지도 모른다.

전갈자리 여성에게 비열한 음모로부터 거리를 두라고, 남에게 상처 입히는 것을 피하라고 충고하고 싶다. 누군가 당신에게 나쁜 짓을 하더라도, 궁극적으로는 당신보다 그들에게 더 큰 해가 될 것이다.

인과응보에 따라 바로 그들이 응분의 대가를 치를 것이기 때문이다. 마찬가지로 당신의 행동이 지은 결과 역시 한 해의 마지막이나 생애 마지막 순간에 반드시 당신에게 되돌아온다.

모든 것이 아니면 아무 것도 아니라는 식으로 극단적인

전갈자리 여성은 오래된 습관을 수정해가며 느릿느릿 걸어가기보다는, 석판을 깨끗이 지우고 새롭게 시작한다. 그래서 그녀의 인생은 항상 롤러코스터 위를 달린다.

한 가지를 결정하지 못해 극단에서 극단으로 오가는 천칭자리 여성과 달리, 전갈자리 여성들은 가장 풍요롭고 모험적인 삶을 원하기 때문에 극단에서 극단으로 치닫는다. 그들은 격렬한 욕망에서 금욕주의로, 예술가에서 사업가로, 신비주의 연구모임에서 정신적인 고립으로 끊임없이 왕래한다.

중요한 일은 완벽하게 해야 한다는 것이 전갈자리 여성의 신조이다. 일반적인 의견이 아무리 압박을 가해도 중간을 택하는 일은 거의 없다. 그녀는 항상 커다란 성공을 기대하지만, 동시에 성공에 초연한 태도를 유지할 수 있다.

'고여있는 물'의 전갈자리 여성

또한 단시간 내로 소극적인 관찰자에서 주요 행동가로, 다시 선동가로 변화할 수 있다.

전갈자리의 에너지는 항상 대립 속에서만 솟아오르는 것 같다. 전갈자리 여성들도 내심 자신이 항상 변하며, 독수리처럼 날아다니는 삶을 살고 있음을 알고 있다. 영적인 지식도 있고, 자신을 개조할 방법에 대한 통찰력도 있다. 고통과 패배의 잿더미에서 일어나는 법도 알고 있다. 그녀는 살아가면서 기쁨과 고통, 창조와 파괴라는 엄격한 양극단을 추구한다. 그러니 그 행동도 극단적일 수밖에 없다.

감정을 억누르는

모든 것이 아니면 아무것도 아니라고 생각하는 사람들은 자연히 자신의 감정을 억누른다. 전갈자리 여성은 이 억눌린 감정을 다루는 법을 배워야만 한다. 이따금씩 그녀가 목구멍을 마개로 막아놓은 것처럼 행동할 때가 있다. 그러다 폭발하면 그 열기 때문에 반대 극단으로 치우친다. 몇 년 동안이나 집안에서 혹사를 당해도 참고 살다가 어느 날 갑자기 말도 없이 나가버리는 식이다. 직장에서도 힘겨운 일이나 갈등을 아무 내색 없이 참아내다가, 어느 순간 상사나 동료에게 철저하고 파괴적으로 공격한다.

그녀가 감정을 눌러 속으로만 삭이다보면 병을 얻는다. 전갈자리 여성은 건강을 타고나는 편이지만, 한번 아프면 오랫동안 심하게 앓으며 대체로 회복도 느리다.

전갈자리 여성의 몸에서 가장 약한 부분이자 스트레스를 받으면 가장 먼저 영향을 받는 부분은 성기의 핵심 부위이다. 그래서 감정을 억누르면 바로 성기에 영향을 미치고, 그 즉시 성적인 문제가 생기고 몸이 불편해진다. 마치 병을 마개로 막아둔 것 같은 이런 상황이 계속되면 궤양이 생기거나, 주기적으로 감정 폭발을 일으켜 가족 간에 갈등을 유발할 수도 있다.

혹은 목과 인후에 불편함을 느끼거나 질환이 생길 수 있으며 만성 요통에 시달릴 수도 있다.

강박관념에 사로잡힌

운에 의존하지 않는 전갈자리 여성은 매사에 계획을 세워 조직적으로 이루려고 노력한다. 상황에 휘둘리는 일 없이 미리 인생을 자신에게 맞춰 조정함으로써 실패나 최악의 상황을 면할 수 있다고 생각하는 것 같다. 신선한 빵을 먹기 위해 매일 아침 밀가루 반죽을 하듯 삶 자체를 반죽하는 것이다. 그녀는 마음을 정하고, 간절히 원하고, 상황을 조종하고, 계획을 세우고, 분류하고, 한계를 넘어서고, 기회를 움켜쥐고, 충분히 활용하고, 얻은 것을 지키고, 유혹하며, 지난 경험에서 벗어나버린다.

그녀 안에는 게임이 안전하다 싶으면 도박을 하게 만들고 안정적인 생활을 자극하면서 모험을 강요하는 비밀스런 힘이 존재한다. 그래서 그녀는 변화를 싫어할지라도, 급격한 변화와 위험 없이는 살아갈 수 없다. 강박적인 행동과 비밀을 좋아하는 성향은 항상 함께 간다.

자신감 있는, 유능한

전갈자리 여성은 중대한 고비에 처했을 때를 제외하고는 12별자리 중 가장 자부심 강하고, 의지력이 있으며, 자신감에 넘친다. 또한 중요한 사람이 되고자 하는 꾸준한 욕망과 자신의 권력을 강화하려는 의지, 기회를 포착하고 놀라운 직감을 발휘하는 능력을 갖추었다.

자신이 원하는 바를 제대로 파악하고 얻어내는 데서 자신감이 생긴다면 전갈자리 여성들은 분명 자신감에 차 있다. 하지만 그녀에게 중요한 것은 원하는 것을 얻어내는 데 있지 않고, 유용한 수단들을 제대로 선택하고 이용하는 데 있다.

그녀는 자연을 지배하고 장애를 극복하는 자신의 능력에 자부심을 느낀다. 사실 그녀는 지배하는 일을 일종의 게임으로 여기며, 자신이 이기기 위해 태어났다고 생각한다. 그래서 자신감과 인내가 필요한 일은 도전해볼 가치가 있다고 느낀다. 자신감이 강하고, 끈기가 있으며, 완전을 추구하고, 직관력도 뛰어나서 엔지니어, 물리학자, 군대장교 등에 적합하며, 관리직에도 능숙하다.

그녀는 일하기를 좋아하며 대체로 모든 일에 능숙하다. 자신의 노력이 긍정적인 결과를 낳을 때 자부심은 더욱 강해지고, 그 덕분에 새로운 일에 임할 때는 더욱 강한 자신감을 보인다. 결국 일을 하면 할수록 더 자신감을 갖는 식이다. 그녀가 앞으로 나아가지 않고 멈춰서 있는 경우는 복수심에 불타거나 억눌린 공포나 분노를 은근하게 표현할 때밖에 없다.

영적 능력이 뛰어난

전갈자리 여성이 더욱 자부심을 느끼는 또 다른 요소는 영적 능력이다. 비록 우리 문화가 영적인 능력을 억누르고 있지만, 전갈자리 여성 중에는 투청력이나 텔레파시, 투시력을 지닌 사람들이 많다. 자신의 능력을 잘 알고 있고 거기에 많이 의존하는 그녀는 사람들을 재빠르고 정확하게 파악하며, 행동할 시기라는 판단이 설 때까지 기다릴 줄 안다.

적의 심리를 꿰뚫어보는 그녀는 공격할 타이밍도 적절하게 잘 포착한다. 그녀가 일의 진행 상황을 놓치는 경우는 거의 없으며, '영적'이라곤 해도 비현실적인 몽상에 잠기는 일도 없다.

그녀는 어떤 상황에서도 두 발을 땅에 딛고 서서 조심스런 눈으로 관찰하면서 하나하나 따져본 후에 판단을 내린다.

고집 센

전갈자리 여성들은 너무 고집을 부리다 잘못된 길로 빠지는 일이 종종 있다. 사실 전갈자리에는 움직이지 않는다는 속성이 있기 때문에, 정신적이든 물질적이든 상투적인 틀에 지나치게 얽매일 가능성이 많다. 특히 막 성인으로 접어든 시기에는 불안감을 많이 느껴서 공허한 논쟁에 집착한다. 내심 자신이 틀린 것을 알아도 자기 입장을 양보하지 않으려 든다. 어떤 때는 단지 호전성을 드러내기 위해서 싸우기도 한다. 자신이 틀릴수록 되레 이기려고 싸우는 스타일이다.

충실한

전갈자리 여성은 충실하다. 친구도 신중하게 고르는 편이라 많은 친구를 사귀지는 않지만, 한번 친구가 되면 평생 친구로 남는다. 사랑을 나누어주는 일에 조심성을 보이며, 남들도 그러리라 생각한다. 경솔한 사람들이나 일시적인 우정은 좋아하지 않고 이해하지도 못한다. 그래서 그녀가 누군가에게 마음을 열었다면, 아마 평생 그 사람이 주변에 머물러 있기를 기대할 것이다. 그러다 일이 잘못되면 아무 말 없이 물러나버리거나 맹렬히 공격한다.

전갈자리 여성들은 충실한 우정을 기대한다는 사실을 상대에게 표현할 필요가 있다. 사람들은 제각기 다른 것을 원한다. 만일 그녀가 쌍둥이자리 친구에게 그런 우정을 기대한다면 실망할 수밖에 없다. 그러니 처음부터 자기가 원하는 것과 필요한 것을 분명하게 밝혀야 한다. 상대의 대답을 주의 깊게 듣고, 과연 지금 자신이 필요한 것을 얻을 수 있을지 판단해야 한다.

호기심 많은, 모험을 좋아하는

전갈자리 여성은 모험과 새로운 지식, 음모에 마음이 끌리며, 항상 새로운 수단을 개발하는데 관심을 갖는다. 성적 모험이나 예술적인 실험, 탐정, 심령현상에 대한 연구, 심리 치료 모임, 재정과 관련된 경쟁, 복잡한 심리문제 등이 그녀를 매료시킨다.

그녀의 호기심은 결코 탁상공론에 머물지 않는다. 직접 모험에 뛰어들고, 기꺼이 실험대상이 된다. 호기심이 많은 데다 겁도 없는 편이어서 음모를 해결하거나 옷장 안에 정말 해골이 숨겨져 있는지 확인해보기를 무척이나 좋아한다. 그녀는 매사가 눈에 보이는 대로는 아니라고 믿는 천부적인 탐정형이며, 배후에 감추어진 것을 캐내는 일에 기꺼이 시간과 노력을 투자한다.

그녀는 겉으로 드러나는 상황보다 문제의 핵심에 더욱 관심을 보인다. 인생의 숨겨진 면이나 은밀한 행동이 그녀를 자극하는 것 같다. 여자 셜록 홈즈답게 간단한 질문으로 상대방을 당황하게 하는 재주도 있다. 아마 상대방은 그녀가 질문하기도 전에 판단을 내리고 있으며 해답도 이미 알고 있다고 느낄 때가 많을 것이다. 그녀의 호기심과 정곡을 찌르는 질문들이 잔인하거나 오만하게 느껴지기도 한다.

무심하고 초연한, 거만한

전갈자리 여성은 매혹적이지만, 항상 편안하거나 호감을 주는 인상은 아니다. 전문가보다 더 많이 아는 체하며 남을 깔보거나 으스대는 여성이다. 복수심에 불타거나 진상을 규명하려 들 때는 매우 성가신 여성이 되기도 한다. 화가나면 바로 상대방의 약점을 물고 늘어지기 때문에, 그녀에게 해를 끼치거나 그녀를 방해한 사람의 운명은 하늘도 도울 수가 없다.

그녀는 무심한 편이어서 자기주장을 펼칠 때 상대의 입장은 생각하지 않는다. 자신이 상처 입힌 사람들의 감정에도 무관심하다. 이런 초연함은, 물의 지배를 받는 다른 두 별자리와 강한 대조를 이룬다.

전갈자리 여성은 사람들의 인정을 받고자 하는 마음이 별로 없다. 그 덕분에 자유롭게 자기 일을 해낼 수 있다. 그러나 이기적인 목적을 위한 돌진과 자신이 속한 공동체의 소중한 목적을 달성하기 위한 노력, 이 둘을 구분할 줄 알아야 한다. 그녀가 자신의 무심함과 초연함을 재능으로 활용한다면 최상의 결과를 거둘 수 있다.

비밀을 좋아하는

전갈자리 여성은 타고난 탐정인 데다 자신은 비밀을 간직할 자격이 있다고 느끼는 것 같다. 자신의 개인적인 일은 드러내지 않으면서 자신은 보이지 않는 거울로 남들을 즐겨 관찰한다.

그녀는 천성적으로 뭐든 숨기는 경향이 있다. 어떤 때는 마치 자신이 우주의 비밀을 지키는 사람인 양 행동하기도 한다. 아마 그녀의 신성한 사명은 자신을 가장 커다란 수수께끼로 숨겨두는 일일 것이다.

전갈자리 여성을 이해하려면, 그녀가 타인뿐만 아니라 자기 자신도 믿지 않음을 알아야 한다. 이런 불신 때문에 광적으로 자기를 보호하려 드는 그녀는

1932년 무성영화 〈마타하리〉의 주인공 역을 했던 그레타 가르보를 연상시키는 면이 있다. 그녀는 강요당하면 엉터리 대답을 하는 것으로도 유명하다. 또한 열심히 수색 중인 탐정들을 곁길로 빠트리는 일도 잘 한다. 그렇다고 그녀가 정말로 냉담하다고 생각하면 오산이다. 그녀 안의 불길은 결코 꺼지지 않기 때문이다. 차라리 그녀가 게임에 뛰어들 적질한 순간을 기다리면서 마음에 드는 주사위를 준비하고 있다고 생각하는 쪽이 더 안전하다.

섹스에 양면적인, 소유욕이 강한

전갈자리 여성은 성을 지배의 수단으로 이용한다. 연인을 지배하고 싶어 소유하고 이용하는데 온 열정을 기울인다. 사랑을 소유로 착각하기도 한다. 그녀는 성에 대해 두 얼굴을 갖고 있다. 하나는 변덕스럽고 요구가 많은 연인의 얼굴이고, 다른 하나는 금욕적이고 성에 무관심한 여성의 얼굴이다. 아마 살아가면서 적어도 한 번 이상은 성적으로 완전히 대립되는 생활 방식을 경험하게 될 것이다.

전갈자리 여성들은 지극히 육체적인 사람이어서 성욕은 항상 그녀의 일부로 남아 있다. 물론 그 욕망을 완전히 제거할 능력도 있다. 절대적인 사랑을 통해 영적으로 삶의 기쁨을 추구하기도 한다. 독수리나 불사조처럼 성숙한 전갈자리 여성이 갖는 영적인 갈망은 어쩌면 잔다르크가 가졌던 열망 이상의 것인지도 모른다.

순응하지 않는, 금기를 깨뜨리는, 지도자 자질이 있는

전갈자리 여성은 우리 사회의 세 가지 주요 금기에 해당하는 권력, 죽음, 돈에 강하게 이끌린다.

권력을 휘두르기 좋아하는 그녀는 권력을 남성의 전유물로 간주하는 문화속에서 비순응주의자가 되기도 한다. 또한 사후의 삶을 믿는 개인주의자이고, 돈에 대한 통념을 솔직하게 까발리기도 한다.

그녀는 섹스가 권력이며 권력은 곧 돈이라는 사실을 잘 안다. 그녀가 성을 이용한다는 사실은 잘 알려져 있는 반면, 돈에 대한 집착은 비교적 덜 알려져 있다. 아직도 돈은 공공연하게 떠들 주제가 아니라고 생각하기 때문이다.

인간의 자원과 의무(세금), 유산 등은 명왕성(플루토)의 영역에 속한다. 전갈자리 여성들은 고유의 직관으로 이런 것들을 능숙하게 다루기 때문에 투자대행, 부동산중개업, 골동품상, 주식중개인, 세금 전문가, 유산이나 상속 전문 변호사 등에 적합하다.

아마 그녀는 '장례 사업'에도 뛰어난 능력을 보일 것이다. 장례식장 관리인, 시체에 화장을 해주는 일, 비탄에 젖은 사람들과 상담하는 일, 종교지도자, 혹은 광신자가 될 수도 있다. 그럴 때면 죽음에 대한 일반적인 통념에서 벗어나 자기만의 심오한 지식을 다른 사람들에게 전해준다.

그녀는 이런 부분과 관련된 자신의 가치관을 세심하게 짚어볼 필요가 있다. 그런 문제에 대한 자기 입장이 분명해야 다른 사람들을 잘 가르칠 수 있기 때문이다.

그녀가 최상의 상태에 이르면 돈, 섹스, 권력, 죽음에 대한 나쁜 개념들을 해체하는데 보탬이 될 수 있을 테고, 낡은 신화를 둘러싼 신비화된 껍데기를 벗겨내고 유용하면서도 확장된 시야를 제시할 것이다.

외로운

순응하지 않는 자의 길은 결코 평탄하지 않다. 전갈자리 여성들은 대중의 지도자가 되든 되지 못하든, 외롭고 이해 받지 못하는 경우가 많다. 어떤 의미로 그녀는 시대를 앞서가기 때문에, 이웃이나 가족, 친구들과 조화를 이루지 못한다. 살아가면서 너무 급격한 변화를 겪기 때문에 다른 사람들이 그녀와 보조를 맞추기도 쉽지 않다.

그녀는 혼자 있기를 좋아하고 개인적이다. 다른 사람들은 별로 필요 없다고 느끼기도 한다. 물론 그녀도 인간이다. 하지만 자기 내면 깊숙한 곳에 틀어박혀 미래를 바라보며, 이따금씩 현재가 자신을 내리누르게 놔둔다.

그녀가 타인에게 손을 내밀고 동정을 구하지 못하는 것은 아마 자존심 때문일 것이다. 어쩌면 비열하고 불쾌한 사람이 되는 쪽이 더 쉽다고 생각해서 비밀과 속임수를 홀로 간직하려는지도 모른다.

그녀에게는 자신이 강하고 혼자로도 충분하다는 느낌이 무척 중요하다. 종종 여자마초 같은 자세를 취하는 그녀는 자신을 걱정해주는 사람에게 되레 화를 내는 느낌을 준다. 마치 "누가 그게 필요하대?"라고 쏘아붙이는 느낌이다.

겉으로는 용감하게 저항하는 모습을 보이지만 사실 그녀도 타인이 받아들이고 이해해주기를 간절히 바란다. 상대가 자신의 '특이한' 방식과 성격을 받아들인다는 걸 알게 되면, 또한 그 친구가 자신을 가장 잘 이해해주는 사람이라는 사실을 믿게 되면, 그녀는 이 세상 누구보다 충실한 친구가 된다.

죄책감을 갖는

전갈자리 여성들이 세상 고민을 혼자 짊어지는 스타일은 아니지만 지극히 청교도적인 모습을 보일 때가 있다. 그럴 때면 기분에 따라 일시적으로 출산윤리의 수호자가 되어, 섹스는 오로지 출산을 위한 것이며 시간을 낭비하는 것은 죄악이라고 생각한다.

그녀는 극단으로 치닫는 면이 강해서, 쾌락을 광적으로 추구했던 것처럼 엄격한 윤리관을 받아들이고 광적으로 의무감에 집착하는 시기가 있다. 이런 시기에는 성욕이나 성생활에 대해서도 죄책감을 느껴서 그런 것을 삼가겠다고 맹세하기도 한다. 그녀가 감각적인 자기표현을 거부할 때면 전형적인 시골 아낙이나 어머니가 될 수도 있다. 거기서 만족을 얻는다면 그런 행동이 더 강화될지도 모른다. 하지만 대부분은 강한 좌절감과 열망으로 인한 일시적인 단계에 불과하다.

자기파괴적인

명왕성(플루토)의 힘은 자기파괴를 일삼는 것인지도 모른다. 전갈자리 여성 대부분이 평생 자신을 부정하는 모습을 보이기 때문이다. 이런 경우 마개로 병을 틀어막은 것 같은 징후도 두 배로 강해지고 몸이 아픈 일도 많다. 전갈자리 여성들은 정신력이 너무 강해서 생각하는 일이 그대로 현실이 될 수도 있다. 또한 자신에게 해로운 일에 열중할 때도 많고, 타인에게는 좋을지 몰라도 자신에게는 지옥 같기만 한 삶을 살 수도 있다.

알코올이나 마약에 지나치게 의존하거나, 오직 하나의 목표만 추구하면서 다른 것은 모두 부정하거나, 의무감으로 쾌락을 억제하거나, 소통의 수단이 되고 희열을 주는 섹스의 자연스런 기능을 부정하고 누군가를 이용하려는 수단으로 변질시키는 모든 행동이 결국은 자신을 파괴하는 것이다.

전갈자리 여성은 성욕이 강해서 기본적인 욕구가 어느 정도 충족되지 않으면 말 그대로 병에 걸리거나 좌절감과 분노에 휩싸인다. 한편으로는 일을 위해서 애정 생활을 소홀히 할 가능성도 많다. 그녀에게 자신이 추구하는 바를 면밀하게 검토해보라고, 지금 원하는 것이 진정으로 자신에게 유익한지 따져보라고 충고하고 싶다. 전갈자리 여성이라면 원하는 것을 반드시 얻어내고 말 것이기 때문이다.

평범하지 않은 운명

전갈자리 여성은 인생을 자신이 바라는 대로 끌어간다. 집중력과 재능, 직관, 판단하고 실천에 옮기는 능력, 이끌어가거나 뒤따르는 능력 등을 갖춘 덕분에 훌륭한 승리자가 되거나 절망적인 패배자가 된다. 그녀는 결코 중간 길을 택하지 않는 마술사와 같아서 멋지게 성공을 거두든지 참혹하게 실패하든지 둘 중 하나이다.

그녀의 습관, 외모, '분위기', 이 모든 것이 특이한 삶의 증거이다. 그녀의 삶이 남들에게 아무리 상투적으로 비칠지라도, 내면의 삶은 누구보다 극적이고 화려하다. 그녀는 예술가이고, 선량하거나 혹은 사악한 마녀이다. 매음굴에 살아도 지상에 남은 마지막 청교도처럼 행동할 수 있는 사람이기도 하다.

그녀는 인생을 극단적인 색채들로 채색하면서 그 배후에 암호를 숨겨둔다. 어쩌면 그녀는 통속적인 화가들에 가려 빛을 발하지 못하다가 적당한 시기에 가서야 진가를 인정받은 렘브란트의 그림과 닮았는지도 모른다.

전갈자리 여성을 결코 과소평가하지 마라! 지금은 그녀가 무도회에서 주목받지 못하고 벽에 붙어 서성거리는 여자이거나 무능한 직장 여성일지라도 언젠가는 매력적이고 영리한 수완가의 모습으로 등장할지도 모른다. 하지만 반대로 지금 최고의 전성기를 누리고 있지만 얼마 지나지 않아 엄청난 불행에 처할 수도 있다.

전갈자리처럼 극단적인 삶은 항상 스러질 위험을 안고 있다. 전갈자리 여성들은 원하는 것을 얻기 위해 상황에 맞춰 자신을 조종할 필요가 있다. 그녀는 특별한 목적을 갖고 태어난 강한 여성이다. 그 목적이란 금기를 깨부수고, 사람들에게 삶과 죽음에 대한 신비로운 지식을 전해주는 일이다.

인간관계

전갈자리 여성의 인간관계를 살펴보려면 권력이란 말의 의미를 다시 한 번 따져봐야 한다. 그녀가 원하는 것이 바로 권력이기 때문이다. 그녀는 제법 나이가 들어서도 권력을 얻기 위해 성과 친분을 이용할지도 모른다.

권력은 어떤 영역에서든 '할 수 있는' 힘을 의미한다. 여성들은 수세기 동안 정신적, 성적, 경제적으로 무능한 존재였다. 오늘날에도 여자의 성욕은 오직 그녀의 왕자가 요구할 때만 존재한다고들 생각한다. 남성들의 성욕은 공공연하게 인정받고 광범위하게 받아들여지는 반면, 여성들의 경우에는 여전히 독립적인 성욕을 인정하기 힘들다. 성적으로 독립적인 여성이라는 개념은 아직도 많은 사람에게 추하고 상상하기 힘든 것으로 받아들여지는 것 같다.

나는 여자의 성욕을 인정하기를 가장 주저하는 부류가 바로 여성들 자신이라고 생각한다. 여성들은 사회와 그 사회를 주도하는 남성들에 의해 억압받는다고 생각한다. 하지만 우리 스스로가 자신을 억압하고 권리와 책임을 확대하기를 두려워한다는 점도 간과해서는 안 된다.

대부분의 여성들이 친밀함이나 인간관계야말로 여성들의 영역이라 생각할지도 모른다. 하지만 많은 여성이 결혼이나 '특별한 관계'가 주는 행복과 안정을 온전히 지키지 못했다. 너무 엄청난 변화가 밀려와서 가정문제의 전문가를 자처하는 여성들의 손을 떠나버렸는지도 모른다.

전갈자리 여성에게 가장 힘든 일은 사랑할 때 공평한 태도를 보이는 것이다. 그녀는 인간관계 바깥에서 야망의 출구를 찾을 필요가 있다. 그녀는 마치 남성과 여성의 역사적 불평등을 보상받기라도 하려는 듯, 가정 내에서 항상 우위에 서려고 한다.

그녀는 목적의식이 분명하고, 자기 목적을 중심으로 행동하며, 독단적이다. 아마 고다이버 부인(11세기의 백작부인으로 알몸으로 말을 타고 거리를 활보하면 주민의 세금을 감면해주겠다는 배우자의 약속을 받고 그대로 실행했다), 벨라 앱져그, 스칼렛 오하라를 하나로 합해도 관계에서 주도권을 쥐려는 전갈자리의 열정에는 못 미칠 것이다.

대단한 야심가인 전갈자리 여성들은 인간관계에서 잘못된 방식으로 권력을 행사하려 들 때가 곧잘 있다. 이를 극복하려면 평생 일이나 경쟁, 진지한 연구에 몰두하는 쪽이 낫다. 자신이 중요하다는 느낌이 필요한 사람이어서 가정이나 친구들 외에도 대외적으로 인정받을 수 있는 방법이 필요하다. 그렇지 않으면 영화 〈누가 버지니아 울프를 두려워하랴?〉에서 엘리자베스 테일러가 연기했던 잔소리 심한 여성이 될 것이다.

어린 시절

전갈자리 유형의 많은 수가 감정적, 육체적으로 억압적인 분위기에서 성장한다. 그런 경험을 성장의 발판으로 삼고 인생의 전환점을 지나감으로써, 불신을 극복하고 더는 상처를 두려워하지 않게 되는 것이 전갈자리 여성들의 애정생활의 일부가 된다.

내가 아는 거의 모든 사람들이 전갈자리 시기를 거쳤다. 인생이 완전히 뒤

바뀌는 경험을 했다. 그중 특히 태어날 때부터 전갈자리의 영향을 강하게 받은 사람들은 다음과 같은 일을 적어도 하나 이상 경험하는 어린 시절을 보냈다. 부모의 이혼, 친한 친구나 친척의 요절, 특이하거나 비극적인 주위환경, 가족 중에 알코올중독자가 있거나 고도의 영적 능력을 갖춘 사람이 주변에 있다.

전갈자리 여성에게는 쉽게 이루어지는 일이란 하나도 없다. 어릴 때도 그녀에게 소중한 어른들 중 적어도 한 명과 극단적인 관계를 맺는다. 대체로 어머니에 대해 강하게 양극화된 감정을 느껴서, 우상처럼 생각하거나 혹은 증오하는 식이다.

S는 어머니를 우상화했던 사례이다. 잘 생기고 어두운 분위기의 20대 후반 여성이었던 S는 다섯 아이 중 첫째였다. 학창 시절에는 최고의 성적을 자랑하는 학생이었고 치어리더로 활동했다. 스무 살에 결혼할 때까지 순결을 간직했고, 스물아홉 살에 이혼할 때까지 항상 착한 딸로 남아 있었다.

"어머니와 다르게 살 수 있다거나 어머니가 내게 원한다고 생각했던 것에서 벗어나 살 수 있으리라고는 상상도 못했어요. 나는 정말로 내 어머니의 완벽한 재생이 되었어요. 완벽한 엄마, 완벽한 아내, 완벽한 딸, 이 모든 것이 하나로 합쳐진 존재요. 난 지칠 정도로 나 자신을 몰아갔고, 결국 배우자도 강박적으로 매사에 허락을 받으려 하는 내게 싫증을 내기 시작했어요. 그가 마치 고장 난 로봇과 결혼한 느낌이라고 하더군요."

S가 스물여덟 살이었을 때, 배우자가 떠났고 그녀의 엄마 역시 갑자기 사망했다. 이 두 사건은 그녀의 인생에서 강력한 전갈자리 시기를 거치고 있음을 보여준다. 그녀는 갑자기 자신만의 삶을 새롭게 꾸려야 할 상황에 직면한 것이다.

연인이나 다른 사람들과 관계 맺는 방식

전갈자리 여성은 온몸으로 발산하는 특이한 자력, 강하고 깊고 끈질긴 매력으로 사람들을 사로잡는다. 타인을 소유하고 교묘하게 조종하고 비밀을 간직하려는 초기의 성향을 극복하기 전에는, 인간관계를 마치 전쟁처럼 여기고 무작정 이기려 든다. 하지만 나폴레옹도 워털루 전투에서 패배를 경험했듯 전갈자리 여성도 예외는 아니다. 오랜 기간 이어온 친밀한 관계에 전술 따위는 필요 없는 법이다.

그녀는 대체로 몇 안 되는 친구를 사귀는데, 그 대부분이 남성이다. 흔히 동성의 여자 친구들이 기대하는 공감대나 편안한 성격이 부족한 탓이다. 여자 친구들과 사귈 때 더 쉽게 주도권을 행사할 수도 있다는 사실을 그녀는 아직 모르는 것 같다.

전갈자리 여성은 대부분 남자들과 깊은 우정을 쌓으며, 수차례 낭만적이고 격렬한 이별을 경험한다. 그럴 때면 그녀는 감정적으로 파국을 경험하거나 또는 좌절감을 외면하기도 한다. 그녀는 많은 방랑을 하며, 어떤 때는 불필요하게 과거와 절연한다.

R은 나에게 심리 치료를 받으러 온 여성이다. 그녀는 내게 (그리고 어쩌면 그녀 자신에게) 항상 우리 사이에 '폭발'이 예상된다고 경고했다. 그때 그녀는 전갈자리 시기를 거치고 있었다. 이혼을 했고 자궁적출수술을 받은 후 회복기에 있었다. 물론 치료를 목적으로 한 우리의 관계는 결코 폭발하지 않았다. 이 경험으로 그녀는 자신도 다른 여성과 잘 지낼 수 있으며(R에게는 드문 경험이었다.) 새로운 상황에 처했다고 오랜 인간관계까지 끊어낼 필요는 없음을 깨닫게 되었다.

전갈자리 여성들은 불안감을 감추고 싶을 때 오만하고, 질투심 많고, 요구가 많은 모습을 보인다. 사실은 강한 불신과 고립감으로 고통받고 있으면서 말이다. 그녀는 신비스런 고요함으로 연인을 사로잡을 수도 있고, 갑작스런 행동의 변화로 무자비하게 그를 시험할지도 모른다. 그녀가 결코 자신이 기대하는 바를 표현하지 않기 때문에 그는 기대에 부합할 수 없을 것이다. 그녀가 원하는 것을 알지 못하는데 어떻게 그가 맞출 수 있겠는가?

전갈자리 여성은 종종 〈이상한 나라의 앨리스〉에 등장하는 하트 여왕처럼 행동한다. 그녀는 뒤로 물러나 있다가 누군가 위반하는 것을 발견하면 아무런 설명도 없이 "그놈 머리를 베어라!" 하고 소리친다. 사람들이 그녀 앞에서 당황하는 것도 무리가 아니다.

그녀는 친구와 연인이 어디까지 충실함을 보일 수 있는지 끊임없이 시험한다. 그러다 보니 그들에게 의지하고 싶은데도 불구하고 그들을 소외시키게 된다. 전갈자리 여성들이 상대를 시험하고 극적으로 관계를 끊어버리는 습성은 그 관계로 인해 자신이 약해지지 않을까 몹시 두려워하기 때문인지도 모른다. 전갈자리 여성들이 인간관계를 일종의 선생터로 받아들이는 한, 어떤 대가를 치르고서라도 이기려 들 것이다.

전갈자리 여성들은 우선 자신이 사람들에게 기대하는 것을 면밀히 살펴본 다음 기대하는 것의 대가로 자신은 무엇을 줄 것인지도 깊이 생각해보아야 한다. 이때 필요한 넌이가 '질제'이다. 그 밀의 의미를 깨덜을 때까지 서울 앞에, 부엌 싱크대에, 그리고 자동차 앞 유리에 붙여두는 것도 좋은 방법이다.

질투심

질투는 전갈자리 여성의 아킬레스건이며 그녀의 이중잣대가 드러나는 부분이다. 자신은 한 명 이상의 상대와 성관계를 나눌 때도 그 반대의 상황은 묵인하지 못한다. 질투가 학습된 것인지 타고난 감정인지는 확실하지 않지만, 전갈자리의 경우는 양쪽 다 보통 사람들의 두 배이다. 마치 질투심이란 글자가 전갈자리의 마음에 지워지지 않는 잉크로 커다랗게 박혀 있는 것 같다.

그녀의 질투심은 가만히 숨겨져 있다가 사소한 일이 도화선이 되어 폭발한다. 연인이 지나가는 말로 '파멜라 리'의 가슴 얘기를 하면 질투심에 불타는 식이다. 그가 레스토랑을 가로질러 가는 웨이트리스를 쳐다보거나 이웃집 문 앞에서 서성대는 모습을 보면 그녀는 그가 바람을 핀다고 생각할 것이다. 그럴 때도 샐쭉하니 토라지는 것보다 격렬하게 화를 내는 쪽이 대처하기 쉬울 텐데, 전갈자리 여성들은 그 두 반응을 번갈아 보이는 편이다.

질투심을 극복하는 법

전갈자리 여성은 스스로와 거리를 둠으로써만 이 괴물 같은 질투를 극복할 수 있다. 초연한 마음을 가지려면 생각 자체를 변화시켜야 한다.

'고여있는 물'의 전갈자리 여성

전갈자리 여성에게 내가 하고 싶은 말은 이것이다.

생각해보라. 아마 그도 당신을 화나게 하려는 것은 결코 아닐 것이다. 단지 재미있거나 익숙한 행동을 하고 있을 뿐이다. 아마 그 행동이 당신을 얼마나 괴롭히는지도 모를 것이다. 대화를 하고 더 관대해야 한다. 하지만 당신의 연인이 당신의 질투심을 이용하고 있다면 이것은 완전히 다른 이야기가 된다. 그럴 때는 그가 당신에게 화가 난 것인지 두 사람의 관계에 불안감을 갖고 있는지 함께 따져볼 필요가 있다.

초연함을 가지고 자신의 사고방식을 재정비한 그다음 단계는 명상이다. 명상은 질투심의 근원이 되는 당신의 자아를 극복하도록 도와준다. 다음 단계가 간단한 자기최면이다. 그전에 알아야 할 것은 명상이 어떤 형식으로든 만병통치약이 될 수 없다는 사실이다. 결과가 나타나는데도 시간이 필요하며, 어떤 식으로든 치료를 대체할 수는 없다.

자기최면은 자기치료를 위한 훌륭한 출발점이다. 자기최면을 연습하려면 우선 편안하게 앉아야 한다. 가능하면 결가부좌가 좋다. 어느 정도의 시간 동안 명상할지도 미리 정해야 한다. 조용한 시간을 선택하고 타이머를 맞춰놓는 것도 좋다. 대체로 3~5분 정도가 적합한데, 어떤 사람들은 더 오랫동안 명상에 잠기기도 한다. 우선 세 가지 대상을 택해서 바라보다가 차츰 하나로 정신을 집중해가야 한다.

- 낮은 목소리로 아주 천천히 당신이 세 가지 사물을 바라보고, 듣고 느낀다고 읊조린다. "나는 촛불을 본다. 나는 집을 본다. 나는 책을 본다", "나는 음악을, 고요함을, 아이의 말소리를 듣는다", "나는 아늑함과, 따뜻함과, 행복을 느낀다".
- 같은 과정을 반복하되 이번에는 대상을 둘로 축소한다.
- 이번에는 한 가지 대상에 대해서만 다시 반복한다.
- 한동안 침묵한다.
- 당신의 손을 바라보면서 어느 쪽 손이 더 환하게 느껴지는지 생각해보고, 더 환한 쪽 손을 들어 얼굴을 만진다.

- 당신이 좋아하는 것과 연인이 좋아하는 것을 당신 자신에게 세번 들려준다.

- 같은 것을 두번 들려준다.

- 이제는 같은 것을 한 번만 이야기한다.

- 좋아한다는 말을 사랑한다로 바꿔서 이 과정을 반복한다.

- 마음을 비우고, 숨을 고르게 쉬고, 최대한 오랫동안 같은 자세를 유지한다.

이 자기최면 프로그램은 질투심(혹은 시기심, 공포, 죄책감)을 줄이는데 이용할 수 있다. 그러다보면 차츰 긍정적인 감정들로 대체할 수 있다. 유익한 감정의 밑바탕에는 자기애가 자리한다. 많은 시간을 할애해서 자신을 사랑하도록 노력해야 한다.

사랑에 빠진 전갈자리 여성

전갈자리 여성이 사랑에 빠지면 관능적인 고양이가 된다. 그녀는 베푸는 사람이 되고, 생활을 상대에게 맞춰나간다. 만일 그가 안락의자에 담배가 놓이고, 화덕 앞에 슬리퍼가 놓이고, 제시간에 저녁식사를 들고, 섹스를 많이 하기 원한다면, 그녀는 분명 이 모든 것을 들어줄 것이다.

질투심이나 분노만 제거할 수 있다면, 전갈자리 여성의 의지력은 다른 어떤 여성들보다 뛰어나다. 자신이 문제에 봉착했을 때도 그녀는 훌륭하고 유능하게 일을 처리한다.

연인을 즐겁게 해주기 위해서라면 그녀는 빼어난 여주인이자 간호사, 아내, 동료, 애인 등 모든 것이 되어줄 수 있다. 배우자가 결정내리는 일을 싫어한다면, 자신이 대신 결정을 내릴 것이고, 배우자가 단호한 성격의 여성을 싫어한다면 우회적인 방식으로 원하는 결정을 내릴 것이다.

그녀는 어떤 일에도 당황하는 법이 없다. 나는 예전에 한 여성이 전갈자리 유형임에 분명하다고 생각한 적이 있다. 그녀가 배우자에게 꼭 필요한 동료가 되기 위해 헌신적으로 노력하는 사람이었기 때문이다. 배우자가 기구를 타는 취미를 갖자, 그녀는 같은 스포츠클럽에서 스카이다이빙을 시작했다. 또 다른 여성은 전갈자리에 태양이 있을 때 태어난 사람으로, 배우자가 물건을 보관하는 창고를 운영하고 있었다. 그녀는 까다로운 고객들을 상대하는 배우자를 돕고, 회사를 대표해서 마케팅 모임에 참석했으며, 그 와중에도 매일 같이 제시간에 저녁식사를 준비하고 집안일을 다 해냈다.

전갈자리 여성들은 원한다면 천칭자리만큼 외교수완을 발휘하고, 황소자리만큼 인내심을 보이고, 염소자리만큼 강한 야심을 가지게 된다. 그러나 이것은 한 시기에 불과하다. 전갈자리 여성은 정말 자유롭게 그 모든 것을 스스로 원해야 하고 조만간 그 보상을 받아야 만족할 것이다.

다른 사람이 전갈자리 여성의 숨은 의도를 알아내는 일은 불가능하다. 그녀는 매사에 최고의 결과가 나오도록 계획하는데 재주가 있고, 그 궁극적인 목표는 자기 이익을 보호하는 데 있다. 사랑을 할 때도 애인을 다른 유혹에서 지키기 위해 최선을 다한다. 또한 사랑하는 사람들을 병이나 부당함, 불편으로부터 보호할 것이다. 결국 전갈자리 여성은 다른 사람들이 자신에게 의존하는 것을 좋아하기 때문이다.

결국 전갈자리 여성은 자신을 없어서는 안 될 존재로 만드는 재주가 있고, 그 자체는 지극히 건전하다. 그녀는 자기 이익은 자신이 지켜야지 다른 누구도 대신 지켜주지 않으리라 생각하기 때문에 자신의 현재뿐만 아니라 미래까지도 세심하게 설계하려 한다. 문제는 그녀가 목적을 위해 남을 교묘히 속이는 일과 단순히 자신을 보호하는 일 사이의 경계선을 쉽게 넘어선다는 데 있다. 그녀는 자신이 무엇을 하고 있는지 그 이유는 무엇인지 항상 생각할 필요가 있고, 장기적인 안목으로 열린 대화에 적극 참여해야 한다.

전갈자리는 자신을 즐겁게 할 권리를 다른 무엇보다 소중하게 행사한다. 이기심은 나쁘다고 교육받은 나이든 세대보다는 젊은 세대들이 더 그런 경향을 보인다.

전갈자리 여성의 성관계 유형

- 1단계: 사춘기 때부터 유달리 많은 관계를 맺거나, 아주 늦게 성관계를 갖는다.

- 2단계: 갑자기 너무 일찍 열애에 빠져서 사람들을 놀래키며 결혼하거나, 보기 드물 정도로 늦게 결혼한다. 전갈자리 여성들은 한번 결혼하면 영원히 유지하고자 한다. 가능한 모든 노력을 해보기 전에는 맨 처음 연애나 이미 문제가 많은 결혼생활도 포기하지 않는 편이다.
- 3단계: 늦든 빠르든 혼외정사를 갖거나, 그렇지 않을 경우 강박적으로 일이나 음식, 알코올, 성적 환상에 빠져든다.
- 4단계: 주된 관계가 위기를 겪게 된다. 전갈자리 여성들은 이런 위기를 예견하고, 회피하기보다는 적극적으로 대처해야 한다. 인간관계의 위기는 그녀가 살면서 피해 갈 수 없는 분명한 현실이다. 궁극적으로 그녀는 자신의 사랑과 성적 본성을 변화시키고 정화시켜야 할 운명이다. 그 변화가 결과적으로 좋을지 나쁠지는 그녀에게 달려 있지만, 그녀가 변화를 경험하게 된다는 건 분명하다.
- 5단계: 위기를 잘 극복하고 한 단계 수준 높은 의식을 갖게 된다. 특정한 관계 안에서 그렇게 된다면, 그 관계는 완전히 다른 종류가 된다. 만일 그 관계가 소멸된다면, 다른 관계가 시작될 것이고, 이것은 앞의 관계와 전혀 다른 성격을 갖는다.
- 6단계: 앞의 과정이 계속해서 반복된다. 그녀는 3단계로 돌아가서 모든 것을 다시 시작하거나, 한동안 섹스를 하지 않겠다고 결심한다.
- 7단계: 생활 전반이 완전히 새로운 단계에 들어선다. 그 속에서 권력에 대한 갈망과 개인적 성취 사이에 조화를 이룬다. (우주적 여성을 참조하라.)

연인과 배우자

전갈자리 여성에게는 다른 누구보다 강하고, 직관이 뛰어나고, 관대한 연인이 필요하다. 그는 그녀의 성욕을 채울 수 있을 정도로 강한 육체를 가져야 하며, 정서적으로도 안정되고 직관력이 뛰어나서 그녀가 해방되도록 도와줄 수 있어야 한다.

그는 그녀에게 지나치게 엄격한 기대를 하거나, 자신의 기대치에 따라 그녀를 판단하려 들지 않아야 한다. 그녀는 직관이 뛰어나서 지나치게 엄격한 잣대를 가진 사람을 불편하게 여긴다. 또한 급격하게 변화를 겪는 편이어서 함께 변하지 못하는 사람 곁에는 머물지 못할 것이다.

그녀는 야심이 커서 엄마 같은 여자를 원하는 좀스럽고 불안정한 사람과 함께 할 수 없다. 상대가 자신을 필요로 하는 것은 좋아하지만, 그런 나약한 사람이 충족시킬 수 없을 정도로 강한 성욕의 소유자이기 때문이다.

전갈자리 여성은 불균형한 본성의 균형을 잡을 수 있게 도와줄 연인이 필요하다. 또한 심리적 사디스트도 아니고, 흡혈귀 같은 사람도 아니고, 감정적 마조히스트도 아니어야 한다. 그녀와 성공적인 관계를 유지하려면 공평하게 나누는 마음과 강인함, 관대함이 필요하다.

그녀에게는 천성적으로 강한 사람이 필요하다. 그가 그녀처럼 세상을 변화하려드는 십자군이 될 필요는 없다. 그저 조용히 자신을 드러내면서, 위협하는 것도 아니고 그렇다고 뒤로 물러서는 것도 아닌 태도를 취하면 된다.

전갈자리 여성은 그녀에게 맞설 수 있으면서도 그녀의 여성성에 비위를 맞춰주는 연인을 원한다. 함께 외식할 때도 그가 계획을 세워두기를 기대한다. 미리 예약전화를 걸지는 않더라도, 함께 식사할 레스토랑이나 시간을 정하는 일은 그가 하기를 바라는 것이다. 또 그가 이런 저런 음식을 권하거나, 적어도 앞에서만은 그녀를 이끌어주기를 바랄 것이다. (그녀에게는 이런 행동이 강하다는 증거가 된다.) 그렇지만 그가 막상 그런 행동을 하면 그녀는 강하게 이의를 제기할 것이다. 분명 그들은 이 문제로 크게 다툴 것이고 논쟁은 다른 문제로까지 번질 공산이 크다. 또 그가 그녀를 위해 승진을 포기하겠다고 말한다면, 그녀는 그가 좋은 기회를 차버리는 멍청이라고 생각할 뿐이다. 그런 식으로 나가다보면 결국 그녀 자신은 기회를 갖지 못한다.

그녀가 벌이는 교묘한 게임에서 한발 앞서 있으면서도 결코 그 문제를 되풀이해서 상기시키지 않는 사람이 필요하다. 그녀는 자신이 벌인 게임에서 항상 승리하기를 기대하지만, 계속해서 지기만 하는 사람은 하늘도 도와줄 수 없을 것이다.

전갈자리 여성에게는 긍정적으로 생각하고 느끼는 방법을 알고 있는 연인이 필요하다. 명상기술이 뛰어나거나 그녀의 영적 능력을 건설적으로 사용하도록 도와줄 수 있는 상대가 그녀에게 어울린다.

그는 성에 관심이 많고, 기교나 정력에 있어서 그녀에게 뒤지지 않아야 한다. 만일 그녀가 성적으로 억압된 여성이라면(전갈자리의 성을 참조하라), 그녀의 숨겨진 동물적 열정을 이끌어내고 내면 깊숙이 박혀있는 적대감에서 벗어나도록 도와줄 수 있어야 한다.

어쩌면 그녀는 자기 자신보다 더 믿을 수 있는 연인을 원하는지도 모른다. 그녀의 강철 갑옷을 뚫고 들어올 수 있는 사람, 둘 사이에 냉전이 벌어져도 구석에 숨어버리지 않는 사람, 화났다고 말 한마디 없이 퉁퉁 부은 표정을 짓지 않는 사람 말이다. 그는 쾌활한 성격에, 외향적이고, 말을 조리 있게 잘하며, 아이 같은 유머 감각을 지닌 이어야 한다.

다음은 전갈자리 여성의 연인에게 내가 주는 충고이다.

- 그녀를 당신의 적으로 만들지 마라. 갑작스레 헤어질 때도 우정을 이어갈 수 있도록 노력하라.
- 그녀 자신은 깨닫지 못하는 경우가 많지만, 서른다섯 살 이전의 전갈자리 여성은 연애에서도 지배하거나 권력을 차지하기 위한 전쟁을 하듯 대한다는 사실을 알아야 한다.
- 당신이 전갈자리 여성의 친구이거나 배우자라면, 단호하게 자기주장을 펼치도록 도와주는 강좌나 부부 혹은 연인 간의 의사소통을 도와주는 강좌를 들어두는 게 좋다. 그녀가 합리적인 토론이나 솔직한 자기표현에 적극 참가하고 다른 사람의 말을 열심히 듣도록 유도할 수 있어야 하기 때문이다.

전갈자리의 성

'고여있는 물'의 전갈자리 여성

『오디세이』에 등장하는 사이렌, 모차르트의 〈마술피리〉에 나오는 밤의 여왕, 괴테의 『파우스트』에 나오는 마거리트, 여배우 조안 크로포드와 에바 가드너, 그리고 인디라 간디… 이 모든 여성들이 전갈자리 여성 특유의 성적 매력과 세속적인 통찰력, 보기 드문 외모에 최면을 거는 듯한 말투를 갖추고 있다.

전갈자리 여성은 열정적인 몸과 차가운 마음을 지닌 매혹적인 마술사이다. 그녀의 마술은 영원한 흥분과 깊고 넓게 도달하는 섹스에 대한 한 순간의 약속이다. 그녀는 전통적인 미인은 아니지만, 극적이고 당당하고 신비로운 분위기를 은근하게 발산한다.

전갈자리의 성욕은 거의 신화의 경지에 이른다. 파티에 가서 당신이 전갈자리라고 얘기하면, 사람들은 뒤로 물러서서 낄낄거리며 당신에게 윙크하거나 짓궂은 질문을 던질 것이다. 아들의 선생에게 당신이 전갈자리라고 이야기하면, 그녀는 당신을 다시 보는 듯한 눈빛을 던질 것이다. 전갈자리 여성은 능숙하게 다양한 모습을 보여주는 게이샤 같은 여성이라고 생각하기 때문에, '누군가의 엄마'에서 순식간에 오랜만에 육지로 돌아온 뱃사람 같은 성욕을 지닌 여성으로 바뀌는 것이다.

전갈자리 여성들은 성에 관한 한 매우 전설적인 존재이다. 그들 스스로도 계속해서 그런 전설을 만들어낸다. 그들이 자신의 성욕을 얼마나 편안하게 여기는지에 따라, 성에 대한 그런 신화가 평생의 짐이 될 수도 있고 사회생활의 활력소가 될 수도 있다.

아직도 섹스는 사람들이 가장 관심을 보이는 주제이다. 아마 돈이 두번째이고, 그다음이 죽음일 것이다. 전갈자리 여성은 사랑에 대해서와 마찬가지로 죽음의 문제에서도 편안함을 느낀다. 아마 전갈자리 여성보다 더 다양한 영역을 포괄할 수 있는 여성은 없을 것이다.

그녀는 살아가면서 접하는 모든 것에 대해 열정적이고 극단적이다. 거기에는 성도 포함되는데, 전갈자리 여성의 성욕은 억압되어 있거나 혹은 폭발적이고 관능적인 성행위로 이어지거나 둘 중 하나이다.

전갈자리의 탐욕은 아주 잘 알려져 있지만 그녀의 성욕에 대해서는 그만큼 유명하지 않다. 그렇지만 성욕의 억제가 극단으로 치달을 수 있다. 내면 깊숙이 숨겨진 불안감 때문에 주기적으로 섹스를 멀리하고자 하는 충동을 느끼는 그녀는 강박적으로 '정화'에 집착함으로써 성욕을 전혀 느끼지 않거나 자위만 하는 시기에 들어간다.

진길자리에 대립되는 별자리가 황소자리이다. 그래서 진길자리의 잠재의식은 황소자리 특유의 자기의심을 반영하고 있다. 수년간의 관찰과 별자리 심리학 연구를 거치면서 나는 전갈자리 여성들의 열광적인 성행동이 부분적으로는 자신에게 내재한 황소자리의 속성, 즉 불안정을 은폐하기 위한 것은 아닐까 하는 생각이 들었다.

전갈자리 여성의 성을 이해하는데 도움이 되는 핵심 단어가 '변화'와 '권력'이다. 전갈자리 여성은 성생활에 변화가 필요하다. 제트기가 날아오르려면 깨끗한 활주로가 필요한 만큼이나 그녀에게도 변화가 중요할 것이다. 떠오르고 하강하고 기류변화에 덜컹거리고 혹은 부드럽게 날아가는 식으로 전갈자리 여성은 다양한 성 경험을 열망한다.

하지만 성과 관련해서 그녀의 가장 큰 비밀은 섹스가 결코 그녀의 진짜 목적이 아니라는 데 있다. 그녀가 섹스를 통해 추구하는 것은 권력이다. 그녀가 아무리 섹스 자체를 즐길 지라도, 그것이 지배와 생존을 위한 가장 강력한 무기라는 사실은 결코 잊지 않는다. 그녀는 점수를 높이기 위해, 적을 없애기 위해, 원하는 세계로 들어서기 위해, 혹은 영향력을 키우기 위해, 성을 무기처럼 휘두른다. 또한 배우자가 자기에게만 의존하도록 만들기 위해, 혹은 성공을 향해 한 단계 더 올라서기 위해 섹스를 이용한다.

초기 성 경험

전갈자리 여성의 행동은 결코 단순하지가 않다. 그녀는 항상 극단에 치우치는 길을 택하며 성생활도 그리 다르지 않다. 사춘기와 청년기에는 극도로 억제하면서 섹스를 완전히 기피하거나, 일찍부터 온갖 성행위에 몰두하거나, 둘 중하나의 모습을 보인다. 그래서 성 경험이 전혀 없거나 아니면 기교가 뛰어난

'고여있는 물'의 전갈자리 여성

여인이 된다.

금욕적인 환경에서 자란 전갈자리 여성은 성에 늦게 눈을 뜨게 된다. 종교적인 집안이나 학교의 영향으로 성에 관심을 쏟을 수 없게 되는 경우가 많다.

만약 그녀가 학대를 받거나 다정함이라곤 찾아볼 수 없는 집안에서 성장한다면 은밀한 공상 속에 파묻힐 가능성이 많다. 그녀의 10대는 우울하고 아픈 시간으로 기억될 것이다. 하지만 억압과 복종이 영원히 지속될 수는 없다. 그녀도 조만간 승리를 낚아채는 법을 알게 될 것이기 때문이다. 그녀는 공상 속에서 그 모든 것을 미리 연습해볼 것이다.

전갈자리 소녀 중에 다른 극단의 길을 택해서 열두 살에 이미 성에 눈을 뜨는 경우도 많다. 그녀는 일반적인 흐름에 저항하고 반항하면서 섹스의 밑바닥(혹은 정상)을 경험한다. 아마 주변 어른들을 광분하게 만들 행동도 불사할 것이다. 뮤지컬 영화 〈그리스Grease〉의 여자 깡패두목 리쪼가 이런 행동을 일삼다가 원하지 않은 임신을 한다.

전갈자리 소녀는 다른 소녀들에게 인기가 많지 않고 친한 친구는 단 한 명일 경우가 많다. 그녀는 비밀을 간직하고, 침묵 속에서 괴로워한다. 그녀가 젊은 시절이나 이후에 갖는 성관계들은 10대에 느낄 수밖에 없었던 외로움을 부분적으로나마 보상받기 위한 행동일지도 모른다.

열두세 살에는 여자 선생님을 열광적으로 짝사랑하는 경우가 많고 이것이 차츰 남자 선생님으로 방향을 바꾼다. 10대 소녀 대부분이 그런 경험을 하지만, 전갈자리 여성들은 도가 지나칠 정도여서 남들의 놀림을 받기도 한다.

전갈자리 여성들은 사춘기 때 많은 고민에 빠지는 편이고, 죽음에 대한 생각에 골몰하며, 자신은 영원히 사랑할 수 없을 거라고 믿기도 한다. 전갈자리의 타고난 운명 때문에 성과 관련해서 비정상적인 상황에 노출될 수도 있다. 주변에서 근친상간, 불륜, 잔인한 섹스, 마약, 바람직하지 못한 관계 등이 일어날 수 있다.

전갈자리 여성들은 곧잘 짝사랑에 빠지는데, 그녀 안에 잠재하는 마조히즘 성향 때문인 듯하다. 그녀가 처음 성관계를 갖는 시기는 대체로 고등학교를 졸업할 무렵이다. 만일 그녀가 그 유혹에 저항한다면, 그것은 순결이 자신의 모든 욕망을 억제하도록 도와주리라는 잘못된 믿음 때문이다. 실상은 그 반대인데 말이다. 성욕을 억누르다 오히려 그녀 안에 베수비오 화산(세계최초의 화산관측소가 설치된 이탈리아의 활화산)이 들어설지도 모른다.

스무 살쯤 되면 그녀에게 빠져든 추종자 몇몇이 주변을 서성이게 된다. 성적으로 훌륭하게 피어난 그녀는 기꺼이 섹스하고 그 대가를 거둬들일 것이다.

사랑과 성

그녀는 섹스의 권력을 위해 태어났다. 그래서 사랑은 곧잘 그녀의 계산에서 빠진다. 그녀가 사귀는 상대를 진심으로 사랑할 수도 있지만, 다양하고 더 오래 지속되는 성관계를 원할 때를 대비해서 다른 가능성에도 항상 문을 열어둔다. 정력이나 다양한 관계를 갈망하는 부분에서는 타의 추종을 불허하는 그녀이다 보니, 보수적으로 정절을 지키는 스타일은 될 수가 없다.

성관계를 주도하는 것은 대체로 그녀이다. 역할을 정하고, 움직임을 안무하고, 무대장치와 타이밍을 선택하는 것도 그녀이다. 그녀는 섹스의 스타이다. 행여 나중에 살이 찌더라도 카마수트라에서 언급하는 자세들을 충분히 모방할 만큼 유연성을 유지할 것이다.

그녀는 요구하는 것이 많고 성욕도 강해서 만족시키기 어려운 연인이다. 소심한 사람들은 그녀와 섹스할 생각을 아예 하지 않는 게 좋다. 그러나 섹스에 분명한 관심을 보이고 자기 욕망을 솔직하게 표현하는 그녀의 모습은 칭찬을 받을 만하다.

그녀의 성적 본능에서 가장 긍정적인 면은, 그녀가 그것을 어떻게 이용하든 간에 정말로 소중히 여긴다는데 있다. 마지못해 섹스하는 일은 결코 없다. '두통'에 시달리는 일도 거의 없다. 생리통 때문에 짜증이 나면 전문가의 충고에 따라 오르가슴에 도달함으로써 거기서 벗어나고자 할 것이다. 성욕 문제에 있어서도 그녀는 자유로운 여성이다.

전갈자리의 여성은 호기심과 실험정신이 강해서, 거의 강박적으로 모든 것을 시도해보려 한다. 상상으로든 실제 침대 위에서든 SM 기구나 의상에서부터 더 흥분하도록 자극하는 의상이나 속옷들, 가죽옷, 노예같이 꾸미는 장신구들, 마약, 양초 등 관능적인 분위기를 조성하는 모든 것이 그녀에게는 평범한 도구가 된다. 또한 비단 시트의 느낌, 마리화나의 냄새, 강렬한 음악, 매일 섹스 상대를 바꾸는 일 등을 광적으로 좋아할 수도 있다.

그녀는 특이하고 감정적이며 이기적이지만, 생각보다 훨씬 충실하고 훨씬 예민한 사람이다. 어쩌면 여성이 우월하다는 생각에 제일 먼저 동의할지도 모른다. 또한 섹스에 관한 한 다른 여성들보다 몇 광년이나 앞서 있다고 생각할 것이다. 그 점에 대해서는 나도 반론의 여지가 없다.

전갈자리 여성이 일단 흥분하면, 절대 멈추지 않으려 든다. 마치 그녀 안에 영원한 정열이 숨겨져 있어서 항상 준비된 상태로 존재하는 것처럼 보인다. 게다가 그녀는 흥분하면 할수록, 더욱더 억제하지 못하고 강해진다.

다음은 그녀가 섹스 중에 보이는 반응이다.

- 처음에 흥분하기 전에는 꺼리는 모습을 보인다.
- 갑작스레 흥분한다. (바로 직전까지도 차갑고 쌀쌀맞게 굴었더라도 일단 흥분하고 나면 상대에 몰두해서 그를 사랑해준다.)
- 완전히 몰두해서 아무 제약 없이 오르가슴을 추구한다.
- 격렬한 오르가슴을 경험한다. (어떤 사람들은 최고조로 흥분했다가 완전히 가라앉는 일을 반복하는데, 그들은 가장 뒤에 오는 오르가슴이 가장 만족스러웠다고들 했다.)

전갈자리 여성에게 필요한 연인

자신을 잊을 정도로 열정에 빠져들고 그녀의 귀에 음란한 말을 속삭이는 연인, 거칠게 숨을 몰아쉬고 신음소리를 내면서 모든 것을 잊고 흥분하는 사람, 골반 쪽을 많이 자극해주는 연인이 전갈자리 여성의 성적 이상형이다. 그가 강한 체력의 소유자라면 더 좋다.

전갈자리 여성들은 대체로 오럴섹스를 좋아하며, 그중 몇 명은 펠라치오를 하다 오르가슴을 느꼈다고 했다. 또 어떤 여성들은 말을 나누는 것만으로 너무 흥분해서 오르가슴 직전에 이르렀다고도 했다.

그녀는 성 충동이 강하고 자신의 반응을 확실히 통제할 줄 아는 남자를 좋아한다. 여러 차례 오르가슴을 되풀이하는 연인의 승리는 확실하다. 사디스트 기실노 소금 있고, 매력 있는 외모에, 털이 많고, 미초에다, 예민한 면도 약간 보이는 완벽한 섹스 전문가가 그녀를 확실하게 사로잡을 것이다.

만일 오럴섹스를 꺼리고, 섹스에 대한 강렬한 욕구를 불편하게 여기는 사람이라면 그녀 쪽에서 싫어할 것이다. 상대가 육체적으로 성불능이라면, 그녀는 인내심을 보일 것이다. 왜냐하면 그의 치유를 통해 완전한 케라을 얻을 수 있기 때문이다. 하지만 그가 심리적으로 성 불능 상태라면 그를 차버릴 것이다. 압박감으로 풀이 죽어버리는 나약한 사람을 싫어하기 때문이다.

전갈자리 여성은 상상으로라도 이국적인 장소에서의 섹스를 즐긴다. 영구차 뒷자리, 이스탄불로 가는 저녁 비행기의 좌석, 비행기 화장실, 모래사장이 펼쳐진 해변, 공중전화 부스 등이 성적 환상의 멋진 무대가 된다. 어떤 때는 이런 환상을 기꺼이 현실로 바꿔놓기도 한다.

그녀는 향이 강한 윤활제, 특이한 섹스 기구, 에로 영화, 자극을 더해주는 콘돔 같은 것도 좋아한다. 하드코어 섹스카탈로그들, 에로틱한 조각상들, 외설적인 글 같은 것들로 흥분하는 경우도 많다. 수압의 강약을 조절하는 기능이 있는 샤워기를 발명한 것은 전갈자리일지도 모른다. 여자들이 욕실 외에 다른 어떤 장소에서 그처럼 열성적으로 자위에 몰두할 수 있겠는가?

전갈자리 여성이 내면적으로 성적 갈등을 경험하는 것은 사도마조히즘적인 감정 때문이다. 전갈자리 여성들은 천성적으로 노예감독관 같은 면이 있다. 연인에게 자신의 시중을 들라고 명령하는 것이다. 그녀는 최면을 거는 듯한 눈빛과 유혹적인 허벅지 등 모든 것을 이용해서 연인을 굴복시킨다. 너무 많은 요구와 질투, 고비 등으로 상대방을 미치게 만들지도 모르지만, 어쨌든 그녀는 상대방 스스로도 몰랐던 욕망들까지 모두 만족시켜줄 것이다.

그녀는 모든 부분에서 자신과 동등한 연인을 찾는다. 그리고 끊임없이 그를

'고여있는 물'의 전갈자리 여성

시험한다. 이 시험 대부분이 그를 성적으로 지배하려는 시도를 통해 이루어진다. 그녀는 상대를 길들이고자 하며, 어떤 경우에는 그를 파괴하려 들지도 모른다. 어쨌든 끝장을 볼 때까지 온 힘을 다해 밀고 나가는 스타일이다.

전갈자리 여성은 선천적으로 가학적인 여성의 면모를 보인다. 실제로든 상상에서든, SM의 기본 행위에 흥미를 가지며, SM의 여왕 역을 맡기도 한다. 몇몇 기본적인 SM 페티시와 환상은 다리, 발, 스타킹, 모피, 가죽옷, 고무제품들과 관련이 있다. 그녀가 상상으로 혹은 실제로 지배하는 어떤 남성들은 립스틱을 바르고 긴 손톱에 머리도 긴 남자들이다. 혹은 굽이 높은 구두를 신거나 부츠를 신은 남성들일지도 모른다. 하지만 가장 흔한 것은 남자가 묶여 있는 장면이다.

그녀의 상상은 남자를 침대 기둥에 묶는 것에서부터 중세에 태형을 위해 사용한 기묘한 기구에 남자를 매달아놓는 것까지 그 범위가 다양하다. 하지만 현실에서는 한계가 있기 마련이고 그것을 결정하는 것은 남자 쪽이다. 왜냐하면 그런 장면의 한계선은 마조히스트들이 조절하는 것이기 때문이다.

그런데 전갈자리 여성에게는 마조히스트 기질도 존재한다. 욕망이 채워지지 않아 고통받는 것이 당연한 일이 되고, 이런 면이 그녀의 성생활에 영향을 준다. 어릴 때 겪은 고통으로 자신이 고통받게 되리라는 무의식적인 상상을 하게 된 것이다.

마조히즘 성향의 상상이나 행위는 죄의식에 뿌리를 두고 있다. 그녀처럼 강한 여성도 바로 자기 안에서 생겨난 죄의식에서 벗어나지를 못한다.

그녀가 배워야 할 점

전갈자리 여성은 자신의 이중성을 속속들이 인정해야 하며, 완벽한 일관성을 기대해서는 안 된다. 그녀가 자신을 이해하기 전에는 자기 욕망의 희생자가 될 수도 있다. 어쩌면 자신의 마조히즘을 부정하고 여자마초가 됨으로써 보상받으려 들 수도 있다. 혹은 자신의 힘을 부정하고 지배당하고자 하는 욕망에 굴복할지도 모른다.

전갈자리 여성은 자신의 가장 기본적인 욕망에 사회가 붙인 '나쁜'이란 딱지를 없앨 수 있어야 한다. 다음과 같이 말이다.

- 그녀는 성욕이 강하다.
- 그녀는 경쟁심이 상하지만, 쌀쌀맞게 성공만 추구하는 여성은 이니다.
- 그녀는 승리를 원한다. 이 사실을 그녀 자신부터 받아들여야 한다.
- 그녀는 원초적인 섹스를 좋아한다. 다른 사람들도 완전히 자신을 잊을 정도로 흥분하고 쾌락을 느끼기 좋아한다는 사실을 그녀도 깨달아야 한다.

전갈자리의 분노

전갈자리 여성은 천천히, 하지만 확실하게 분노를 누적한다. 그리고 마치 아이를 업는 것처럼 조심스럽게 그 분노를 감춘다. 그녀는 폭풍의 한가운데처럼 냉정하고 고요하다. 그러나 중심이 고요하다고 폭풍 같은 분노를 멈출 수 있는 것은 아니다. 결국 분노를 드러내기 시작하면, 그 폭발 속에서 그녀의 가정과 다른 인간관계들이 폼페이처럼 무너지는 것이다. 그녀는 앙심을 품는 사람이다. 그녀가 마음을 숨기고 겉으로 차분한 모습을 보이는데 속지 마라.

다음은 나와 면담했던 전갈자리 여성들이 보인 전형적인 반응이다.

- "난 화를 내지 않으려고 노력해요. 화를 낼 때면 내가 너무 난폭해진 느낌이 들고, 급기야는 내가 미쳤다는 생각이 들거든요."
- "나는 거의 화를 내지 않아요. 당신 질문을 받고 생각해보니, 화를 내는 일은 내게 대혼란을 뜻한다는 사실을 깨닫게 되었어요. 내가 화를 낼 때면 몹시 불쾌한 심술쟁이가 되거든요."

'고여있는 물'의 전갈자리 여성

- "난 사회의 부정부패 같이 화를 내야 마땅한 일에는 결코 화를 내지 않아요. 대신, 키우는 개가 카펫 위에서 뼈다귀를 먹고 있으면 화가 나서 개를 차버리죠. 대체로 사소한 일로 화를 내게 되는 것 같아요."

첫번째 여성은 화를 낼 때마다 양심의 가책을 느끼는 것 같다. 그녀는 신앙심이 깊은 가정환경 속에서 분노 같은 '죄가 되는' 행동이 신의 노여움을 부른다는 생각을 갖고 성장했다. 그녀가 분노를 건설적으로 활용하기 위한 치료 모임에 참가할 당시, 섹스에서 오르가슴을 얻는데 어려움을 겪고 있었다. 하지만 자위를 통해서는 쉽게 오르가슴에 도달한다고 했다. 치료 과정을 거치면서 그녀가 전형적인 전갈자리 시기를 거치고 있다는 사실이 분명하게 드러났다. 그녀는 거의 항상 속으로 화를 내고 있었고, 살아가면서 대부분의 사람들이 겪는 이별과 파국의 스트레스 속에서 분노에 사로잡혀 있었다. 오랫동안 배출되지 못하고 누적된 분노가 그대로 그녀의 성생활에 영향을 미친 것이다.

두번째 여성 B는 40대 중반의 세련된 여성이었다. 그녀는 화를 내면 '나쁜 소녀'가 된다고 배웠기 때문에 화를 내지 않았다. 나는 속에서 끓고 있는 분노를 어떻게 처리하는지 물어보았다. 처음에는 그저 분노를 무시한다고 대답했던 그녀가 두 달 뒤에 몹시 화가 난 표정으로 나를 찾아 왔다. 시어머니가 방문했는데 자신이 잘 조절하고 있다고 생각했던 적대적인 감정들을 그녀가 뒤흔들어 놓았다는 것이다.

누구도 분노를 무시할 수 없으며, 그것이 그저 사라져버리기를 기대해서도 안 된다. 분노는 사라지지 않고 그저 바닥에 묻혀있을 뿐이기 때문이다. 분노한 사람들은 결국 섹스나 인간관계에서 문제가 생길 수밖에 없다. 이런 문제는 가족관계나 몸매, 성생활(오르가슴에 도달하지 못하거나 성욕이 생기지 않는 등으로) 등에서 여실히 드러나게 된다. 당시 B의 성생활도 정지된 상태였다.

세번째 여성 R은 뚱뚱하고, 쾌활하고, 몹시 화가 나 있는 여성이었다. 배우자가 실업 상태여서 가족을 부양해야 했던 그녀는 자기 직업을 싫어했고, 배우자에게 화가 나 있었다. 자기 사업을 시작하고 싶었지만, 계획을 진척시킬 시간도, 충분한 돈도 없었다. R은 분노의 방향을 '안전한' 대상으로 옮겨놓았다. 배우자나 상사보다는 개를 차버리는 쪽이 더 안전하기 때문이었다. 비록 개가 으르렁거리긴 하겠지만, 그녀와 이혼하거나 해고하지는 않을 테니 말이다.

그녀가 삶을 변화시키고 더 행복해지려면, 실제로 분노를 유발하는 문제들과 직면해야 한다. 그러한 직면을 거절하는 한 계속 사소한 일들에 화를 내게 될 뿐이다. 당시 그녀는 배우자에게 전혀 성욕을 느끼지 못했다.

이 세 여성은 전형적으로 동일한 유형의 성장 과정을 거쳤다. 아마 그들은 화를 내면 부모들이 저녁식사를 주지 않는, 지극히 종교적이고 엄격한 환경에서 성장했을 것이다. 그래서 방에 혼자 앉아 분노는 '나쁜 것'이라 생각했을 테고, 특히 분노를 표현하는 행동은 죄악이고 위험한 짓이라 믿게 되었을 것이다. 그들은 아마 무의식적으로 분노를 성적 본능과 결부시킬 것이다. 우리 대부분이 성은 죄악이고 위험한 것이라 배우며 자라기 때문이다. 최근 조사를 보면, 감옥에 수감된 사람들은 더 공격적인 행동을 하는 경우가 많다고 한다. 어린 소녀들의 경우도 마찬가지이다.

전갈자리 여성은 분노를 표현할 때마다 잘못을 뉘우치도록 교육받았을 가능성이 많다. 그래서 대체로 분노에 대해 죄책감을 느끼고 분노를 두려워하면서 자란다. 그러나 그녀는 화산처럼 폭발할 수 있는 감정을 품고 있는 매우 격정적인 여성이기 때문에, 그것이 사랑이든 분노이든 자기표현을 더는 억제할 수 없게 된다.

특히 전갈자리에게 분노는 독약 같은 것이다. 분노가 가장 먼저 파괴하는 것이 성욕이기 때문이다. 앞에서 언급했듯 전갈자리 여성은 성기 부위가 가장 예민하기 때문이다. 하지만 그녀에게서 성욕을 제거한다면, 가장 소중한 힘과 에너지를 원천적으로 박탈당한 초라한 존재만 남게 될 것이다.

전갈자리 여성들은 분노를 표현할 때 생기는 죄책감과 공포에서 완전히 벗어나야만 한다.

분노를 표현하는 것

다음은 전갈자리 여성들이 분노에 대처하도록 도와주는 방법이다.

- 당신이 분노할 때 그 사실을 확인할 수 있는 실마리를 알아두어야 한다.
  - 보디랭귀지: 당신이 자꾸 몸을 앞으로 향하거나, 눈이 번득이거나, 손가락으로 뭔가 가리키거나, 허공에 주먹질을 한다면 아마 화를 내고 있을 가능성이 많다.
  - 말: 당신이 화를 숨기거나 표현할 때 대체로 어떤 표현을 쓰는지 알아두어야 한다.
  - 스트레스: 스트레스를 받으면 어떤 신체 부위에 영향을 미치는가? 지금 아픈가? 그 병은 언제 시작되었는가?

    당신이 아프거나 화낼 때 동일한 패턴을 보이는지 살펴보라.
  - 당신이 살아가면서 접하는 사건들: 그중에 당신을 화나게 만들 만한 일이 있는가?
  - 다른 사람들의 반응: 타인의 반응은 당신을 비쳐주는 거울이다.

    사람들이 당신에게 인내심을 갖고 다정하게 대해주는가, 아니면 당신에게 적대적인 태도를 보이는가? 만일 후자 쪽이라면, 당신 자신의 행동을 돌아볼 필요가 있다.

- 당신이 느끼는 분노의 유형을 확인하라.
  - 상황에서 비롯된 분노(객관적인 상황이나 일과 관련된 상황들).
  - 가족문제에서 비롯된 분노(대인관계의 문제들).
  - 장벽 앞에서 느끼는 분노(특정 상황이나 가족과 관련되지 않은, 막연한 문제들).

- 직장/일에서 분노를 극복하도록 도와줄 수 있는 것을 찾아라.
  - 단기적, 장기적 목표를 세운다.
  - 당신의 자원(혹은 권력을 얻을 수단)을 확보하라.

    자격증, 경력, 개인적 재능, 함께 일하는 동료, 관련 분야의 인맥, 그 직장을 떠나도 상관없을 정도의 저축.

- 개인적으로 분노를 극복하도록 도와줄 수 있는 것을 찾아라.
  - 유머 감각.
  - 긍정적인 태도.
  - 초연함.
  - 토론할 때는 구체적인 문제에 집중하라.
  - 묵묵히 있지 말고 말을 하라.
  - 울어라.
  - 긴장을 풀어라.
  - 위협을 느끼거나 타인의 반응을 너무 개인적으로 받아들이지 마라.
  - 짜증을 내고 싶으면 혼자 있을 때 그렇게 하도록 노력하라. 소리를 지르고 싶은데 옆에 상대가 있다면, 미리 이렇게 말해주는 게 좋다.

    "크게 소리라도 지르지 않으면 터져 버릴 것 같아서 난 지금 소리를 지를 거야. 그게 신경에 거슬린다면 잠시 이 방에서 나가주면 좋겠어. 내가 좀 진정되고 나서 같이 얘기를 나누도록 하자."

분노를 극복하려 할 때 꼭 기억해야할 것은 다음과 같다.

> '분노는 어떤 일에 대한 반응이다. 당신이 분노를 느낀다면 그것은 당신의 성격이나 신념 체계가 화를 내는 식으로 반응하라고 말하기 때문이다. 분노는 사랑과 마찬가지로 당신이 무의식적인 필요성과 가치관을 기반으로 당신이 선택한 것이다. 따라서 분노를 가장 효과적으로 통제할 수 있는 것은 바로 당신의 신념 체계이다.'

공사장 인부가 당신에게 휘파람을 불 때, 당신은 화를 낼 수도 있고 미소를 지을 수도 있다. 당신 어머니가 당신에게 아이를 제대로 키우지 못하고 있다고 힐책할 때도, 화를 내거나 혹은 함께 점심을 먹으며 당신의 관점을 설명할 수 있다. 아니면 아예 어머니의 견해를 무시할 수도 있을 것이다. 당신의 반응을 스스로 조절할 수 있는 상황이라면, 그 반응의 책임은 바로 당신에게 있다.

'고여있는 물'의 전갈자리 여성

분노가 성생활에 나쁜 영향을 미칠 때마다 전갈자리 여성들은 우선 무슨 일이 일어나고 있는지 알아본 후에 행동을 취할 필요가 있다. 가장 효과적인 행동은 배우자와 그 상황에 대해 얘기를 나누는 것이다. 만일 자신이 합리적으로 분노를 통제할 수 없다고 생각되면, 분노를 물리적으로 표현하도록 도와주는 치료를 받는 게 좋다. 크게 소리를 지르는 치료법이나 생체에너지학적 치료법이 직접적이고 강력하게 분노를 표출하도록 도와준다.

전갈자리의 생활 방식

전갈자리 여성이 이상적인 결혼 상대는 아니다. 보수적인 의미의 '정절'을 지키지 않기 때문이다. 하지만 진지하고, 충실하고, 사람을 놀라게 하는 면이 많은 재미있고 열정적인 배우자를 원하는 사람에게는 더할 수 없이 적합한 상대이다.

그녀가 끊임없이 섹스에 탐닉해서 배우자를 미치게 만들 수도 있다. 혹은 갑자기 메말라버려서 아무리 노력해도 성욕을 되살릴 수 없는 탓에 몹시 광분할 수도 있다. 어쨌든 "모든 것이 아니면 아무 것도 아니야"가 그녀의 신조이니 말이다.

전갈자리 여성들이 결혼 초기에는 이상적인 아내가 된다. 배우자의 비위를 맞추고, 정숙하고, 충실하며, 늘 배우자의 편에 서기 때문이다. 아마 그는 지구에서 가장 멋진 여자를 골랐다고 생각할 것이다.

하지만 초기의 열정이 닳아 없어지면 그녀는 사랑의 보금자리 밖에서 섹스 상대를 구하게 된다. 그녀는 연인에게 깊고 끝없는 열정을 기대한다. 연인 혹은 배우자가 그 기대에 미치지 못하면, 죄책감에 사로잡히거나 병에 걸리지 않는 한 누구도 그녀를 붙잡아놓을 수 없을 것이다. 게다가 불사조 같은 그녀는 죄책감이나 병 역시 곧 뛰어넘어버린다.

그녀가 결혼 밖에서 섹스 상대를 고를 때면, 격렬한 욕망과 스릴, 자유, 지구력, 귀찮을 정도의 소유욕을 만끽하려고 한다. 새로운 연인이 그녀에게는 다섯 번째 정도의 의미밖에 없어도 마치 자신이 그의 유일한 여자인 척하기를 좋아한다.

전갈자리 여성은 사랑과 섹스를 쉽게 분리시킨다. 가정생활 속에서 사랑과 경제력, 안정에 대한 욕구들을 안전하게 지켜나가면서 다른 곳에서 성적 열정을 풀어놓을 수 있다. 채털리 부인과 비슷하다.

일부일처제에 대한 태도

일부일처제는 한 명의 배우자와 독점적인 관계를 갖는 생활 방식이다. 사전적으로는 이 말 속에 감정적인 배타성도 포함되어 있지만, 여기서는 그 의미를 성적 배타성에만 한정한다.

다시 말해서, 이성 간의 우정은 허락하는 반면 혼외정사는 배제하는 의미로 일부일처제라는 말을 사용한다. 따라서 섹스를 동반하지 않는 관계는 모두 일부일처제를 받아들이는 것이 된다. (그럴 때 문제는 성적인 공상이다. 어떤 여성이 배우자와 사랑을 나누면서 이웃에 대한 상상에 잠긴다면 과연 그녀가 일부일처제를 지키는 것일까?)

전갈자리 여성이 일부일처제를 지키는 경우는 대체로 신혼일 때, 마조히스트 성향이 강해지는 시기이거나 섹스에 무관심한 시기일 때, 죄책감 때문에 성욕을 억누르려고 할 때이다. 그녀는 결혼생활 중에 여러 차례 신혼기를 되풀이하는데, 그럴 때면 대체로 커다란 전환점을 맞게 된다.

그녀의 감정적 육체적 요구에 부응하고 마치 롤러코스터를 타는 것 같은 그녀의 생활에 보조를 맞출 수 있는 사람은 별로 없다. 그러니 평생 배우자에게 성적으로 정절을 지키는 전갈자리 여성도 많지 않다.

전갈자리 여성의 깊숙한 어딘가에 격렬하고 숭고하고 도저히 말로 표현할 수 없을 정도로 완벽하게 결합되는 이상적인 성 경험에 대한 환상이 숨어 있

'고여있는 물'의 전갈자리 여성

다. 그녀 안 어딘가에서 전생에 함께 했을지도 모르는 영혼의 동반자를 기다리는 마음이 끊임없이 생기는 것이다.

배우자가 아닌 남자와 사랑에 빠진다면 헌신적인 배우자인 그녀는 분명 죄책감으로 괴로워할 것이다. 그럼에도 불구하고, 몹시 매력적인 남자가 문을 두드리거나 그녀에게 다가온다면, 혹은 승진 기회를 주거나 그녀를 사로잡는 매혹적인 환상에 잠기게 한다면, 그녀는 쉽게 그 죄책감을 무시한다. 그러고는 그가 자신을 유혹할 때 보여준 멋진 기술을 침대에서도 제대로 발휘되는지 아무주저 없이 확인하려 들 것이다.

다음은 전갈자리 여성들이 일부일처제를 거부하는 전형적인 상황들이다.

- 새롭고 다양한 성 경험을 추구하거나 더 나은 애인을 찾을 때.
- 성적 혹은 감정적 결핍을 느낄 때.
- 권력을 얻기 위해 섹스를 이용할 때.
- 자기 능력을 확인하고 싶을 때.
- 부당하게 배우자에게 분노를 느끼거나 막연하게 분노할 때.
- 죽음에 대한 공포에 사로잡힐 때. 그녀는 영적인 능력이 뛰어나고 죽음과 파괴적인 상상에 빠져든다. 또한 도깨비나 악마, 유령, 사악한 마녀 같은 것도 믿는다. 살아가면서 어두운 생각들을 몰아내기 위해 종교나 심령연구모임과 치료에 몰두하거나, 새로운 섹스 상대를 찾아다닐지도 모른다.
- 마약에 중독되어서 마약을 얻기 위해 섹스를 이용할 가능성도 있다.
- 항상 꿈꿔왔던 강한 상대에게 굴복할 때. 그는 아마 한동안은 그녀를 지배할 수 있을 것이다.

대안적인 생활 양식

- 독신생활: 일시적이라면, 특히 일에 열중했거나 연애가 파국을 맞은 후 상처를 치료하고 있을 때라면 전갈자리 여성에게 적합한 생활 방식이다. 이 방식을 장기적으로 끌어가려면, 모든 친구를 잠재적인 섹스 상대로 보거나 반대로 무조건 불신하면서 경쟁자로 간주하는 태도에서 벗어나야 한다. 그녀가 우울증에 빠졌을 때는 너무 오

래 혼자 지내지 않는 것이 좋다. 전갈자리 여성들은 주기적으로 자살을 생각하는 편이어서 그들의 생활을 유쾌하게 만들어줄 다른 사람들이 필요하다.

- 개방결혼: 전갈자리 여성들은 나눠 가질 수 있는 사람이 아니다. 그녀 자신은 개방결혼을 시도하고 싶을 수 있지만, 그 모험이 가능하지 않을 것이다.
- 삼자결혼: 제 삼자가 남자든 여자든 그 사람이 복종한다면, 전갈자리 여성은 삼자결혼을 좋아할 것이다. 일시적이라면 그녀에게도 가능한 생활 방식이다.
- 공동생활: 전갈자리 여성은 너무 자아가 강하고 소유욕이 강해서 공동체의 일원이 되기 어렵다.
- 동성애나 양성애: 전갈자리 여성의 격렬한 욕망이 다른 여성을 향하면서 그녀와 깊고 강하게 결합될 수도 있다. 그녀에게 섹스는 권력과 결부된다. 그래서 그녀가 다른 여성과 결합하는 경우에도 상대 여성의 에너지를 흡수해서 자신의 힘을 키우려는 욕망이 강하다.

전갈자리 여성들은 동성애자일 때도 이성애자인 경우와 마찬가지로 극단적인 면을 보이며, 질투심이 강하고, 요구하는 것도 많고, 지극히 영적이다.

전갈자리의 개괄적 특징

이 세상을 살아가면서 위기를 극복하고 인생의 의미를 깨달아가는 사람들에게 가장 커다란 목표는 협력하고 사랑하는 힘, 모든 것을 하나로 화합하는 힘일 것이다. 이 힘을 얻는 것이 전갈자리 여성이 추구해야 할 과제이다.

그녀는 치료능력과 파괴력 모두를 가지고 있으며 둘 다 극단적으로 강하다. 그래서 무능력한 카산드라(트로이의 여성 예언자. 뛰어난 예언능력을 지녔지만 누구도 그녀의 예언을 믿지 않았다)인 동시에 최전성기의 클리템네스트라(아가멤논의 아내. 부정한 여인의 전형으로 간주된다)이다.

'고여있는 물'의 전갈자리 여성

화합하는 힘은 다른 사람을 모델로 삼고 거기에 맞추려고 억지로 노력한다고 생기는 것이 아니라 자기 존재와 자신의 가능성을 깊이 인식했을 때만, 그리고 우리가 의지하고 살아가는 이 세상을 진심으로 존중할 때만 발견할 수 있는 것이다.

사람은 누구나 나름의 목적을 가지고 태어나며, 중요하고 의미 있는 삶을 영위할 수 있는 잠재력을 지니고 있다. 우리의 목적은 (카산드라처럼) 힘을 버린다고 성취되는 것도 아니고, (클리텐네스트라처럼) 부정한 권력을 강탈한다고 이루어지는 것도 아니다.

전갈자리 여성들은 특히 권력을 오용하지 않도록 노력해야 하며, 진정으로 화합하는 힘, 즉 사랑을 위해 권력을 활용할 수 있는 경지에 도달하도록 최선을 다해야 한다.★

11.23/24
~
12.21/22

'변화하는 불'의
사수자리 여성

Sagittarius

몹시 활동적인
원기 왕성한
낙천적인
운이 좋은
사치스러운
쉽게 적응하는
다재다능한

직관이 뛰어난

잘 베푸는
매혹적인

욕망의 범위가 넓은

명랑한　화려한

둔감한

올바른 판단력
음악에 재능이 있는
독립적인

신뢰할 수 있는

잘 속는
열성적인
쾌활한

예술에 조예가 있는

저돌적인　　**모험심이 강한**

충동적인

진보적인

박식한

거만한

파격적인
영감이 뛰어난
충성스런
철학적인
영적인

쉽게 흥분하는

위에 나열된 특성들은 단지 한 시기를 묘사하고 있으니,
당신과 맞지 않는다고 생각되면 지금 당신이 어느 시기에 있는지
다른 별자리에서 찾아보세요.

사수자리의 성격

일반적인 특성과 배경

사수자리 여성은 생명력과 관능으로 가득하다. 파티에서 갑자기 사람들이 길을 열어주고 싱그럽고 생동하는 생명 에너지가 느껴진다면, 사수자리 여성이 들어섰다고 생각하면 된다. 이상주의적이고 철학적이지 정복자인 사수자리는 마치 켄타우루스(그리스 신화에 등장하는 반인반마의 괴수)처럼 자신의 욕망을 추구한다.

그녀는 끊임없이 활동한다. 모자를 쓰기만 하면 바로 여행을 떠나며, 흥미롭고 일상을 벗어난 것만 있다면 목적지가 어디든 신경 쓰지 않는다. 단조로운 것을 몹시 지루하게 여겨서, 집 안 가구든 자기 인생이든 끊임없이 재배치하려고 한다. 그녀가 현재에 만족하는 일은 거의 없다. 너무 선명하게 빛을 발하는 이상을 품는 탓에, 현실감각을 잃기도 한다.

하지만 적절한 것을 고르는 감각이 뛰어나서 자신의 행동에 대해서도 몹시 신중하게 점검한다. 적합한 상점을 찾아 쇼핑을 하고, 가장 최근에 나온 책들을 읽고, 자신에게 어울리는 모임에 가입한다. 이 모든 것이 사회적 지위와 자존심을 향상시키기 위해서이다. 그녀의 기본적인 성향은 보수적이다. 자연자원에서부터 이미 사용한 포장지까지 모든 걸 절약해야 한다고 믿지만, 그로 인해 불편해지는 것은 원하지 않는다.

아홉번째 별자리에 해당하는 사수자리는 변화하는 불을 상징한다. 변화와 관련된 기질을 가지고 있어서 인간에 대한 사랑과 인간관계에서의 유능함, 융통성을 발휘한다. 불은 강렬한 에너지와 진보적인 정신을 부여한다.

각각의 별자리들은 특정별과 그 운동의 지배를 받는다. 사수자리를 지배하는 별은 태양계에서 가장 큰 행성이며, 개인적인 자유와 확장을 상징하는 목성

'변화하는 불'의 사수자리 여성

(주피터)이다. 역사적으로 목성은 주로 태양의 반짝임과 생명을 부여하는 에너지와 결부되어 왔다. 또한 금성과 마찬가지로 행운과 물질적 행복을 약속하며, 흥미로운 탐험을 계속하게 해준다.

사수자리 유형의 여성은 태양이나 다른 중요한 행성들이 사수자리에 있을 때, 혹은 사수자리 기운이 강할 때 태어난 여성들이다. 여기에는 일시적으로 사수자리 시기를 거치고 있는 여성들도 포함된다. 이런 경우 특정별이 사수자리에 위치해야 할 필요는 없다. 사수자리 유형은 앞에 나열한 특성들을 가지며, 사수자리 시기를 거치는 여성들은 다음과 같은 특징을 보인다.

· 번득이는 직관적인 통찰력에 의지하며, 이 직관이 대체로 옳은 편이다
· 매우 다재다능하며, 살아가면서 꼭 추구하고 싶은 중요한 과업이 하나 이상 있다. 두 개의 직업을 갖거나, 두 사람과 동시에 연애하기도 한다.
· 에너지가 넘치고 낙천적이며, 흥분해서 지칠 줄 모르고 활동하거나 몹시 지루해한다.
· 지나칠 정도로 솔직하고 세련되지 못한 태도를 보이며, 자극적인 행동을 일삼는다.
· 여행이나 성적, 정신적 탐험에 강한 욕망을 보인다.
· 완전히 새로운 친구들을 사귀거나 다른 생활 양식을 추구하느라 가족에게 무관심해진다.
· 인간에 강한 관심을 보이며, 아주 많은 사람과 알고 지내지만 정작 친한 친구는 몇 없다.

사수자리에 대한 이해를 도와주는 핵심 단어는 '각성'이다. 그녀는 세상에 숨겨진 진실을 알고 싶어하며, 음악, 미술, 문학 등을 통해서도 어둠을 밝히는 빛을 추구한다.

그녀의 낙천주의는 유명하다. 사람들의 행동을 더 잘 이해하기 위해서 그녀는 매우 신중하게 사람들을 관찰한다. 또한 매사를 경험에서 배우기 때문에, 세상의 비밀을 풀도록 도와줄 모든 일을 경험하고자 한다.

그녀에게 또 다른 중요한 단어는 '복종'이다. 그녀는 권력을 존중하고, 자신

이 옳다고 느끼는 것에 복종한다. 특히 권위 있는 인물에게서 배운 것이라면 무조건 따르려 한다. 대지의 법칙, 동료들의 압박, 앞 세대로부터 물려받은 문화가 명령하는 것도 따른다. 그녀는 사회적 규칙에 순응하며 매우 실천적이다. 이것이 성공해서 존경받을 수 있는 안전한 길임을 알고 있기 때문이다. 그녀의 사고는 독립적이고 진보적이지만, 행동에서는 종종 보수적인 면도 보인다.

욕망의 범위가 넓은, 몹시 활동적인

사수사리 여성은 끊임없이 움직인다. 앉아 있는 일은 거의 없고 항상 엄청난 양의 활동을 한다. 특히 직업에 싫증이 났거나 압박감을 느낄 때면 더 그런 편이어서, 점심 때 테니스를 치고 해 질 녘에 조깅을 하는 식이다.

그녀는 특히 '필드 경기'처럼 돌아다닐 자유가 있는 활동을 좋아한다. 아이들이 망아지처럼 뛰어다니듯, 그녀도 넓은 땅위를 전속력으로 달린다. 파티가 너무 활기가 없거나 산만할 때도, 그저 발만 동동 구르는 것이 아니라 한밤에 배구 경기를 하자며 사람들을 공원으로 데리고 간다.

12별자리의 집시라 불리는 그녀는 어떤 공간이나 대륙을 횡단할 때 진짜 집시처럼 우아하고 힘 있게 움직인다. 그녀는 반드시 움직여야만 한다. 정체되거나 불안감을 느끼거나 지루함을 느끼면 진짜 몸에 병이 생길지도 모른다. 몸이 아픈 사수자리 여성은 휴식하거나 약을 먹는 것보다 일상생활의 변화 속도를 높이는 쪽이 건강을 회복하는데 더 효과가 있을 것이다.

사수자리 여성은 가능한 한 멀리까지 영향력을 확장하고 싶어한다. 중국 청나라의 서태후가 가장 좋은 예이다. 그녀는 뛰어난 직관을 발휘해서 권력을 장악했고, 세계 인구의 4분의 1을 지배했다. 사수자리 여성이 권력에 집착한다면 이 정도는 돼야 그녀의 꿈에 맞을 것이다. 가끔 그녀가 거창하게 일을 벌이는 자체에 집착해서 인간적인 욕망을 간과하는 경우도 있다.

원기 왕성한, 명랑한

사수자리 여성은 사람들을 좋아한다. 그녀의 주소록은 거의 한 도시의 주소

록에 맞먹으며, 늘 완벽한 최신 정보로 정리되어 있다. 반대되는 별자리인 쌍둥이자리와 마찬가지로, 그녀는 모임에 참여하고 사람들과 어울리기를 좋아한다. 사수자리 여성에게는 소풍이나 공놀이, 해외여행 같은 단체 활동이 훨씬 더 큰 즐거움을 준다. 어떤 사람의 사회적 지위와 유능함, 개인적 능력을 측정할 때도 그 사람이 알고 지내는 사람들의 숫자로 판단하기 때문에, 위원회 같은 모임에서도 즐거움을 느낀다.

그녀의 명랑하고 유쾌한 성격과 모험심은 곧잘 투덜대기 잘하는 게자리 여성도 재미있게 참여하도록 유도한다. 그러나 놀러 다니면서 즐기는 것을 너무 좋아하다 보니, 나중에는 지나치게 떠들썩한 가운데에서 불쾌감에 사로잡히기도 한다. 지치고 기력이 다한 채 파티가 끝나면, 그녀는 홀로 와인 잔을 앞에 두고 뭔가 잘못되었다고 생각하는 것이다.

둔감한

사수자리는 진실을 추구하는 별자리이다. 그래서 매우 솔직하다. 그녀에게는 솔직한 태도가 자존심보다 더 중요하다. 천성적으로 그녀는 실수를 제외하고는 거짓말을 할 수 없는 사람이다. 하지만 어떻게 보면 그녀가 진실을 말할 때 훨씬 더 많은 실수를 한다고 볼 수도 있다. 맹목적으로 솔직해지기 때문이다. 그녀는 자신이 알고 있는 것과 느끼는 것에 대해 부끄러워하지 않으며, 그런 점에서 몹시 둔감한 모습을 보일 때도 많다.

사수자리 여성의 악명 높은 경솔함의 또 다른 예는 다른 사람들이 솔직하지 못할 때 내놓고 경멸하는 태도이다. 그녀는 다른 사람의 착각이 불편해서라기보다 단지 '오해를 바로 잡기 위해' 불쑥 진실을 말한다. 특히 그녀의 삶이 불확실성으로 가득 차 있을 때 그렇게 행동한다. 불안정하고 흥분된 상태일 때는 혼란스럽게 말을 내뱉다가 결국 "정말 모르겠어?" 하는 식으로 말을 끝맺는다. 실제로 그녀에게는 맹목적인 면이 있어서, 그녀가 스스로를 통제하지 못하는 한 주변 사람들의 삶을 비참하게 만들지도 모른다.

그렇다고 그녀의 경솔한 행동이 잔인한 것은 아니다. 사수자리 여성은 전갈자리 특유의 날카로운 비판은 하지는 않는다. 진짜 사수처럼, 신중해야 할 순간에 다른 모든 생각을 잊어버리고, 부작용이 생기리라는 걸 생각지도 못하고, 그저 활을 날려버릴 뿐이다. 그녀는 냉혹한 것이 아니라 진실 앞에서 다소 비정할 뿐이다.

사수자리 여성과 친한 사람들은 그녀가 여진히 야생의 존재로 남아 있으며, 마음 깊은 곳에서 우러나는 인간적인 감정을 잘 알고 있음을 기억해야 한다. 그녀는 단지 길들여지지 않았을 뿐이며, 꼭 그럴 필요도 없는 것 같다.

신뢰할 수 있는

사수자리 여성은 거짓말을 못하기 때문에 누구를 배신하는 일도 할 수 없다. 그녀에게 새로 염색한 당신의 머리색이 어떠냐고 묻는 것은 조심해야 할지도 모르지만, 당신의 생명이나 연인까지도 그녀라면 믿고 맡길 수 있다. 만일 그녀가 당신과 약속을 어겼다면, 그 이유는 그녀가 말해주는 그대로일 것이다. 그녀가 아픈 강아지를 돌봐야만 했다던가 축구 중계를 봤다고 말했다면, 그녀는 당신이 그런 일의 중요성을 잘 안다고 믿는 것이다.

그녀는 지극히 충실한 사람이다. 친구들이 그녀에게 아무 도움이 되지 못하더라도 아주 오랫동안 우정을 이어간다. 쉽게 마음의 상처를 받거나 질투심이 강한 사람, 의심이 많은 사람들은 사수자리 여성과 친구가 되기 전에 한번 더 생각해볼 필요가 있다.

그녀는 분명 믿을 수 있는 사람이지만, 신중함이 부족해서 비밀을 잘 지키지 못한다. 자기 지식을 과시하는 것도 좋아해서 무심결에 가장 난처한 정보(친구가 꼭 비밀을 지켜달라고 신신당부했던 얘기까지)를 흘려버리곤 한다.

사수자리 여성은 다른 사람들 역시 신의가 있기를 기대한다. 그들이 이런 점에서 그녀의 바람에 미치지 못하면 지독한 환멸감을 느낀다. 만일 그런 문제로 우정이 끝나버렸다면, 그녀는 온 세상에 이 사실을 알리고 다니면서 비꼬는 식으로 보복할 것이다. 그녀는 그런 대접을 받아 마땅하다고 생각하는 사람들의 감정이라면 맹목적으로 짓밟을 수도 있다.

잘 속는

사수자리 여성은 잘 믿는 만큼 잘 속기도 한다. 상대의 말을 액면 그대로 받아들이고, 결코 숨겨진 의미나 의도를 찾지 않는다. 따라서 수줍음을 타고 자제하고 돌려서 말하는 사람들은 그녀를 피하는 것이 좋다! 사람들이 왜 망설이는지 이해하지 못하는 사수자리 여성들은 그런 사람들이 하는 말을 알아듣지 못한다.

물론 그녀가 남을 속이지 않으며 직관이 뛰어나고 독립심도 강한 편이어서, 속임수가 빤히 드러나는 조종에 쉽게 넘어가지는 않는다. 더 위험한 것은 혼란과 대립이다. 그녀가 연인과 친구들의 미묘한 메시지들을 알아챌 만큼 예리하지 못하다면 인간관계가 뒤죽박죽이 될 가능성이 많다.

나는 천칭자리 남성과 몹시 지리멸렬한 연애를 하고 있던 사수자리 여성과 함께 일을 한 적이 있다. 그녀의 연인은 드물게 예의 바르고 세련되고 훌륭한 매너와 섬세한 감각을 가진 남성이었다. 두 사람의 매력은 대부분 상반되는 것이었지만, 그들은 문화에 대한 애정을 공유하고 환상적인 성생활을 통해 강한 유대감을 형성하고 있었다.

문제는 내 친구가 둘의 관계에서 눈치가 없다는 데 있었다. 사실 그녀는 노골적으로 말하지 않으면 잘 알아듣지 못하는 사람이었다. 그런데 그 남자가 접근하는 방식은 항상 베일에 가려진 제안이거나 막연한 암시 같은 것이었다. 그러다 보니 그녀는 항상 그의 의견을 무시하고 마음대로 행동하는 것처럼 비쳤고, 그는 아주 미묘한 방식으로 짜증과 분노를 표현하기 시작했다. 결국 두 사람은 헤어졌다. 그는 그녀의 맹목적인 이기심을 견딜 수 없다고 했고, 그녀는 그의 완곡한 행동을 참을 수 없다고 했다. 그리고 지금까지도 그녀는 그토록 잘 지내던 두 사람이 왜 그렇게 갑작스럽게 헤어지게 되었는지 이해하지 못하고 있다.

열성적인, 쾌활한, 낙천적인

사수자리 여성은 해가 떠오르는 것을 보기 위해 일찍 일어난다. 그녀는 여명이 위대한 도전과 발견의 잠재력을 가진 새로운 모험의 시작이라고 생각하고 몹시 좋아한다. 극단적일 정도로 낙천주의자인 그녀는 어제의 불행으로 오늘의 가능성을 망쳐버리는 법이 없다. 내일은 진정으로 또 다른 날이며, 매일매일이 새로운 도약과 밝은 미래를 위한 발판이다. 아침이면 그녀는 침대에서 벌떡 일어나서 밖으로 나와 기지개를 켜고 산책을 하며 집에 돌아오는 길에는 한 손 가득 딸기를 따온다. 도시에서도 사수자리 여성은 테라스에 서서 하늘 높이 떠 있는 태양을 향해 한껏 고개를 치켜든다.

목성이 주는 가장 큰 선물 중 하나가 낙천성인데, 바로 이것이 사수자리의 운명에 영원히 영향을 미친다. 사수자리 여성에게 인생은 자신이 선택한 투쟁과 도전만으로 이루어진다.

운이 좋은, 사치스런, 잘 베푸는

사수자리 여성이 낙천적인 것은 너무도 당연한 것 같다. 정말이지 항상 운이 좋기 때문이다! 살아가면서 돈이 심각한 문제로 대두되는 경우는 거의 없다. 일이든 친구들이든 '운명'이든 다양한 경로로 그녀의 돈 창고는 계속 채워지는 것이다. 그녀는 항상 적절한 시간에 적당한 장소에 가 있는 것 같다. 그녀가 낯선 도시로 이사하면 일주일 안에 이상적인 직업을 찾고, 새로 사귄 애인은 갑자기 얼마간의 유산을 상속받을 것이고, 누가 그녀에게 복권을 줬는데 그게 당첨되는 식이다. 그녀가 별다른 생각 없이 잠시 바닷가에 머물 때도, 활기찬 성격과 자석 같은 매력 덕분에 스페인 남쪽에 있는 별장에서 여름을 보내자는 초대를 받는다.

그녀가 경제적으로 자립해서 안락한 상황이면(그녀의 상황은 주로 그렇지만), 엄청나게 돈을 쓴다. 그녀는 좋은 옷들, 음악, 그리고 특히 환상적인 음식과 와인을 사랑한다. 또한 아무 망설임 없이 고급스런 것을 추구하는 자기 취향에 따른다.

마찬가지로 친구들에게도 경제적으로 몹시 관대하다. 기꺼이 크고 작은 선물을 나눠주고, 두번 생각할 것도 없이 돈을 빌려준다. 무엇보다 그녀는 호화

'변화하는 불'의 사수자리 여성

로운 파티를 열어 함께 즐거운 시간을 보내기를 좋아한다. 그녀는 자기 물건을 잘 나눠주듯 친구들도 잘 소개시켜 준다. 그녀가 주선한 만찬이나 파티에서는 폴란드 귀족이나 프랑스 스키 챔피언, 동양의 신비주의자 등 온갖 사람을 만날 수 있을 것이다.

매혹적이고, 매력적인

사수자리 여성은 사람들을 초대해서 훌륭하게 접대할 줄 아는 멋진 여주인이다. 준비한 음식이나 그녀가 초대한 손님들 덕분에 모임은 항상 이국적인 분위기가 된다. 그녀는 여행을 좋아하고 적어도 마음속에서라도 세계를 여행하고 돌아다니기 때문에, 다양한 나라의 음식들을 내놓는다. 이탈리아의 따뜻한 파스타 요리, 중국의 매콤한 가지요리, 포르투갈의 칠리소스 생선요리 등에 전채 요리는 아랍 식으로 내놓고 마지막으로 프랑스의 환상적인 디저트를 내놓는 식이다.

감각이 뛰어난 사수자리 여성들은 환상적인 조명과 분위기를 만들어낼 것이고, 사람들은 별빛 아래에서 멋진 저녁 시간을 보낸다. 만일 파티가 그녀의 계획대로 진행되지 않는다면, 예를 들어 누군가 준비한 음식을 싫어하거나 분위기가 이상하게 흐르는 것 같을 때면, 그녀는 충동적으로 샴페인 한 박스와 캐이크 80인분을 주문하고, 옷을 벗어 던지고 풀장에 뛰어들지도 모른다. 그녀가 개인의 감정에는 둔감하지만, 모임의 분위기는 방사선 탐지기처럼 예리하게 감지한다.

그녀는 지나치게 솔직한 면이 있지만, 이상적인 손님이 된다. 그녀는 관능적이고 호기심이 강하며 밝은 성격 덕분에 모임의 썰렁한 분위기를 재빨리 바꿔놓는다. 정치나 성, 철학 등에 대한 자극적인 의견을 내놓을 것이고, 가능한 최대의 노력을 기울인다. 그녀는 열정적이고, 광범위하게 많은 책을 읽었고, 모든 것에 관심을 갖는다. 무엇보다도 그녀의 쾌활한 움직임 덕분에 정체된 분위기가 동요하고, 결국 그녀가 원래 알던 사람들이든 아니든 거기 모인 사람들 절반 이상을 서로 소개시켜줄 정도가 된다.

화려한, 과시하기 좋아하는

사수자리 여성들은 종종 매우 이국적인 느낌을 준다. 타고난 여행가이자 탐험가인 그녀는 외국에서 사온 특이한 옷이 많고, 정교하게 세공한 보석보다는 은, 금, 돌 같은 원석을 좋아한다. 장신구도 원시적인 것을 좋아해서, 청동으로 만든 탄자니아 목걸이, 깃털 귀걸이 같은 특이한 것으로 눈길을 끌곤 한다.

젊은 사수자리 여성은 신선하고 특이하게 차려서 과시하기를 좋아하고, 옷도 최신 유행에 따라 입는다. 그녀의 자유로운 감각을 방해하지 않는 한도 내에서 특이하면 할수록 더 좋아하는 것 같다. 굽 높은 보라색 구두를 사서 어깨에 메고 다니기도 하고, 마치 피부인 양 몸에 꼭 붙으면서 드림이 많은 치마를 입고 다니기도 한다. 화장도 화려하게 하는 편이고, 옷도 현란한 것을 좋아한다. 재미로 초록색 매니큐어를 칠하고 검은색 립스틱을 바를지도 모른다. 유연하고 건장한 자기 몸에 대한 자부심이 대단한 그녀는 셀로판이나 염색한 가죽옷, 반짝이는 보석이 달린 비단옷 같은 것을 입고서 몸매를 과시한다. 한편 아무리 멋지고 눈에 띄는 옷이라도 자기 스타일을 망친다 싶으면 과감하게 버릴 줄도 안다.

쉽게 적응하는

사수자리 여성은 쉼 없이 활동하는 에너지를 타고나서 매사에 쉽게 적응한다. 12별자리 중 여행자에 해당하는 그녀는 "로마에서는 로마법을 따라라"는 말을 진심으로 믿는다. 그녀는 늘 새로운 길을 달려갈 준비가 되어 있다. 모로코인처럼 손으로 쿠스쿠스를 먹고, 중국 식당에서는 처음 젓가락을 사용하는 탓에 여기저기 흘리면서 식사하는 자기 모습을 농담거리로 만들기도 한다. 움직임이 능숙하고 모방을 잘하기 때문에 그런 서툰 모습도 오래가는 법이 없다. 다른 문화나 특이한 사회집단의 낯선 방식들도 재빨리 익히는 것이 사수자리 여성의 가장 큰 매력이다.

그녀는 평화유지군의 자격을 완벽하게 갖춘 후보이다. 다른 문화나 언어, 관습을 마치 스펀지처럼 흡수하는 그녀는 외국 거리에 서 있어도 매우 자연스러워 보여서 지나가는 사람들이 그녀에게 길을 물어볼 정도이다. 여행하던 중간에 휴게실에서 잠시 쉬는 동안 손쉽게 친구를 만들고, 대양 횡단을 할 때면 타고 있는 배를 자기 활동 무대로 만들어버린다. 거기서 친구가 된 사람들은 집에 돌아간 뒤에도 오랫동안 배에서 만난 특이하고 색다른 여자에 대해 이야기할 것이다.

사수자리 여성의 적응 능력 이면에는 변덕스러움이 있다. 이 변덕스러운 성격이 그녀를 양처럼 온순한 사람처럼 보이게 만들기도 하지만, 그녀는 양보다는 고양이에 가깝다. 호기심이 동하면 협력하는 모습을 보이지만, 지루해지면 무관심하게 떠나버리거나 불안정한 모습을 보인다. 모든 일에 관심이 있어서 쉽게 지루해하지 않지만, 잠시라도 정착하는 것은 몹시 힘들어하고 불편하게 생각한다. 끊임없이 자극을 갈망하다 보니, 재미보다 의무감으로 해야 하는 장기간의 과업은 잘 완성하지 못한다. 그런 일은 자신이 책임을 완수하지 못했다는 초조감만 누적시킴으로써 그녀를 진짜 신경질적으로 몰고 갈 수도 있다.

사수자리 여성들은 종종 신경과민이 된다. 그녀는 자신이 해낼 수 없는 일을 거절하는 법을 배울 필요가 있다. 부담스러운 일이 쌓이면 변덕은 극도의 소심함으로 변하게 되고, 상황이 한계에 도달하면 사수자리 여성의 많은 수가 야생의 외침을 듣는다. 그녀가 책임감을 기르려면, 불안정한 마음을 억제하고 단련하는 법을 배워야 한다.

사수자리 여성들은 여행이 의식을 확장하는 과정임을 알아야 한다. 여행은 궁극적으로 인생의 목표를 형성하도록 도와준다. 그런데 그들은 여행을 책임이나 권태를 피하기 위한 수단으로 보고, 여행을 위한 여행을 떠나는 경우가 너무 많다.

다재다능한

사수자리 여성은 새로운 발견을 할 때마다 전문 지식을 늘려가는 기쁨을 느낀다. 그녀는 무슨 일이든 잘 해내는 편이다. 세 살부터 피아노와 무용 교습을 받기 시작한 그녀는 어릴 때부터 음악 신동 소리를 듣는다. 운동신경도 매우 뛰어나다. 그녀는 타고난 운동능력과 다정하고 열정적인 성격, 영리한 호기심 덕분에 학창 시절 내내 아주 인기 있는 소녀가 된다. 재능과 자부심, 타고난 통솔력으로 반장이나 동아리 회장이 되며, 안정된 자신감 덕분에 학생들 중 가장 성공할 만한 사람으로 꼽히면서 빛나는 영광과 높은 기대 속에서 고등학교를 졸업한다.

본인은 다르게 생각할지도 모르지만, 사수자리 여학생에게 가장 힘겨운 문제가 전공을 선택하는 것이다. 그녀는 고등수학부터 네덜란드 시에 이르기까지 모든 것을 똑같은 열정으로 공부한다. 어린 시절부터 그렇게 다양한 방향으로 니기는 것을 칭찬 받고 격려 받았으므로 이른이 되면서 진공 분야를 좁히려는 욕망을 느끼지 않는다.

그녀는 다양한 주제를 공부하고, 또 연구를 계속하기 위해 학생들을 가르치면서, 수년간 학계에 머물지도 모른다. 하지만 대개는 방랑벽 때문에 제도교육보다는 현실세계로 나가게 될 가능성이 더 많다.

특히 20세기는 다재다능함을 축복으로 간주했다. 하지만 아마추어 애호가로 살아가는 것은 사수자리 여성에게 좌절감만 심어줄 뿐이다. 가능성을 끝없이 확장하다 보니 구체적인 직업이나 생활 방식을 선택하는 것이 지나치게 어려워지기 때문이다. 그녀 안에 깊이 뿌리박힌 우유부단함이 그녀의 삶을 조각조각 나눠놓을지도 모른다. 그녀도 에너지가 분산되는 것을 느낄 것이고, 점점 더 불안감에 시달릴 것이다. 결국 그녀는 자신의 우유부단함으로 인해 고통을 느낄 수밖에 없다. 그녀가 다섯 가지 일을 동시에 해낼 수 있을 정도의 열정과 에너지를 소유한 사람이기 때문이다.

박식한, 거만한, 저돌적인

사수자리 여성은 환상적인 정신의 소유자이다. 탐구 정신과 인생에 대한 열정, 그리고 흠잡을 데 없이 뛰어난 기억력도 있다. 그녀는 지나치게 지적 명상에 몰두해서 핵심을 빠트리곤 하는, 좀 멍한 구석이 있는 교수가 될 가능성이 크다. 육체적으로 굉장히 활동적인 사수자리 여성에게는 그에 버금가는 정신적 활동도 필요하다. 그녀가 생기 없이 권태를 느끼면 우울증에 빠진다. 그럴 때 치료법은 지적인 일에 몰두하는 방법밖에 없다.

사수자리 여성이 어릴 때부터 배우지 못한 중요한 것이 자제력이다. 그녀도 머리로는 그것을 중요하게 생각하지만, 구체적인 사안에 대한 인내심이 부족하다. 누가 자기 의견에 이의를 제기하면 자신의 얕은 지식에 의존하면서 몹시 현학적이고 거만한 태도를 보인다.

그녀가 어떤 관념이나 사실을 빨리 파악하고 그것을 활용할 수 있기 때문에, 어쩌면 자신이 모든 것을 안다고 생각할지도 모른다. 하지만 이런 지적 속물근성 때문에 그녀는 남에게 더 쉽게 속아넘어갈 뿐이다. 그녀가 자기 생각만큼 박식하지는 않기 때문에, 짐짓 겸손한 척하는 사수자리 여성을 속이는 일은 별로 어렵지 않다.

그녀가 명석한 것은 분명하지만, 의견을 내놓기 전에 적절한 근거를 확보하도록 노력해야 한다. 토론을 좋아하는 열정도 자기가 무슨 말을 하는지 먼저 파악하지 못한다면 진부한 농담이 될 뿐이다.

충동적인, 직관이 뛰어난, 올바른 판단력

사수자리 여성의 충동은 그녀의 직관에서 비롯된다. 무슨 일을 결정해야 할 상황에 직면하면 그녀는 자신이 무엇을 해야할지 바로 안다. 그녀가 그 과정을 설명하는 일은 거의 불가능하겠지만, 어쨌든 순식간에 통찰력을 발휘해서 문제의 핵심을 파악한다. 자신의 직관을 받아들이는 사수자리 여성은 항상 올바른 판단을 내린다.

그녀는 충동적으로 행동할 때 가장 행복감을 느낀다. 차를 사든 여행을 하든 친척을 방문하든 간에 움직이고 싶은 마음이 들 때까지 기다린다. 여기서 그녀의 합리적인 면이 개입할 때가 있다. 그녀가 직관적인 결정의 과정을 하나하나 설명할 수 없다는 이유로, 번개처럼 번득이는 깨달음을 불신하는 것이다. 그러다 보니 올바른 결정에서 벗어나 잘못된 결정이 될 수도 있는 쪽으로 자신을 설득하기도 한다. 그녀와 반대되는 쌍둥이자리는 생각하기도 전에 움직이고,

종종 직관을 지성으로 혼동한다. 반면에 사수자리 여성은 지성을 이용해서 직관을 제거하려 든다. 특히 '운이 없는' 사수자리 여성들을 보면, 대개 이런 경향을 강하게 보인다.

사수자리 여성의 직관은 보다 '남성적인' 그녀의 지적 능력에 균형을 맞춰주는 역할을 한다. 그녀의 인생에서 직관과 지성이 조화롭게 제기능을 다하려면, 두 방식 모두 똑같이 신뢰할 필요가 있다. 직관이 정말로 완전한지 확인하기 위해 지성으로 검토하는 동안에도, 직관에 대한 믿음은 가지고 있어야 한다.

음악에 재능이 있는, 예술에 조예가 있는

사수자리 여성은 음악에 보기 드문 재능이 있다. 이 재능은 보통 어릴 때부터 드러난다. 내가 아는 사수자리 소녀 한 명은 네 살 때 집에 있는 피아노로 세련된 음조를 만들어내는 뛰어난 능력을 보인 후 피아노 레슨을 시작했다.

제대로 음악교육을 받지 못하더라도, 완벽한 음감과 리듬감 덕분에 음악가의 소질을 보이거나, 적어도 전문가의 자질을 갖추고 음악을 감상하게 될 것이다. 사수자리 사람 중 많은 수가 열렬한 오페라 애호가이거나 지방 오케스트라의 후원자이다. 낯설고 이국적인 것도 제대로 들을 줄 알아서 재즈나 미묘한 일본 음악에서 현대 음악까지 두루 섭렵하며 감상하고 평가할 수 있다. 또한 아무 갈등 없이 오페라 아리아와 유행가를 똑같이 즐길 수 있다.

그녀는 음악만이 아니라 모든 예술 장르를 좋아한다. 독특한 아름다움을 사랑하고 세련된 감각을 지닌 그녀는 모든 종류의 예술을 수집하고, 가능하면 예술가 친구를 많이 사귀면서 끊임없이 그들의 작업을 격려한다. 그림과 조각은 지적으로 자극을 주며, 어떤 점에서는 음악에 대한 애정보다 더 오래간다. 그녀는 예술의 세계에서 얻을 수 있는 미적, 지적 자극의 조화를 커다란 매력으로 느낀다. 그녀가 직접 예술가가 되지는 않더라도, 예술적 창조의 영역에서 매우 창조적이고 독보적인 역할을 수행할 가능성이 크다.

독립적인, 진보적인

그녀가 어떤 철학, 어떤 신념을 갖든 간에, 그녀는 자신이 혼자 힘으로 그 철학과 믿음에 도달해야 한다고 믿는다. 누구도 그녀에게 무엇을 생각하고 실천해야 할지 말해줄 수 없다. 그녀는 인생에 대한 나름의 가치관과 입장이 있고, 어떤 비판을 받아도 개의치 않는다. 물론 그녀도 유익한 철학적 토론을 좋아한다. 다른 사람에게 자신의 정치적, 영적, 철학적 관점을 설득하려는 사명감에 불타기 때문이다.

유익한 말싸움은 활동적인 야구 시합과 마찬가지로, 그녀의 정신을 유연하게 만들어주고 새로운 생각을 받아들이게 해준다. 항상 미래지향적인 관심을 갖는 사수자리 여성은 미래 세대를 위한 현재의 책임을 강조한다. 환경오염, 핵폐기물, 자원의 고갈 위험은 그녀에게는 몹시 심각하고 현실적인 문제이다. 열정과 열의에 넘치는 그녀는 뛰어난 로비스트나 정치가가 될 수 있다.

모험심이 강한, 파격적인

사수자리 여성에게는 '방랑'과 '욕망'이라는 두 단어가 곧잘 결합된다. 실제로 그녀는 여행에 대한 강한 욕망이 있다. 색다른 경험, 새로운 장소, 새로운 사람들을 만나고 싶은 것이다. 아리조나에서 통신교육과정으로 호텔경영을 전공한 육십 줄에 접어든 사수자리 여성이 있다. 그녀는 온 가족이 제발 현실감각을 기르라고 원성을 높일 때까지 겨울이면 콜로라도 산속으로 들어가 리조트를 경영했다. 그녀가 키우는 닥스훈트 개가 너무 나이들어서 더는 높은 고도의 산소결핍을 견딜 수 없자, 캘리포니아 남부로 가서 요양원을 경영하기 시작했다.

사수자리 여성들은 어릴 때부터 자신이 넘치는 에너지를 가지고 있음을 잘 인식한다. 하지만 활동에도 방향성과 통제력이 필요하다는 사실은 쉽게 이해하지 못한다. 그들은 미적거리면서 시간을 낭비하지 않는다. 대신 흥미로운 일을 동시에 여러 가지 진행하면서, 그 각각으로부터 부분적인 만족을 얻는다. 그녀의 또 다른 주요 성향 중 하나가 '어떤 일이든 할 바에는 완벽하게 해야 한다'는 생각의 반대 극단으로 도망치려는 것이다. 맹목적인 믿음과 타고난 낙관주의가 극복하고 싶지 않은 장애에 부닥치면 재빨리 방향을 바꾸어버린다. 겉으로 보기에 사수자리 여성의 별난 성격이 멋있을지 모르지만 함께 살기엔 지옥 같을 수 있다.

영감이 뛰어난, 충성스런

종교는 사수자리 여성의 인생에서 몹시 중요한 비중을 차지한다. 그녀는 이상주의자이다. 인간관계에서의 이해력이 많이 부족하지만, 종교적인 표현에 대한 이해력은 놀라운 수준이다.

찬송가를 즐겨 부르고, 국기에 대해 맹세할 때도 깊은 감동에 빠진다. 그들이 아주 종교적인 모습을 보이는 것도 대개는 어릴 때부터 시작된 것이다. 다른 사람들의 신앙심을 고무하는 능력도 뛰어나서, 뛰어난 목사나 신앙 작가, 영적인 가르침을 전하는 교사가 될 수 있다.

철학적인, 영적인

성숙한 사수자리 여성은 젊은 시절의 신앙심을 자신의 윤리관과 인생에 대한 가치관에 구체적으로 적용한다. 그 범위는 '자연을 존중하라'에서부터 정신과 육체에 대한 프로이트의 복잡한 이론에 이르기까지 방대하다. 그녀는 어떤 문제에 대해서든 결론을 얻을 때까지 끝까지 물고 늘어진다. 그런 점에서는 철학이 그녀에게 아주 적합한 분야이다. 날카롭고 분석적인 탐구야말로 그녀가 평생 열정을 보이는 일이다.

어린 시절 가졌던 신앙의 불빛은 그녀가 곤경에 처하거나 막다른 골목에 부닥칠 때마다 희미한 빛을 던져준다. 그녀의 이해력이 커감에 따라 그녀의 연구도 신비로운 전환점을 맞을 것이다. 그녀는 물리학과 우주의 변치 않는 법칙에 경이를 느끼고 신뢰하게 되며, 숲에서 살아가는 동물의 흔적을 자신의 핏속에서 발견하고, 본능적으로 혈관에서 진동하는 목성의 리듬을 느낄 것이다. 이렇게 자연과 강하게 연결된 그녀는 현실에 대한 초월적인 이해를 위해 하늘로 날아오른다.

'변화하는 불'의 사수자리 여성

그녀의 머리는 구름 위로 날아오르지만, 튼튼한 두 다리는 단단한 땅을 확고하게 딛고 서서 앞으로 나아간다. 이것이 그녀의 영성을 이해하는 중요한 실마리이다. 사수자리 여성은 모두 교사의 재능을 지녔고, 방대한 우주에 대한 이해를 얻을 수 있으며, 우리가 살아가면서 갖는 세속적인 의식들을 쇄신한다. 사수자리는 '예언자의 자리'라고들 한다. 그녀에게는 인간의 에너지를 통합하고 조직해서 더 밝은 미래로 인도하는 잠재력이 있다.

인간관계

변화와 관련된 별자리들은 모두 인간관계에 뛰어난 능력을 보인다. 사수자리 여성도 목성의 기쁨과 열정을 인간관계에 그대로 쏟아붓는다. 낙천적이고, 지나친 요구를 하지 않으며, 충실한 성격 덕분에 그녀는 좋은 친구가 된다. 아마 그녀는 자신이 알고 있는 모든 사람들의 친구가 될 것이다.

하지만 연애라면 문제가 훨씬 복잡해진다. 그녀는 쾌활하고 진실하지만 이상주의적인 데다 불안정한 면도 있다. 이런 특성들이 그녀의 연애 생활을 흥미롭게 해주기도 하고, 역으로 곤경에 빠뜨리기도 한다. 사수자리 여성을 사랑하는 것은 때로 황홀하고 때로는 고통스러운 일이지만, 언제나 도전할 만한 일이다.

사수자리 여성의 인간관계를 이해하게 도와주는 핵심 단어는 '동료 의식'이다. 그녀가 사랑할 때면 사자자리나 물고기자리보다 훨씬 덜 낭만적이다. 실제로 많은 남자가 자신이 그녀보다 더 감정적이고 여성적으로 반응한다는 사실을 깨닫고 당황한다. 사수자리가 남성적이고 적극적인 별자리라는 사실을 기억해야만 한다. 그녀는 본질적으로 양자리와 비슷한 면이 많다. 사수자리 여성이 뛰어난 직관(흔히 '여성적인' 자질로 간주하는)이 있지만, 그녀의 정신적인 기질은 지극히 남성적이다.

예를 들어 아주 친한 친구가 죽었다고 가정해보자. 물론 그녀도 깊은 슬픔에 빠지겠지만, 그렇다고 연인이 자신을 안고 위로해주기를 바라는 일은 결코 없다. 차라리 뒤에 남겨진 일들을 어떻게 처리할지 충고해주기를 바라는 편이다. 아마 그녀도 깊은 고통을 느낄 것이다. 단지 그 고통을 공식적으로 극복하길 바랄 뿐이다.

독립성은 사수자리 여성이 슬로건처럼 내세우는 것이다. 그녀에게 실연을 당한 연인들 대부분 그녀를 기억할 때 하늘을 향해 횃불을 치켜들고 바다를 내려다보는 자유의 여신상으로 떠올릴 것이다. 그녀는 어떤 희생을 치르더라도 독립적인 주체성을 지키려 한다. 어떤 때는 그 대가가 사랑 자체인 경우도 있다.

그녀의 독립성은 숨겨질 수도 없고, 맹목적이지도 않다. 결혼생활을 택한 사수자리 여성들도 이 독립성을 유지하기 위해 최선을 다한다. 취직을 하거나 개인 사업을 할지도 모른다. 그녀는 초등학교 선생님이면서 미용실을 운영하고 보이스카우트 단장을 겸할 수도 있다! 출장이 잦은 직장이거나 장기간 집에서 떠나야 하는 일일지라도 그녀는 여전히 충실함을 보인다. '부부가 떨어져 지내는 결혼생활'은 말할 것도 없이 사수자리 여성의 발상이다. 그런 결혼생활이 잘 유지될 리 없다는 사람들도 많겠지만, 그녀의 배우자가 그런 생활 방식을 받아들일 용의만 있다면 아무 문제없을 것이다.

사수자리 여성은 아이들을 몹시 사랑한다. 그들도 그녀처럼 삶에 대해 무한한 호기심을 가지고 있기 때문이다. 그녀가 기저귀 가는 법과 수유 시간을 맞추는 법을 배우기만 한다면 훌륭한 엄마가 될 것이다. 물론 집은 정돈되지 않은 침대, 애완견의 집, 운동 기구들로 난장판이겠지만, 아이들은 그런 집을 궁전처럼 여길 테고, 이웃의 부러움을 살 것이다. 아이들과 그들의 친구들도 그녀를 좋아하고 따르는데, 그녀가 권위적인 엄마가 아니고 큰언니처럼 돌봐주기 때문이다. 아이들에 맞먹을 상상력과 정력을 지닌 보호자이자 안내자이다 보니, 아이들도 그녀를 신뢰한다.

사수자리 엄마가 아이를 기르면서 가장 어려움을 겪는 시기는 아이가 독립

'변화하는 불'의 사수자리 여성

심을 갖기 시작할 때이다. 한편으로는 더 많은 자유를 누릴 수 있다고 기뻐하면서도, 동시에 자신의 지배력을 잃어간다는 생각으로 쉽게 상처받고 자신이 불필요한 존재가 되어간다고 느낀다. 그녀는 이것을 자신의 선택의 자유를 침해하는 개인적인 모욕으로 받아들인다. 말 그대로 자기 권리를 박탈당했다고 느끼는 것이다. 그녀는 진심으로 아이들이 잘되기를 바라지만, 자신의 방식이 최상이라고 굳게 믿는다.

사수자리 여성은 가정을 이루는데 탐험가의 에너지를 온통 쏟아붓는다. 하지만 결혼생활이 안정되고 아이들이 태어나면, 다시 자기 밖에 있는 풍부한 가능성의 세계로 손을 뻗는다. 만일 그녀가 일찍부터 가사노동에 도움을 받을 수 있었다면, 아이들이 학교에 갈 즈음이면 바로 둥지에서 날아오를 것이다. 그녀는 희생적인 엄마는 못 된다. 아마 가족구성원 모두가 가정의 행복과 안전을 위해 나름의 공헌을 해야 할 것이다. 그녀가 엄마로서 책임을 큰딸에게 전가시킬지라도, 그것은 그 아이의 운명일 뿐이다.

내심 사수자리 여성은 자신이 다른 여성들과 다르다고 생각한다. 그녀의 생각이 옳은 면도 많다. 그녀가 어떤 점에서는 보수적이지만, 가족에 대한 생각은 정형화된 틀에서 벗어난다. 그래서 그녀의 가족은 그녀와 함께 그 틀을 넘어서거나, 아니면 자유를 요구하는 그녀의 희생자가 된다.

사수자리 여성은 충실하고 관대한 친구이다. 하지만 우울할 때 따뜻한 차를 마시며 위로를 받으려고 불쑥 그녀의 집을 방문하겠다는 생각은 하지 않는 것이 좋다. 그녀가 집에 없을 것이기 때문이다. 다른 모든 것과 마찬가지로, 친구도 그녀에게는 활동과 관련된 것이다.

그녀가 난로 앞에 앉아 한담을 나누는 경우는 캠핑 여행을 떠났을 때밖에 없다. 그녀는 새로운 생각, 활동, 친구들을 나눌 것이고, 그 대가로 바라는 것이라고는 자발적인 정신과 유머 감각밖에 없다. 그녀가 상대의 눈물을 닦아주거나 상처를 치료해주는 일은 결코 없겠지만, 자신의 사랑과 전망, 상대에 대한 신뢰감을 보여줌으로써 한껏 고무시켜줄 것이다.

사수자리 여성은 여자 친구보다는 남자 친구가 더 많은 편이다. 그녀는 남의 뒷얘기나 소문을 좋아하지 않는다. 여자들이 나누는 대화의 주된 내용을 이루는 미묘한 감정 분석에 끼어들어 늘어놓을 만한 얘깃거리도 없다. 그녀는 고상한 철학적 개념과 정치, 역사에 대한 토론을 좋아한다. 사실 그녀의 논리는 대체로 궤변을 넘어서지 못하는 수준이다. 단지 친구가 출산을 위해 병원에 입원한 동안 왜 그녀의 배우자가 전 부인과 만났는지에 대해 왈가왈부하는 것보다, 추상적이고 진지한 논쟁이 훨씬 그녀의 마음을 끌 뿐이다. 그녀는 남자처럼 사고하기 때문에 남자들과 있을 때 더 편안함을 느낀다.

현대 여성들은 틀에 매이지 않는 편이어서, 동성 친구를 많이 사귄다. 그러나 사수자리 여성들은 여전히 독신 직장 여성의 외로움이니 염세로서 깃는 딜레마, 심지어 '남자와 여자의 차이'조차 이해하지 못한다.

그녀는 결혼하거나 한 남자와 오랫동안 사귀기 전까지는 이런 기본적인 차이에 대해 인식하지 못한다. 함께하는 남성과 자신의 에너지가 각각 양극단으로 나뉘기 시작하면서, 그녀도 차츰 자신의 '여성적인' 면이 어둠에 가려 있었음을 깨닫는다. 우리 안에 음과 양이 공존하듯이, 자기 안의 남성적 에너지와 여성적 에너지를 화합시켜야 한다. 여성해방의 시대를 맞아 사수자리 여성은 남녀가 평등하지만 다르다는 사실을 깨달을 때 앞장서서 나아갈 수 있다.

어린 시절

사수자리 여성은 아이 때도 풍부한 에너지와 강한 호기심을 가지고 있다. 어떤 아이들보다 가장 많이 '왜'라는 질문을 던진다! 얌전하게 있지를 못하는 그녀가 버거운 부모들은 밖에서 하는 격렬한 놀이나 스포츠가 오히려 사고도 줄이고 상황도 완화시킨다는 것을 일찌감치 깨닫는다. 만약 딸을 다루다 지쳐버린 부모들이 그녀에게 피아노 교습을 시킨다면 깜짝 놀랄 것이다. 밖에서 야구 장갑을 끼고 부르지 않는 한, 그녀는 마술에 걸린 듯 계속 피아노 의자에 앉을 것이기 때문이다.

그녀는 여자아이들보다 남자아이들과 훨씬 더 많은 시간을 보낸다. 아마 동네 야구시합에 낄 수 있는 유일한 소녀였을 것이다. 하지만 그녀에게 가장 절

'변화하는 불'의 사수자리 여성

친한 친구는 개이다. 사수자리 여성은 동물을 사랑한다. 동물들이 보여주는 태도, 즉 요구하지도 감정적이지도 않은 태도가 바로 그녀가 다른 사람들에게 원하는 것이며 자신이 타인에게 보이고 싶은 태도이기도 하다. 특히 성장하면서 사회와 가족의 혼란스런 요구와 기대로 갈등할 때, 애완견이 완벽한 친구가 돼 준다.

문화를 사랑하는 부모들은 그녀의 관심이 피상적인 데 머무는 것 같아 실망할지도 모른다. 그녀의 지적 호기심은 서서히 발전한다. 그리고 어린 시절에는 그 호기심이 다소 무모한 성격을 띠기도 한다. 발랄하고, 쾌활하며, 씩씩하게 운동하는 그녀는 경마에 돈을 걸 때만 수학에 관심을 보인다. 규율에 저항하고, 지나친 간섭을 받으면 경련을 일으키거나 토할 정도로 몸이 아프다.

정말로 다루기 힘든 아이지만 그만큼 믿을 만하고 명랑한 아이라는 사실을 부모들은 미처 깨닫지 못하는 경우가 많다. 그녀에게 자유가 주어지기만 하면, 결코 거짓말하지 않고, 속이지 않으며, 해서는 안 될 일은 절대 하지 않는다. 암호 같은 그녀의 행동을 해독할 수만 있다면, 그녀는 부모의 신뢰에 감사하면서 그들을 만족시켜준다.

전통적인 가족 구조 안에서 사수자리 소녀는 자신을 아버지와 동일시한다. 물론 어머니도 좋아하지만, 아버지 쪽이 더 '이해하기 쉽고' 규칙이나 규율로부터 자신을 지켜준다고 생각한다. 사수자리 딸을 가진 어머니는 이 '제멋대로 구는' 소녀가 얼마나 훌륭한 자질이 있는지 알아야 한다. 그리고 모든 비난으로부터 딸을 든든하게 보호해줘야만 한다. 그녀의 아버지는 함께 야구를 하고 낚시를 할 '아들'을 갖게 되었다고 은근히 좋아하면서도, '예쁜 딸'에 대한 낭만적 기대를 버리지 못하고 아쉬워할 것이다. 사수자리 소녀가 어떻게 살아가게 되는지는, 그녀가 부모 중 어느 쪽과 동일시하는지는, 그녀의 부모가 '자유'와 '부모의 역할'에 대해 어떻게 생각하는지에 달려 있다.

연인이나 다른 사람들과 관계 맺는 방식

사수자리 여성은 사람을 사귈 때 애매한 태도를 보이지 않는다. 원하는 사람을 만나면 바로 관심을 드러내면서 그 사실을 인정한다. 솔직하고 산뜻하게 원하는 대상을 사로잡고 자극하고 기분 좋게 만든다. 교태를 부리지는 않지만, 너무 공격적이어서 멀리 쫓아버리지도 않는다. 주로 그녀가 먼저 다가가는 편인데, 그녀의 마음을 끄는 사람이라면 그런 태도에 위축되기보다는 매력을 느낄 수 있을 정도로 자신감 있고 독립적일 것이다.

사수자리 여성에게 긍정적인 대답을 한 사람은 즐겁고 풍요로운 시간이 펼쳐지는 문을 열었다고 생각하면 된다. 그녀는 사랑에 관대하고 자유롭다. 그는 그녀가 지닌 매력과 지성, 색다른 자극, 세련된 취향에 탐닉하면서도 자신의 자유를 지킬 수 있다. 이미 그녀가 그의 이상형인지도 모른다. 그리고 그의 사랑이 깊어질수록 이전에 그녀 없이 어떻게 살아왔는지 놀라게 될 것이다.

그다음 단계에서는 삐걱거리는 시간이 시작된다.

그를 빠져들게 했던 바로 그 매력들이 이제는 그들을 멀어지게 한다. 그녀의 강한 독립심은 단순히 관심을 끌기 위해 보여준 계략이 아니다. 그의 독립성이 온전히 유지되듯이 그녀의 독립성도 마찬가지다.

사수자리 여성은 완벽하게 사랑을 주지만, 결코 구속되지 않는다. 금요일 저녁, 촛불을 밝히고 다정하게 저녁식사를 할 기대감에 차 있던 그는 현관 앞에 '5시 30분에 벨몬트에서 특별 경마 시합이 있어요. 자정에 돌아올 거예요. 사만다 집에서 간단히 식사하세요'라는 메모를 발견하고 실망할 것이다.

그는 자기들이 지금 연애를 하는 건지 그저 우정을 나눌 뿐인지 종종 의아해질 텐데, 정말 그런 의심을 가질 만하다. 사수자리 여성은 곧잘 우정과 연애를 뒤섞어버리고, 두 가지를 다 요구하는 탓에 둘 다 혼란에 빠진다. 그녀는 솔직함과 자발적인 태도를 중요하게 여긴다. 그래서 남자는 쫓아다니고 여자는 얌전하게 몸을 사리는 게임 같은 것은 하지 않는다.

사랑에 빠진 사수자리 여성

사수자리 여성에게 사랑은 섹스와 같은 말이다. 그녀에게 '로맨스'는 하룻밤의 정사처럼 비밀스럽고 신비로운 것이다. '사랑'은 우정에서 나온다. 사수자리 여성과 꾸준한 관계를 맺으려면 서로 솔직하고 깊은 대화를 나눌 수 있어야 한다. 그녀는 자신과 대등한 남성, 자신이 그에게 독립적인 자유를 주듯 자신에게도 같은 것을 줄 수 있는 사람만 사랑한다.

그녀에게 섹스는 종교적인 것, 완전히 동물적인 경험이다. 동물은 그녀에게 신성한 존재이다. 그녀의 여신은 다이아나, 즉 수렵의 여신이다. 사수자리 여성은 성을 통해 끝없이 이어지는 경험이 새로운 수준으로 발전하기를 바란다. 그녀의 연애는 충실함에 기본을 둔다. 이 충실함이 일부일처제를 의미하지는 않는다. 그녀는 사랑을 지키려고 거짓말을 하는 사람이 아니다. 이러한 점에서 그녀가 연애를 주도한다고 볼 수도 있다. 규칙을 정하는 것이 그녀이기 때문이다. 그가 그것을 참을 수 없다면 떠나는 수밖에 없다.

정직함

어떤 사람이 정직하다고 비난하기는 힘들다. 사수자리 여성의 정직함은 모든 면에서 그녀의 방해물이자 촉진제가 된다. 그녀는 다른 사람인 척할 줄 모른다. 하지만 정직에도 장단점이 있다. 그녀는 인간관계에서 그 장단점을 어떻게 활용할 수 있을지 심사숙고할 필요가 있다. '선의의 거짓말'이 그녀에게는 뻔뻔한 거짓말만큼이나 혐오스러운 것이다. 그녀는 정직과 관련해서는 절대주의자다. 그녀가 속임수를 사용할 줄 알아야 한다고 말하는 것은 아니다. 단지 가끔은 진실을 밝히는 것이 나쁠 때도 있다는 사실을 그녀도 깨달아야 한다.

다음 형용사들은 사수자리 여성들에게 정직과 비슷한 말이다.

- 진지한: 기만이나 위선, 거짓이 없는, 진심의, 진짜의
- 진짜: 어떤 특성이나 성질을 갖고 있는, 믿을 만한, 변명이나 허식, 위선이 없는
- 존경할 만한: 지조 있는, 고결한, 고상한, 고매한
- 솔직한: 거리낌 없이 말하는, 터놓는, 숨기지 않는, 비밀이나 가식과 속임수가 없는, 직설적인
- 둔감한: 무감각한, 반응 없는, 둔하고 무딘

친구나 애인에게 정직한 태도를 보일 때도 분명 더 효과적인 방법이 존재할 것이다. 예언자와 교사의 별자리에 태어난 그녀는 진실을 가르칠 사명이 있다. 그러나 그전에 주변 사람들과 사이가 나빠지지 않고도 자신의 생각을 전달할 수 있는 방법부터 배워야 한다.

다음 훈련을 통해 사수자리 여성들은 더 노련하게 정직해질 수 있나.

- 상상력이 풍부한 연인이나 친구들에게 "내게 노란색 옷이 어울리니?"라는 질문에서 "개방결혼이란 게 가능할까?"라는 질문에 이르기까지, 개인적, 정치적, 성적 문제에 대한 질문 목록을 만들어달라고 부탁하라.
- 각각의 질문에 대하여 다양한 대답들을 작성하라. 즉 하나는 진지하게, 또 다른 대답은 솔직하게, 다른 대답은 둔감하게 등등으로 만들고, 각각의 대답에 따른 다양한 반응들을 생각해보라.
- 당신의 의견이 얼마나 효과적으로 전달되느냐에 따라 달라지는 상대의 반응을 상상해보라.
- 마지막으로, 친구나 애인이 그 대답들을 점검하게 하라. 당신에 대한 그들의 관찰이 당신을 놀라게 할 것이다!

사수자리 여성이 정직함에도 선택의 여지가 있음을 깨달을 때, 그녀의 인간관계는 더 깊은 신뢰감으로 다져진다. 그녀가 우정이나 연애에서 경험하는 갈등과 격렬한 논쟁은 대개 근시안적으로 진실을 추구하는 데서 비롯된다. 정직함은 이 세상을 밝히는 촛불이 될 수도 있고, 모든 것을 파괴하는 폭탄이 될 수도 있다. 우리가 진심으로 진실을 존중한다면, 그로 인해 누가 상처받는 일이 있어서는 안 된다.

연인과 배우자

사수자리 여성은 사회에서 두각을 드러내는데 필요한 이상과 정열, 에너지를 모두 갖추고 있다. 단지 타인과 오랫동안 생산적이고 창조적인 관계를 지속할 수 있는 공감 능력과 인내심이 부족할 뿐이다.

그녀에게는 그녀에 버금가는 독립심을 가진 연인이 필요하다. 또한 그는 그녀에게 대등한 자유를 허락할 수 있는 강한 자아를 가지고 있어야 하고, 그녀가 때때로 그의 의지와 믿음을 시험해도 버텨낼 수 있어야 한다. 그는 이상주의자여야 하며, 매우 지적이고 창조적이어야 한다. 만일 그가 강한 성 에너지의 소유자라면, 그녀는 그와 함께 정착해서 오래오래 사랑할 것이다.

그녀는 관계에 대해 솔직하게 지적하는 편이며, 핑계를 대면서 속이는 일을 참지 못한다. 마찬가지로 자신이 원하는 것과 기대하는 것을 솔직하게 얘기하는 남자를 좋아한다. 그녀는 동거할 때도 암묵적인 계약이 필요하다고 여겨서, 함께 살기 전에 정확히 어떤 규칙이 필요한지 정하고 싶어 할 것이다. 사수자리 여성은 연인과 조화를 잘 이룰수록, 주변 모든 사람과의 관계도 쉬워진다.

사수자리 여성과 함께 하는 연인에게 주는 조언

- 당신의 짝을 만났음을 깨달아라. 사수자리 여성은 당신과 대등하며, 당신의 생각보다 훨씬 더 당신과 닮았음을 잊지 마라.
- 그녀에 대한 감정을 천천히 키워라. 그녀와의 관계는 정복하고 사로잡는데 열쇠가 있는 것이 아니다. 당신이 친구 자격이 있음을 입증할 때, 더 많은 점수를 얻는다.
- 그녀가 주는 독립성과 자유라는 선물의 답례를 준비해라. 그녀는 당신이 같은 것을 주리라는 기대로 진실하고 정직하게 그 선물을 주었다.
- 육체적으로만이 아니라 정신적으로도 그녀를 자극해라. 당신의 문화적, 지적 관심에 그녀를 끌어들이고, 모든 것을 그녀와 공유하라. 이런 것이 경제적 안정을 제공하거나 다정함을 보이거나 보호해주는 것보다 훨씬 더 효과적으로 두 사람을 결합해준다.
- 항상 그녀에게 정직하라. 그녀는 결코 당신을 속이지 않을 것이며, 당신도 마찬가지이기를 기대한다. 무슨 수를 쓰더라도 속임수나 틀에 박힌 역할 연기를 삼가야 한다. 그렇지 않으면 그녀는 아마 형사처럼 낌새를 알아챌 것이고 그 즉시 떠날 것이다.
- 그녀가 당신의 의지를 시험하도록 내버려두지 마라. 그녀의 행동을 견딜 수 없다면,

단호하고 직설적으로 표현해야 한다. 그녀는 당신이 강할 때만 당신을 존중하고 사랑한다.

- 끝없는 여행과 흥분, 새로운 사람들, 새로운 생각들로 채워진 삶을 기대하라. 당신의 미래에 가족원으로 누릴 수 있는 행복은 없겠지만 유쾌한 모험이 기다리고 있을 것이다.

사수자리 여성을 사랑하는 동안 많은 난제가 있겠지만, 그녀는 그 모든 것들을 극복하기 위해 노력할 만한 가치가 있는 여성이다. 혼자 있을 때보다 그녀와 함께할 때 독립적인 자유에 대체 더 많은 것을 배울 수 있다. 그녀의 냉혹한 솔직함 때문에 괴로울 때도 있겠지만, 이 또한 당신의 동기와 욕망을 반영하는 프리즘인 것이다. 그녀의 솔직함을 통해 당신의 본성을 점검하고 당신을 정화하라.

가장 중요한 것은 그녀를 믿고 그녀가 보이는 충실함에 보답해야 한다는 사실이다. 그녀는 결코 거짓말을 하지 않는다. 인생과 감정에 대해 그녀가 표현하는 모든 것을 믿어도 좋다. 당신이 그녀를 존중하는 만큼 그녀도 당신의 사랑과 신뢰를 존중할 것이다. 그녀는 나름의 방식으로 당신에게 가장 진실하고 심오한 정신적 동반자가 된다.

사수자리의 성

사수자리 여성의 유전자 속에는 고대의 비밀이 숨어 있다. 그녀는 목신의 혼을 이어받았다. 반은 여자이고 반은 협곡 같은 존재인 그녀는 성 충동이 강하고 여자 '사티로스(얼굴은 사람이고 하반신은 염소)'다운 면이 있다.

그녀는 수줍음을 타지 않고, 자신의 모험적인 성생활에 대해 공공연히 떠들어댄다. 항상 자극을 원해서 끊임없이 움직이는 그녀의 동물적인 에너지는 댄스파티에서 가장 활발하게 발현된다. 익숙한 심장소리처럼 혈관 속으로 울려 퍼지는 저음의 음악과 마치 물결치듯 그녀 주위를 스치는 사람들의 몸이 관능적으로 그녀의 마음을 사로잡는다.

쉽게 사랑에 빠지지 않는 그녀는 항상 두리번거리면서 시선의 자유를 누리고 싶어한다. 몸의 어떤 부위도 피해갈 수 없는 그녀의 눈길은 말을 사고파는 노련한 장사꾼의 것과 닮아서 그의 몸매와 근육을 세심하게 평가한다. 그러나 그녀가 한번 사랑에 빠지면 아주 열렬하게 빠져든다. 그녀의 전 존재가 가장 사랑하는 사람에게 집중되며, 열정이 식은 후에도 그 추억을 평생 간직한다.

댄스파티의 분위기가 관능적으로 무르익으면, 사수자리 여성은 수차례 흥분의 고저를 맛본다. 밤이 깊어갈수록 유혹도 커지고, 그녀는 점점 더 깊은 흥분과 실망감을 반복해서 맛본다. 그러다가 힐끔거리며 바라보는 낯선 사람(아마 더 억눌린 욕망에 시달리는)을 쿡쿡 찔러보거나 다른 사람의 상대와 문제를 일으킬 수도 있다.

그녀는 낯선 사람과 건초 더미 위를 뒹굴 준비가 되어 있고, 잘생기고 재능 많은 이를 적극적으로 쫓아다니기도 한다. 그 만남이 아무리 익명으로 남더라도 그녀와 함께했던 사람은 결코 자신이 이용당했다고 느끼지 않을 것이다.

사수자리 여성의 성을 더 잘 이해하는 데 도움이 되는 세 개의 단어가 있다. 첫번째는 '넓히는'이다. 그녀는 인생의 모든 부분에서 그렇지만, 섹스할 때도 움직이기 위한 넓은 공간을 바라며 시간도 최대한 오래 *끄는* 것을 좋아한다. 그녀는 자신의 욕망을 결코 억제하지 않으며, 포근하게 촛불을 켜둔 방에서는 밀실 공포증을 일으킨다. 차라리 해변을 오랫동안 거니는 것이 훨씬 더 자극적이며, 옷을 벗고 걸어 다닌다면 더 그렇다. 주변에 공간이 많으면 많을수록 좋아서, 해 질 녘의 해변은 사수자리와 사랑을 나누기에 가장 적합한 장소이다.

모험을 사랑하는 그녀는 숲에서, 버려진 집이나 빈 헛간의 다락에서, 사람 없는 스키장의 리프트 위에서 기꺼이 장갑과 옷을 다 벗어 던지고 즐길 수 있다. 그녀는 몸을 많이 움직이는 활동을 한 후에 섹스하는 것을 좋아하며, 그 섹스 역시 몸을 움직이는 또 다른 활동으로 받아들인다. 활동하고 있을 때 가장 생생하게 살아있음을 느끼며, 활동이야말로 다방면으로 그녀를 자극한다.

만일 그녀가 호텔에 묵어야 한다면, 킹사이즈 침대와 창밖으로 넓게 펼쳐진 풍경을 내다볼 수 있는 방을 원할 것이다. 그녀의 침실도 아주 넓거나, 적어도 그런 인상을 주도록 환하고 바람도 잘 통하며 꾸밈이 없고 침대도 아주 크다. 그녀에게 섹스는 인생의 춤이다. 그리고 자유는 그 일을 위해 유일하게 꼭 필요한 것이다.

두번째 중요한 단어는 '직설적인'이다. 사수자리 여성은 수줍어하지 않는다. 밀고 당기는 게임으로 연인을 괴롭히지 않는다. 성욕도 그녀 쪽에서 먼저 느끼거나 적어도 상대와 동시에 느낀다. 그녀를 쫓아다닐 필요는 없다. 그녀는 자신이 원하는 것을 분명히 인식하고 제대로 신호를 보낸다. 대개 그녀는 욕망을 그냥 말로 표현한다. 그래서 상대방도 직설적으로 표현할 때 더 높게 평가한다. 그녀와 사랑을 나누면 음란한 대화를 많이 나누게 될 것이다. 상대의 마음을 추측하기보다 상대가 욕망을 직접 말해주기를 바라기 때문이다. 그녀도 어떻게 해줄 때 기분이 좋은지 정확하게 알려준다. 그녀는 청각적인 효과도 좋아서 신음을 내고, 소리 지르고, 외설적인 단어들도 적절히 활용하면 더 빨리 절정에 도달한다. 그녀는 너무 오래 주변만 맴도는 것을 참지 못한다. 식탁 아래로 은근히 무릎을 만지는 것은 그녀를 흥분시키기보다 짜증만 돋우기 쉽다. 만약 식당이 아주 넓고 개인적인 공간이어서 바로 다음 단계로 진전할 수 있다면 몰라도 말이다.

마지막 단어는 '심미적인'이다. 사수자리 여성에게 섹스는 심미적인 것이다. 그녀가 직설적이고 에너지가 넘치지만, 거칠고 조잡한 것을 원하는 건 아니다. 섹스를 서로 다른 기관을 가졌지만 동등한 두 사람이 융합되는 과정으로 보는 그녀는, 사랑의 행위를 가장 고급스런 예술형식이라고 생각한다. 사랑하는 사람의 몸을 훌륭한 예술작품으로 찬양하며, 그녀의 숭고한 자기애는 두 사람을 신으로 승격시킨다. 그녀의 연인은 정말이지 행운아이다.

'변화하는 불'의 사수자리 여성

초기 성 경험

사수자리 소녀들은 겉으로 보기보다 조숙한 편이다. 또한 대체로 아주 활동적이며, 영리하고 호기심 많은 정신과 튼튼한 육체를 가지고 자극이 되는 새로운 것을 끊임없이 추구한다. 자위도 일찍 시작한다.

한편, 사수자리 소녀들 중에 자신의 성적 본능을 완전히 감지하지 못하는 쪽도 많다. 그들 역시 아주 활동적이어서 성 에너지를 스포츠와 음악, 연극 수업, 학교 신문 같은 과외 활동으로 발산한다. 사수자리 소녀들이 어릴 때부터 성에 관심을 보이든 아니든 그녀의 에너지와 독립성은 또래의 다른 소녀에 비해 확연히 두드러진다.

그녀는 소년들과 노는 쪽을 선호한다. 인형놀이는 그녀를 답답하게 만들며, 대부분의 여자아이들이 너무 유약하다고 생각한다. 그보다는 나무에 요새를 만드는 것을 좋아해서, 동네 남자아이들이 자기들 놀이에 끼워주는 유일한 소녀이다. 나이가 들수록 더 선머슴 같아지는 그녀는 '빠르다'는 말을 곧잘 들으며, 열다섯 살 소녀가 되어서도 해가 진 뒤까지 소년들과 축구시합을 하는 게 잘못되었다고 생각하지 않는다. 그녀는 댄스파티에서 새벽까지 놀다가 두 소년과 다른 소녀 한 명과 같이 새벽 수영을 즐길 것이다.

다른 소녀들이나 그녀의 부모가 자신의 행동에 대해 내리는 판단은 그녀를 혼란스럽게 할 뿐이다. 그녀는 사내아이들과 어울려 다니기를 좋아하며, 그들 역시 그녀를 정말 좋아한다. 그들은 수줍음이나 위협적인 느낌이 전혀 없는 그녀의 행동에 안심한다. 활동적인 사수자리 소녀의 잠든 성적 본성을 일깨우는 것은 경험 많고 결단력 있는 소년일 것이다. 그녀의 첫 섹스 경험이 늦은 것은 그녀가 두려워하기 때문이 아니다. 오히려 그녀의 밝은 성격을, 상쾌하지만 차가운 소나기처럼 생각하는 상대 쪽에서 두려워하기 때문이다. 그녀가 목장에서 살거나 발정기의 개를 키우지 않는 한, 성에 대해 완전히 무지할 수가 있다. 특히 그녀는 성적으로 미묘한 어조나 암시에 무감각한 편이고, 그녀의 연인들도 대부분 너무 자의식이 강해서 그녀에게 아무 도움이 되지 않는다.

사수자리 소녀는 적극적으로 첫 섹스 경험을 시작할 가능성이 많다. 여자 친구들에게(그녀는 고등학교에 다닐 때 여자 친구를 많이 사귄다) 그 즐거움에 대해 이야기를 들을 수도 있고, 마당에서 으르렁거리며 뒹구는 개들을 바라보다가 깨닫게 될지도 모른다. 어떤 경우든 그녀는 자신이 언제, 어디서, 누구와 첫번째 경험을 할지 스스로 결정한다. 상대는 대학생이나 타지에서 온 사람으로 그녀보다 '더 나이든 남자'일수도 있고, 사귀던 남자 친구에게 노골적으로 같이 사랑을 나누자고 요구할 수도 있다. 아마 이런 행동은 그를 몹시 놀라게 할 것이다. 평소에는 포옹이나 진한 키스에도 저항하던 그녀였기 때문이다. 물론 그도 이런 태도가 불쾌하지는 않다. 단지 지금 그녀가 진짜로 그걸 원한다는 생각이 그에게 부담을 줄 뿐이다. 그런 경우 그녀가 받고 싶어하는 '교육'은 뒤로 미뤄질 것이고, 그녀는 몹시 실망할 것이다. 하지만 그녀는 오래 기다리지 않는다.

사수자리 여성은 20대 초반이 되면 완벽한 연인이 된다. 첫 섹스 경험 이후 열정적으로 혼자서 익혀나가기 때문이다. 그녀는 뭐든 빨리 배우며, 타고난 운동 감각이, 뛰어난 미적 감각과 조화를 이뤄서 훌륭한 섹스 상대가 된다. 그녀의 유쾌한 성적 본성과 독립심은 남자들에게 많은 것을 요구하지 않아서 별다른 부담 없이 그녀를 사랑할 수 있게 된다. 많은 남자가 적어도 처음에는 그녀가 자신의 이상형이라고 생각할 것이다.

사랑과 성

사수자리 여성에게 성은 축복이다. 그녀는 매번 축제 같은 섹스를 기대한다. 그녀는 섹스 상대가 함께 여행하면서 많은 것을 나눌 사람이라 생각하기에 그에게 동지의식을 기대한다. 또한 일생 동안 함께 할 사람을 찾는 것이 아니라 자신과 비슷한 영혼을 가진 사람을 찾는다. 사랑에 대한 환상을 충족시키기보다는 짧은 만남이라도 동지 의식을 느낄 수 있기를 바라는 것이다.

사수자리 여성들은 사랑과 섹스를 분리할 수 있으며, 하룻밤의 정사도 아주 편한 마음으로 즐긴다. 행복한 기분으로 편안하게 아침 식사를 마치고 나면, 인사를 하고 문밖으로 나갈 준비도 분명하게 한다. 장기간의 연애를 할 때도 사랑보다 우정을 더 중시한다. 사수자리는 남성적인 별자리어서, 지극히 여성스

'변화하는 불'의 사수자리 여성

러운 사수자리 여성도 사귀는 남자들과 '동지적인' 유대감을 형성한다. 그녀는 함께하는 남자를 숭배하는 것이 아니라 동등하게 존중한다. 그녀에게 사랑은 어떤 관계가 꾸준히 지속되다가 마지막 순간에 피어나는 것이다.

사수자리 여성들은 남성적인 행동이나 사고방식 때문에 많은 오해와 혼란을 초래한다. 둔감한 남성이 그녀를 지배하려고 쫓아다닐 수도 있고, 나약한 남성이 그녀의 지배를 받고 싶어 쫓아다닐 수도 있다. 전갈자리와 달리 사수자리 여성들은 힘겨루기로 자극 받는 일이 별로 없다. 비록 그녀가 지배와 복종 관계를 보이는 섹스에서 강한 쾌감을 느낄지라도, 주인과 노예의 관계는 상호 독립을 바라는 그녀의 기본 신념에 완벽하게 모순된다.

어쩌면 여성들과 특별하고 독점적인 관계를 맺을 수도 있다. 그녀가 역할을 정해두고 거기 맞추는 스타일은 아니지만, 그런 경우 자기보다 훨씬 더 여성적인 상대를 택할 가능성이 높다. 물론 에너지와 독립심, 성적 취향에 있어서 자신과 어울리는 여성이어야 한다. 그녀는 다른 무엇보다 평등한 관계를 원한다. 자신이 부엌일을 하고 돌봐주는 아내가 되지 않는 것처럼, 상대가 그저 부엌일을 맡아주는 아내이기를 바라는 일도 결코 없다.

다음은 그녀가 사랑을 나눌 때 보이는 성적 반응 유형이다.

· 자신의 몸이 확장되고 자유로워지는 기분을 느낀다. 누드로 수영하고 승마나 요가 등 몸을 유연하게 해주는 '준비운동'을 한 덕분이다.
· 두 사람 중 한쪽이 솔직하게 접근한다. 그녀는 관심과 애정을 분명히 드러내는 쪽을 좋아해서 '게임'을 즐기지 않으며, 지저분한 농담만 아니라면 솔직하고 외설적인 대화를 즐긴다. 그녀는 결코 섹스가 더럽다고 생각하지 않는다.
· 확실하고 격렬한 삽입. 사수자리 여성은 자기 온 존재를 쏟아부어 섹스에 몰두하고, 온 마음을 다 바쳐 리듬감 있게 움직인다. 그녀는 격렬한 삽입을 좋아하며, 밤새도록 사랑을 나눌지도 모른다. 그녀는 완전히 녹초가 될 때까지 지속하기를 원하는데, 그녀를 지치게 만드는 것도 쉬운 일이 아니다.
· 밤새 여러 번 오르가슴을 느낀다. 그녀는 수차례 쾌락의 절정에 도달하고, 황홀한

오르가슴 후에 평화롭게 몇 분 정도 쉬고 나면 다시 시작한다.

- 평화와 다정함, 우주와 하나가 되는 감정을 느낀다. 그녀가 만족을 얻고 완전히 탈진하면 마침내 바닥에 등을 붙이고 누워서 꿈꾸는 듯 먼 곳을 바라본다. 마치 자연이나 별들, 혹은 자신의 신비한 내면과 대화를 나누는 것 같다. 그럴 때면 혼자 꿈에 잠겼다가 미음이 내킬 때 돌아오도록 내버려두는 것이 제일 좋다. 다시 돌아온 그녀는 몹시 평온하고 다정한 모습을 보일 것이다.

사수자리 여성에게 필요한 연인

사수자리 여성은 주피터(목성)처럼 성적 표현에 있어서 개방적이고 유쾌하다. 그녀가 연인에게 내세우는 가장 중요한 조건은 그가 그녀에 버금가는 열정과 강한 성 에너지를 가져야 한다는 것이다. 거기다 유머 감각까지 갖추고 있다면, 그녀는 마초라 해도 적어도 하룻밤 정도는 못 본체 해줄지도 모른다.

그녀의 관심을 끄는 사람은 아주 다양하지만, 그녀가 원하는 것은 남성적인 (가장 최상의 의미로) 사람이다. 나약한 사람을 싫어하는 만큼 난폭한 사람도 싫어한다. 솔직하고, 강하고, 매우 직설적인 사람을 좋아한다. 하지만 그는 동시에 부드러움도 갖추어야 한다. 그녀가 사랑의 행위를 예술로 보기 때문에, 우아하고 감각적이고 힘 있게 움직이는 상대를 선택하게 되어있다.

그녀는 배낭에 항상 콘돔을 넣고 다닐지도 모른다. 그녀에게 섹스는 아주 자연스러운 것이며, 야외 활동을 좋아하는 그녀답게 야외에서의 섹스도 즐긴다.

그녀는 동물(특히 개나 말)을 몹시 사랑하기 때문에 말이나 개 조련사나 수의사 등 동물과 관련된 직업을 가진 사람들은 모두 그녀의 관심을 끈다. 또한 운동선수와 무용수에게도 끌린다. 그녀는 땀을 흘리면서 몸을 단련하는 사람들은 자기와 유희를 즐길 준비가 되었다고 생각한다.

그녀는 여행가나 외국인들도 좋아한다. 개인적인 호기심으로 에티오피아 대사의 몸매나 인도의 요가 수행자의 전설적인 섹스 무용담을 알아보기도 한다.

장기적인 연인으로는 강하면서도 평등한 사람을 원한다. 사실 대부분 남자들이 그녀에 필적할 만한 정력을 갖지 못했다. 그녀가 동성애자가 되는 이유

중 하나도 바로 이것이다. 그녀는 다른 여성에게서 어떤 남자도 해주지 못한 방식으로 자신을 만족시켜주는 빼어난 기교와 정력을 발견할지도 모른다. 뿐만 아니라 동성애 관계 속에서는 공공연한 형식이나 암묵적인 기대가 없다는 점에서 그녀에게 이상적인 대안이 될 수 있다.

사수자리 여성에게는 사랑에서 가장 중요한 것이 '자유'와 '독립성'이다. 그녀가 충실한 사람임은 분명하지만, 반드시 정조를 지키는 것은 아니다. 그녀는 연인이 처음에는 자신을 떠받들다가 나중에는 너무 독립적이라고 비난해도 크게 상처받지 않는다. 그저 그를 떠나버릴 뿐이다.

어떤 생활 방식을 택하든 사수자리 여성은 항상 사랑에 일정한 거리를 두고자 한다. 친밀한 관계가 두려운 것이다. 성행위를 먼저 시작하는 쪽은 그녀이지만, 상대가 너무 가까이 다가오면 먼저 멈추는 쪽도 그녀이다. 자신이 약하다고 생각하기 때문에 누구든 너무 가까이 다가오지 않기를 바란다. 그러나 냉정하고 무관심한 그녀의 겉모습 뒤로 뜨거운 성적 본성이 숨겨져 있다. 그 용광로 안에 묻혀있는 불씨를 부드럽게 키우려면 매우 특별한 사람이 필요하다. 불이 제대로 붙으면 그녀는 깊고 완벽한 사랑에 빠진다.

그녀가 배워야 할 점

사수자리 여성들은 자유로운 영혼과 지나치게 감성적인 요구를 하지 않는 성적 본성 덕분에 오랫동안 남자들의 존경과 찬양을 받아왔다. 그녀도 그 보답으로 진정한 사랑과 존경을 주었다. 물론 그녀 나름의 방식으로 말이다. 안정된 독립을 사랑하는 그녀는 독신생활을 오래 유지하는 한이 있어도 그 독립성을 지키고자 한다.

그녀는 자신이 중요하게 여기는 독립성과 격의 없는 관계를 남자들에게 보장해줘도 돌아오는 건 그들의 비난밖에 없음을 힘들게 깨달을지도 모른다. 그들이 아무리 사랑을 쏟아도 그녀가 변하지 않기 때문이다.

그녀의 솔직함이 이처럼 자신을 비난하는 근거로 악용되게 해서는 결코 안 된다. 만일 어떤 사람이 그녀가 처음부터 자기를 갖고 놀았다고 말한다면, 그는 분명 그녀를 잘 모르는 사람이다. 물론 자기 생각을 최대한 정확하게 전달하지 않은 것은 그녀의 책임이다. 하지만 사수자리 여성은 결코 거짓말을 하지 않는다. 그녀의 연인이 원래 여자를 잘 믿지 못해서 그녀도 믿지 못하겠다면, 그녀 쪽에서 상대방의 생각을 분명하게 읽어내야 한다.

사수자리 여성은 지나치게 여성적이고 의존적인 남자들을 많이 만나서 자신의 남성성을 너무 많이 키우지 않도록 조심해야 한다. 그녀는 또 나약한 남자들을 너무나 싫어해서, 이제 막 자신의 여성성을 찾기 시작한 남성에게 강한 남자가 돼야 한다고 강요할 수도 있다. 어떤 남성이 그녀의 개방성과 독립성, 친절한 마음에 매료되면, 그녀와의 사랑으로 새로운 균형을 얻으려 노력할 것이다. 그런데 불안정한 사수자리 여성은 그의 남성다움을 자극하고 시험해서, 감정적으로 진정한 합일에 도달하려는 그의 서툰 노력을 짓밟음으로써 그를 격분하게 하고 떠나게 만든다.

사수자리 여성은 '아니무스(남성적인 본성)'가 '아니마(여성적인 본성)'보다 더 강하다는 것을 반드시 기억해야만 한다. 그런데 흥미로운 점은 그녀가 남자들과 새로운 관계를 맺을 때면 더욱더 여성스러워지고자 한다는 점이다. 세상의 누구도 남에게 의존하는 남성이나 여성을 원하지는 않는다. 하지만 서로 다정하게 대하고 공감하면서 가장 내밀한 친밀감을 공유하는 일은 사수자리 여성과 그 연인에게 가장 힘든 과제일 것이다.

사수자리의 분노

사수자리 여성이 분노하면, 몹시 불안정해지고 짜증을 내면서 빈정대거나 비방하는 말을 퍼붓는다. 그녀는 친밀감을 두려워하는 만큼이나 분노라는 몹시 중요한 감정을 두려워한다. 그녀는 타인과 긴밀하게 접촉하는 데서 생기는 다

'변화하는 불'의 사수자리 여성

양한 감정을 원하지 않는다.

그녀는 화가 나면 발을 구르고 소리 지르고 심지어 울기도 한다. 그런데 이런 감정표현이 항상 그녀를 당황하게 만든다. 나약하게 보이거나 통제하지 못하는 모습을 보이고 싶지 않은 것이다. 그녀가 자신의 분노를 받아들이는 태도는 감정적이라기보다 지적이다. 그녀는 친구들의 감정적 요구로부터도 거리를 두고 싶어한다.

역설적인 것은 그녀가 일대일의 인간관계는 피하면서도 일반 대중과 그들이 처한 환경에 대해서는 몹시 관심을 갖는다는 데 있다. 집단이나 익명의 개인에 대한 사기행위나 잔인한 행위, 배신, 부당함은 그녀의 분노를 활활 타오르게 만든다. 그 사람들이 느낄 반감과 실망감도 쉽게 공감하면서, 마치 위대한 박애주의자나 진정한 개혁운동가처럼 행동한다. 자신이 어떤 부정적인 반응에 부닥칠지는 전혀 상관하지도 않고 슬로건이 적힌 깃발을 들고 앞으로 걸어간다. 그녀는 항상 삶을 개선하고 사회를 보호하는 일에 깊이 참여한다.

사수자리 여성의 큰 과제는 자신과 가장 가까운 사람들의 복잡한 문제들을 이해하고 경험하면서 배워나가는 것이다. 사수자리였던 K는 인간의 신비를 풀기 위해 자신의 삶을 바쳤다. 사수자리 여성들은 위대한 박애주의자가 될 수 있다. 하지만 자기 배우자의 문제에는 별로 신경 쓰지 않는다.

사수자리 여성은 의심하거나 분노하는 감정이 생겨도 재빨리 그런 감정을 회피한다. 자신의 사회적 이미지를 보호하고, 다정하고 사교적이고 자유로운 외양을 유지하기 위해 열심히 노력한다. 그녀는 필요 이상으로 사회적 지위를 중시하고, 자기의심 같은 것은 하찮은 것으로 격하하면서 마음 한구석으로 밀어버린다. 그녀가 분노를 표현해야겠다고 마음먹는 경우는 개인적인 위협을 받았을 때밖에 없다. 특히 자신의 자유가 문제될 때는 예리한 생존 감각으로 싸움을 이끌어나가기 때문에 만만치 않은 상대가 될 수도 있다.

그녀는 분노를 야기할 만한 대립 상황에서 최대한 몸을 사린다. 그녀가 어떤 문제에 대하여 죽기 살기로 끝까지 물고 늘어지면서 싸우는 모습은 지극히 보기 드문 일이다. 그녀는 에너지를 배출할 길을 열어놓고 언제나 분석적인 상태가 되도록 노력할 필요가 있다. 분노를 표현하는 다양한 방식에 대해서도 배워야 한다. 그녀가 분노를 건설적으로 활용할 때 주변 사람들도 긍정적으로 변화시킬 수 있을 것이다.

누가 그녀의 노력을 방해하고 행동을 제어하려 들면, 그녀는 엄청난 추진력으로 그 방해물을 제거하려고 노력한다. 또 매우 격렬히 목소리를 높이며 공격자를 무력하게 만든다. 이런 신속한 '기습공격'은 가장 효과적인 방법이지만, 그녀는 그런 식으로 분노를 표현하는 것이 어떤 결과를 낳을지 평가해보지도 않고 그 상황을 떠나버릴 가능성이 높다.

불쾌한 상황이 닥쳤는데 해결점을 찾기 못할 때면 당황하면서 우울증에 빠진다. 그녀가 자기 분석적인 스타일이 아니기 때문에 문제의 뿌리가 어디 있었는지 잘 이해하지 못하고 몇 년 동안이나 혼란스러워할 수도 있다. 결국 그녀가 그런 상태에서 벗어나 기운을 차리더라도, 왜 혹은 어떻게 그런 문제가 있었던 것인지 결코 깨닫지 못한다. 사수자리 여성들은 심리학이나 인간관계에 대한 연구를 통해 자신의 분노를 지적으로 이해하고 극복할 방법을 발견할 수 있을 것이다.

분노를 극복하는 법

사수자리 여성이 증오를 느끼는 일은 별로 없다. 만일 그녀가 증오심을 느끼게 되면, 그런 감정을 야기한 사람을 자기 인생에서 영원히 지워버린다. 그녀의 분노는 신속하고 격해서, 불꽃처럼 확 타오르다가 재빨리 잦아든다. 그녀의 분노는 말로 표현되자마자 곧 사라지며, 미처 다 사라지기도 전에 잊혀져버린다.

사수자리 여성은 자신의 문제 대부분을 웃음으로 풀어간다. 재치 있는 말을 잘해서, 별 관심 없는 사람과 이야기를 나눌 때면 빈정거리면서 경멸 섞인 비판을 하기로도 유명하다. 그녀는 항상 고상한 자리에 머물면서, 결코 너절한 싸움에 말려들지 않는다. 그녀는 남들과 비교해 특별히 감정적이지는 않으며, 오히려 철학적이고 지적인 편이다.

사수자리 여성들은 자기감정은 숨겨놓고 다른 사람들의 감정을 연구하는 것을 아주 좋아한다. 언젠가 동료들이 모여 저녁식사를 한 적이 있는데, 그중에 사수자리 친구가 한 명 있었다. 그녀는, 다들 대단한 인물이라 자처하는 사람들을 구슬려서 첫 섹스 경험에 대해 세세하게 털어놓게 만들었다. 다들 최고의 경험을 들려주기 위해 경쟁적으로 이야기를 멋지게 부풀리며 떠들어댔다. 그 속에서 오직 사수자리 여성만이 자기 얘기를 한마디도 털어놓지 않았다.

사수자리 여성이 권태를 느끼면 자극을 받기 위해 분노를 이용하곤 한다. 그녀는 자신이 사람들을 화나게 만들 수도 있으며 그럴 경우 그 화를 풀기 위해 많은 시간을 보낼 수 있음을 알고 있는 것이다. 그녀는 직장에서나 사람들을 사귈 때 이런 계략을 즐겨 사용한다.

사수자리 여성은 친한 사람들이 심각한 갈등 상황에 처한 상태를 세심하게 관찰해야 한다. 초기에는 다른 사람의 아픔에 대해 감정을 이입하는 능력이 부족하고, 자신의 것이든 남의 것이든 분노에 대처하는 경험도 부족하다. 대개는 분노를 표현조차 못하는데, 그러다 특히 연인에게서 비난의 말을 들으면 깊은 상처를 받는다. 그녀는 그 고통을 드러내고, 상처를 인정하고, 편안하고 솔직하게 그 문제에 접근할 필요가 있다.

이런 문제가 그녀의 연인과 관련이 있을 때면 특히 더 민감한 문제가 된다. 하지만 그럴수록 문제를 더 분명하게 밝히고, 함께 근본적인 원인을 따져보아야 한다. 그것은 그녀가 전화통화를 너무 오래한다는 사소한 문제일 수도 있고, 이전의 애인과 우정을 지속하는 것과 관련된 좀 복잡한 문제일 수도 있다. 현재의 관계가 소중하다면 두 사람이 함께 관계를 잘 이끌어나가도록 노력해야 한다. 사수자리 여성은 연인의 요구를 세심하게 살필 줄 알아야 한다. 그리고 그녀가 사려 깊게 행동하려면 어떻게 해야 하는지 연인에게 설명해주어야만 한다. 만약 그 메시지가 제대로 실현되지 못한다 해도, 그건 그녀의 잘못이 아니다. 두 사람 사이의 소통 체계에 문제가 있는 것이다.

사수자리의 생활 방식

사수자리 여성은 그때그때 열중하는 것에 맞춰 생활 방식을 바꿔나간다. 마치 학생처럼 순간순간 달라지는 생활 방식을 선택하면서, 휴대용 가구, 휴대용 집, 휴대용 친구들, 그리고 휴대용 가치들에 흥미를 갖는다. 그녀는 구속되는 것을 싫어하며, 시골의 단조로운 생활보다 대도시 생활을 더 좋아한다.

그녀가 일찍 결혼했다 비록 이혼한다 해도 그다지 놀라울 것은 없다. 결혼에 대한 이상에 사로잡혀 있는 경우가 많기 때문이다. 그러나 처음 함께 살기로 선택한 남자가 그녀처럼 자유로운 영혼의 소유자가 아니라면, 그래서 그녀가 자유롭게 어디든 다니는 게 참을 수 없다면, 혹은 그녀와 함께 성장하고 변화하지 않는다면, 그녀는 그를 떠나버릴 것이다. 실제로 완전히 새로 출발하기 위해 다른 도시나 다른 나라로 가버릴지도 모른다.

그녀가 독신으로 살기로 했다면, 아기를 입양하고 애완동물을 기르고 찬장을 가득 채워가면서 친구들과 가정을 이루어간다. 그런 식으로 가정의 제약에서 벗어나면서도 가족적인 분위기를 즐길 수 있는 것이다. 그럴 때면 대체로 유쾌하고 신뢰할 수 있는 멋진 친구로 남는다. 그러나 그녀를 진심으로 깊이 사랑하려면, 그녀의 과민한 에너지와 노골적이다 못해 상처를 주기도 하는 솔직함, 독선적인 태도를 견뎌낼 수 있는 고도의 인내심이 필요하다.

그녀는 자신의 표현의 자유를 그대로 인정하는 사람들, 과보호하지 않고 질투심이 강하지 않은 사람들을 좋아한다. 하지만 살다보면 친구들로부터 약간의 보호를 받는 것이 득이 될 때도 있으니 염려와 구속이 다르다는 사실을 알아야 한다. 그녀가 친구들의 조언을 오해해서, 그들이 자신의 속도를 늦추려 한다거나 자신에게 그들의 가치관을 주입하려 한다고 곡해하는 경우가 너무 많다.

사수자리 여성은 무슨 일이든 일단 시도해보는 스타일이다. 몬태나 황무지에서 크리스마스트리를 재배하려는 사람들에게 안성맞춤인 집 딸린 농장 이야

'변화하는 불'의 사수자리 여성

기를 듣는다면, 바로 워싱턴에 전화를 걸어 그 집에 대해 문의할 것이다. 물론 관련된 세부사항에 대해 하나하나 생각하지는 않는다. 그녀는 관료주의와 관료적 형식주의를 무척이나 싫어한다.

사수자리 여성은 관심 범위가 무한히 넓기 때문에 전통적인 여성의 역할을 거부하며, 주변 여성들에게도 긍정적이고 좋은 영향을 미친다. 마음 편하게 해방되는 것이 아주 쉬운 일처럼 보이게 만들어서 힘들이지 않고 친구들과 동료들 사이에 자유의 씨앗을 뿌려놓는다. 여성들은 사수자리 여성으로부터 아주 소중한 지혜를 배운다.

즉 자신들이 여행할 수 있는 세계라든지 생활의 풍요로움이, 사회적으로 주어진 역할 때문에 한정될 필요는 결코 없다는 사실을 말이다. 여성은 아내, 엄마, 그리고 사회의 생산적인 구성원이 될 수 있을 뿐 아니라, 오랫동안 남자들에게만 주어졌던 경험에도 뛰어들 수 있다는 사실을 온몸으로 입증한다.

일부일처제에 대한 태도

관심 분야가 다양하고 모험심이 강한 사수자리 여성들은 동시에 여러 사람과 연애할 수도 있다. 같은 시기에 한 명 이상과 성관계를 유지할 수 있을 정도로 육체적, 정신적 에너지가 넘쳐흐른다. 이런 복잡한 연애 생활에 문제가 생길 때면, 그녀의 본능적인 둔감함과 무신경함 때문에 사태가 더 심각해지곤 한다.

적어도 모험심 정도는 갖춘 사람이 아니면 사수자리 여성이 장기간 일부일처제 관계를 유지할 가능성은 거의 없다고 봐야 한다. 그녀는 결혼생활에 답답함을 느낄 것이고, 대안이 제시되지 않는다면 직접 나서서 대안을 만들어낼 것이다. 적절한 시간이 올 때까지 기다리지 못하는 편이어서, 몹시 고통스러운 불륜이나 이혼 상황에 휩쓸릴 수도 있다.

대안적인 생활 양식

- 독신생활: 사수자리 여성은 다른 동년배들보다 더 오랫동안 독신으로 남는 편이다. 무척 힘든 이혼을 경험한 후에도 독신으로 남을 가능성이 많다. 그녀가 친구를 잘

사귀는 데다 그들에게 충실한 덕분에, 친구들이 가족의 대리 역할을 하는 일도 많다. 그런 관계가 관심 영역을 넓혀가고 베풀고 직관을 따르고 탐험하고자 하는 그녀의 욕망을 채워준다면, 그녀는 그 상황에 지극히 만족할 것이다. 질투와 소유욕이 지배하지 않는 관계라면 어떤 유형이든 잘 적응할 수 있다.

그녀가 계속 독신으로 살기로 결심한다면, 다음 질문을 스스로에게 던져볼 필요가 있다. 독신생활이 전통적인 가족 관계보다 더 많은 것을 주는가? 어떤 관계에 빠져들고 구속되는 것이 두려워서인가, 아니면 자신의 성격과 욕망을 직시한 결과인가? 모성이 자신에게 없어서는 안 될 궁극적인 의미를 갖는 것은 아닌가? 혼자 보내는 노후생활을 즐길 수 있을 정도로 내가 강하고 창조적인 사람인가?

- 개방결혼: 어떤 결혼방식이든 열린 마음이 필요한 형태라면 장기적으로 볼 때 사수자리 여성에게 유리한 점이 많다. 그녀는 결혼 서약을 하기 전에 약혼자의 진정한 동기를 조심스럽게 살펴보고, 자신의 동기도 그에게 솔직하고 분명하게 밝혀줄 필요가 있다. 그녀는 곧잘 사람들의 오해를 사는데, 부분적으로는 그녀가 자기에게 필요한 것을 분명하게 표현하지 못하는 탓이고, 또 한편으로는 그녀가 너무 빨리 변하기 때문이다. 그녀가 상대에게 깊이 열중하게 되면, 좋아하는 여행도 포기할 수 있고 자기 생각을 강요하는 태도나 그녀 특유의 무정한 정직성과 성실성도 포기할 수 있다. 그럴 때면 어떤 혼란이 닥쳐도 모두 극복할 수 있다.

- 삼자결혼: 독단적이고 단호한 성적 취향을 가진 사수자리 여성은 곧 다른 두 사람을 지배할 확률이 높다. 만약 그녀가 이런 생활 방식을 자연스럽게 내버려둘 수만 있다면, 이런 실험적인 결혼 형태가 권력 다툼으로 끝나는 일은 없다.

- 공동생활: 사수자리 여성은 타고난 교사이자 리더이다. 특히 그녀의 직관은 공동체에 몹시 소중한 역할을 한다. 그녀는 자연을 보존하고 그 안에서 살아가야 한다고 믿는데, 공동체 생활의 개방적이고 진보적인 목적이 그녀의 이런 이상에 잘 들어맞는다. 단지 함께 살아가는 사람들의 감정을 상하지 않도록 극단적인 솔직함과 둔감한 성격을 다듬을 필요가 있다. 그녀의 열의와 낙관주의는 공동체가 난관에 봉착했을 때 다른 사람들의 사기를 북돋을 것이다. 게다가 그녀는 어딜 가나 행운이 따르지 않던가!

'변화하는 불'의 사수자리 여성

- 동성애나 양성애: 사수자리 여성은 확실히 진보적이어서 동성애나 양성애도 시도 해볼 만하다. 남자들은 성적으로 좌절감을 겪는 일도 왕왕 있고, 그녀의 욕망을 만족시키기에는 역부족인 경우도 많다. 게다가 그녀에게 전통적인 역할을 강요하려는 경향도 있다. 하지만 다른 여성과 관계를 맺는다면 지배하려는 기질을 억제할 필요가 있다. 남자들과 사귈 때 정해진 역할을 연기하는 것을 거절했다면, 여성들과 사귈 때도 마찬가지여야 한다.

사수자리의 개괄적 특성

사수자리 여성이 타고난 가장 훌륭한 재원, 즉 그녀의 무한한 에너지는 그녀가 극복할 가장 커다란 난제이기도 하다. 그녀가 자신의 일에 만족하고 사랑에서도 행복을 지속하려면, 이 에너지를 제대로 통제할 줄 알아야 한다.

그녀는 다른 사람들의 감정을 잘 이해하지 못하는 편인데, 자신의 직관에 의지함으로써 큰 도움을 받을 수 있을 것이다. 훌륭한 판단력을 타고났기 때문에 다른 사람의 감정을 더 잘 이해하게 된다면, 무심하게 남을 상처 입히는 말은 자제하게 될 것이다.

독립심과 낙관주의, 진보적인 사고를 갖춘 사수자리 여성이 자신을 단련하고 공감 능력을 키운다면, 뛰어난 리더십이 필요한 새로운 시대에 두각을 드러내게 될 것이다.★

12.22/23
~
1.20/21

'새빨간 흙'의
염소자리 여성

Capricorn

물질을 중시하는
도덕적으로 엄격한
조직적인 것을 좋아하는
융통성 없는
순응적인
전통과 과거를 미화하는
아직 불안정한

자신감 넘치는

정열적인
비판적인
성욕이 강한

관리 능력이 뛰어난

분산된
실용적인
현실적인

단호한
위기에 능숙하게 대처하는
충실한

보호받기를 원하는
자부심이 강한
기억력이 좋은

상처 입기 쉬운

왕처럼 당당한

목적의식이 강한
삶에 애착이 강한
야심찬
책임감 강한
헌신적인

남보다 뛰어나고 빈정대기 좋아하는

모순된
장수하는
신중하고 모험을 싫어하는
사람을 가리는
변덕스럽고 침울한
성공하는
(장기적인 안목에서의 승리자)

위에 나열된 특성들은 단지 한 시기를 묘사하고 있으니,
당신과 맞지 않는다고 생각되면 지금 당신이 어느 시기에 있는지
다른 별자리에서 찾아보세요.

염소자리의 성격

일반적인 특성과 배경

염소자리 여성은 삶에 대한 강한 의욕과 성취욕, 불평등을 극복하려는 의지를 타고났다. 위기나 불행에 능숙하게 대처하며, 대체로 장수하는 편이라서 자신을 입증할 기회도 많이 갖는다. 그녀는 미지막까지 살아남는 자이고 성실한 연인이자 친구이다. 자신의 일보다 다른 사람의 문제를 더 예리하고 총명하게 처리할 때도 많다.

염소자리 여성들은 나이가 들수록 더 건강하고 행복해지는 스타일이며, 서른다섯 살이 될 때까지는 진정한 자기 확신을 갖지 못하는 경우가 많다. 그녀에게 가장 훌륭한 친구는 기쁨이고, 겨울의 가장 어두운 날 때어난 까닭인지 태양에 대한 갈망을 간직하고 있다. 최악의 적은 내면에 숨겨진 자기의심으로, 이로 인해 우울증에 빠질 수도 있다.

염소자리 여성은 고대 올림피아의 이상과 기대를 간직하고 있다. 있는 그대로의 자신이나 상황에 만족하는 경우가 별로 없다. 그녀는 무지개 저편을 향해 있으며, 꿈을 좇지 않을 때는 다음 번 에베레스트 등반을 위해 혹독한 훈련을 하는 중이다.

황소자리, 처녀자리, 염소자리는 흙의 지배를 받는 별자리 들이고, 염소자리는 그중 새빨간 흙을 상징한다. 염소자리 유형은 앞에 나열한 목록의 성격을 보이며, 염소자리 시기는 다음 특징을 갖는다.

- 행동과 자기주장을 내세운다. 염소자리의 성격을 드러내는 핵심적인 세 단어는 전념, 활용, 성공이다.
- 인생의 가치들에 대해 신중하게 판단한다. 그녀는 체를 치듯 세밀하게 우선순위를

'새빨간 흙'의 염소자리 여성

정하고, 전체적인 야망의 틀에 부합하는지를 항상 염두에 둔다. 그녀가 목적의식을 등한시하는 경우는 거의 없다.

- 언어에 천부적인 재능이 있다. 설득력이 뛰어나고 원할 때는 명확하게 표현하지만, 필요 이상으로 말하는 일도 별로 없다. 목적을 위해서는 철저한 비밀주의자가 되기도 한다.
- 염소자리는 토성의 지배를 받는다. 흔히 카르마의 왕으로 일컬어지는 토성은 의무감, 책임감, 지연, 구속, 속박감 등과 결부된다. 염소자리를 지배하는 별이 공정한 권위와 심판을 의미하기 때문에, 염소자리 여성도 공명정대하고 올바르다.
- 염소자리 여성은 지배하기 위해 태어났으며, 어릴 때부터 왕처럼 당당하고 기품 있는 태도로 처신한다. 이 타고난 권위가 성공의 밑거름이 된다.

염소자리에서 태어나거나 염소자리 시기를 거치고 있는 사람들은 대부분 자신의 생각과 노력에 상응하는 결실을 거둔다. 긍정적으로 볼 때 그들은 어떤 산이든 정복할 수 있다. 부정적으로 볼 때 그들은 그전에 길고 힘겨운 사투를 거쳐야 한다. 염소자리 여성은 젊은 시절 일도 열심히 하고, 놀기도 열심히 놀고, 모든 과실의 대가를 치르며 산다. 돈과 물질을 의식해서 잘 쉬지 못하는 경향이 있다. 적극적인 염소자리 여성은 하늘의 별도 딸 것처럼 물질적인 근심에 연연하지 않는다. 하지만 부정적인 태도의 염소자리 여성은 좌충우돌하다가 울타리를 들이받아 진흙탕에 빠질 수도 있다.

염소자리 여성은 꿈을 이룰 수 있는 기반을 갖추고 있지만, 그 스타일을 개발하기 위해 노력해야 한다. 사실 그녀는 굼벵이나 얼간이가 될 수도 있고, 자기 외모나 이미지 하나하나를 살피는 일에 소홀할 수도 있다. 자기보다 더 매혹적이고 세련된 사람들에게 마음이 끌리면서도 그들을 시기할 수도 있다. 염소자리 여성은 내면에 간직한 마술적 본성에 걸맞게 매력적인 외면을 가꾸도록 노력해야 한다.

그녀는 한밤중의 올빼미처럼 진지하고 거대한 꿈에 사로잡힌 외로운 몽상가이다. 그녀가 매혹적이고 눈에 띄는 것은 타고난 용기와 야망, 끈기, 환상을 현실로 만드는 능력 덕이다. 다음은 염소자리 에너지의 부정적, 긍정적 특성을 모은 것이다. 물론 이것은 공통된 부분만 언급한 것이고, 염소자리 여성들은 자신이 자유 의지를 가졌고 다양한 선택의 가능성이 있음을 잊지 말아야 한다.

- 긍정적인 성격: 감정에 치중함, 독립심, 야망, 예쁜 깃을 좋아힘, 근검질약, 끈기, 용기, 전통을 존중함, 신중함, 억제, 왕 같은 당당함, 품위, 겸손, 책임감, 신뢰, 대담함, 조직력, 의지력.
- 부정적인 성격: 우울, 지나친 의존, 남보다 한발 앞서감, 탐욕, 인색함, 울적한 두려움, 엄격함, 미저댐, 억제, 오만함, 건제저인 태도, 기니친 저부심, 지배욕, 불신, 지기 의심, 권위주의, 방해꾼.

염소자리 여성이 스트레스를 받으면 제일 먼저 영향을 받는 곳은 무릎, 척추, 피부, 관절, 인대, 연골, 이, 쓸개, 손톱 부위이다. 그녀에게 가장 좋은 직업은 가죽, 돌, 금속, 나무를 소재로 유형의 물건을 만들어내는 공예, 경매 관련, 보석이나 골동품, 의상실, 식당 등의 자영업, 부동산 중개, 식품 관련, 광업이나 납공업, 납을 사용해서 하는 일, 골동품상, 박물관이나 예술품 수집가를 위해 작품을 선정하거나 매입하는 사람, 제본업, 무대 연출이나 디자인, 연기나 연극 영화 제작, 만화나 코미디, 회계학, 대형 프로젝트의 운영, 뼈나 이 관련 전문가 등이다.

목적의식이 강한, 삶에 애착이 많은

염소자리 영화배우 페이 더너웨이는 언제 처음으로 여배우의 꿈을 갖게 되었냐는 질문에 "항상!"이라고 대답했다. 스칼렛 오하라가 양자리를 대표하는 영화 속 인물이라면, 염소자리는 조안 크로포드가 연기한 여성들 속에서 발견할 수 있다. 그 여자들은 하나같이 영리하고, 침착하고, 당당하고, 고집 세고, 성취욕이 강하고, 출세 지향적이다. 그들은 야망을 이루려면 어떻게 해야 하는지 알고 있으며, 많은 장애를 겪으면서도 결국 직업적으로는 성공을 거둔다. 과

연 여성이 강한 야망과 개인적인 행복을 조화롭게 이룰 수 있는지, 어떻게 그것이 가능한지로 요약되는 그 영화들의 공통 주제는 아직도 모든 여성들에게 의미가 있으며, 특히 염소자리 여성들에게 그렇다.

성과 사랑은 염소자리 여성들에게 가장 중요하지만, 이것만으로 세계적으로 유명해지고자 하는 욕망이 충족되지는 않는다. 어릴 때부터도 염소자리 여성은 사색하고 계획하는데 몰두한다. 성장할 때부터 자신이 원하는 것을 잘 알고 있는 그들은 삶이라는 경주의 모든 부문에서 승리자가 된다 그녀가 이런 생각을 억누른다 해도 자신을 뒤흔드는 경험, 누군가가 될 수밖에 없는 운명임을 깨닫는 경험을 하게 된다. 그 누군가가 무엇일지는 그녀 자신이 택할 일이지만, 어쨌든 그것을 직접 이루어내야 만족하게 될 것이다.

야심차고 단호한

염소자리 여성을 상징하는 도안은 염소이다. 어떨 때는 야생염소이고 어떨 때는 바다염소이다. 야생염소는 혼자 바위 위 높은 곳에 굳게 발을 딛고 서서 아래를 내려다보는 모습이다. 한편, 반은 염소이고 반은 물고기의 모습을 가진 바다염소는 멀리 가고 깊이 느끼는 능력을 상징한다. 원래 이 별자리의 상징은 유니콘이었다. 하나밖에 없는 뿔은 자신의 목표에 도달하려는 염소자리 여성의 한결같은 마음을 상징한다. 그녀는 엄청난 집중력을 가졌고, 자기에게 중요한 경기라면 절대 중간에 그만두는 법이 없다. 염소자리 여성은 토끼보다 거북이에 가깝지만 결국 경기를 이긴 것은 거북이었다!

그녀는 상황에 따라 방법을 바꾸지만 목표 자체는 바꾸지 않는다. 또한 신속하게 결정하는 일에는 서툴지만 기회를 잘 판단하며 그 이점도 잘 취한다. 어떤 사람들은 그녀가 기회주의자라고 생각하지만, 대부분 자신들이 잡지 못한 기회를 그녀가 잘 잡았기 때문에 질투하는 것이다.

다양한 층위로 이루어진 그녀의 영혼 속에는 엄청난 계획이 숨겨져 있다. 그녀는 사회 주도층이 되고 부자가 될 생각을 한다. 어떤 때는 대형 간판에 이름이 올라 있는 유명배우가 되는 상상을 한다. 하지만 그녀의 목적은 자신이 존경하는 사람들에게 인정받는 것이다. 역사책에 유력한 정치인으로 기록되기를 바랄 수도 있고, 음지의 실력자 쪽을 택할 수도 있다.

위기에 능숙하게 대처하는, 충실한

만일 당신이 영화 〈타워링〉 같은 상황에 처하거나 울어서 퉁퉁 부은 눈으로 이혼 법정에 서 있다면, 혹은 노벨상 수상을 위해 스톡홀름에 초청 받았는데 배우자가 궤양으로 입원 중이라면, 염소자리 친구에게 도움을 청하라. 그녀는 특히 위기 상황에서 최고의 모습을 보여준다. 누구도 그녀만큼 침착하게 당신 일을 대신 맡아서 지휘해주거나, 화를 풀어주거나, 결정을 내려주지 못할 것이다. 게다가 어느 누구도 그녀만큼 그 일을 즐겁게 하지 못할 것이다!

모든 것을 다 안다는 듯 처신하는 그녀의 태도를 불쾌하게 여기는 사람들도 있을 것이다. 하지만 그런 사람도 그녀가 위기 상황에 훌륭하게 대처한다는 사실만은 부정할 수 없을 것이다. 모든 사람이 그녀를 필요로 하고 누구도 그녀에게 화를 낼 여지가 없을 때 그녀는 행복을 느낀다. 그녀는 곤란한 상황에 개입해서 문제를 해결하는 것을 좋아한다. 사태를 통제하는 일 자체를 즐기는 것이다.

책임감 강한, 헌신적인

염소자리 여성은 몹시 성실하고 책임감이 강해서 헌신적인 친구나 직원이 된다. 야심도 큰 편이고 강한 용기를 지녔다. 스스로에 대해서도 충실하고, 커다란 전쟁에서 승리하기 위해 필요하다고 계산한 경우를 제외하면 작은 싸움에서도 결코 지지 않는다. 황소자리를 제외하고는 누구도 돈이나 책, 재산을 지키는데 그녀만큼 믿음직스럽지는 못할 것이다.

그녀는 쿠폰 같은 것을 즐겨 모으고 꼬박꼬박 사용한다. 돈을 중요하게 생각하기에 빈틈없는 구매자가 된다. 하지만 그 노력에 제대로 감사를 표현하지 않는다면 그녀는 보답 받지 못했다고 화를 낼 것이다.

'새빨간 흙'의 염소자리 여성

모순된

사실 그녀는 비판적이고 신중한 만큼 열정적이다. 성욕이 아주 강하면서도, 사랑이 시들면 의무감으로 대할 뿐 성을 불쾌하게 여긴다. 그녀는 감정적이면서도 절도가 있고, 의기소침한 경우도 있지만 자신의 행운에 대해 낙천적이다. 그러면서도 인간 본성에 대해서는 비관적이다. 그녀는 연인을 가리는 편이고 섹스할 때 체위에도 까다롭지만, 일시적인 바람이나 하룻밤의 관계를 받아들이는 때도 있다. 또한 커다란 성공을 거두는 편인데도 스스로에 대해 자신이 없다. 잘 베풀지만 검소하고, 성실하면서도 변덕스럽고 질투가 많다. 자부심이 강하면서도 연인의 보호를 바라고, 사랑에 빠지면 모든 것을 다 내주지만 진실한 사랑을 찾는데 일생이 걸릴 수도 있다.

정열적이면서 비판적인

염소자리 여성은 새로운 것에 신중한 편이어서 연습 없이 뛰어드는 일은 결코 없다. 하지만 한번 사랑에 빠지면 온몸을 다 바쳐 사랑한다. 그녀의 정열은 한번 발동하면 한계가 없다. 문제는 사랑이 커지면서 흠잡기를 잘하는 성격도 따라 커진다는 것이다.

그녀는 거부당하는 것에 대한 두려움 때문에 사랑에 빠지기를 망설인다. 이것은 모든 가능한 대답을 따져보고 모든 위험에 대해 계산할 시간을 벌기 위해서이기도 하다. 그녀는 그 사랑이 사회적 신분, 감각적 만족, 가족의 승인 등의 측면에서 어떤 의미가 있을지, 또한 자신이 마음을 내주면 무엇을 잃고 무엇을 얻을지 따져본다. 어떤 때는 너무 오래 망설이다 기회를 놓쳐버리는 일도 있다. 그래서 인내심이 부족한 이들은 염소자리를 불신하기도 한다. 그녀는 설령 짧은 기간으로 한정해서 보더라도 인생에 확실한 것이란 아무 것도 없음을 알아야 한다.

성욕이 강한, 상처 입기 쉬운

염소자리 여성의 가장 큰 문제는 상처를 입을까봐 끊임없이 두려워한다는 데 있다. 그녀가 종종 연인의 결점을 찾아내는 까닭도 그래서이다. 그들이 완벽하지 못하니까 깊이 사랑하지 않아도 된다고 정당화하는 것이다. 하지만 그녀 안의 얼음이 녹고 불꽃이 피어오르면 다른 면이 나타난다. 잘 통제된 여왕의 가면 뒤로 쉽게 상처받는 여리고 귀여운 아이가 살짝 모습을 드러낸다.

염소자리 여성은 나누거나 감정적으로 주고받는 경험이 부족해서 자신이 너무 무방비로 노출된다고 느낀다. 그녀에게는 누군가를 진심으로 좋아하면서 어중간하게 주는 일이 불가능하다. 그래서 자신을 보호하기 위해 완전한 확신 없이는 스스로를 드러내지 않는 것이다. 하지만 일단 주사위가 던져지면 강렬한 감정에 휩쓸려 자신을 얻고 열정적이 된다. 간혹 그녀가 억눌린 화신이 폭발하듯 행동하는 일이 있다. 침실에서 그녀는 마음껏 뛰어놀 마당을 찾아낸 강아지처럼 행동하기도 한다. 그녀는 감정적인 힘과 탄력을 가진 상대, 그녀를 포용할 수 있을 정도로 지적이고, 성적으로도 경험이 풍부하며 섬세한 사람에게 강하게 반응한다.

물질을 중시하는

염소자리 여성은 부와 멋진 장신구에 끌리는 자신과 끊임없이 싸운다. 부와 명성을 간절히 바라면서도, 그것에 대해 청교도처럼 죄의식을 느낀다. 그녀는 주기적으로 모피코트, 요트, 보석, 전원주택을 꿈꾼다. 자신이 태어난 겨울 날씨로부터 스스로를 보호하려는 듯 물질적인 안정을 보장받고 싶어한다. 하지만 그녀가 원하는 따뜻함은 자기를 인정하고 사랑하는 데서 오는 것이다.

염소자리 여성은 물질을 중시한 나머지 자신의 전인적인 개발을 포기하고 보석이나 장신구에 빠져들 위험이 있다. 저속한 여성 실업가가 될 수도 있고, 안정만을 유일한 현실로 생각할 수도 있다. 물질적으로 안정된 직업을 위해 젊은 예술가나 극작가로서의 유망한 미래를 포기할 수도 있다. 오직 돈만을 위해 결혼했다가 나중에 후회하는 일도 있을 수 있다.

세상이나 삶은 끊임없이 변화하고 있다. 우주와 그 안의 삶이 물리적으로 엄격하게 고정된 실체라는 낡은 견해를 고수하는 염소자리 여성들은 아인슈타인이 새로운 세계관을 내놓았음을 기억해야 할 것이다. 인생에 대한 상대적인 관점을 받아들이도록 노력하고, 자기 자신 역시 유동적임을 받아들여야 한다. 업적이나 소유에 너무 몰두해서 자기 존재를 잊어서는 안 된다.

엄격한 도덕관과 조직적인 것을 좋아하는, 융통성 없는

편협하고 엄격한 도덕규범을 고집하는 청교도주의를 역사적으로 염소자리 시기라 볼 수 있다. 염소자리 여성은 강한 윤리의식을 갖고 태어나며, 자신이 옳고 그름을 잘 분별해서 탈선할 리 없다고 생각한다. 어릴 때도 장난감을 잘 분류해서 정리하고, 감정을 잘 조절해서 표현하며, 일정한 체계가 없는 생활 방식보다 분명하고 반복적이며 익숙한 일상을 선호한다.

대개의 염소자리 여성은 예의 바른 처녀로 성장한다. 다른 처녀들이 무시하는 관습을 여전히 지키면서 냉정한 매력을 보인다. 초기에는 성에 대해서도 절대적인 옳고 그름의 기준을 가지고 있다. 그녀는 철저하게 청결을 중시하고, 오만하며, 도덕을 강조한다.

대개의 염소자리 여성은 일주일 전에 매일의 계획을 세워두는 편이다. 변화를 싫어하고 '괴벽'을 받아들이지 않는다. 어떨 때는 자신이 받아들일 수 없는 것은 모두 '괴벽'으로 간주하기도 한다. 다행스럽게도 시간이 흐르고 몇 차례 연애를 경험하면서 그녀의 성적, 사회적 판단 기준이 완화된다. 어떤 경우에는 결혼 실패나 이혼 같은 호된 일을 거친 후 유연성과 관대함을 얻기도 한다.

순응적인, 과거와 전통을 미화하는

염소자리 여성은 무엇보다 과거를 가장 존중한다. 그녀에게 현대는 퇴폐적이고 미래사회는 불확실해서, 과거만이 위대함과 예외 없는 영광으로 가득하다.

그녀는 영원하고 불변하며 안전하고 뿌리깊은 것을 사랑한다. 매사를 자기 견해에 맞추기 위해 가능한 한 영원의 흔적이 담긴 물건들을 사들인다. 그녀는 골동품과 오래된 가구를 좋아하고 브랜드를 중요시한다. 그리고 영속적인 가치와 지위를 줄 수 있는 최고의 것만 원한다.

그녀는 가족의 가치를 깊이 자각하고 있으며, 족보를 부모보다 더 잘 알고 있는 경우도 많다. 자기보다 어린 형제자매에게 낡은 관습과 도덕을 주입하려 들 수도 있다. 자신이 확고하게 믿는 것에 대해서는 고압적인 태도를 보여 연장자 티를 낸다고 빈축을 사기도 한다.

어린 시절에는 이웃 할머니를 돕거나 늙고 병든 동물을 잘 돌보는 편이며, 독서도 열심히 한다. 아직 전기가 없던 옛날을 떠올리며 흐린 불빛 아래 책을 읽기도 한다. 옛날의 장소, 성공신화, 나이든 사람들을 미화한다. 그녀에게 인생의 비밀은 전통을 지키고 늙어가는 데 있다. 많은 경우 염소자리 여성은 자신과 대립되는 게자리 여성들과 마찬가지로 과거에 대한 향수를 가지고 뿌리를 중시하며 전통을 중시한다. 그녀는 영원한 관계를 보장받고 싶어하지만, 시대에 맞지 않을 정도로 엄격한 가치관 때문에 거의 모든 관계들이 늦든 빠르든 위기에 처하게 된다.

불안정하지만 자신감 넘치고 당당한

염소자리 여성은 매혹적인 미궁이다. 어딘가에 분명 통로가 있을 텐데 그 길을 찾아내려면 인내와 기발한 독창성이 필요하다. 그녀는 시간이 자기편이고 결국 목적지에 도착할 수 있음을 굳게 믿는다. 자신이 강하고 유능함을 알고 있기에 조만간 응분의 결과를 얻으리라 기대하는 것이다. 자기 운명을 감지하고 열심히 노력해서 그것을 성취할 의지가 있다.

하지만 사랑 문제로 들어가면 그녀의 신념이 약해진다. 친밀한 관계를 원하면서도 막상 그럴 가능성이 생기면 꽁무니를 빼고 도망치는 것이다. 찬란하게 빛나는 값비싼 진주 같은 그녀의 마음을 잠시나마 붙잡으려면, 사막에서 불어대는 돌풍처럼 무척 열심히 쫓아다녀야 한다.

가리는 편이고 분산된

자신만만하면서도 불안정하다는 기이한 성격 때문에 염소자리 여성은 살아가면서 극적인 사건을 많이 겪는 편이다. 그녀는 위기와 실패, 산꼭대기와 골짜

'새빨간 흙'의 염소자리 여성

기에 익숙하다. 그녀는 진정한 친밀감을 원하기 때문에 상대를 고를 때 극히 신중한 태도를 취하지만, 사람을 잘못 선택하는 경우가 많다. 또한 가난하고 방황하는 사람들, 나이든 사람들을 돌보느라 에너지를 소진한다. 때로는 잠을 못 이룰 정도로 육체적 접촉을 갈망하다 공허한 우정이나 연애사건을 만들기도 한다.

그녀는 친밀한 관계를 너무 위협적이라 느끼면서도, 타고난 자신감 덕에 차츰 모든 길목을 탐색할 마음을 먹는다. 그럴 때도 질보다 양을 중시하는 경향이 있다. 간혹 의기소침해지거나 넌더리가 나서 타고난 기품을 내던지고 방탕하게 살거나 빈민굴에 처박히고 싶어한다. 하지만 대개의 경우 자신의 길로 되돌아오게 만드는 사건을 겪게 되어, 다시 한 번 고개를 빳빳이 들고 품위와 판단력을 되찾는다.

자부심이 강하지만 보호받기를 원하는

염소자리 여성은 독립심이 강하면서도 누군가에게 의지하고 싶어한다. 그녀는 회사를 이끌어가거나 여성유권자단체의 회장도 될 수 있지만, 집에 새 가구를 들이거나 아이의 학교를 선택하는 문제, 자신의 어머니가 양로원으로 가야할지 등에 대해서는 배우자의 결정에 따르고 싶어한다. 또한 데이트할 때도 상대가 돈을 내는 쪽을 선호한다.

신중하고 모험을 싫어하는

야생염소는 발을 단단히 딛고 서 있지만 여전히 조심스럽다. 부주의하게 발을 옮기다 부상을 입으면 한동안 꼼짝할 수 없음을 잘 알기 때문이다. 염소자리 여성도 몹시 약해져서 우물쭈물할 때가 많다. 자신도 이런 점을 의식하고 서두를 때가 있지만, 대개는 극히 조심스럽게 한발을 다른 발 앞으로 내딛으며 앞으로 움직인다. 모든 수영법을 익히기 전에는 수영하려 드는 법도 없다.

염소자리 여성은 인생에 대한 실질적인 지혜와 기술을 갖추고 있다. 하지만 그렇다 해도 미래를 통제할 수는 없는 노릇이므로 조심해도 소용없을 때가 있다. 특히 인간관계에서는 뻔히 예상되는 위험도 받아들일 필요가 있다. 점수만 기록하고 있어서는 안 된다는 말이다.

실용적이고 현실적인

염소자리 여성은 단기적이든 장기적이든 결코 자신의 목적을 잊지 않는 실용주의자이다. 그녀는 모든 상황의 득실을 계산한다. 새 코트를 사면 저축이 바닥나지 않을지, 지금 야근하면 승진하게 될지, 이 남자와 영화를 보러 가면 그 다음에 함께 자게 되는 건지, 그렇게 하는 건 너무 빠른 건 아닌지, 이 남자가 다음 주 나이트클럽에 데려갈 만큼 돈을 벌고 있는지, 아니면 다른 남자와 데이트해야 한지… 머릿속으로 열심히 계산한다.

연인에 대해서도 회사 일이나 이혼 문제만큼이나 현실적으로 따지고, 항상 잘 준비를 하기 때문에 어떤 위험도 무릅쓰지 않는다. 그녀가 고속도로에서 거칠게 오토바이를 몰고 가는 모습은 상상할 수도 없다. 그녀가 도박 테이블에 앉아 있다면 바이오리듬, 컴퓨터, 점성술, 손금, 꿈, 감정 곡선 등을 통해 그날 이길 승산이 있다고 생각했기 때문이다.

그녀는 항상 자신의 직관을 구체적인 증거로 뒷받침하려 노력하며, 모든 활동의 기반을 실제 현실 속에서 찾으려 한다. 그녀가 보석을 판다면 각 보석의 역사와 생산지를 공부할 것이고, 식물을 기르면 화초 하나하나가 잘 자라는데 필요한 햇빛과 비료의 양을 꿰게 될 것이다. 점성가가 된다면 삶의 모든 면에서 유용한 신변잡기적인 요령을 줄줄이 늘어놓는 식이다. 공무원이 되면 지구의 자원을 실용적으로 활용할 훌륭한 기획을 내놓을 가능성이 크다. 또한 노인들의 주거나 옷, 식량 같은 기본적인 문제에 관심을 기울일 것이다.

관리 능력이 뛰어난, 기억력이 좋은

염소자리 여성은 개인생활에서보다 사업에서 더 조직적이다. 보고서는 효율적으로 제출하면서도 침실은 폐업 정리 중인 골동품가게처럼 내버려둘 수도 있다. 물론 방이 아무리 어질러져 있어도 그녀의 머릿속에는 매사가 정돈되어 있다. 작년에 사온 제라늄을 어디에 옮겨 심었는지 물어보면 그녀는 정원에서 정확한 장소를 찾아낼 것이다. 일주일 전에 누가 잃어버린 바늘, 새로 산 연두색 옷에 맞는 실, 절판된 지 수십 년 된 책 같은 것도 어디서 구할 수 있는지 정확히 알고 있다.

그녀는 이런저런 정보를 수집할 뿐 아니라 아주 사소한 것들에 대해서도 엄청난 기억력을 보인다. 게다가 혹시 필요할지도 모른다는 생각에 낡은 바늘이나 실들도 모아둔다. 그녀는 다소 욕심이 많은 편이지만, 수집가와 욕심쟁이의 차이가 무엇이란 말인가? 그녀는 다 낡아빠진 자기 옷장이 누군가 최근 구입한 새 가구보다 두 배는 더 가치 있다고 우기기도 한다. 그런데 몇 년 뒤면 그녀의 말이 옳았음이 증명되는 것이다.

효율적인 면이나 성실성의 측면에서 훌륭한 어머니나 보육교사의 자질이 있다. 아이들이 그녀를 잘 따라서 지체 없이 게임이나 활동을 한다. 그녀는 사람이든 물건이든 다 잘 다루며 적어도 그렇게 하려고 노력하는 편이다. 그녀가 나서기 좋아한다고 불평하는 사람들도 그녀의 능력에는 감탄할 수밖에 없다. 문제는 그녀가 인생 자체도 너무 깔끔하게 정돈하려 든다는 데 있다.

그녀의 뛰어난 기억력은 축복인 동시에 고통이 될 수 있다. 작은 일도 잘 잊지 않으며 비판은 결코 잊지 않다 보니 고통스런 기억 역시 휴지통에 잘 던져넣지 못한다.

유머 감각이 뛰어나고 빈정대기 잘하는

염소자리 여성은 다른 사람에게 장난치기를 좋아한다. 남동생 양말에 풀칠을 하고, 요리에 엉뚱한 것을 섞고, 할머니 의자에 장난감 쥐를 올려놓고 좋아한다. 유머는 그녀에게 구원자와도 같아서 일생 동안 적대감을 해소시키는 방편이 된다. 신랄한 농담도 잘해서 자신을 화나게 만드는 사람들에게는 항상 그런 농담을 던진다. 결코 화를 '품고있는 법' 없이 거의 언제나 능숙하게 농담을 통해 분노를 표출한다. 물론 어떤 농담은 호된 비난의 성격이 강하지만, 그걸 따지는 건 다른 사람들 몫이다.

염소자리 여성은 시간을 정확하게 조절하는 뛰어난 감각이 있어서 훌륭한 연출가가 될 수 있다. 무대 위에서든 생활 속에서든 그 능력 덕분에 사람들의 주목을 받는다. 그녀는 정치적인 풍자도 좋아하며 즐겨보는 만화도 신랄하고 사회문제를 언급하는 내용이 담긴 것들이다.

변덕스럽고 침울한

뛰어난 유머 감각에도 불구하고 염소자리 여성은 감정의 기복이 심한 편이어서, 마치 벌에 쏘이거나 심한 기침을 하듯 갑작스레 우울한 기분에 휩싸인다. 조용히 TV를 보다가 갑자기 방에서 뛰쳐나가 버리는 경우도 있다. 불현듯 슬픔에 잠겨 울음을 터트리는 일도 드물지 않다. 그녀의 감정이 변하는 이유는 대개 불분명하지만, 변화 자체는 몹시 진지하고 거의 일생 동안 계속된다.

문제는 그녀가 행복해지는 법을 모른다는 데 있다. 그녀의 영혼에 슬픔이 깃들어있어서 오랜 기간 우울증에 시달리거나 정신을 좀먹는 자기의심에 빠질 수가 있다. 이런 일은 부모의 엄한 꾸지람, 선생님의 비난, 친구와의 이별, 실패에 대한 두려움 등에서 비롯될 수도 있고, 느닷없이 불쑥 나타날 수도 있다.

불안정한 감정의 원인 중 하나로 높은 이상을 들 수 있다. 지나친 기대는 실망을 부르기 쉽다. 사실 누구도 항상 고결한 이상에 걸맞은 생활을 할 수는 없다. 지나치게 과거 속에서 살아가는 것도 문제이다. 어쨌든 그녀는 갑작스레 기분이 변하는 것을 자기 기질의 일부로 받아들여서, 거부하기보다 함께 살아가도록 노력해야 한다. 혼자 실컷 울어대는 것도 한번씩 문을 쾅 닫고 가버리는 것도 좋은 방법이지만, 우울증에 맞설 보다 지속적인 방법을 찾아야 한다.

장수하고 성공을 거두는

대부분의 염소자리 여성은 서른다섯 살이나 그 이후가 되어야 자기 역량을 제대로 발휘한다. 돈을 벌려면 일해야 하고, 즐거움에는 대가가 따르고, 제대로 사랑과 삶을 살자면 교훈을 많이 거쳐야 함은 어찌 보면 당연하다. 염소자리 여성의 자질 대부분도 이러한 역경을 통해 개발된다. 염소자리 여성의 장점은 성공과 독립, 서로 의지하는 관계를 원하는 마음에 맞춰서 인생을 가꿔나가

'새빨간 흙'의 염소자리 여성

는 능력에 있으며, 멋있게 나이 들 줄 아는 데 있다. 그녀는 특이해서 사람들의 화제가 되면서도 존경받는 멋진 할머니가 된다.

인간관계

염소자리 여성은 종종 재산을 노리는 구혼자에 비유된다. 사실 그녀에게는 명예와 돈이 무척 중요하다. 대개의 염소자리 여성은 명성과 안정, 물질적 기반, 정돈된 생활, 공손한 아이들을 원한다. 이상적인 남성은 그다음이다.

이런 염소자리 여성의 내면에 사실은 깊은 사랑의 연못이 있으며, 엄청난 고독감을 숨기고 있다는 사실을 사람들은 미처 파악하지 못하고 있다. 게다가 그녀는 은근히 성적 매력과 자극을 바라고 있어서, 이따금씩 그것을 얻기 위해 안정을 포기하기도 한다. 그녀는 사랑을 두려워하면서도 자신을 완성시키고 고독감에서 벗어나기 위해 강렬하게 사랑을 원한다. 시간을 무척 중요하게 여겨서 시간 낭비를 몹시 싫어하면서도, 다른 사람의 일을 봐주기 좋아한다. 사랑을 원하다가도 갑자기 차갑게 변하면서 거절하기도 한다.

절제하면서도 열정적인 염소자리 여성은 아주 유능한 여성이라는 분위기를 내세워 자기 감성의 예민함을 숨기려 한다. 그녀는 사업상의 거래 뿐 아니라 인간관계도 손바닥 위에 올려놓고 예측하기를 좋아한다.

염소자리 여성은 사람을 놀라게 하는 면이 많아서, 스스로도 다음번에 무슨 일을 할지 모를 때가 있다. 내면에서는 서로 대립되는 주장을 펼치며 불협화음을 일으키는 대화가 진행되고 있다. 가끔은 한 목소리를 따라서 이런저런 남성과의 모험을 감행한다. 그러면 다른 목소리가 기다리라고, 그녀의 영역이 침해되지 않도록 지키라고 경고한다. 그녀는 안정된 생활에 확실히 정착하고 난 뒤 자신에게 부족한 것은 명성과 열정뿐이라 판단할 경우에만 가난한 화가와 사랑에 빠진다. 그녀는 그가 미켈란젤로에 버금가는 화가가 되리라고 확신하겠지만, 그것은 그녀의 도움이 있어야 가능한 일이다.

염소자리 여성은 무지개를 좇다가 잠시 쉬는 동안에도 오직 한 가지만 바라본다. 꿈을 좇는 동안에는 가능하면 주변을 둘러보지 않는다.

그녀가 사람을 사귈 때 가장 힘든 것은 그들을 믿고 자기 방어벽을 허무는 일이다. 그녀는 대체로 상처나 비난이 두려워 방어적이 된다. 조롱하는 태도를 보이면서 사랑을 진지하게 받아들이기를 거부하기도 한다. 하지만 그녀가 가장 두려워하는 것은 사랑조차도 그녀의 고독을 완전히 없애주지 못한다는 데 있다. 로빈슨 부인(영화 《졸업》의 등장인물)의 두려움과 실존의 고통은 바로 그녀의 것이다. 그래서 살아간다는 몹시 단순한 행위에도 의기소침해진다. 그녀는 사랑의 실패가 무슨 소용이 있을까 묻는다. 아무런 보장도 없는데 말이다. 염소자리 여성은 보장 없는 일은 결코 하고 싶어하지 않는다.

사랑을 원하고, 상처를 두려워하면서 손을 내밀고, 시간이 갈수록 둔감해지고, 차츰 자기 삶에서 사랑이 갖는 중요성과 의미를 의심하게 되고…. 염소자리 여성은 전형적으로 이런 두려움과 고독의 순환을 경험한다. 이런 일은 고집스럽게 계속되지만, 그녀는 항상 받는 만큼 준다. 어떤 때는 더 많이 베풀기도 한다. '한번도 사랑해보지 않은 것보다는 사랑했다가 잃는 게 더 낫다'는 말을 만든 사람은 염소자리일지도 모른다.

염소자리 여성은 나이를 초월하는 성적 매력을 갖추고 있으며, 나이가 들수록 더 매력적이다. 끈기와 받는 만큼 주는 능력, 은밀한 열정, 충실한 마음, 유머 감각, 생존능력 등도 그녀의 성적 매력을 구성하는 요인이 된다. 그녀는 염소자리 영화 배우 에바 가드너나 마를렌 디트리히처럼 나이가 들어도 아주 매력적이다. 바로 승리자의 자태이다!

어린 시절

염소자리 여성은 대개 아버지에게 친밀감을 느끼며 어머니와는 불편한 관계 속에 성장한다. 아버지와 친하지 않더라도 멀리서 그를 동경하고 존경하는 편

'새빨간 흙'의 염소자리 여성

으로, 이후에도 그녀는 주로 남성들에게 존경심을 보인다. 염소자리 여성이 어머니와 동일시하며 성장하는 경우는 드물고, 그녀가 받는 교육도 여성적이라기보다 남성적이다. 사춘기 시절 그녀가 선머슴 같은 아이였든 단정한 소녀였든, 다른 여자아이들보다 더 목적의식이 분명하고 세계적인 성공을 꿈꾸는 성향이 강하다.

그녀는 지나치게 단정하거나 얌전한 외모로 자신의 거대한 야심과 열정을 숨기려 든다. 염소자리 소녀의 많은 수가 나이든 여자처럼 행동하기도 한다. 누가 정성 들여 빗질한 새침한 머릿속에 원대한 꿈이 깃들어 있으리라 상상하겠는가. 그들은 다른 성장기 소녀들처럼 인형이나 여자아이 장난감을 가지고 노는 일도 별로 없고, 속으로는 능력을 충분히 발휘할 수 없는 여자로 태어난 것에 분개한다. 그녀 나름으로는 반항도 하지만, 걱정도 항상 함께 한다. 염소자리는 태생적인 반항아는 되지 못한다. 단지 이등 시민으로 분류되는 것을 견디지 못할 뿐이다. 특히 자신이 받을 상의 크기나 종류 문제에서 더 그러하다.

A가 바로 그런 경우였다. 딸 여섯의 장녀로 태어난 A는 어머니의 말을 따르고 잘 돕는 착한 소녀였다. 그녀가 나를 찾아온 것은 서른여덟 살 때였는데, 불면증과 몸 여기저기가 쑤시고 관절통으로 고통받는다고 했다. 그녀는 결혼해서 세 아이를 낳고 아마추어 극작가였다. 우리가 삶에 대한 그녀의 감정을 살피기 시작하면서, 그녀는 조금씩 (염소자리는 결코 성급하게 어떤 일을 하지 않는다) 어머니에 대한 혐오와 아버지에 대한 수줍은 동경을 내보이기 시작했다.

"아버지는 그리 활동적이지 않았어요. 어머니가 가족의 중심이었지요. 어머니가 동생들을 보는 동안 내가 어머니를 도와야 했어요. 학교를 마치고 집에 오는 게 점점 싫어졌지요. 할 일이 더 많아지니까요. 난 책임감 강한 소녀였지만 내심 터질 듯 분노하고 있었어요. 아버지만이 내 겉모습과 다른 속마음을 알아주었어요. 아버지와 난 말을 나누지 않아도 서로를 잘 이해했어요. 결국 우린 필요한 것은 무엇이든 나눌 수 있는 법을 터득했지요."

A는 상상의 친구를 만들어 다른 누구도 이해할 수 없는 언어로 말을 걸며 성장했다. 그녀가 '천사 같은 쌍둥이'라 불렀던 그 친구는 A 자신이면서, 동시에

그녀가 표현할 수 없었던 모든 것을 담고 있었다. 친구는 야심만만하고, 능동적이며, 성적 매력이 넘치고, 나서기 좋아하고, 반항적이고, 재치 있고, 인기 있으며, 유행을 따랐다. A는 새침하고 예의 바르고 순종적이었다.

A는 기자가 되고 싶었지만 누구에게도 말하지 못했다. 결국 아버지가 그녀를 도와 어머니의 반대를 무릅쓰고 대학에 보내주었다. 그때 A는 수줍음을 버리고 아버지에게 자신의 꿈을 고백했는데, 그녀는 아버지 역시 작가가 되고 싶었지만 식구가 늘면서 수입이 부족하자 사업을 하게 되었음을 알게 되었다.

A가 서른여덟 살에 시달리던 불면증은 부모, 특히 아버지가 등장하는 꿈이 계속됐기 때문이다. 그녀는 어머니의 말을 따르고 전통적인 가족 중심의 생활을 유지하기 위해 아버지에 대한 사랑과 동경을 억누른 것 같았다. 하나의 완전한 자아를 이루기 두려웠던 그녀는 한 번도 자기 야심을 좇은 적이 없었다. 그녀는 가정적이고 아이를 잘 돌보지만, 동시에 일하고 새로운 지적 영역을 정복하고 남성들의 활동 무대에서 함께 경쟁하는 것에서도 즐거움을 얻었다.

염소자리 여성의 많은 수가 다른 사람들, 특히 가족구성원 중 여성들과 정서적으로 거리감을 느끼는 데 대해 괴로워하며 성장한다. 그들은 너무 예민해서 이것을 심각하게 받아들이고, 심지어 자신이 너무 이상해서 사람들이 자신을 이해하거나 사랑할 수 없다고 결론 내리기도 한다.

염소자리 여성은 젊을 때 학교와 집에서, 넓은 의미에서의 가족 속에서, 혹은 그녀가 살아가는 시대나 문화에 대해서도 이질감을 느낀다. 언젠가 정상에 오르고야 말겠다는 그녀의 굳은 결심 밑바닥에는 이런 거리감이 깔려 있다. 성공함으로써 자기도 거기 소속되었음을 입증하고자 한다.

염소자리 소녀들은 곧잘 자신이 잘못된 시대에 태어났다고 느낀다. 이성과 박애주의가 지배하던 18세기 프랑스에서 살았으면 하고 바라기도 하고, 영국 빅토리아 시대에 더 편안함을 느끼기도 한다. 과거 역사에서 더 편안함을 느끼는 태도 때문에 골동품 애호 취미가 생기기도 하지만, 이것이 그녀를 더 힘들게 만들기도 한다. 내심 어느 누구도 자기처럼 느끼지 않으며, 누구도 자신을 이해할 수 없다고 믿게 되기 때문이다.

'새빨간 흙'의 염소자리 여성

염소자리 여성은 어릴 때 동생이 태어나 부모의 관심을 빼앗긴다든지 부모가 이혼한다든지 하는 식으로 소외감이 강해지는 경험을 한 번 이상 겪는다. 수영하다 익사할 뻔하거나, 운동 중에 부상(특히 뼈와 무릎을 다치는)을 당하거나, 아파서 친구들과 놀 수 없게 되는 식이다. 또한 완전히 새로운 곳으로 이사 가서 외로움을 겪는 경우도 드물지 않다.

연인이나 다른 사람들과 관계 맺는 방식

염소자리 여성이 인간관계를 맺는 방식은 심각한 수줍음과 두려움으로 채색된다. 끝없이 다른 사람들의 동기를 살피고 (사랑과 헌신의 능력으로) 간헐적으로 관계를 주도하려고 시도하는 것이 그녀가 갖는 인간관계의 일반적인 특성이다.

그녀가 누군가를 사랑하기로 마음먹으면 다른 모든 것을 내팽개친다. 번개가 치고 지진이 일어나면서 사랑하는 사람을 보호하려는 그녀의 본능이 깨어난다. 평소에 효율적이고 침착한 그녀가 친밀한 관계를 통해 추구하는 것은 다른 사람과의 융화, 혹은 상호의존이다. 두 사람이 조화롭고 완벽하게 결합해서 함께 성장하기를 바라는 것이다.

염소자리 여성은 독립과 의존에 대한 이중적인 욕망을 조화롭게 이끌어가는 데 서툰 편이다. 이런 모순은 연인에게 극도로 헌신하는 모습과 감정적으로 한 발 물러서는 태도가 교차하는 식으로 드러난다. 그녀는 의존적인 태도를 무작정 두려워하고 나약하게 기생하는 인간을 극도로 혐오하지만, 일순간 자신을 완전히 망각할 정도로 빠져들기도 한다.

그녀는 자신에게 아무것도 되돌려줄 것이 없는 남자들에게 빠질 수도 있고, 시기를 놓치면서 점차적으로 교훈을 얻을 수도 있다. 또한 잘못된 사람들, 그녀를 조건부로 사랑하거나 속으로 원하는 것을 감추고 있는 사람들, 그녀가 주는 만큼 사랑할 수 없는 사람들을 택할 수도 있다. 젊은 염소자리 여성을 속이고 이용하는 것은 별로 어렵지 않다. 하지만 그녀가 받았던 부당한 대접을 기억 속에서 지우게 만드는 것도 불가능하다.

혼란과 모순 속에서 그녀는 어떤 사람을 사랑하면서 동시에 그의 결점을 발견할 수 있다. 그녀는 자신을 잊을 만큼 신뢰하기 전에는 사랑에서도 인색하게 군다. 아직 미숙하고 균형을 잡지 못한 시기에는 사랑을 아끼다가 엉뚱한 사람들에게 줘버리기도 한다.

그녀는 자신을 유혹하려는 사람을 희롱하는 대담한 미소를 지으며 성적으로 초대하는 사인('언제 한번 날 보러 와요!')을 던질 것이다. 염소자리 여성은 친한 척하는 사람들에게 마음을 증명해보라고 자극하기 좋아하며, 자신과 사귀고 싶어하는 구애자들에게 자신을 유혹하고 자유로운 열정을 보이라고 자극하기도 좋아한다. 하지만 동시에 자신이 원하는 것의 대가도 기꺼이 치른다.

염소자리 여성이 정체성과 사회적 지위까지도 배우자에게 의존하는 경우에는 예외 없이 심각한 문제에 직면하게 된다. 그녀는 다른 사람에 의지해서만 살아갈 수 없는 존재이기 때문이다. 만족스럽게 집에 머물면서 가정을 지키는 염소자리 여성들도 있지만 그들은 소수에 불과하며, 대부분 타고난 야망에 걸맞은 더 넓은 활동 영역을 필요로 한다. 그들은 자신의 능력을 보여주려는 강하고 끈질긴 욕망을 가지고 있다.

이런 욕망을 자기 본성의 일부로 받아들이고 거기 맞는 준비를 할 필요가 있다. 배우자와 아이를 위해 혹은 그들을 통해 사는 일은 자신의 삶과 미래를 다른 사람에게 내주는 격이다. 늦든 빠르든 염소자리 여성은 이런 선택에 분개할 것이다. 그들 중 많은 수가 자신의 갈등을 다른 사람에게 털어놓기 싫어서 은밀하게 술을 마신다.

염소자리 여성은 더할 나위 없이 좋은 친구가 된다. 사람들의 요구에 맞추고 위기에 잘 대처하며 경험에서 얻은 지혜로 문제를 효율적으로 잘 처리한다. 따뜻한 마음을 가졌고, 연애보다는 우정에서 더 따뜻함을 보인다. 또한 대체로 직관적으로 좋은 선물을 잘 고른다. 또 예를 들어 보여주거나, 지지를 보내고, 현실적이고 활력이 넘치는 자극을 줌으로써 친구가 꿈을 이루도록 돕는다.

그녀가 진짜 친하게 지내는 사람은 얼마 안 되지만, 남녀 친구를 고루 사귀며 자신이 변화하면 친구도 바꾸는 경향이 있다. 그녀는 연락하기를 등한시하지 않으며 그들을 돌보는 법을 알고 있다. 그녀는 자기처럼 성취욕이 강하지는 않더라도 그녀의 욕망을 존중해주는 여자 친구를 선호한다. 특히 그녀가 혼란스러울 때 평온한 피난처를 제공해주는 가정주부 친구들에게서 많은 것을 얻는다. 그녀는 문제의 소지가 있는 남자 친구, 남자로 느껴질 수도 있는 남자 친구는 만들지 않는다. 또한 사회적인 인정을 받고 싶어하는 남자 친구의 욕망을 이해하기 때문에 그를 기회주의자라고 비난하는 일은 없다.

염소자리 여성에게 잘못된 상대를 선택하는 함정을 피하라고 충고하고 싶다. 하지만 실수를 범했다 할지라도 낙천적으로 생각하고 교훈으로 삼는 태도가 필요하다. 무엇보다 너무 시간을 끌지 말고 훌훌 털어버릴 필요도 있음을 잊지 마라.

그리고 대리 경험의 함정을 피해야 할 것이다. 염소자리의 상징이 유니콘과 야생염소로 그려지는 까닭이 있다. 염소자리 여성은 승리자이고 성공을 거머쥐는 마법의 열쇠를 쥐고 태어났다. 그것을 타인과 나눌 수는 있겠지만, 자기보다 능력이 부족한 사람에게 넘겨주어서는 안 된다.

염소자리 여성은 살아가는 동안 항상 지금 한 과정을 거치고 있을 뿐임을 기억해야 한다. 앞으로도 계속 균형을 유지해나갈 것이다. 물론 이따금씩은 곡예를 타는 느낌이 들 때도 있겠지만, 그건 다른 사람들도 마찬가지다. 자신감을 유지하고 자신을 비난하거나 의기소침하지 마라.

성취하고 인정받으려는 원대한 욕망은 놀라운 것이다. 여성에게 행해지는 전통적인 교육과는 다르더라도 자신의 꿈에서 벗어나지 말고 꾸준히 그 꿈을 키워나가야 한다.

사랑에 빠진 염소자리 여성

사랑에 빠지면 염소자리 여성은 천사가 된다. 침실에서는 요부가 되고 회사에서는 위엄 있는 여왕이 되어 모든 것을 지배한다. 또한 한동안은 상대의 이미지를 비추는 거울이 된다.

그녀는 설득력과 미리 예측하는 능력을 타고났으며, 옛날 방식의 공손함으로 연인을 대한다. 그녀는 품위 있는 생활과 사랑을 위한 길을 닦는다. 애인이 책상 앞에서 자신을 생각할 수 있도록 독창적이고 정교하며 재미있는 것들을 만들어낸다. 안락하고 열정적으로 침실을 꾸미기도 한다. 또한 그가 좋아하는 음식의 요리법을 배워 훌륭하게 내놓을 것이다.

그녀는 그가 어릴 때 좋아한 것이 무엇이었는지 알아내기 위해 그의 엄마를 찾아가고, 그것을 재현해서 그를 기쁘게 하려고 노력한다. 만일 그가 모유 먹는 것을 좋아했다면 가슴이 돋보이는 옷을 장만할 테고, 그가 정보수집가라면 트임이 있는 치마를 살 것이다. 그가 엄마의 긴 머리를 잡아당기며 자랐다면 그녀도 머리를 기를 것이다. 그가 아이처럼 어둠을 무서워한다면 그녀는 방에 보호등을 갖추고 양초도 준비할 것이다. 그녀는 연인으로 현실적인 면과 낭만적인 면을 고루 갖추고 있다.

염소자리 여성은 대개 손으로 하는 일에 능숙하다. 직접 만든 선물을 준비하거나 그의 방을 사랑의 보금자리로 바꿔놓는 일은 애정의 표현이다. 또한 자신과 연인을 위해 안전하고 은밀한 분위기를 만드는데 소질이 있어서, 그가 좋아하는 음악이나 술을 갖춰놓는다든지 벽난로에 계속 장작을 집어넣는 등 중요하지만 자잘한 일들을 잊지 않는다. 그녀는 오직 그를 위해 특별한 쿠션을 사기도 한다. 그녀는 둘만의 꿈의 집을 상상하느라 많은 시간을 보내며 결국 자신이 직접 그것을 만들어내기도 한다. 하지만 그녀가 구석구석 꼼꼼히 청소하기를 기대해서는 안 된다. 그녀는 그런 일에는 도통 관심이 없다.

그녀는 관능에 탐닉하는 면이 있는데 이런 성향은 그녀가 사랑에 빠진 연인을 통해 최초로 드러나게 될 것이다. 초기에는 감각적인 쾌락을 거부할 수도 있다. 하지만 차츰 그 쾌락이 그녀를 조금씩 유혹하면서 점점 더 많은 것을 요구하게 되고, 사랑에 빠진 그녀는 기꺼이 그 요구들을 받아들인다.

염소자리 여성은 대개 훌륭한 요리사에 인기 있는 여주인이 된다. 그녀는 사회 저명인사들의 관심을 끌고 싶어하고, 연인이 자신을 자랑스럽게 여기기를 바란다. 파티를 열고 사람들을 초대하는 일에 대해 염소자리 여성은 대개 두 종류의 반응을 보인다. 한쪽은 파티를 좋아하고 혼자 있는 것을 참지 못한다. 그들은 자신이나 배우자의 삶에 위기가 닥칠 때마다 떠들썩한 파티를 연다. 누

'새빨간 흙'의 염소자리 여성

구도 따를 수 없을 만큼 엉뚱하고 호사스러운 파티를 좋아하지만, 사실 파티가 요란하고 떠들썩할수록 그들이 잊고자 하는 문제도 더 심각해진다.

다른 유형은 반대쪽 극단에 있다. 초대를 받아도 무시하는 편이고 집에서 배우자의 곁에 앉아 조용히 책 읽는 쪽을 더 좋아한다. 그녀에게 집은 세상의 걱정거리가 침범할 수 없는 오아시스이고, 여기에 훼방을 놓으면 크게 화를 낸다. 그녀는 배우자가 여행을 떠나 집에 돌아오지 않는 것 다음으로 불쾌한 것이 파티라고 생각한다.

염소자리 여성은 두 사람 사이가 원만할 때면 세상에서 가장 성실하고, 흔들리지 않으며, 헌신적이고, 의지할 수 있는 연인이 된다. 어떤 연인도 더한 사랑을 바랄 수는 없을 것이다. 그녀의 눈 안에 별이 반짝이고, 침실 천장에는 그가 좋아하는 색으로 휘황찬란한 무지개가 그려져 있다. 사향 냄새와 좋은 향기가 주변을 가득 채우고, 봄은 항상 가까이 와 있으며, 식물은 그녀에게 화답해서 노래 부르고, 부엌은 은밀한 방종의 기쁨이 넘쳐흐른다. 그리고 침대에서는 끊임없이 삐걱거리는 소리가 들려온다. 그녀는 의욕에 불타는 모습으로 유쾌한 표정을 짓고, 언제까지나 계속될 행복한 미래의 전망으로 눈을 반짝인다.

하지만 사이가 원만하지 못할 때면 맡긴 돈을 되찾고 투자한 것의 이자까지 붙여 되돌려달라고 요구한다. 겨울의 차가운 바람에 사랑이 얼어붙어버리는, 정말 슬프고 고통스런 시간이다. 하지만 특히 염소자리 여성에게는 아주 많은 내일이 기다리고 있다.

성관계 유형

염소자리 여성이 전형적으로 보이는 성관계 유형은 다음과 같다.

- 성적인 활동이나 관계를 미룬다. 염소자리 여성이 열일곱이나 열여덟 살 이전에 성에 대해 적극적인 경우는 몹시 드물 뿐 아니라 그런 경우 성에 대한 환멸감을 가질 위험이 있다. 타고난 청교도적 기질과 숨겨진 낭만적 성향 때문에 염소자리 여성은 쉽게 성관계를 시도하기보다는 헌신적인 사랑을 요구하는 편이다.

- 연상의 소년을 좋아하고, 후에는 연상의 남성을 좋아한다. 염소자리 여성은 자신을 '전적으로 내던지는' 데 무척 신중을 기한다. 그녀는 육체가 안 되면 영혼만이라도 아주 특별한 관계를 위해 남겨둔다.

- 완전한 결합을 기대하며 일찍 결혼한다. 염소자리 여성이 일찍 결혼하는 경우 높은 기대감을 가지고 있으며, 어떤 점에서는 맹목적으로 그런 선택을 하는 경우가 많다. 일찍 결혼하지 않는 경우 그녀는 아주 늦게 결혼하거나 독신으로 남는다.

- 상대를 잘못 선택하는 편이다. 염소자리 여성은 장기적으로 보았을 때 그녀에게 맞지 않는 사람을 선택하는 경향이 있다. 그녀의 욕구가 변하기 전 얼마 동안은 관계가 잘 유지되겠지만, 타고난 야망과 불안정한 성격이 드러나기 시작하면 결혼생활 역시 그에 맞춰 변화해야 한다. 그렇지 못할 경우 그 관계는 흔들린다. 염소자리 여성은 결혼생활이나 연애가 제대로 유지되지 않을 때에도 쉽게 청산하지 못한다. 그러다 보니 힘겨운 상황에 처하고, 독립과 의존에 대한 모순된 욕망에 직면하는 것이다. 이것을 현명하게 처리하지 못하면 불행한 결과를 초래할 수도 있다.

- 인생 중반기에 검토하는 시기를 거친다. 염소자리 여성은 인생의 중반기에 접어들면 스스로를 평가해보려는 욕망이 유달리 강해진다. 경우에 따라서는 정서적 성장을 위해 어떤 관계를 끝내야 할 때도 있다.

- 원숙해지면서 꽃을 피운다. 대부분의 염소자리 여성이 40~45세에 모든 측면에서 역량을 충분히 발휘하여 성공을 거둔다. 그 어느 때보다 강한 자신감을 갖는 것도 바로 이 시기로, 인생의 전성기를 맞으며 낭만적이고 영원한 사랑이 등장하는 것도 이 시기일 확률이 높다. 젊은 시절의 순진한 희망에서 벗어나 성숙한 신념을 갖음으로써, 자신이 진실로 조화로운 삶을 살 수 있으며 그것도 죄의식을 느끼거나 비난받을 걱정 없이 혼자 힘으로 할 수 있다고 믿는 경지에 이른다. 인생 최고의 사랑은 더는 찾기를 포기했을 때 나타나는 경우가 많다.

연인과 배우자

염소자리 여성은 실용주의자이면서 낭만적이기도 하다. 그녀는 연애를 할 때도 그것이 확실한 투자이기를 원한다. 결국 그녀는 투자할 가치가 있는 연인을 원하는 것이다.

그녀는 나이든 남성들에게 끌리는 편인데, 아버지에 대한 애착의 결과일 수도 있고 나이든 남성이 더 많은 것을 갖추고 있기 때문일 수도 있다. 그녀는 견실하고 활동적이며 자기 분야에서 야심이 강한 남성을 원한다. 또한 자신의 선택에 자부심을 가지고 안심할 수 있기를 바라며, 그의 사회적 경제적 성장을 위해 자극하고 내조해준 자신의 노력에 그가 감사하기를 바란다.

하지만 염소자리 여성은 열정을 숨기고 있는 꽃과 같아서 돈과 사회적 권력만으로는 충분하지 않다. 그녀는 건강하고 열정적인 상대를 원하며, 자신이 중년이 되어 활짝 피어났을 때 혼자 남겨지기를 원치 않는다. 그녀는 살아가는 일, 특히 그녀와 살아가는 일을 매력적인 도전으로 받아들이는 정력적인 연인을 원한다.

그녀는 자신의 육감이 둔하다고 느끼기 때문에 육감이 풍부한 이를 배우자로 삼고 싶어한다. 그녀의 이상형은 저항할 수 없는 매력을 가진 로버트 레드포드, 약하면서도 성적 매력이 넘치는 조니 뎁, 세인의 주목을 끄는 힘이 있는 멜 깁슨을 섞은 남성이면서 지역사회의 기둥이라는 지위를 갖춘 사람이다. 또한 섬세하지만 강한 면이 있어서 승리자가 될 수 있는 사람이어야 한다. 이런 사람을 찾아내는 것은 몹시 어려울 테고, 그녀 쪽에서도 많은 내조와 자극을 기울여야 한다. 하지만 염소자리 여성은 쉽게 포기하지 않는다.

그녀는 배우자가 경제적으로 자신을 돌보고, 가난과 고독에 대한 두려움을 일소하면서 실크와 모피로 감싸주기를 원한다. 그녀는 그런 연인을 찾기 위해 노력하고 결국 그런 연인을 찾을 수도 있다. 하지만 그녀 속에 있는 낭만적인 면을 만족시키기 위해서는 더 힘든 시간을 보내야 한다.

그녀는 돈과 명성을 두루 갖추어서 자신을 보호하고 주목받게 만들어주는 재계의 거물이나 유명한 시인을 꿈꾸면서도, 자신이 원할 때면 일을 접고 벽난로 앞에 함께 앉아 있어 줄 연인을 원한다. 또한 자신의 숨겨진 열정이 모습을 드러내면서 점점 강해질 때까지 성관계를 천천히 이끌어나가며 나눌 줄 아는 배우자를 바란다. 결국 염소자리 여성은 낭만과 성의 영역에서 섬세하면서도 성공을 거둔, 극히 드문 연인을 찾고 있는 것이다.

젊은 염소자리 여성이 자신과 가장 잘 어울리는 연인을 찾으려면, 자신이 원하는 것들의 우선순위를 분명히 해야 한다. 가장 원하는 것이 안정인지 낭만적인 사랑인지? 그리고 그 우선순위나 욕망들도 자신이 변하고 성장함에 따라 달라질 수 있음을 알고 있어야 한다. 지금은 자기를 돌봐줄 '아버지' 같은 남성을 원하겠지만, 5년 뒤 그가 너무 재미없고 무능력한 남성임을 알게 되었을 때 그 관계가 어떻게 유지될 수 있겠는가?

게다가 젊은 염소자리 여성들은 은근히 성적 매력을 중시한다. 그들은 자신이 점잖고 보수적인 면이 있다고 생각하지만, 무의식적으로는 매력 있고 유혹적이며 놀기 좋아하는 편한 분위기의 연인을 찾는다. 하지만 그런 사람은 자극적이고 성적 매력이 넘치지만 비열한 인간일 수도 있다. 그녀가 자신을 매력적으로 돋보이게 하기 위해 그런 연인과 장난을 치는 정도는 어쩔 수 없지만, 이런 사람과 결혼하는 것은 말리고 싶다. 그런 사람은 안정을 갈구하는 그녀의 욕망을 충족시키지 못할 것이며, 장기적으로는 그녀의 존경도 받지 못할 것이다.

염소자리 여성은 물병자리와 만나면 부유하게 살 수 있고, 쌍둥이자리와 사자자리에게 정신적으로 이끌리며(싸움도 많이 하겠지만), 사수자리는 은근히 의심하고 경계한다. 게자리에게 매력을 느끼고 끌리며(일치점도 많다), 처녀자리와 황소자리에게 성적으로 끌린다. 양자리와 천칭자리는 둘 다 그녀만큼이나 지배욕이 강하므로 주의해야 한다. 물고기자리와는 즐겁게 지내면서 관계를 주도할 수 있다.

그녀가 배워야 할 점

염소자리 여성은 두려워하는 것이 많다. 사랑받지 못하는 것, 혼자 남겨지는 것, 병과 가난 등을 무서워한다. 인생 자체도 위험이 많고 정서적인 요구가 많아서 두려워한다. 어떤 때는 확실한 보상도 없이 걷잡을 수 없는 감정에 휩싸일까 두려워 사랑도 멀리한다.

염소자리를 지배하는 토성은 연애 초기에 불화를 야기하지만 사랑의 대가를

'새빨간 흙'의 염소자리 여성

보장해주기도 한다. 토성의 영향을 받는 사랑은 힘들지만 결속력이 있으며 결국 진실한 것으로 밝혀진다.

토성이 뼈, 골격, 이, 관절을 지배하기 때문에 염소자리 여성의 관절 상태에 따라 그녀의 감정상태를 가늠할 수 있다. 관절이 느슨하면 생각과 감정도 유연하다. 삐걱거리는 관절은 강직한 태도를 대변한다. 만일 무릎과 손목이 뻣뻣하거나 관절통을 느낀다면, 그녀의 생활 방식이 경직되었음을 알 수 있다. 염소자리의 몸은 칼슘을 과잉 생산하는 편인데, 두려움을 느끼면 이것이 관절에 축적되면서 스트레스를 부른다. 염소자리 여성은 다른 자리보다 류머티즘 관절염, 치아나 슬개골의 문제, 정맥염(응혈) 등으로 고생하는 편이다.

염소자리 여성은 육체적 스트레스의 근원이 되는 두려움을 극복할 줄 알아야 한다. 오랜 경험으로 볼 때 염소자리는 다른 사람의 조언이나 책보다 자신의 경험을 통해 배운다. 인간관계를 잘 유지하기 위해서는 공포를 제거할 방법을 찾아야 한다.

염소자리에게 하고 싶은 충고는 강물을 거슬러가려는 걸 멈추라는 것이다. 그들은 정말 훌륭한 말년을 보낸다. 하지만 부정적인 감정과 두려움들을 제거한다면, 젊은 시절도 사랑과 의미 있는 관계들로 충만할 것이다. 생활이나 돈, 안정에 대한 근심에서 벗어나고, 불확실한 것에 대한 공포를 접어야 한다.

염소자리 여성은 색채 명상법을 통해 자신을 분석해볼 수 있다. 색채 명상법은 부정적인 감정, 특히 두려움을 제거하는 훌륭한 방법이다.

색채 명상법

· 눕거나 편하게 앉아서 눈을 감는다. 명상하는 7분에서 30분 동안 주위가 조용해야 하고 중간에 방해를 받지 않아야 한다.

· 눈을 감고 끝이 뾰족한 피라미드 앞에 서 있는 자신의 모습을 그려 보라. 당신 앞에 일곱 가지 색으로 이루어진 일곱 계단이 있다. 그 계단을 천천히 하나씩 올라가게 될 것이다.

· 첫번째의 빨간색 계단에 올라간다. 당신의 몸이 빨간색으로 뒤덮인다고 상상하라.

'붉은색을 느끼면서', 원하는 만큼 거기 머무른다. 붉은색이 당신의 발끝에서 머리 위로 관통해 올라가도록 하라. 그 붉은색은 양귀비꽃처럼 밝고 선명해야 한다. 빨강은 활기가 넘치는 정력적인 색으로 자유, 의지, 권력, 힘, 결단, 독립심, 명예, 통솔력, 용기를 상징한다.

- 숨을 크게 들이쉬고 천천히 색이 아래로 조금씩 내려가도록 하라. 머리 쪽이 빨간색을 먼저 떠올린 후 그것이 가슴, 엉덩이, 무릎으로 내려가다가 마지막에는 계단으로 다시 흘러내려가게 하라.

- 숨을 크게 들이쉬고 다음 계단으로 올라가라. 이번에는 파란색이다. 숨을 쉬면서 파란색을 느껴라. 발끝에서부터 천천히 파란색이 온라가 머리끝까지 채워간다 깊은 바다나 하늘처럼 완전히 파란색이 된 당신을 떠올려라. 파랑은 사랑, 지혜, 친절, 겸손, 부드러움, 이해, 신뢰, 용서, 연민, 자비, 감수성, 고상한 초탈, 인내, 협동을 의미한다.

- 숨을 크게 들이쉬고 천천히 파란색이 아래로 내려가게 하라. 머리 쪽에서부터 파란색이 점점 낮아져 가슴, 엉덩이, 무릎, 발목을 거쳐 마지막에 계단으로 되돌아간다.

- 다음 계단은 노란색이다. 밝고 선명하고 태양처럼 노란 계단을 상상하라. 탁한 색이어서는 안 된다. 노란색은 이른 봄 미나리아재비의 색이다. 노란색이 천천히 당신 속에서 솟아오르는 것을 상상하라. 이 과정에서 숨을 들이쉬는 것을 잊지 마라. 노란색이 머리 꼭대기까지 차오른다. 숨을 쉬면서 긴장이 풀릴 때까지 거기 머물러라. 노랑은 기쁨, 표현, 판별력, 조직, 평가, 칭송, 민활한 지성, 판단 능력을 의미한다. 그 모든 것이 당신 안에서 서서히 퍼지도록 하라.

- 크게 숨을 들이쉬고 천천히 노란색이 내려가도록 하라. 눈썹, 목, 가슴, 엉덩이, 무릎으로 천천히 내려가서 당신이 서 있는 계단으로 내려간다. 다음 계단에 오를 준비를 하고, 숨을 들이쉬고 긴장을 풀라.

- 다음은 초록색 계단을 올라가라. 선명한 풀빛과 반짝이는 에메랄드의 초록이다. 머리끝까지 초록색으로 뒤덮인 당신의 모습을 그려 보라. 당신이 초록색이 되는 것에 집중하고 깊숙하게 초록색을 들이마셔라. 초록은 노랑과 파랑의 좋은 성질들을 다 가졌을 뿐 아니라 성장, 희망, 확장, 승낙, 의욕, 나눔, 샘솟는 에너지, 근면, 자양분,

감사, 음미, 양육을 상징한다. 또한 초록은 생명력과 살아있는 것들의 색이다. 초록색을 깊이 들이마시라.

- 준비되면 천천히 초록색을 아래로 내려가게 하라. 머리에서 목, 가슴, 팔, 엉덩이, 무릎을 거쳐 발로 내려가 마지막에는 계단으로 되돌아가게 하라. 다음 계단에 오를 준비를 하고 깊이 숨을 들이쉬고 긴장을 풀어라.

- 다음은 주황색이다. 태양이나 싱싱한 귤의 환한 주황색. 천천히 신중하게 주황색을 들이마시고, 그 에너지를 느껴라. 초록색보다 따뜻하고 빨간색보다는 약간 차가운 느낌이다. 주황색이 당신의 몸으로 올라온다. 발부터 다리, 무릎, 음부, 가슴, 목, 머리로 올라가서 당신 전체가 주황색이 된다. 깊이 숨을 들이마셔라. 주황은 빨강과 노랑의 특징뿐 아니라, 커다란 용기, 광채, 지성, 행동, 단호함, 형식을 만드는 능력, 자신감, 승리, 수확, 노력의 색이다.

- 주황색이 당신을 관통하게 하고 그 강렬한 에너지를 받아들여라. 준비가 되면 그 것이 다시 내려오게 하라. 주황색이 발까지 내려오면 여섯번째 계단에 오를 준비를 하라.

- 이번 계단은 보라색이다. 벨벳 같은 팬지꽃의 혹은 붉은색과 짙푸른색이 결합한 짙은 보라색이다. 보라색이 당신의 발바닥에서부터 머리까지 천천히 올라오도록 하라. 천천히 해야 한다. 보라는 파랑과 빨강의 특징에 헌신, 성실, 봉사, 책임감, 이상주의, 열망, 정의로운 판단력, 왕의 위엄이 더해진다. 보라색은 치료의 색이기도 하다. 많은 심리 치료사들이 환자나 자신의 주위에 이 색을 펼쳐놓고 일을 시작한다. 위험으로부터 지켜주는 색이다.

- 깊이, 천천히 숨을 들이마시라. 보라색의 파동을 느껴보라. 준비가 되면 보라색이 천천히 내려와 계단으로 돌아가게 하라. 피라미드 꼭대기에 오르기 위해 하나 남은 계단에 오를 준비를 하라.

- 마지막 계단을 오른다. 남색이다. 깊이 숨을 들이쉬고 천천히 남색이 올라오도록 하라. 한밤의 하늘을 닮은 색이 당신 몸을 관통하며 올라간다. 남색이 머리 꼭대기까지 오르면 완전히 남색으로 뒤덮인 당신의 모습을 그려 보라. 누군가 당신 몸에 먹을 쏟은 것처럼 보일 것이다. 치료사들에 따르면 남색은 가장 커다란 진폭을 가진

색으로 통합, 일치, 제식, 신비한 의식이나 절차를 상징한다. 영적인 성장과 정화를 위한 촉매이다.

· 잠시 후 남색이 천천히 머리에서부터 가슴, 무릎, 발을 거쳐 계단으로 내려오도록 하라.

· 피라미드의 평평한 꼭대기로 올라가라. 그것이 투명하고 흰빛이 도는 크리스탈이라 상상하라. 혼자 거기 서서 빛을 받아들이고 기분 좋게 쉰다. 자랑스럽고 사랑스러우며 확신에 찬 당신의 모습을 그려 보라. 두려움이나 근심 같은 감정은 지워버려라. 빛과 반짝임에 집중하고 당신의 에너지가 밝게 빛나는 것을 느껴라. 피라미드 꼭대기에서 당신은 정화되고 긴장을 풀게 된다. 두려움에서 벗어난 당신을 그려 보라. 당신은 거침없고 아름다운 모습이다. 인생의 소망을 스스로에게 들려주라.

· 이것은 효과가 뛰어난 명상법이니 '이건 모든 사람에게 최선의 결과를 주기 위한 명상법이다'라고 말하는 것을 잊지 마라. 마음으로 다른 사람을 조종하려 들어서는 안 된다. 이 명상법의 목적은 당신이 건강하게 성장하는 데 있다.

· 완벽한 자유의 황홀감 속에서 피라미드 꼭대기에 서 있는 당신의 모습을 그려 보는 일을 마쳤으면, 내려올 준비를 하라. 사람들이 명상을 하다 겪게 되는 경험인데 우주적 에너지의 근원과 통했다는 느낌이 들거든 "고맙다"고 말하고, 누군가에게 도움을 청했거든 그 사람에게도 미리 고맙다고 인사하라.

· 이제 계단을 내려온다. 남색, 보라, 주황, 초록, 노랑, 파랑, 빨강, 계단들을 하나하나 천천히 되밟아 내려오라. 각 계단의 색이 당신을 관통하는 것을 느끼고 당신이 그 색이 되는 모습을 그려 보라.

· 마지막의 빨간 계단에 서면 색채 명상은 끝난다. 눈을 뜨고 믿음과 이완의 느낌을 즐기라.

시각화하는 것은 마음의 눈으로 그림을 그리는 것으로, 당신의 현실을 설계하는 강력하고 효과적인 방법이 된다. 이 명상법을 하루 한 번이나 일주일에 몇 번씩 하게 되면 제 시간에 목표를 달성하게 될 것이다. 마지막 조언. 눈을 감고 있을 때 마음속으로 어떤 장면을 보지 못하는 것은 정상적인 일이다. 내면의 눈으로 보려면 몇 주, 몇 달씩 걸린다. 공상에 잠길 때처럼 긴장을 풀어야 한다. 어떤 식으로든 당신을 압박해서는 안 된다. 이 명상법은 놀랍고 신비로운 결과를 부를 것이다.

염소자리의 성

염소자리는 흔히 성적으로 과소평가 되곤 한다. 하얀 글라디올러스 같은 차가운 태도 뒤에 숨어있는 붉은 장미의 감미로운 관능을 간파할 만큼 섬세한 사람이 별로 없기 때문이다. 염소자리 여성은 시기가 적절히 맞아떨어져야 만개한다. 게다가 그녀는 결정하는데 시간이 필요한 스타일이다.

그녀는 나이든 여성의 지혜와 미숙한 처녀의 애교와 독특함을 갖춘 팜므 파탈이 될 수도 있다. 까다로운 편이고 변덕을 부리기도 하지만 한번 빠져들면 몹시 심각하게 빠져든다. 염소자리 여성이 열중하게 되거나 성애에 빠지는 모습은 정지한 물체가 저항할 수 없는 힘을 받는 것과 같다.

염소자리 여성의 많은 수가 빼어난 미모의 소유자로 나이와 상관없이 매혹적인 여자로 성장해간다. 하지만 자신의 육체를 돌보지 않는 일부 여성들은 살이 찌고 일찍 늙어버리며, 자신의 성적 가능성이 피어나는 것을 거부한다. 생동하는 정신을 소유한 염소자리 여성이 육체를 소홀히 다루어서 시들어가는 모습을 보는 것보다 더 슬픈 일은 없다. 그녀가 젊음과 미를 유지할 때 시간을 초월한 꽃을 피울 수 있으며, 성적 황홀경의 산꼭대기와 권태의 골짜기 모두를 잘 견뎌낸다. 그녀는 감탄할 만한 건강의 소유자로 배우자보다 오래 사는 편이다.

성과 관련한 염소자리의 운명에는 끈기 있게 노력하는 시련이 포함된다. 연인에게 성적 기교, 정확하게 말하자면 진정한 사랑을 나누는 법을 가르쳐야 할지도 모른다. 만일 그녀 자신이 이런 부분에 대해 문제가 있다면 좀 경직된 시기를 오래 거쳐야 할 것이다.

염소자리 여성의 성은 깊고 오래 가며 격렬한 힘이 있다. 그들은 대개 사랑과 성이 함께 간다고 느끼며 그것이 일생 지속되기를 바란다. 그녀는 '자유연상'을 싫어하며, 자잘한 일들에 대해 따지는 법은 없지만 계속해서 낭만과 재력의 최상의 결합을 찾는다. 그녀는 자신이 성적 갈망에 대해서 철저히 숨기는 경향이 있고, 사랑을 추구하는 것만큼 공개적이지는 않다.

염소자리 여성은 '뼛속까지 깊게 느끼며', 몸 안에 레이더 장치를 숨긴 것 같다. 하늘을 살펴 날씨 변화를 예측하고, 지평선 너머로 이상적인 연인을 찾는 시이다. 비상하고도 세속적인 직관은 분위기와 날씨, 그리고 자신의 여애 문제까지 예측해낸다.

그녀는 연인에게 의존하는 일을 공포에 가까울 정도로 싫어한다. 따라서 그녀가 사랑에 깊게 빠질수록 겉으로는 더 쌀쌀한 태도를 취할 수 있다. 그녀가 따뜻한 태도를 보이고, 마음속으로도 격렬한 감정을 허용하려면, 그녀 안 어딘가에 있는 마법의 문을 거쳐가야 한다.

그녀는 낭만과 열정, 관심, 고풍스런 예절 등이 많이 표현되는 성을 요구한다. 그녀는 사랑에 빠지는 일을 지나치게 조심하며, 감정에 휩쓸리기 전에 상대의 사랑을 확신하고 싶어한다. 게다가 자신을 완전히 열기 위해서는 우선 성적 자부심이 뒷받침되어야 하며, 그 결과는 거의 예외 없이 성과 감각의 희열에 찬 성찬식이 된다.

카사노바 같은 여성은 별도로 제쳐두고, 일반적인 염소자리 여성의 경우 익숙해질 때까지는 섹스에 대해 완전히 개방적이지 못해 쉽게 쾌락을 느끼지 못한다. 그녀가 연인이 되려면 함께 하는 생활, 과거와 미래를 나누는 관계를 필요로 한다. 염소자리 여성이 일단 안전하다고 느끼면, 차츰 마음의 문을 열고 한 번도 보인 적 없는 근사한 내면과 풍부하고 격렬한 성적 에너지를 한 겹 한 겹 드러낸다. 염소자리 여성은 결국 풍부하고 만족스러운 성생활을 한다. 필요한 것은 마음을 열고, 믿고, 성적 자부심을 확립하는 것이다. 그녀는 현실적이 되어서 자신의 감정적인 성향과 약한 모습을 인정하고 나눌 수 있어야 한다.

'새빨간 흙'의 염소자리 여성

초기 성 경험

염소자리 여성의 초기 성 경험은 달콤한 디저트보다는 불모의 사막을 닮았다. 그녀는 대개 늦게 성에 눈을 뜬다. 일반적으로 그들은 순수하고 실체가 없는 성적 쾌락보다는 결혼이 주는 구체적인 보상에 더 관심을 가진다. 항상 일의 성공을 의식하고 조심성이 많아서 어떻게 긴장을 풀어야 할지 모르는 경우가 많다.

물론 염소자리 소녀 중에도 열두 살 정도에 벌써 남자 친구와 사귀는 경우가 있다. 그런 여성들은 열여덟 살 정도가 되면 성에 있어서도 자기만의 스타일을 갖는다. 몹시 매혹적인 예외에 해당하는 이런 여성들은 타고난 강한 성 충동을 빨리 찾아낸 경우로, 염소자리가 성적으로 신중하고 느리게 성숙한다는 일반론을 무색하게 만든다. 그들은 감각적인 쾌락과 격렬한 모험을 추구한다.

염소자리 여성들은 어중간하게 일하는 것을 싫어한다. 여기에 탐험가 기질이 겹쳐지면 조숙하고 개방적이고 성적으로 경험이 많은 여성이 된다. 그들은 매사에 철저한 경향이 있어서 모든 측면을 두루 섭렵할 것이며, 전형적인 염소자리 여성들이 뭔가 암시적인 미소의 의미를 배우는 '스무 살 전후'에 이미 결혼을 선택하거나 사업 파트너로 성장한다.

대부분의 염소자리 여성은 일부일처제에서 가장 편안함을 느낀다. 그들은 질투심을 자주 보이며 요구를 많이 하는 편이다. 따라서 진지한 관계에 접어들기 전에 자신의 성적 (혹은 다른 부분의) 기대치를 신중하게 검토해볼 필요가 있다.

전형적인 염소자리 소녀는 적어도 한 번 이상 자기보다 나이 많은 여성이나 선생에게 홀딱 반하는 경험을 하게 되지만, 너무 창피해서 그런 얘기를 하지 않을 확률이 높다. 동성에게 이끌리는 것의 의미를 미처 알기도 전에 은밀하게 동성애를 두려워하는 것이다. 동성애 경험이 있는 염소자리 소녀 대다수가 그것을 성적인 성장을 위해 거쳐야 하는 한 단계로 받아들인다.

염소자리 여성은 마약이나 알코올을 조심해야 한다. 그런 것들이 자신을 자유롭게 해주리라는 기대로 내심 마음이 끌리겠지만, 술은 사람을 의기소침하게 만들며, 최근 연구 결과를 보면 마리화나도 중독성이 있어 길게 봤을 때 파괴적인 영향을 미친다. 따라서 염소자리 여성은 자신을 표현하는 방법을 찾고 자부심과 의사소통 기술을 키움으로써 사회적으로 긴장을 풀도록 노력하는 것이 좋다.

염소자리는 어떤 연인이 되는가

염소자리 여성들은 성적인 에너지가 넘쳐흐르는 여자들보다 훨씬 더 빨리 마음을 열고 성적 흥분을 느낀다. 특히 정신적으로 자극을 받으면 정말이지 아주 빨리 흥분한다. 그들은 관계를 주도하는 스타일은 아니지만 자기 방식으로 일이 진행되도록 유도하는 편이다. 그녀의 연인은 무아지경에 빠져 환희에 젖어있다 어느 순간 자신이 그녀 밑에 누워있음을 깨닫게 될지도 모른다.

그녀는 복잡한 체위 변화나 기교를 즐기지 않는다. 여자에게 가죽옷이나 고무옷을 입혀놓고 좋아한다거나 쾌락을 더하기 위해 움직이거나 간질이게 만든 콘돔 같은, 핵심보다 주변 장식을 더 좋아하는 사람은 그녀를 실망시키기 십상이다. 그녀에게 중요한 것은 그가 성행위를 끌어가는 시간과 삽입할 때의 힘이다. 바이브레이터나 야한 속옷을 사용한 적이 없어도 그녀는 그 자체로 만족할 것이다. 그녀는 섹스조차 질서정연하기를 바라서, 상대가 최고의 상태에 도달할 시점에 맞추어 자신의 흥분을 조절하기도 한다.

그녀는 다툼이 생길 만한 영역을 자신이 지배하려 드는데, 행복한 섹스 역시 그중 하나이다. 하지만 지나치게 연인을 휘두르려는 실수는 범하지 않는다. 그녀는 성생활도 헌신적이고 사려 깊은 열정으로 이끌어간다. 그녀의 생각을 알아내려 해도 말로 꾸미지 않는 미소, 수수께끼처럼 스쳐 지나가는 미소를 접할 수 있을 뿐이다.

염소자리 여성은 생각을 털어놓지 않는 법을 알고 있으며, 자신의 성욕이나 열정에 대해서도 거의 말하는 법이 없다. 그녀에게 성을 위한 최적의 장소는 자기 침실이며, 상대 역시 인생을 바치기로 한 연인에 국한된다. 그러니 말이 별로 필요 없는 것이다.

그녀는 한쪽으로만 치우치는 것을 좋아하지 않는다. 그녀가 69체위를 좋아하는 까닭도 여기 있다. 그녀는 서로 만족을 더해줄 수 있는 오럴섹스를 좋아

'새빨간 흙'의 염소자리 여성

한다. 또한 여자가 위로 올라가는 체위도 은근히 좋아한다. 흥분하면 환성을 지르고, 소리치며 할퀴거나, 입술이나 이빨로 깨물기를 좋아한다. 아프게 하려는 의도는 없고 너무 흥분해서 그럴 수가 있다. 그녀의 글라디올러스 같은 차가움이 갑자기 온실의 난초처럼 민감하고 열정적으로 변한다.

염소자리 여성은 섹스에 대해 수동적이고 냉정한 시기와 육욕에 불타는 정욕의 시기를 번갈아 거친다. 그녀는 다른 부분에서와 마찬가지로 성에 대해서도 예측할 수 없다. 근사하게 통제된 외면 뒤에 두 여성이 살고 있어서 각각 자기 길을 천천히 걸어가는 것 같다.

수동적인 시기에는 성관계 없이 지내거나, 관계를 허락하더라도 적극적으로 참여하지 않는 경우가 많다. 그와의 관계가 만족스럽지 못할 때면 섹스를 성가시고 따분한 일로 취급하기도 한다. 또 섹스를 보답이나 설득의 도구로 이용할 수도 있다. 이럴 때는 마치 욕망이 사라진 듯 너무 차갑고, 혼자만으로 충분해 보이며 숭고한 느낌까지 있어서 접근조차 힘들어진다. 그녀의 분위기가 너무도 자신만만하고 큰 성공을 거둔 여성처럼 보여서 남자들이 꼬리를 감추고 물러나서 연애 생활이 불모의 사막처럼 되기도 한다.

반대의 시기에는 관리할 수 없을 만큼 많은 구혼자와 연인들로 넘친다. 그녀의 애정 생활에 비가 내리면 대개 '퍼붓는 비'이다. 성적인 기운이 상승하는 기간이면 그녀는 순수하고 고풍스런 성욕을 느낀다. 그녀가 흥분하면 난폭해지고, 무지갯빛 나비보다 더한 마력을 풍긴다.

그녀는 바람둥이나 기둥서방 같은 남자들에 둘러싸여서 즐기려 들 수도 있다. 중년의 염소자리 여성은 호스트와 관계하는 것도 그다지 꺼리지 않는다. 특히 결혼생활을 하다 청산한 경우 그런 경향이 있는데, 이전의 가정생활보다 성적인 생활 방식을 즐기는 여성들도 꽤 알고 있다.

자유로운 성생활이 평소 염소자리 여성들의 생활에서 너무 억제되었던 탓에, 성적 충동을 만족시킬 기회가 생기면 과거의 억압적인 생활까지 다 보상받으려 한다. 양성애도 시도할 수 있지만 이성애자일 확률이 더 높다.

염소자리 여성은 사랑에 빠졌을 때 가장 행복하고 가장 성적 매력이 넘친다.

사랑에 빠졌을 때만 불안이나 후회 없이 감정에 치우치는 성향과 강한 성 충동 모두의 문을 활짝 열기 때문이다.

염소자리 여성에게 필요한 연인 유형

염소자리 여인은 민감하고 신뢰할 수 있는 남성을 원한다. 약간 구식으로 진심을 다해 꽃을 선물하는 남성을 좋아하며, 그가 감정을 숨김없이 훌륭하게 표현하면 훨씬 더 좋아할 것이다. 물론 그녀 자신은 그렇게 하지 않는다.

그는 그녀의 억제된 관능이 피어날 수 있도록 도와야 하고, 그녀가 장난처럼 던지는 유혹의 진의를 파악할 수 있어야 한다. 바에서 환상적인 남자 옆에 앉게 되면, 그녀는 타고난 수줍음을 접고 자신을 비하하는 농담을 던지며 접근할 것이다. 혹은 가시 돋친 말을 던지면서 싸움을 걸 수도 있다.

좋은 가문에서 태어나 교육받은 티가 나는 남성, 점잖은 태도나 강한 남성적 매력을 과시하는 사람, 출세 지향적인 남성들은 그녀에게 어필할 가능성이 있다.

그녀는 품위와 성적 매력이라는 두 가지 장점을 고루 갖춘 드문 남성을 원한다.

침실에서 그는 그녀의 욕망에 응하고 무언의 요구에 귀 기울일 줄 아는 신사여야 한다. 그녀는 그가 자신의 기분을 예측하고 자신의 성감대를 자신보다 더 잘 알기를 바란다. 하지만 그가 단순히 신사에만 머물러서는 안 된다. 그녀는 내심 자신의 비위를 일일이 맞춰주지 않는 남자를 존경한다. 때때로 그는 공주 같은 그녀가 한 번도 시도한 적 없는 일들을 침실에서 하게 만들 필요가 있다.

또한 그녀는 성적으로 복종하고 싶은 은밀한 바람을 갖고 있다. SM은 좋아하지 않지만 사랑하는 남자가 공공장소에서만이 아니라 침실에서도 권력을 휘두르기를 은밀히 바라고 있다.

'새빨간 흙'의 염소자리 여성

염소자리의 분노

분노는 자연스럽고 기본적인 인간 감정이다. 인간은 사랑과 슬픔, 행복, 질투를 느끼며, 분노를 느낀다. 하지만 분노에 대해서는 대부분 너무 쉽게 무시하고 감춰 버릇해서 다른 이름을 붙이거나 그 자체를 부정하기도 한다. 그러다 이따금씩 제어할 수 없을 만큼 파괴적인 울분을 터트린다.

우리 문화는 분노에 짜증, 좌절, 우울, 슬픔 등의 다른 이름을 붙이도록 가르친다. 하지만 분노는 분노일 뿐이다. 그 어떤 심리적 유희도 분노보다 중독성이 강하지는 않으며 따라서 자유로울 수 없다. 분노에 가장 잘 대처하는 법은 그것을 인정하고, 일이나 운동, 사회적 폐악에 맞서 싸우는 등 건설적인 방향으로 해소하는 법을 배우는 것이다. 최상의 경우 우리는 분노를 통해 잘못된 틀에서 벗어나거나 적절한 대응을 할 수 있다.

분노는 건강한 성 표현의 주요 장애물이다. 그리고 자신이 보잘것없고 무력하다고 느끼게 만든다. 만일 우리에게 자부심이 없다면 적대감과 분노가 자라날 것이다. 화가 난 관계에서의 섹스는 전쟁터가 된다.

염소자리 여성은 다른 사람들보다 분노로 인한 문제가 덜한 편이다. 하지만 그녀의 분노도 대형 폭탄이 될 수 있고, 행복을 위협할 수 있다. 염소자리 여성들은 대체로 분노를 합리화하는 태도를 보인다. 그녀는 분노를 없애기 위해 가시 돋친 농담을 뱉을 수도 있고, 안전장치로 사교적인 모임을 의식처럼 이용할 수도 있다. 혹은 자신의 분노를 무시할 수도 있다.

분노와 관련해서 나는 염소자리 유형이거나 염소자리 시기를 거친 적이 있는 많은 여성과 면담을 나누었다. 다음은 그 전형적인 반응들이다.

- 결혼생활을 오래 했는데 한 번도 분노한 적이 없었어요. 오래전에 내가 배우자를 변화시킬 수 없음을 깨닫고는 체념하게 되었죠. 이따금 좌절감, 혹은 당신이 말하는

분노를 느낄 때면 바느질을 하거나 정원을 돌보거나 조각을 하면서 풀어가요.

- 나 자신을 정말 잘 알기 전에는 내가 결코 화를 내지 않는다고 생각했어요. 내 안에 엄청난 양의 분노가 누적되어 있는데, 그걸 통제하고 제거하려 노력했음을 깨달은 것은 30대가 돼서였어요. 나는 연극을 했는데, 그것이 속마음을 털어놓는 좋은 방법임을 발견했어요. 되돌아보면 내가 참여한 공연은 주로 희극이었는데, 특히 독설을 내뱉는 여자 역이 좋았어요. 내가 적대적인 태도를 내보이는데도 사람들이 그것을 보고 웃음을 터트리는 것은 기분 좋은 일이었죠. 나는 거부당하지 않는, 허용적인 상황에서 분노를 가장 잘 표현할 수 있는 것 같아요.

- 나는 사소한 일들에 대해서 폭발하곤 했지만 정말 나를 화나게 만든 것이 무엇인지는 거의 알지 못했어요. 최근에 나는 직업을 갖었고 사업이 성장하고 있으며 성공했다는 느낌이 들어요. 그러자 별로 분노를 느끼지 않게 되더라고요. 내가 너무 피곤하고 만족스러워서 화낼 여지도 없다는 생각이 드네요.

- 나는 화를 낼 타당한 이유가 있다고 생각할 때 화가 나요. 화를 낼 이유를 대지 못할 때는 결코 화가 나지 않아요. 나는 주로 다른 사람의 무능력이나 비도덕적인 행동 때문에 분노해요. 그런데 그런 문제들은 나와 직접적인 연관이 없는 일이죠.

- 사람들과 어울리고 춤을 추고 술을 마시는 것이 화를 누그러뜨린다는 걸 알게 되었어요. 분노에 직면해서 적절하게 대처하지 않는다고 할지 모르지만, 즐거운 모임에 가고 여행을 떠나고 야유회에 가면서 이럭저럭 분노를 제거해요. 그런 일들이 내게 안전하다는 느낌을 주고, 나 자신과의 거리를 유지해 주죠.

첫번째 여성은 분노를 무시하거나 유용한 목적으로 전환하는 쪽을 택했다. 그녀는 시간이 흐르면서 더 현명해지고 스스로에게도 더 관대해진 것 같다. 두번째 여성은 연기를 통해 적극적으로 분노를 극복했다. 그녀는 말 그대로 연극을 했는데, 제한된 배경 속에서 적대감을 표현하기 위해 유머를 이용했다. 염소자리 여성들은 대개 훌륭한 유머 감각을 가지고 있으며 적대감을 간신히 숨길 정도로 재치 있게 조롱하는 말재주가 탁월하다.

세번째 여성은 현실적이다. 자신의 공격성과 분노의 힘을 일로 전환하는 방

'새빨간 흙'의 염소자리 여성

법을 발견했다. 그녀는 자부심이 강하고 성공했다고 느낀다. 염소자리 여성에게 성공은 스트레스를 없애준다.

네번째 여성은 자신의 분노를 합리화한다. 그런 감정이 생기는 것은 당연하므로 특별히 정당화할 필요가 없다는 사실을 모르는 것 같다. 분노를 느낄 때 그 이유를 반드시 밝혀야 하는 것은 아니다. 행복한 까닭을 설명할 필요가 없는데 왜 분노에는 적절한 이유가 있어야 한다고 느끼는 것일까?

이 여성은 자신의 가치관을 점검할 필요가 있다. 내 생각에 그녀는 사람들이 어떻게 행동해야 하는지, 인생은 어떠해야 하는지 등에 대해 편협하고 완고한 생각을 가지고 살아가는 듯하다. 또한 분노를 표현할 때도 스스로를 엄격하게 통제하고 있다고 생각한다.

다섯번째 여성은 주기적으로 파티를 벌여 자신의 공격성을 배출한다. 어느 정도까지는 이런 방법이 통하겠지만, 거기에는 그녀가 자기 자신으로부터 도망칠 위험이 도사리고 있다. 나는 이것을 '피터 팬 신드롬'이라 부른다. 그녀는 흥분된 행동들을 통해 분노라는 현실에서 도피하기로 선택했고, 자신의 감정이나 분노에 대해 책임지지 않으려 한다.

네번째를 제외한 다른 네 여성은 자신의 성생활에 대해 터놓고 얘기를 나눌 의사가 있었다. 그들 모두 성생활에 문제를 겪은 적이 있었고, 성욕이 전혀 없는 시기와 격렬하게 성에 몰두하는 시기를 반복해서 겪는다고 했다. 또한 그들은 특히 당황하거나 화가 났을 때 오르가슴에 도달하기 어려웠다고 했다.

이 여성들 중 누구도 면담이 시작되기 전에는 자신의 분노를 완전히 알고 있지 않았기에, 성적인 갈등에서 분노의 역할을 분명히 이해하지 못하고 있었다. 오직 다섯번째 여성만이 파티를 벌여 흥분할수록 성에 대한 관심이 더 줄어들었다는 점을 지적했다. 그녀는 분노를 통제하는 것이 성 욕구를 억제하는 것과 같았다고도 했다.

흥미로운 것은 네번째 여성이 성에 대해 보인 태도이다. 자신에 대해 강하게 확신하고 자기 분노의 원인에 대해서도 솔직해 보이던 그녀가 성생활에 대한 이야기는 거부했다. 나는 그녀가 전혀 성생활을 갖지 않는다는 느낌을 받았다.

분노를 인지하고 표현하기

염소자리 여성은 분노와 관련한 모든 부분에서 자신이 느끼는 것을 완벽하게 알고 있어야 한다. 지금 화가 났는지, 누구에게 화가 난 것인지, 그 분노는 어린 시절의 교육 탓인지, 자신의 기질 탓인지, 당시의 인간관계나 생활 방식에서의 문제 탓인지, 아직 그녀에게 남아있는 낡은 규범은 무엇인지, '착한 딸'이나 '모범생' 신드롬이 강한지, 분노를 일으키는 것들을 어떻게 다루어야 하는지….

전형적인 염소자리 여성이 분노를 느끼는 주된 원인은 무력감, 특히 일과 관련된 무능력과 관련이 많다. 그들은 성취욕이 강해서 분노와 야망이 뒤섞이는 경우가 종종 있다. 설사 직업을 가지지 않았더라도, 일하는 여성을 위한 보육 시설이 부족하다거나 여성이 직업을 가지는 비율이 낮은 것에 대해 분노할 것이다.

여성이라서 받는 직업상의 차별대우는 특히 분노에 불을 붙인다. 염소자리 여성의 자부심은 대개 일과 관련된 열망을 실현하면서 생기기 때문이다. 꼭 돈을 버는 일이 아니더라도, 그들은 자원 활동이나 지역사회를 위한 일들 혹은 가족 속에서 주도적인 역할을 하려 노력한다.

염소자리 여성이 자신의 분노와 화해할 방법은 많다.

분노를 잘 표현할 수 있는 기본적인 대화법을 위해서는 '천칭자리의 분노'를, 분노를 파악하는 법은 '전갈자리의 분노'를 참고하라.

이 외에도 염소자리 여성은 특히 다음을 유념해야 한다.

- 대립은 불가피하며, 분노는 실재하므로 받아들여야 한다.
- 분노는 제어할 수 있으며, 쓸데없고 비합리적인 태도라고 무시해서는 안 된다.
- 분노를 인정하지 않고 계속 거부하면 더 큰 문제를 초래할 수 있다.
- 소외, 질투, 무력감, 부당함은 예민한 염소자리 여성뿐 아니라 다른 여성들에게도 분노를 야기한다.
- 고독감이나 자기연민에 굴복하지 마라. 다른 사람들도 마찬가지다.

염소자리 여성이 분노를 표현하기 어려워하는 까닭은 다음과 같다.

- 상처받기 쉬운 마음. 예민한 성격 때문에 분노를 표현해서 자신이 상처받았음을 보여주기 싫어한다.
- 두려움. 다른 사람의 반대나 외면, 비웃음을 두려워할 뿐 아니라 자신의 파괴적인 힘도 두려워 한다.
- 화내는 데 대한 죄의식
- 다른 사람을 즐겁게 해주려는 욕망과 완벽에 대한 욕망.

대화법을 익히고 색채 명상법을 반복하면 이런 문제를 크게 극복할 수 있게 된다. 분노를 억누르기보다 생산적으로 표현하면 성생활에 있어서도 희생할 필요가 없다.

염소자리 여성은 남성적인 면이 강하다. 우리 사회는 가부장적 성격이 강한데, 최근 정부 조사에 따르면 가부장제 사회는 감각적 즐거움이나 육체적 접촉, 혼전 성관계를 억압한다고 한다. 한 사회의 문화가 성적 억압이 심할수록 호전적인 성격을 띤다.

유사한 현상이 개인의 경우에도 발생한다. 개인의 경우에도 분노와 성욕의 관계는 상호적이기 때문이다. 억압된 성욕은 분노를 키운다. 감각적 쾌락을 희생하고 얻은 더 커다란 야망은 결국 사랑에 문제를 일으킨다.

억눌린 여성은 분노할 것이고, 분노한 여성은 자기 파괴적이 된다. 그녀는 다른 사람에게 상처를 주고 자신의 애정 생활을 파괴하면서 스스로의 즐거움을 억누를 것이다.

지속적인 사랑은 자기부정에서 오는 것이 아니라 건강한 감정들을 키우고 나누고 확장함으로써 가능하다. 염소자리 여성은 사랑을 키워나가는 법을 배워야한다. 또 자신의 생활과 침실에서 분노라는 독을 물리칠 방법을 찾아야 한다.

염소자리의 생활 방식

염소자리 여성은 훌륭한 결혼 상대이다. 그녀는 사회적, 물질적, 정서적 요구를 충족시켜주는 한결같은 관계를 원하기 때문에, 결혼이나 유대감 강한 관계를 지향한다. 그녀는 성과 사랑을 분리하기를 원치 않음에도 대개 늦게 성숙해서 행복을 찾는 형이고, 자기 인식이나 인간관계를 잘 이끌어나가는 기술도 늦게 얻는 편이다.

어떤 여성들은 결혼과 혼외 관계라는 이중생활 속에서 자신의 욕망을 충족시킨다. 염소자리 여성은 관심이 다양하지만, 자신의 욕망 대부분을 만족시켜줄 하나의 관계에만 에너지를 집중시키고자 한다.

20대, 늦으면 30대까지 그녀는 다양한 연애를 경험한다. 그때 다양한 생활 방식을 경험하고는 결혼해서 일부일처제를 유지한다.

그녀의 생활은 일정한 주기로 나눌 수 있는데 그 주기마다 성적으로 완전히 다른 태도를 보인다.

염소자리 여성의 생활 방식이 변화하는 전형적인 유형은 다음과 같다.

- 20세~28세, 늦게는 25~32세에 이르는 시기는 아직 미숙하고 불안정하다. 안정감을 얻으려고 일부일처제에 완전히 뛰어들거나, 반대 극단으로 가서 다양한 실험을 하며 지낸다. 그녀가 일찍 결혼했고 구태의연한 교육을 받았다면 평생 일부일처제를 유지할 가능성도 크다. 하지만 나는 50대가 되어 정체된 결혼생활을 박차고 나와 새로운 삶을 시작하는 염소자리 유형의 여성들을 많이 만났다.
- 35세에서 60세까지는 개개인의 차이가 아주 큰 시기이다. 공통점은 35세, 42~43세, 50세, 58~60세에 커다란 변화를 겪는다는 점이다.
- 60대 이후의 노년기. 염소자리 여성은 대체로 이때가 전성기이다. 물론 그녀가 경직된 습관에 젖지 않았을 때의 이야기다. 만일 그녀가 두려움과 우울증에 굴복해버렸

'새빨간 훔'의 염소자리 여성

다면 신체상으로 심각한 문제가 생길 것이다. 그렇지 않다면 그때부터 아주 귀한 꽃처럼 피어난다.

일부일처제에 대한 태도

다음은 염소자리 여성이 일부일처제를 거부하게 되는 전형적인 상황들이다.

- 자신의 생활이나 배우자에 대한 환멸과 실망.
- 삶에 속았고 이에 근본적으로 대처할 필요가 있다고 느낄 때, 삶이 자신을 비껴가버렸다고 느낄 때.
- 성적 매력과 자극을 추구할 때. 그녀는 자신에게 그런 것이 결여되었다고 믿기 때문에 다른 누군가에게서 그런 자질을 얻고자 한다. 자신의 배우자 역시 그런 쪽에 둔하다고 생각하면, 늦든 빠르든 자신의 성적 매력을 키워줄 다른 연인을 찾아 나선다.
- 남성 조언자를 찾을 때(특히 아주 출세 지향적인 염소자리 직장 여성의 경우). 특히 배우자가 자기 일에 관심을 보이지 않을 때 그렇게 될 가능성이 많다.
- 결혼생활에서 외로움을 느낄 때.
- 책임을 전가할 때. 그녀가 정서적인 문제에 부닥치면 시대 탓으로 돌릴 수 있는데, 여기에 배우자도 포함된다. 그럴 때면 자기보다 훨씬 나이 많은 연인을 만난다.
- 자신이나 배우자에게 근거 없는 분노를 느낄 때.
- 성에 대한 새로운 지식을 얻고자 할 때.

대안적인 생활 양식

- 독신생활: 대체로 그녀에게 가장 적합한 생활 방식이다. 하지만 독신생활이 너무 오래 지속되어 의기소침해지지 않도록 주의해야 한다. 친구들과 활기찬 생활이 필요한 그녀이기에 혼자 사는 것이 항상 유익하지만은 않다. 그녀는 남녀 친구를 고루 사귀는 편이고, 가벼운 성관계는 그녀 스타일이 아니다. 하지만 아주 친밀한 그룹의 일원이 될 수는 있다.
- 개방결혼: 염소자리 여성에게는 불가능한 생활 방식이다. 그녀는 소유욕이 강하고

항상 배타적인 관계를 필요로 하기 때문에 일부일처제 안에서 행복을 느낀다.

• 삼자결혼: 부부가 다른 한 사람과 침실을 공유하는 이런 방식은 그녀에게 일시적으로 인간관계의 가능성을 시험해볼 수 있게 해준다는 점에서 긍정적이다. 하지만 양자리, 사자자리, 물병자리, 쌍둥이자리 유형과는 멀리하는 게 좋다.

• 공동생활: 염소자리 여성은 섬의 특유하고 고립된 생활 방식을 좋아한다. 그러나 신뢰하는 분위기 속에서 경제적, 정서적 안정을 느낄 수 있는 공동체라면 시도해볼 만하다. 그녀는 분명 공동체를 결성하고 구성하는데 핵심적인 역할을 맡을 것이다.

• 동성애나 양성애: 염소자리 여성에게는 여성적인 면보다 남성적인 면이 더 두드러진다. 사회적으로 인정받고자 하는 마음이 워낙 강해서 규범에서 벗어나는 일이 드물지만, 여성과의 관계를 통해 자신의 여성적인 면을 추구할 수도 있다. 불안감과 자기회의를 완화하면서 기꺼이 그녀의 성취욕을 뒷받침해주는 상대를 만나게 되면, 그녀도 마음에서 우러난 사랑과 성실로 보답할 것이다.

염소자리의 개괄적 특성

염소자리 여성의 경험은 한 겨울 동굴 깊숙한 곳에서 시작되며, 한여름의 사랑, 자기애, 낙천주의, 자아의 고양 속에서 최상의 열매를 맺는다.

그녀에게 가장 중요한 도전은 물질적/신체적 성장과 정서적/영적 성장 사이에서 중심을 잡는 일이다. 사랑을 포기하고 권력을 추구할 것인가? 마음을 열지 않고 지식만 키워갈 것인가? 자기 의심과 비관주의적 성향을 극복하고, 내일을 걱정하는 대신 오늘을 충실하게 살아가는 법을 배울 것인가? 노년이 되면 확실히 그렇게 되겠지만 청년기와 중년에도 자기 삶을 즐길 것인가? 이것은 그녀만이 답할 수 있는 문제들이다.

염소자리 여성에게 가장 필요한 일은 도전을 이해하는 것이다.

두번째로는 원하는 일은 무엇이든 해낼 수 있는 엄청난 가능성이 자신에게 있음을 인식해야 할 것이다. 그 후에는 정서적 성장을 추구하고 신뢰하는 법을 배워야 한다. 마음이 열리고 정신이 단련되면 물질적인 문제는 저절로 해결된다.

높은 신분을 타고난 염소자리 여성은 진실로 여왕 같은 존재이다. 사자자리 여성이 우뚝 솟은 왕좌에 앉아 대중을 지배하도록 태어났다면, 염소자리 여성은 권위를 휘두르도록 태어났다. 그녀는 지식과 지혜, 긍정적인 부분의 전통을 대변하는 목소리가 될 수 있다. 그녀는 과거의 장점을 받아들여 오늘날에도 유용하게 사용할 수 있도록 만든다. 하지만 잘못되면 과거를 부활시켜 그 안으로 들어가려 할 수도 있다. 물론 제대로 된 경우라면 과거의 아름다움과 장점을 활용해서 현재를 풍부하게 만들어갈 것이고, 우리의 가장 인간적인 미래를 창조하는 주도적인 역할을 할 것이다.★

1.21/22
~
2.18/19

'응축된 공기'의
물병자리 여성

Aquarius

영적 능력이 뛰어난

혁신적인
변화무쌍한
엉뚱한
비현실적인
소유욕이 없는
비물질주의자
수줍음을 타는

진실한
예의 바른

실험 정신이 강한

외로운
세련된

재능 있는

겸손한
쉽게 마음을 분리시키는
격식을 따지지 않는

호기심 많은
자긍심이 강한
공동체 의식이 강한

본능적으로 자신을 몰아가는

우호적인

앞서가는
갑작스런 변화를 하는
야망이 강한
자신감이 넘치는
이타적인

친해지는 것을 두려워하는

편견 없는
초연한
항상 긴장하는
성에 대해 관대한
성적으로 억압된
자유를 추구하는

의무감이 강한

위에 나열된 특성들은 단지 한 시기를 묘사하고 있으니,
당신과 맞지 않는다고 생각되면 지금 당신이 어느 시기에 있는지
다른 별자리에서 찾아보세요.

물병자리의 성격

일반적인 특성과 배경

전통주의와 미래지향주의가 뒤섞인 매력적인 미로와도 같은 물병자리 여성을 이해하려면 전혀 새로운 판단기준에 따라야 한다. 그녀는 인정을 받고 싶어하면서도 체제에 순응하는 법이 없고, 논리적이면서도 직관적이고, 냉정하면서도 독단적이다. 뇌를 가장 중요한 성 기관으로 생각하며, 총명한 지성으로 삶의 모든 측면을 해석한다.

물병자리 여성은 다가올 문화적 발상들과 생활 양식을 앞질러 이해한다. 서슴없이 영화 〈스타트랙〉 세트 속으로 걸어 들어가 편안한 기분을 느낄 수도 있는 사람이다. 그녀는 정신의 해방을 원하기 때문에, 마인드 컨트롤 같은 것은 받아들이지 못한다. 항상 전 인류를 위한 평화와 조화, 이해, 공감, 신뢰를 추구하며, 깨어 있는 남성과 여성의 평등하고 완전한 결합을 지향한다. 물론 이 모든 것이 이루어지는 과정 하나하나도 그녀가 기대하는 조건에 따라야 한다고 생각한다.

물병자리는 12별자리 중 11번째 자리로서, 응축된 공기를 상징한다. 물병자리라는 이름 때문에 물과 관련된 자리라고 생각하기 쉽지만, 사실은 공기이다. 그래서 물병자리 타입의 사람들은 우선적으로 정신에 의지한다. 대체로 육체보다 정신을 더 신뢰하고, 지적으로는 우수하지만 정서적으로는 냉담하고 둔감한 편이다. 물병자리 여성들에 대해 예측할 수 있는 유일한 것은 그들이 예측하기 힘든 면을 지녔다는 사실이다.

별자리는 제각기 특정별과 관계를 갖거나, 그 지배를 받는다. 물병자리 사람들은 생각보다 훨씬 변덕스러운데, 이것은 물병자리가 두 별의 지배를 받기 때문이다. 물병자리는 1781년에 발견된 천왕성(우라누스)의 지배를 받는 동시에,

토성과도 관계가 있다. 그래서 물병자리의 사람들은 이 두 별이 상징하는 성격을 다 갖는다. 보수적이고 진지하고 야심만만한 토성의 성격과, 창의적이고 독창적이며 비현실적인 천왕성의 성격이 혼합된 것이다. 물병자리 여성은 물질에 전혀 관심이 없으면서도, 세일하는 완두콩 통조림 하나를 사기 위해 50마일을 달려갈 수 있는 사람이다.

물병자리 유형의 여성은 물병자리에 태양이나 다른 중요한 별이 있을 때 태어난 사람, 혹은 물병자리나 천왕성의 기운이 강할 때 태어난 사람, 그리고 일시적으로 물병자리 시기를 겪고 있는 사람들도 포함한다. 물병자리 유형의 성격은 앞에 열거한 목록이 설명하는 대로이며, 다음 특징을 보인다.

- 갑작스레 미래 사회에 대한 통찰력을 보이거나 직감, 환영, 텔레파시가 번득이고 미래에 대한 꿈을 꾸게 된다.
- 특히 전자기기를 사용한 과학적 탐구나 발명에 몰두한다. 과학기술의 참신한 진보 역시 물병자리의 몫이다.
- 변덕스럽고 엉뚱하게 자유와 사생활을 요구한다. 고독한 생활과 단체 생활을 오가지만, 개인적으로 깊은 관계를 맺지는 않는다. 물병자리의 많은 사람들이 초현대적인 생활 방식을 택한다.
- 인도주의를 표방하는 사상에 동참해서 새로운 질서를 추구하며, 이것이 공동체 생활로 이어질 때도 있다. 바로 여기서 물병자리와 전갈자리가 차이를 보인다. 전갈자리는 새로운 탄생보다 소멸하고 해체하는데 관심을 갖는 반면, 물병자리는 더 나은 세계, 이상에 더욱 근접한 세계를 만들거나 재건하는데 더 큰 관심을 보인다.
- 감정적 폐쇄성으로 계속 어려움을 겪는다. 그들은 감정을 커다란 방패로 가리고 있다.
- 삶의 거의 모든 측면에 대해 물질주의와는 무관한 관점에서 실험을 행한다.
- 지식을 가르치고 나누며 훌륭한 성과를 거둔다. (특히 교육을 많이 받은 사람들)

물병자리 여성들에게는 특별한 무엇, 특이한 여운, 신비로운 면이 있다. 그들은 그저 이해하기 힘든 정도가 아니라 아예 접근 자체를 허용하지 않는다는 느낌을 준다. 어찌 보면 그녀는 한쪽 면이 완전히 반사되는 창을 닮아서, 자신은 바깥을 내다보고 분석하지만 바깥쪽에서는 그녀를 들여다보지 못한다. 바로 이런 차가움이 그녀의 매력이다.

물병자리가 스트레스를 받거나 피로해지면 쉽게 이상이 생기는 신체부위는 종아리, 발목, 무릎 아래쪽으로 내려오는 뼈, 순환기계통, 호흡기, 시력, 아킬레스건, 혈관과 림프 계열이다. 물병자리가 건강에 가장 유의해야 할 것은 정맥류 혈관 이상이고 그다음이 혈액순환 장애이다.

물병자리에게 어울리는 직업은 다음과 같다. 항공술 등 비행과 관계된 모든 일, 아나운서, 건축, 자동차 관련업, 점성술, 척추교정, 국회업무, 컴퓨터, 협동조합, 상담, 전자공학, 공학, 몸이나 마음의 특성을 탐구하는 연구직, 신앙요법치료사, 보조금이나 장학금 인가와 관련된 일, 사회사업, 협력 작업, 악기나 가구제조, 발명, 입법, 기계학, 영화, 자동차, 항해술, 신경학, 핵물리학 같은 새로운 학문이나 직업, 사진, 진보적인 일들, 심리학, 방사선 의학, 개혁운동, 혁명, 과학, 사회운동, 종교운동, 전화, 전보, 텔레비전, X레이, 새로운 과학기술.

아마 그녀는 12별자리 유형 중 가장 인정 많은 박애주의자인 동시에 감정적으로 가장 냉담한 여성일 것이다. 그녀는 자기 삶에 대해서도 거리를 두며, 심지어 자신이 성행위를 할 때조차 관객의 태도를 취하곤 한다. 그녀가 진정한 친밀감에 뒤따르는 대가를 기꺼이 받아들일 때, 완전한 형제애와 자매애의 이상에 접근할 수 있을 것이다.

혁신적인

물병자리 여성은 헬렌 켈러와 피터 팬을 섞어놓고 거기 미니 마우스와 퀴리부인을 조금씩 첨가한 모습을 보인다. 단순히 이해하기 어렵고 예측하기 힘든 정도가 아니라, 한발은 미래에 두고 눈은 공상에 잠겨있는 식이다. 그 눈은 많은 것을 보지만 아무것도 드러내지 않는다.

그녀는 중산층의 일상보다 대의명분에 더 매력을 느끼는 행동주의자이다. 어떤 때는 자유를 얻거나 성차별주의에 대항하기 위해 투쟁하고, 교섭단체에

'응축된 공기'의 물병자리 여성

가입해서 로비활동을 해야 한다는 사명감에 불탄다. 그녀는 몽상가이자 행동파이며, 공동전선과 운명 공동체의 미덕을 믿는다.

그녀는 인간관계에서 질보다 양을 추구하며, 스스로에게서 도망쳐 대중 속에 안주하려 든다. 다른 모든 사람에 속하면서 스스로에는 속하지 않는 사람이 되고 싶어하는 것이다. 그녀는 주기적으로 은둔 생활을 하지만, 사람들을 끌어모아 자기 신념의 정당성을 설명하고 특이한 생활 방식을 추구하려는 열의를 보인다. 물병자리 유형에 속하는 쥘 베른(『80일간의 세계일주』의 작가)은 미래를 꿰뚫어보고는 전위적인 세계를 창조해서 독자들을 계몽하는 동시에 즐겁게 했다.

물병자리 여성은 자녀양육이나 성교육에서부터 인권운동, 감옥개혁, 의학적 진보, 개인의 자유 등 복잡하고 까다로운 문제들에 진보적인 입장을 보인다. 무슨 일에 대해서든 항상 평화로운 방식을 택하지만, 이의를 제기할 권리 역시 항상 남겨둔다. 그녀는 시대를 앞서가는 자신의 신념을 소중하게 여긴다. 생활 방식은 대체로 중산층 수준이지만, 충격적인 입장도 제법 갖고 있다. 교회에 꾸준히 나가면서도 열렬한 나체주의자이거나, 주일학교 교사이면서도 낙태의 권리를 지지하는 식이다. 그녀는 항상 개혁을 향해 열려 있다. 인권을 부르짖을 때도 단순히 학문적인 의미로만이 아니라 법적인 의미를 포괄하고 있다. 좋은 교육과 의료 서비스를 포함한 행복추구권은 무덤에 갈 때까지 옹호한다. 그녀가 이런 이상과 이념에 사로잡혀 있을 때면, 심오하고 개인적이고 정서적인 만족과 내적인 평온에서도 행복을 얻을 수 있다는 생각은 전혀 하지 않는다.

변화무쌍한, 엉뚱한, 비현실적인

물병자리 여성은 어찌나 변덕스러운지 일반화시켜 설명할 수가 없다. 어떤 날에는 아무 야망도 없는 주부의 모습으로 쿠키를 굽는다. 다음 날 아침이면 여성의 일할 권리를 거세게 옹호하면서 시위대의 선두에 선다. 그날 저녁에는 새벽 3시까지 괴기소설을 읽고, 그다음 주에는 승마와 양궁에 몰두하는 식이다. 아침에는 외향적이다가 저녁에는 은둔자가 될 수 있으며, 몽상가인 동시에 정치가도 될 수 있다.

월요일에 반갑게 인사했던 사람에게 화요일에는 냉정하게 굴고, 수요일에는 멍하니 지나치더니 목요일에는 양팔을 내저으며 질색을 하고, 금요일에는 지적인 토론을 나누고 주말에는 한밤까지 이어지는 흥겨운 술판을 만든다. 그녀는 도움과 조언을 아끼지 않는 다시없이 좋은 이웃이지만, 친구가 구멍 난 타이어로 씨름할 때 바로 옆으로 차를 몰고 지나가 버릴 수 있는 유일한 인물이기도 하다. 그녀가 그를 보지 못한 게 아니다. 단지 그의 곤경이 그녀의 문제로 입력되지 않았기 때문이다.

물병자리 여성들은 엉뚱한 분위기나 취향, 습관을 보이곤 한다. 그녀는 다른 사람의 인정은 강하게 바라면서도, 오직 스스로를 위해 옷을 선택한다. 그럼에도 그녀는 집시 스타일 치마를 빅토리아 시대 나이트가운처럼 입고, 어머니에게 물려받은 옷을 이태리 최신 패션처럼 입는다. 그녀가 자기 스타일을 선택한 방식이나 이유를 설명하지는 못하겠지만, 개성적이고 전위적인 감각을 가졌음은 분명하다.

소유욕이 없는, 비물질주의자, 자유를 추구하는

물병자리 여성의 가장 특이한 점은 사람에 대해서건 물건에 대해서건 소유욕을 보이지 않는다는 데 있다. 그녀는 자기 생각대로 살고 싶어한다. 인간관계도 자신이 존중받고 그 엉뚱함이 받아들여질 때만 유지한다. 사람을 소유하는 데도, 소유물을 늘이는 데도 관심이 없다. 그녀에게 중요한 것은 안락한 생활이나 과시가 아니라, 비범한 목표를 택해서 훌륭하게 이루어내는 데 있다. 그런 그녀도, 유용한 정보나 기술을 익히는 일이나 애완동물에는 강한 욕심을 보인다. 그녀에게 돈은 독립을 위한 수단의 가치밖에 없다. 그녀는 동기나 목적을 설명하느라 시간 낭비하지 않고 자신이 원하는 것은 무엇이든 할 수 있기를 바란다. 그녀는 복잡한 살림살이에 규모가 큰 생활보다 간편하고 소박한 생활을 선호한다. 또한 질투심과 소유욕이 강한 상대를 견디지 못하며, 그녀가 자기 일을 할 수 있도록 물질적 정신적 뒷받침을 아끼지 않는 사람을 좋아한다.

미래지향적인 자유를 추구하는 물병자리 여성들을 특정 유형으로 분류하는 것은 불가능할 것 같다. 그들은 급진적인 페미니스트도 아니고, 보헤미안도 될 수 없으며, 사회주의자도 아니다. 자유연애나 반역, 혁명 등의 옹호자도 아니다. 단지 그 모든 성향을 조금씩 가지고 있을 뿐이다. 어쨌든 사회적 활동과 아무 제약 없는 생활을 바라는 마음은 본인이 생각하는 것보다 훨씬 강하다.

물병자리 여성은 사람들 안에 존재하는 성장과 자유에 대한 갈망을 그들이 깨달을 수 있도록 도와주기도 한다. 과거에 얽매이는 법이 없는 그녀에게는 과거의 한계를 넘어서서 현재를 믿고 더 발전된 미래를 예측하고 창조해내는 뛰어난 재능이 있다.

앞서가는, 갑작스런 변화를 겪는, 영적 능력이 뛰어난

타로카드 중 '운명의 수레바퀴'에 해당하는 물병자리는 영원한 운동의 중심에 자리잡고 있다. 물병자리 여성의 정신은 그 어떤 컴퓨터보다 더 활동적이지만, 겉으로는 드러나지 않을 수도 있다. 그녀는 뇌를 인간 장기 중 가장 중요하게 생각하며, 모든 것이 뇌의 지배를 받는다고 본다. 뇌가 보내는 신호가 성적인 자극이나 질병, 기분, 태도를 지배한다는 것이다.

그녀는 자신을 자극하고 이끌어가기 위해 정신력에 의지한다. 그녀의 정신력은 마술적인 힘으로 가득하다. 특히 개방적인 생각을 가진 물병자리 여성에게는 관습에서 벗어난 것이 바로 규범이 된다. 그녀는 텔레파시나 투시력, 투청력, 그리고 다른 신비한 능력을 가진 경우가 많다. 물병자리 유형 중에는 심령학 분야에 종사하는 사람이 많으며, 예언가, 과학적 성향을 갖춘 점성가, 미래의 과학자도 많다.

혁명적인 생각과 느닷없이 일어나는 사건들이 물병자리 여성들의 삶을 특징짓는다. 그들은 길든 짧든 고향이나 고국을 떠나 낯선 땅에서 완전히 새로운 삶을 시작하는 경우가 많다. 그녀 스스로 도전을 쫓아다니지는 않지만, 도전에 직면하면 훌륭하게 대처한다. 어쩌면 그녀는 우주와 연결된 특별한 통신수단, 일종의 정신적 전화기를 갖고 있는지도 모른다. 그래서 변화가 필요하다 싶으면 우주 본부에 벼락을 한두번 처달라고 무의식적인 메시지를 보내는 것이다.

그녀는 지적인 탐험보다는 갑작스럽고 괴로운 경험을 통해 더 많은 교훈을 얻는 편이다. 그래서 그녀에게는 그런 급격한 충격이 필요하다.

아집이 강한

물병지리 여성은 망설이고 동요하는 편이지만, 한번 마음을 먹으면 단호하게 자기 고집을 내세운다. 훌륭하게 자기의 주장을 펼치기 때문에, 그 견해는 이의를 제기하기 힘들 정도로 설득력을 갖는다. 그녀는 항상 진리를 추구하며, 이 세상에는 오직 한가지의 진리가 있다고 믿는다. 그리고 그 진리가 바로 자신이 믿고 있는 것이라고 확신한다. 자기 이견만 옳다고 생각하는 그녀는 사람들에게 이렇게 말한다. "이게 바로 그 이유야! 받아들이지 않으려면 떠나!"

자신감이 넘치는, 의무감이 강한, 자족하는

물병자리 여성은 살면서 엄청나게 많은 것을 성취한다. 정신력과 의지가 강해서, 자신이 선택한 많은 일을 다 해낼 수 있는 것이다. 그녀에게는 자신이 원하는 것을 알아내는 재주가 있고, 특히 기대하지 않았던 순간에 필요한 것을 끌어내는 능력은 타의 추종을 불허한다. 인간관계에서 좀 격하고 비현실적인 태도를 보이는 경우도 많고, 진심에서 우러난 행동이 힘들다고 느낄 때도 있지만 머리의 지배를 받는 사람답게 대체로 원만하고 성공적인 관계를 유지한다.

그녀에게는 남들이 부러워할 만한 자신감이 있다. 누구도 그녀를 쓰러뜨릴 수 없으며, 무력한 희생자가 되는 일도 결코 없다. 천성적으로 겸손하고 때로는 몹시 수줍음을 타는 그녀지만 필요하다고 생각하면 쉽게 이런 성격을 뛰어넘는다. 그녀는 사생활보다 자신이 성취한 일에 더욱 자신감을 보인다. 자신이 훌륭하게 해낸 것에 대해 사람들이 인정하고 칭찬해주기 바라는 마음도 강한데, 그런 것만이 자긍심을 키워줄 수 있는 보상이 되기 때문이다. 그녀는 의무를 다했다는 느낌을 갖지 못하면 자긍심도 느끼지 못한다.

겉으로는 요란하게 동요하는 모습을 보이는 경우가 거의 없지만, 그녀의 머릿속은 빠르고 효과적으로 움직인다. 열정에 빠져 바보짓을 하는 일도 절대 없고, 도망치거나 숨고 싶다고 느끼면 원하는 대로 해버린다. 이따금 외로움을 타기도 하지만, 대체로 초연한 태도를 잘 유지한다.

자기 자신과 협상하거나 인정받고 싶은 사람들과 거래를 맺을 때 물병자리 여성은 본능적으로 능숙함을 발휘한다. 그녀가 자신과 협상하는 주된 내용은, 자기가 인류의 삶을 향상시키는 대의명분을 위해 일해야 하며 그 보상으로 한 단계 고양된 자긍심을 얻으리라는 것이다.

그녀는 자신이 가치 있는 인간이라는 생각 없이는 살아갈 수 없으며, 개인의 인정보다는 집단적인 인정을 원한다. 이따금씩은 자기 안에 분명히 존재하지만 결코 받아들이고 싶지 않은 결점들을 외면하려는 마음 때문에 커다란 갈등과 고통을 느낀다. 그녀는 그런 결점을 마술자루 속에 던져버림으로써 자긍심을 유지하려고 애쓴다. 하지만 이런 태도는, 원래도 사람들과 거리를 두는 성격을 가진 그녀에게 바람직하지 못하다. 자신을 속이면서까지 자긍심을 유지하려 들면, 다른 사람들과의 간극만 더 커지기 때문이다.

이타적인, 진실한

물병자리 여성은 관대하고 인정 많고 공정해서 사람들에게 대체로 공평한 태도를 보인다. 지칠 줄 모르고 일하는 개혁가이기도 하다. 그녀는 기본적으로 너그럽고, 어떤 일에도 최선을 다하며, 양심적이고, 책임감이 강하고, 착실하고, 친절하고, 신뢰할 수 있는 사람이다. 또한 다른 사람을 위해 자신의 재능을 발휘하고자 노력한다. 그녀는 회화나 노래, 글쓰기 등 예술적 자질을 갖추고 있으며, 손재주가 많아서 바느질, 수공예, 요리 등도 즐기는 편이다. 이런 활동은 정신노동을 지나치게 하는 그녀가 균형감있게 현실 세계에 발을 디딜 수 있도록 도와주기 때문에 아주 유용하다.

그녀는 말만 하는 사람이 아니다. 지킬 마음이 없는 말은 하지도 않는다. 그녀가 아무 말도 하지 않을 때는 그 침묵 속에 의미심장한 것이 담겨 있을 것이다. 그런 그녀가 좌절감에 빠져 은둔하는 때가 있다. 다른 모든 사람을 위해 온갖 일을 다 하면서, 정작 자신을 위해서는 아무 것도 하지 않는 함정에 빠질 때도 있다. 은근하게 뒤에서 조종하려 들 때도 있지만, 대체로 정직하고 분석적이고 예리하고 적극적으로 노력하는 모습을 보인다. 물병자리 여성들은 신세졌다는 느낌을 좋아하지 않으며, 타인에게 의존해야 하는 상황은 가급적 피한다. 대기업이나 관료적인 집단보다는, 집이나 작은 사업체에서 일하거나 자영업, 자유업에 종사하는 쪽이 더 어울린다. 마음먹은 일은 무엇이든 배우고 해내는 능력이 있지만, 주도권 다툼을 하느라 기력을 소진하는 것은 좋아하지 않기 때문이다.

예의 바른, 세련된

물병자리 여성은 진심으로 믿는 것을 위해서는 마녀처럼 지독하게 싸울 수 있지만, 기본적으로는 사람들에게 예의 바르고 교양 있는 태도를 취한다. 물병자리 여성들은 대체로 미묘하게 세련된 분위기를 풍긴다. 마치 욕심이나 시기심 같이 흔히 사람들을 괴롭히는 원초적인 본능 없이 태어난 사람처럼 느껴지기도 한다. 물질적인 것에 집착하지 않는 초연한 태도, 인간관계에서 감정을 곤두세우면서 얽혀드는 일을 피하려고 거리를 두는 태도, 이런 것들이 그녀에게 알 수 없는 품위를 갖게 하는 것 같다. 물병자리 여성은 확실히 독특하며, 생활의 거미줄이나 덫에 걸려들지 않는다.

항상 긴장하는, 외로운, 재능 있는

일반화하기는 힘들겠지만, 물병자리 여성은 모두가 보기 드문 재능을 타고나는 것 같다. 또한 그들 대부분이 천부적인 예지능력과 조직력, 관대한 성품을 고루 갖추고 있다.

그녀는 새벽이면 닫혔다가 밤이면 열리는 꽃을 닮았다. 햇빛 대신 달을 향하는 사막의 선인장에 비유하는 것이 가장 적절할 것이다. 밤이 그녀의 활동시간이고, 그때 모든 계획을 세운다. 그녀는 정교하게 조율된 신경체계를 가졌고 무서울 정도로 전파를 잘 감지하기 때문에, 불면에 시달리는 경우도 왕왕 있다. 발신자로부터 명령을 받아야 작동하겠지만, 그녀 안에는 마치 자신이 꺼버릴

'응축된 공기'의 물병자리 여성

수 없는 무선수신기가 내장되어 있는 것 같다.

그녀는 한가지에만 몰두하고 완전히 빠져드는 경향이 있다. 또한 모든 현상에 대해 "왜?" 하고 따져 묻는다. 그녀는 능숙하게 행동유형을 분류하고, 왜 사람들이 그런 행동을 하는지 밝혀내고, 정치 사회적인 추세를 연구하고, 자기 입장을 찾아간다. 그녀에게는 자기만의 규범이 있고, 자기만의 잣대로 인생을 판단한다. 그런데 그 내용이 평범한 경우는 거의 없는 것 같다. 어떤 계획이나 사태를 신중하게, 그리고 개성있는 시각으로 멀리서 통찰하는 것은 그녀의 타고난 능력 중 하나이고, 그런 능력은 수시로 발휘된다. 종종 과학적으로 뛰어난 재능을 보이기도 한다.

물병자리 여성은 연구에 몰두하든, 과학적 실험을 하든, 아이의 코를 닦아주든, 좋아하는 책을 읽든, 항상 작은 용수철처럼 똘똘 감겨 있다. 그녀는 내성적이고 조심스러운 편이며, 항상 관찰을 통해 식견을 넓히고, 생각도, 일도 아주 열심히 한다. 그녀에게는 의무감이 중요하게 작용하며, 대의명분을 중시하는 성격과 양심이 그녀로 하여금 뛰어난 승리자가 되도록 해준다.

본능적으로 자신을 몰아가는, 자긍심이 강한, 공동체의식이 강한

물병자리 여성들 많은 수가 내게 이런 말을 했다.

"대체 무엇이 날 이렇게 열심히 일하도록 몰아가는지 모르겠어요. 또 내 안에 뭔가 베풀어야 한다는 본능적 욕구 같은 게 있는지 저절로 남을 돕게 돼요. 어쩌면 불멸에 대한 오랜 열망인지도 모르죠. 죽은 뒤에 뭔가를 남기고 싶다는, 그리고 남과 다르고 싶어하는…."

물병자리 여성은 집안 허드렛일은 쉽게 잊으면서도, 대의명분이 있는 일이나 남들에게 도움이 된다고 생각하는 일을 게을리하는 법은 결코 없다. 물병자리 여성 중에는 선생님도 많은데, 물론 전통적인 유형의 선생님은 아니다. 또 출판업자, 강연가, 의사도 많다. 그들은 실례를 들거나 직접 행동으로 보여줌으로써, 혹은 사람 많은 지하철 속에서 10대들에게 마리화나의 해악에 대해 설교를 늘어놓거나, 정치가에게 격한 항의 서한을 쓰는 식으로, 대안교육이나 대안적인 생활 방식을 추구하는 조직을 설립함으로써, 가르치고 있는 것이다. 그런 행동이 언젠가는 모든 사람에게 이익이 된다고 진심으로 믿고 대중을 계몽하고자 한다. 그런 그녀를 숨은 엘리트주의자라 할 수도 있다. 하지만 그녀가 바라는 것은 모든 사람이 스스로를 발전시켜나가는 것이다. 자아실현과 공동소유가 물병자리의 이상이다.

그들이 쉽게 놓치는 것은 개인적인 부분이다. 단 한 번이라도 친밀하게 만나는 것이, 집단을 대상으로 30분간 설교하는 것보다 더 커다란 도움을 주고 더 효과적인 교육수단이 될 수 있음을 간과하는 것이다. 그녀는 엄밀한 의미의 비밀주의자는 아니지만, 스스로를 잘 드러내지 않는 편이다. 침묵함으로써 거짓말을 하기도 한다. 그녀는 예지능력이 있는 박애주의자, 지도자, 유능한 동지이지만, 거대한 기획의 성공 여부를 결정지을 중요한 사람들과의 관계에서 요령 없이 굴다가 원대한 계획을 무산시키는 일도 왕왕 있다. 게다가 자신이 설파한 것을 실행하는데 어려움을 겪기도 한다. 그녀에게는 기획을 실행하는 일보다 목표를 구상하는 쪽이 훨씬 쉬운 일이다.

호기심 많은, 실험정신이 강한, 편견 없는

물병자리 여성은 조급한 판단을 내리는 일이 별로 없고, 열린 마음을 유지한다. 뉴턴의 생각이 아인슈타인에 의해 수정되었고, 아인슈타인의 생각은 스티븐 호킹에 의해 수정되었다. 물병자리 사람들은 제대로 알고자 하며 항상 자기 생각을 수정할 준비가 되어 있다. 물병자리 여성은 새로운 내일을 만들기 위해 오늘의 가능성을 되돌아보는 사람들을 좋아하며, 선택의 가능성이 열려있기를 바란다. 새로운 방법, 새로운 생활 방식, 새로운 치료법, 새로운 목표가 그녀를 자극한다.

그녀는 실험정신이 강하지만 관념적일 때가 많다. 점성술에 입각해서 출산을 조절하는 일이나 가족 간에 나체로 지내는 일에 동의할 수도 있고, UFO나 사후의 삶을 믿을 수도 있다. 하지만 보수적이고 인정받기를 원하는 또 다른 본능이 그런 믿음의 실천을 방해한다.

'응축된 공기'의 물병자리 여성

그녀는 이혼법이 남성에게 더 유리하게 제정되었고, 일부일처제는 케케묵은 제도라서 대안적인 생활 방식이 필요하고, 새로운 기술진보로 기적적인 치료술을 만들어낼 수 있다고 믿는다. 하지만 자신이 이혼할 때는 그 법을 자기에게 유리하게 이용할 것이고, 정도에서 벗어나 '파격적인' 생활 방식을 시도하기로 마음먹으면 심각한 불안에 빠질 테고, 의학적 기적이나 새로운 약을 위해 자신이 실험대상이 되는 일은 거부할 것이다.

친해지는 것을 두려워하는, 수줍음을 타는, 겸손한

물병자리 여성들은 일대일의 친밀하고 직접적인 관계는 어떻게든 피한다. 그녀는 평생토록 감정적으로는 처녀로 남을 수도 있다. 적어도 생애 최초로 누군가와 함께 있고 싶은 마음을 느끼고, 상대에게 자기 영혼을 쏟아붓고 싶다는 갈망으로 이성을 잃고, 스스로 통제할 수 없는 상태를 경험할 때까지는 그렇다. 그런 경험은 그들을 뿌리째 뒤흔들어놓을 것이다.

그녀는 실제보다는 관념상으로 더 실험적이다. 그녀는 절대적으로 자유를 신봉하며, 변화와 진보의 필요성을 믿는다. 하지만 누구든 변화의 문턱에 서면 두려움을 느끼는 법이다. 물병자리도 다를 바 없다. 이런 커다란 모순이 그녀의 개방적이고 실험적인 태도 때문에 감춰질 뿐이다. 물병자리 여성의 아킬레스건이라 할 수 있는 친밀해지는 것에 대한 두려움, 종종 실패에 대한 두려움까지도 포함하는 그 두려움 역시 이런 태도에 의해 감춰진다.

물병자리 여성은 개인적인 관계에서 소심하고 다소 수동적이다. 그녀는 어떤 문제를 개인적으로 받아들이기보다는 일반화하려 들고, 특히 자신에 대해서는 더 그렇다. 게다가 개인적으로 친밀한 관계를 맺는 것보다 열정적으로 대중을 상대하는 일이 훨씬 더 수월하다고 생각하는 그녀를 이해하는 사람은 더욱 드물다. 그녀는 강하고 매력적이면서도 겸손한 면이 있다. 그래서 공무원이 되면 진심으로 공정하고 공손하게 사람들을 대할 것이다. 거대한 구조 안에서 한 개인이 커다란 의미를 가질 수 없다는 사실을 납득하고 있기 때문이다.

격식을 따지지 않는, 쉽게 마음을 분할하는

물병자리 여성은 형식적인 행사나 되풀이되는 의식, 지나치게 부담스러운 구조를 싫어한다. 그녀는 이태리 현대 가구의 유연성이나 일본 거실의 소박함, 갈고리 발톱 같은 다리가 붙은 빅토리아 양식 욕조의 독창적이고 기능적인 미를 좋아한다. 따로 분리해서 교환할 수 있는 것들, 이동 가능한 가구나 집, 혹은 옮겨다니는 생활 등이 그녀의 마음을 끈다.

물병자리 여성들의 마음 한쪽에는 일이, 다른 쪽에는 연애 생활이 숨어있다. 필요하다면 집을 난장판으로 어질러놓은 채 새로운 일이나 취미로 뛰어들 수도 있다. 가족이 자신의 일을 결코 방해하지 못하도록 가족에게서 떠날 수도 있다. 내가 아는 물병자리 친구 한 명은 어느 날 아침 창밖으로 자기 충견이 정원에 죽어있는 것을 발견했다고 한다. 그녀는 동물보호 단체에 전화를 한 뒤, 차분하게 옷을 갈아입고는 시에서 주최하는 기금 마련 오찬에 참석했다. 물론 죽은 개는 그녀가 없는 동안 처리되었다.

이처럼 마음을 분리시키는 능력은 그녀가 한 가지 일에 집중할 수 있도록 도와준다. 물병자리 여성이 쉽게 성공할 수 있는 것도 부분적으로는 바로 이 능력 덕분이다. 그녀는 어린애 같은 마음의 장난이나 일관성에 대한 지나친 집착, 혹은 드라마 소재가 될 만한 감정다툼으로 마음을 어지럽히는 일이 없다. 또한 친밀한 관계로부터 도망치기 위해 종종 지나치게 일에 몰두하곤 한다.

초연한, 우호적인

물병자리 여성은 자신의 생활보다 세상의 복지에 더 신경을 쓴다. 물론 그녀도 가족을 사랑하고 친구에게 성실하다. 단지 매사를 더 넓은 시야로 생각할 뿐이다. 세부적인 것보다 방대한 영역을 포괄하는 쪽에 더 마음을 둔다. 그녀는 일의 자연스런 흐름을 존중하고, 사물의 질서를 더 중요하게 생각하며, 그런 것들이 개인사보다 더 영구하다고 본다.

어떤 점에서 그녀는 다른 사람들보다 좀 더 크고 특이한 자아를 가졌다. 주변 사람 대부분이 그녀를 사랑하지만, 그녀는 스스로에게 그만큼의 사랑을 주지 않는다. 그녀는 결코 자아도취에 빠지지 않으며, 항상 개방적이고 공정하고자 노력한다. 그녀의 감정적인 초연함이 긍정적인 결과를 부를 때도 있다. 그녀는 결코 주연배우로 나서지 않으며, 지나치게 자신을 내세우거나 결핍감을 없애기 위해 가정불화를 초래하지도 않는다. 주도권 경쟁은 전갈자리 여성의 몫이고, 자기연민은 물고기자리, 교묘한 배후 조종은 사자자리의 몫이다. 하지만 물병자리 여성이 일단 마음먹으면, 원하는 모든 수단을 다 사용할 수도 있다.

그녀는 단체에 쉽게 적응한다. 리더십과 연대감을 균형 있게 조절할 수 있기 때문이다. 그녀는 사람들 사이에 섞여 귀를 기울이는 한편으로 논쟁을 주도한다. 다른 사람들이 말하는 것을 종합하고, 인정할 필요가 있다고 생각하는 부분은 순순히 인정한다. 또한 감정을 앞세운 표현보다 통계를 이용해서 사실을 설명하는 쪽이 더 옳다고 생각한다.

성에 대해 관대하면서도 성적으로 억압된

물병자리 여성은 항상 성의 자유를 인정한다. 포르노 상영관이나 성인물 서점 철폐를 외치는 일은 결코 없으며, 피임 기구를 판매하는 일도 반대하지 않는다. 그런 것은 개인이 선택할 문제라고 믿으며, 다양한 자극을 접한 후 가장 마음에 드는 것을 선택할 권리가 사람들에게 있다고 믿는다. 적어도 관념적으로는 개방적이고 자유롭기 때문에 어떤 일에도 충격을 받지 않는다.

그녀의 태도 중에서 가장 매력적인 부분은 '심판하지 않는 우정'이다. 그녀는 자기와 아주 다른 신념 체계를 가진 사람들과도 함께 살 수 있다. 사실 그녀에게 천성적으로 선생 기질이 있고 독단적으로 훈계를 일삼는 면도 있다. 하지만 주변 사람 모두를 개종시키려 들지는 않는 것이다.

자기는 일부일처제를 신봉하더라도, 친한 친구가 매일 밤 다른 남자와 동침한다고 비난하지 않는다. 특히 성에 대한 태도나 행동에서의 차이가 우정을 손상시키지는 않는다. 물병자리 여성은 사람들에게 많은 여지를 주며, 그들도 자신에게 그렇기를 바란다.

그녀는 아주 일찍부터 나름대로 생활 방식에 대한 원칙을 정한다. 하지만 그것은 어디까지나 자신의 문제라는 사실을 알기 때문에 타인에게는 꼭 필요할 때만 의견을 내세운다. 그리고 좀 더 공식적인 방식으로 자신의 의견을 피력하는 것이다. 성에 대한 책을 쓰거나, 성 치료사가 되거나, 성적인 문제 때문에 알코올중독에 빠진 사람들을 위한 상담원이 되는 식으로 말이다. 개방적인 견해를 가진 출판업자가 되거나, 언제나 성생활이 어떻게 변화하고 있는지 보여주고 싶어하는 영화제작자가 될 수도 있다.

하지만 사생활에서는 다르다. 그녀가 누군가에 감정적으로 몰두하고 그와의 관계를 소중하게 생각하면 할수록 오히려 구태의연한 관습으로 후퇴하는 모습을 볼 수 있다. 거절당하는 것을 심각할 정도로 두려워하는 데다가, 미리료 생각하는 것(가령 '개방적인 결혼생활을 하는 것도 좋다' 라든지)과 감정이 요구하는 것이 완전히 다른 경우도 많기 때문이다. 개인이 누리는 자유에는 장점과 단점이 모두 내재한다. 그녀는 내심 그 장점과 단점의 무한한 가능성이 두려워서 자신을 얽어매는 것 같다.

인간관계

사랑이 아름다운 까닭은 모든 것을 포용하기 때문이다. 사실 사랑의 문제는 영혼의 문제이다. 물병자리 여성은 살아가면서 많은 인간관계를 갖지만 그중에 진정으로 가깝고 친밀한 관계는 거의 없다.

어찌 보면 그녀는 보수적이다. 사랑을 원하고, 어느 누구도 끼어들 수 없는 두 사람만의 유대감을 원하며, 다른 무엇보다도 우선 보람을 느낄 수 있는 직업을 원하는 것이다. 그러면서도 미래지향적이고 자신의 잠재능력을 최대한 발휘하려고 애쓴다. 누군가 물병자리 여성에게 고리타분한 여성상을 기대한다면 결코 거기에 응하지 않을 것이다.

'응축된 공기'의 물병자리 여성

그녀는 아주 훌륭한 교육을 받았기 때문에 성인이 되어서도 그 틀에서 벗어나지 못한다. 그녀는 자기부정에 이를 정도로 열렬한 이타주의자가 될 수도 있다. 어떤 때는 물 빠진 수영장만큼이나 분명하게 자신을 드러내며 개방적인 태도를 보인다. 하지만 또 다른 순간에는 폐쇄적인 태도를 보이면서 두 팔로 자신을 보호하듯 감싸안는다.

그녀는 친밀한 관계를 원하면서도 두려워한다. 간절히 원하는 이유는 그런 관계가 기쁨을 주고 자신도 성장하리라 믿기 때문이다. 그러면서도 두려워하는 까닭은 자신을 노출시켜 자제력을 잃을까봐 두렵기 때문이다.

물병자리 여성은 다양한 깊이로 정교하게 새겨진 다면체의 프리즘이다. 그녀의 가장 커다란 매력은 그 정신에 있다. 그녀의 정신은 수정처럼 휘황찬란하고, 달처럼 환하고, 진주처럼 하얀빛을 발한다. 하지만 육체를 너무 소홀하게 대접하는 경향이 있다. 그녀의 정신은 열려있고, 뛰어난 통찰력을 보이며, 진귀한 정보와 지식들도 별에 닿을 듯 가득하다. 하지만 영혼은 몹시 메말라 있어서 정이 듬뿍 담긴 살아있는 인간관계를 맺고 거기서 애정과 희망을 나누려는 갈망으로 타오른다.

물병자리 여성은 자신을 노출하고 상처받는 것을 가장 두려워한다. 하지만 그 두려움을 극복하지 못하면, 어떤 인간관계에서도 행복을 얻지 못할 것이다. 그런데도 그녀는 자꾸 일이나 인도주의 활동, 동물보호운동, 공부, 다양한 인간관계 등으로 도피하려 든다. 인간의 완전한 진화란 이지적인 지식이 켜켜이 층을 이룬 그 아래, 마음 깊숙한 곳으로 파고들지 않고서는 불가능하다. 바로 거기서 지식이 배려와 연민으로 변하는 것이다. 물병자리 여성은 이 사실을 깨달아야 한다.

'인간은 사랑과 우정에 있어 평등하다'는 것이 물병자리 여성들의 신조이며, 의무를 수행하기만 하면 관계가 저절로 잘 유지되리라 생각한다. 그들은 약간 별스러워도 나름대로 헌신적인 엄마이고 아내이자 친구이다. 책임감이 강하고, 유별난 상상력도 풍부하다. 그녀는 파티에 활력을 더해주며, 어떤 사교모임도 잊히지 않을 만한 것으로 만드는 재미있고 기묘한 생각들을 가지고 있다. 아이들도 쉽게 그녀를 따르는 편이다. 그녀의 익살에 손뼉을 치며 좋아하고, 함께 의견을 나누면서, 완전한 인격체로 자신들을 대하는 그녀에게 호감을 느낀다. 그녀는 아이들을 격려하기 좋아해서 그들이 인생에 대한 의문에 스스로 답하도록 자극하고, 반응을 유발한다.

'너는 네 일을 히고 니는 내 일을 한다'는 물병자리 여성이 좋아하는 생긱이다. 사실 그녀는 자기시간 대부분을 자기 마음대로 쓰고 싶어서 누가 그녀에게 무엇을 하라고 명령하면 참지 못한다.

배우자가 지시하거나 간섭하는 것도 싫어서 아주 남성적인 남자들과는 원만한 관계를 유지하기 못한다. 남자 쪽에서도 그녀가 무슨 속셈인지 이해할 수 없을 것이다. 묵묵히 타협하는 것이 물병자리의 특징이기 때문이다. 그 내용은 대체로 '나는 좋은 아내, 엄마, 동료, 혹은 친구로서 필요한 모든 것을 하겠다' 대신 '어떤 식으로든 나를 구속하려 들지 말고, 존중하고 이해하고 후원해주기 바란다'는 것이다.

물병자리 여성은 최악의 상황에 최고의 친구로 남는다. 당신이 정말 필요로 할 때는 그녀가 옆에 있어준다는 것을 믿어도 좋다. 하지만 그녀가 당신과 함께 울어준다거나 손수건을 내밀어줄 거라고 기대하지 마라. 그녀가 당신 일을 자기 일처럼 느끼고 흥분하는 일은 없을 것이다. 사회생활의 요령을 터득해서 상대에게 공감을 표시하는 법은 배우겠지만, 감정이입은 잘 못하는 편이다. 그녀의 특기는 다른 사람의 입장이 되어 같이 분개하는 것이 아니라 문제를 해결해주면서 내내 훈계하는 쪽이다.

그녀는 곤경에 처한 친구에게 "내가 그럴 거라고 말했잖아" 하고 말한다. 그녀의 독선적인 태도는 아마 예민하고 자책하는 성향이 강한 사람들의 감정을 상하게 할 것이다. 하지만 그녀는 사람들이 왜 자기를 쌀쌀맞고 심지어 냉정하다고 비난하는지 이해할 수 없어 한다. 같이 흥분한다고 문제를 해결할 수 있는 것도 아닌데 말이다. 심지어 그녀는 감정의 문제도 머리 속의 지적인 현미경으로 해부하려 들고, 사람들이 연연하는 복잡한 격식도 제지하려 든다.

인간관계에 대해 놀라운 통찰력을 보이지만 어쩐지 길 건너편 언덕에서 망원경으로 바라본다는 느낌을 준다. 그녀는 개인적인 일에 대해 떠들어대는 것이 무례하다고 생각한다. 친구가 재취업하는 것에 대해 배우자가 어떻게 생각하는지 묻는 것은 너무 개인적인 질문이라 생각하고 자제한다. 게다가 뭔가 말하고 싶다면 굳이 물어보지 않아도 말할 것이라고 생각한다.

그녀의 상상력은 방대하며, 전통적인 남성, 여성의 한계로부터 자유롭다는 장점을 갖는다. 그녀는 관심을 실내장식이나 케이크 만들기, 연애에 한정하지 않는다. 그녀의 정신은 과학적 탐구, 중국사, 이태리 예술 등의 대초원을 배회하며, 주식시장, 과학적 발명, 세계 정세 변화, 왜 사람들이 심령치료사를 찾아가는지 등에 흥미를 보인다. 저녁을 먹다 불쑥 영육분리 강습을 받기로 했다는 말을 꺼내기도 한다.

친한 사람들에게도 자기 생각이 변화한 과정을 들려주지 않는 편이다. 천성적으로 소유욕이 강하고 캐묻기 좋아하는 사람들은 그런 그녀에게 실망할 것이다. 그녀는 최선을 다해 바람직한 결정을 내리고 정정당당하게 승부하고자 한다. 또한 대체로 영리하고 말도 조리 있게 한다. 하지만 자신의 언어적 표현능력을 너무 당연하게 받아들여서는 안 된다. 타고난 재주도 훌륭한 인간관계를 맺기 위해서는 끊임없이 개발하고 향상시켜야 하는 것이다.

그녀는 천성적으로 정중하게 행동하는데, 이것이 지나쳐 무관심하게 보일 때도 있다. 그녀는 사람들에게 어떤 행동의 동기나 인생의 계획을 말하라고 강요하지 않는다. 또한 모든 사람이 스스로가 무엇을 하고 있는지 잘 알고 있다고 가정한다. 자신이 그렇기 때문이다! 그녀는 모든 일에서 전문가의 조언을 얻는 것이 좋다고 생각한다. 부동산 투자를 위해 돈을 지불하고 전문가의 조언을 구하듯이 심리적인 문제는 심리학자와 논의하려 한다. (사실 심리 상담은 독자적으로 사고하고자 하는 그녀의 바람에 다소 위배되기도 하지만) 그녀는 공적인 자리에서는 사적인 문제를 덮어두는 게 좋다고 생각하며, 놀랄 정도로 절제하면서 매사를 분리시켜 생각할 수 있는 사람이다.

그녀는 어떤 문제든 절대적으로 옳고 그름을 판가름할 수 있다고 확신한다. 그녀에게는 항상 하나의 정답이 있는데 그 결론에 이르는 사고의 흐름은 살펴볼 만한 가치가 있다. 먼저 과학적인 관찰과 독서, 실험을 통해 자료를 수집한다. 그것을 그녀의 미니 컴퓨터에 저장하고 모든 측면을 살펴본 후, 마지막으로 자신이 세운 가설에 대한 찬성과 반대의 가능성을 찬찬히 따져본다. 이런 식으로 한번 마음을 정하면, 하나님도 그녀의 마음을 돌릴 수 없다. 그녀는 다른 의견을 잠재우기 위해 아주 냉소적으로 굴 것이기 때문이다.

그녀는 동물을 아주 사랑해서 비록 다정한 마음은 좀 부족하지만 아주 극진한 구석이 있다. 또 어떤 일에서는 전통적인 관례에 따를 필요가 있다고 믿는데, 그중 하나가 사람들을 환대하고 접대하는 일이다. 그녀는 육감적으로 어떤 사람이 자신과 잘 맞을지 아닐지 정확히 파악하지만 완벽한 주인이 되어 모든 사람을 똑같이 대접한다. 그녀는 자신을 드러내야 하는 일대일의 만남보다는 적당한 수의 사람들이 모인 자리를 더 편안하게 느낀다.

그녀는 박애주의와 무한한 정신적 에너지를 표출할 통로가 필요하다. 아마 오랫동안 학생으로 지내는 것이 그녀에게 좋을 것이다. 물병자리 여성 중에는 영적인 능력이 강한 사람이 많은데, 그런 경우 그 능력을 유익하게 사용할 수 있는 기술을 배우는 쪽이 좋다.

하지만 그녀는 감정과 사랑도 표현할 줄 알아야 한다. 또한 인간관계가 반드시 손해만 보는 것이 아니라는 사실도 알아야 한다. 그녀는 자연스럽게 우러난 마음으로 교류하기를 바라는 점에서는 낙천주의자이지만 연애를 제대로 이끌어가기 위해 필요한 것이 무엇인지는 더 배워야 한다.

어린 시절

물병자리 소녀는 대개 어머니보다 아버지와 더 밀접한 유대를 갖는다. 흔히 아버지가 보여주는 인생에 대한 논리적이고 냉정한 태도를 존경하며 그의 권위와 힘에 이끌린다. 그녀는 아버지를 너무 따르다 못해 어머니와 거리를 두기도 한다. 아버지에 대한 감정은 한 남자와 오래 연애를 하면서 해소된다.

물병자리 여성 대부분이 아버지를 이상화했으며 어머니와 친하게 지내지 못했다는 얘기를 많이 한다. 이런 여성들은 모두 자신의 기대에 부합하는 남성을

'응축된 공기'의 물병자리 여성

찾는데 어려움을 겪는다. 어떤 사람들은 10대에 아버지에게 가졌던 애정을 내던져버리고 의식적으로 아버지와 다른 남자를 찾아다닌다.

C의 경우가 그렇다. 아름답고 금발에 다리가 긴 C는 20대에 이혼을 생각하고 있다면서 나를 찾아왔다. 두 딸 중 장녀였던 그녀는 아버지를 몹시 따랐고, 아버지도 그녀를 총애했다. 그녀는 한번도 엄마와 친하게 지내지 않았고, 아버지에 대한 열렬한 애정에 방해가 된다고 원망했다. 작은 사업체를 운영하던 아버지는 퇴근하거나 주말이면 C와 즐겁게 보냈다.

그녀가 열네 살이 되었을 때 아버지는 투자 실패로 무일푼이 되었다. 어머니가 직장을 구했고, 아버지는 집에 있었다. 이제 하루 종일 아버지와 지낼 수 있다고 생각한 C는 더없이 기뻤지만, 아버지는 곧 술을 마시기 시작했고 점점 침울해졌다. C는 계속 성장하고 있었는데도 그는 동물인형 같은 것을 계속 사주었고(그 돈이 어디서 나왔는지 C도 모른다), 마치 여덟 살짜리에게 하듯 그녀에게 말을 걸었다.

C가 열여섯 살에 사건이 터졌다. 그녀가 데이트를 하고 돌아오는데 아버지가 엿듣고 있음을 알아챈 것이다. 부녀 간에 큰 싸움이 벌어졌다. 술을 마시고 있었던 아버지는 나중에 후회할 말들을 뱉었다. C는 그의 지갑 속에서 자신의 사진 한 장을 발견했는데, 그것이 여덟 살 때 분홍색 발레복을 입고 있는 사진이었다. 그 일이 있은 후 얼마 지나지 않아 아버지가 갑자기 심장발작으로 사망했다.

"난 아버지에 대한 분노를 억눌렀고, 그가 죽은 후에도 계속해서 우상시했어요. 난 나를 팬클럽처럼 후원하면서 애정을 바치는 젊은 남자를 찾아다녔지요. 마침내는 버릇없는 젊은 여자의 비위를 맞춰주는 나이 들고 돈 많은 남자들로 시선을 돌렸어요. 10명도 넘는 중년 남자의 딸 역할을 한 것 같아요. 결국 난 그중 가장 너그럽고 나보다 열두 살이나 많은 S와 결혼했어요.

지금 우리 결혼은 암초에 부딪혔어요. 난 학교도 마치지 않았고, 혼자 힘으로 살아갈 능력도 없어요. 하지만 계속 이렇게 환상 속에서 살 수는 없어요. S는 성장을 위한 힘도, 감정적인 솔직함도 없어요. 내가 그보다 더 커버린 셈이지요.

누군가의 딸에서 벗어날 수 있도록 준비하고 싶어요. 최근 들어 어머니와 대화를 나누기 시작했어요. 그녀는 섬세하고 강한 사람이더군요."

C는 아버지로부터 많은 상처를 받았고, 애증이 뒤섞인 감정을 가지고 있었다. 그녀는 아버지를 사랑했지만, 그는 그녀를 혼란스럽게 만들었고 실망시켰다. 갑자기 죽어버린 것도 그랬다. 그녀는 아버지 같은 남자와 결혼하기를 원했고, S가 그런 남자였다. 하지만 나를 찾아올 무렵 그녀는 다른 것을 원했다. S는 여전히 너그럽고 애정이 넘치는 남성이었지만, 그녀가 성장하고 자신의 성숙한 자아와 새롭게 대면하는 것을 도와주기에는 역부족이었다.

그녀는 아버지가 사업에 실패하고 갑작스레 죽어버린 사실을 과소평가했지만, 사실은 커다란 그림자를 남긴 사건이었다. 그녀는 결국 S도 실패하기를 기다렸는지 모른다. 그 사실을 깨달은 C는 이혼으로 벗어나려 했다. 하지만 C와 S는 한번 더 노력하기로 결정했다.

물병자리 여성이 행복한 애정 생활을 누리려면 감정과 지성을 더 조화시켜야 한다. 또한 아버지를 우상시하면서도 애증으로 얽힌 복잡한 감정을 더 분명하게 인식할수록 다른 남성들과 더 건강한 관계를 가질 수 있을 것이다.

연인이나 다른 사람들과 관계 맺는 방식

물병자리 여성들은 어떤 방법을 통해서든 사람들을 매료시킬 수 있는데, 이것은 그들의 정신 덕분이다. 그들은 섹스가 결부된 관계보다 플라토닉한 친구가 더 많고, 교양 있고 재미있고 색다른 사람들을 좋아한다. 그녀의 매력은 지성과 호기심, 세련된 분위기에서 생겨난다.

물병자리 여성은 다른 여성들처럼 성적 매력을 중시하지 않는다. 재미있는 일은, 그럼에도 남성을 유혹하기 위해 열심히 노력하는 여성들만큼이나 그녀가 매혹적인 수수께끼로 남는다는 점이다.

약간 초연하며 무관심한 태도를 보이는 그녀는 노골적으로 여자 뒤를 따라다니는 사람의 흥미를 자극한다. 그녀가 보이는 천성적인 겸손함 배후에는 지적 오만함이 미묘하게 감추어진 듯하고 박애주의적인 관심 속에서 엘리트주의가 느껴지기도 한다.

지적으로는 자유로우면서 감정적, 성적으로 억압된 성향을 극복하지 못한다면, 그녀는 낭만적인 관계를 마치 낱말 맞추기 퍼즐처럼 이끌어갈 위험이 크다. 그녀는 거절이 두려워서 어떤 일에도 성급하게 뛰어들지 않는다. 하지만 이따금씩은 심사숙고해서 분석을 마친 후에, 갑자기 끝장을 볼 때까지 밀고 나갈 때가 있다.

물병자리 여성은 한 사람에게 동등한 인간, 아내, 동반자, 독창적인 연인, 어머니, 교사, 학생, 여동생, 딸 등 모든 의미를 다 포괄하는 존재가 될 수 있다. 그녀는 자발적으로 그의 사업을 돕고, 가정을 이끌어가고, 힘겨운 기획에 함께 하는 동료가 된다. 기사나 책을 공동 저술하거나, 배우자 쪽의 가업을 자랑스럽게 이어간다. 그녀는 배우자의 가족들을 환영할 것이며, 심지어 배우자와 이혼한 전 부인조차도 품위 있고 정도에 맞게 환대할 것이다.

그녀는 가장 필요할 때 힘을 보태고 뒷받침함으로써 그의 자부심을 유지해주고, 운명의 장난으로부터 그를 보호한다. 친구들에게도 커다란 도움을 주는 편이다. 어떤 사태의 유형을 파악하고 예견할 수 있도록 도와주며, 판단을 흐릴 수도 있는 감정에서 벗어나게 해주고, 생활의 리듬을 망쳐놓는 사소한 질투심을 한 단계 높은 것으로 고양시키도록 돕는다.

그녀는 항상 친구가 많지만, 그들 대부분이 그냥 알고 지내는 정도일 뿐이다. 여자보다 남자를 더 존중하는 편이고, 어쩌면 여자를 전혀 좋아하지 않을 수도 있다. 자신이 다른 여자들보다 더 우월하고 침착하다고 느낄지도 모른다. 그녀는 어디를 봐도 숙녀다운 그런 여성이다. 일하는 사람들을 결코 함부로 대하지 않으며, 관리인이나 엘리베이터 걸, 청소부에게 친절하다. 동네 꼬마들과 동물들도 그녀의 팬이 될 것이다.

하지만 친구 관계를 더 솔직하게 들여다보면, 밤에 악몽으로 잠을 설친 후 새벽 3시에 전화할 수 있는 그런 친구는 그녀에게 극히 드물거나 전혀 없을 가능성이 많다. 젊을 때는 자신이 먼저 다가가서 친구가 되는 일도 많고, 비상시에 연락할 수 있(다고 믿)는 친구도 많을 수 있다. 하지만 그들에게 전화하기 위해 수화기를 들었다가 그냥 놓는 일이 점점 늘어나고, 그녀 쪽에서 더 노력을 기울이지 않는다면, 이런 우정은 줄어든다. 그녀는 고지식할 정도로 충실하지만, 그만큼 자기 방어적이다.

물병자리 여성이 인간관계에서 무장해제하고 있는 일은 몹시 드물다. 가장 친한 친구에게도 침체되고 우울한 모습을 보이기 싫어하며, 개인적인 문세가 생겨도 그것을 혼자 힘으로 극복하고 싶어한다.

남들에게 폐가 되는 것도 몹시 싫어한다. 그녀는 사람들에게 큰 도움이 되는 의논 상대이지만 그들에게 반대급부를 요구하는 일은 거의 없다. 혼자 자기평가를 내리고, 혼자 상담하고, 혼자 치료하는 데 으뜸가는 유형이다. 그녀의 인간관계에서 가장 중요한 문제는 친밀함이다.

친밀함

사람들과 깊게 사귀는 법을 배우고 싶다면 먼저 감정을 느끼는 능력을 섬세하게 만들어야 한다. 흔히 여성적이라고 하는 모든 것을 무조건 거부해서도 안 된다.

친밀함(Intimacy)은 가면을 쓰거나, 다른 사람을 즐겁게 한다고 생기는 것이 아니다. 친밀함이란 성적인 느낌이 있든 없든, 무조건 만지고 안고 상대를 향해 손을 내미는 물리적 행동들로 구성된다. 배려하고, 접촉하고, 다가가고, 다정함을 보이는 것이 친밀함이다. 따라서 긍정적인 표현이고, 세심하게 주의를 기울이는 것이며, 정직한 말이고, 감정이입과 개방, 신뢰이며, 감정과 영혼과 지성뿐 아니라 물리적인 단계에서도 함께 나누는 것이다. 친밀함은 상대방에게 무조건 동의하면서 문을 여는 것이고, 사회나 종교의 제약에서 벗어나 인간적인 감정과 활동을 받아들이는 것이다. 거기에 의도적으로 상처를 주고, 착취하고, 억압하고, 폭력을 행사하는 것이 포함될 수 없음은 당연하다.

친밀함은 인간이 행복하도록 돕는다. 아니, 친밀함이야말로 행복의 필수조건이다. 직업적으로 아무리 커다란 성공을 거두어도, 사생활에서 친밀한 관계가 없는 사람들은 불안하고 씁쓸한 뒷맛만 느낄 것이다.

'응축된 공기'의 물병자리 여성

친밀함의 문제

물병자리 여성들의 아킬레스건은 친해지기를 두려워하는 데 있다. 그들은 속마음을 드러내고 자신의 연약한 뿌리를 노출하는데 두려움을 느낀다. 쉽게 상처받는 자신을 인정하고, 다른 사람들(혹은 한 사람)과 평등하게 나누며 함께 살아가는 일에 두려움을 느낀다.

현대 여성들은 사랑하는 남자에게 감수성과 대화기술, 마음을 열고 상처를 받기도 하는 능력을 가르쳐야 할 경우가 많다. 그런데 깊게 친해지는 법을 알지 못한다면 연애도 표류하게 될 것이다. 사실 여성성을 부정하고 경멸하는 것은 자긍심 일부를 파괴하는 일이며, 애정 문제에서 감정의 탐험가가 되어 모험하려는 의지를 약화시킨다.

성장기에 남성과 강하게 동일시하면서 자란 여성들은 스스로의 여성성을 받아들이고 존중하기 힘들다. 다른 여성을 믿지 않거나 두려워하고, 그들과 경쟁하는 모습을 보일지도 모른다. 물병자리 여성은, 다른 여성에 대한 두려움이 바로 자신의 어떤 부분에 대한 두려움이라는 사실을 깨달아야 한다.

자꾸 '밖으로 튀어나오는' 두려움을 극복하려면, 무엇보다 먼저 두려움이 거기 있음을 인정해야 한다. 겉으로 드러나는 증상은 감정이 극단으로 치닫지 않도록 해줄 뿐, 먼저 자신의 두려움을 온전히 인정하지 않는 이상 상황은 악화되기만 할 것이다.

물병자리 여성들은 '분석'이라는 방식으로 자기를 은폐하려 든다. 상황을 분석하려는 것은 상처받지 않기 위해 자신의 감정적 욕구를 방패 뒤로 감추는 기술이다. 즉 감정적으로 부담스러운 상황에 처할수록 초연하고 합리적이고 자제하고 통제하는 자세를 갖는 것이다. 그러고는 "손이 떨리고 주전자를 던지려 했던 걸 보니 화가 난 모양이군" 혹은 "이 집 사람들은 의사소통을 더 효율적으로 할 필요가 있겠어" 하는 식으로 말하는 것이다.

분석하는 감정을 확대시키거나 은폐하면서, 자신이 항상 완전하게 감정을 통제하고 있다는 환상을 갖는다. 이것은 다른 이들의 참여나 동등한 역할을 허용하지 않는, 극히 고급스런 감정 유희라 할 수 있다. 만일 지금 '분석'하는 사람이 있다면, 그의 말은 지나치게 합리적이고 그의 육체는 차분하고 냉정하며 침착할 것이다. 적어도 자기 스스로는 그렇다고 말한다. 하지만 마음 깊은 곳에서 "나도 상처 입기 쉽단 말야!" 하고 소리치고 있다.

친밀함에 대한 두려움을 극복하려면

물병자리 여성이 친밀함에 대한 두려움을 극복하려면 우선 다음 사항들을 생각해봐야 한다.

- 당신에게 친밀함이란 무엇인가?
- 당신은 친밀함을 원하는가?
- 당신이 정말 친하게 지내는 사람들이 있는가?
- 친밀한 관계를 원하는데도 없다면, 어떻게 대처할 것인가?
- 당신의 가치관이 사생활에 어느 정도 영향을 미치는가?
- 친구들과 가깝다고 느끼는가?
- 편한 마음으로 친구들에게 힘든 부탁을 할 수 있는가?
- 배우자나 친구에게 속마음을 드러내는가?
- 당신 자신을 방어하기 위해 거리를 두고자 할 때, 어떤 방법을 쓰는가?

사람은 누구나 다른 사람과 거리를 두는 나름의 방법을 가지고 있으며, 자동적으로 그 방법을 사용한다. 셜리 맥클레인은 그것을 "자신을 불편하게 만드는 감정들에서 벗어나는 방법"이라고 했다.

사람들이 자기를 드러내지 않으려고 스스로에게 되뇌는 말이 있다. 물병자리 여성들은 이런 식으로 방어를 시작한다.

- 남들이 내가 그리 괜찮은 사람이 아니란 걸(가짜란 것을) 알아챌지도 모른다.
- 나는 쉽게 잘못을 저지른다.
- 사람들이 나를 비웃고 비판할 것이다.

- 내가 방해가 될지도 모른다.
- 사람들이 나를 떠나버릴 것이다.
- 그들은 내가 완전지 못함을 알아챌 것이다.
- 그들은 내가 얼마나 두려워하는지 알아챌 것이다.

인간이든 동물이든 기본적으로 친밀감을 느끼고 싶어한다. 유년기에 이 욕구가 충족되지 않으면, 성인이 되어 제대로 성관계를 맺지 못한다는 사실이 아기 원숭이를 대상으로 한 실험에서 입증되었다.

그것은 어린 원숭이들이 두 '엄마'와 지내게 하는 실험이었다. 한 엄마는 철사로 만들어진 데 반해 우유가 나왔다. 다른 엄마는 철사 위에 옷을 입고 있었다. 대부분의 원숭이들이 부드러운 옷을 입은 엄마 옆에 붙어 애정을 구하면서 놀았고, 우유를 받아먹어야 할 때만 마지못해 철사로 만들어진 엄마에게 다가갔다. 따뜻함이나 사랑, 친밀한 접촉 없이도 이 원숭이들의 몸은 성장해갔지만, 어떤 의미에서는 결코 성인이 되지 못했다. 그들은 제대로 애정 표현을 하지 못했고, 성관계를 위한 정확한 자세를 취할 수 없을 정도로 성적인 장애를 보였다. 연구자들은 친밀했던 경험이 아동의 성 발달에 핵심적인 역할을 하며, 성적인 능력도 정서적인 안정에 뿌리를 둔다고 결론 내렸다.

모든 사람이 사랑과 접촉, 포옹과 애무를 갈망한다. 신체 접촉도 정서적 만족을 위한 것이다. 이제까지는 일반적으로 유년기 초기를 지나면 신체 접촉에 대한 욕망이 사라진다고 생각해왔다. 어쩌면 우리 대부분도 지나치게 사회화되는 과정에서 그 원숭이들처럼 기능장애를 일으키게끔 교육받았는지도 모르겠다. 우리는 다정해 보이려는 충동을 억제하도록 배웠다. 근친상간, 동성애, 양성애, 오이디푸스 콤플렉스, 일렉트라 콤플렉스 등에 대한 금기 때문이다. 아이를 망칠까봐, 혹은 스스로를 망칠까봐, '비현실적인' 인간이나 '지나치게 감정적인' 인간이 되는 게 두려워서, 애정을 억누른다. 사회적인 역할을 수행하기 위해 요람에서부터 자연스런 감정을 억누르도록 강요하다보니, 남는 것은 권력투쟁 밖에 없다.

물병자리 여성들은 대체로 뛰어난 학생이기 때문에, 이런 친밀한 태도에 대한 금기도 지나치게 잘 배워버린다. 그녀가 본능적으로 대규모의 그룹을 선호하는 까닭도 여기 있다. 자신과 마찬가지로 금기를 학습한 사람들, 일종의 사회적 거울을 더 많이 접하고, 결국 애정을 억제하는 태도 역시 더 강화된다.

이제 물병지리 여성들이 친밀함에 대힌 두려움을 극복할 수 있는 현실적인 방법을 제시하고자 한다. 하지만 이 문제는 워낙 복잡하고 상대적이기 때문에, 당신에게 심각한 문제가 있다고 생각될 때는 전문 상담원이나 치료사를 찾으라고 조언하고 싶다. 다음 방법들은 치료에 가장 도움이 된다.

- 의자 두 개를 가져다 한 의자에는 당신이 앉고, 다른 의자에는 당신 안에 숨어있는 친밀함에 대한 두려움을 앉힌다. 당신의 두려움에게 말을 걸어라. 당신이 두려움 역할을 맡을 때는 의자를 바꿔가며 대화해야 한다. 그 과정을 녹음해서 나중에 들어보고, 거기서 도출되는 결론을 찬찬히 따져보라.

- 당신 내면을 더 잘 알 수 있도록 스스로를 동물, 구름, 나무, 아이, 색 등으로 설명하라. 말한 모든 것을 종이에 옮겨 써라. 친한 관계를 형성하는데 문제를 느낄 때면, 당신이 쓴 것을 읽어보라. 배우자나 친구들과 함께 봐도 좋다.

- 당신의 느낌에 의심이 생길 때는 콧노래를 불러보라. 그리고 그 노래의 가사를 확인한다. 감정적인 문제에 직면했을 때는 이것이 진짜 감정을 확인하는 특히 빠른 방법이다.

- 친밀함에 대해 생각하고 있을 때 머릿속에 떠오르는 생각들에 주의를 기울여라. 특히 겉보기에 하찮고 별 관련 없어 보이는 것들에 주목하라. 혼자서 혹은 누군가와 함께 자유 연상을 시도하라. "나는 …하는 게 두려워"라는 문장을 완성시키는 것도 한 방법이다. 그렇게 하는 동안 당신이 어떤 생각을 하고 어떤 느낌을 받게 되는지 생각해보라.

- 당신이 언제 어떻게 망설이고 자제하는지 파악하라. 누군가에게 다가가고 싶었는데 마지막 순간에 멈춘 일이 있었다면, 그 상황을 되살려 보라. 다음에는 그에게 다가갈지 멈출지를 스스로 선택할 수 있게 될 것이다. 또한 당신이 언제 어떻게 어떤

'응축된 공기'의 물병자리 여성

말을 하려다 삼키게 되는지 생각해보라. 그 전 단계와 전전 단계의 방법들이 도움이 될 것이다.

- 당신의 은밀한 생각에 대해, 그리고 그 생각이 당신의 인간관계에 미치는 영향에 대해 최대한 정직해져야 한다. 매 시기마다 지나간 일들을 낡은 대본처럼 다시 살펴보면서 정정할 필요가 있다. 죄의식, 수치심, 두려움은 정직한 평가 속에서만 드러난다. (구체적인 의사소통 수단에 대한 더 자세한 조언은 천칭자리와 전갈자리의 인간관계를 참고하라.)

당신에게 중요한 사람이 정확히 누구인지 알기 위한 좋은 훈련법이 있다. 당신 손이 닿는 곳에 베개를 많이 갖다놓고 방 중앙에 자리잡아라. 각각의 베개마다 한 사람씩 이름을 정하라. 그녀 혹은 그가 당신에게 어느 정도 중요한가에 따라 그들이 살아있을 수도 죽을 수도 있다. 이 일을 끝냈을 때 당신 인생에서 누가 가장 중요한지, 누가 가장 가까운지, 누가 가장 멀리 있는지 알게 될 것이다. 각각의 베개는 그것이 지시하는 사람과 당신 사이의 거리를 정확히 지시해주는 자리에 놓이게 될 것이다. 성적인 친밀감은 가깝다는 느낌의 중요한 한 측면이다. (이 문제에 대해서는 이 장의 성 부분을 참고하라.)

사랑에 빠진 물병자리 여성

물병자리 여성은 사랑에 빠지면 '함께'가 되고 '하나'가 되었다고 느낀다. 그녀의 마음도 열리고, 의무감은 즐거움으로 교체된다. 타고난 실험정신은 온갖 달콤한 수단을 다 동원해서 상대의 관심을 유지하고, 마치 전기자극이라도 주듯 흥분시킨다. 사랑은 그녀의 전 존재가 불꽃처럼 타오르게 만들고, 창조성도 그 어느 때보다 풍부하게 샘솟는다. 계획과 흥분으로 분주해지고, 적어도 그 순간만은 미래를 확신한다.

앞으로의 가능성을 점치는데도 다른 사람들을 앞질러가며, 그녀의 영혼이 다른 세상에 가 있는 듯해서 거기서 무엇을 보는지는 아무도 알지 못한다. 어쩌면 미래의 삶이나 다른 차원의 삶을 보고 있을지도 모르고, 또 어쩌면 운명의 끈을 점검하고 있는지도 모른다. 어쨌든 처음 한동안은 그녀에게서 아무런 말도 들을 수 없다. 이럴 때 그녀의 태도를 설명하는 단어는 비밀과 음모이다.

그녀는 길거리에 서서 자신의 행복감을 허공에다 외치는 짓은 결코 하지 않는다. 하지만 인간관계와 성, 미래지향적인 생활 양식, 특히 사랑에 빠진 여성을 위한 정보로 가득한 전 세계의 잡지를 모두 구독할지도 모른다. 역할모델을 찾아 모방하려는 것은 아니다. 단지 마음이 끌리는 새로운 길로 뛰어들기 전에 준비를 단단히 하고 지식을 얻어 안전함을 확보하고자 하는 것이다.

그녀는 인간관계에 있음직한 모든 종류의 책임을 동등하게 지려고 하며, 이것이 상대를 기쁘게 한다. 섹스를 주도할 수도 있고, 경제적 책임도 나눌 것이다. 요리하고, 바느질하고, 시장 보고, 그의 손을 잡고, 그의 말을 들어주고, 필요하다면 가르쳐주기도 할 것이고, 좋은 안주인, 연인, 동반자, 조수, 지배자, 치료사가 될 수 있다. 그녀는 공정하며, 상대의 단점들에 대해서도 관대함을 보인다. 문제가 생겼다고 당황하는 법도 없다. 그것을 정신적인 도전으로 받아들이기 때문이다.

그녀는 거의 신의 선택을 받은 사람처럼 '남성적인' 것까지 포함해서 무슨 역할이든 수행할 수 있다. 그런 점에서는 시대를 앞서간다고 볼 수 있다. 그녀는 연인을 소유하려 들지 않으며, 돈 문제나 사소한 실수 하나하나를 다 해명하도록 강요하지도 않는다. 항상 상대에게 여지를 주며, 그도 자신에게 그렇게 해주기를 바란다. 따라서 이중적인 잣대를 가진 남성은 그녀에게 고려의 대상도 되지 못한다.

물병자리 여성은 사랑에도 머리를 앞세우며, 긴박한 상황에서도 곤경에 빠지지 않는다. 또한 항상 신중하게, 현실적으로 연인을 보호한다. 그녀의 연인은 자신이 모르는 무언가를 그녀가 알고 있다고 느끼게 될 것이다. 하지만 그게 무엇이든 그녀가 두 사람의 이익을 위해 활용하리라 굳게 믿을 것이다.

그녀는 자극적이고 다소 별스런 연인이다. 예측할 수 없는 성향에, 몹시 눈에 띄며, 남들과 다른 용기와 욕망을 가지고 있다. 그녀는 다른 여자들과 다르기 원하며, 특히 연인의 눈에 자신이 돋보일 수 있는 모든 일을 한다. 그가 테니스 애호가라면 바로 테니스 강습을 받으러 간다. 샌드위치를 싸들고 와서 스탠드에 앉아 응원하거나 기다리는 것은 그녀의 스타일이 아니다. 손쉬운 해결책이나 예측가능한 것은 결코 그녀의 마음을 끌지 못한다. 그녀를 사랑하는 남성은 바로 이런 그녀의 성격에 겁먹기보다 전율할 것이다.

사랑에 빠진 물병자리 여성은 가장 균형 잡힌 상태가 되며, 최선을 다해 베푼다. 물론 그녀에게 중요한 것과 상대가 중요하게 여기는 것이 항상 일치하지는 않는다. 하지만 그녀는 그가 자신에게 주는 모든 것을 솔직하고, 신중하게, 그리고 즐거워하면서 받을 줄 안다. 그럴 때면 바로 당신이 주는 것이기 때문에 소중하다는 느낌도 잘 전달한다. 물병자리 여성의 연인은 자신이 비밀스런 지식의 공유자로 선택되었다고 느끼며, 자신을 행운아라고 생각한다. 그리고 자신에게 전해지는 특별하고 우주적인 에너지에 경탄한다.

성관계 유형

물병자리 여성들은 성관계에서 다음 특징을 보인다. (이것은 플라토닉한 관계에도 적용될 수 있다.)

- 일찍 성숙하며, 성 경험과 성적 모험에 개방적이다. 섹스에 대한 '생각'이 그녀를 강하게 흥분시키며, 반항심이나 과시, 남과 다르다는 것을 보여주려는 욕망으로 급하게 행동하는 경우도 많다.
- 혼전 성관계를 많이 가지는 편이다. 자유를 추구하는 데다 정착하기 전에 가능한 모든 생활 방식을 시험하고 싶기 때문이다. 그녀는 내심 결혼을 미루고 싶어하며, 적어도 구식의 결혼생활은 영영 하지 않을 수도 있다. 결혼이 자신을 가두는 새장이 될까봐 두려워한다.
- 한번 진지한 애정을 갖게 되면 거기 충실한 편이다. 하지만 그녀에게 성과 사랑은 별개의 문제다. 어떤 때는 다른 사람에게 성적으로 끌리거나 흥미가 동한다는 이유로 사랑에 빠지기도 한다. 결혼한 후에도 은밀하게 바람을 필 가능성이 많다.
- 우정을 느끼면 많은 것을 베풀지만, 그 우정이 느닷없이 끝나는 경우도 많다. 그럴

때면 그녀는 무슨 일이 생겼는지조차 이해 못 할 때가 있다.

- 살아가면서 뿌리째 옮겨가는 일을 많이 겪는다. 대개는 예측도 못했던 것이지만, 이로 인해 돌연히 어떤 관계가 끝나버리기도 한다. 물병자리 여성에게는 많은 일이 생길 것이고, 여기에는 이혼도 포함된다.

- 물병자리 여성들은 정서적인 만족감을 얻기 힘들다. 나양하고 자극석인 인간관계를 갖지만, 결코 완벽하게 친해지지 못하기 때문이다. 냉정함과 자기감정을 감추는 방패, 이것이 다른 사람과 쉽게 친해지지 못하게 막으며 감정적 육체적 이별의 주된 이유가 된다.

- 물병지리 여성은 지니치게 일에 믈두힘으로써 심성석인 모든 것으로부터 도피하거나 보상받으려 한다. 감정적으로 지나치게 부담스러운 상황을 피하려는 태도는 평생 계속된다. 하지만 직업상으로는 커다란 성공을 거두는 편이다.

- 물병자리 여성은 내심 친밀감을 원하면서도 한 번도 내놓고 찾은 적이 없다. 만일 그녀가 이 친밀한 관계를 본격적으로 추구하기로 마음먹는다면 무조건적인 사랑을 베풀게 될 것이다. 필요한 것은 신뢰와 감성적인 역량을 키우는 일이다.

물병자리 여성이 원하는 연인 유형

물병자리 여성에게 필요한 연인은 다른 무엇보다 관대하고, 사려 깊고, 따뜻한 연인이다. 그는 그녀를 있는 그대로 인정하고, 그녀의 독창성에 열린 마음을 보여야 한다. 또한 처음에는 정신적이고 분석적인 단계에서 사람들과 관계 맺는 그녀의 방식을 받아들일 필요가 있다.

그는 그녀의 태도에 맞추면서도 문제점을 보완해줄 줄 알아야 한다. 그녀가 냉담한 편이니 그는 따뜻한 마음의 소유자라야 하며, 그녀 안의 억눌린 열정을 끌어내려면 어떻게 포옹해야 할지도 알아야 할 것이다.

또한 호기심이 강해서 무엇이든 알고자 하고, 지식(특히 그녀의 새로운 지식)에 흥미를 보여야 한다. 훈계는 안되지만, 도덕성은 있어야 한다. 물병자리 여성은 자기원칙을 고수하는 상대를 존경한다.

그는 고집도 있고 필요하다면 기꺼이 대립도 불사하는 정직한 사람이어야 하며, 그녀를 꿰뚫어보고 두 사람의 관계에 문제가 될 수 있는 버릇은 지적할 수 있어야 한다. 그녀는 감정만이 아니라 지적으로도 새로운 도움을 주는 사람, 그녀의 낙관주의를 지지하는 연인을 원한다!

그는 너무 소극적이어서도, 너무 공격적이어서도 안 된다. 너무 소극적이면 그녀가 편하게 생각해서 가정의 평화를 위해 노력할 마음을 내지 않을 것이다. 하지만 그가 너무 공격적이면 흥미를 잃고 돌아서버린다. 마초 스타일의 남자는 결코 그녀가 좋아하는 타입이 아니다.

그는 여러 면으로 조화롭게 균형을 유지해야 한다. 그녀는 결코 돈만 쫓지 않는다. 그녀는 재물을 최고의 가치로 여기지 않는다. 하지만 약간의 독립성을 유지하면서 살아갈 수 있을 정도의 경제적 기반은 필요하다. 그는 그녀가 그런 확신을 가질 수 있도록 배려해줄 필요가 있다. 또한 제대로 자격을 갖춘 인간, 인정받는 여성이 되고자 하는 욕망을 뒷받침해줄 수 있어야 한다.

그는 자유분방한 생활을 즐길 줄 알면서 동시에 계획도 세울 줄 알아야 한다. 너무 고지식하거나 엄격해서도 안 된다. 그녀는 그가 자신의 엉뚱함을 받아들이고, 원만한 관계를 위해 세심하게 돌봐주기를 바란다. 그녀도 기꺼이 식당에 예약 전화를 걸고 세금 문제를 처리할 것이다. 또한 그의 양말을 사고, 빨래를 할 것이다. 하지만 그가 차를 몰고 자신이 있는 곳으로 데리러 와주기를 기대하기도 한다. 평등한 관계, 함께 이끌어가면서 책임을 나누는 것, 이런 일들은 그녀에게 즐거움을 준다.

그는 두 사람의 관계 중 어느 부분에 있어서는 이끌어가는 역할을 맡아야 한다. 그가 젊은 심령학자라면 그녀의 신비로운 직관을 키워줄 수 있을 테고, 과학자라면 그녀가 새롭게 사고하도록 도울 수 있을 것이다. 물론 그가 아무 특징 없는 직업을 가졌을 수도 있다. 하지만 그럴 때는 흥미로운 취미, 그녀와 공유할 수 있는 무언가를 가져야만 한다.

성에 관심이 많고, 모험심이 강하고, 경험이 많은 사람이 그녀에게 좋은 상대이다. 그녀는 한 단계 한 단계 그를 따라갈 것이고, 어떤 점에서는 그를 이끌어갈 수도 있다. 그들은 함께 열정적이고 전위적인 춤을 안무할 것이고, 결코 같은 것을 반복하지 않는 성행위에서 무한한 기쁨을 얻을 것이다.

정신을 개발하고 우주적 지식을 얻는데 관심이 있는 사람, 진부하고 답답한 생각들을 돌아보고 기꺼이 수정할 수 있는 연인이 그녀를 흥분시킨다. 또한 그녀가 모든 것을 함께 할 수 있는 사람, 붙잡기 힘든 그녀의 신뢰를 얻어내는 데 성공하는 사람, 바로 그런 사람이 그녀에게 필요한 연인이다.

물병자리의 성

물병자리 여성은 타고난 호기심과 모험심 때문에 섹스의 모든 길목을 탐험한다. 아마도 자신의 성 생활에 전통적인 것과 미래지향적인 것이 결합될 때 가장 행복해할 것이다.

그녀는 신체에서 성적으로 가장 큰 영향력을 가진 기관이 뇌라고 생각한다. 자신도 계산능력과 풍부한 상상력으로 두뇌를 적절히 활용해서 남자에게 숨겨진 충동과 환상을 끌어낸다. 게다가 그녀는 성관계에 전적으로 참여하기보다 관중이나 격려자의 태도를 취하는 편이다. 물병자리 여성은 모든 점에서 인정받기를 바라는데 섹스도 예외가 아니다. 그녀는 상대가 완전히 탈진할 정도로 격렬한 오르가슴을 얻을 때 자기 임무를 완수했다고 느낀다.

그녀는 삶의 모든 자극을 억제하는 태도와 열정적으로 모험에 뛰어들고 싶은 욕망 모두를 볼 수 있다. 떠들썩한 술자리에서 옷을 다 벗어 던지고 사람들 사이를 걸어다니며 이것저것 기록하는 그녀를 상상할 수도 있다. 그녀는 사회가 '비정상적'이라고 간주하는 성적 모험에 기꺼이 참가하지만, 자신이 세워둔 한계 안에서만 그렇게 한다고 주장한다. 물론 이 한계는, 비밀이 지켜질 경우 그 범위가 상당히 넓어진다.

가끔은 섹스 도중에 그녀의 마음이 떠나면서 육체를 결합시키는 마술이 풀

'응축된 공기'의 물병자리 여성

려버릴 때가 있다. 상처받을까 두려워하는 마음 때문에 누군가와 성관계를 가질 수 없겠다는 생각이 들면, 억지로 다른 생각을 하기도 한다. 열정적인 애무와 적절한 분위기, 키스, 깨물기, 강약을 조절하면서 일부러 난폭함을 보이는 것, 이런 것으로 그녀가 비밀을 드러내리라 생각하는 사람은 스스로를 바보로 만드는 것이다. 그녀는 결코 이런 계략에 넘어가지 않는다. 사실 그녀는 그런 일을 당하기보다는 주도하는 쪽이다. 그녀가 육체보다 정신을 더 신뢰한다는 사실은 외모에 별로 신경 쓰지 않는 태도로 확인할 수 있다. 어떤 때는 정말이지 볼품없이 차려입을 때도 있다. 하지만 미래에 대한 기대로 반짝이는 눈과 기이할 정도로 수수한 모습 때문에, 사람들은 그녀의 차림새는 신경도 쓰지 않고 자기 마음을 사로잡은 것이 무엇인지 찾는다.

물병자리 여성들은 한 연인에게 완전히 빠져들고, 정신이 아찔할 정도로 사랑하고, 자유분방한 성관계에 몰두하고 싶은 욕망을 강하게 느낀다. 그들은 삶의 다른 부분에서와 마찬가지로, 적어도 머리로는 충실한 연인이 된다. 하지만 실제로는 넘치지 않을 만큼만 단호하게 열정을 유지한다.

물병자리 여성은 사귀는 연인이 자신에게 도움이 되기를 바라지만, 상대가 그녀에게 똑같은 요구를 할 수 없다. 그녀의 감정적 무장이 어찌나 단단한지, 아마 12별자리 중 가장 연인에게 좌절감을 불러일으키는 유형일 것이다. 그녀도 연인과의 온전한 결합을 추구하지만, 감정은 표현하지 않는다. 게다가 상상력과 감정의 저장고가 바닥나 다시 채워야 할 때는, 다른 사람을 피해 혼자 있고 싶어한다.

물병자리 여성은 결혼생활이 기대했던 것과 다르다고 생각하면 바로 다른 사람에게 향한다. 결혼을 유지하는 동안에도 그녀는 항상 성적으로 끌리는 다른 사람을 찾는다. 물론 그는 지적으로도 그녀의 흥미를 끌어야 할 것이다. 만일 그녀가 독선적으로 보일 만큼 도덕적이고 구식이라면, 성적으로 방황할 때 마음에 더 커다란 혼란을 느낀다.

흔히 '이중잣대'라 부를 만한 것이 물병자리 여성에게는 존재하지 않는다. 하지만 두 개의 별이 물병자리를 지배하고 있는 것처럼, 그녀의 태도나 기분에는 모순이 많으며, 성문제도 이런 혼란에서 벗어날 수 없다.

초기 성 경험

물병자리 소녀들은 어머니의 모성보다 아버지의 힘과 지성에 더 끌린다. 그들은 아버지를 우상화하는데 이것이 10대 후반까지 이어지는 편이다. 이버지의 지혜와 지식을 존경하기에 자기도 이런 것들을 가질 수 있도록 노력해야 한다고 느낀다. 아버지(혹은 대가족에서 나이든 남성)에 대한 이상화는 대체로 여성을 얕보는 태도로 이어진다. 그래서 그녀가 다른 소녀들과 친밀하고 의미 있는 우정을 맺는 경우는 거의 없다. 고등학생이 되면 아버지의 이미지에 일치하는 젊은 남자를 찾기 위해 학교 남학생들을 샅샅이 뒤진다.

물병자리 여성은 어릴 때 모범생이고, 자라서는 훌륭한 선생이 된다. 그녀는 어린 시절 주입된 전통적인 가치와 금기를 그대로 고수하는 편인데, 이것이 모순을 부른다. 그녀는 부모가 가르친 대로 동성애, 근친상간, 문란한 폭주족 등을 나쁘게 본다.

하지만 그녀의 왕성한 지식욕과 모든 사람의 해방을 원하는 태도는 가능한 모든 종류의 기존 틀을 깨고자 한다. 그녀는 동네 깡패 대장에게 관심을 보이기도 하는데, 그 이유란 것이 고작 그를 그렇게 만든 원인을 알아내고, 자기 삶을 고양시켜줄 가치 있는 정보를 얻고 싶다는 것이다. 필요하다면 그녀는 가족이 결코 용납하지 않을 남자와 성관계를 가질 수도 있다. 그렇다고 그녀가 '그들의 일원'이 되었다고 느끼지는 않는다. 그저 좀 다른 생활 양식을 실험해보고 있을 뿐이다.

그녀가 학교 교육에 권태를 느끼면, 성적인 공상에 빠지기도 한다. 성에 대한 생각이 젊은 물병자리 여성의 흥미를 끌 뿐 아니라, 몽상에 잠김으로써 익숙하고 지루해진 공부에서 도피할 수 있기 때문이다.

물병자리 여성의 감정적인 초연함은 이미 어린 시절부터 몸에 밴 것이다. 어머니와 거리를 두고 아버지를 이상화하는 태도는 그들 둘 모두에게 감정을 배제한 태도를 보이게 만든다. 그녀는 아버지가 어머니에게 관심을 갖는다는 이

'응축된 공기'의 물병자리 여성

유로 어머니를 질투하며, 어머니에게 '굴복한' 아버지에게 노여움을 느낀다. 그렇지만 그녀는 누군가와 대립할 때 늘 그러는 것처럼, 더 큰 그림을 그리기 위해 감정적으로 물러난다.

사랑과 성

지적으로 빈틈이 없고 독립적인 물병자리 여성은 사랑조차 머리로 분석하려 한다. 그녀가 상상할 수 있는 가장 큰 죄악은 정신을 억누르는 것이다. 따라서 성을 억제하는 것 역시 잘못이라 느낀다. 하지만 이런 생각은 어린 시절부터 주입된 '일부일처제', '진실한 사랑', '여자의 행복(아마도 아이 두어 명을 키우는)' 등에 위배되어 커다란 갈등을 겪는다. 물병자리 여성은 어떻게 애정을 구하고 받아들여야할지 배울 필요가 있다.

그녀는 한번에 한 사람과 친해지는 법을 배워야 한다. 물병자리 여성의 많은 수가 상처받거나 한 사람에게 지나치게 집착할까 두려워하는 탓에 일대일의 인간관계는 별로 경험하지 못한다. 또한 자신이 다가갔을 때 상대가 거절할까봐 두려워하기도 한다. 상처받는 일과 낭만적인 성향을 벗어날 수 없는 덫처럼 생각하는 것 같다. 하지만 그녀 정도의 강한 정신력이면 어떤 덫에 걸리더라도 벗어날 수 있을 것이다. 게다가 로맨스와 친밀감은 심지어 동물에게도 자연스럽고 필요한 감정들이다.

그녀가 스스로에게 친밀한 관계를 허용하지 않는 한, 그녀의 완고한 태도는 더욱더 심각해질 것이다. 마치 일대일의 격렬한 관계를 맺고 나면 자신에게 남는 게 하나도 없을까봐, 또 뒤돌아서 도망칠 문이 영원히 잠겨 있을까봐 두려워하는 것 같다. 그녀가 배우자와 가족을 아무리 사랑해도 새로운 지식이나 경험, 자기보다 불행한 사람들을 도울 수 있는 기회를 찾으면 가족들을 거의 버리다시피 한다. 어떤 때는 그녀의 가족이 바로 그녀가 도우려는 '자기보다 불행한 사람들'이 되어버린다는 사실을 전혀 깨닫지 못한다. 그녀에게는 가족과 대중을 함께 포용할 힘과 여지가 있으니, 양쪽 모두에게 관심과 사랑을 기울이도록 노력해야 한다.

성적 친밀감

물병자리 여자가 사랑의 보금자리에 안주해 완벽하게 한 연인의 소유물이 되어 열정을 바치는 모습은 상상할 수도 없다. 그녀는 결코 울타리를 치려하지 않을 것이다. 그것은 '새장에 갇히는 것'을 뜻하기 때문이다. 그녀는 항복하지도 않을 것이다. 힘을 잃는 것이기 때문이다.

누군가에게 진정한 친밀감을 느끼는 것이 곧 자기영역의 포기를 뜻하는 것은 아니라는 사실을 깨달아야 한다. 오히려 그것은 자기공간과 상대방의 공간 양쪽 모두를 확보하는 일이다.

또 당신이 포용하고, 호의를 베풀 때 대중들이 거부하지 않는 것처럼 일대일의 관계도 마찬가지다. 성교육을 개선하고 여성 피해자들을 돕고 싶다면 기꺼이 정부나 교육위원회, 여성단체에 후원을 요청할 것이다. 그런데 왜 당신을 사랑하는 남자에게는 애정이나 보호, 사랑 같은 것을 요구하기 두려워하는가?

'자유'은 물병자리 여성에게 가장 중요한 단어이다. 보수적인 정신으로부터의 자유, 특히 전통적으로 강요되어온 성역할로부터 여성이 자유로워지는 일은 그녀가 평생 놓지 않는 목표이다. 하지만 물병자리 여성 자신도 자유가 필요하다. 그것을 깨달을 때 그녀는 더 강력한 힘으로 다른 사람에게 자유를 보여줄 수 있을 것이다. 스스로 만든 감정의 도피처는 정말이지 벗어나기 어려운 감옥이지만, 닫힌 문 저편에 친밀한 관계라는 새로운 영토가 펼쳐져 있다는 사실을 깨달으면 그녀도 문을 열 방법을 찾을 것이다.

그녀가 배워야 할 점

물병자리 여성은 신뢰하는 법을 배워야 한다. 또한 인생을 더 현실적으로 바라볼 필요가 있다. 이론적인 원칙이나 사상이 더 나은 미래를 위한 수단임에는 분명하지만, 사람들이 살아가는 것은 다가가고, 나누고, 친해지는 구체적인 행동을 통해서이다.

그녀는 우선 '느끼는 능력'을 길러야 하며, 그다음에는 '다른 사람들처럼' 느끼는 능력을 길러야 한다. 그녀는 자신만의 감정체계를 만들어내고는 그것이 더 우월하고 합리적이라고 주장한다. 정보나 지식을 다른 사람과 나누듯, 이미 존재하는 감정에 대한 이론에도 의지할 줄 알아야 한다.

면도날처럼 날카롭게 다듬어진 승부욕을 가진 그녀는 원하는 결과에 도달하기 위해 자기도 모르게 남에게 상처를 준다. 남성과 경쟁할 때는 주도권을 얻기 위해 거세 전술을 사용하기도 한다. 하지만 물병자리 여성은 승리를 손쉽게 얻어낼 능력이 있기 때문에, 남성과 싸울 때도 부당한 기술에 호소할 필요는 없을 것이다.

물병자리 여성도 한 명의 여성이라는 그 당연한 진실을 받아들이느냐 마느냐는 그녀 스스로 결정할 문제이다. 그녀는 자신을 매력적이고 힘차고 강한 인간으로 만들어주는 힘, 즉 자신의 여성성을 거부한다. 자기 안의 남성을 찾느라 자기 안의 여성과 접촉할 끈을 거의 놓쳐버렸는지도 모르겠다. 균형을 찾아야 한다. 그렇지 않으면 지나치게 경직될 것이다.

그녀는 거절당하는 것을 두려워하지만, 여성의 몸으로 '남성적' 태도를 견지하기 때문에 거절당하는 상황으로 자신을 밀어넣는다. 사람들은 그녀의 매력 때문에, 그리고 그녀의 기대하게 만드는 반짝이는 눈빛 때문에, 자연스럽게 그녀에게 접근한다. 그런데 그녀가 그들을 성차별주의자나 기회주의자라고 비난하면서 등을 돌려버리면 그들도 당황할 수밖에 없다.

그녀는 간혹 한 번씩 자신을 완전히 풀어줄 필요가 있다. 그것이 어떤 느낌일지 알아내기 위해서라도 말이다. 아마 또 해보고 싶을 만큼 아주 좋았다고 느낄 것이다. 하지만 풀어주는 것도 연습이 필요하다.

스스로를 통제하는 것이 직업적 성공은 보장해주겠지만, 개인적인 성취를 방해할 때도 많다. 만일 당신이 모든 것을 내던지고 몹시 매력적인 정신을 가진 사람과 정열적으로 사랑에 빠지고 싶다면, 그렇게 하라! 당신은 어떤 실수를 저질러도 회복할 수 있을 정도로 강하다.

물병자리의 분노

우리 속에 내재한 분노, 적대감, 증오, 원한을 받아들이는 일은 행복감, 너그러움을 받아들이는 일보다 훨씬 힘들다. 유쾌하고 친절한 사람이 되는 것은 좋은 일이라고 교육받았기 때문에 긍정적인 감정은 쉽게 받아들인다. 하지만 무례하고 심술궂은 사람이 되는 일은 바람직하지 않다고 배웠기 때문에 분노는 항상 억제한다.

인간은 모두 공격심과 증오심을 가질 수 있다. 전문가들 중에는 증오가 사랑의 일부라고 믿는 이도 있다. 사람들은 자기가 갖고 싶은 성격을 가진 상대를 좋아하게 되어있고, 그러다 보니 이따금씩 어쩔 수 없이 원한이 생겨난다. 결국 우리는 처음에 상대를 사랑하게 만든 바로 그 성격 때문에 그를 증오하고 그에게 분노한다. 결혼도 마찬가지다. 사람들은 자신이 결혼을 선택한 바로 그 이유 때문에 이혼하는 것이다.

공격성은 항상 긴장을 유지하고 방심하지 않으면서 목표에 도달하기 위해 필수적인 것이다. 과거에는 그것이 생사를 결정짓는 문제였다. 공격하지 않고는 생존할 수 없었기 때문이다. 분노는 자연스러운 공격 본능에 방해물이 있다고 느낄 때 생겨난다. 자기 목소리를 낼 수 없고 부엌에 너무 오래 갇혀 지냈다고 느끼는 여성은 자연스럽게 사회의 거짓말에 적대적인 반응을 보일 것이다.

만일 몸이 경계신호를 보내는데도 분노를 억누른다면, 신체기능의 장애를 피할 수 없다. 엄청나게 많은 사람들이 궤양, 편두통, 요통, 생리통으로 고통받고 있다. 나는 그들 대부분이 분노를 억눌렀기 때문이라고 생각한다.

분노에 대해

다음은 물병자리 여성들이 자신의 분노에 대해 들려준 이야기이다.

'응축된 공기'의 물병자리 여성

- "배우자가 내게 어떻게 생각하는지 따져 묻거나, 내가 적의를 느끼고 있다는 생각이 들면, 대답을 회피하고 다른 사람들에 대한 얘기를 늘어놓는 편이에요. 아이의 피아노 선생, 이웃사람의 이혼, 교육계의 부정, 요즘 떠도는 뜬소문 같은 거요.

  내가 감정을 폭발시키는 경우는 드물어요. 그보다는 심술궂어지지요. 피아노 선생이 동성애자란 걸 배우자가 어떻게 알겠어요? 교장이 머리가 벗겨지기 시작했고 비서와 불륜에 빠졌다는 얘길 듣고 싶겠어요? 그 여자는 너무 말라서 앞인지 뒤인지 구분이 안 갈 정도라는 그런 얘기를? 게다가 이웃집 얘기로 넘어가서, 왜 그 사람들은 온 동네 사람들이 다 볼 수 있도록 부엌 창 앞에서 싸우는 건지, 그 여자가 으깨놓은 호박 같은 얼굴로 배우자 마음을 되찾을 수 있다고 믿을 만큼 천치인지 하는 그런 얘기를 말예요."

- "난 농담으로 분노를 가라앉혀요. 가족과 관련된 농담, 성적인 것 등 특이한 우스갯소리를 많이 알고 있거든요. 화가 날수록 지저분한 농담을 즐기는 편이죠. 그게 더 충격을 주니까요. 농담을 하다보면 실제로 내 분노를 표현하지 않고도 배우자에게 복수했다는 느낌을 갖게 돼요."

- "난 무용수예요. 분노는 별로 문제가 되지 않아요. 연습실에 가서 발레 슈즈를 신고 화를 배출하는 거죠. 내 몸과 마음을 단련하기에 더없이 좋은 방법이에요."

- "모르겠어요. 별의별 수를 다 써봤어요. 프로이드나 융 식의 치료법 뿐 아니라 원시적으로 소리치는 치료법 등. 어디서는 내게 테니스 라켓을 주고 침대를 내려치게 하더군요. 하지만 그 모든 것이 소용이 없더라고요. 분노를 표현할수록 내 안에서 더 많은 분노가 솟아오르는 거예요. 마사지 요법도 받아봤는데 아프기만 하더군요. 내 생활은 나아지지 않았어요. 여전히 화가 나고, 모든 사람에게 분노를 느껴요. 특히 남자들에게요. 그런데 어쩌다 남자 친구에게 분노를 표현하려고 노력할 때면, 목소리는 누그러지고, 오히려 분노했던 것에 대해 미안해하는 태도가 돼요. 사실 그에게 화를 내는 건 온당하지 못하다는 생각도 들어요. 내가 태어나면서부터 분노에 차 있는 게 그의 잘못은 아니니까요."

첫번째 여성은 자기 분노를 조금씩 배출하는 방법을 택했다. 그녀는 그것을 제삼자에 대한 악의로 전환시켜서 심술을 부리는 식으로 표현했던 것 같다.

나는 그녀가 진짜 분노를 터트릴 때는 어떤 상황이 되었냐고 물어보았다. 그녀는, 자신이 폭발하는 일은 몇 번 없었는데, 그때마다 배우자가 공포에 질렸다고 답했다. 하지만 그렇게 하지 않았다면 그녀의 배우자는 아내가 느끼는 분노를 깨닫지도 못했을 것이다. 그녀는 자신이 폭발할 때 배우자가 너무 불안해하기 때문에 시간이 흐르면서 사실상 분노를 직접적으로 표현하는 일은 그만두게 되었다고 말했다.

그런데 그다음 상담 시간에 그녀가 한 가닥 희망의 눈빛을 반짝이며 찾아왔다. 그녀가 분노를 폭발한 지 이틀 정도 뒤 그들 부부의 성생활이 크게 좋아졌고, 그 유쾌한 상태가 몇 주나 지속되었다는 것이다. 그녀는 이 문제에 대해 배우자와 건설적인 방향으로 얘기를 나누겠다고 했다. 또한 지금은 유치한 심술 수준을 벗어나지 못하는 식으로 분노를 표출하고 있지만, 항상 관심 있었던 예술 형식 속에서 새로운 방법을 찾고 싶다고 했다.

나는 그녀에게 지방 신문에 우스갯소리나 단편, 혹은 시사적인 논평을 써보는 게 어떻겠냐고 권유했다. 또한 부부가 낭만적인 장소로 여행을 떠나보라고 했다. 그들이 논쟁을 벌일 경우 녹음할 수 있도록 녹음기도 가지고. 그녀는 기본적으로 건강한 여성으로, 그저 약간의 방향전환이 필요할 뿐이다.

두번째 여성은 스스로를 잘 파악하고 있었다. 내가 해줄 수 있는 말 중에 그녀가 모르는 것은 별로 없었다. 그녀는 무척이나 분석적이고 신중하게 분노를 통제한다. 내가 알고 싶었던 것은 그녀가 속으로 어떻게 느끼는가였다. 정말로 농담을 해서 분노를 배출할 수 있었는지, 아니면 단순히 분노의 방향을 조금씩 바꾸어놓았을 뿐인지. 그녀는 자기 스타일을 바꿀 마음이 없다고 대답했다. 자신이 어떤 분노를 느끼든 그것을 통제할 수 있다는 것이다. 그녀는 이 문제를 계속 따져볼 마음의 준비가 되어 있지 않았다.

세번째 여성, 무용수는 자기 훈련이 잘된 아름다운 예술가이다. 그녀는 어린 시절 수차례의 질병을 극복했고, 완고한 부모도 이겨냈다. 두번의 이혼을 겪었고, 면담 때에는 자신의 삶을 사랑하고 있었다. 그녀는 사랑도 증오도, 아름다

'응축된 공기'의 물병자리 여성

움도 분노도 모두 춤으로 표현한다고 했다. 자주 앓았던 어린 시절에는 건강한 성인이 되어 유명한 무용수가 된 자신을 꿈꾸었다고 했다. 주변 사람들은 그녀가 운동을 하거나 체력을 회복할 수 없을 거라고 생각했지만, 강한 정신력과 불굴의 훈련으로 1년 만에 아름답게 춤을 추게 되었다.

　자기통제는 귀한 덕목이며, 특히 그녀 같은 경우가 그렇다. 미친 짓으로 분노에서 도망치려는 마음과 분노를 적절하게 풀어가는 행동은 종이 한 장 차이다. 후자의 경우, 분노는 더 유쾌한 감정을 부르고 자기 가치를 확인하는 역할을 한다. 사람의 동기란 이해하기 힘들 뿐만 아니라 일일이 따지는 것이 무의미할 때도 있다. 슈바이처 박사가 아프리카로 간 것이 명성을 얻기 위해서이든, 적에게 복수하기 위해서였든, 인류에 대한 참사랑을 표현하기 위해서였든, 무슨 상관이란 말인가? 그의 동기는 이 모두가 뒤섞인 것이었겠지만, 그 결과는 분명했다. 분노의 문제를 다룰 때 나는 그 사람이 도대체 왜 처음 화를 내기 시작했는지 묻지 않는다.

　네번째 여성은 1960년대에 유행한 온갖 생활 방식과 마약, 치료법 등을 시도하며 그 시절을 보냈다. 그녀는 분노한 페미니스트이면서 한편으론 다정하고 순종적인 배우자였다. 유능한 직장 여성이었던 그녀는 사생활에서조차 분노를 드러내는데 어려움을 겪었다. 어떤 때는 분노를 자기 일에 적용시킴으로써 긍정적으로 이용했던 것 같다. 그녀는 이틀 만에 세상을 정복하거나 건설할 수 있을 것 같다는 기분에 사로잡히곤 하는데, 사람들에 대한 사랑으로 가득하거나 분노로 가득할 때 그렇다고 했다.

　집에서 그녀는 다정한 행동으로 분노에 대한 죄책감을 상쇄하려 했다. 연인이 자신을 화나게 만들 행동을 해도 용서했다. 그를 잃는 것이 두려웠고, 자신의 직업적 성공이 그에게 위협이 될까 두려웠다. 그의 자존심을 지켜야 한다고 생각했기에 분노를 억누른 것이다. 나는 그녀가 결국 스스로를 방어하고 있다고 지적했다. 가장 친밀한 관계에서 생기는 분노를 무시한 것은 그녀였다. 그 관계를 잃을까봐, 혹은 '좋은 여자는 배우자를 비난하거나 화내지 않는다'는 낡은 생각 때문에. 그리고 더 깊이 들어가면 그녀는 자신의 감정을 부정하면서,

상대의 감정은 보호해주려 한 것이다.

　그녀는 물병자리 여성의 기본적인 자질이랄 수 있는 감정적 초연함을 이용해서 분노를 통제했다. 그래서 자신의 공격성을 다정한 태도로 바꿀 수 있었다. 하지만 동시에 불만도 함께 자랐고, 그들의 애정은 하향곡선을 그리게 되었다. 분노는 무시할 수 없다. 그녀는 분노에 직면했어야 했다.

　S의 경우를 보자. 그녀는 매일 아침 배우자가 치약 뚜껑을 닫지 않는데 조금씩 화가 났다. 지저분한 세면대에 서면 머리털이 곤두설 만큼 화가 났고, 배우자가 아침마다 욕실을 어질러 놓는 게 싫었다. 그녀의 분노가 점점 커졌다. 그녀는 '만일 그가 정말 나를 깊이 사랑한다면 좀 더 주의할 수 있을 텐데. 적어도 나처럼 치약을 밑에서부터 짜고 뚜껑을 닫는 정도는 할 수 있잖아' 하고 생각했다.

　U는 화가 난 상태에서는 사랑할 수 없음을 깨달았다. 배우자가 무신경하다는 증거가 늘면서 그녀가 화를 내는 횟수도 증가했다. 그리고 애정이 식어가기 시작했다. U는 자주 두통을 느끼고 섹스도 더욱 기계적이고 무미건조해졌다. 둘 다 술을 많이 마시게 되었고, 더 가식적으로 미소 지었다. 처음에는 악화되는 관계를 회복하기 위해 자잘한 의식들에 의지했다. 그녀는 별로 좋아하지 않는 속옷을 사들였고, 그는 내키지 않았는데도 주말여행을 제안했다. 꽃, 선물, 외식으로 메워보려고도 했다. 그는 출근할 때 키스하는 걸 빠트리지 않았고, 그녀도 잊지 않고 그가 좋아하는 음식을 차렸다. 하지만 분위기는 더 냉담해지기만 했고, 그들 사이에 무관심이 자리잡기 시작했다. 얼마 지나지 않아 그 작은 의식들도 더는 도움을 주지 못하는 상황이 되었다.

　어느 날 그들은 모임에 참석했다가 술을 너무 많이 마시고 집으로 돌아가는 길에 다투었다. 격렬한 싸움이 시작되었고, 좀 가라앉는듯하다가 다시 폭발했다. 그들은 더는 서로를 신뢰하지 않았다. 이제 그녀는 그에게 전화해서 퇴근 후 무엇을 할 것인지 알리지 않았다. 그도 일을 끝내고 바로 귀가하지 않았다. 서로에 대한 분노가 한때 사랑이 가득했던 그들의 관계를 조금씩 갉아먹고 있었던 것이다. 그 와중에도 성생활이 좋아진 시기가 있었다. 물론 광폭할 정도로 열정적이고 거칠었지만 결코 친밀감이 느껴지는 것은 아니었다. 하지만 그나마도 차츰 차가워지기 시작했고, 시들해지더니, 완전히 없어졌다.

많은 부부가 이 정도 상황이 되면 바람을 피우거나, 부부치료를 받거나, 개인 상담을 받는다. 어떤 사람들은 별거나 이혼을 결심한다. 하지만 어떤 사람들은 화를 누르고 자신의 느낌을 솔직하게 표현하기 시작한다. 그렇게 하기 위해서는 세 가지가 필요하다. 상황에 대한 정확한 인식, 이기고 지는 일 없이 솔직하게 분노를 표현하려는 의지, 그리고 대화의 기술. 그 후에 그들이 관계를 유지할 마음이 있는지, 그렇다면 어떤 형식으로 유지할 것인지를 결정해야 한다.

U 같은 사람들은 '나 무척 화났어!' 하고 말하는 것이 도움이 될 것이다. 그후 그 문제에 대해 뭔가 조치를 취하는 것이다. 어쩌면 그녀가 할 수 있는 일이란 산책하러 나가거나 테니스공을 이리저리 쳐대는 것밖에 없을 수도 있다. 물론 이런 일도 도움이 되겠지만, 무너진 관계를 회복시켜주지는 않는다. U는 "지겨워. 난 화났어, 그 문제에 대해 뭔가 해야 되겠어. 뭐가 필요한지 살펴보자" 하고 말해야 한다.

분노를 긍정적으로 이용할 때, 부부가 서로를 더 잘 이해하고 모든 감정을 자유롭게 표현할 수 있는 상태에 도달할 수 있다. U가 분노를 억눌렀을 때 희망과 사랑, 자긍심도 함께 억누른 셈이다.

분노를 생산적으로 이용하는 법을 찾기 위한 모임에서 참가자들에게 분노가 유용하거나 또는 해로울 수 있는 상황들을 목록으로 작성했다.

분노가 내게 유용했던 때

- 자신을 자극하는 계기가 된다.
- 인생에서 중요한 것이 무엇인지 알려준다.
- 현재 내게 변화가 필요한 소중한 것이 무엇인지 알려주는 실마리이다.
- 감정에 집중하게 해준다.
- 삶에 의욕을 준다.
- 촉진제 역할을 하고, 기동력을 준다.
- 단호하게 주장할 수 있는 힘을 준다.

- 쓸데없는 성역할 고정관념을 깨부수게 해준다.
- 다른 사람이 내 말을 듣게 만드는 권위와 자기표현력을 길러준다.

분노를 억누르는 일이 얼마나 상처를 주었던가

- 분노를 활용하거나 표현하지 않을 때 자꾸만 우울해진다.
- 다른 사람들에게 쉽게 조종된다.
- 나 자신에게 거리를 두게 만든다. (이것은 긍정적일 수도 있다.)
- 소외감을 느끼게 한다.
- 심각한 무력감에 빠진다.
- 분노를 무기로 사용하게 된다.

가장 자주 분노를 일으키는 문제는 어떤 종류인가

- 가족관계.
- 업무상의 변화.
- 변화하는 성역할 행동, 낡은 관습들.
- 시장 보기.
- 다른 사람의 행동을 변화시키기.

마지막 항목에 대해 덧붙이고 싶은 말이 있다. 만일 자신이 상황을 변화시킬 수 없다는 생각이 들거든, 변화시키고자 했던 대상을 바꿔버리는 것도 한 방법이다. 문제되는 것 자체를 버릴 수도 있는 것이다. 변화시켜야 할 연인과 관계를 맺는 것은 시작부터가 잘못이다. 다른 사람을 변화시키려는 데서 생겨나는 좌절감은 종종 분노로 바뀐다.

마지막으로 물병자리 여성들에게 하고 싶은 말이 있다. 당신은 다른 사람을 변화시키려는 생각을 접어야 한다. 사랑과 분노를 느끼는 당신의 감정에 책임을 지라. 그리고 당신의 에너지를 이미 맺고 있는 인간관계의 장점을 유지하는 데 쏟아라.

'응축된 공기'의 물병자리 여성

물병자리의 생활 방식

대부분의 사람들이 생각조차 해본 적 없는 생활 방식도 있다. 물병자리 사람들은 그런 생활 방식에 대해서 생각한다. 개방적인 정신과 미래지향적인 성향이 엉뚱한 파격을 부추기다. 그녀가 그런 생각을 모두 실천에 옮기지 않는 것은 사회적으로 인정받고 싶은 마음과 교양 있는 성품 덕분이다. 물병자리 여성들은 공동체를 중시하기 때문에, 배타적인 결혼과 핵가족을 대체할 대안에 호감을 보인다.

그녀가 소아암 환자를 위한 기금 마련 모임에 참가할 땐 거기 모인 사람들을 자신이 속한 공동체로 끌어들일 방법을 궁리한다. 저녁 식탁을 차릴 때면 많은 사람을 가족처럼 포용하면서 저녁을 대접하는 상상을 한다. 바로 여기에 그녀의 매력이 있다. 그녀가 불행한 사람들의 고통에 열중할 때면, 바로 그 문제가 그녀의 생활 전체를 사로잡는 화두가 되어버린다. 그녀는 자신감에 차서 생활 방식을 크게 변화시키고자 하는 충동을 가지고 있다. 최근 생겨난 새로운 생활 양식을 만들어낸 사람은 대개 물병자리이다.

물병자리 여성은 전통적인 의무에 묶인 다른 여성들의 어려움에 민감하게 반응한다. 그녀는 그 여자들을 평범한 생활에서 해방시키는 것이 자기 임무라 여기며, 그 일을 완수하기 위해 최선을 다한다. 억압받는 여성들은 삶의 방식을 선택할 권리조차 박탈당했다고 생각하면서 그들이 틀을 깨부수고 스스로 대안을 찾아낼 수 있도록 도와야 하며, 도울 수 있다고 느낀다.

물병자리 여성은 현재 존재하는 것을 파괴하거나 제거하고 새로운 것으로 대체한다는 의미에서의 혁명론자는 아니다. 단지 더 많은 평등을 확보하고 삶을 더 많이 포용하기 위해, 있는 것을 재정리해야 한다고 믿는 편이다.

다른 사람을 돕기 위해 열심히 동분서주하지만, 정작 자신의 생활은 대대적인 '수선'이 필요한 경우가 많다. 그녀가 자신을 위해 시간을 투자할 필요가 있을 때는, 거의 강박적으로 혼자만의 시간을 요구하는 것도 아마, 평소 자기 생활에 별로 시간을 투자하지 않아서 그럴 것이다.

그녀는 천성적으로 소유욕이 없지만, '고급스럽고 좋은 물건'에 대한 세련된 취미에 발동이 걸리면 그걸 소유하기 위해 매달릴 수도 있다. 만일 그게 자신이 기져야 할 물건이라 느끼면 좀 탐욕스러운 모습을 보일 수도 있다.

일부일처제에 대한 태도

물병자리 여성은 서약이라도 한 듯 처음 느끼게 된 호감과 하나의 관계에 강하게 집착하는 경향이 있다. 원칙을 중요시하기 때문이다. 하지만 주변 환경이 그녀의 사랑을 수차례 시험한다. 인생이란 평온한 일상에 반란을 꾀하기 마련이다.

내가 면담했던 열세 명의 물병자리 여성들 중 여덟 명이 전쟁이나 혁명, 갑작스런 집안 문제로 결혼 초기에 꽤 오랫동안 배우자와 별거했던 경험이 있었다. 다른 세 명은 갑자기 다른 연인과 사랑에 빠졌다. 또 한 여성의 배우자는 결혼 초기에 사망했고, 다른 한 여성의 배우자는 사라져버렸다.

물병자리 여성 서른일곱 명(그중 스물일곱 명은 결혼했고 나머지는 고정적으로 만나는 사람이 있었다)을 대상으로 조사해본 결과 다음 사실을 알 수 있었다.

일곱 명은 일부일처제를 유지하면서 합리적인 형태로 결혼의 우여곡절을 극복했다. 열두 명은 '느닷없이', 계획하거나 미리 생각해본 적도 없이, 심지어 자신의 판단에 거슬러가면서 혼외정사를 가졌다. 여섯 명은 개방결혼이라 부르는 생활 방식을 유지하고 있었다. 네 명은 갑작스런 전근으로 배우자와 떨어져서 살고 있었고, 나머지는 (대개 과학적인 연구 때문에) 배우자가 부재한 상황에서 혹은 문제를 잘 극복하면서 다양한 성생활을 하고 있었다.

게다가 이 서른일곱 명 중 네 명이나 되는 여성이 배우자와 이혼한 후 다시 같은 사람과 재혼한 특이한 경력을 갖고 있었다.

'응축된 공기'의 물병자리 여성

대안적 생활 양식

- 독신생활: 물병자리 여성은 성인이 되자마자 성관계를 포함한 교제를 많이 하는 편이지만, 결혼 후에는 대체로 '정착'한다. 물론 좀 지나서 이혼하거나 독신생활로 돌아가는 경우도 적지 않다. 그녀는 일이 잘 풀리지 않거나 자신이 바라는 것을 얻을 수 없다고 생각하는 즉시 방향을 바꾸는 스타일이다. 혼자서도 썩 잘 지내는 편이고 결혼에 뒤따르는 소소한 문제나 제약이 싫어서 오랜 기간 독신으로 남기도 한다. 성관계를 포함한 우정, 특히 그것이 지나치게 친밀한 관계를 요구하지 않을때, 독립적인 성격의 그녀에게 잘 맞는다.

- 개방결혼: 소유욕이 없고 자기만의 공간을 필요로 하며 질투심을 너그럽게 보아 넘길 수 있는 물병자리 여성에게는 개방결혼이 적합해 보인다. 수줍음과 어린 시절부터 받아온 교육 때문에 갈등할 수도 있지만 현실적인 환경이 개선되지 않는 이상 그녀가 가장 성공적으로 적응할 수 있는 형태가 이 개방결혼이다.

- 삼자결혼: 이런 생활 방식은 두 사람과 서로 다른 차원에서 친밀함을 유지해야 한다. 물병자리 여성들은 관념적인 성 해방론자의 기질이 강하긴 하지만, 세 사람의 관계 안에서 자신을 너무 많이 드러내지 않아도 된다면 이 방식을 시도해볼 가능성도 있다. 하지만 대개는 배우자와의 성관계가 지루하다고 불평하는 친구에게 이 생활 방식을 권해놓고 멀리서 그 결과를 관찰하는 쪽이다.

- 공동생활: 물병자리 여성은 공동생활에 적합한 천성을 타고났다. 뛰어난 외교술과 모든 이에게 정신적 자유를 얻는 길을 보여주고자 하는 바람이 그녀로 하여금 그 생활의 우두머리 역할을 맡게 한다.

- 동성애 혹은 양성애: 물병자리 여성들은 자유를 추구하고 호기심이 강한 정신 때문에 이런 생활 양식을 선택할지도 모른다. 그녀는 동성애의 모험적인 생활 양식과 거기서 초래되는 갖가지 불이익을 모두 감수할 것이고, 동성애자의 권리를 위한 훌륭한 역할모델이자 대변인이 될 것이다. 그녀의 정중하고 다정하며 세련된 화법 덕분에 사람들 또한 그녀를 쉽게 받아들일 것이다. 문제는 그녀가 남성들과 그런 것처럼 여성들과도 친밀한 관계를 쉽게 형성하지 못한다는 데 있다. 어쩌면 여성에게도 공격적인 배우자가 될지도 모른다. 사실 그녀 스스로 거부하는 애정을 다른 사람이 요

구한들 아무 소용없는 일이다.

그녀는 양성애에도 호기심을 보인다. 모든 사람 안에 있는 남성성과 여성성을 재빨리 알아채는 덕분에 자기 안의 양성을 드러낼 기회를 더 많이 갖는다. 그녀는 항상 양성애나 동성애 같은 대안적인 생활 방식을 선택한 사람들과 함께 살아가면서, 그 타당성과 그런 삶을 택할 권리를 주장할 것이다.

물병자리 여성은 미래로 나아갈수록 다른 여성들에게 양성적인 원형을 제공한다. 그녀가 남성적 에너지와 여성적 에너지의 균형을 맞춘 최초의 여성이기 때문이다. 그녀는 실제로 자기 안에 남성적 에너지와 여성적 에너지가 모두 존재하며, 그들을 적절히 활용하는 것이 자기 욕구를 충족시키는데 도움이 된다는 사실을 잘 알고 있다. 그렇기 때문에 새로운 무언가를 접해도 몹시 흥미롭게 그것을 수용한다. (더 자세한 논의는 우주적 여성을 참조할 것.)

물병자리의 개괄적 특징

물병자리 여성은 우선 자신이 바라는 것이 무엇인지 깨달아야 한다. 그리고 그 소망의 일부는 다른 사람의 도움을 받아들여야 만족할 수 있음을 인정해야 한다. 그래야 진실로 자기 모습을 찾게 될 것이다.

미래지향적인 생각들, 창의적이고 상상력이 넘치는 정신, 모든 사람들에 대한 관심, 그리고 자긍심이 자연스럽게 그녀를 지도자로 만든다. 그녀는 사람들에게 성장하고 배워나갈 여지를 허락함으로써 그들을 행복하게 해준다. 조금만 더 가정생활에 신경을 쓰고, 미친 듯 자신을 몰아가는 성향에 주의를 기울이기만 한다면, 더 큰 도움을 베풀 수 있을 것이다.

물병자리 여성들에게는 다가올 미래를 예견하고 그에 대처하는 힘이 있고, 주변 사람들도 그렇게 할 수 있도록 이끌어주는 독특한 능력이 있다.

'응축된 공기'의 물병자리 여성

공정함, 솔직함, 탐구심, 친절함, 이것은 가장 훌륭하고 높이 살 만한 그녀의 장점이다. 그리고 이 중 어느 것도 다정한 태도를 취한다고 없어지지는 않을 것이다. 아니, 어쩌면 다정함과 친밀함만이 그녀의 장점을 더욱 빛내줄 수 있을지도 모른다.★

2.19/20
~
3.19/20

'변덕스런 물'의
물고기자리 여성

Pisces

사랑을 사랑하는

헌신적인

쉽게 속는

마음이 끌리는

쉽게 상처받는

감상적인

솔직하지 못한

감수성이 풍부한

신비로운

아름다운

잠재의식의 지배를 받는

미묘한

잠들 수 없는

낭만적인

늑장부리는

수동적인

인정 많은, 인도주의적인 하나에 집중하지 못하는

모성애가 강한

변덕스러운

의존적인

우울한

직관이 뛰어난

적응을 잘하는

예술적인

생각이 많고 활기 없는

쉽게 죄의식에 빠지는

자기 희생적인

구원자 콤플렉스

자근심이 약한, 자기 비하의

고립주의자

내성적인

현실 도피적인

영적 능력이 강한

정신력이 강한

위에 나열된 특성들은 단지 한 시기를 묘사하고 있으니,
당신과 맞지 않는다고 생각되면 지금 당신이 어느 시기에 있는지
다른 별자리에서 찾아보세요.

물고기자리의 성격

내가 태어나 처음으로 본 것은 물의 베일이었다. 나는 이 바다의 커튼을 통해 사물을 보는 부류에 속한다. – 아나이스 닌, 『근친상간의 집』에서

일반적인 특성과 배경

물고기자리 여성은 〈오즈의 마법사〉에 나오는 도로시처럼 신비한 매력과 장난기로 가득하다. 그녀는 폭풍 같은 감정의 소용돌이 속에서 살아간다. 겉으로는 흔하고 평범한 여성처럼 보이지만, 그 내면은 놀랄 정도로 강하고 탄력이 있으며 상당히 자신을 억제하는 편이다. 그녀는 살아가면서 견디기 힘든 난관과 수많은 역경을 거친다. 주변이 온통 적의로 가득 찬 세상이어서 적절한 피난처를 제공해주지 못하지만, 가끔 엉뚱한 곳에서 도움을 받는다. 그 여정의 끝은 네버네버랜드, 모든 물고기자리 여성이 갖고 태어나는 에메랄드 그린의 안경을 써야 보이는 곳이다.

물고기자리는 변덕스러운 물을 상징하며, 해왕성(넵튠-해신)의 지배를 받는 세 별자리 중 하나이다. 12개 별자리의 마지막에 해당하는 물고기자리에는 앞의 11개 별자리의 모든 요소들이 복합적으로 산재해 있다. 감수성이 풍부하고, 지극히 여성적이며, 직관이 뛰어난 물고기자리 여성은 카멜레온 같은 방어막 뒤로 사람을 끌어당기는 매력과 영적인 힘을 감추고 있다.

물고기자리 유형의 여성은 물고기자리에 태양이나 다른 중요한 별이 있을 때 태어난 여성, 물고기자리의 기운이 상승할 때 혹은 해왕성의 지배가 강할 때 태어난 여성들이다. 또한 물고기자리 시기를 거치고 있는 여성도 여기 포함된다. 앞에서 나열한 목록들은 물고기자리 유형의 성격을 설명하고 있으며, 물고기자리 시기는 다음 특성을 보인다.

'변덕스런 물'의 물고기자리 여성

- 감정이 혼란스럽고 잘 변한다.
- 자아도취나 낭만적 몽상, 술이나 마약에 쉽게 빠져든다.
- 상처를 주거나 실망시키는 연인들을 되풀이해서 선택한다.
- 지나친 의무감이나 자기 희생을 보인다.
- 새로이 영적 깨달음을 얻거나 신앙을 가진다.
- 사심 없는 봉사에서 기쁨을 얻는다.

물고기자리를 설명하는 두 단어는 '고통'과 '봉사정신'이다. 해왕성과 물고기자리가 무의식을 지배하는 물고기자리 여성은 자신의 사명을 받아들이게 되기 전까지는 늘 자기 운명과 불화하며 충돌한다. 또한 '베푼다'는 것의 진정한 의미하는 바를 깨닫기 전에는 죄책감과 자기연민에 빠져 자신을 힐책하며 보낸다. 그녀는 타인에 의지해서 해답을 구하는 경향이 있지만, 그들은 언제나 그녀를 실망시킬 뿐이다.

물고기자리를 상징하는 도안엔 두 마리의 물고기가 서로 반대 방향으로 헤엄치고 있다. 물고기자리 여성은 이 중 긍정적인 길을 선택해서 매진해야 한다.

물고기자리의 이상적인 운명은 사람들에게 신비로운 가능성을 보여주는데 있다. 쉽게 동요하고 쉬운 길도 놓쳐버리는 경향이 있기 때문에, 지나칠 정도로 풍부한 상상력과 감수성을 건설적으로 활용할 수 있도록 격려하고 교육해야 한다. 그들은 의존에서 벗어나 성장하는 법을 배워야 한다.

신비로운, 아름다운, 낭만적인

물고기자리 여성은 몹시 아름답고, 영혼이 느껴질 듯 촉촉하게 반짝이는 눈을 가지고 있다. 영원히 잊지 못할 인상을 남기는 그 눈은 깊이를 알 수 없는 신비를 간직하고 있다. 사람들은 그녀의 매력에 저항하지 못하고 빠져든다.

그녀는 우리와 다른 세계를 살아간다. 더 많이 보고 더 많이 느끼기 때문이다. 그녀는 훌륭한 반항자 별자리의 지배를 받는다. 그녀의 꿈은 색다르며, 우리 문화의 차가운 이성중심주의에서 한발 떨어져 있다.

물고기자리 여성의 진짜 생각을 가늠하는 일은 불가능에 가깝다. 상황과 역할에 따라 다른 가면을 쓰기 때문이다. 그녀는 집시보다 더 예민하게 어떤 파장을 감지하면서도 자신이 간파한 것을 감추려 든다. 또한 델포이의 신탁만큼이나 현명하고, 그만큼 불가해하다. 물고기자리 여성은 잔다르크보다 더 비현실적인 꿈을 많이 가지고 있다. 그 꿈들 중 많은 수기 미치 햇빛도 보기 전에 그녀의 머리 속에서 끝나버린다.

미묘한, 잡을 수 없는, 수동적인

인간관계나 사랑, 일에 있어 물고기자리 여성은 유연하고 매혹적이며 의외의 면을 많이 보인다. 보기보다 강한 면이 있기 때문이다. 그녀는 단순히 색다른 사람에 그치지 않고 누군가 너무 가까이 접근하면 사라져버릴 수도 있다.

그녀는 앞에서 이끌기보다 뒤에서 따르는 편이다. 유행하는 종교나 흐름을 연구하면서 그 속에서 자기 필요에 부합하는 이념이나 동료를 찾고 싶어한다. 그녀는 셰익스피어도 다 지적하기 어려울 정도로 다양한 면을 지니고 있다. 물정을 잘 이해하고 있으면서도 쉽게 속고, 순진하면서도 세련된 면이 있고, 의존적이면서도 몹시 초연하다.

변덕스러운, 적응을 잘하는

끊임없이 움직이는 물고기자리 여성은 결코 정지할 줄 모른다. 엘리자베스 테일러가 물고기자리이다. 그녀는 물고기자리 여성의 전형적인 사례이다. 빼어난 아름다움, 어울리지 않는 연인을 선택하는 경향, 인생의 위기를 모면하는 요술 같은 능력, 그리고 배우자를 바꾸는(자기 정체를 바꾸는) 특징, 환상적인 이미지를 창출하는 능력(연기력), 위기를 초래하기 쉬운 성격적 결함, 온갖 난관을 극복하는 배짱과 재능, 이 모든 것이 바로 물고기자리의 특징인 것이다.

사랑을 사랑하는, 헌신적인, 쉽게 속는, 쉽게 상처받는

물고기자리 여성들은 누군가 자신을 필요로 하기를 바라며, 자기만의 방식으로 사랑과 사랑에 빠진다. 그녀는 사랑할 때 가능한 모든 방식을 다 동원한다. 즉 영적으로, 종교적으로, 정신적으로, 성적으로 사랑하는 것이다. 그녀는 감정을 모두 쏟을 수 있을 때 가장 행복감을 느낀다. 사실 그녀는 까다로운 완벽주의자이며, 애정의 대상에 대해서도 분열된 마음을 갖는 편이다.

내가 아는 물고기자리 여성 한 명은 한꺼번에 세 명의 애인을 가졌는데, 첫번째는 아버지 같은 사람, 두번째는 그녀의 깊고 관능적인 바다를 탐색하는 사람, 세번째는 감정적으로 강하고 충만한 유대감을 느끼게 해주는 애인이었다. 그녀는 거의 일 년이 넘도록 이 세 남자를 속이면서 속으로 누가 더 나은지 따지곤 했다. 셋 중 누구도 이상형이 아니었지만, 한동안 그들을 통해 분열된 욕구들을 만족시킬 수 있었다. 하지만 결국 어떤 사건이 벌어지면서 그녀는 이 세 명 모두에게 배신당한 느낌을 강하게 받았고 그들 모두를 떠났다.

물고기자리 여성들은 자기를 실망시키는 사람을 고르는 경향이 있다. 사랑에 꿈만 앞세우는 몽상가이니 놀라운 일도 아니다. 그들은 자기 연인에게 영혼의 동반자에 대한 완벽한 이미지를 덧씌워놓고는, 상대가 그에 미치지 못하면 몹시 화내고 좌절하곤 한다.

감상적인, 솔직하지 못한, 의존적인

물고기자리 여성은 몽상가인 데다 예민한 천성을 지니고 있어 솔직한 행동이나 노골적인 말을 잘 하지 못한다. 그녀는 자기표현 능력을 기르고 원하는 것을 요구하는 법을 배워야 한다. 친한 사람들과의 관계에서도 물고기자리 여성은 더 강한 독립심을 길러야 한다. 그러지 않으면 동등한 관계가 아니라 부모 자식 간의 혈연관계 같은 형태를 띤다.

직관적인, 영적인 능력이 강한, 잠재의식의 지배를 받는

물고기자리는 신비주의와 윤회를 믿으며, 세상의 근심 걱정에서 벗어나 더 높은 차원으로 승화되기를 갈망한다. 그녀는 고통과 아픔을 인생의 일부로 받아들인다. 하지만 타인의 고통을 보면 죄책감을 느끼는 모순을 보인다. 그녀에게는 구원자 콤플렉스도 있어서 항상 사회의 희생자들을 위해 싸우고자 한다.

그녀는 자신의 고통과 빈곤이 인생의 자연스러운 과정이라고 합리화하면서도 우울증에 빠지곤 한다. 사후의 세계나 우주를 지배하는 신적인 존재를 믿지만, 그것을 누군가 보증해주기를 바란다. 통찰력을 지니고 있으면서도, 결코 그 사실을 믿지 않는다. 타인이 꿰뚫어볼 수 없는 공간 안에 살면서 많은 비밀을 지니고 있기 때문에, 주변 사람들과 간격을 느끼는 것은 당연할지도 모른다.

자신은 도전과 변화를 추구하지 않음에도 변화의 흐름에 곧잘 휩쓸린다. 내향적이고 뛰어난 직관을 갖추고 있으며 사랑의 고통과 아름다움을 신봉하는 물고기자리 여성은 외부 세계와 소통하는 법을 배워야만 한다. 소통을 위해 자신의 직관력과 상상력의 힘을 인정하고 표현하는 법을 배워야 한다. 그녀의 가장 큰 적은 우울증이다. 잘 알려진 대로 우울증은 자기 자신에 대한 분노와 다름이 없다.

감수성이 풍부한, 우울한, 고립주의자

물고기자리 여성의 분노와 우울증은 좌절감과 무력감, 억압된 야심과 욕망, 이루어지지 않는 꿈에서 기인한다.

그들은 지나치게 자기감정에 집착한다. 과도한 공포와 죄의식, 분노에 사로잡힌 그들은 타인의 부정적인 감정들까지 받아들이고, 거기서 벗어나지 못해 힘들어한다. 도망치는 식으로 문제를 해결하려 들지만 이것은 진정한 해결책이 아니다. 자신을 잘 이해하고 다른 사람들과 소통할 필요가 있다. 그녀의 꿈을 믿어주고, 자기표현을 돕고, 창조적 에너지를 북돋아줄 친구가 필요하다.

유머 감각도 더 길러야 한다. '평균적인' 일상생활을 유지할 필요가 있지만, 지나치게 거기에 연연해서 꿈을 이루려는 노력조차 중단해서는 안 된다.

또한 보다 많은 사람들에게 비밀을 털어놓고, 자신이 간절히 원하는 것과 자신의 감정들을 알릴 필요가 있다. 자신이 누군가를 믿는 일이 얼마나 힘든지 연인과 친구들에게 털어놓고 얘기할 수도 있을 것이다. 자기감정을 표현할 수 있는 사람들도 많이 만날 수 있을 것이다. 어떤 인간관계가 그녀에게 신뢰감을 길러주는지 생각해보고, 그런 관계를 형성하도록 노력해야 한다.

내성적인, 하나에 집중하지 못하는, 현실 도피적인, 예술적인

물고기자리는 숨겨진 감정, 부정적인 감정, 자기 학대, 그리고 모든 형태의 감금과 관련된 별자리이다. 이 자리 사람들은 구속하는 경향이 있다. 거의 모든 점성술책이 특히 물고기자리를 현실에서 쉽게 도피하는 스타일로 분류한다. 술과 마약이 그 두 가지 방법이 된다.

자의식이 약한 물고기자리 여성은 시험받기를 싫어하며, 실패할 상황은 피해버린다. 성공도 두려워해서 백일몽을 꾸는데 인생을 허비하거나, 제멋대로의 활동이나 자기 생각에 골똘하게 빠져든다.

그녀는 스스로를 보호하기 위해 타인에게 이야기를 별로 하지 않는다. 그녀도 수줍고 예민한 사람, 시인, 예술가가 비싼 대가를 치른다는 사실을 알고 있다. 하지만 모든 사람은 아니더라도 많은 사람들이 그녀를 높이 평가하게 될 수도 있다. 물론 그녀가 그들에게 그것을 허용한다면 말이다.

물고기자리 여성들은 든든한 친구와 규칙적인 일상을 통해 현실 도피적인 태도에서 벗어나야 한다. 자기 안에만 머무르지 말고 모임에 참가해서 인간관계를 맺고 '옳다고 느껴지는' 일을 하고 대의명분을 추구하면서 적절하게 균형을 유지할 수 있을 것이다. 물고기자리 여성들의 육감은 믿을 만하다.

위로 상승하고자 하는 물고기자리 여성들은 대외적으로 명분 있는 일에 관여함으로써 외부세계에 대한 자신의 차가운 무관심을 극복할 수 있다. 그녀는 장기적이든 단기적이든 뚜렷하고 현실적인 목표를 설정함으로써 자신이 처한 상황을 분명히 해야 한다. 그다음에는 이 목표들을 이루기 위해 꾸준한 노력이 뒤따라야 한다.

물고기자리 여성은 자기실현이냐 자기부정이냐를 선택하게 된다. 하지만 오르막길을 가든 중간에 미끄러져 넘어지든, 자기 인생을 무지갯빛으로 장식할 줄 안다. 쥬디 갤런드(배우 겸 가수. 〈오즈의 마법사〉, 〈스타탄생〉 등의 주연)가 물고기자리 유형이다. 그녀의 인생은 물고기자리 여성의 복잡하고 상반된 성질을 여실히 보여준다. 그 속에서 우리는 성공과 실패, 자기희생과 방종이라는 양극단을 모두 발견한다. 그녀는 연애에 실패할 때마다 약물중독에 빠졌다. 그녀의 문제는 모두 처참할 정도로 자부심이 낮은 데서 비롯된 것이었다.

물고기자리 여성답게 쥬디 갤런드는 자신이 오해받고 있다는 느낌으로 괴로워했다. 항상 그녀를 돕고 지켜줄 준비를 하고 있는 숭배자들이 있었는데도 말이다. 그녀는 많은 사람의 사랑을 받았지만, 자신이 낯선 땅을 헤매는 이방인이라는 느낌에서 벗어날 수 없었다. 남을 믿지 않으며, 사랑하고 사랑 받기를 간절히 바라고, 항상 고통과 슬픔으로 가득 찬 이해하기 힘든 이방인이었다. 하지만 그녀는 자신의 고통을 예술로 승화시킬 수 있었고, 결국 수많은 사람을 마법의 성으로 이끈 훌륭하고 매력적이며 카리스마를 가진 배우로 남았다.

생각이 많고 활기 없는

물고기자리 여성들은 육체적으로 활기가 넘치는 스타일이 아니다. 따라서 부정적인 감정에 사로잡히지 않도록 주의해야 한다. 그런 감정들은 곧바로 그녀의 몸에 영향을 미치기 때문이다. 부정적인 감정을 걸러주고 해소시켜줄 심적 기제를 찾아야 한다. 또한 불안을 느낄 때면 평소보다 더 자주 쉬어주어야 한다.

건강은 정신과 신체, 영혼이 서로 조화롭게 관계할 때 유지된다. 물고기자리 여성은 특히 감수성이 예민하기 때문에 셋 중에 하나라도 문제가 있으면 심각한 영향을 받게 된다. 개인적으로 직장에서도 전체적으로 건강한 자세를 갖도록 노력해야 한다. 이런 자세는 몸과 마음이 상호의존적인 관계에 있으며, 신체적 건강은 정신적 건강의 표현이라는 오랜 지혜에 기반을 두고 있다.

이를 위해 즐겁고 유쾌한 태도를 갖게 해주는 환경을 조성해야 한다. 색채와 분위기, 음악, 꽃 등 전반적인 실내장식이 그녀의 자긍심과 에너지를 높이는 방향으로 이루어져야 한다.

쉽게 죄의식에 빠지는, 자기 희생적인

물고기자리 여성들은 삶의 기쁨을 느끼는데 에너지를 사용하도록 노력해야

'변덕스런 물'의 물고기자리 여성

한다. 그들은 쉽게 죄책감을 느끼는 편인데 그 대부분이 '이기적'으로 쾌락을 추구했다는 죄책감이다. 그래서 자신을 행복하게 해줄 수 있는 것을 의식적으로 거부하곤 한다.

물고기자리 여성은 특히 자신을 더 사랑하고, 건강한 이기심을 가질 필요가 있다. 자기보다 타인의 요구를 항상 우선시하지 말아야 하며, 자기 자신 역시 돌봐야 하는 것이다. 그런 태도는 주는 것이 받는 것보다 훌륭하다는 사회적 훈계를 너무 잘 학습한 탓이다. 그녀에게 더 이기적이고, 독단적이고, 자신감 있게 살라는 말은 이상하게 들릴지도 모른다. 하지만 그녀도 그런 삶을 선택할 권리가 있다!

물고기자리 여성은 공적, 사적으로 자신을 소모시키는 편이다. 그런 상황을 지양하고 스스로를 보호해야 한다. 대칭적인 위치에 있는 별자리, 처녀자리의 성격을 가질 필요가 있다. 사실 자신과 대립되는 별자리의 특성이야말로 우리가 완전한 인간이 되기 위해 꼭 길러야 하는 성격이다. 이런 숨어있는 성향들을 무의식에서 끄집어내고 개발할 필요가 있다. 물고기자리 여성은 정신적인 거리를 유지하고, 분석적이고, 분명한 목표를 설정하며, 합리적으로 판단하는 처녀자리의 성격을 본받아야 한다. 매사를 제대로 끝마치고 자기표현 능력에 대한 자신감을 높일 수 있는 일을 맡을 필요가 있다.

가장 좋은 태도는 세련된 개입, 즉 거리를 두면서 참여하는 것이다. 이것은 다른 이들에게 공감하고 그들을 위해 헌신하면서도 자신의 요구 역시 잊지 않는 태도이다. 사람들은 모두 서로 다른 공간 속에서 살아간다. 그러니 자기 정원을 가꾸는 일을 잊어서는 안 된다.

자부심이 약한, 자기 비하의, 늑장부리는

물고기자리 여성의 가장 커다란 문제는 자신을 믿지 않고 무관심과 혼돈 속으로 도망치는 성향이다. 모든 사람이 마찬가지겠지만, 그들은 특히 어떻게 자부심을 가질 수 있는지 심각하게 고민해야 한다. 그리고 자신의 긍정적인 본성을 강화하기 위해 어떻게 할지, 자기 삶을 의미 있는 것으로 만드는 길이 무엇인지 깊이 생각해보아야 한다.

그녀는 자신이 있는 그대로의 모습만으로도 소중하고 훌륭한 인간임을 명심해야 한다. 사람들은 누구나 자기가 더 날씬하고 더 크고 더 예쁘고 더 지적이기를 바란다. 하지만 스스로를 아무리 결점투성이라고 생각할지라도, 제각기 세상에 하나밖에 없는 사랑스러운 존재임을 잊어서는 안 되는 것이다. 물고기자리 여성은 특히 자신의 긍정적인 장점을 끊임없이 상기해야 한다.

물고기자리 여성의 조심스런 행동은 거절당하는 것에 대한 두려움의 반영이다. 10대는 순종적이고 연약하고 우유부단해 보이지만, 또 어느 때는 강하고 긴장도 불사할 듯 보인다. 그녀는 자기 생각과 느낌을 표현하는 법을 배워야한다. 극도로 예민한 자기 본성을 받아들이고, 뛰어난 직관이 포착한 것을 표현할 줄 알아야 한다. 그러면 다른 이들의 이해와 존경을 얻게 될 테고, 자부심도 더 강해질 것이다.

물고기자리 여성이 자신과 비슷한 사람들과 어울리다보면, 자신을 더 사랑하게 될 것이다. 생활수준을 향상시키기 위한 토론모임에 참가하는 것도 좋다. 이것은 창조력과 책임감을 길러주고, 자기 외의 것에 관심을 쏟게 해줄 것이다. 또한 특별하게 기여함으로써 사람들로부터 좋은 평가를 받게 될 것이다.

물고기자리 여성은 늑장을 부리는 편이다. 따라서 세심하면서도 그녀가 행동하도록 압력을 가할 수 있는 사람들과 어울려야 한다. 그녀가 목적을 달성하려면, 이런 사람을 알아볼 수 있어야 한다.

인정 많은, 인도주의적인, 모성애가 강한

물고기자리 여성에게서 가장 건전한 충동은 모성애이다. 모성애는 그녀의 본능과도 같다. 사람들의 생일을 챙기고, 누가 아프면 말하지 않아도 뭔가 문제가 있음을 감지하고는 아픈 사람에게 전화를 걸어준다.

그녀는 자기 아이들을 과잉보호하면서 키우고, 첫번째 배우자든 두번째 세번째 배우자든 전심전력을 다해 내조한다. 또한 도움이 필요한 이웃이나 친구들을 돌보는 일도 잊지 않는다.

'변덕스런 물'의 물고기자리 여성

그녀는 영양섭취에도 신경을 쓴다. 태어날 때부터 건장한 몸을 가진 것은 아니지만 건강을 유지하기 위해 노력하며, 자녀도 건강하게 기르려고 신경 쓴다.

물고기자리 엄마는 아이가 무릎에 입은 상처를 낫게 하는 것이 반창고가 아니라 아이에게 전해지는 사랑과 돌봄의 손길임을 알고 있다. 또한 자녀양육이나 가사노동의 세세한 부분까지 세심하게 신경 쓰는 훌륭한 주부이다. 하지만 너무 완벽을 기하려다 사소한 일에 매몰되는 면도 있다.

인간관계

사람은 누구나 꿈꾸던 연인이 등장하기를 고대하며 성장한다. 오직 한 사람의 연인을 만나 평생 함께 사는 것이 바람직한 연애라고 배우며 자랐고, 사랑이 자신과 바깥세상의 복잡한 요구들로부터 스스로를 보호해주리라 기대한다. 이런 생각은 환상에 불과하지만, 물고기자리 여성들은 친한 사람들이 직접적인 스트레스를 받지 않도록 도와주는 완충제 역할을 함으로써 이런 이상에 근접한다. 그녀는 그들을 보호하고 그들이 꿈을 이룰 수 있도록 돕는다.

물고기자리 여성이 스스로 사랑받고 보호받고 있다고 느낄 때는 훌륭한 연인 혹은 배우자가 된다. 문제는 그녀가 자신을 충분히 사랑하지 않는다는 데 있다. 처음에는 자신을 뒷받침해주는 사람들의 마음을 끌지 못할 때가 많다. 이런 상황에서 벗어나려면, 스스로를 잘 파악하고 자긍심을 갖고 시간을 두면서 기다려야 한다. 근심 많고, 집착이 강하며, 자기가 가진 계란을 한 바구니에 다 담아두는 편인 물고기자리 여성은 그런 기질만 극복하면 뛰어난 연인이 될 수 있다. 사람들의 관심을 끄는 법을 알고 있기 때문이다.

물고기자리 여성들이 널리 사랑 받는 까닭은, 사람들이 자기 자신을 사랑할 수 있도록 하는 능력 덕분이다. 사람들을 기쁘게 하는 것을 좋아해서, 상대가 부탁하면 물위라도 걸어갈 것이고, 낭만의 날개를 퍼덕이며 떠다닐 것이다.

사랑과 보호를 갈망하지만 결코 그것을 얻지 못한다. 다른 사람들에게는 정신적 압박감을 주지 않으려 끊임없이 애쓰지만, 그녀 자신은 이런 노력으로 고갈될 뿐 보상받지 못한다. 그 모든 것이 받는 법을 배우지 못한 탓이다.

물고기자리는 쉽게 상처받는 나약힘 뒤로 독립심과 능력을 숨기고 있어 마치 퍼즐과도 같다. 게다가 그녀가 바라는 것들이 아주 복잡하고, 침울한 성격에 거절당하는 것에 대한 두려움까지 더해져 더더욱 이해할 수 없다. 그녀의 성격을 지배하는 것도 모순투성이이고, 인간관계를 맺는 방식 역시 마찬가지다.

그녀는 친구의 연인이 자신을 쫓아다니게 만든다. 깊히고 그 유덩히기를 열망하면서도 다른 한편으로는 이것을 허락하지 않는다. 그녀에게는 압박하면서도 보호해주는 친구가 필요하다.

남성들이 여성을 바라보는 전형적인 시각은 뮤즈, 어머니, 창녀, 성모 마리아로 나뉜다. 물고기자리 여성은 상황에 따라 이 네 모습을 각가 보여주며, 어떨 때는 동시에 이 네 가지를 다 담고 있기도 한다.

그녀는 유혹적이며, 원하는 남자를 잡는 법을 알고 있다. 하지만 30~40대에는 심각한 위기를 겪는다. 어머니나 사회가 요구하는 역할을 충실히 수행하고 남자의 환상에 맞춰 연기했을 뿐, 스스로의 필요나 환상, 자신이 원하는 역할은 생각도 해보지 않았음을 깨닫게 되기 때문이다.

어린 시절

물고기자리 여성은 교묘하든 노골적으로든 인간관계에서 즐거움을 얻기를 거부하는 어머니 밑에서 자란다. 이런 모습을 보고 받아들이며 자란 딸 역시 마찬가지 죄책감을 느낄 것이다. 특히 직관적이고 감수성이 풍부한 그녀는 이런 태도와 잠재된 의식적 메시지를 그대로 흡수한다.

그녀가 반드시 직면해서 풀어야 할 내적 금기 중 가장 심각한 것이 '남자에 대한 공포'이다. 하지만 이런 공포를 인정하는데도 시간이 많이 걸린다. 혼돈과 죄책감에서 벗어나, 자신이 원하는 관계의 유형을 정하고 자신의 요구를 완전

'변덕스런 물'의 물고기자리 여성

히 인식하는 일이 물고기자리 여성에게는 결코 쉽지가 않다.

물고기자리 여성은 모든 사람이 될 수 있다. 계속해서 다양한 시기를 거치고 있고 그에 따라 그녀의 요구도 달라지기 때문이다. 어머니가 순수하고 완벽하다고 믿으며 자라기 때문에, 훗날 관능적인 환상이나 충동을 자유롭게 받아들이지 못하는 문제를 안는다. 이런 충동은 그녀의 마음에 간직하고 있는 이상화된 어머니의 모습과 상충하기 때문이다. 실체가 없는 이 어머니 때문에, 딸은 성적으로 친밀한 관계를 갖는데 어려움을 겪는다.

성인이 되어 연애를 해도, 적어도 초기에는 모녀관계가 보여주는 의존-분노-거부의 낡은 패턴이 되풀이 될 뿐이다. 어머니(혹은 그에 상응하는 존재)와 맺었던 유사혈연관계가 다른 모든 인간관계에서도 반복된다. 이 구속에서 어떻게 벗어나느냐가 그녀의 심리적, 감정적 성숙을 측정하는 지표가 된다.

물고기자리 여성은 성장하면서도 자기인식이나 확신이 부족하거나 아예 없다. 자신을 잘 모르기 때문에, 그만큼 쉽게 휩쓸리게 된다. 그녀가 하고 싶다고 생각하는 일이 사실은 어머니가 그녀에게 원했던 일인 경우가 대부분이다.

연인이나 다른 사람들과 관계 맺는 방식

물고기자리 여성은 초기 성관계에서 소극적이고 의존적이다. 연인을 사로잡고 붙잡아두려면 그에게 순종하는 태도를 보여야 한다고 생각하기 때문이다. 이런 의존적인 태도가 심각한 문제를 부른다.

물고기자리 여성은 일찍 결혼하고 여러 번 재혼하는 편이다. 감정적으로는 확신하고 싶지만 직접적으로 요구하지 않기에 결코 확신할 수 없다. 그녀는 이 문제에 바로 대처하기보다 꿀을 찾아 헤매는 벌처럼 방황한다. 그녀는 엘리자베스 테일러처럼 여러 번 결혼하되 매번 한 남자에게 충실한 관계를 가질 확률이 높다. 남자가 자신을 잘 보호해주고 최상의 환경을 제공한다고 생각하는 동안에는 이상적인 아내로 남는다.

젊은 물고기자리 여성들은 마치 잠자는 숲속의 미녀 같다. 그녀를 눈뜨게 하는 것은 새로운 욕망의 유혹과 변화에 대한 갈망이다. 그녀가 무시하고 억눌러

온 힘이 시끄럽게 항의하는 것이다. 물고기자리 여성은 자기 안에 있는 남성적 갈망들, 즉 독립심과 자부심, 야망, 성취하고 인정받기를 원하는 마음 등을 억압하면서 삶을 시작한다. 그녀는 자신을 포함한 모든 사람이 이런 욕망을 가지고 있음을 보지 못한다. 하지만 차츰 자신이 인정하기 힘들었던 남성성에 대면하게 될 테고, 결국 남성 전체에 대한 숨겨진 두려움이나 적대감과도 직면할 수밖에 없다.

물고기자리 여성은 자기 연인과 경쟁하기를 원치 않는다. 그녀가 원하는 것은 그의 인정과 보호이기 때문이다. 성관계에서도 그녀는 상대에 대한 집착 때문에 배타적이고 은둔적이 된다. 상대에게 몹시 집착해서 질투심을 강하게 보일 수도 있다. 그가 다른 대상에 애정을 보이면, 거세게 분노하면서 파국을 맞는 식이다.

물고기자리 여성은 관심을 끌기 위해 화려한 옷을 입고 지위를 과시하는 도전적인 직장 여성을 좋아하지 않는다. 나서기보다 물러설 때 더 많은 것을 얻을 수 있다고 생각하는 것이다. 그녀는 바지정장보다 하늘거리는 치마를 입으며, 오로지 사랑만 중요하게 생각한다.

그녀의 열렬한 첫사랑은 아마 2개월에서 2년 정도 지속될 것이다. 그동안 물고기자리 여성 특유의 예측을 불허하는 성질에 맞춰주려면 상대는 독심술사가 되고, 장거리주자가 되고, 예술가, 마법사가 돼야 한다.

감정적 성숙을 얻는 시기

물의 지배를 받는 물고기자리는 직관, 감수성, 강렬한 감정, 상상력, 예민함 등의 성질을 갖는다. 그녀는 인간관계를 가질 때 다음에 나열한 단계들을 거친다. 그 관계가 성관계를 포함할 때는 더 강하게 느껴질 것이고, 만일 자녀나 친구들과 갖는 정신적인 관계라면 상황이 더 미묘하게 표현되어야 할 것이다. 물론 물고기자리 여성 모두가 이 모든 단계를 거치는 것은 아니며, 그럴 필요도 없다. 또한 그녀가 성숙한 후에 새로운 친구를 사귀거나 재혼하는 경우, 앞의 세 단계를 건너뛰기도 한다.

- 애정의 대상에게 전적으로 헌신한다.
- 상대에게 필요 없는 존재가 되거나 버림받을까 두려워 점점 더 의존한다.
- 상대에게 강한 소유욕을 보이며 집착한다.
- 자기를 인식하고, 사랑과 친밀감은 강한 자기신뢰를 필요로 함을 깨닫는다.
- 새롭게 다른 사람과 사귀고 싶다는 마음이 생긴다.
- 변화를 시도하고 실천에 옮긴다.
- 혼란을 겪은 후 변화한다.
- 휴전하거나, 끝을 내거나, 이전의 관계를 새로운 형태로 유지하는 식으로 일종의 결단을 내린다.

물고기자리 여성은 희망적이고 다정한 느낌을 주는 관계를 추구한다. 그래서 유쾌하고 따뜻한 느낌을 주는 사람들과 사랑에 빠지고, 그들에게 충실하다.

그녀가 배워야 할 점

물고기자리 여성은 특히 관계를 맺는 것과 집착을 구분해야 한다. 이 둘은 서로 다른 감정상태이다.

물고기자리 여성의 친구나 연인은 그녀가 추구하는 것을 얻고 성장할 수 있도록 도와야 한다. 또한 그녀가 어떤 관계는 깰 필요가 있음을 받아들여야 한다. 그녀가 추구하는 것이 더욱더 그녀를 자부심 느끼게 하고, 궁극적으로는 관계도 더 좋아질 것임을 믿어야 한다. 새로운 자아를 찾으면서 혼란이 뒤따르리라는 것은 충분히 예상할 수 있다. 하지만 서로 요구에 응해주고 함께 혼란을 극복함으로써 성장하는 것도 가능하며 바람직한 일이다.

물고기자리 여성은 아주 불안정하고, 엄청난 실패가 예상되는 인간관계를 많이 겪을 수도 있다. 그렇다 해도 바로 자신이 그런 경험들을 필요로 했음을 잊어서는 안 된다. 그 경험들이 그녀를 발전시켜주는 도전이자 길잡이가 된다.

물고기자리 여성은 특히 남녀양성이라는 개념을 이해할 필요가 있다. 남성과 여성, 양과 음은 살아있는 생명체 속에서 서로를 보완해주는 에너지이다. 이 두 개의 성질이 하나의 전체를 이루는 자연물의 기초를 이룬다. 게다가 물고기자리를 상징하는 두 마리의 물고기는 서로 다른 방향으로 헤엄치는 모습을 하고 있지만 본능적으로 결합되어 있다.

관계를 맺는 일은 '나는 있는 그대로의 당신을 사랑하고 받아들이며, 당신이 자신을 사랑하고 받아들일 수 있도록 최선을 다하겠다'는 의미를 갖는다. 그것은 '당신의 행복을 위해 최선을 다하겠다'는 말이다.

한편, 집착은 '나는 당신이 필요하기 때문에 당신을 사랑하며, 당신이 나를 돌봐주기를 바란다. 당신이 내 방식대로 나를 사랑해주기 바란다'는 의미이다.

미숙한 물고기자리 여성은 쉽게 집착한다. 또한 그것이 관계를 맺는 일이라고 착각하기 때문에, 종종 자신이 사랑 받지 못한다고 느끼게 된다. 성숙한 물고기자리 여성은 조건 없이 사랑할 줄 알며 상대도 자신을 사랑한다고 느낀다. 물고기자리 여성은 흔히 말없이 통하는 방식을 좋아하기 때문에, 자신의 정신적, 감정적 요구들을 거의 밝히지 않는다.

그러나 과거의 건강하지 못한 관계를 극복하고 싶다면, 언어를 통한 표현기술을 익혀야만 한다. 그녀가 친구나 연인에게 자신을 표현하고 자신의 성장 과정에 대해 들려줄 수 있다면, 불안정한 시기를 최대한 피할 수 있을 것이다.

그녀가 성공적인 인간관계를 맺으려면 3A, 즉 단호함Affirmation, 애정Affection, 존중Admiration, 이 셋을 갖추어야 한다.

물고기자리의 성

물고기자리 여성의 성에 대한 인식은 살아가면서 급격하게 변한다. 여러 종류의 자아와 다양한 요구를 가진 그녀는 처음에는 정서적, 성적 발달보다 사회적, 도덕적 문제에 더 관심을 보인다. 성적으로 늦게 눈뜨며, 사랑에 대한 생각도 분명하지 못해 환상을 사랑으로 착각하는 경우도 있다. 남자를 믿지 못하고 순교자 콤플렉스도 있어서 깊이 상처받는 일을 반복한다.

물고기자리를 상징하는 두 마리 물고기처럼, 물고기자리 여성의 성적 관심은 상반된 양면을 가지고 있다. 경험이 없을 때는 자신과 어울리지 않는 사람들까지 끌어당기는 향을 풍기는 섬세한 꽃과 같다. 하지만 경험이 쌓이면, 연인을 알아볼 줄 알고 자신감 넘치는 사랑의 예술가가 된다.

물고기자리 여성은 섬세하고 관능적이며 창조적인 연인이다. 자기 몸을 통제할 줄 알며, 마치 자신을 만족시키듯 상대를 만족시킬 줄 안다. 그녀는 성적으로 해방될 수도 있고, 구식을 고집하면서 정숙한 태도를 취할 수도 있다. 또한 연인의 환상에 따라 연기하면서 분위기를 맞춰준다. 그녀는 완벽한 사랑의 경험이 가능하다고 생각하며, '섹스란 상대를 황홀경으로 이끄는 행위라고 믿는다.

물고기자리 여성은 찬사를 보내며 그녀를 고양시켜주는 연인을 택해야 한다. 그녀가 관계를 맺는 방식 때문에 자칫 잘못하면 모욕을 당하거나 부당한 대접을 받을 가능성이 있기 때문이다. 그녀는 마조히스트 기질이 강하고, 위태로운 면이 있다. 상대의 기분이나 요구에 너무 맞추다보니 그것을 자신의 것인양 착각하기도 한다. 그녀는 자신을 너무 많이 내주는 편이고, 일이 잘못되면 항상 자신을 탓한다.

물고기자리 여성들은 사랑과 성이 완전히 일치하기를 바란다. 내면 갈등을 겪으면 긍정적으로는 사랑이 동반된 섹스에 빠져들고, 부정적으로는 사도마조히즘과 착취, 약물, 혹은 완전한 자기부정에 빠져든다.

물고기자리의 성적 본성은 변화무쌍해서 결코 예측할 수 없다. 끊임없이 변화하면서 양면성을 보이고, 다양한 가능성에 열려있으며, 갈림길을 만나게 되는 것이다. 그녀의 관능적인 욕망은 격렬하고 섬세하며, 주기적으로 자기억압과 강한 욕망 사이를 왕래한다.

물고기자리 여성이 적절한 시기에 적절한 상대를 만나면, 유체이탈을 경험하듯 황홀하고 숨막히는 섹스를 즐긴다. 그가 그녀의 배우자일 확률은 반반이다. 하지만 그녀가 마음을 여는 건 그를 영혼의 동반자라고 느껴야 가능하다.

물고기자리 여성은 장거리 연애를 즐기는 드문 스타일에 속한다. 섹스가 중요한 비중을 차지하는 관계에서도 마찬가지이다. 그녀는 연인을 존중하면서도 불확실하고 골치 아픈 상황에 몰아넣거나, 비틀리고 예측할 수 없는 길로 이끌어가는 음모를 즐겨 꾸민다.

물고기자리 여성이 양성애를 택한 확률은 다른 별자리보다 훨씬 높다. 그녀는 부드럽고 감성이 풍부한 여성의 아름다움에 이끌리며, 삽입 중심의 거친 섹스보다는 부드럽게 사랑을 나누는 '여성적인' 섹스를 훨씬 좋아한다. 그녀는 양성적이고 낭만적인 사람에게 이끌려서 그런 상대를 보면 모성애를 느낀다. 그녀는 털 없이 매끄럽고, 젊음이 넘치고, 유연하며, 아름다운 감촉을 느끼고 싶어서 실제로 손을 내밀기도 한다.

그녀의 성적 충동은 밀물과 썰물 같다. 몇 주 혹은 몇 달씩 부드럽고도 격렬한 애무에 탐닉하다가, 한동안 냉담한 상태에 접어들기도 한다. 그럴 때면 섹스에서 완전히 마음이 떠나 정신적인 것을 추구하려는 충동을 느낀다. 우울증에 시달릴 때도 성욕을 완전히 잃고 자기의심에 빠져든다. 성에 대한 이런 태도도 그녀의 기질에서 비롯된다. 주기적으로 아주 흥분된 시기와 우울한 시기가 교차하는 것이다.

물고기자리 여성의 성을 이해하는 열쇠는 '환상'과 '비밀'이다. 그녀는 섹스에 대한 환상을 간직하고 있으며, 초라한 일상에서 휘황찬란하게 반짝이는 자신의 백일몽을 깨버릴 용기가 없다. 최상의 경우 그녀의 공상이 현실에서 이루어질 수도 있다. 그녀에게는 비밀스러운 취향과 재능, 가능성이 있다. 최상의 경우이든 최악의 경우이든 물고기자리 여성의 성은 한마디로 설명할 수 없다. 그것은 동시에 110볼트와 220볼트 전류를 내보내며, 두 가지 속도로 진행되며, 시간을 속이고 예상을 뛰어넘는 리듬으로 움직인다.

초기 성 경험

엄마의 경계하는 눈초리, 어떨 때는 불행하기까지 한 시선 아래 성장한 물고기자리 소녀는 단순히 엄마의 성에 대한 죄의식과 공포만을 받아들이는데 그치지 않는다. 그녀의 인생은 결코 순탄하지 않으며, 평생 동안 사랑을 동반했든 아니든 섹스에서 아무 거리낌 없이 쾌락을 얻지 못한다.

그녀는 겉으로는 부모 양쪽 모두와 친하게 지내는 착한 딸이다. 하지만 내가 조사한 바에 따르면, 뚜렷한 형태를 띠거나 꼭 육체적인 것이 아닐지라도 아버지에게 학대받은 경험이 많다. 이것이 어머니의 은근한 지배와 결합되어서 물고기자리 여성의 정서적 혼란과 남자에 대한 공포를 야기한다.

성에 대한 죄의식 역시 강하게 자리잡고 있다.

물고기자리 소녀는 게으른 편이지만 그럼에도 매사에 열심히 노력한다. 비극적인 공주 역에 마음을 뺏긴 그녀는 종종 희생양을 자처하곤 한다. 그녀는 사랑과 의무감으로 고통받으며, 다들 놀러 나가버리면 혼자서 울음을 터뜨린다. 눈물은 그녀에게 기분을 전환시켜주는 수단이며, 종종 눈물로 호소하기도 한다. 그녀는 태어날 때부터 배우 기질을 타고났고, 재능이 뛰어나서 질투의 대상이 된다.

한편 그녀는 희생양, 친구들의 놀림의 대상, 너무 친절하고 착해서 괴롭힘을 당하는 소녀가 될 수 있다. 그녀는 정말로 상냥하고, 진심으로 선행을 베풀고, 가난한 사람들, 장애인, 고독한 사람들, 벙어리나 장님을 돕고자 한다. 사내아이들이 도움을 청하면 그녀는 겁을 먹으면서도 은근히 우쭐한다. 그녀는 평생 쉽게 거절하지 못하는 편이다. 어쩌면 그녀의 첫번째 성 경험도 성적으로 흥분한 상대의 요구를 거절하지 못해서 이뤄졌을지 모른다.

물고기자리 여성은 남에게 무시당하거나, 극단적으로 상반되는 기질로 고통받거나, 쉬운 여자라는 평판을 들을 수 있다. 그녀는 중도를 잘 찾지 못하는 것 같다. 들뜨거나 축 처지고, 환희에 빠지거나 공포감에 사로잡힌다.

그녀는 일찍 자위행위를 하게 된다. 관능을 타고났기 때문이다. 애무 받는 것도 무척 좋아한다. 그래서 그녀가 아무리 엄격한 교육을 받을지라도, 두 살 지난 아이들, 특히 생식기를 만지기 시작하는 시기에 사랑이 담긴 접촉을 피해야 한다는 의견에는 결코 동의하지 않을 것이다. 어린 시절 그녀가 형성하게 되는 가치관은 타고난 쾌락주의적 성향과 거리가 먼 경우가 많다. 섹스는 출산을 위한 것이고, 즐기기 위한 섹스는 죄악이며, 성적으로 즐기는 육체는 수치심의 원인이 된다는 식이다. 그녀가 타고난 쾌활함과 자유로운 몸, 그리고 관능을 회복하기 위해서는 엄청난 재교육과 노력이 필요하다. 젊은 시절에는 자신이 고통받을 운명을 타고났다고 믿으며, 실제로 그렇게 생활한다. 그녀가 많은 상처를 받게 되는 것은 스스로 자신이 상처받게 될 거라고 생각하기 때문인 경우가 많다. 마치 자신의 믿음을 증명이라도 하려는 듯 부적당한 상대를 택한다. 하지만 다른 관점에서 보면 그녀가 적당한 상대를 골랐다고 할 수 있을지도 모르겠다. 그들은 그녀의 장단점을 그대로 반영함으로써 그녀가 자신과 대면하도록 만들어주기 때문이다.

그녀는 직관이 뛰어나서, 상대가 그녀와 비슷한 속성을 가졌을 때 이끌린다는 사실을 알고 있다. 또한 그녀가 연인의 성격 중에서 고쳤으면 하고 바라는 부분이 있다면 그것은 바로 자신부터 고쳐야 할 부분이다.

성생활을 하기 시작할 무렵에는 다양한 정보를 모은다. 섹스 안내서도 열심히 읽을 것이다. 연애를 다양한 수준의 성관계와 혼동하기도 한다. 막 움트기 시작한 성적 본능은 그녀를 상상의 세계에서 벗어나 이제껏 몰랐던 세계로 데려다줄 것이다. 남들은 물고기자리 여성이 난잡하다고 생각할지도 모른다. 하지만 그녀는 완곡하게 그리고 합법적으로 영혼의 동반자를 찾고 있을 뿐이다.

사랑과 성

물고기자리는 미묘하고 충격적인 격렬함을 간직하고 있다. 오직 전문가만이 그녀에게 숨겨진 신비로운 성적 본능을 간파한다. 그녀는 성의 예술가이고, 그녀의 사랑은 비교할 수 없는 작품을 만들어낸다. 그녀가 일단 자신감을 얻으면, 걸작을 만들어내고 자신의 직관에 따른다.

물고기자리 여성은 빨리 배운다. 또한 기꺼이 내주면서 연인의 요구에 응한다. 그녀에게는 억압에서 해방시켜줄, 성적으로 능숙한 연인이 필요하다. 또 하나의 조건은 그의 열정과 사랑이 그녀를 북돋을 수 있어야 한다는 점이다. 그녀는 자유롭게 자신의 요구와 환상을 표현하는 남성을 가장 사랑한다.

그녀의 정숙한 외모는, 강하고 지배적인 남성을 유혹해서 적극적으로 쾌락을 얻어내는 환상과 상치된다. 어떤 때는 관능적인 매력을 보여주기 위해 상대를 부자연스럽게 유혹하기도 한다.

그녀는 지배당하는 쪽을 좋아하지만, 내심 은밀하게 주도하고 싶어한다. 백마를 탄 왕자님이 다정하고 낭만적으로 자신에게 청혼하기를 바라는 한편, 거친 남자를 원하는 마음도 있다. 그녀는 남자가 자신을 지배하도록 허용하지만, 『천일야화』의 꾀 많은 세라자데처럼 그에게 없어서는 안 되는 노예가 되는 방식으로 그를 소유한다. 그녀는 상대가 더는 스스로를 통제하지 못하는 모습을 보고 싶다는 이유 하나만으로 상대에 기꺼이 맞춘다. 상대방이 스스로를 특별하다고 느끼게 해주고, 오직 그의 쾌락을 위해 태어났다고 믿게 만드는 것으로 그의 마음을 얻는다. 사실 그녀는 이런 것이 자신에게 얼마나 큰 힘을 주는지 직감적으로 알기 때문에, 그것을 즐긴다. 또한 상처받지 않기 위해 이런 애정게임을 즐기기도 한다. 그녀가 받은 성교육은 그녀 안에 어마어마한 두려움을 키워놓았다. 그래서 그녀에게는 그녀 안에 겁에 질린 소녀가 숨어있음을 알아채고 그 소녀까지 사랑할 수 있는 아주 특별한 상대가 필요하다.

물고기자리 여성은 섹스가 유쾌하고, 자유롭고, 흥분되고, 창조적이며, 모험적이고, 다양한 분위기와 변화를 가지기 바란다. 우울한 기질의 남성은 특히 그녀에게 좋은 연인이 될 수 없다. 들떠있는 스타일은 섬세함과 배려가 부족할 것이다. 어떤 성행위를 도덕적으로 꺼림칙한 '비정상'이라고 생각하는 상대는 그녀가 억압에서 벗어나도록 도울 수 없다. 사실 물고기자리 여성이 금기시하는 성행위는 지나치게 폭력적인 성행위밖에 없다.

그녀는 침대에 가면을 쓰고 누워 향, 촛불, 부드러운 쿠션들로 둘러싸이기를 좋아한다. 흥분을 더하기 위해 바이브레이터도 사용하고, 간질이며 괴롭히는 애무를 위해 깃털도 즐겨 사용한다. 그녀는 무엇이든 시도해볼 마음이 있으며, 일단 흥분하면 거의 모든 것을 좋아해서 어떤 행위도 불사한다. 물고기자리 여성은 사랑에 빠지면 정신을 못 차릴 지경이 된다.

그녀는 상대가 자신을 놀라게 하는 것을 좋아한다. 그가 중국음식을 사들고 와서 함께 거품목욕을 하면서 먹는다면, 그날 밤 그녀는 그의 노예가 될 것이다. 혹은 그가 기대조차 못해본 방식으로 그를 사랑해줄 것이다. 물고기자리 여성이 이끄는 입장이 되면 완벽하게 주도하는 방식을 택한다.

게다가 그녀는 다른 사람 안에서 어떻게 일치감을 찾고 그와 결합할 수 있을지를 항상 자문한다. 물고기자리 여성이 사랑과 성의 결합, 다른 사람과의 결합에서 추구하는 것은 순수함과 조화이다. 속박과 거절당하는 것에 대한 두려움에서 벗어나 인생과 연인에 대한 사랑, 죄의식 없는 섹스를 위해 노력하는 일이야말로 물고기자리 여성들이 가장 노력해야 할 일이다.

그녀가 배워야 할 점

물고기자리 여성은 다른 사람의 에너지를 완전히 공유할 수 있는 능력을 갖추었다. 성적으로 눈을 뜬 물고기자리 여성은 성관계를 특별한 연인과의 영혼의 결합으로 바꿔놓는다. 그녀는 완전한 감각, 함께 나눌 수 있는 감각이 깨어나기를 바란다.

성적 억압이 완벽하게 관능으로 옮겨가기는 힘들다. 현대의 성 치료사들이 권하는 첫번째 단계는 스스로에게 쾌락을 주는 법을 알아 가는 것이다. 물고기자리는 자신의 몸을 잘 파악할 필요가 있으며, 다른 사람의 조언에만 의지해서는 안 된다. 그다음 단계는 쾌락을 즐기는 방법을 상대와 공유하는 것이다. 물고기자리 여성들은 사적인 문제에 대해 함구하는 편이지만, 관계를 발전시키기 위해서는 자신에 대한 그런 정보를 주고받는 일이 필수적이다. (구체적인 언어표현능력을 위해서는 '전갈자리의 인간관계'를 참조하라.)

물고기자리 여성은 완벽한 사랑의 결합을 가능하게 할 고대의 길을 직감적으로 찾아낸다. 이 길을 탄트라라고 부른다. 간단하게 말해서 탄트라는 황홀경에 이르는 법을 뜻한다. 완전한 만족을 위해서는 이 길을 함께 걸어갈 상대가 필요하다. 탄트라는 5000년의 역사를 가진 정신물리학적 체계로서, 내적으로 완벽한 조화를 이루는 것이 그 목표이다. 탄트라로 이르는 길은 다양하다. 탄트라 연구자들에 따르면 음악, 심상, 혹은 성교를 통해 완전함에 도달할 수 있다. 탄트라의 체계에서 성적인 교류의 목적은 관계를 고양시키고 확장하는 것, 사

'변덕스런 물'의 물고기자리 여성

랑을 나누면서 상대방과 하나가 되는 것이다. 다음은 탄트라를 경험하기 위해 필요한 조건들이다.

- 두 사람 다 성 경험이 있어야 하고, 성숙해야 한다.
- 상대에게 충실해야 한다.
- 실패를 딛고 일어나 재도전할 의지가 있어야 한다.
- 이 일에 시간을 바쳐야 한다.
- 성에 대한 서구식의 목표 중심의 접근을 포기해야 한다. 탄트라의 목적은 오르가슴이 아니라 쾌락 자체이다.

물고기자리 여성은 특히 한발 앞서간 섹스 기술을 습득할 가능성이 높다. 그녀는 영혼의 성장을 위해 종교전쟁을 치르며, 자신을 다 바쳐 사랑할 수 있기를 강렬하게 원한다. 하지만 그전에 부정적인 감정을 극복해야 한다. 이런 감정들은 그녀를 우울증 속에 가두고 결국 자기 파괴를 초래할 것이기 때문이다. 성의 에너지는 강력하고 인간에게 기본적인 에너지이다. 물고기자리 여성이 그 에너지를 가동시키면 우주적인 에너지를 발산할 것이다. 하지만 잘못 활용한다면, 그녀의 자기애와 창조성은 고갈될 것이다.

물고기자리의 분노

분노는 눈이다. 눈은 떨어지고, 방황하고, 녹아버리고 잊힌다.
사랑은 태양이 반짝이는 낮이다.
태양은 비춰주고, 성장하도록 돕고, 사라져버린다.
하지만 기억되지 않는가, 영원히. – 아니타 베넷(13세), 『감정』에서 성적으로 억제된 물고기자리 여성은 분노를 깨닫고 표현하는 능력에서도 제약을 받는다. 자신의 분노를 인정하고 그것을 야기한 원인이나 상황을 찾는데도 시간이 많이 걸린다. 분노하게 된 근본적인 까닭은 과거 속에 묻힌 경우가 많지만, 지금의 분노를 불러일으킨 것은 여전히 현재 속에 있다. 그러므로 과거를 더듬기보다 현재의 상황을 면밀히 살피는 쪽이 더 도움이 될 것이다.

물고기자리 여성은 분노하기 전에 병에 걸려버리는 편이다. 아이에게 소리지르기 전에 궤양에 걸리는 것이다. 또한 배우자가 집 바깥의 폭력으로부터 그녀를 보호해주듯, 그녀도 자신의 분노로부터 배우자를 보호하고자 한다. 사실 물고기자리 여성은 가족들과 보이지 않는 거래를 하고 있는 것 같다. 그녀가 두려워하거나 분노할 만한 일들을 자신이 눈치채지 못하도록 가족들이 지켜준다면, 그녀도 그들에게 자신의 우울증이나 분노를 표출하지 않을 것이다.

물고기자리 여성은 신입사원 시절이나 아이를 기르던 시절을 꿈처럼 보낸다. 상냥하고, 성실한 부하직원이며, 유쾌한 분위기를 조성하려고 애쓰는 것이다. 또 그녀는 행복한 가정과 아내라는 이상을 진심으로 믿고 싶어한다. 그리고 함께 하는 삶에 대한 꿈을 간직하는 한, 그 꿈이 이루어질 것이라고 기대한다. 두통과 위경련을 부르는 억압적인 현실보다 환상에 더 관심을 기울인다.

서른 살이 가까워지면 뚜렷한 전환점을 지나면서 자신이 어머니와는 아주 다르다는 사실을 깨닫게 된다. 이것이 그녀를 불안하게 하지만, 내심 변화를 반기는 마음도 있다. 그때 처음으로 자신이 독립적인 존재라는 사실을 즐기기 시작하며, 분노와 성욕 같은 강한 감정들을 접한다.

물고기자리 여성이 초기의 순종적인 자아에서 벗어나지 못하는 한 분노는 현실이 될 수 없다. 하지만 서른 살이 되면 달라진다. 공포, 죄의식, 분노 같은 감정을 계속 억제한다면 새로운 삶의 중요한 부분을 놓치게 된다는 것을 깨닫는다. 바로 이때 독특하고, 미묘하며, 조심스럽고, 자기 방어적인 특유의 스타일이 큰 변화를 겪는다. 그녀의 애인이나 다른 사람들은 그녀가 더 활발해졌다는 정도로만 생각할지도 모른다. 행동양식이 변하고, 더 활기찬 모습을 보이기 때문이다.

물고기자리 여성은 어떤 메시지를 전달할 때면 항상 자신의 눈을 효과적으로 이용할 줄 안다. 그리고 예민한 레이더 같은 눈으로 정보를 받아들인다. 그리고 몸의 다른 부분들도 감정을 표현하는데 동참한다. 섹스가 불만스러울 때는 온몸으로 강하게 표현한다. 거절당하면 실망과 분노를 표현하고, 성적 평등에 대해 더 관심을 보이기 시작한다. 그때까지 상대가 손쉽게 기선을 제압해왔다면 이제 놀라게 될 것이다. 그녀도 돈에 대해 고집을 부리게 되고, 젊은 남자들과 늦은 밤까지 어울리고, 집을 난장판으로 버려두는 등 상황이 달라진다.

물고기자리 여성은 30대에 무언가에 열정적으로 빠질 수 있는데, 이것이 그녀에게 도움이 될 것이다. 이제 그녀는 개인적 성장을 우선시하게 될 것이고, 분노를 승화시킴으로써 극복하는 길을 찾을 것이다.

40대가 되면 두 갈래 중 하나의 길을 택한다. 그녀가 30대를 위와 같이 보냈다면 원숙해진 모습을 보이게 된다. 하지만 그녀가 이제 막 부정적인 감정을 느끼기 시작했다면 극단으로 치달을 가능성도 있다. 자신의 분노를 발견하면서 이별하거나 이혼하는 경우도 많다.

마흔이 될 때까지 물고기자리 여성들은 많은 실패를 경험한다. 그들에게 인생은 결코 순탄하지 않으며, 분노를 표현하는 일도 마찬가지다. 이처럼 중대한 시점에는 분노를 더 많이 느끼고 표현할수록 주변 환경이 더 나빠진다고 느낄 수도 있다. 하지만 이것은 그녀의 새로운 변화에 반대하는 사람들이 그녀에게 주입하는 패배주의적 태도이다. 물고기자리 여성은 자기 아이가 하루 종일 자신을 필요로 하지 않을까, 자신이 완벽하지 않기 때문에 배우자가 더는 자신을 사랑하지 않는 것은 아닐까, 직장 상사가 그녀의 단호한 태도를 싫어하지 않을까 등의 근심을 접어야 한다. 대신 자기 앞에 놓인 정서적 안정과 성숙을 향해 매진해야 한다.

50대에는 분노를 결점으로 간주하게 된다. 자신에게 더 관대해지고, 과거보다 더 커다란 만족감을 느끼며, 자기 회의의 중압감에서 벗어나기 위해 웃음을 이용한다. 자신과의 관계가 좋아지면서 다른 사람과의 관계도 즐기게 되고, 인생에서 가장 창의적인 시기에 도달했다고 믿게 된다. 이제야 평화가 찾아온 것이다. 긍정적으로 표현된 분노는 쾌락과 상호 작용하기 때문에, 성적으로 유사한 변화를 겪게 된다. 자신을 잘 모르던 20대에는 감정적으로도 억제되고 성적으로도 불안정했다. 그녀는 자신이 원하는 것을 몰랐고, 필요한 것을 요구할 줄도 몰랐다. 그래서 만족하기 어려웠고, 좌절하게 되었다. 비록 그녀의 육체는 오르가슴 바로 진 단계까지 도달하더라도, 정시적으로 정체된 상태가 계속된다.

모든 여성들이 30대에 성적으로 최고의 전성기를 누리게 된다. 물고기자리 여성도 이때 다양한 오르가슴을 경험한다. 분노를 받아들이고 표현하면서 그녀의 관능이 해방되는 것이다. 이럴 때 이혼 같은 위기를 겪으면 이전의 자기 거부로 되돌아갈 수도 있다. 하지만 그녀는 다시 힘을 얻어 전보다 더 강한 모습으로 돌아올 것이고, 자신을 해방시키는 것이 얼마나 좋은 느낌이었는지 기억해낼 것이다. 자신을 받아들이는 일은 자기를 알고 있을 때만 가능하다. 물고기자리 여성은 스스로를 받아들임으로써 부정적인 성격을 완전히 몰아낼 수 있다.

30대 후반이 되면, 스스로를 존중하게 되면서, 성취감을 얻고 싶은 자신의 바람을 깨닫게 된다. 그녀는 미묘하게 권력을 휘두르는 것을 좋아한다. 하지만 이제 깨닫게 되는 것이다. 자신의 분노는 무력감, 열등감, 무기력에서 비롯되었음을, 또한 과거의 인간관계에서 권력을 휘두르던 방식이 솔직하지 못하고 파괴적이었음을 분명히 알게 된다. 사실 관심을 끌기 위해 앓아눕고, 조용히 고통받고, 우울증에 빠지던 과거의 방식은 그다지 건강하지 못한 것이었다.

물고기자리 여성은 자신이 원하는 것을 얻기 위해 분노를 이용하지 않는다. 이것은 노골적으로 공격성을 드러내는 사람들의 방식이다. 예를 들어 양자리 여성들은 분노를 무기 삼는 버릇을 없애야 할 것이다. 반면에 물고기자리 여성들의 경우는, 우선 분노를 인식하도록 노력해야 하고, 그다음으로는 잘 표현하도록 노력해야 한다.

자기 인생을 판단할 수 있는 것은 자신밖에 없다. 그리고 그 판단 역시 스스로의 선택이다. 물고기자리 여성들이 이 사실을 받아들일 때, 좌절감을 줄이고 우울증을 피할 수 있다. 분노도 스스로 선택한 반응이다.

분노를 극복하기

분노를 대인관계에 건설적으로 활용하려면, 우선 자기 자신에 대해 책임감 있게 표현하고 상대와 친밀한 관계를 맺어야 한다. 다음은 특히 물고기자리 여성들이 분노를 건설적으로 활용할 수 있도록 도와주는 지침이다.

· 분노를 건설적으로 표현하기 위해 필요한 것
  - 새로운 기술을 배우기 시작한다.
  - 대화를 유도하는 환경을 만든다.
  - 시간을 투자한다.
  - 상대를 참여시킨다.

· 분노를 건전하게 표현하기 위한 규칙.
  - 반드시 어떻게 해야만 한다는 말은 피한다.
  - 함께 하는 사람들에게 관심을 기울이고, 자신의 관점에 대해 상대를 설득할 때에 는 구체적이고 위협적이지 않은 방식으로 한다.
  - 양쪽 모두 공평하게 필요한 만큼의 시간을 갖는다.
  - 분노를 초래한 행동은 그런 행동을 한 사람의 인격과 무관하다.

· 분노가 건설적으로 이용되는 사례
  - 긴장을 풀어준다.
  - 변화의 필요성을 알려준다.
  - 활력을 준다.
  - 공포, 권태, 오랜 습관에서 벗어날 수 있는 계기가 된다.
  - 영향력을 행사할 수 있게 해준다.
  - 자아가 더 강해진다.

물고기자리 여성이 분노를 건설적으로 표현하는 단계

- 분노를 인식한다.
- 의식적으로 이전의 역할 모델과 거리를 둔다.
- 독립적인 자아 정체성을 확립한다.
- 만일 어머니에게 분노한다면, '소녀'같은 행동에서 벗어나는데 큰 도움이 될 것이다. 그리고 노력하면 그 분노가 관대함으로 바뀔 수 있다. 어머니가 살았던 시대를 생각하고, 그녀가 그렇게 할 수 밖에 없었던 이유를 따져본다면, 그녀를 이해할 수 있을 것이다.
- 성인으로서의 자아를 확립한다.
- 어쩌면 남자들에게 분노하게 될지도 모른다. 이것은 자기 일을 위한 공간과 시간을 확보하려고 노력하게 만든다는 점에서 유용하다. 주변 사람들에게 지금 자신이 무엇을 하고 있는지 설명할 필요가 있고, 계획도 세워야 한다. 자기를 변화시키고 분노에서 벗어나도록 돕는 치료법(생물 에너지학, 감정을 폭발시키고 소리치는 일, 사이코드라마 등)도 찾아본다.
- 분노를 일으킨 대상을 파악하고, 상황에 맞는 극복 방안을 찾는다.
- 남자에 대한 분노는 건설적인 토론, 상담, 혹은 여성단체에 가입함으로써 극복할 수 있다. 직업상의 목적을 세우고 그 성공과 책임에 대해 책임지는 일 역시 분노를 많이 덜어줄 것이다. 남성에 대한 분노는 경쟁심, 무력감, 열등감에서 비롯되기 때문이다.
- 자기만의 세계를 세우고, 그 안에 자신을 온전히 표현할 수 있는 편안한 공간을 만들어라.

분노는 실재하는 감정이고, 모든 사람이 가질 수 있는 감정이다. 그리고 그 안에는 부정적인 힘만이 아니라 긍정적인 힘도 있다. 물고기자리 여성이 이 사실을 깨닫고 분노를 건설적으로 활용하는 법을 배울 때, 또한 성숙한 여성으로서 자신의 감정을 자기 스스로 선택했음을 인정할 때, 그녀는 완전하고 독립적인 여성이 될 것이다.

물고기자리의 생활 방식

일부일처제에 대한 태도

물고기자리 여성들은 천성적으로 보수적이어서 일부일처제 결혼을 강하게 고집하는 편이다. 하지만 시대가 변했고, 그녀도 이제는 자기 안에 숨어있는 욕망들을 발견하고 있다. 일부일처제 바깥에 다양한 성생활의 가능성이 열려있는 것이다.

사람들은 연인과 배우자에게 서로 다른 것을 원한다. 게다가 물고기자리 여성이 젊은 시절 필요로 하는 것은 나이 들었을 때의 요구와 아주 다르다.

물고기자리 여성은 성인이 된 후에도 처음에는 여전히 어린 소녀로 남아 자신을 돌봐줄 크고 강한 상대를 찾는다. 그래서 윤택한 생활을 보장해줄 남자, 보호자, 좋은 아버지이자 관대하고 능력 많은 남성을 배우자로 택한다.

하지만 시간이 흐르면서 차츰 자신의 성장과 독립을 도와주는 사람을 원하게 된다. 책임감 있고 자부심을 가진 여성으로 성장하는 것을 기쁘게 받아들일 상대를 원하는 것이다.

아내로서 물고기자리 여성은 성실하고, 세심하며, 많이 베풀고, 창조적이며, 보수적이다. 자신의 선택이 옳았다고 믿을 때면 어떤 운명의 장난도 다 감수할 것이다. 쥐꼬리만 한 월급으로 기적처럼 살림을 꾸려가며, 배우자를 다정하고 따뜻하게 돌본다. 상대에게 거절당할 것이 예상되면 쉽게 자신을 납득시키기도 한다. 배우자를 떠나는 일은 그녀에게 몹시 힘든 일이지만, 일단 그를 떠나고 나면 쉽게 다른 사람과 깊은 사랑에 빠진다. 물고기자리 여성은 한 번 이상 결혼하는 경우가 많다. 물고기자리 여성이 일부일처제를 거부하는 전형적인 상황들은 다음과 같다.

• 환상 속의 사랑: 이것은 결코 이루어지지 않을 수도 있다. 그녀는 수년간 이런 정신

적인 사랑에 빠질 수 있다. 이것은 평범하지 않은 것에 대한 갈망과 엄청난 상상력에서 비롯된다.

- 개인적 성장: 근본적인 변화를 겪으면서 원하는 것과 중요시하는 것이 달라진다. 상대가 이 변화에 맞추지 못하면, 그녀는 다른 곳에서 찾을 것이다. 아무 말도 하지 않거나, 아무런 경고 없이 상대를 떠나버릴 수도 있다. 그녀는 정말 예측할 수 없다.

- 배우자의 결점을 발견했을 때: 그녀는 젊고 경험이 없을 때 결혼한다. 아마 잘못된 판단을 내렸을 수도 있을 것이다. 나중에 배우자가 자기가 생각했던 사람이 아님을 깨달으면 환멸을 느끼고 낭만을 중시하면서 다른 사람을 찾는다. 그녀는 엠마 보봐리처럼 구제불능일 정도로 낭만적이다. 이런 연애사건을 수차례 거지면서도 결혼 생활을 유지할 수도 있다.

- 계속해서 잘못 판단할 때: 물고기자리 여성은 적합하지 않은 연인을 택하는 경향이 많다. 이 사람이 아니라고 깨달을 때마다 다시는 남자를 사귀지 않겠다고 혹은 배우자를 떠나겠다고 결심한다. 하지만 곧 결심을 뒤엎고 다른 연인을 만난다. 이 때문에 불륜에 빠지거나 이혼과 재혼을 반복한다.

- 자긍심이 약하거나 분노를 억제할 때: 이것은 '내가 그 사람에게 잘 어울리는 착한 여자란 걸 보여주겠다'는 것이고, '내가 무시할 수 없는 사람이란 걸 그에게 보여주겠다'는 계략이다. 어느 쪽도 건설적이지 못하며 양쪽 다 결혼에 나쁜 영향을 미친다.

- 상대에 대한 감수성이 결여되었거나, 그에게 감정표현을 하지 않을 때: 이런 상황은 치명적이다. 처음에는 활짝 핀 꽃이었다가 영양 결핍으로 시들면서 다른 곳에서 살아남을 방법을 찾는다. 물고기자리 여성의 많은 수가 이런 상황에 처한다. 섬세한 보살핌을 필요로 하는 그들에게 어울리는 남성은 드물기 때문이다.

- 상대의 사디즘: 물고기자리 여성은 짐승 같은 남자들의 마음을 끄는 경우가 왕왕 있다. 그녀는 상대가 자신에게 무슨 짓을 하도록 허용했는지를 깨달은 후에야 떠난다. 떠날 수 있기 위해 바람을 피우기도 한다. 가장 큰 문제는 그녀 스스로가 그런 대접을 받아도 싸다고 생각하는데 있다. 하지만 세상 누구도 그런 대접을 받을 이유는 없다!

- 현실 도피적인 성향: 이따금씩 그녀는 그저 더는 버틸 수 없다고 느낀다. 그러면 도

'변덕스런 물'의 물고기자리 여성

망간 아내가 되거나, 갑자기 직장을 구하거나, 도망치기 위해 알코올 중독에 빠진다. 이런 성향에서 벗어나려면 먼저 자신을 직시해야 한다.

대안적 생활 양식

- 독신생활: 물고기자리 여성은 혼자서는 잘 살지 못하며, 다른 사람의 에너지를 필요로 한다. 친한 친구나 연인의 지지가 어느 정도 도움은 되겠지만, 독신생활은 결코 권하고 싶지 않다. 특히 그녀가 자신을 싫어하고 있을 때 그렇다. 미혼모로 사는 것도 생각해볼 만하지만, 역할이 전도되어 지나치게 아이에게 의존하지 않도록 조심해야 한다.

- 개방결혼: 개방결혼은 1960년대 미국에서 혁신적인 생활 방식으로 유행했는데, 소수의 사람들이 계속하고 있다. 물고기자리에게는 권하고 싶지 않다.

- 삼자결혼: 부부가 제 삼자와 함께 살면서 성생활을 나누는 이 방식은 일시적으로는 시도해볼 만하다. 그러기 위해서는 부부관계가 튼튼해야 하고 양쪽 다 제삼자를 원해야 한다. 물고기자리 여성은 어쩔 수 없이 끌려들어가 다른 두 사람의 유희에 이용될 가능성도 있다.

- 공동생활: 물고기자리는 기꺼이 가사노동을 분담할 것이며 다른 사람들과 함께 하는 생활에 잘 적응할 것이다. 다른 사람들의 동참이 확실하고 그녀의 영역이 흔들리지 않는다면 물고기자리 여성에게 좋은 선택이 될 것이다.

- 동성애나 양성애: 물고기자리 여성은 두 개의 몸을 가진 별자리이며 변덕스럽다. 그녀는 보수적인 면이 강하지만 이따금 다른 여성에게 강하게 끌리는 자신을 발견하곤 한다. 하지만 양성애나 동성애를 통해 행복을 얻으려면, 인간관계를 가질 때 이상화하고, 의지하고, 분노하고, 거부하는 형태로 이어지는 습성을 극복해야 한다. 이것은 어머니와의 관계에서 비롯된 것이다.

다양한 대안적 생활 방식의 공통점은 '변화'이다. 물고기자리 여성은 변화를 필요로 한다. 그녀의 태도와 가치관이 크게 변하고, 따라서 그녀의 행동도 변한다. 물고기자리 여성의 20대와 50대는 아주 다른 모습을 보일 것이다. 성적 관심도 시기마다 새롭게 바뀐다. 과거의 연인이 떠나면 새로운 상대를 만나게 된다. 한사람과 특별한 관계를 유지하려는 생각도 강해졌다 약해졌다 한다.

유형이나 나이, 시기, 문화적 배경 등 사람을 택하는 기준이 변할지라도, 사랑하고 사랑 받고자하는 우리의 욕망은 변함이 없다. 문제는 마음 깊은 곳에 지리잡은 욕망, 즉 용기와 자신감, 모험을 감수하는 태도, 싱장에 대한 관심, 의사소통을 원하는 마음을 표현하는 데 있다.

물고기자리 여성이 어떤 관계 속에서 지속적으로 즐거움을 얻을 수 있다면, 그녀는 거기 머물 것이다. 그녀가 긍정적인 길을 택한다면 살아가는 것을 사랑하게 될 것이다. 일부일처제이든 아니든 물고기자리 여성은 사랑을 주고받는 선구적인 길을 걷는다.

물고기자리의 개괄적 특징

물고기자리 여성은 타고난 정신적, 예술적 힘과 치료능력을 키우고 적극적으로 활용할 통로를 찾아야 한다. 그들 중 많은 수가 손을 대기만 해도 상처를 치유시키는 능력이 있다. 혹은 미래를 예견하기도 하고, 그림을 그리거나 시를 쓰고 연극을 한다. 그들은 진리의 옹호자가 될 것이고, 가난하고 의지할 곳 없는 사람들을 위한 투사가 될 것이다.

물고기자리 여성은 잠재의식과 꿈의 지배를 받으며, 방대한 대양과도 같은 정신적, 영적 능력을 갖고 있다. 하지만 자신이 유한한 생명을 지니고 있음을 잊어서는 안 된다. 적어도 지금 가진 몸으로 이 지상에 머물 시간은 아주 제한되어 있다. 시간은 빨리 지나가고 해야 할 일도 많다. 육체적 정신적 건강의 진정한 의미를 깨닫기 위해서는, 환상의 안개를 뚫고 나가 억압된 감정을 살피고 바깥세계를 직시하고 주변 사람들과 소통해야 한다.

그녀의 재능이 예술분야에 있는 것이든 치료능력이든 초자연적인 능력이든 간에, 그 재능을 알아주는 사람들을 찾아야 한다. 집단에 헌신하는 에너지를 통해 몽롱한 꿈이나 공포에 빠져드는 것을 피할 수 있을 것이다.

한편, 다른 사람이 자기 일을 대신 해주기를 기대해서는 안 된다. 그녀는 끊임없이 재검토하고, 자아도취에서 벗어나 자기탐구로 나아가야 한다. 그러면 자신의 장점을 깨닫고 인정하게 될 것이고, 약점들도 제대로 파악하면서 장점으로 바꿔나갈 수 있을 것이다.

물고기자리의 시대가 끝나가고 있다. 지난 2500년은 서로 반대 방향으로 헤엄치고 있는 두 마리 물고기로 상징되었다. 이 두 방향의 끝에 각각 소유를 중시하는 물질중심주의와 이타적인 사랑이 자리잡고 있다. 다음 시대의 메시지는 물고기자리의 긍정적인 면과 정확하게 일치한다. 즉 부정성을 여과하고 제거하면서 이기적인 개인주의를 넘어서는 것이다.

물고기자리 여성은 자기 나름의 방식으로 선구자이다. 그녀에게는 자신의 느낌과 지식, 경험, 계획을 표현하는 일이 가장 중요하다. 그리고 세상과 자신을 이어주는 다리를 놓고, 행동해야 할 것이다. 만일 물고기자리 여성이 자신의 직관을 다른 사람들과 나누고 자신이 느끼고 갈망하는 사랑을 드러낼 수 있다면, 긍정적이고 집중되고 적극적인 태도를 유지할 수 있다면, 이다음에 오는 물병자리의 시대에 사람들을 이끌어가는 핵심적인 역할을 맡게 될 것이다.★

모든 별자리를 거쳐
완결된

Cosmic

관심을 끌고 보살피는
애정이 넘치는
소유하지 않는
호의적인
인내심이 강한
활발한, 생기 넘치는
지혜로운

균형을 유지하는

민감한
빈틈없는
열려있는
유쾌한

감정과 행동이 일치하는

관대한
예지능력이 있는
신비주의적인, 영적인
호기심이 많은
주기를 파악하고 속도를 조절하는
아이처럼 천진한
독립적인
경이를 느끼는
다정다감한

성취하고 실현하는

평화를 얻은

협력하는
겁내지 않는
좌를 짓지 않는
창조적인
초연한

항상 자기 행동을 의식하는

조화를 이룬
평화를 얻은
양성적인
비경쟁적인
소통할 줄 아는
시적인
현실적인
이상주의적인

위에 나열된 특성들은 단지 한 시기를 묘사하고 있으니,
당신과 맞지 않는다고 생각되면 지금 당신이 어느 시기에 있는지
다른 별자리에서 찾아보세요.

우주적 여성의 성격

어떤 새도 제 날개로 날면서 너무 높이 날아오르지는 않는다.

— 윌리엄 블레이크, 『지옥의 격언』에서

일반적인 특성과 배경

우주적 여성은 모든 여성이 추구하는 원형이고, 사람들이 가장 매력적으로 받아들이는 온갖 특징을 구현하는 영원한 여성성 자체이다. 그녀는 다른 여성들이 소중하게 생각하고 열심히 모방하는 내면의 힘을 갖고 있다. 그녀의 존재는 방을 환하게 밝혀주며, 어디를 가든 분위기를 동요시킨다. 그녀는 엘리너 루스벨트의 인도주의, 퀴리 부인의 지성, 오드리 헵번의 우아함과 훌륭한 교양이 결합된 존재이며, 정말이지 비범한 여성이다.

우주적 여성은 완결된 별자리를 말한다. 그녀 안에는 모든 긍정적인 기운이 응축돼 있어서, 충만한 삶을 실현할 수 있다. 흙과 공기와 불과 물의 에너지가 그녀 안에서 제각각 고유한 영향력을 가지면서도 완벽한 조화와 균형을 이룬다.

우주적 여성은 여러 별들이 보내는 전파를 감지하고, 이것을 자기 삶에 생명과 활력을 더하는데 이용할 줄 안다. 특정별이나 별자리가 그녀의 인생을 지배하지 않는다. 그 모든 별자리들이 마치 그녀가 그렇듯 완벽하게 조화를 이루면서 빛을 발할 뿐이다. 그녀에게는 각각의 별과 별자리, 그리고 그들 상호 간의 소통 하나하나가 모두 소중하다. 현명해지려면 그 별들의 에너지를 받아들여 채울 줄 알아야 하며, 별들이 자신의 소망에 응하도록 만드는 법을 알아야 한다. 인간이 자신의 유한한 본질을 깨달을 때 무한한 근원으로 연결될 수 있다. 우주적 여성은 그 한계를 깨닫고 있다. 이처럼 자신을 제대로 파악하는 덕분에, 자기 한계 안에서 무수한 실현 가능성을 발견할 수 있다.

모든 별자리를 거쳐 완결된 우주적 여성

우주적 시기는 다음의 특징을 보인다.

- 사랑하고 돌보는 본성이 두드러지며, 다른 사람들과 완벽한 평화를 이룬다.
- 인생의 소중한 일부인 사람들과 사물들을 만나면서도 자신의 시간과 에너지를 보존할 수 있다.
- 부정적인 경험이 반복되면 그것을 멀리하면서 생활 방식을 조정할 줄 안다.
- 이 세상에서 살아가지만 세상의 질서에 구속되지 않는다.
- 자신을 파악하고 행동의 결과를 예견하며 관찰함으로써 교훈을 얻는 능력이 있다.
- 독립적이면서도 함께 일할 수 있는 사람이다.
- 미래를 예견할 수 있음에도 온전히 현재에 충실하게 살아간다.
- 타인에게 관대하고 있는 그대로 받아들일 줄 안다.
- 생활 속에서 기쁨과 자극을 끌어낸다.
- 동료들과 배움을 주고받는 과정에서 인생에 대한 깨달음을 얻는다.

우주적 여성은 예민한 감각을 가졌고, 그 감각의 지시에 따를 줄 안다. 직관이 뛰어난 그녀는 자신의 직관을 신뢰한다. 그녀는 한 단계 고양된 자아와 만나는 것이 자기 운명을 만나게 해주는 것이며, 내면의 목소리를 따를 때 결코 잘못된 길에 빠지지 않는다는 사실을 오래전에 깨달았다. 그 덕분에 성공적인 삶을 살아간다.

그녀는 다른 12별자리의 여성들이 갖는 모든 감정을 느낄 수 있다. 그래서 쉽게 그들에게 공감하고, 자신의 특성을 구성하는 순환주기들에 맞춰 물 흐르듯 살아간다. 사실 이 흘러가는 능력이야말로 그녀를 한결 돋보이게 만든다. 자연과 자신의 본성에 공명함으로써 그녀는 다른 모든 여성들이 부러워하면서도 결코 얻지 못하는 확신을 갖는다. 다른 여성들도 이런 확신을 갖는 것이 불가능한 것은 아니다. 단지 자신의 감정과 직관을 완전히 신뢰할 수 있을 정도로 발전한 여성이 몇 없을 뿐이다.

대부분의 여성들은 자신이 진정으로 원하는 것이 무엇인지 상상조차 해본

적이 없을 정도로, 자신을 구속하면서 살아간다. 우주적 여성은 가능과 불가능의 경계선에 대한 일반적인 선입견을 깨부술 줄 안다. 정신에는 어떤 한계도 없으며, 자신이 상상할 수 있는 것은 모두 실제로 이룰 수 있음을 알고 있는 것이다.

그녀는 우주적 여성이 되기 위해 긴 여행을 하는 동안 많은 장애를 넘었다. 적이 등장할 때마다 도전으로 여기고 환영하였고, 모든 난관을 배움의 기회로 삼았다. 그녀의 인생은 현대판 『천로역정』이다. 자기 인생을 방해한다고 환경을 탓하는 법도 없다. 오히려 그것을 성장의 발판으로 삼는다. 운명을 개척하기 위해 행운이나 운명을 기다리지도 않으며, 책임감 있게 자기 경험을 만들어나간다. 셰익스피어는 『율리우스 시저』에서 이렇게 단언했다.

"내 친구 브루투스여, 잘못은 우리를 지배하는 별들에 있지 않다네. 잘못이 있다면 그 힘에 굴복하는 우리 자신에게 있겠지."

그녀는 우주와 특별한 관계가 있으며, 스스로 그 사실을 감지하고 있다. 웹스터 사전은 '우주적Cosmic'이라는 단어가 '질서정연한 체계로의 광범위한 우주와 관련이 있음을 의미한다'고 설명한다. 이 체계는 혼돈으로 가득한 세계에 대립되는 조화로운 세계이다. 그것은 태양계를 넘어서는 물리적 우주와 결부되며, 우주에서의 변화들과 관련이 있다. 또한 시간적, 공간적 거대함, 즉 방대한 범위나 엄청난 시간의 연속도 함축하고 있다.

우주적 여성은 혼돈보다 질서를 좋아한다. 완전함을 얻으려면 자신의 존재에 질서를 부여해야 함을 알기 때문이다. 그녀의 정신과 가정, 인생 등 모든 것이 질서와 정돈을 반영하며, 바로 이것이 그녀가 수행하는 모든 것에 명쾌함과 목적, 방향, 결속력을 부여한다.

그녀는 세상에 대한 분명한 시각이 있고, 무엇이 세상을 제대로 움직이게 하는지 알고 있다. 인류의 한계에 놀라지 않으며, 꿈을 위해 극복해야 할 장애물에 대해서도 잘 알고 있다. 그녀에게도 꿈이 있지만, 그것을 이룰 방법은 지극히 현실적이다. 또한 꿈을 이루려면 얼마만한 에너지가 필요한지, 과연 실현 가능한 것인지도 고려한다.

우주적 여성이 세상과 관계 맺는 방식은 무척 독특하며, 매사를 다르게 바라본다. 그녀의 견해는 특별한 관점에서 비롯된다. 자신과 자신의 행동을 창조 전체와 관련해서 바라보는 것이다. 친구들, 가족, 가정, 국가, 그녀의 세계, 이 모든 것이 질서정연한 우주 안에 위치한다. 생활은 그녀에게 창조적인 행위이며, 어떤 생각이나 행동도 단순하지 않다. 그것이 새로운 패턴을 보이면서, 낡은 사고와 행동을 보완해주는 역할을 하기 때문이다.

그녀는 모든 것이 본질적으로 순환하는 주기를 가지고 있음을 잘 알고 있다. 몸의 순환주기(바이오리듬), 별들의 순환주기(점성술), 춘분점과 추분점의 순환주기(물병자리의 시대) 등. 모든 것이 그녀의 인생에 변화를 준다. 이런 변화에 대한 치밀하고도 심오한 인식과 거침없이 그 변화에 몸을 내맡기는 능력 덕분에 인생은 더 쉬워지고, 사람들은 그녀를 더 잘 이해할 수 있게 된다.

우주적 여성은 자신이 태어날 때부터 갖고 있는 본성, 즉 단순하고 솔직하고 다정하고 인정 많으며 하늘의 별만큼 고귀한 그 품성을 계속 간직하고서 충실하게 살아가고자 한다. 따라서 움켜쥐고 지배하고 교묘하게 속여야 한다는 충동 같은 것은 전혀 느끼지 않는다. 그녀는 자신의 직관에 따를 때 충만한 느낌을 얻는다. 그녀는 직관을 통해 자아를 더욱 고양시키며, 주변 사물들과도 적절하게 관계 맺는다.

그녀는 자신의 본성을 파악하는 과정에서 자신의 성적, 감정적인 면도 알게 된다. 그녀는 인생을 변화시키는 법을 알고 있으며, 결코 변화의 피해자가 되지는 않는다. 물론 과거에는 그런 일도 종종 있었을 것이다. 하지만 이제는 자부심을 확립하고 분노를 긍정적으로 표현하는 법을 깨달았다. 또한 자신이 원하는 생활 양식을 만들어갈 힘의 근원도 발견했다. 그녀는 자신과 다른 사람들을 진심으로 사랑하게 된 것이다.

우주적 여성을 이해하는 핵심적인 단어가 '사랑'이다. 그녀는 사랑의 진정한 의미를 깨달았고, 그로 인해 해방되었으며, 사랑이 명하는 대로 살아간다. 그리고 삶을 통해 사랑의 기쁨을 반영할 수 있도록 노력한다. 바로 여기서 소유하려 들지 않는 사랑이 가능해진다. 그녀가 사랑을 이용해서 조종하려 드는 일은 결코 없을 것이다. 오히려 사랑은 그녀의 인생에 긍정적인 힘을 주고, 자신과 소유물을 자유롭게 열어주도록 만든다.

자신과 타인을 알고 사랑할 때 인생의 수수께끼를 푸는 열쇠를 갖게 된다고 나는 믿는다. 사랑이야말로 우리의 힘과 창조력의 근원이기 때문이다.

관심을 갖고 보살피는

우주적 여성의 관심은 우주 전체만큼이나 광범위하다. 하지만 그녀가 가장 관심을 갖는 것은 사람들이다. 그리고 자연스럽게 교사 역할을 맡는다. 자신이 해방의 여정에서 경험했던 장애물을 다른 사람들은 쉽게 극복할 수 있도록 말과 행동으로 돕는다. 또한 훌륭한 상식을 갖추고 있어, 뛰어난 상담가가 된다.

그녀의 관심은 세속적인 영역에 한정되지 않아서, 사람들의 삶에 영향을 미치는 모든 제도와 조건, 법에도 진심으로 관심을 보인다. 그녀는 대학의 강의실에 모습을 드러내고, 환경운동을 하는 시민단체를 조직하고, 더 나은 복지법안이 통과되도록 로비를 하고, 인류의 미래를 연구하는 모임을 결성한다. 그녀가 어떤 활동에 참가하더라도 자기 이익에 급급하지 않는다는 점에서 다른 사람들과 커다란 차이점을 보인다. 자아를 만족시키려 들지도, 기득권을 유지하려 들지도 않는 것이다. 그녀는 당면한 문제에만 집중하며, 그것이 조직 전체에 미칠 영향을 고려한다.

개인생활에 대해서는 그녀도 개인적으로 관심을 갖는다. 솔직하고 단순한 행동 덕분에 주변 사람들도 쉽게 그녀의 의도를 파악한다. 누군가 의사한테 데려다줄 사람이 필요하거나, 가족 중 누군가가 죽었거나, 기대서 울음을 터트릴 어깨가 필요할 때면, 우주적 여성이 거기 있다. 그녀는 자기 시간을 최대한 내주지만, 남들이 자신을 악의적으로 이용하게 놔두지는 않는다. 사람들이 그녀의 착한 마음을 이용하려 들 때면, 그녀는 그들의 삶은 스스로 책임져야 하며, 그럴 때만 도울 수 있다고 상기시켜준다.

우주적 여성은 진심으로 보살펴준다. 그 보살핌의 출발점은 그녀 자신이다. 그녀는 자기 몸을 신전처럼 소중하게 보살핀다. 좋은 음식을 먹고, 목욕하고,

모든 별자리를 거쳐 완결된 우주적 여성

빗질하고, 몸단장을 한다. 자기 자신을 사랑하는 사람들이 그렇듯이 특별한 빛을 발한다. 그녀가 특별한 것은 이런 보살핌을 가족, 정원, 일 등등 주변의 모든 것으로까지 확장시킨다는 데 있다.

거의 모든 사람이 생존하려는 의지를 가지고 있으며, 그것이 삶의 원천이 된다. 하지만 우주적 여성이 생각하는 훌륭한 삶의 출발점은 '배려'이다. 그녀는 어떤 상황에서도 도움이 되고 싶어하기 때문에 애정을 가지고 적극적으로 행동한다.

애정이 넘치는

우주적 여성의 행동 하나 하나가 사랑의 행위이다. 그녀는 항상 인생에 대한 의욕에 넘친다. 우주적 여성은 사랑에 빠지는 것과 사랑하는 것을 구별할 줄 안다. 보통 사랑에 빠지면, 자기를 잃고 연인을 위해 모든 것을 희생할 위험이 있다. 하지만 사랑을 하게 되면, 내면의 핵심은 유지된다. 스스로를 다 내주면서도, 원기를 회복하고 자양분을 섭취하기 위해 중심으로 돌아올 수 있게 되는 것이다.

우주적 여성에게 사랑은 안정과 권력, 명성을 위한 수단이 아니다. 그것은 기쁨이 가득한 삶의 표현이다. 자신이 사랑하고 있을 때는 있는 그대로 자연의 일부가 된다는 느낌을 강하게 받는다.

그녀는 사랑한다고 약해지지 않는다. 오히려 최상의 결과를 얻을 수 있는 분야에 자기 에너지를 모두 쏟아부을 수 있을 정도로 아주 강해진다. 그녀는 사랑을 나누려는 자신의 본성을 나약함으로 오해하는 사람들, 그 사랑에 기생하거나 악용하려는 사람들에게 용감하게 대항한다. 또한 자신과 타인이 사랑의 에너지를 서로 교환하도록 계속해서 노력한다.

플라톤은 사랑이 가공할 힘을 가진다는 사실을 알고 있었다. 우주적 여성은 그 힘을 발휘하고 이용하는 법을 알고 있다. 자신의 인간관계에, 성생활에, 그리고 자신을 더 젊게 하고 실현시키는 데 그 힘을 쏟는다. 그녀의 사랑은 두 사람이 독점적으로 결합하는 낭만적인 사랑이 아니다. 더 넓은 경험을 원하는 것이다. 물론 그녀가 낭만적인 사랑을 아예 배제하지는 않는다. 단지 그런 사랑이 가능한 특별한 환경이 정말로 드물다는 사실을 알고 있을 뿐이다.

그녀의 집과 직장은 인생에 대한 깊은 사랑과 따뜻한 시선을 반영한다. 몽롱하고 아름다운 중국 풍경화, 햇빛이 비치는 창에 만들어진 스테인드글래스, 생명력이 넘치는 아름다운 식물들… 그 하나 하나가 돌보는 사람의 세심한 손길을 드러낸다. 그녀는 자기 관심사를 변명하고 설명하지 않는다. 사랑을 표현하고 실천한 뒤에 그 결과를 계산하는 데 너무 많은 힘을 소진하지도 않는다. 그녀는 그저 사랑한다. 그것이 그녀의 본성이기 때문이다.

소유하지 않는

그녀는 소유의 의미를 잘 알고 있다. 인생의 모든 것이 끝없이 밀려왔다 밀려가는 것임을 알고 있으며, 이것을 주변 사람들뿐 아니라 사물들에도 적용한다. 자신이 보살피고 있는 것들을 보물처럼 소중하게 대하지만, 그들을 소유하고자 하지는 않는다.

인생이 덧없다는 것을 알고 있는 그녀는 살아가면서 사랑스런 물건이나 사람을 만나게 되는 매 순간을 소중하게 음미한다. 그러면서도 그것을 자기 손에서 풀어줘야 할 때를 알고 있다. 자유롭게 날아가고자 하는 것을 붙잡으려 들면 자신의 성장이 방해받게 된다는 사실을 누구보다 잘 알고 있다.

우주적 여성은 자기 소유물을 남에게 잘 준다. 이런 행동이 다른 사람에게 기쁨과 풍요로움을 준다고 느끼기 때문에 정말이지 아무 주저 없이 베푼다. 그런데도 그녀의 우물이 결코 마르지 않는 걸 보면 무척 신기할 정도이다. 그녀에게는 세속적인 물건들을 끌어들이는 흡인력이 있고, 그 덕분에 주변 사람들은 더욱 풍요를 누리게 된다. 저녁식사를 준비할 때도 항상 예기치 않은 손님을 대비해서 넉넉하게 장만하고, 머물 곳 없는 외로운 방랑자를 위한 공간도 남겨둔다. 이런 보살핌과 배려는 늘 한결같다.

그녀는 인간관계에서도 똑같은 태도를 보인다. 그녀는 사랑할 때도 자유롭게 하며 연인을 소유하고자 하지 않는다. 매 순간을 함께 나누는 일을 몇 일이

모든 별자리를 거쳐 완결된 우주적 여성

든 몇 년이든 지속하지만, 때가 되면 놔줄 줄도 안다. 자신이 완전하기 때문에 상대에게 요구하는 것이 많지 않다. 그녀는 사랑이 서로에게 감응하는 것이라 믿으며, 모든 것을 베풀고 나눌 줄 알아야 한다고 생각한다. 그렇지 않다면 어떤 노력도 소용없다고 생각하는 것이다. 그녀가 살아가면서 이기적으로 자기만 생각하는 시간은 얼마 되지 않을 것이다.

우주적 여성은 자양분을 공급하지만, 소유하지는 않는다. 돌보면서도 자기 것으로 만들지 않는다. 보호하지만 지배하지 않고, 사랑하지만 뒤에서 조종하지 않는다. 안고 위로해주지만, 손에서 놓고 보내줄 때가 언제인지도 안다. 우주적 여성이 진실로 소유하는 것은 그녀 자신밖에 없다.

호의적인

우주적 여성에게 이방인은 없다. 모든 피조물을 하나의 전체로 받아들이며, 그들이 부분적으로 그리고 아주 특별한 방식으로 자신과 연결되었다고 본다. 그녀는 자신에게 자양분을 공급하듯 다른 모든 사람들에게 양분을 공급하고자 하는 욕망을 느끼며, 서로 다르고 분리된 사람들이라도 모두 같은 근원에서 태어났다고 생각한다.

그녀는 모든 것을 연구함으로써, 특히 그녀와 같은 인간이라는 거울을 통해 스스로를 이해하고자 한다. 다른 사람들과 접촉함으로써 자신의 본성을 이해할 열쇠를 발견하고자 하며, 그렇게 되리라 믿는다.

그녀의 우정에는 한계가 없다. 저명한 금융인과 애기를 나눌 수 있는 것처럼 청소부와도 애기를 나누며, 어쩌면 후자 쪽을 더 즐길 수도 있다. 그녀는 언제 어디서든 인생의 경험에 관심을 보이며, 어디서든 정보를 얻고자 한다.

그녀는 완벽한 솔직함 덕분에 보기 드물게 소중한 친구가 된다. 그녀는 항상 친구들이 처한 상황을 분명히 인식할 수 있도록 도와주고 싶어한다. 그녀가 인생과 조화를 이루면서 많은 경험을 한 덕분에, 결코 다른 사람들이 동기를 부여해줄 때까지 빈둥거리며 지내지 않는다. 그리고 그녀의 경험이 충분하지 않을 때면 직관에 의존한다.

인내심이 강한

황소자리 시기를 거치면서 많은 교훈을 얻은 우주적 여성의 인내심은 가히 '욥'에 비견할 만하다. 다른 사람들이라면 고민스러워서 술을 마시게 될 가족문제도 그녀를 혼란스럽게 만들지는 못한다. 그녀는 냉정하고 초연하게 문제를 바라보면서, 결국은 모든 것이 변하게 마련이라고 생각하는 것이다. 죽음만이 유일한 해결책인 경우도 있다. 그런 경우도 우주적 여성에게는 또 다른 변화이고 새로운 시작에 불과하다. 그녀는 삶과 죽음의 주기를 인식하고 있으며, 심지어 죽음조차도 새로운 주기의 시작으로 받아들인다.

그녀는 인생을 배움의 과정으로 보기 때문에 자신과 타인에 대해 인내심을 가지고 손을 더듬거리며 앞으로 나아간다. 진행이 더딜 때는 조바심을 보이면서 일을 몰아가려 할 수도 있지만, 대개는 뭔가 배우려면 시간과 노력이 든다는 사실을 인정한다. 물론 그녀는 타고난 교사여서 자신의 모든 지식을 동원해서 진행 속도를 높이려 노력할 것이다. 그 과정에서 그녀는 새로운 의식을 개발하게 되는데, 그 속에서는 개인적인 인간관계가 중심적인 자리를 차지한다. 그녀는 모든 사람이 인간으로 살아가는 일의 깊은 의미를 깨달으려면 그런 의식의 변화가 필요하다고 생각한다.

활발한, 생기에 넘치는

우주적 여성은 아주 활발한 성격을 가졌다. 이 세상에 불변하는 것이라고는 변화 자체밖에 없음을 알고 있기 때문에 인생에서 자신이 추구하는 변화들을 예상하고 계획한다. 자신이 진정으로 원하는 것이 무엇인지 알아내기 위해 이미지 능력과 상상력을 이용한다. 그리고 그 이미지들이 자신의 내적 느낌과 일치할 때까지 더 뚜렷하게 만들고 다듬는다. 그 후에 그것이 실제로 이루어지기를 기다리는 것이다.

우주적 여성은 자기 몸을 잘 돌본다. 몸의 균형을 파괴하는 약물이나 독한 화학약품을 많이 복용하지도 않는다. 체온이나 혈압도 정상이고, 살아가려는 의지와 욕망을 갖추고 있다. 항상 영양에 신경 쓰고, 비타민도 적절히 활용하

모든 별자리를 거쳐 완결된 우주적 여성

며, 매일 밤 다음날 수업을 준비하듯 낮의 근심을 뒤로 남기고 평화롭게 잠든다. 그녀는 어떤 에너지든 보존하고자 하며, 특히 자기 몸의 에너지를 잘 유지한다. 그녀가 항상 건강한 것은 생활에 필요한 균형을 잘 파악하고 있는 덕분이다. 그녀는 몸만이 아니라 정신도 건강하게 유지한다. 항상 긍정적인 태도를 가지려고 노력하며, 부정적인 감정들을 파악하고 그것을 포용하며 깊이 연구해서 방출할 수 있는 해결책을 찾아낸다. 마음과 몸이 불안정해질 정도로 부정적인 감정을 표현하지 않고 억누른 채 잠을 청하는 일은 결코 없다. 자신이 인생의 흐름 속에 있다고 느끼는 그녀는 주변에서 끊임없이 생겨나고 발전하는 개방적인 에너지의 역동적인 교류를 의식한다. 이것이 그녀의 활력의 근원이다.

빈틈없는, 항상 자기 행동을 의식하고 있는

우주적 여성은 항상 주변에 어떤 변화가 일어나고 있는지, 에너지의 방향이 그처럼 달라지는 이유는 무엇인지를 살핀다. 아무리 사소한 일도 그냥 넘기지 않고 세심하게 주변을 관찰한다. 마치 주변 환경을 현미경으로 관찰하는 것 같다. 자신의 행동에 대해서도 같은 방식으로 대하기 때문에 자신이 무엇을 하고 있는지 그리고 왜 그렇게 하는지를 알고 있다. 그녀는 자신의 위치를 파악하고, 수집한 정보를 자신이 얼마나 효율적으로 활용하는지 세심하게 따져본다.

그녀는 자신이 내리는 모든 결정을 자각하고 싶어한다. 그래서 한 사건의 구성 요소를 모두 알고 있으며, 주변에서 진행되는 것까지 다 파악한다. 자신의 내밀한 생각들도 살펴보면서 모든 인식을 의식의 단계로 유지하려고 노력한다. 심지어 돌연히 직관적인 통찰을 할 때도, 자기의 행동과 그 동기를 정확하게 알 수 있도록 의식의 단계로 옮겨간다. 그녀는 가능한 한 모든 것을 의식하면서 살아가려고 노력한다. 자신이 원하는 대로 인생의 방향을 바꾸려면 스스로 결정을 내려야 한다고 생각하기 때문이다.

일단 그녀가 자신을 하나의 몸안에 담긴 다양한 에너지들의 결합체라고 느낄 때, 또한 이 에너지들이 다양한 방향으로 움직인다는 사실을 깨닫게 될 때, 그녀 안에 뿌리내린 공포와 죄의식 대부분을 벗어던질 수 있게 되며 완벽하지 않다는 점을 자책하지 않게 된다. 정신적인 문제에서 비롯된 육체의 질병이 사라질 것이고, 자기 결점에 대한 수치심도 버릴 것이다. 자신의 성적본능에 대해서도 가혹한 판단을 내리지 않고, 다만 자신을 구성하는 복합적인 에너지의 일부로 받아들일 것이다. 자기 육체에 자연스럽고 올바른 일을 한다고 느끼기 때문에 죄의식도 느끼지 않는다. 그녀는 밤에 자신을 찾아와서 그녀의 인생에 어떤 질서와 의미를 부여하는 육체적인 욕망을 부끄럽게 여기지 않는다. 자신의 꿈에 대해 변명하지 않고, 그것을 이해하려고 한다. 적합한 사고와 적합한 행동이라고 스스로 규정한 장벽을 넘어서서 가능한 사고와 가능한 행동의 영역으로 들어서면, 진실로 자유로운 길을 제대로 걸어가고 있다고 볼 수 있다. 그러기 전통적인 관습과 도덕규범, 전통적인 원칙과 행동규범의 타당성에 의구심을 품을 때, 다시 한번 창조적인 과정에 참가하게 된다. 그 과정을 통해 그녀는 자신과 주변 환경을 변화시킨다.

자신이 완전히 깨어나 자각하게 될수록 자신과 자신이 살아가는 세계를 더 온전히 받아들이게 된다는 사실을 깨닫는다.

열려 있는, 관대한

우주적 여성은 한계를 별로 느끼지 않는다. 다소 인위적인 세계가 있음을 알지만, 그것이 자신이 원하는 삶과는 별로 어울리지 않는다는 것을 안다. 따라서 그녀는 다양한 대안적인 생활에 개방적이다. 그녀는 해가 갈수록 더 심각해지는 문제들, 전통적인 사고방식으로는 대답을 찾을 수 없는 문제들에 새로운 형식과 새로운 접근법을 제시한다. 그녀는 이상적인 여성이 더 편안하게 살 수 있는 새로운 생활 방식을 연구하며, 전통적인 종교나 법, 정치체계가 발견하지 못한 효과적이고 실현 가능한 해결책을 찾는다.

마찬가지로 사람들을 사귈 때도 개방적인 태도를 보인다. 상대가 자신이 포섭할 수 있는 육체적, 정신적 에너지를 갖고 있다면 연령이나 사회적 지위를 가리지 않으며, 살아가면서 맞닥뜨리는 모든 길목에서 친구를 얻는다.

인류에게 가장 위대하고 유용한 보루는 정신이다. 그녀는 바로 이 정신의 개척자이다. 그녀에게는 사람들이야말로 살아있는 자원으로, 그들의 경험에서 많은 것을 배울 수 있다고 생각한다. 그때 가장 중요한 것은 열린 대화이다.

우주적 여성은 쌍둥이자리 시기를 거치면서 성공적인 인간관계의 핵심은 대화라는 사실을 깨달았다. 그래서 누군가 노력하는 모습을 보이면 그 노력이 아무리 미약하고 보잘 것 없어도 관대함을 보인다. 그녀는 배우고 이해하고자 노력하는 사람들을 받아들일 줄 안다. 자신의 내면을 인식하고 있는 그녀는 다른 사람들이 얼마나 고군분투하고 있는지, 그럼에도 왜 그들이 스스로를 무능하게 만들고 있는지 정확하게 파악한다. 그녀는 자신의 경험을 통해 사람들을 있는 그대로 받아들일 수 있게 됐으며, 모든 사람들의 자기발견을 격려하고 도와줄 것이다.

예지능력이 있는

우주적 여성은 사물의 가능성을 볼 수 있는 드문 능력을 가졌다. 이처럼 미래의 일을 시각화하는 환영능력은 인간성, 인간관계, 그리고 사회 제도의 전 범위를 포괄한다. 즉 그 모든 영역에 잠재된 가능성을 알아챌 수 있다는 말이다. 그녀는 누군가 혹은 어떤 것이 그녀가 알고 있던 가능성을 실현하지 못할 때면 슬픔을 느낀다.

그녀는 자연과 역사의 순환주기를 너무도 잘 알고 있어서, 미래에 그것이 어떤 가능성을 갖게 될지 단숨에 볼 수 있다. 그녀는 자신이 이 끝없는 순환과정의 일부이며, 미래를 창조하는데 중요한 역할을 수행해야 함을 알고 있다. 그녀는 자신이 가고자 하는 곳에 이르기 위해 치러야 할 대가가 무엇인지 너무나 잘 알고 있다.

그녀는 살아가면서 진정으로 원하는 것을 꿈꾸고 이루기 위해 상상력을 활용한다. 사수자리시기를 거치면서 자신이 미래의 문을 여는 열쇠를 가졌으며, 거기서 얻은 숭고한 이상을 그녀가 정말로 이룰 수 있다는 사실을 깨닫게 되었다. 또한 지식을 얻기 위해서는 '각성'이 필수적으로 수반해야 함을 깨달았기 때문에 매사를 자신의 정신에 입각해서 생각하기 위해 노력한다. 또한 천칭자리 시기를 거치는 동안 자신이 주변의 흐름을 바꿔놓고 조정해야 함을, 그리고 소극적인 관찰자가 되기보다는 적극적인 참가자가 되어 흐름의 일부가 돼야 함을 깨달았다.

명석한 시각과 깊이 있는 생각 덕분에 그녀는 사업이나 관리, 다른 사람과의 관계에서 성공적으로 자기 역할을 수행하게 된다. 해왕성(넵튠)의 지배를 받으며, 모든 것이 비밀로 유지되던 물고기자리 시대에는 그녀도 자신의 힘을 지극히 비밀스럽게 활용하곤 했다. 하지만 머지않아 오게 될 물병자리 시대에 맞춰서 이제는 그녀도 미래를 향한 길을 닦기 위해 자신의 뛰어난 기술을 숨김없이 발휘하는 등 더 눈에 띄는 활동을 하게 될 것이다.

호기심 많은, 아이처럼 순진한, 경이를 느끼는

우주적 여성은 매사에 놀라거나 경이를 느끼는 능력을 갖고 있다. 그녀는 하루를 시작할 때마다 새로운 발견에 대한 열정을 느낀다. 새로운 경험을 하고 새로운 과업을 수행할 때마다 흥분을 느끼는 것도 여전하다. 그녀는 별이 가득한 하늘을 올려다보면서 방대한 우주 공간 안에서 자신이 차지하는 자리에 놀라움을 금치 못하며, 그랜드 캐니언 꼭대기에 서서 경이로운 자연의 위력에 압도된다. 그녀는 천둥, 번개, 사납게 일렁이는 바다의 힘 앞에서 전율을 느끼며, 생명의 신비를 생각하면 온몸에 소름이 돋는다.

그녀가 이 세상이나 타인에 대해 보이는 태도에는 아이처럼 천진한 구석이 있다. 그녀도 그런 태도가 자신을 약하게 만들 수 있다는 것을 잘 알고 있지만, 그 장점도 크다는 사실 역시 너무 잘 알고 있어서 그다지 크게 근심하지는 않기로 했다. 정말이지 그녀는 어떤 일이나 사람과 깊이 연관되는 일에 전혀 두려움을 느끼지 않는다. 항상 좋은 점, 긍정적인 점만 기대하는 것이다.

그녀의 호기심은 장소나 사람들, 눈에 보이지 않는 영혼의 세계를 탐험하도록 부추기는 추진력이 된다. 하늘 아래 그녀의 흥미를 끌지 못하는 것은 하나도 없다. 그녀는 마치 강요당하기라도 한 듯 직접 모든 결정을 내려야 한다고 생각한다. 성장기에 많은 사람이 자기의 마음을 조종하려 드는 것을 깨달았기 때문이다. 그녀는 다른 사람들의 게임에 말려들지 않고 저항할 줄 안다. 그래서 그녀에게 불편하고 진부한 틀에 박힌 역할을 강요하려드는 다른 사람들의 의도에 구속되지 않고, 자신의 생각을 정확히 알려고 한다.

민감한, 다정다감한, 자애로운

우주적 여성의 시간 대부분이 자신과 다른 사람들에게 스스로의 감정을 확인시켜주는데 사용된다. 남성중심의 사회에서는 직관이 너무 경솔하고 비과학적이며 비합리적이어서 쓸모가 없다면서 비하하고, 무시하려는 음모가 있어왔다. 우주적 여성은 이미 오래전에 이런 부정적인 생각에서 벗어났다. 자신의 느낌들이 올바르며, 기상 관측관의 과학적인 예보보다 더 신뢰할 수 있는 것임을 알게 되었기 때문이다.

우주적 여성은 다른 사람의 느낌을 존중하는 호의를 갖고 있다. 그래서 자신과 타인의 감정을 존중하며 다른 사람에 대해 갖는 애정과 배려를 표현할 줄 안다. 간단하게 "사랑해"라고 말하는 것만으로도 깊은 감동을 줄 수 있음을 알고 있는 것이다. 그녀는 아주 친절하며, 이것이 그녀의 가장 사랑스런 자질 중 하나이다. 물고기자리 시기를 거치면서 그녀는 느끼고 상대를 키워주고 상처를 치유하는 법을 배웠다.

조화를 이룬, 감정과 행동이 일치하는, 평화를 얻은

우주적 여성은 모든 피조물이 진동하면서 소리를 낸다는 것을 안다. 스스로를 아주 세심하게 관찰해본 결과, 자신도 낮과 밤에 서로 다르게 진동하고 있다는 사실을 발견했다. 막 떠오르는 태양은 한낮의 태양과 다른 감정을 느끼게 한다. 황혼의 느낌과 별이 총총한 밤의 느낌도 서로 다르다. 매 순간마다, 그리고 각 계절마다 그녀는 다양한 방식으로 진동한다.

사람들이 흙을 가까이하며 살았던 과거에는 자연의 주기에 조화를 이루며 살아가는 일이 지금보다 훨씬 더 수월했기에, 시기에 따라 달라지는 감정과 욕망을 표현하는 일도 그다지 어렵지 않았다. 그런데 산업화되고 기계화된 현대

사회에서는 이런 자연의 충동을 받아들이는 일이 줄어들었다. 그렇지만 우주적 여성은 여전히 그런 것을 느끼고 최대한 간직한다. 우주적 여성은 자신이 다양한 감정들로 채워져있음을 깨닫고 그 감정에서 비롯되는 에너지를 활용하고자 노력함으로써 스스로 조화로운 충만의 상태에 도달한다. 그녀는 자신의 감정과 일치하는 행동을 한다. 마치 조화로운 음들이 모여서 음악이 되는 것처럼 그녀의 인생도 노래를 부른다.

우주적 여성은 자신의 분리된 부분들을 하나로 재통합하고자 한다. 그녀는 모든 것이 조화와 일치 속에서 기능했던 과거 원시시대까지 자신의 기억을 확장시키는 것 같다. 그녀 안에 존재하는 대립적인 에너지들도 모두 서기서부터 흘러나온다.

그녀는 쌍둥이자리 시기를 거치는 여성들이 열렬히 추구하지만 대부분이 찾아내지 못하는 것, 즉 자신의 남성적 에너지와 여성적 에너지가 조화를 이루고 몸과 마음이 서로를 존중하고 협력하는 그런 완전한 일체감에 도달한다. 그녀는 더는 별을 꿈꾸는 영혼과 바닥에 내동댕이쳐진 육체로 분열되지 않는다. 그녀는 완전한 평화 속에 있다. 자신의 부정적인 에너지에 항복하거나 그것을 억누를 필요가 없음을 깨달았기 때문이며, 또한 자기 안에 존재하는 긍정적인 에너지를 이용해서 균형을 유지하는 법을 알게 되었기 때문이다.

양성적인

우주적 여성은 자기 안에 남성적 에너지와 여성적 에너지가 공존함을 깨닫고서 자기 실현을 위해 이 두 에너지를 모두 활용한다.

여성이 자신을 낮추고, 순종적으로 가정을 돌봐야 했던 게자리 시기가 한동안 전 세계를 지배한 적이 있다.

1960년대가 되자 이런 강요에 지친 여성들이 자기 안의 남성적 에너지에서 엄청난 힘을 얻어 남성들의 세계로 뛰어들었다. 그들은 남자들을 모방하기 시작했고, 오랫동안 남자들을 사로잡았던 바로 그 덫에 걸리는 희생자가 되었다. 공격적이고 파괴적이고 기만적이고 자기중심적인, 그 외에도 더 많은 파괴적인 형용사가 어울리는 그런 생활 방식이 여성에게도 적용되었던 것이다. 여성들은 자기들 안에 있던 여성성의 많은 부분을 잃고, 남성적인 면 중에서도 특히 부정적인 특성을 많이 갖게 되었다.

우주적 여성은 양성적인 존재가 되는 길을 걷는다. 즉 자기 안에 공존하는 남성 에너지와 여성 에너지 모두를 받아들이고 그것을 활용하는 것이다. 사실 그 방법만이 위에서 묘사된 딜레마에서 벗어날 가능성을 보여준다. 그녀는 두 요소를 모두 자기 성격으로 받아들임으로써 당면한 문제에 적합한 요소를 모두 활용할 수 있다.

내면에서 이런 식으로 상호 작용이 이루어지면 다양한 에너지들도 자연스럽게 조화를 이루면서 흘러 넘친다. 자신을 하나의 완전한 통일체로 경험할 때, 자기처럼 이중적인 본성을 소유한 사람들과 더 훌륭하게 상호 작용할 수 있다. 우주적 여성이 쌍둥이자리 시기를 거칠 때 열망하고 추구하던 것이 훌륭하게 이루어졌다. 자기 안에서 다른 반쪽을 찾았기 때문이다. 그녀는 자기 안에 존재하는, 그리고 사랑하는 사람의 안에 존재하는 남성적 에너지와 여성적 에너지에 모두 연결됨으로써 훨씬 더 역동적으로 상호 작용을 하게 된다.

비경쟁적인

우주적 여성은 다른 사람과 경쟁해야할 필요를 느끼지 못한다. 그녀가 경쟁하는 것은 당면한 과업밖에 없다. 일을 잘하기 위해 도전하는 것만으로도 충분한 경쟁이 되고, 일을 잘 해내는데서 만족감을 느끼기 때문에 다른 사람보다 우월하다는 것을 입증할 필요가 없다. 그녀는 흔히 성공의 열쇠로 간주되어왔던 경쟁심이 씁쓸한 자기만족과 낭비벽을 부를 뿐이라고 생각한다.

이렇게 경쟁을 꺼리는데도 불구하고 마지막에는 항상 유리한 위치를 차지하게 된다. 훌륭하게 그리고 완벽하게 일을 해내기 때문이다. 그녀는 최상의 결과를 기대하기 때문에 항상 그런 결과를 얻으며, 다른 사람을 짓밟는 일 없이도 승리한다. 또한 자신이 차지하고 있는 공간에 대한 권리가 자기에게 있고 누구도 그것을 뺏을 수 없음을 알기 때문에, 사람들이 접근해도 위협을 느끼지 않는다. 그녀 안에 자기 영역에 대한 인식이 확고하게 자리잡고 있기 때문에 굳이 그것을 지켜야할 필요를 느끼지 않는다.

소통할 줄 아는

우주적 여성은 훌륭한 전달자의 자질을 갖추었다. 소외감을 느낄 때도 그 감정을 없앨 줄 안다. 그녀는 진정으로 소통하고 있음을 확인해주는 개방성과 다정함, 지성을 말과 몸짓, 그리고 부드러운 접촉으로 조금씩 보여준다. 경직되고 적대적인 태도를 보이는 사람을 만나도 그 사람을 선입견 없이 적절한 시각으로 판단할 수 있고, 자신도 올바른 반응을 보이기 위해 최선을 다한다.

그녀는 사랑과 대화 사이에 중요한 관계가 있음을 깨닫는다. 사랑을 나눈다는 이름으로 행해진 대부분의 행동이 너무 강박적이고 제멋대로이며 공격적인 경우가 많아서, 대부분 자위 이상의 의미가 없다는 것을 알고 있다. 섹스에 나누고 접촉한다는 의미가 포함되지 않으면 섹스를 위한 섹스에 불과하게 되며 소통이나 책임, 배려, 사랑을 담지 못하게 된다. 긴장한 신경이나 풀어보려는 행동은 어떤 구체적인 결과도 남길 수 없으며, 되레 공허하고 채워지지 않는 감정을 남길 뿐이다.

우주적 여성은 의사소통에서 완전히 솔직해야 한다고 믿는다. 겉치레와 자기 입지만 중시하는 사람에게는 이것이 불가능한 일이겠지만, 우주적 여성에게는 없어서는 안되며 피할 수도 없는 일이다. 완벽하게 솔직한 소통 없이는 모든 만남이 소중한 시간과 에너지 낭비에 불과하기 때문이다. 사실 우주적 여성은 다른 영혼과 소통했다는 느낌이 들 때 가장 커다란 기쁨을 느낀다. 그녀가 삶의 기쁨으로 충만한 사람이라는 것은 누가 봐도 알 수 있다.

그녀는 살아가는 일을 즐긴다. 그녀는 인간적인 관계를 통해 자신의 기쁨을 다른 사람들에게 전달한다.

시적인

우주적 여성은 아주 시적인 영혼을 가졌고, 주변 사람과 소통할 때도 자신을

모든 별자리를 거쳐 완결된 우주적 여성

시적인 형식으로 표현한다. 시는 내면의 비밀을 나누는 가장 뛰어난 언어적 수단이기 때문에 그녀는 시를 즐겨 읽는다. 하지만 동시에 비언어적인 소통수단도 사용하며, 친구들도 같은 능력을 기르기를 바란다. 그녀는 대부분의 사람이 자아를 확대하고자 할 때 즐겨 사용하는 목적 없는 수다를 그다지 좋아하지 않는다.

그녀의 서가에는 시집이 많이 꽂혀있다. 시가 그녀의 인생을 확장시켜주고 사물의 본질을 찾고자하는 그녀의 욕망을 충족시키는데 보탬이 되기 때문이다. 그녀의 사생활과 개인적인 공간은 미술, 음악, 문학으로 풍부하게 채워진다. 그녀는 항상 더 심오한 의미를 찾으며 아름다움을 사랑한다. 또한 자신의 우주적 자아 역시 무척 아름답다고 생각한다.

현실적인, 이상주의적인

우주적 여성은 현실적인 기대를 갖는다. 모든 별자리 시기를 다 거쳤기 때문에 사람들의 유형을 잘 파악하는 그녀는 만나는 사람들을 그 성격에 따라 잘 대할 뿐만 아니라 자신이 그들에게 기대할 수 있는 것이 무엇인지 잘 알고 있고, 자신의 욕망과 희망, 필요를 다른 이에게 억지로 투영하는 법이 없다.

또한 그녀는 일이 진행되는 방식에 대해서도 현실적이다. 자신이 항상 변화의 과정에 놓여 있다는 사실을 알고 있고, 사회제도가 제대로 조직되고 운영되기 위해 필요한 것이 무엇인지도 잘 알고 있다. 또한 대부분의 거대 조직이 본질적으로 거추장스러운 면을 많이 포함하고 있어서, 그것을 변화시키려면 엄청난 에너지가 필요함을 잘 알고 있다.

그러나 변화의 가능성이 별로 없을 때는 그녀도 시간 낭비를 많이 하지는 않는다. 사회변화가 아무리 절실하더라도 우선 사람이 변하지 않으면 그것이 불가능하기 때문이다. 그래서 사람들이 자신을 변화시키도록 돕는데 대부분의 시간을 바친다.

우주적 여성은 시간과 돈 문제에서도 현실적이다. 좋은 물건은 모두 시간을 들인 것이고, 적어도 생필품을 확보할 기본적인 수단은 있어야 함을 안다. 도둑을 막아야 하고, 비가 새는 지붕도 고쳐야 하고, 서류는 작성해야 하고, 영수증은 보관해야 한다. 그녀는 이런 세속적인 일도 잘 해낼 수 있으며 그러면서도 고매한 이상주의를 유지한다.

신비주의적인, 영적인

우리 인생은 물질적인 측면만 가지고는 설명할 수 없다는 주장이 그리 특별할 것도 없는 시대를 살아가고 있다. 우주적 여성은 자신의 영혼과 정신도 자아의 일부임을 인식한다.

존재의 물리적 측면만 중시하다보면 분명하게 존재하고 있는 불가사의한 현실을 파악할 수도, 믿을 수도 없게 되는 경우가 많다. 하지만 우주적 여성은 그런 신비한 진실을 너무 많이 경험했고, 그것은 확실히 물질의 측면에 기반을 두지 않는 것들이었다.

자아실현의 과정에서 직관만이 해명할 수 있는 일들을 겪은 그녀는, 이제 그것이 이끄는 대로 믿고 따라간다. 그 덕분에 그녀의 직관적인 지식은 더 많이 확장되었고, 훨씬 더 강해졌으며, 더 많은 행복을 느끼고, 자신이 우주에서 차지하는 자리에 대해 더 많이 신뢰하게 되었다. 그래서 자기 본성에서 중요한 비중을 차지하는 이런 신비하고 영적인 측면을 놓치지 않으려고 노력한다.

주기를 파악하고 속도를 조절하는

뛰어난 기억력을 가진 우주적 여성은 자기 인생이 어떤 유형으로 흘러왔는지도 세세하게 기억할 수 있다. 그녀는 자신이 경험하는 주기를 예리하게 인식하며 그것이 자신에게 강력한 영향을 미친다는 것을 안다. 그녀의 인생은 심장의 박동과 호흡, 뇌의 리듬, 생리 주기 등등의 리드미컬한 반복이다.

그녀는 달이 자기 삶에 영향을 미친다는 사실을 알고 있으며, 달이 궤도를 따라 움직이면서 차고 기우는데 따라 다른 감정을 느낀다. 본성에 저항하지 않고 받아들일 줄 알기 때문에 이 변화에 자신을 내맡기고 흘러갈 줄도 안다. 달의 주기는 별의 주기 중 가장 짧지만, 우주적 여성에게 아주 중요한 장기적인 주기를 만들어내기도 한다. 그녀가 그 미묘한 리듬과 그것이 인생에 미치는 영향을 인식하는 덕분에, 다른 많은 사람들이 알아채지도 못한 문제들에 대처하고 그것을 극복할 수 있다. 어떤 사람들은 운명을 저주하면서 차라리 죽는 게 낫겠다고 생각할 정도의 상황에서도 말이다.

우주적 여성은 살아가면서 반복해서 벌어지는 일의 유형을 조심스럽게 살핀다. 만일 그녀에게 관심을 보이는 남자가 셋 있는데 그들 모두 비슷한 성격에 똑같이 부정적이고 불쾌한 태도를 보인다면, 그녀는 그 시점에 그들이 자기 주변에 등장한 까닭이 있다고 확신한다. 그 관계에서 배워야 할 뭔가가 있기 때문에 그녀가 그 문제를 제대로 바라보고, 해결할 수 있게 될 때까지 같은 패턴을 반복하는 것이다.

독립적인, 협력하는

우주적 여성은 스스로를 돌볼 수 있는 독립적인 여성이 되고자 하며, 자기결정에 책임을 지고, 원할 때는 사적인 공간을 갖고 싶어한다.

그녀는 천성적으로 자급자족할 수 있으며 결코 인생의 물질적 기반에 대해 지나치게 근심하지 않는다. 욕구는 항상 채워질 것이라 믿기 때문이다. 오히려 그녀는 에너지를 낭비하지 않는 일에 더 신경을 쓰며, 자신의 귀중한 시간을 소중하게 활용한다.

그녀가 타인의 친절이나 호의를 받아들일 때면 매우 세심하게 그것을 되돌려준다. 누구에게 어떤 빚도 지고 싶지 않은 것이다. 하지만 아무런 조건 없는 진심 어린 선물을 받으면 아주 기뻐하며 받을 줄도 안다. 그녀에게는 자신의 독립성이 아주 소중해서 자부심을 갖고 그것을 지킨다.

특이한 것은 그녀가 아주 독립적이면서도 지극히 협조적인 태도를 보인다는데 있다. 진보는 대체로 집단의 힘에 의해 이루어진다는 것을 알고 있기 때문에 기꺼이 집단의 목표를 달성하는 일에 참여한다. 하지만 분명한 목표가 설정되고 다양한 자아들이 서로 화합해서 혼연일체를 이루기를 고집한다. 그렇지 않다면 성공할 가능성이 희박하므로 우주적 여성이 거기 참가할 가능성은 희박하다. 그녀는 전갈자리 시기를 거치면서 얻은 교훈을 잘 기억하고 있어서, 개인 적인 권력의 추구는 집단의 진보나 문제해결에 전혀 도움이 되지 않는다는 사실을 알고 있다. 사실 이 세상의 권력은 너무도 일시적인 것이어서, 그녀가 자기 안에서 느끼는 힘과 비교하면 색이 바랜다.

균형을 유지하는

자신의 다양한 층위의 본성을 깨닫고 존중하는 우주적 여성은 온갖 강력한 에너지들로 피어난다. 그녀도 전에는 자신의 이런 다양한 성격을 분명히 파악하지 못했다. 어떤 부분은 너무 부정적이어서 자신의 것으로 인정하기 힘들기도 했다. 하지만 이제는 자신의 다양한 본성의 균형을 유지함으로써 곧 폭풍 같은 이 에너지에 대처할 줄 알게 되었다. 그녀의 남성적 에너지는 여성적 에너지와 균형을 이루고, 정신적 에너지는 감성적 에너지와 균형을 이룬다. 영적 에너지는 육체의 에너지와 균형을 이룬다.

그녀는 두 에너지가 만나 역동적인 운동을 할 때까지 서로를 대립시킨다. 이 것은 동양의 음양사상과 통한다. 또한 그녀는 한 힘이 다른 힘에 적응해가면서 균형을 이룰 수 있도록 노력한다. 수세기 전 그리스의 건축가들이 이 원칙을 깨닫고 무거운 지붕을 지탱하는 아름다운 기둥을 만들어냈다. 각 기둥들은 제각기 같은 무게를 지탱하면서 완벽한 조화를 이루며 지붕을 받치고 있다. 그 덕분에 건물이 지금까지 보존되어 모든 사람이 볼 수 있는 것이다.

겁내지 않는, 죄를 짓지 않는

우주적 여성은 자아를 실현하는 과정에서 많은 극악한 상황들을 만났기 때문에 두려워하는 것이 거의 없다. 알려지지 않은 것에 대해 근심하지도 않는다. 그녀는 곧바로 돌진해서 일어나는 사태에 대비한다. 물고기자리 시기에 신비의 세계에 대한 입문식을 거친 그녀는 그리 걱정하지 않는다. 물론 타인에 대해서도 어느 정도 관심이야 보이겠지만, 자신이 그랬듯이 누구나 자기 삶을 책임져야 한다는 것을 알고 있는 것이다.

모든 별자리를 거쳐 완결된 우주적 여성

죄책감이 가장 강하게 사람을 구속하는 감정이라는 사실을 알기 때문에, 살아가면서 그것을 느낄 여지를 거의 남기지 않는다. 아주 분명하고 순수하게 살아가면서 죄책감을 느낄 일은 결코 하지 않는다. 한 때는 그녀도 가족, 사회, 친구, 연인이 그녀에게 심어놓은 죄책감들로 많은 고통을 받았다. 하지만 그 대부분이 자신의 태도를 조종하고 지배하기 위한 것이었음을 깨달은 그녀는 이제 그런 제약이 불필요하다고 느낀다. 그녀가 깊이 관심 갖지도 않는 사람들에게 기만당하는 일에는 진력이 난 것이다.

창조적인

우주적 여성은 팥으로 메주를 쑬 수 있는 사람이다. 사물의 미와 본질을 파악하는 눈, 비례와 척도에 대한 지식, 균형과 조화를 알아보는 감각, 이 모든 것이 강한 창작욕을 뒷받침한다. 그녀는 감정을 상징적으로 표현하는 환경을 만들어낼 수 있으며, 약간의 가구와 신중하게 선택한 예술작품들로 주변 환경에 생명력을 불어넣는다.

인생을 창조적으로 바라보는 우주적 여성은 자기 힘으로 비상하고자 한다. 그녀는 스스로가 역동적인 과정 속에 있다고 생각하며, 그 안에서 삶과 죽음, 기쁨과 슬픔, 성장과 퇴보가 매 순간 무늬를 달리하는 모자이크를 형성한다. 그녀는 모든 변화에 순응하며, 그 과정을 통해 강해지고 확장된다. 그녀는 언제나 인생의 강물 속에서 성장하고, 피어나고, 주변 환경으로부터 자양분을 얻는다.

그녀는 죽음을 두려워하지 않는다. 그것이 변화의 주요 구성 요소임을 알기 때문이다. 그보다 더 중요한 것은 그녀가 삶을 두려워하지 않는다는 데 있다. 그녀는 용감하게 살아가며, 자신이 얻은 지식에 따라 길을 조정하고 바꿀 줄 안다. 새로운 것은 모두 살아가고, 사랑하고, 흘러가도록 도전하게 해준다는 사실을 아는 그녀는 가능한 한 최대한의 경험을 하기 위해 노력한다.

초연한

우주적 여성은 이 세상에서 살아가지만 세상이 그녀의 전부는 아니다. 이런 모순이 가능한 까닭은 그녀가 자신의 다차원적인 본성을 인식하고 있으며, 자신의 존재가 다양한 층위에서 존재함을 알고 있기 때문이다. 비록 그녀의 물리적 자아가 확고하게 이 지상에 발을 딛고 있다 할지라도, 그리고 그녀의 모든 활동이 이 지상에서 이루어진다 할지라도, 자기 본성의 일부는 별들과 관련되어 있음을 안다. 그녀는 이 두 측면을 모두 가동시킬 수 있으며, 자기 안에 존재하는 또 다른 불가사의한 힘들 역시 표출할 수 있다.

그녀는 감정이나 섹스가 만들어낸 강한 에너지에 대해 초연한 태도를 취한다. 그녀의 감정은 밤에 지나다니는 배들과 같다. 그 배들은 왔다 갔다 하면서 그녀에게 강한 영향을 미치지만, 그녀의 존재 전체를 규정하지는 못한다.

그녀의 사고가 그녀의 존재를 지배하는 것도 아니다. 사고는 그녀의 태도, 반응, 인생관에 영향을 미치지만, 그녀에게는 자기 사고를 넘어서는 뭔가가 있다. 그녀 안에는 작지만 강력한 중심이 있어서, 감정이나 사고, 부정적 혹은 긍정적 행위들로부터 벗어날 수 있는 안식처를 제공한다. 그것이 그녀의 진정한 자아이며, 거기서 그녀는 진정으로 편안함을 느낀다.

성취하고 실현하는

우주적 여성은 자기 삶에 만족하고 행복감을 느낀다. 그녀가 자기 삶에 진실하기 때문에 또한 그것으로부터 자유로울 수 있다.

그녀의 눈물은 순수하며, 그녀의 웃음은 진심에서 나온다. 그녀의 분노도 진정한 것이다. 그녀의 감정 모두가 영혼 깊숙한 곳에서 우러나는 것 같다. 그녀가 이처럼 자기감정에 맞닿아 있는 덕분에, 거의 예술이라 부를 만큼 강하게 감정을 표현할 수 있다.

또한 그녀는 자기 정신과도 맞닿아있다. 생각들이 마법의 양탄자가 되어 그녀를 성공과 충만의 세계로 데려간다. 그녀는 자신이 상상하는 어디든 갈 수 있다. 감정의 힘이 그녀의 사고에 번개같은 속도를 주기 때문이다.

우주적 여성은 평온하고 차분하다. 함께 살아가는 사람들과 주변 세계를 순순히 받아들이기 때문에 어디서나 그녀의 존재가 느껴진다. 그녀는 자신이 알고있는 세계와 우주의 비밀을 전해준다. 그녀는 평온한 삶을 살아가고 부드럽게 행동하지만 그럼에도 최대한 풍요로운 삶을 산다. 이미 모든 것을 가졌기에 바라는 것도 별로 없다. 그녀는 천상과 지상을 결합하는데 성공한 것이다.

인간관계

우주적 여성의 삶에서는 개인적인 인간관계가 중심을 차지한다. 개인적인 인간관계야말로 인간에 대한 살아있는 교과서이고, 그녀가 직접 경험한 다양한 시기를 반영하는, 움직이는 실험실인 까닭이다. 그녀는 조심스럽게 관찰하고, 그 결과를 활용해서 다른 사람에게도 인간관계에 대한 진실을 전해준다. 그녀도 인간의 독점욕에 대해 잘 알고 있지만, 다양한 인간관계를 맺지 못하면 완전한 만족감을 느끼지 못한다. 많은 사람들이 그녀에게 도움을 청하러 온다. 그녀는 여성과 남성의 발전에 깊은 관심을 보이며, 인간의 진보를 위한 촉매가 되기 위해 열심히 노력한다.

그녀는 본능적으로 인생의 모든 것이 목적을 가지고 있음을 파악하고 있다. 인간관계의 숨은 의미를 찾는 일이 중요하다는 사실도 인식하고 있다. 그녀의 인간관계는 사람들의 수만큼이나 광범위하고 다양하다. 만나는 사람 한 명 한 명이 그녀 인생의 목적에 중요한 실마리를 제공하며, 그들이 그녀의 인생에 개입하게 되는 이유 역시 적어도 하나씩은 존재한다. 그들의 행동도 모두 그녀 자신의 행동을 비쳐보는 거울이 된다. 심지어 우연히 마주친 사람들조차 미래의 발전을 위한 열쇠를 쥐고 있을 수 있다.

우주적 여성은 자신을 진심으로 사랑하기 때문에 상대에 대한 사랑과 인정을 바로 표현한다. 그녀에 대한 반응은 아주 긍정적이거나 아주 부정적인 둘 중의 하나이다. 사랑 받기를 원하며 인생이 제공하는 모든 것을 경험하고자 하는 사람은 그녀가 보여주는 사랑에서 다정함과 따뜻함을 느낄 것이고 그녀의 보살핌을 받고 싶어할 것이다. 하지만 자기연민에 빠진 사람, 인생이 복잡하게 얽힌 사람은 그녀 주변에 머물기 어렵다고 느낀다.

우주적 여성은 인간관계를 훌륭하게 이끌어나간다. 사람들을 잘 알고있어서 그들의 반응을 예견할 수 있으며 그들이 그녀의 신념에 어떻게 빈응할지도 알고있다. 인간관계가 잘 풀리지 않을 때조차, 여전히 거기서 뭔가를 배운다. 그녀가 성공적인 인간관계를 가지게 되는 또 다른 열쇠는 다른 사람과 관계하는 자신의 모습을 볼 수 있는 능력에 있다. 12별자리를 모두 거친 그녀는 각 별자리의 성격을 잘 파악하고 있어서 각각의 유형이나 상황에 어떻게 반응할지 알고있다.

우주적 여성의 인간관계를 적절하게 설명해주는 단어는 자유이다. 마를로 토마스가 노래한 대로 '당신도 나도 자유롭기를'이 그녀의 신조이다. 그녀는 소유하지 않는 관계만이 성장하고 꽃을 피울 수 있음을 알고있다. 붙잡힌 나비는 빨리 죽어버리지 않던가.

우주적 여성은 어떤 관계를 언제 끝내야 하는지도 잘 안다. 교훈을 얻고 과업이 달성되면 가도록 내버려둘 줄도 아는 것이다. 어떤 것도 영원할 수 없으며 사랑도 마찬가지이다. 모든 것은 시간이 흘러감에 따라 변화할 수밖에 없음을 인정한다. 그래서 한 주기가 끝날 때면 더는 매달리지 않는다. 억지를 부리고 흐름에 역행할 때 파괴가 생긴다는 사실을 잘 알고있다. 그녀는 인간관계에 대한 전통적인 생각에 매이지 않으며, 대신 내면의 시계에 시간을 맞춘다.

우주적 여성은 변화와 성장의 과정에 있는 사람들만 사귄다. 상투적인 틀에 박혀있는 사람들에게 내줄 시간이 없기 때문이다. 자석 같은 힘을 발휘하는 그녀는 다정하고 배려할 줄 아는 사람들을 주변으로 끌어들이며, 그들을 사랑한데 따르는 책임이라면 결코 회피하지 않는다. 그녀는 불행을 또 하나의 도전으로 받아들이고 그것을 딛고 성장할 줄 안다.

모든 별자리를 거쳐 완결된 우주적 여성

어린 시절

우주적 여성은 어릴 때부터 자기보다 나이 든 사람들과 많은 시간을 보내며, 동년배보다는 그들과 더 깊은 우정을 쌓으면서 가능한 한 그들의 지식을 많이 흡수하고자 한다. 그녀는 세심하게 그들을 관찰한 후, 자기도 그렇게 되려면 어떻게 해야 하는지 묻는다. 성인에 버금갈 정도로 많은 의문을 품고 있기 때문에 부모들은 머리를 흔들면서 그녀가 인형이나 블록을 갖고 놀았으면 좋겠다고 생각할지도 모른다.

우주적 여성은 어릴 때 부모가 걱정할 정도로 오랜 시간을 혼자서 보낸다. 어쩌면 그녀가 다른 아이들이 좋아하는 놀이에 뛰어들지 않아서 당황할지도 모른다. 하지만 그녀는 단지 자기 공간이 필요했을 뿐이다. 그녀는 자신이 하고 싶지 않은 일을 강요당하면 극도로 내성적인 모습을 보이는데, 사실 그런 반응은 주로 성인들이 보이는 것이다. 그녀는 자신이 어디서 왔는지, 그리고 자신이 어디로 가는 것인지에 관심을 보인다.

우주적 소녀에게 최고의 부모는 그녀의 개성을 존중하는 부모이다. 이미 자신이 어른이라고 생각하는 그녀에게 어린 시절은 성가시고 거북한 시기이다. 그녀의 머릿속에는 대부분의 소녀들이 꿈도 꾸지 못할 생각들과 통찰이 들어 있는 것이다. 그녀에게는 성장할 수 있는 공간과 이해가 필요하다. 그녀가 자신에게 합당하다고 여길 정도의 존경과 사랑을 받을 수 있다면, 모범적이고 예의 바른 태도를 보이겠지만, 그렇지 않을 때면 반항하고 화를 내며 뒤로 물러나는 태도를 보일 수도 있다. 우주적 소녀는 다루기 힘든 아이이지만, 주변의 인정과 사랑을 받을 가치가 있는 존재이다.

그녀는 자기가 어른이 되었을 때 어떤 사람이 되고 싶은지 분명한 생각을 갖고 있지 않다. 사실 그녀는 자기가 이미 다 컸다고 생각하며, 어떤 때는 다른 어른들보다 더 성숙한 모습을 보이곤 한다. 그녀를 애완동물 취급하지 마라. 그녀는 그런 대접을 단호하게 거절하면서, 자신이 독립된 인간이며 사육되고 길들여지는 이상의 것을 필요로 한다고 말할 것이다. 그녀는 살아가는 일에 열정적이며, 시간을 낭비하지 않는다. 그녀는 지극히 생산적이고 창조적이다.

그녀는 어린아이의 능력을 넘어서는 계획을 많이 세우고 그것을 실현시키려고 노력한다. 오페라 무대장치를 디자인하거나, 유명 디자이너처럼 의상을 만들거나, 침실 벽에 벽화를 그릴 수도 있다. 그녀가 시도하는 일이 무엇이든, 나이보다 뛰어난 상상력과 재능, 지식을 보인다. 그녀는 열심히 노력하는 스타일이어서, 시작한 일을 끝맺기 위해 엄청난 에너지를 쏟는다.

그녀는 풍부한 상상의 세계를 살아간다. 상상력은 그녀를 낯선 세계로 데려가며, 그녀의 마음속에 다른 누구도 모르는 은밀한 장소가 자리잡고 있다. 그녀는 무엇이든 시각화할 수 있는 능력이 있다. 사실 그녀의 정신은 시각적으로 다양한 형태를 그리며 활동한다. 자신이 처한 상황에 처한 상상도 다양한 방식으로 할 수 있으며, 그중에는 성적인 암시가 강한 것들도 많다.

우주적 여성은 어릴 때부터 경이 그 자체라 할 수 있다. 그녀가 어린아이의 몸에 든 성인이기 때문이다. 그녀는 먼 과거의 기억을 자신의 삶에 활용하며, 뛰어난 직관을 보인다. 또한 매사를 다르게 느끼고 다르게 경험한다. 그녀는 자신의 내밀한 자아를 표현할 줄 알며, 충만하고 완전한 삶을 살아간다.

연인이나 다른 사람들과 관계 맺는 방식

우주적 여성은 존경과 예의로 친구와 연인을 대한다. 그녀는 항상 베풀고, 배려하고, 다정하며, 그녀 자신도 배려 받고 사랑 받아야 하는 존재임을 알고 있다. 그녀는 관계가 계속해서 자극적이기를 바라기 때문에, 모든 것을 누설하지 않고 신비로운 분위기를 유지한다.

우주적 여성은 친한 사람들이 하는 말을 세심하게 듣는다. 그들에게 자신이 듣고자하는 바를 투사하지 않고, 표현된 혹은 표현되지 않은 의미 속에서 교훈을 얻는다. 그녀는 기본적으로 모든 관계에 솔직함을 보이며, 순수하고 신중한 자신의 본성대로 친구들의 권리와 성격을 존중한다. 그녀는 신뢰할 수 있는 든든한 사람이다.

우주적 여성은 한번 관계를 맺으면 계속 이어간다. 항상 기록하고, 애정을 담은 편지를 보내고, 전화 걸 시기를 적절하게 감지한다. 자신이 사랑하는 사람들

모든 별자리를 거쳐 완결된 우주적 여성

의 요구에 부합하고 그들과 소통하기 위해 자신의 직관을 최대한 활용한다. 이 모든 노력이 단지 그녀가 그들을 생각하고 있음을 확인시켜주기 위해서이다. 그래서 상대도 그녀가 진심으로 배려한다는 사실을 분명하게 인식한다.

우주적 여성은 성도 무척 존중하며, 결코 거래수단으로 이용하지 않는다. 성은 사고팔 수 있는 상품이 아니다. 그녀는 매력을 유지하기 위해 최대한 노력하지만, 감각을 자극하기 위해서가 아니라 내적 자아를 표현하기 위해서 그렇게 한다. 그녀는 자신의 몸을 열심히 돌보며, 마음 역시 불필요한 혼란으로부터 보호하고 의무를 다한다. 그녀가 보여주는 배려와 공감을 생각하면, 사람들이 그녀에게 의지하고 그녀를 사랑하게 되는 것이 당연하다는 생각이 든다.

우주적 여성이 갖는 모든 인간관계의 중심에 사랑이 있다. 그녀는 자기에게 소중한 사람들의 요구를 이해하고 세심하게 보살피고자 노력한다. 그녀의 인생은 지수화풍이라는 네 가지 기본요소가 건강한 균형을 유지하면서 완벽한 통일성을 보인다. 그녀는 영감에 따라 행동하고(불), 느끼고 나누며(물), 육체와 물질적 영역을 중시하고(흙), 소통하고 협력한다(공기). 그녀는 인간관계에서 이런 에너지를 끌어내며, 그것을 통해 사랑하는 사람들에게 최상의 효과를 줄 수 있도록 노력한다. 이 모든 일을 품위 있고도 겸손하게 해내는 것이 바로 우주적 본성을 깨달았다는 진정한 증거가 된다.

다음은 우주적 여성이 연애를 생동감 있고 활기차게 유지하는 방법들이다.

- 그에게 사랑한다는 말을 강요하지 마라.
- 그의 절친한 친구가 되라.
- 그를 편하게 해주되, 그의 시종이 되지는 마라.
- 당신이 그를 간절히 원한다는 사실을 알게 하라.
- 당신과 함께 있는데 자부심을 느끼게 하라.
- 당신의 독자성과 독립된 생활을 유지하라.
- 유머 감각을 유지하라.
- 그의 장점과 단점을 인정함으로써 당신의 자아를 확대하라.

- 파괴적이지 않은 상태에서 솔직해라.
- 그를 신뢰하라. 하지만 그에게 의존하지 마라.
- 그가 당신의 마음을 읽을 거라고 기대하지 마라. 당신의 필요와 기대를 분명히 전달하라.
- 그의 요구를 파악하고 직접적으로든 간접적으로든 그것을 제공해주려고 노력하라.
- 쾌락을 관계의 버팀목으로 삼아라.
- 죄의식이나 밀고 당기는 게임을 피하라.
- 일반적인 성 역할에 매이지 마라.
- 부드럽고 사랑스런 침실의 동반자이자 강한 요새로 남아라.
- 그를 천천히 당신의 친구들과 가족 안으로 데려가라.
- 당신이 줄 수 있거나 기꺼이 주고자 하는 이상의 것을 그에게 요구하지 마라.
- 신뢰와 애정의 분위기를 조성하라.
- 두 사람의 관계가 변화하고 성장하게 된다는 사실을 받아들이고, 서로에게 많은 여지를 남겨줘라.
- 그와 행복한 시간을 함께 하라. 또한 힘든 시간도 기꺼이 그와 함께 할 것임을 그가 알 수 있도록 하라.
- 그가 당신의 변덕스런 기분을 미리 예측할 수 있도록 노력하라.
- 그가 거기 있는 것을 당연하게 여기지 마라.
- 당신의 육감을 믿고 그것을 따르도록 노력하라.
- 세상에서 미리 예견할 수 있는 일이란 모든 일이 예측불가능하다는 사실, 그 한 가지밖에 없다.

우주적 여성의 이상형

우주적 여성은 자기 확신이 있고 다른 사람을 쉽게 사랑하며 다정한 심성을 지닌 사람과 가장 잘 지낸다. 그녀의 완벽한 상대는 우주적 여성만큼이나 섬세하고 베풀 줄 아는 존재이다.

그녀는 그의 사랑을 기쁘게 받아들이며 그것을 솔직하고 경이롭게 받아들인

모든 별자리를 거쳐 완결된 우주적 여성

다. 그는 그녀가 자신의 요구와 환상을 말로 표현하기도 전에 알고 있다. 두 사람이 아주 강하게 연결되어 있어서 말을 나눌 필요가 없는 것이다. 하지만 그들이 얘기를 나눌 때면, 개방적이고 자유롭게 대화한다. 그는 그녀를 있는 그대로 받아들이며, 그녀의 생활 방식을 인정하고, 그녀가 성장할 수 있는 여지를 많이 남겨준다.

그는 직관적이어서 그녀의 정신적 파장을 잘 받아들인다. 그녀 역시 그에 대해 그렇다. 그녀와 잘 어울리는 에너지와 소통방식, 기질을 가진 사람을 발견하는 것은 즐거운 일이다. 그녀는 자신과 유사한 교훈을 얻은 사람을 선호한다. 공통의 기반을 가지게 되기 때문이다. 그녀는 매력을 느끼는 남성에게 망설임 없이 자신이 배운 것을 가르쳐준다. 하지만 그 역시 그녀와 마찬가지의 경험을 거쳐서 이미 같은 교훈을 얻었다면, 그와의 만남을 축복이라 생각하고 더한 기쁨을 느낀다.

그녀는 인간관계와 관련된 문제를 능숙하게 해결할 줄 안다. 그녀의 연인이 되려면, 건강하고 행복하고 생산적인 관계를 만들어 가는 동시에 자신의 자아에 정직하게 대면할 줄 알아야 한다. 그녀는 자유를 사랑하는 사람이어서 그의 독립성을 존중한다. 따라서 그들이 만나기 이전에 각자 경험했던 연애에서 남은 감정이나 죄의식은 끼어들 틈이 없다. 그들은 서로를 신뢰하면서 지속적이고 애정 어린 유대감을 갖는다. 이런 유대감은 소유하지 않는 사랑만이 가질 수 있는 것이다.

우주적 여성은 연인의 행복을 바라며 그가 성공할 수 있도록 격려한다. 그들의 관계가 사랑에 기반을 두기 때문에 그 역시 그녀를 후원하고 격려할 것이다. 우주적 여성은 연애할 때 부자연스러운 마초 게임이나 심술궂은 트집의 여지를 남기지 않는다. 그녀가 자신을 여성성에 대한 어떤 편견에도 억지로 끼워 맞추지 않는 것처럼, 남성의 행동은 어떠해야 한다는 상투적인 선입견도 갖지 않는다.

우주적 여성에게는 모든 것이 성적인 의미를 가질 수 있다. 적극적이면서 차분하고, 여성다우면서도 아이 같은 천진함이 있고, 인내심이 강하면서도 흔들리지 않는 신념이 있다. 예리하게 자신의 성적 본성을 인식하고 그것을 받아들이는 그녀는 자신과 비슷한 성향의 배우자를 원한다. 그가 그녀와 함께 사랑하고, 자연스럽게 흘러가고, 새롭게 변화하기를 기대한다. 그녀는 상대의 유혹을 받을 때 죄의식을 느끼지 않으며, 안정적이고 다정하다. 또한 똑같은 방식으로 상대를 유혹할 줄도 안다.

우주적 여성의 마음을 붙잡는 연인은 기꺼이 접촉하고, 애무하고, 신음하고, 토론하고, 그녀를 편안하게 하고, 보호하고, 용기를 북돋아주어야 한다. 그녀는 그가 자신과 경쟁하기를 바라지 않는다. 그는 유연하고, 마음이 열려있으며, 그녀의 경탄과 애정과 인정을 똑같이 되돌려준다. 그는 그녀와 함께 성장하고 그녀 역시 성장하고 자기를 표현하도록 격려한다. 그는 그녀의 내면대화에도 솔직하게 참여한다. 그녀가 그에게 솔직하고 정직하듯, 그 역시 그녀에게 그런 태도를 보인다. 그는 진실로 우주적 여성의 이상형이다.

우주적 여성의 성

"생각하기도 끔찍한 일이지만, 여성의 절반 이상이 성행위에서 어떤 즐거움도 경험하지 못하고 있다. 이제는 세상도 그 사실을 제대로 인식할 필요가 있다. 이것은 자연적인 본능의 고발이고, 우리 문명의 수치이다."
– 빅토리아 클래플린 우드헐, 『불로장수의 묘약』에서

우주적 여성은 몸을 가진 영혼이다. 그녀는 자신의 성을 기정사실로 받아들이며, 인생에서 가장 자연스럽고 기본적인 부분 중 하나로 생각한다.

자각이나 자아실현에 도달하지 못한 사람들은 성관계를 통해서도 결코 완전한 만족을 얻을 수 없다. 일시적으로는 환희에 넘치고 만족스럽게 받아들일 수

모든 별자리를 거쳐 완결된 우주적 여성

있을지 모르지만, 사실 그것은 섹스에서 얻을 수 있는 진정한 것의 그림자에 불과하다. 내면의 화합을 이룬 우주적 여성은 인간관계에 잠재된 가능성과 섹스가 자기 인생에서 갖는 역할을 잘 이해하고 있다.

우주적 여성은 미스터 굿바의 길을 똑같이 걸어갈 필요가 없다. 자신이 찾는 것을 이미 발견했기 때문이다. 이미 자기 안에 중심이 서 있어서 허둥지둥하며 찾아다닐 필요가 없다. 그래서 의미 있는 관계, 의미 있는 섹스를 나눌 사람을 더 느긋하게 찾을 수 있다

그녀는 이미 자기 안에서 조화로운 합일을 나눌 수 있는 사람들을 찾는다. 그런 사람들과는 고양이와 쥐가 벌이는 일차원적인 게임을 벌일 필요가 없다. 대부분의 사람들이 그저 물리적인 차원에서만 살아가기 때문에, 그들의 생활도 그런 영역에 한정된다. 권력과 특권을 얻고 지키는 것, 만족을 추구하고 그것을 이어가려 노력하는 것, 끝없이 자신의 자아만 키워 가는 것, 이 모든 것이 일차원적인 인간의 속성이다. 우주적 여성은 더 진전된 것을 추구한다.

그녀는 남성중심의 세계에서 자신의 남성적 자아를 발견하려 노력하는 일이 위험하다는 것을 너무 잘 알고 있다. 또한 극히 소수의 남성들만이 자신의 여성적 본성을 개발시켰으며, 그런 사람들만이 영혼과 사랑의 세계에 마음을 연다는 사실도 알고 있다. 남성들의 세계에서 익사하지 않기 위해 그녀는 자기 안의 남성적인 기질을 많이 개발했다. 그리고 이제는 자신의 다차원적인 본성을 인식한 남성들, 여성적인 것을 단순히 숭배하는 것이 아니라 기꺼이 받아들이고 자기 안에 그것이 존재함을 알고 있는 남성들을 찾는다.

우주적 여성은 자기 자신을 존중하고 이해하며, 어떤 고정된 역할을 상정하지 않는다. 지금의 자신과 다른 누군가가 될 필요를 느끼지 않기 때문이다. 그녀가 두세 명의 아이를 원해야 할 필요도 없다. 독신으로 아주 기동력 있게 살아야 할 운명이라고 느낄 수도 있는 것이다. 이런 엄격한 솔직성이 그녀의 성생활에서도 요구된다. 만일 내면적 자아를 표현하는데 부합할 수 없는 성생활이라면 전혀 필요 없는 것이다.

우주적 여성은 운명적인 인연을 느낄 때 성생활을 갖는다. 그녀는 마치 전부

터 서로 알아온 것 같은 느낌으로 만나자마자 바로 관계를 맺을 수 있는 사람들에게 끌린다. 자신의 전생을 믿게 되는 것도 이런 만남과 성적 얽힘을 통해서 반복되는 전형을 볼 수 있기 때문이다. 그녀가 살아가면서 만나는 연인들은 모두 비슷한 성격을 갖는다. 그들과 관계하게 되는 상황도 대체로 동일하다. 마치 전생에 완성하지 못했던 관계를 이생에서 완결히려는 것 같다.

우주적 여성은 황소자리 시기를 거치면서 많은 교훈을 얻었기에, 소유욕을 보이지 않고 사랑한다. 자기 배우자에게 완전한 자유를 주고, 그가 줄 수 있는 것 이상을 기대하지 않으며, 긍정적 경험은 받아들이고, 부정적인 감정은 과거로 흘러가도록 내버려둔다

우주적 여성은 항상 자신의 성 에너지를 표현할 수 있는 더 넓은 맥락을 찾으며, 결국 그것을 발견하게 된다. 그녀는 전체론(Holistic, 전체는 단순한 부분의 총화가 아니고 부분끼리의 상호관계, 전체와 부분들 간의 상호관계 등을 모두 합한 역동적인 개념이라는 주장)에 입각해서 우주와 융화하는 새로운 인식을 갖는다. 이런 인식 덕분에 자기중심적인 태도에서 더 보편적이고 일관된 입장으로 옮겨가게 된다. 그녀는 연애와 성관계를 자신의 필요와 욕망에 입각해서만 바라보지 않으며, 피조물 전체, 즉 더 거대한 자아와 우주 전체에 기여하는 것으로 본다.

그런 변화를 거치면서 섹스도, 한 육체가 다른 육체를 지배하는 전쟁터에서 벗어나게 된다. 더는 조종하고 지배하고 권력을 행사하는 수단이 아니다. 섹스는 단순히 살아가는데 수반되는 일일 뿐이다. 우주적 여성은 좋은 음식과 좋은 공기를 필요로 하듯 성적인 욕망을 느낀다.

우주적 여성의 성을 더 잘 이해하도록 도와주는 핵심 단어가 둘 있다. 그 하나가 '자연스러움'이다. 우주적 여성은 섹스를 육체적 세계에서 지극히 자연스러운 일이라 본다. 또한 섹스에서 양보다 질을 중시하며, 배우자의 에너지가 자기 에너지만큼이나 자연스럽고 우주를 향해 열려있기를 바란다. 처녀자리시기에 보이던 소심함과 새침함을 벗어버린 그녀는 섹스를 자연이 주는 기쁨 중 하나로 받아들인다. 또한 자신의 육체적 에너지를 현명하게 활용한다. 자연자원을 낭비하는 것을 좋아하지 않기 때문이다.

모든 별자리를 거쳐 완결된 우주적 여성

다른 단어는 '죄의식 없음'이다. 많은 여성들이 성과 결부된 죄의식에 사로잡혀 있다. 그녀는 그런 죄의식에서 벗어났다. 만족을 추구하는 자연스러운 행동에 죄의식을 느끼지 않는 것이다. 함께 섹스를 나눈 사람들에게 책임을 전가하지도 않는다. 그녀는 자신을 관통하는 보이지 않는 에너지를 잘 알고 있음에도 섹스를 내면생활에 포함시키지 않고 육체적 차원과 결부시킨다.

우주적 여성은 다양한 차원에서 섹스를 경험한다. 일차적으로 섹스는 육체적으로 좋은 느낌을 준다. 친밀감과 육체적 에너지의 발산으로 만족감을 얻으며, 만지고 안고 보살피는 행위를 즐긴다. 또한 정신적, 육체적으로 친밀한 결합에서 행복을 느낀다. 그녀가 연인을 신뢰하면서 자신에게 가장 신성한 사원인 육체를 그에게 내준 결과 친밀하고 상호적인 이해가 이루어진다. 그녀의 영혼이 하늘 높이 비상하고, 머릿속에만 존재하던 이미지들이 생명을 얻고 날아오른다. 그녀는 연인의 품 안에서 자신감을 가진다. 그녀가 완전한 남성과 섹스를 나눌 때 자신의 완전한 존재를 표현할 수 있다.

초기 성 경험

우주적 여성은 아주 어릴 때부터 섹스를 살아가는 자연스런 과정의 일부로 받아들이면서 자기 삶 속에 포함시킨다. 그녀는 어릴 때부터 아주 앞선 여성의 모습을 보인다. 혼자 있는 시간을 많이 가진 그녀는 자신의 세속적인 측면에 대해서도 일찍부터 알아가며, 어릴 때부터 다차원적인 만남을 준비한다. 그녀는 남보다 일찍 섹스를 경험하고서 그것이 너무 일방적이고 따분하다고 실망하는 경우가 많다. 그 이유가 무엇인지 정확하게 깨닫는데는 시간이 걸릴 것이다.

그녀가 단순한 감정적 반응과 내면의 진정한 느낌을 구분하게 될 때, 자신의 성 역할을 더 잘 받아들일 수 있다. 또한 자기에게는 아무런 잘못도 없으며, 문제는 대부분의 사람들이 그녀에게 자신들과 똑같은 반응을 기대한다는 데 있음을 깨닫는다. 자신에게는 더 커다란 가능성이 열려있으며, 정말이지 자신이 진귀한 존재임을 알게 되는 것이다. 그녀는 주변 사람들보다 자신의 인생과 섹스에 더 큰 기대를 품는다.

우주적 소녀가 제대로 성장하려면 오랜 시간이 필요하다. 배워야 할 것이 너무 많기 때문이다. 그녀는 매사가 그래야 할 당위에 부합하지 못하는 것을 깨닫고 혼란스러워한다. 모순과 역설로 가득 찬 것처럼 보이는 주변 상황들을 받아들이고 갈등을 극복할 수 있으려면 많은 노력을 기울여야 한다. 하지만 매사가 정말로 분명해지는 것은 그녀가 진실로 사랑하는 법을 배웠을 때이다.

우주적 여성에게 필요한 연인

인간관계에서 보이는 솔직하고 현실적인 그녀의 태도는 성적인 표현에서 더 분명해진다. 그녀는 자기 욕망과 연인의 욕망, 그리고 두 사람이 공유하는 욕망에 현실적인 태도를 보인다. 그녀는 기적을 기대하기보다는 기적을 창조하는 쪽에 가깝다.

그녀는 방대한 지식을 함께 나누고, 그녀와 똑같은 호기심으로 성에 대해 아이처럼 천진하게 경탄할 수 있는 연인이 필요하다. 그녀는 섹스에 아무 제약이 없음을 알고 있고, 극히 소수만이 인식하는 감정의 깊이를 안다. 그녀의 연인 역시 전통적인 장벽을 갖지 않아야 할 것이다.

그녀의 연인이 울음을 터트리며 기댈 어깨가 필요한 때를 대비해 그녀는 항상 준비하고 있다. 반대로 그 역시 그렇게 해주어야 한다. 그녀는 성에 대한 표현이 인간의 가장 기본적인 권리 중 하나라고 생각한다. 그녀는 흥정이나 교환을 좋아하지 않으며, 다른 사람의 인정을 받거나 만족을 얻기 위해 자신의 인간적 권리를 포기하는 일도 없다. 서로 인정하고 만족감을 주고받으며 모든 것을 표현하는 일이 그저 가능한 정도가 아니라 절대적으로 필요하다고 믿는다.

연인이 자기보다 덜 해방된 사람이라면, 그녀는 기꺼이 그 길을 보여준다. 그녀는 인내심이 강하고 아주 관대해서 연인을 자기 만족과 자부심, 자기애로 이끌 것이고, 다른 사람들까지 포용할 수 있도록 자아를 확대시킬 것이다. 하지만 아무리 인내심이 강한 그녀라도 제대로 배울 준비가 되지 않은 연인을 위해 시간과 에너지, 감정을 낭비하지는 않는다. 그녀도 실수할 때가 있어서, 어떤 때는 감정능력이 완전히 결여되었거나, 더 심각하게는 아무런 감정도 느끼고

모든 별자리를 거쳐 완결된 우주적 여성

싫어하지 않는 남성을 연인으로 택할 수가 있다. 이럴 경우 그녀가 나중에라도 그런 사실을 깨닫고 나면, 아무런 죄의식이나 가책 없이, 어떤 때는 아무 경고도 없이 떠나버릴 것이다. 하지만 상대가 성적으로 깊이 느끼고 표현하는 법을 배울 의지가 있기만 하다면, 그녀는 무한한 희망과 낙관적인 태도로 섹스에 대한 노력도 함께 할 것이다.

그녀는 성적인 의미에서도 세상에서 가장 다차원적인 여성이다. 그녀가 성적 쾌락을 즐길 때면, 에베레스트 산처럼 높게, 바다 속 용궁처럼 깊이, 그리고 우주 공간만큼이나 방대하게 느낀다. 그녀는 상상 가능한 거의 모든 종류의 성행위를 실행할 수 있다. 그녀는 정상체위와 SM 모두를 받아들이며, 자신과 연인에게 최고의 쾌락을 줄 수 있다고 생각하는 모든 기교를 사용할 것이다. 또한 그녀가 어떤 기술을 사용하든 간에 거기에는 모두 애정이 담겨있다.

만일 그녀가 우주적인 성 경험을 가질 수 없었다면, 아무 두려움 없이 그것을 찾아 나설 것이다. 그녀는 끊임없이 궁극적인 것을 추구하며, 진심으로 인생을 함께 할 연인을 찾는다. 물론 이럴 때는 지극히 현실적인 성격을 띤다. 쌍둥이자리 시기를 거치면서, 성적 기대치와 성 경험에 대해 현실적인 태도를 취할 때만 진정으로 만족할 수 있음을 배웠기 때문이다. 물론 그녀도 환상을 갖고 있지만, 거기 사로잡히거나 근거 없는 기대를 품지는 않는다.

우주적 여성의 분노

화가 날 때면 그 분노를 일으킨 사람을 중심에 두지 말고 바깥으로 밀어내라. 그에게 집중하면 더 화가 나게 될 뿐이다. 분노를 온전히 느껴라. 절대 분노를 합리화하지 말고, "이 사람을 화나게 만들었어" 하고 말하지도 마라. 그를 비난하지 마라. 그는 그저 어떤 상황에 불과하다. 그리고 숨겨진 것이 드러나도록 도와준 그에게 감사하라. 그는 상처가 숨겨져 있던 어딘가를 건드렸고, 당신이 그것을 깨달은 순간 상처가 되어 드러난 것이다.

분노는 녹아 없어질 것이다.
– 샤구아르 쉬리 라즈니쉬, 『탄트라의 혼과 섹스』에서

우주적 여성은 자신이 감정적으로 풍부하고 심오한 존재라는 사실에 깊이 감사한다. 그녀는 분노, 사랑, 기쁨, 당황, 조바심을 경험하며, 자기 주변과 자기 내면에 흘러 넘치는 다양한 에너지를 인식하고 있으며, 그 흐름을 막지 않는다. 그 에너지들은 그녀가 주변사건에 대해 반응하고 있다는 신호이다. 그녀는 그 사실을 알고 있기에 기꺼이 받아들인다. 그녀는 감정을 이용해서 고의적으로 다른 사람을 공격하지 않으며, 그것을 이용해서 적극적인 변화를 만들어 낸다.

우주적 여성이 분노하게 되는 것은 부당한 행위, 타인의 권리침해, 몰지각한 물리적 폭력, 잠재적 가능성의 실현이 너무 늦어지거나 아예 실현되지 않는 등의 경우에 처했을 때이다.

그녀는 소모적인 경쟁에 뛰어들지 않으며, 결코 역할놀이를 하지 않는다. 단도직입적이고, 정직하며, 혼자만의 판단을 내리지도 않는다. 과거에는 그녀도 자기 분노를 부정한 탓에 좌절을 경험한 일도 많았다. '착한 소녀'다운 행동을 하려고 약해지기도 했다. 하지만 이제는 자신을 화나게 하는 상황들을 뛰어넘을 수 있게 되었다. 불행한 어린 시절, 학교생활의 좌절, 태만한 배우자 등등도 이제는 도전으로 받아들이고, 자신에게 화를 내면서 좌절하기보다 극복하려 노력한다. 그녀는 분노할 상황에서도 감정을 조절할 힘과 감수성, 문제를 해결할 용기를 길렀다. 특히 이 용기는 자신과 대면해서 구태의연한 행동패턴에서 벗어나는데 필수적인 것이다. 이제 그녀는 더는 자기감정의 희생자가 되지 않을 것이다.

우주적 여성은 분노도 자책하거나 상처로 남기는 일없이 상황을 변화시키는 데 적절히 활용할 수 있음을 알게 되었다. 이제 더는 인생의 자잘한 실패들을

자기 탓으로 돌리지 않는다. 그녀는 실패와 성공 속에서 자신의 역할을 찾아나가며, 자기 행동이 미래에 더 효과적인 결과를 낳을 수 있도록 바꿔나간다.

자라면서 우주적 여성은 여성의 삶에서 분노가 중요한 역할을 한다는 사실을 인식하였고, 진정한 균형의 비밀을 알게 되었다. 체온이 올라감으로써 육체의 균형이 깨진 것을 알려주듯, 분노라는 감정은 감정체계에서 뭔가 잘못되었음을 알려주는 징후이다. 그래서 화가 나면 우주적 여성은 분노를 느낀 상황에서 자신이 가졌던 기대치와 역할을 점검한다. 화를 내도록 만든 자신의 신념체계를 살펴보고, 자신의 반응이 적절한 것인지 확인한다. 바로 이런 노력 덕분에 그녀는 분노를 건설적이고 효과적으로, 불필요한 고통이나 불편 없이 극복할 수 있게 된다.

우주적 여성이 과거에 무수한 갈등을 겪으면서 직면하고 극복해야했던 문제 중 하나가 여성의 사회적 지위와 관련된 것이다. 사회적으로 여성들은 주로 게자리 유형의 역할을, 남성들은 주로 사자자리 유형의 역할을 수행해야하는 것으로 받아들여졌다. 이런 이분법은 여성들끼리 무분별하고 비생산적으로 경쟁하게 만든다. 그리고 최악의 경우 '나는 남자만큼 훌륭하지 못하다'는 지극히 자기 파괴적인 생각에 이른다. 그러다보면 자기 본성 속의 여성적인 면에 대한 과잉보상심리로 공격적인 태도를 보이는 경우가 너무 많으며, 비현실적인 목표를 설정한다거나 자부심이 약해지는 원인이 된다. 하지만 인생의 사소한 문제들을 넘어선 우주적 여성은 최선을 다해 심오한 깨달음과 솔직함, 사랑을 추구한다.

자긍심

우주적 여성은 특정 환경이 만들어내는 존재가 아니라, 내적 성장의 결과로 도달하는 존재이다. 사회의 편협한 제약을 극복한 그녀는 항상 변화의 과정에 있는 우주적인 품성을 갖는다. 그녀는 자신을 사랑하며, 이 때문에 어떤 상황이나 환경에서도 자신의 감정과 느낌을 자유롭게 표현할 수 있다. 그녀의 자기애는 분노를 느끼는 상황에도 그녀 안에 사랑의 에너지를 만들어내는 것 같다.

우주적 여성은 여성에 대한 사회적 태도를 극복하는데 힘겨운 시간을 보냈다. 하지만 그녀는 절대 굴하지 않고 버텨냈다. 자신이 무엇을 박탈당했는지 안 그녀는 남성들이나 남성중심의 사회에 방어적으로 대응하며 씁쓸한 기분에 젖지 않는다. 그보다는 자기 인생을 지배하고 스스로를 진정으로 책임질 줄 아는 존재가 될 수 있는 기회를 모두 받아들인다. 남자 역시 단편적인 이 세상에서 구속당하는 존재임을 알게 된 그녀는 그들의 해방을 위해서도 노력한다.

우주적 여성에게는 매일매일이 '자기 자신을 사랑하는 날'이다. 그녀는 오래전에, 자신을 사랑하는 태도를 보여주는 일이 중요하다는 사실을 깨달았다. 그런 태도는 전염성이 강하다. 자아실현이 이점을 많이 보여줄수록 나쁜 사람들 역시 자아실현을 원하게 되는 것이다. 무엇보다 우주적 여성은 자기 인생과 행복, 마음의 평화를 책임질 수 있는 존재는 자기 자신밖에 없음을 알고 있다.

우주적 여성은 결코 자신을 미리 진단하지 않는다. 자기의심의 수렁에 빠져서 자신의 행동 하나하나, 자기 결정 하나하나에 의문을 품고 분석하는 일이 어리석다는 것을 알고 있다. 터무니없이 완벽을 추구하다보면 종종 자신에 대한 분노를 느끼게 되며, 모험하고 자신을 내보이고 상처받는 일도 회피한다. 우주적 여성은 즐기고 쾌락을 얻고 다양한 행동을 해보기 위해 최선을 다한다.

분노에 대처하는 법

모든 부부는 사랑을 나누는 법을 배워야하는 것처럼 싸우는 법도 익혀야 한다. 좋은 싸움은 목적이 분명하고 정직해야지 결코 악의로 가득하거나 잔인한 것이 되어서는 안 된다. 좋은 싸움은 건강하고 건설적이며 결혼생활에 공평한 참여의 원칙을 심어준다.

– 앤 랜더스

우주적 여성은 연인과, 혹은 살아가면서 만나는 다른 사람들과 건설적으로 싸우는 법을 배웠다. 그녀는 오해와 죄의식에 사로잡혀 숨지 않는다. 오히려 그에 바로 맞서고, 자기감정을 전달하고, 다른 사람의 말을 열심히 들으면서 공정하고 정직한 해결책을 찾는다.

우주적 여성은 인생의 많은 도전을 거치면서 분노라는 감정을 확인할 수 있었고, 그것을 인정하고 상처나 비난 없이 표현한다. 분노를 표현할 때도 다른 사람의 입장을 변화시키기를 기대하지는 않는다. 솔직하게 털어놓음으로써 그토록 화나게 만든 사태를 자신이 어떻게 받아들이는지를 잘 이해해주기 바라고, 앞으로 같은 상황이 반복되는 것을 피하고자 하는 것이다.

우주적 여성은 건강하게 살아가겠다고 자신과 약속했다. 그녀는 억눌린 분노와 같은 감정들이 신체기능의 정상적인 활동을 해칠 수 있음을 안다. 그녀는 몸의 반응을 잘 감지한다.

분노를 긍정적으로 표현하면 또 다른 이점이 있다. 사람들이 그녀의 생각을 쉽게 받아들이게 되는 것이다. 반대로 병적인 표현은 자잘한 염증이나 통증들, 고통 등의 모습으로 드러나며, 종국에는 치명적인 질병을 부를 수도 있다.

우주적 여성의 내면에는 물리적, 정신적 환경의 변화를 탐지하는 안테나가 있는 것 같다. 이 안테나가 그녀로 하여금 억압에서 한발 물러서게 해준다. 방어막을 제거한 우주적 여성은 마음을 열고, 명쾌하고 신속하게 받아들이며, 공정하게 평가하고 전달한다. 또한 객관적인 비판과 충고에도 신중하게 주의를 기울인다.

우주적 여성은 자기 분노를 잘 활용해서 창조적이고 긍정적인 변화를 일으킬 줄 안다. 그녀가 논쟁을 벌이거나, 다른 사람과 대립하거나, 분노에 대처할 때면, 그 행동이 신비로울 지경이다. 그녀는 다른 사람의 권리와 의견을 존중하며, 다른 사람들이 추구하는 목적에 대해 도덕적 잣대를 들이대지 않는다.

우주적 여성은 특별한 방식으로 불쾌감, 조바심, 곤혹스러움, 분노에 대처한다. 그녀는 계란으로 바위를 치면서 바위에 균열이 생기기를 기대하기보다는, 다른 사람들이 일차원적인 태도에서 벗어나도록 돕고 사태를 변화시키기 위해 헌신한다. 물병자리 시기를 거치면서 그녀는, 기존의 것을 수선하는 쪽이 완전히 깨부수고 새로 만들어내는 것보다 에너지 낭비가 적다는 것을 깨달았다.

우주적 여성에게 인생은 재평가와 성장의 연속이다. 그녀는 진정한 배려와 자기애, 자아실현을 추구하면서, 인생의 생산적인 시나리오를 만들어나간다.

그녀는 비판을 인정하고, 그 내용을 꼼꼼하게 따져본 후 자신의 생활 방식을 개선하는데 도움이 되는 부분을 받아들인다. 필요하다면 화도 낼 것이다. 마찬가지로 슬퍼하기도 하고, 행복해하고, 염려하고, 기쁨으로 충만할 때도 있을 것이다. 하지만 죄의식이나 불안감, 부정적이고 비생산적인 에너지에 사로잡히는 일은 없다.

우주적 여성은 이 작은 행성에 묶여 있는 인생의 모순을 깨달으며, 바로 그 안에서 가치를 발견한다. 그렇게 함으로써 정체하는 것을 막고 성장을 촉진하기 때문이다. 미소를 지으며 사랑으로 지배할 줄 아는 그녀는 영원히 열려있으며, 자기를 실현하기 위해 최선을 다히고, 자신이 인생의 열쇠를 쉬고있음을 확신한다.

우주적 여성의 생활 방식

우주적 여성은 공동생활이든, 개방결혼이든, 그룹 결혼이든, 혹은 독신생활이든 모두 현실화시킨다. 그녀는 넘쳐흐르는 에너지를 받아들이고 다음 번 밀려오는 에너지를 따라 이동할 수도 있다.

그녀에게 불가능이란 없다. 관심과 사랑, 노력과 긍정적인 에너지를 쏟으면 불가능한 것도 가능해지는 경우가 많은 것이다. 그녀에게는 부정적인 것을 포용할 힘이 있고, 그들로부터 긍정적인 에너지를 끌어낼 힘이 있다.

그녀는 자신이 겪고 있는 주기적인 변화를 알고 있으며, 그 깨달음 덕분에 매일의 일상적인 경험에서도 배울 점을 발견한다. 그녀는 삼자결혼 방식을 통해 구속감에서 벗어날 가능성을 발견할 수도 있다. 공동체의 일원에게 각자의 경험을 깊이 있고 정직하게 나누도록 함으로써 많은 이들이 추구하는 이상적인 방식으로 그 공동체를 끌어갈 수도 있다. 그녀는 도전의 가치와 도전함으로써 얻게 되는 보상에 대해 잘 알고 있다. '보상'이란 말은 우주적 여성에게 핵심적인 단어이다. 모든 경험과 도전과 관계에는 제각각의 보상이 존재함을 알기 때문이다.

종종 대안적 생활 양식 속에서 무의미한 갈등과 혼돈을 발견할 때가 있다. 이럴 때도 그녀의 현명함이라면 질서와 방향을 제시할 수 있다. 그녀에게는 모든 혼란과 권력다툼을 꿰뚫어보는 신비한 능력이 있어서, 사람들이 제각기 무엇을 추구하는지, 필요한 것은 무엇인지, 어디로 향하고 있는지 본능적으로 파악한다. 또한 그녀의 지도력은 주변 사람들이 꿈을 이루도록 도와준다. 하지만 그들 자신이 먼저 자기 꿈이 무엇인지 알아야 할 것이고, 현실에 맞춰 융통성 있게 그 꿈을 재단할 수 있어야 할 테고, 그다음에는 꿈을 이루기 위해 솔직하게 노력해야 한다. 이런 기본적인 사항이 이루어지지 않는다면, 우주적 여성도 '요술지팡이'를 휘두를 수 없다.

우주적 여성은 뛰어난 직관을 가지고 있고, 또 직관의 가치를 제대로 알기 때문에 환상에 속아 넘어가는 일은 없다. 그래서 깨닫지 못한 사람들처럼 환상에 이끌려 대안적인 생활 양식을 택하는 일은 없다. 그녀는 미지의 영역을 탐험함으로써 자신이 얻을 수 있는 것이 무엇인지 잘 안다. 유토피아를 꿈꾸는 일이 어리석다는 사실도 알고 있다. 그녀의 꿈은 구체적이고 긍정적인 기반 위에 세워진다. 그녀는 공동체가 새 생명을 잉태하기 힘든 단점이 있으며, 이기주의와 나태함, 권력싸움으로 와해될 수 있음을 안다. 그래서 견고한 신념과 합리적인 기대로 개념을 구상한다.

그녀는 민중을 구원하리라는 환상에 젖지도 않는다. 다른 사람의 생명을 책임지는 일은 긍정적인 인간관계만으로 가능한 것이 아니기 때문이다. 그 사실을 너무도 잘 아는 그녀는 단지 안내하고 고무하는 역할을 맡을 뿐이다. 그녀는 다른 사람들이 내면의 평화를 얻고 자기를 실현하도록 돕는데서 기쁨을 느낀다. 하지만 그녀도 혼자서 평화와 자아실현이 가능했으므로 다른 사람들 역시 그렇게 해야 한다는 것을 안다.

그토록 심오한 경지에 도달한 우주적 여성이라면 다른 사람들이 보다 쉽게 해답을 찾기를 간절히 바라지 않겠느냐고 생각할지 모르겠다. 물론 그녀가 그런 간절한 소망을 가지고 있는 것은 사실이다. 하지만 그녀는 인내심이 강하고, 변화에는 시간이 필요하다는 사실도 잘 알고 있다. 다른 사람이 그녀에게 어떤 생각이나 태도를 강요하면 거부하는 것처럼, 그녀도 자신이 알고 있다고 남에게 강요하는 태도를 보이지는 않는다. 사실 그런 것은 조금씩 흡수되는 것이다. 그녀는 시간이 부족하다고 느낌에도 불구하고, 서두르지 않는다. 여러 사람들이 다양한 단계에서 교훈을 얻으면서 차츰 변화를 인정하고 그에 순응하게 될 때까지는, 급하게 일을 진행시키려 하지 않는다.

물론 사람들의 잠재력이 두려움이나 불확실성의 안개 속에 묻혀있을 때면, 그녀도 그들을 자극하면서 부드럽게 재촉한다. 인간이든 물질이든 자연자원을 낭비하고 무의미하게 남용하는 것을 보면, 좀 엄격한 태도를 보이기까지 한다.

우주적 여성은 특별한 해방, 아주 기분 좋은 해방을 이루었다. 그녀는 극도로 불편한 것까지 포용하거나 이해하려 노력하지 않을 것이다. 그녀는 인생의 동반자, 배우자와 일대일의 친밀하고, 성적이고, 감성적인 관계를 맺기 원한다. 누군가 그녀의 요구를 충족시킬 수 있는 특별한 사람이라는 느낌이 들면, 비록 그녀가 다른 사람과 성관계를 가져서 경험을 확장할 수 있다하더라도, 가장 중요한 관계는 한 명의 특별한 사람과만 유지한다.

우주적 여성이 한 명의 배우자와 살면서 아이를 갖는다면, 그녀의 가족은 주변의 부러움을 살 것이다. 아침마다 아이들이 간식으로 먹을 쿠키를 굽고, 매일 오후 저녁식사를 위한 시장을 보고, 배우자가 집에 오기 전에 향이 좋고 자극적인 목욕을 즐길 것이다.

그녀는 사랑하는 사람들을 완벽하게 돌보는 자질을 타고났다. 음식을 만들어주고, 긴장을 풀어주고, 격려해주고, 때로는 따끔하게 야단도 친다. 그녀의 집에서는 '아빠가 올 때까지 기다려'하는 말은 들려오지 않을 것이다. 그녀가 자녀에게 전통적인 엄마 역할과 아빠 역할 모두를 해줄 수 있는 것이다.

양성애와 동성애도 분명 우주적 여성의 경험 속에 있다. 그녀는 다른 여성과 성적으로 친밀한 관계를 갖게 될 가능성이 많다. 비록 동성애가 섹스에 대한 내다적인 입장과 동성에 대한 감정적 선호를 함축하고 있지만, 우주적 여성의 양성적인 면모가 동성관계에 새로운 전망을 열어준다. 그녀가 자기 인생을 다른 여성과 함께 하기로 결심했다면, 그 여성이 우주적 여성의 전체 자아와 어우러져 조화로운 화음을 내게 되리라 확신해도 좋다.

양성성에 대한 우주적 여성의 예리한 감각은, 그녀가 여성으로 태어났음을 인식하지 못하게 만드는 관계나 생활 방식에 함몰되는 일을 막아준다. 현대 여성들은 사회가 남성에게 뒤집어씌운 사자자리 이미지를 더욱 부추기는 역할이나 하도록 강등된 상태였다. 우주적 여성은 인류의 자원을 이런 식으로 공공연하게 악용하는 행위에 결코 동참하지 않을 것이며, 의식의 변화를 부르짖는 운동의 선봉에 설 것이다.

우주적 여성의 개괄적 특징

우주적 여성은 자신을 위해, 그리고 살아가면서 만나게 되는 사람들을 위해 인생의 한 지점을 개척했다. 그녀는 새로운 태도와 사고를 전통적인 생활 방식 안에 자연스럽게 융합시킨다. 그녀는 돌보고, 사랑하고, 소통한다. 또한 감정을 느끼고, 이상을 가지고, 독립심을 보인다. 그녀는 아무런 죄의식이나 두려움 없이 자신이 원하는 생활 방식을 택한다.

새로운 의식이 태동하는 물병자리의 시대가 열리고 있다. 우주적 여성은 이 물병자리 시대에 확실한 존경심을 표한다. 이것은 그녀 자신에 대한 존경, 그리고 인류에 대한 존경이다. 그녀는 정말이지 자신의 감수성과 섬세함 모두를 통제할 줄 아는 여성이다. 그래서 그것을 잃을까 두려워하지 않고, 타인에게 투영하고 빌려주고 함께 나눈다. ★

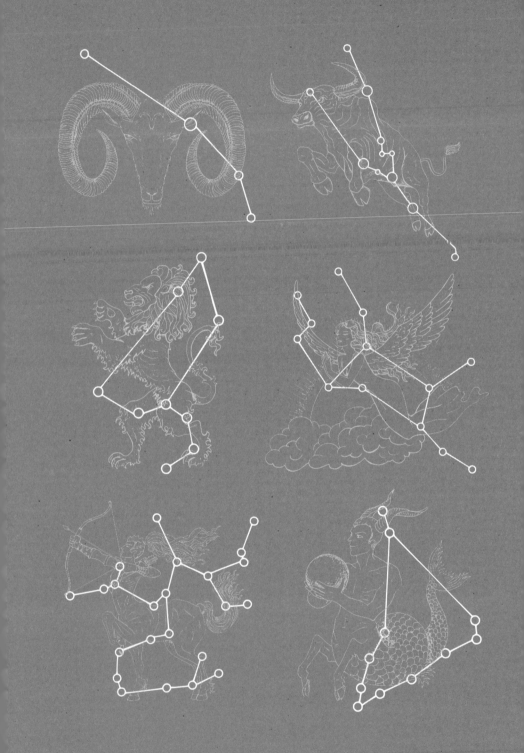

여성을 위한 별자리 심리학
Sex Signs

초판 1쇄 발행 2019년 5월 15일

지은이 | 주디스 베넷 Judith Bennett
옮긴이 | 신성림
펴낸이 | 유숙열
책임편집 | 조박선영
교정 | 유지서
디자인 | 호기심고양이
출력 | 동양인쇄
펴낸 곳 | 이프북스 ifbooks
등록 | 2017년 4월 25일 제2018-000108
주소 | 서울 마포구 독막로 18길 5
전화 | 02. 387. 3432
이메일 | ifbooks@naver. com
SNS | https://www. facebook. com/books. if
홈페이지 | http://www. onlineif. com

ISBN 979-11-961355-8-4 03180